यूनानी-रोमी काव्यशास्त्र
में
उत्तर आभिजात्य चिन्तनधारा

यूनानी-रोमी काव्यशास्त्र
में
उत्तर आभिजात्य चिन्तनधारा

कृष्णलाल शर्मा

वाणी प्रकाशन

वाणी प्रकाशन

4695, 21-ए, दरियागंज, नयी दिल्ली 110 002

शाखा

अशोक राजपथ, पटना 800 004

फ़ोन : +91 11 23273167 फ़ैक्स : +91 11 23275710

www.vaniprakashan.in
vaniprakashan@gmail.com

YUNANI-ROMI KAVYASHASTRA MEIN
UTTAR AABHIJATYA CHINTANDHARA
by Krishnlal Sharma

ISBN : 978-93-5229-232-5

Criticism/Poetics

प्रथम संस्करण

मूल्य : ₹ 695

हर्ष प्रिंटर्स, दिल्ली-110 093 में मुद्रित

वाणी प्रकाशन का लोगो मक़बूल फ़िदा हुसेन की कूची से

तारिणी व शुचि
की
बाललीलाओं को

प्रस्तावना

'यूनानी-रोमी' संयुक्त पद केवल देश-बोधक ही नहीं काल-बोधक भी है। यह उस चिन्तनधारा की ओर संकेत करता है जो यूनान की मुख्य भूमि में जन्मी, यूनानी साम्राज्य में पुष्ट हुई और रोम में स्थापित होकर भावी पीढ़ियों के लिए अजस्र सन्दर्भ-स्रोत बन गयी। यह संक्रमण जिस काल में हुआ 'यूनानी-रोमी' उसी का विशेषण है। यूनानी आभिजात्य चिंतन इस काल में रूढ़ होने लगा था। इसलिए चाहें तो इसके लिए आभिजात्यवादी विशेषण का प्रयोग भी किया जा सकता है। कला के इतिहास में ई.पू. 350 से पहले तक के काल को हेलेनिक और उसके बाद तीन सौ-साढ़े तीन सौ वर्षों के काल को हेलेनिस्टिक युग कहा जाता है। हम हेलेनिस्टिक के लिए उत्तर आभिजात्य पद का प्रयोग कर रहे हैं क्योंकि इस युग में पहले की अनेक कलाशास्त्रीय/काव्य-शास्त्रीय अवधारणाओं को प्राधिकार प्राप्त हो गया था और इसी रूप में उन्हें सिकन्दरिया, पर्गामम तथा रोम में भी देखा जाने लगा था। दृष्टिकोण में आये इस अन्तर को दरशाने के लिए ही हमने उपर्युक्त पद को काल-बोधक भी माना है।

दूसरी महत्त्वपूर्ण बात यह है कि काव्यशास्त्र (तथा अन्य कलाओं के शास्त्रों को भी) को व्यवस्थित रूप इसी युग में मिला। इसके पहले तक का चिन्तन, एक दृष्टि से देखा जाय तो, टिप्पणियों के रूप में था। उनमें जो भी बात कही गयी थी उसे नियम या सिद्धान्त बनाकर निर्णय देने या मूल्यांकन करने का कार्य इसी युग की देन है। 'समीक्षक' और 'समीक्षा' इन दो शब्दों का इसी युग में अस्तित्व में आना इस काल के आलोचनात्मक चरित्र की ओर इंगित करता है। ये शब्द इसी युग के वैयाकरणों की देन हैं। वे मानने लगे थे कि उनका विषय, अन्ततः, काव्य-मूल्यांकन के बिन्दु पर आकर पूर्ण होता है। उनकी दूसरी मान्यता यह थी कि सच्चे समीक्षक को, जहाँ एक ओर, विविध विषयों का ज्ञान होना चाहिए वहीं उसकी पैठ काव्य-रचना तथा काव्य-सिद्धान्त में होनी भी आवश्यक है। यह धारणा निरन्तर पुष्ट से पुष्टतर होती गयी और समीक्षा के विविध आयाम खुलते गये। इस अर्थ में हम इसे संधियुग भी

कहना चाहेंगे जिसके केन्द्र में अरस्तू का काव्यशास्त्र रखा जा सकता है। इस रचना में एक ओर कतिपय प्राचीन अवधारणाओं का केलासन (क्रिस्टलाइज़ेशन) दिखलायी देता है तो, दूसरी ओर, नवीन वैचारिक भूमियों के संकेत भी देखे जा सकते हैं। उदाहरणस्वरूप, चौथे अध्याय में काव्य के विकास पर की गयी टिप्पणी को लिया जा सकता है।

यूनानी सभ्यता अथवा पाश्चात्य सभ्यता के इतिहास को नया मोड़ देने वाली घटना थी सिकन्दर की विश्वविजय-यात्रा। इसके प्रथम चरण में फारसी सेना से युद्ध हेतु ई.पू. 334 में उसने हेलिस्पौंट पार कर एशियाई भूमि पर पाँव रखा। इतिहासज्ञों की दृष्टि में यहीं से दुनिया का नक्शा बदलने लगता है। तब तक सिकन्दर के विचार अरस्तू के मार्गदर्शन में परिपक्व हुए थे जो इस अभिस्वीकृति से प्रेरित था कि मानवता का पूर्ण विकास केवल यूनानियों में हुआ है शेष सभी बर्बर हैं और उनके दास बनने के योग्य हैं। दास, अर्थात् अपने स्वामी के ऐहिक जीवन को पूर्ण बनाने के साधन। किन्तु, अपने साहसिक अभियान में उसका इस सत्य से सामना हुआ कि सभी एशियाई (इस अर्थ में कि जो यूनानी नहीं हैं) बर्बर नहीं हैं। उनमें से अनेक कुशल शासक हैं तथा सम्मान के योग्य भी हैं। साथ ही उसने यह भी अनुभव किया कि फारसी सेना को परास्त तो किया जा सकता है किन्तु उनके साम्राज्य को उपनिवेश बना कर अपने अधीन नहीं रखा जा सकता। तब, यूनानी साम्राज्य की स्थापना के स्वप्न को साकार करने के लिए वह विभिन्न संस्कृतियों के संलयन (फ्यूज़न) की दिशा में आगे बढ़ा। अपने विचार को व्यावहारिक रूप देने के लिए उसने यूनानियों और फारसियों को विवाह के सूत्र में बाँधने की बृहत् योजना बनायी। इससे बृहत्तर यूनान तथा व्यापक यूनानी संस्कृति का आधार तैयार हो गया। सामान्य व्यवहार में ईश्वर को समस्त मानव जाति का पिता स्वीकार करते हुए वह कहा करता था—परम पिता अच्छे मनुष्यों को अपना बना लेता है। तात्पर्य यह कि मनुष्य को वह जाति के आधार पर नहीं गुणों के आधार पर आँकता है। इतिहास साक्षी है, उसकी राजनीतिक सफलता के पीछे इसी विचार की प्रेरणा थी। किन्तु यह विचार केवल राजनीति तक ही सीमित नहीं रहा, आलोच्यकाल में इसने कला-मूल्यों को प्रभावित किया। इसको दार्शनिक आधार प्रदान करने का कार्य किया ई.पू. तीसरी शताब्दी के फिलोसत्रेतुस ने। कला के लक्ष्य पर विचार करते हुए उसने स्थापित किया कि इसे केवल आदर्श रूप के अनुकरण तक सीमित नहीं रखा जा सकता। सामाजिक की कल्पना या विचारों को उभारने की भीतरी शक्ति यदि किसी कृति में है तो यह पर्याप्त है। यह स्थापना आत्माभिव्यक्ति की सार्थकता को सिद्ध करने वाली थी। यथार्थता तथा रूपाश्रयी मूल्य पर अधिक बल दिये जाने को इसी परिप्रेक्ष्य में देखा जाना चाहिए।

पेलोपोनीशियाई युद्ध से उत्पन्न राजनीतिक परिस्थितियों ने एथेन्सवासियों के मानस को झकझोर कर रख दिया था। प्रबुद्ध नागरिक यह सोचने को विवश थे कि उनका नगर क्या फिर से पूर्व गौरव को प्राप्त कर सकेगा? यदि हाँ, तो कैसे? उत्तर एक ही था, अपनी सांस्कृतिक धरोहर को बचाये रखना। काव्य तथा अन्य कलाओं में नये-नये रूप सामने आ रहे थे, उनका उचित मूल्यांकन भी हो रहा था किन्तु आभिजात्यवादी युग का समाज इस मानसिकता से मुक्त नहीं हो पा रहा था कि श्रेष्ठ कलाकृतियों का युग बीत चुका है। समय आने पर यह दृष्टि रोम भी जा पहुँची। वहाँ इसे एक नाम मिला 'क्लासिकल', अर्थात श्रेष्ठ जिसके लिए हमने आभिजात्य शब्द का प्रयोग किया है। यह इतिहास की विडम्बना ही कही जानी चाहिए कि अभिधान रोमी और निहितार्थ यूनानी। यह तो निश्चित है कि पुराने और नये में कोटिक्रम निर्धारण की प्रवृत्ति बहुत पहले से चली आ रही थी किन्तु प्राचीन कृतियों की श्रेष्ठता सिद्ध करने के लिए जिस सैद्धान्तिक आधार की आवश्यकता होती है उसकी तैयारी में, दूसरे शब्दों में प्रतिमान और उसके गुण-धर्म निश्चित करने में, शताब्दियाँ बीत गयीं। इस बीच किसी एक उपत्ति पर यद्यपि सर्वसहमति कभी नहीं बन पायी किन्तु पक्ष-विपक्ष की चर्चा में समीक्षा का रूप स्थिर होने लगा यही बड़ी उपलब्धि थी।

उपर्युक्त पश्चगामी दृष्टि एक और महत्त्वपूर्ण अवधारणा में भी फलित हुई। पूर्व युग की श्रेष्ठता के साथ-साथ यह भी विश्वास किया जाने लगा था कि काव्य के सभी रूप आभिजात्य साहित्य में विकसित हो चुके थे और उनके प्रतिमान भी उसमें उपलब्ध हैं। ये रूप भले ही स्पष्ट न हो, किन्तु हैं अवश्य। 'नौ गीतकार', 'तीन त्रासदीकार' जैसी आधिकारिक सूचियाँ इसी दृष्टिकोण की पुष्टि करती हैं। फिर इसी का विस्तारित निहितार्थ यह सामने आया कि प्रत्येक विधा की विषय-वस्तु, वाक्सरणि तथा शैली भी पहले ही निश्चित हो चुकी है, इस युग के कवियों को तो उनका केवल अनुसरण करना है। फलस्वरूप, विधागत भेद छन्द एवं शैली को लेकर परिभाषित होने लगे जिससे शैली का महत्त्व बढ़ गया। सारांश यह कि यूनानी-रोमी काल में समीक्षा निरन्तर नये-नये बिन्दुओं को स्पर्श करती हुई आगे बढ़ती रही। हमने प्रयास किया है कि इस प्रबन्ध में काव्य-मूल्यांकन की तत्कालीन दृष्टियों का युगीन परिस्थितियों के परिप्रेक्ष्य में विवेचन प्रस्तुत कर सकें, इसकी सफला-असफलता का निर्णय सुधी पाठक करेंगे। किन्तु, इसमें उन्हें चिन्तन की सामग्री अवश्य मिलेगी यह हमारा विश्वास है। यूनानी और लातीनी भाषा से अनभिज्ञ होने के कारण नामों के उच्चारण तथा वर्तनी की समस्या को मैं पूरी तरह नहीं सुलझा पाया हूँ, अतः इस दिशा में जो भी न्यूनताएँ रह गयी हैं उनके लिए मैं क्षमाप्रार्थी हूँ।

अन्त में, ऋण-निर्देश किए बिना अपनी बात समाप्त करना मेरे लिए सम्भव

नहीं है। इससे पहले का भाग 'यूनानी आभिजात्य चिन्तन' प्रकाशित हो चुका था। मैं, कुछ निश्चिंत सा किसी अन्य दिशा में आगे बढ़ने का विचार कर ही रहा था कि एक दिन डॉ. रमेश कुंतल मेघ का फोन आ गया। वे जानना चाहते थे कि इसके दूसरे भाग पर मैंने काम करना शुरू किया या नहीं। स्थिति विकट थी, मैंने 'हाँ' कहा और सामग्री एकत्र करने के कार्य में जुट गया। अब, यदि मैं कहूँ कि यह प्रबन्ध मेघ जी ने मुझसे लिखवाया तो अत्युक्ति न होगी। फिर, इसके शीर्षक तथा इसे और उपयोगी बनाने के लिए उनके जो भी सुझाव रहे उनके लिए अपर्याप्त शब्दों में अपनी कृतज्ञता प्रकट करना मेरे लिए सम्भव नहीं है। मैं भारतीय उच्च अध्ययन संस्थान, शिमला, मोतीलाल नेहरू केन्द्रीय राज्य पुस्तकालय, सोलन, तथा मुम्बई विश्वविद्यालय के पुस्तकाध्यक्षों तथा कार्यकर्ताओं को, उनके विशेष सहयोग के लिए, धन्यवाद देता हूँ। इस क्रम में एक नाम और। डॉ. हर्ष वी. देहेजिया ने कुछ पुस्तकें, जो यहाँ उपलब्ध नहीं थी, कैनेडा से भिजवायीं इसके लिए मैं उनका हृदय से आभारी हूँ। और, अरुण गाहेश्वरी जी ने इस पुस्तक को प्रकाशित करने में जो रुचि तथा तत्परता दिखलायी उसके लिए वे भूरि-भूरि प्रशंसा के योग्य हैं।

कृष्ण लाल शर्मा

'शिवाँगन'
ग्राम-पड़ग, सोलन ब्रूअरी,
जि. सोलन (हि.प्र.), 173214
मो. 98166-30134

अनुक्रम

दृष्टिपथ

प्लेटो ने मूल सत्ता (अल्टिमेट रियेलिटी) केवल नित्यरूपों (फॉर्म) की मानी है। प्रकृति में पायी जानेवाली वस्तुएँ या कारीगरों द्वारा बनाये गये घर, पलँग आदि नित्य रूपों की अनुकृतियाँ हैं। संसार के प्रत्येक वर्ग की वस्तु का नित्यरूप केवल एक होता है। अतः प्रत्येक वर्ग की विशिष्ट वस्तु (कोई एक घर या पलँग) उसी सीमा तक मूल्यवान् है जिस सीमा तक वह अपने वर्ग के नित्यरूप में सहभागी बनती है। यह बनानेवाले पर निर्भर करता है कि वह नित्यरूप को किस सीमा तक आत्मसात् कर पाता है। प्लेटो के अनुसार इस नित्यरूप का यदि कोई बनानेवाला हो सकता है तो केवल परमात्मा।* अब, इसे स्वयंभू मानने से या परमात्मा द्वारा निर्मित कहने से स्थिति में कोई अन्तर नहीं आता महत्त्व की बात यह है कि नित्य होने के साथ-साथ यह श्रेष्ठतम भी है। इसलिए, प्रकृति अथवा कारीगर द्वारा निर्मित रूप उसी सीमा तक श्रेष्ठ होंगे जिस सीमा तक वे नित्यरूप में सहभागी होंगे और उसी सीमा तक वे मूल्यवान् भी होंगे। घर/पलँग का चित्र बनानेवाले चित्रकार का स्थान कारीगर के बाद आता है क्योंकि वह उनके भासमान रूप का अनुकरण करता है।[1] इस तरह सत्य से त्रिधा अपेत होने के कारण चित्र का कोई मूल्य नहीं रह जाता। भासमान का अनुकरण होने के कारण नित्यरूप में उसकी कोई सहभागिता नहीं होती इसलिए वह केवल भ्रम बनकर रह जाता है।[2] प्लेटो की दृष्टि में जिस रचना से सत्य का ज्ञान नहीं होता वह निरर्थक है, त्याज्य है।

उपर्युक्त त्रिवर्गीय विभाजन—नित्यरूप, प्रकृति अथवा कारीगर द्वारा बनयी गयी उसकी अनुकृति तथा इस अनुकृति के भासमान रूप की अनुकृति/प्रतिरूपण—प्लेटो के तत्त्वशास्त्रीय चिन्तन पर आधारित है और प्रतिरूपणात्मक कलाओं—काव्य, संगीत,

* यहाँ प्लेटो ने परमात्मा को नित्यरूपों का बनानेवाला आधे मन से स्वीकार किया है। 'यदि किसी ने इसको बनाया है' यह वाक्यांश संकेत देता है कि वह उस व्यक्ति को उत्तर दे रहा है जो इसे स्वयंभू मानने को तैयार नहीं है। —'गणराज्य', पु. 10, पृ. 597।

चित्र आदि–के प्रति उसके दृष्टिकोण को समझने के लिए आवश्यक है। इन कलाओं में वह सत्य का ज्ञान कराने की क्षमता नहीं स्वीकार करता। अब, इन्हें यदि आदर्श गणराज्य में कोई स्थान दिया जा सकता है तो केवल एक शर्त पर कि वे नगर के भावी संरक्षकों (गार्जियन) के चरित्र निर्माण में सहायक हों। यह गुण उनमें तभी आ सकता है जब वे नित्यरूप के अधिक से अधिक निकट हों। ऊपर कहा जा चुका है कि नित्यरूप श्रेष्ठतम भी है अतः कलाओं को भी अपने भीतर शिवम् का गुण पैदा करना चाहिए। 'गणराज्य' की दूसरी और तीसरी पुस्तकों में उसने कलाओं के इसी पक्ष पर विचार किया है। यदि मनुष्य द्वारा निर्मित कलाकृति में यह गुण नहीं आ सकता तो ऐसी कृति की खोज होनी चाहिए जो देवता द्वारा निर्मित हो। 'संविधान' में इस विषय से सम्बन्धित एक प्रसंग में उसने दर्शाया है कि मिस्र में एक धुन को पिछले दस हज़ार वर्षों से संरक्षित किए चले आ रहे हैं क्योंकि वह देवी आइसिस द्वारा निर्मित है[3] और उसमें सत्य की झलक मिलती है। इसी पद्धति पर वह चाहता था कि संविधान-विशेषज्ञ ऐसी प्राकृतिक धुनों की खोज करें जो नित्यरूपों की अनुकृति हों, जो भावी संरक्षकों के चरित्र निर्माण में सहायक हो सकें तथा 'आदर्श गणराज्य' में जिन्हें स्थान दिया जा सके। चरित्र निर्माण के लिए अपनी ओर से उसने केवल दो धुनों को ही आवश्यक माना है–साहस पैदा करनेवाली और संयम लाने वाली। इन धुनों का शब्दों के साथ ऐसा तालमेल हो कि अभीष्ट फल की प्राप्ति हो सके।[4] उस समय यूनानी चिन्तन परम्परा यह विश्वास करती थी कि संगीत और अनुभूतियों में परस्पर घनिष्ठ सम्बन्ध है और संगीत के माध्यम से चरित्र का निर्माण किया जा सकता है। आवश्यकता है तो ऐसी धुनों का पता लगाने की।

प्रतिरूपणात्मक कलाओं पर विचार/मूल्यांकन करते समय प्लेटो के सामने एक ही लक्ष्य था कि आदर्श गणराज्य में वे किस तरह से और किस सीमा तक सहायक हो सकती हैं। चूँकि गणराज्य का नित्यरूप वह एक ही मानता था इसलिए इन कलाओं का आदर्श मूल रूप (प्रोटोटाइप) भी वह एक ही मानता था। उसमें किसी प्रकार का परिवर्तन करना या नवीनता लाने का प्रयास करना उसे भ्रष्ट करना था जिसे वह हमेशा नकारता रहा। मिस्र के परम्परागत संगीत, चित्र आदि की भाँति ही वह इस आदर्श मूल रूप में पवित्रता (दिव्य) का भाव देखता था। उसके मत से नित्यता को बनाए रखना ही कलाकारों का धर्म होना चाहिए। मात्र नवीनता के आनन्द के लिए मूल रूप में बदलाव करना उसकी दृष्टि में दंडनीय अपराध था।

चिन्तन के धरातल पर तर्क के सहारे प्लेटो इस निष्कर्ष पर पहुँचा था, अपनी संवेदेनाओं को, अनुभूतियों को उसने इससे दूर ही रखा था। अन्यथा, होमर का, सैफ़ो[5] का सबसे बड़ा प्रशंसक होकर भी वह उन्हें अपने गणराज्य से निष्कासित करने की बात कहे यह सम्भव ही नहीं था। किन्तु, हमारा विश्वास है कि उसके चिन्तन

को दिशा देने में ऐतिहासिक परिस्थितियों का भी हाथ था। सुकरात की मृत्यु के लगभग एक दशक बाद उसने अपने संवाद लिखने शुरू किये थे। पेलोपोनीशियाई युद्ध* को समाप्त हुए भी डेढ़ दशक बीच चुका था पर उससे जनजीवन में जो भारी उलट-फेर हुआ था उसके परिणामों को बुद्धिजीवी बहुत गहराई से अनुभव कर रहे थे। इस युद्ध में एथेन्स को स्पार्ता (डोरियाई जीवन का संवाहक तथा रूढ़ीवादी) के हाथों घोर पराजय मिली थी। युद्ध में अपने पक्ष को सशक्त करने के लिए एथेन्स ने आयोनियाई राज्यों की सहायता ली थी और उनके साथ अपनी मित्रता पर ठप्पा लगाने के लिए आधिकारिक स्तर पर कुछ ऐसे निर्णय लिये जो अब तक की नीति के विरुद्ध थे। जैसे, पार्थेनॉन के मन्दिर (जो पहले डोरियाई शैली में बना था) में आयोनियाई शैली के स्तम्भ जोड़ देना, डोरियाइयों का उसमें प्रवेश वर्जित कर देना, अथीना नाइकी का मन्दिर शुद्ध आयोनियाई शैली में बनाना। यहाँ तक कि ई.पू. 410 में राजकीय अभिलेखों के लिए आयोनियाई लिपि का ही प्रयोग करने का भी निर्णय ले लिया गया। प्लेटो इन घटनाओं का प्रत्यक्षदर्शी था। उसकी धारणा थी कि एथेन्स आयोनिया (जिसके जीवन मूल्य व्यापारिक दृष्टिकोण—तात्काप्लिक लाभ से—निर्धारित होते थे) के सम्पर्क में आने से अपनी परम्पराओं को भूल गया था, अपने जीवन दर्शन को भूल गया था। यही उसकी हार का कारण बना। उधर स्पार्ता ने अपनी परम्पराओं को शताब्दियों से बचाए रखा था। उनकी (डोरियाइयों की) इस प्रवृत्ति से वह विशेष प्रभावित था। स्पार्ता की सामाजिक व्यवस्था के परिप्रेक्ष्य में 'गणराज्य' की स्थापनाओं पर विचार करें तो उसमें वहाँ का प्रतिबिम्ब दिखलायी देगा। कलाओं में नवीनता का विरोध उसने इसी आधार पर किया कि उससे कलाकार और सामाजिक दोनों का चरित्र भ्रष्ट हो जाता है, उनमें वह पुरुषत्व नहीं रह जाता जो सच्चे यूनानी का प्रधान गुण है।

इतिहास की यह सबसे बड़ी विडम्बना कही जानी चाहिए कि परम्परा के इतने बड़े झंडाबरदार के अपने ही घर (अकादमी) में विद्रोही शिष्य तैयार हो रहा था। इसमें दो मत नहीं कि प्लेटो के भटकाव को सबसे अधिक अरस्तू ने समझा और यथासम्भव उसका परिहार भी किया। उसने कलाकृति को उचित परिप्रेक्ष्य में रख कर अनेक कोणों से समझने का प्रयास किया। यहाँ हम उसके चिन्तन के केवल एक पक्ष— परम्परा और उसमें आनेवाले/लाये जानेवाले परिवर्तन—पर ही विचार करेंगे।

अरस्तू का 'भौतिकशास्त्र' वास्तव में प्रकृति विज्ञान है। कला के सन्दर्भ में हम इसे रूप-विज्ञान भी कहें तो गलत न होगा। इसके अन्तर्गत उसने पदार्थ के रूप

* यह युद्ध ई. पू. 431 में शुरु हुआ और ई.पू. 404 में एथेन्स की हार में समाप्त हुआ।

(फॉर्म) में आनेवाले परिवर्तन और नया रूप ग्रहण करने के कारणों पर विचार किया है। इसके लिए उसने अपने सामने प्रश्न यह रखा कि प्रकृति या कला इस जगत् में अस्तित्त्व में कैसे आयी और उसमें पाये जानेवाले विशिष्ट गुण क्यों आये? इसी के समाधान के लिए उसने चार प्रश्नों पर आधारित एक उपपत्ति तैयार की :

1. यह क्या है? यह प्रश्न वस्तु के रूप से सम्बन्धित है इसलिए हम इसे रूप कारण कहेंगे।
2. यह किस पदार्थ/पदार्थों से बनी है? यह उपादान कारण की खोज है।
3. यह कैसे बनी है? यह बनने की प्रक्रिया की खोज है इसलिए निमित्त कारण हुआ।
4. यह क्यों बनी है? इसे उसने अन्तिम कारण (फाइनल कॉज़) कहा है। हम इसे प्रयोजन कह सकते हैं।

कारणों का उपर्युक्त क्रम उनके महत्त्व का निदर्शक नहीं है। महत्त्व की दृष्टि से अन्तिम कारण सबसे पहले आता है क्योंकि रूप-कारण को वही सुनिश्चित करता है। और रूप कारण उसके उपादान और निमित्त कारण को निर्धारित करता है। निष्कर्ष यह कि परिवर्तन का क्रम अन्तिम कारण, प्रयोजन, से ही शुरू होता है। उदाहरण के लिए घर (वास्तुकला की विशिष्ट कृति) की रूप रचना पर विचार करें। घर बनानेवाले (निमित्त कारण) के सामने प्रयोजन होता है इसमें रहनेवालों की सर्दी गरमी से सुरक्षा किन्तु मन में उसका रूप स्थिर करने के पहले उसे निश्चित करना होता है कि यह कितने लोगों को सुरक्षा देगा और जहाँ वह बन रहा है वहाँ का जलवायु कैसा है आदि, आदि। प्रयोजन से रूप निश्चित हो जाने पर निमित्त कारण (बनानेवाला) उपादान कारण (ईंट, पत्थर, लकड़ी) को अभीष्ट रूप (घर) देने में प्रवृत्त होता है। इस तरह लकड़ी आदि में परिवर्तन का क्रम घर के प्रयोजन से ही आरम्भ होता है। ठीक यही प्रक्रिया प्रकृति में भी देखी जा सकती है। कृति के उपादान कारण से रूप-कारण तक पहुँचने की प्रक्रिया—परिवर्तन का आरम्भ और अन्त—प्रयोजन द्वारा प्रवर्तित होने के कारण सिद्ध करती है कि इसमें महत्त्व 'जिसके लिए' का है। इस प्रक्रिया को चित्र अथवा नाटक के सन्दर्भ में देखें तो कहना होगा कि जिस तरह घर का रूप उसमें रहनेवाले (उपभोक्ता) के उपयोग द्वारा नियन्त्रित (कंडीशंड) होता है उसी तरह चित्र और नाटक का रूप भी दर्शक (उपभोक्ता) के उपयोग द्वारा निर्धारित होता है। अर्थात् उत्पाद (कलाकृति) का रूप और उसकी प्रकृति उत्पादक द्वारा नहीं उपभोक्ता (सामाजिक) द्वारा नियन्त्रित होती है। 'काव्यशास्त्र' में उसकी स्थापनाओं से स्पष्ट है कि सामाजिक में यदि करुणा-भय के आवेगों का काथार्सिस प्रयोज्य है तो नाटक त्रासदी का रूप लेगा, और यदि हास्य के आवेग का काथार्सिस निष्पन्न करना हो तो उसका रूप कामेदी का होगा। इसका अर्थ हुआ

कि ये दोनों विधाएँ सामाजिक द्वारा नियन्त्रित हैं। इसी तरह अन्य विधाओं को भी उनके प्रयोजन के प्रकाश में परखा जा सकता है।

वक्तृत्वकला के सन्दर्भ में उपर्युक्त उपपत्ति को और विस्तार मिला है। 'भाषणशास्त्र' (रहिटरिक) में एक ओर वह श्रोताओं के परिप्रेक्ष्य में वक्ता की शैलियों पर विचार करता है तो दूसरी ओर उसकी पुष्टि में चित्रकला से भी उदाहरण लेता है। वह दर्शाता है कि बड़े जन-समूह, जैसे साधारण सभा, के सामने वह एक शैली अपनाता है तो अदालत में दूसरे प्रकार की। ऐसा उसे सामाजिक की प्रकृति को ध्यान में रखकर करना पड़ता है। इसी तरह, यदि कोई चित्र दूर से ही देखा जाना है तो चित्रकार उसमें छाया-प्रकाश के बड़े-बड़े आकारों पर ध्यान देगा, सूक्ष्म ब्योरों पर नहीं। फिर जैसे-जैसे दूरी कम होती जाएकी ब्योरों पर बल बढ़ता जाएगा।[6] सामाजिक द्वारा नियन्त्रित होन के कारण इसे सामाजिकोन्मुखी दृष्टि कहा जाएगा। यूनानी मानसिकता में यह पहले से चली आ रही थी, अर्थात् काव्य का मूल्यांकन इस आधार पर होता था कि सामाजिक को उससे क्या मिला? क्या उसकी अपेक्षाएँ पूरी हुईं? अरस्तू ने इस मानसिकता को शास्त्रीय आधार दिया। अब, कारीगर यदि इन चार कारणों के सिद्धान्त को समझ लेता है तो वह सामान्य धरातल से उठकर कलाकार बन जाता है। प्लेटो के कला-सिद्धान्त में नित्यरूप एक है, वही सर्वश्रेष्ठ है। उसमें दिव्य भाव भी समाहित है। नयेपन की धुन में कलाकार उससे जितनी दूर जाएगा उसकी कृति मूल्य-क्रम में उतनी ही निम्नस्तरीय होगी। यह उसकी पश्चगामी दृष्टि थी, उसके लिए ई.पू. छठी शताब्दी का काल अधिक आदर्शमय था। अरस्तू उसकी अपेक्षा अधिक व्यावहारिक था। परिस्थितियों के अनुसार उपभोक्ता की जो भी आवश्यकताएँ हैं उन्हें पूरा करने के लिए (= प्रयोजन) कृति को एक निश्चित रूप लेना ही पड़ता है। परिस्थितियाँ चूँकि बदलती रहती हैं इसलिए नये-नये रूप (फॉर्म) अस्तित्व में आते रहे हैं, आते रहेंगे। इस दृष्टि को कुछ आलोचकों ने सापेक्षवाद की संज्ञा दी है।[7] यह प्रकृति का भी नियम है, इसे कोई रोक नहीं सकता।

यूनानी-रोमी युग में मूल्यांकन की परम्परावादी तथा प्रयोजनवादी उपपत्तियों को हम केवल प्लेटो और अरस्तू के नामों के साथ जोड़ कर न देखें। उचित होगा कि इन्हें दो प्रवृत्तियाँ मान कर चलें जो लगातार किसी न किसी रूप में, कभी मुख्य धारा तो कभी अन्तर्धारा बनकर, चिन्तन-प्रवाह को आगे बढ़ाती रहती हैं।

प्रस्तुत सन्दर्भ में अरस्तू की एक और स्थापना भी विचारणीय है। 'काव्यशास्त्र' के नवें अध्याय में उसने ऐतिहासिक सत्य और काव्य-सत्य में भेद किया है। इतिहास में उन घटनाओं का उल्लेख होता है जो घट चुकी होती हैं, काव्य में उन घटनाओं को कथासूत्र में पिरोया जाता है जो सम्भाव्यता एवं आवश्यकता के नियम के अनुसार घट सकती हैं। इतिहास का प्रतिपाद्य विशेष (पर्टिकुलर) होता है, काव्य का सामान्य

(यूनिवर्सल)। इसी आधार पर उसने काव्य को दर्शन के अधिक निकट माना है। इस उपपत्ति को यदि हम स्वीकार कर लेते हैं तो यह भी स्वीकार करना होगा कि त्रासदीकारों को ऐतिहासिक घटनाओं एवं पात्रों को लेने की कोई आवश्यकता नहीं थी। उसका तर्क था कि कामेदीकार यदि घटनाओं का तानाबाना पहले बुनकर बाद में पात्रों और घटनास्थलों को नाम दे सकते हैं तो ऐसा ही त्रासदीकार भी क्यों नहीं कर सकते। इसी दिशा में कुछ और बढ़ने पर निष्कर्ष यह निकलता है कि काव्य कल्पना जगत् की वस्तु है, उसके अपने नियम हैं। उसकी स्वायत्तता को हमें उसी रूप में स्वीकार करना चाहिए। उसे यथार्थ जगत् की तुला पर तौलना अनुचित है। इस तरह, चिन्तन के क्षेत्र में रचना-प्रक्रिया की स्वायत्तता स्थापित हो जाने का परिणाम यह हुआ कि कलाकृति धर्म/नैतिकता के बन्धन से मुक्त होने लगी और कलाशास्त्र के स्वतन्त्र रूप से विकसित होने का मार्ग प्रशस्त हो गया। प्रश्न है कि क्या काव्यकला स्वतन्त्र रूप से विकसित हुई? इस दिशा में प्रयत्न अवश्य होते रहे किन्तु सामाजिक उथल-पुथल और राजनीतिक परिस्थितियों ने उसे मुक्त उड़ान का अवसर नहीं दिया, आलोच्यकाल की रचनाएँ इसकी साक्षी हैं।

सन्दर्भ एवं टिप्पणियाँ

1. 'भासमान रूप का अनुकरण' यह वाक्यांश पाठक को अटपटा लग सकता है। इसकी व्याख्या के लिए देखिए–यूनानी आभिजात्य चिन्तन, पृ. 323-24
2. कला पर विशेष चर्चा के लिए देखिए–'गणराज्य', पु. 10
3. पृ. 657
4. 'गणराज्य', पु. तीन, पृ. 399
5. सैफ़ो लेज़बॉस की ई.पू. छठी शताब्दी की कवयित्री थी, उसके गीतों के लिए प्लेटो उसे दसवीं म्यूज़ कहा करता था।
6. पु. तीन, अ. 12, पृ. 1414 अ। इस पुस्तक का पहला और तीसरा अध्याय भी इस दृष्टि से महत्त्वपूर्ण है। इसके शुरू में ही उसका वाक्य है।–"वक्तृत्वकला के तीन प्रकार हैं जिनका निर्धारण तीन प्रकार के श्रोता करते हैं।
7. जॉन अनियन्स, दि हेलेनिस्टिक एज, पृ. 28

1. एथेन्स
विश्वनगर और मूल्य-संक्रमण

1.1 वक्तृत्वकला : काव्यशास्त्र का नया आयाम

1.1.1 ऐतिहासिक पृष्ठभूमि

ई. पू. 5 वीं शताब्दी में सोफ़िस्तों का उदय इतिहास की अनोखी घटना है। धन ले कर शिक्षा देने के लिए वे थोड़े बदनाम अवश्य हुए पर काव्यशास्त्र की सीमा का विस्तार करने का एक बड़ा काम भी उन्होंने किया। 'भाषिकी का अध्ययन काव्य रचना के लिए ही नहीं गद्य रचना के लिए भी किया जाना चाहिए, काव्यपाठ ही श्रोताओं को सम्मोहित नहीं करता एक अच्छा वक्ता भी अपने श्रोताओं को मन्त्र मुग्ध कर सकता है।'[1] सोफ़िस्तों का यह सिद्धान्त उन परिस्थितियों से उद्भूत है जो स्वयं उनके उद्भव का कारण भी हैं। एथेन्स के समाज में यह आयातित सिद्धान्त था किन्तु इसे गरिमा यहाँ की संस्कृति ने प्रदान की। भाषिकी और वक्तृत्वकला के क्षेत्र में विशिष्ट योगदान के लिए पाश्चात्य जगत् एथेन्स का सदैव ऋणी रहेगा। व्यवहार और सिद्धान्त दोनों ही स्तरों पर वक्तृत्वकला को उच्चतम बिन्दु पर पहुँचाने तथा उसकी विभिन्न शैलियों में मानक स्थापित करने का श्रेय वस्तुतः यहाँ के प्रजातन्त्र को दिया जाना चाहिए। प्रजातन्त्र की स्थापना तो यहाँ ई.पू. छठी शताब्दी में ही हो चुकी थी किन्तु उसे निखरने और परिपक्व होने का अवसर मिला 5 वीं शताब्दी में। अवसर था फारसी साम्राज्य के विरुद्ध बिखरे हुए यूनानी नगर-राज्यों को एक जुट करने का जिसमें एथेन्स ने महत्त्वपूर्ण भूमिका निभायी। युद्ध की समाप्ति के बाद इसकी सफलता का श्रेय एथेन्सवासियों ने देवताओं को और अपने प्रजातन्त्र को दिया।

ई. पू. 5 वी. शताब्दी के अन्तिम तीन दशकों में पेलोपोनीशियाई युद्ध के दौरान परिस्थितियों ने यहाँ के प्रजातन्त्र की बड़ी कठिन परीक्षा ली। इसमें एथेन्स और स्पार्ता, अपने-अपने मित्र-राज्यों के साथ पूरे यूनान पर प्रभुत्व के लिए तलवारें

भाँजते रहे। युद्ध के लिए कारण ढूँढ़ लिये जाते हैं, यहाँ भी ढूँढ़ लिए गए। पर, सच पूछा जाए तो यह दो विरोधी विचारधाराओं, दो शासनतन्त्रों का टकराव था। एक ओर आभिजात्य प्रजातन्त्र (एथेन्स) था तो दूसरी ओर रूढ़ीवादी धनिकों का तन्त्र (स्पाती) था। दोनों अपने-अपने शासनतन्त्र को अन्य नगर-राज्यों पर थोपना चाहते थे। ई.पू. 404 में राजनीतिक दृष्टि से युद्ध का अन्त भले ही एथेन्स की पराजय में हुआ पर उसका प्रजातन्त्र हारा नहीं, एक ही वर्ष के भीतर यहाँ की जनता ने "तीस प्रजापीड़कों" का शासन समाप्त कर दिया और प्रजातन्त्र पुनः स्थापित हो गया। यह प्रजातन्त्र की शक्ति ही थी कि युद्ध की विभीषिका से जूझते हुए भी यहाँ कला-संस्कृति की गति अवरुद्ध नहीं हुई। कालान्तर में इसने बृहत्तर यूनान को ही नहीं रोमी साम्राज्य को भी प्रभावित किया। इतिहासज्ञों ने खुले मन से स्वीकार किया है कि राजनीति के क्षेत्र में रोम जीता पर संस्कृति के क्षेत्र में यूनान विजयी हुआ।

एथेन्स की प्रजातान्त्रिक व्यवस्था में सबको अपना-अपना पक्ष रखने की स्वतन्त्रता थी। ई.पू. 507 में क्लायस्थ़नीज़ ने प्रजातन्त्र का विस्तार करते हुए यह विधेयक पारित करवा लिया था कि सभी वयस्क पुरुष नागरिक अपने आप साधारण सभा के सदस्य बन जायेंगे और अपनी बात स्वयं कह सकेंगे। इससे युवा वर्ग में कितना आत्मविश्वास और उत्साह भर गया होगा इसकी कल्पना की जा सकती है। प्रजातन्त्र को पुष्ट करनेवाला ऐसा ही एक और विधेयक ई.पू. 462-61 में पारित हुआ। जिसके अनुसार अभिजात वर्ग के विशेषाधिकार समाप्त हो गए और साधारण सभा सर्वोच्च संस्था बन गयी। तब से राज्य के सभी निर्णय साधारण सभा में लिये जाने लगे और बात उसी वक्ता/नेता की मानी जाने लगी जो प्रभावशाली ढंग से अपनी बात कह पाता था।

पेरिक्लीज़ वर्षों तक एथेन्स की बागडोर अपनी वाग्मिता के बल पर सँभाले रहा। उसके काल में नगर का चहुँमुखी विकास हुआ। दुर्भाग्य से, पेलोपोनीशियाई युद्ध को शुरू हुए दो वर्ष ही हुए ये कि ई.पू. 429 में उसका देहान्त हो गया। उसके उत्तराधिकारियों में न वह समझ थी न दूरदृष्टि, वे स्वहित से ऊपर भी नहीं उठ पा रहे थे। फल यह हुआ कि एक के बाद एक गलत निर्णय लिये जाते रहे। निकियास व क्लियोन के समय में भी यही हआ और एल्सीबाइयादीज़ के काल में भी। ई.पू. 419 में अपनी सम्पत्ति और वक्तृत्व शक्ति के बल पर नगर की बागडोर हाथ में आते ही एल्सीबाइयादीज़ ने स्पार्ता के साथ अकारण छेड़खानी शुरू कर दी। परिणाम यह हुआ कि पूरी तैयारी के बावजूद मांतनीया के युद्ध में एथेन्स को मुँह की खानी पड़ी। किन्तु, इसके बाद पुनः साधारण सभा को अपने पक्ष में करके उसने सिरेक्यूज़ की घेराबन्दी कर डाली और जब किसी कारणवश साधारण सभा ने उसे वापस बुलाने का निर्णय लिया तो वह शत्रु राज्य, स्पार्ता, से जा मिला।[2] ऐसे भ्रष्ट

नेताओं के भाषण सुन-सुन कर निर्णय लेने का परिणाम यह हुआ कि ई.पू. 404 में एथेन्स को स्पार्ता के आगे पूरी तरह घुटने टेक देने पड़े।

'प्रजातन्त्र बेवकूफ़ी है' एल्सीबाइयादीज़ का यह घोषवाक्य तत्कालीन परिस्थितियों के सन्दर्भ में अर्थवान् प्रतीत होता है। उस समय अभिजात वर्ग की युवा पीढ़ी के लिए परम्परागत गुण-धर्मों के अर्थ बदल गये थे। पहले एथेन्स का प्रत्येक नागरिक अपने जीवन की सफलता नगर को समर्पित जीवन में देखा करता था, अपनी श्रेष्ठता और नगर की श्रेष्ठता में एकत्व देखता था। इसकी सिद्धि के लिए युद्ध एक अनिवार्य स्थिति थी जिसके लिए वह तत्पर ही नहीं आतुर भी रहता था।[3] पर, अब बात प्रजातन्त्र को विकसित करने और सुरक्षित रखने की नहीं रह गयी थी। उसे विस्तार देने की, अन्य राज्यों को अपना करदाता बनाने की, आ गयी थी। यहीं आकर स्पार्ता और कोरिंथ से उसका टकराव हो गया। साम्राज्य-स्थापना की भावना ने एथेन्सवासियों की मानसिकता को बदल दिया था। नैतिक आचरण तथा आत्मसंस्कार के पुराने आदर्शों का स्थान व्यक्तिनिष्ठ भौतिक प्रगति ने ले लिया था। जननेताओं ने अपनी वक्तृत्वकला का उपयोग इसी उद्देश्य की पूर्ति के लिए करना शुरू कर दिया था। निजी स्वार्थ की पूर्ति के लिए गम्भीर तर्कपूर्ण विवेचन का स्थान वाक्चातुर्य ने ले लिया था ताकि निन्दनीय कार्य भी प्रशंसनीय लगने लगे।[4]

पेलोपोनीशियाई युद्ध और उसमें मिली घोर पराजय से भी एथेन्स ने कुछ नहीं सीखा। 'तीस प्रजापीड़कों' के शासन के बाद फिर से प्रजातन्त्र तो स्थापित हो गया पर स्वार्थी मनोवृत्ति ज्यों की त्यों बनी रही। कृष्ण सागर में अभी भी उसका व्यापार पहले जैसा ही चल रहा था जिससे उसकी आर्थिक स्थिति शीघ्र ही सुदृढ़ हो गयी। अब उसका साम्राज्यवाद का सपना फिर से अँगड़ाइयाँ लेने लगा। उसे आशा बँधने लगी थी कि अपनी खोयी हुई प्रतिष्ठा वह फिर से पा सकता है। इसी प्रयत्न में ई.पू. 378 में एक परिसंघ का समझौता हुआ जिससे लगने लगा कि क्षेत्र में शान्ति लौट आयेगी। पर, ऐसा हुआ नहीं। गलत निर्णयों के कारण खियोस, कोस, रहोड्ज़, बिजैंटियम जैसे सशक्त राज्यों ने ई.पू. 357 में विद्रोह कर दिया और एथेन्स को उनके आगे झुकना पड़ा। इसी क्रम में, एक बड़ा शर्मनाक समझौता ई.पू. 387 में मुख्यतः स्पार्ता द्वारा फारस के सम्राट् के साथ किया गया था। जिसके अनुसार यूनानी नगर-राज्यों की स्वायत्तता के निमित्त मध्यस्थता करने का अधिकार उसे दे दिया गया था। यह उसकी अधीनता स्वीकार कर लेने जैसा ही था।

कल्पना की जा सकती है कि इन बड़ी-बड़ी घटनाओं के अतिरिक्त और न जाने कितनी ऐसी परिस्थितियाँ रोज़ पैदा होती होंगी जिनके लिए साधारण सभा की बैठकें बुलायी जाती होंगी और ज्वलन्त समस्याओं पर गरमागरम बहसें होती होंगी। इन्हीं के दबाव में आकर नवयुवकों के लिए वक्तृत्वकला में प्रशिक्षण लेना

आवश्यक हो गया था, भाषिकी का अध्ययन इसी का एक अंग बना। भाषणशास्त्र को हम इसी का विकसित और व्यापक रूप मानते हैं। आइसोक्रेतीज़, अरस्तू और थियोफ्रेस्तुस ने अपने अपने प्रबन्ध समाज की इसी माँग को पूरा करने के लिए लिखे।

एक बात और। सुदृढ़ शासन के अभाव में लोगों के आपसी झगड़े भी बढ़ गये थे खासतौर से जमीन जायदाद को लेकर। इन्हें सुलझाने के लिए वकीलों की माँग बढ़ गयी थी। इस सन्दर्भ में एटकिन्स ने बड़ी रोचक टिप्पणी की है।

"4थी शताब्दी के पूर्वार्ध में श्रेष्ठ काव्य लेखन की धारा मन्द पड़ गयी थी। कवियों में वह व्यापक दृष्टि नहीं रह गयी थी कि पूरे यूनान का हित-अहित देख सकें। उस समय की काव्य-रचना उदात्त भाव रहित होने के कारण जनता को किसी महान् लक्ष्य की ओर प्रेरित करने में असमर्थ सिद्ध हो रही थी। देश की राजनीतिक परिस्थितियों को देखते हुए स्वाभाविक था कि काव्यकला का स्थान वक्तृत्वकला ले ले; अब उसके अन्तर्गत राष्ट्रीय विषय और उदात्त लक्ष्यों की चर्चा होने लगी थी। जनजीवन का दर्पण नाट्यशालाएँ नहीं कोर्ट-कचहरियाँ बन गयी थीं।"[5]

1.1.2 आइसोक्रेतीज़
(ई. पू. 436-338)

1.1.2.1 दृष्टि-विकास के अवस्थान

आइसोक्रेतीज़ पाँच वर्ष का था जब पेलोपोनीशियाई युद्ध घोषित रूप से शुरू हो चुका था। उसके बाद निकियास और क्लियोन का पेरिक्लीज़ की जगह लेना, ई.पू. 423 की संधि, थ्रेस में एथेन्स का हारना, अस्थायी संधि की घोषणा, युद्ध का पुनः शुरू होना और मांतनीया में एथेन्स का फिर बुरी तरह हारना इन सब घटनाओं का विस्तृत वर्णन, युवा होते-होते, उसने प्रत्यक्षदर्शियों से अवश्य सुना होगा। सम्भवतः उन बहसों के बारे में भी उसे जानकारी मिलती रही होगी जो इस बीच साधारण-सभा में होती रही थी। फिर, वयस्क हो जाने पर, अर्थात् साधारण सभा का सदस्य बन जाने पर, सिरेक्यूज के अभियान के पहले एथेन्स ने न जाने कितनी बहसों के बाद घेरेबन्दी का निर्णय लिया होगा। उन सबका वह प्रत्यक्षदर्शी/श्रोता रहा होगा। यह निर्णय कितना महत्त्वपूर्ण था इसकी कल्पना थूसीदिदीज़ के निम्न वर्णन से की जा सकती है :

अपने सैनिकों को विदा देने के लिए पूरा शहर (एथेन्स), विदेशियों सहित पिरियस बन्दरगाह पर पहुँचा था...लोगों का मन आशान्वित भी था और शोकाकुल भी। दूर भविष्य में वे अपनी विजय देख रहे थे पर उनके लिए व्याकुल भी थे जिन्हें शायद वे अन्तिम बार विदा दे रहे थे।[6]

इस घटना के समय आइसोक्रेतीज़ 21 वर्ष का युवा था। हो सकता है वह भी सैनिकों को विदा देने बन्दरगाह पहुँचा हो, तब उन सभी की मृत्यु के समाचार के दंश को उसने भी निश्चित ही झेला होगा। फिर, इसके एक दशक बाद ही स्पार्ता के हाथों पूर्ण पराजय तथा उसके भयावह परिणामों—सार्वजनिक जीवन में व्यक्तिगत राग-द्वेष का खुला खेल, सुकरात की मृत्यु आदि—का भी वह भुक्तभोगी रहा होगा। जननेताओं की भ्रष्ट मनोवृत्ति और उसके फलस्वरूप भाषणों के प्रयोजन तथा स्वरूप में आये परिवर्तन को उसने सूक्ष्मता से देखा-परखा होगा। ई.पू. 392 में जब उसने अपना शिक्षण संस्थान खोला तो उसका उद्देश्य शिक्षार्थियों को केवल भाषिकी का

पाठ पढ़ाना नहीं था बल्कि ऐसे योग्य वक्ता तैयार करना था जो अपने चरित्र, चिन्तन तथा वक्तृत्वकला से नगर को नयी दिशा दे सकें। उसने अपने लिए भी यही कसौटी रखी। उसके लिखित भाषण तथा अन्य रचनाएँ इसका प्रमाण हैं। उनके विषय और प्रकाशन-काल में जब हम तालमेल बैठाने लगते हैं तब यह बात साफ़ हो जाती है कि अपने समय के घटनाक्रम से वह कितनी घनिष्ठता से जुड़ा हुआ था। 'पैनएजिरिकुस' ई.पू. 380 में लिखा गया था। यह उसका पहला राजनीतिक भाषण है। इसमें उसने सभी यूनानी राज्यों से आपसी मतभेद भुलाकर एक हो जाने का आग्रह किया है ताकि फारसी सेनाओं पर प्रबल प्रहार करके वहाँ यूनानी संस्कृति का परचम लहराया जा सके।[7] इसमें एथेन्स के प्रति उसका श्रद्धाभाव भी व्यक्त हुआ है। उसके लिए यूनानी जीवनशैली (= आभिजात्य जीवनशैली) ऐसा धर्म है जो पूरी मानव जाति का उद्धार कर सकता है। वास्तव में वह इस तथ्य को रेखांकित कर रहा था कि यूनान की भौतिक समृद्धि और सांस्कृतिक संस्थाएँ एथेन्स की देन हैं। इस अर्थ में वह स्वयं को ऐसे देवदूत के रूप में देख रहा था जिसे देवताओं ने यूनानियों के आपसी झगड़ों को शान्त करने के लिए भेजा है ताकि वे एथेन्स के नेतृत्व में एकजुट होकर बर्बर जातियों (मुख्यतः फारसी साम्राज्य के निवासी) का सामना कर सकें। इस भाषण की पृष्ठभूमिस्वरूप यदि हम ई.पू.387 में स्पार्ता द्वारा किये गये समझौते और उसके बाद की स्थिति पर ध्यान दें तो उसके भाषण का ध्वन्यर्थ स्पष्ट हो जाता है।

बहुत कुछ ऐसी ही स्थिति ई.पू. 355 में फिर पैदा हो गयी थी। आइसोक्रेतीज़ का 'शान्ति'[8] (ऑन दि पीस) शीर्षक से तैयार किया गया भाषण उसी काल की देन है। ई.पू. 378 में स्थापित परिसंघ अपने लक्ष्य में विफल हो गया था। कुछ सशक्त राज्यों के दबाव में आकर एथेन्स को शान्ति-संधि करनी पड़ी थी। इस बात का उल्लेख मिलता है कि साधारण सभा में जब यह विषय विचारार्थ लिया जानेवाला था तभी उसने यह भाषण दिया था। इसमें उसने एथेन्सवासियों को यह समझाने का प्रयास किया था कि उन्हें अपने ही नहीं पूरे यूनान के हित में भी खियोस, रूहोड्ज आदि राज्यों तथा अन्य राज्यों के साथ शान्ति-संधि कर लेनी चाहिए। इस दिशा में वह इस विश्वास से प्रेरित था कि एथेन्सवासियों पर परिसंघ के मित्र-राज्यों की स्वतन्त्रता स्वीकार कर लेने का उत्तरदायित्व तो है ही, स्वतन्त्रता का सन्देश पूरे यूनान को देने का भार भी उन्हीं पर है। उन्हें चाहिए कि सैन्य शक्ति के स्थान पर नैतिक शक्ति के द्वारा अन्य नगरवासियों का दिल जीतें, उनका मार्गदर्शन करें। दूसरे शब्दों में, वह एथेन्स को ई.पू. 478 में हुए 'देलियाई गठबन्धन' की स्थिति में देखना चाहता था। इस भाषण की शैली ऐसी है मानों वह साधारण-सभा में पढ़ा जा रहा हो पर उसे वितरित किया गया था कुछ पढ़े-लिखे लोगों के बीच ही। इससे समझा

जा सकता है कि इस भाषण का संबोध्य वास्तव में एक विशिष्ट वर्ग, अभिजात वर्ग, ही था।

'शान्ति' के कालखण्ड में ही 'ऐरियोपेगितिकुस'[9] भी लिखा गया। इसका विषय है र्‌होड्ज जैसे मित्र राज्यों के विद्रोह से उत्पन्न निराशाजनक स्थिति तथा एथेन्सवासियों का गिरा हुआ मनोबल। उसका तर्क है कि नगर की सुरक्षा उसके परकोटे से नहीं होती, उसका वास्तविक कवच नागरिकों का श्रेष्ठ चरित्र है। नागरिकों की आत्मिक शक्ति ही राज्य-व्यवस्था की शक्ति है। इसके लिए वह सोलोन और क्लायस्थनीज़ के समय के सीमित प्रजातन्त्र का आदर्श सामने रखता है (अरस्तू की दृष्टि भी यही थी)। इस तथ्य का उल्लेख मिलता है कि यह भाषण भी उसने 'शान्ति' भाषण की तरह ही पढ़े-लिखे लोगों के बीच वितरित करने के लिए लिखा था यद्यपि शैली सार्वजनिक भाषण जैसी थी।

यूनान की अखण्डता आइसोक्रेतीज़ के लिए अत्यन्त महत्त्वपूर्ण विषय था। फ़िलिप द्वितीय को सम्बोधित भाषण (ई.पू. 346) में इसे और गहराई से महसूस किया जा सकता है। एथेन्स और फ़िलिप दस वर्षों से एंफ़िपोलिस पर अधिकार के लिए लड़ते आ रहे थे, इसी युद्ध की पृष्ठभूमि पर यह भाषण तैयार किया गया था। तब तक संधि नहीं हो पायी थी और साधारण सभा में इस पर लगातार बहस छिड़ी हुई थी। जनता 'युद्ध या शान्ति' के प्रश्न पर विभाजित थी। शान्ति दल का नेता आइसोक्रेतीज़ था। वह देख रहा था कि हमारा असली दुश्मन फ़ारस का सम्राट् है न कि फ़िलिप, इसलिए एथेन्स को फ़िलिप से शान्ति-संधि कर लेनी चाहिए।

फ़िलिप एथेन्स का निःसन्देह शत्रु था किन्तु आइसोक्रेतीज़ को उसमें पूरे यूनान को एक करने की शक्ति दिखायी दे रही थी, बस, इसी आधार पर वह उससे मित्रता करने के पक्ष में था। वह उसे पूरे यूनान को एकता के सूत्र में बाँध लेने के लिए आमन्त्रित भी करता है। यहाँ, एथेन्सवासियों की प्रजातान्त्रिक प्रणाली आड़े आ गयी। निजी स्वतन्त्रता बनाए रखने के लिए फ़िलिप के विरोध में दिमोस्थनीज़ ने एक ओजस्वी भाषण दिया। उसकी एथेन्स-भक्ति प्रशंसनीय थी पर इतिहास जो करवट ले रहा था उसे वह नहीं देख सका था। उसे समझ जाना चाहिए था कि छोटे-छोटे नगर-राज्यों का युग समाप्त होने जा रहा है, एथेन्स को परकोटे से घिरी सीमा का विस्तार करके विश्वनगर का सपना साकार करना है। आइसोक्रेतीज़ इसे साफ़-साफ़ देख रहा था। यही व्यापक दृष्टि उसके भाषण को मूल्यवान् बना देती है। देखा जाए तो विजय अंततः उसके दृष्टिकोण की हुई। सिकन्दर ने उसका सपना साकार कर दिखाया। उसने मध्य एशिया और मिस्र को भी यूनान की सीमाओं के भीतर समेट लिया और इस बृहत्तर यूनान की सांस्कृतिक राजधानी थी एथेन्स।

1.1.2.2 श्रेष्ठ भाषण की अवधारणा

(i) वस्तु-तत्त्व और रूप-तत्त्व की समन्विति

एथेन्स की युगीन परिस्थितियों को देखते हुए आइसोक्रेतीज़ इस निष्कर्ष पर पहुँचा था कि उसका सबसे पहला काम है अपने समय की युवा पीढ़ी के चरित्र को ऊँचा उठाना, उसकी मानसिकता को बदलना। और, उसने अनुभव किया कि इसके लिए जिस प्रकार की शिक्षा की आवश्यकता है उसमें वक्तृत्वकला महत्त्वपूर्ण योग दे सकती है। लक्ष्य को ध्यान में रखते हुए उसने इसके सभी पक्षों पर गहराई से विचार किया। अपने भाषणों और पत्र-प्रबन्धों में उसने जगह-जगह जो टिप्पणियाँ की हैं उनसे स्पष्ट है कि इस सम्बन्ध में उसकी दृष्टि जितनी व्यापक थी उतनी ही सूक्ष्म भी थी।* भाषणशास्त्र उसके लिए दर्शन अथवा सांस्कृतिक विमर्श था जिसमें उच्चकोटि के वस्तु-तत्त्व को उसी के अनुरूप श्रेष्ठ स्तर का रूप प्रदान किया जाता है। वह देख रहा था कि राजनीति के क्षेत्र में स्वार्थी तत्त्वों की चालों से जो घटनाएँ घटती हैं उनके दुःखद परिणाम वास्तव में जनसामान्य को भुगतने पड़ते हैं और यह क्रम लगातार कई वर्षों से चलता चला आ रहा था। अतः वह चाहता था कि वक्तृत्वकला में रुचि रखनेवाला विद्यार्थी व्यापक राजनीतिक विषयों पर अपने भाषण तैयार करें। इससे उन्हें अपने सच्चे नागरिक होने का बोध होगा और वे अपने कर्तव्य का निर्वाह करने में सक्षम होंगे। यह आदर्शोन्मुखी व्यावहारिक दृष्टि थी इसलिए कहा जा सकता है कि भाषणशास्त्र उसके लिए उच्चस्तरीय नागरिक जीवन-दर्शन था। इस दृष्टि के महत्त्व को समझने के लिए इसे युगीन वस्तु-स्थिति (तत्कालीन भाषणशास्त्र/भाषिकी के अध्यापकों की शिक्षा पद्धति) के परिप्रेक्ष्य में देखना आवश्यक है। प्रभावशाली भाषण तैयार करने की पद्धति सिखलानेवाले शिक्षकों का बल सामान्यतः रूप-पक्ष पर होता था, उसमें भी चामत्कारिक शब्द प्रयोग ही उनके लक्ष्य हुआ करते थे, विषय-वस्तु उनके लिए अत्यन्त गौण थी। वे यह विश्वास लेकर चल रहे थे कि आलंकारिक शैली में जो बात कह दी जाएगी वह अपने आप प्रभावशाली बन जाएगी। उनका सूत्र था—रूप-तत्त्व का सौन्दर्य = वस्तु-तत्त्व का सौन्दर्य। इसके विरोध में आइसोक्रेतीज़ की स्थापना थी कि विषयगत मूल्य एक स्वतन्त्र सत्ता है जिसका निर्धारण उस समय की राजनीतिक एवं सामाजिक परिस्थितियाँ करती हैं।[10] उसके भाषण इस अवधारणा को सिद्धान्ततः और व्यवहारतः

---

* आइसोक्रेतीज़ का 'भाषणशास्त्र' पर लिखा प्रबन्ध अप्राप्य है, बस कुछ टिप्पणियाँ ही बची रह गयी हैं। इसलिए यहाँ उसकी अन्य रचनाओं के प्रकाश में ही उसके दृष्टिकोण को समझने का प्रयास किया जा रहा है।

दोनों प्रकार से सिद्ध करते हैं। समय-समय पर उसने जो भी भाषण लिखे उनके विषय थे—एथेन्स को प्राचीन गौरव पुनः प्राप्त करना है, एथेन्स को पूरे यूनान का नेतृत्व करना है, पूरे यूनान को फिर से एक होना है, एक जुट यूनान ही फारसी साम्राज्य का सामना कर सकता है, एथेन्स को पूरे विश्व की सांस्कृतिक राजधानी बनना है। ये विषय ऐसे थे जिनका तत्कालीन समस्याओं से सम्बन्ध था फिर भी ये समय की सीमा से स्वतन्त्र थे। इस तरह, विषय-वस्तु को उसने नया आयाम दिया और उसी के अनुरूप अभिव्यक्ति पक्ष को भी नयी दृष्टि से देखा। दृष्टि यह थी कि प्रत्येक विषय एक विशिष्ट रूप की अपेक्षा रखता है, केवल उसी में ढल कर वह पूरी तरह व्यक्त हो पाता है। इसलिए, अच्छे भाषण की पहली शर्त यह है कि इसके रूप-पक्ष को किसी बने-बनाये साँचे में ढालने का प्रयत्न नहीं करना चाहिए। दूसरी शर्त यह है कि हम जो भी कहें पूरे विश्वास से कहें सिर्फ दिखावे के लिए या स्वार्थ सिद्धि के लिए न कहें। मनुष्य को सबसे बड़ा वरदान वाणी के रूप में मिला है उसका दुरुपयोग नहीं होना चाहिए। इस सन्दर्भ में 'निकोक्लीज़' में आया यह वाक्य उसकी दृष्टि को रेखांकित करता है :

"अच्छे (प्रभावशाली) ढंग (शैली) से बोलना गहरी समझ का प्रमाण है। जब सच बोलते हैं, नियमानुसार और औचित्य का विचार करते हुए बोलते हैं तो उसमें हमारी श्रेष्ठ और निष्ठावान् आत्मा की झलक मिलती है।"

प्रस्तुत उद्धरण में आइसोक्रेतीज़ दो बातों पर बल दे रहा है। एक भाषण का विषय उदात्त होना चाहिए तथा शैली भी उसी के अनुरूप होनी चाहिए; दूसरी, यह तभी सम्भव है (अर्थात् अभिव्यक्ति पक्ष तभी सबल हो सकता है) जब वक्ता चरित्रवान् हो, निष्ठावान् हो। 'निकोक्लीज़' शीर्षक से लिखे पत्र-प्रबन्ध द्वारा वह पूरे एथेन्स को (या कम से कम वे जो वक्तृत्वकला की शिक्षा ले रहे हैं) सन्देश दे रहा था कि कोर्ट-कचहरियों में चल रहे छोटे-मोटे झगड़ों को छोड़ो, अपने विकास के बारे में सोचो, पूरे यूनान की उन्नति का लक्ष्य सामने रखो, उसके लिए स्वयं को सामर्थ्यवान् बनाओ तब तुम्हारी वाणी (रूप-तत्त्व) में अपने आप वह सौन्दर्य, वह शक्ति, आ जाएगी जो श्रोताओं को प्रभावित करेगी।

(ii) 'सोफ़िस्तों के विरोध में' और उदात्त विषय का संधान

विषय और उसकी अभिव्यक्ति दोनों में एकत्व किसी भी कलाशास्त्री का अभीष्ट हो सकता है, फिर भी, आइसोक्रेतीज़ से यदि पूछा जाता कि दोनों में से कौन सा पक्ष उसके लिए अधिक महत्त्वपूर्ण है तो उसका उत्तर होता विषय। किस पक्ष को कितना महत्त्व मिलना चाहिए यह बहुधा समसामयिक परिस्थितियों पर निर्भर करता है। उस समय, भाषणशास्त्र के शिक्षकों अर्थात् सोफ़िस्तों ने कुल मिलाकर इसे शब्दक्रीड़ा का

रूप दे दिया था। इतिहास साक्षी है कि ई.पू. 5वीं शताब्दी का अन्त होते न होते जनसाधारण में सोफ़िस्तों की साख बहुत कम हो गयी थी, इन्होंने शिक्षक होने का पेशा तो अपनाया पर उसके प्रति ईमानदार नहीं रहे। अपने बड़बोलेपन से वे लोगों पर यह छाप छोड़ने का प्रयास अवश्य करते थे कि देखने में वे भले ही यों ही वक्त गुजारनेवाले निठल्ले लगते हों पर सच्चे ज्ञानी वे ही हैं क्योंकि वे चिन्तक है।[11] पर वास्तविकता इसके ठीक विपरीत थी।

आइसोक्रेतीज़ स्वयं को सोफ़िस्त मानता था पर उस अर्थ में नहीं जिस अर्थ में इन अध्यापकों ने स्वयं को प्रचारित कर रखा था। दूसरे, यह भी सम्भव है कि अन्य सोफ़िस्त किसी न किसी बात पर हमेशा उसकी आलोचना करते रहे हों। इसलिए, यह आवश्यक हो गया था कि वह स्वयं को उनसे भिन्न दर्शाये तथा लोगों के सामने उनकी असलियत भी रखे। इसी पृष्ठभूमि में उसने 'सोफ़िस्तों के विरोध में' प्रबन्धात्मक चर्चा ई. पू. 390 में प्रकाशित की। इसमें उसने सोफ़िस्तों पर कई दिशाओं से प्रहार किया है। पहले, उनके सिद्धान्तहीन जीवन को सामने रखा, यह दिखलाया कि इनकी कथनी और करनी में कोई मेल नहीं हैं फिर, उनकी शिक्षण पद्धति के दोषों को उजागर किया और निष्कर्ष निकाला कि जब वे स्वयं ही भ्रम में पड़े हुए हैं, दो-चार मामूली नुस्खों को ही सच्चा ज्ञान समझ बैठे हैं, तो अपने शिष्यों का क्या भला करेंगे।

नगर-नगर छात्रों की खोज में भटकनेवाले सोफ़िस्तों के उसने दो वर्ग किए। एक वे, जो मुकद्दमों को जीतने के गुर सिखलाते थे; दूसरे वे, जो राजनीतिक भाषणों में दक्षता प्राप्त करने तथा जीवन को सफल बनाने की विद्या प्रदान करने का प्रचार करते थे। सबसे पहले उसने उन सोफ़िस्तों पर निशाना साधा जो कचहरियों में वाद-विवादवाली पद्धति को सिखलाने का दावा करते थे और उसके माध्यम से सत्य के उद्घाटन का दम मरते थे। यहाँ उसका कथन है कि समझदार लोग जानते हैं कि वास्तव में ये झूठ का ही प्रचार कर रहे हैं। उन्हें झूठ का प्रचारक कहने का कारण यह था कि ये ऐसी शिक्षा देने की बात कहते थे जिससे व्यक्ति जीवन में सब कुछ—सुख, समृद्धि, यश—पा सकता है, जब कि सच यह है कि कोई शिक्षा ऐसी नहीं हो सकती जो सभी परिस्थितियों में सफलता दिला सके। यदि मनुष्य भविष्य नहीं देख सकता तो वह किसी एक शिक्षा पर कैसे निर्भर रह सकता है।[12] शिक्षा, अधिक से अधिक, उसे व्यावहारिक ज्ञान दे सकती है जिससे वह किसी भी परिस्थिति का सामना कर सके।

ऐसे अध्यापकों का विरोध करने का दूसरा कारण यह था कि ये अपने प्रचार में जनकल्याण के लिए ज्ञान दान करने की बात कहा करते थे (ऐसा ज्ञान जिससे देवत्व, अमरत्व पाया जा सकता है) और दिखावा करते थे कि इसके बदले में उन्हें

धन जैसी तुच्छ वस्तु का लालच नहीं है। पर सच्चाई यह थी कि ये थोड़ी सी राशि के बदले में भी पढ़ाने को तैयार हो जाते थे,* इनका हाथ हमेशा फैला ही रहता था। दावा यह करते थे कि अपने विद्यार्थियों को चरित्रवान्, परम ज्ञानी, सर्वगुण सम्पन्न बना देते हैं पर स्वयं इतने अविश्वासी होते थे कि पढ़ाने की राशि पहले ही ले लेते थे,[13] भला इससे बड़ी विडम्बना और क्या हो सकती है। और इनकी शिक्षा वास्तव में होती क्या थी—वाद-विवाद में एक दूसरे के तर्कों में विसंगतियाँ ढूँढ़ना। परिणामस्वरूप, यदि जनसाधारण इनकी शिक्षा से दूर हो जाय तो इसके लिए ये स्वयं उत्तरदायी हैं।

यही शिकायत उसकी उन सोफ़िस्तों से भी थी जो राजनीतिक भाषण की शिक्षा दे रहे थे। इन शिक्षकों की [विषयगत] सत्य में रुचि नहीं थी, लक्ष्य था तो बस एक—अधिक से अधिक घनोपार्जन करना। फिर, उसके लिए चाहे कम फीस लेकर अधिक छात्र आकर्षित करने की बात हो चाहे धन लेकर किसी के लिए भाषण लिखने की बात हो ये सब करने के लिए तैयार रहते थे। उसकी दृष्टि में इनके लिखे भाषण इतने अधकचरे होते थे कि कोई राह चलता भी उससे अच्छा लिख ले। पर, इनकी घोषण यही होती थी कि इनसे प्रशिक्षण पाकर कोई भी कुशल वक्ता बन सकता है, वह भी बड़ी सरलता से, बस थोड़े से गुर सीखकर। जैसे कोई बालक शब्द की वर्तनी सीखता है (अध्यापक बोलता जाता है बालक लिखता जाता है और मान लिया जाता है कि उसे वर्तनी आ गयी, वह शिक्षित हो गया) उसी तरह, इनकी घोषणा थी कि यदि कोई इनके निर्देशानुसार भाषण तैयार करता है तो मान लेना चाहिए कि वह भाषण लिखने में निपुण हो गया। आइसोक्रेतीज़ ने इन घुमक्कड़ अध्यापकों की इसी शिक्षण पद्धति पर प्रश्नचिन्ह लगाया है। उसके मन में प्रश्न रहा होगा कि क्या किसी बँधी-बँधायी पद्धति को अपनाने से अच्छा भाषण तैयार किया जा सकता है? इस प्रश्न को कुछ और व्यापक बनाकर दूसरे ढंग से यों भी रखा जा सकता है कि क्या कलात्मक गद्य पर कुछ सूत्र घटाने से सच्ची समीक्षा कोई रूप ले सकती है?

उपर्युक्त प्रश्न का उत्तर उसे स्वयं ही ढूँढ़ना था। जब उसने 'सोफ़िस्तों के विरोध में' लिखा था उस समय तक प्लेटो ने अपने संवाद शायद ही लिखने शुरू किए हों। स्वतन्त्र समीक्षा का तब तक कोई स्थिर रूप सामने नहीं आया था। हाँ, कवि और नाटककार अपनी-अपनी रचनाओं में इस विषय पर प्रकाश अवश्य डालते आ रहे थे, गोष्ठियों भी इसकी चर्चा होने लगी थी और अपने-अपने पक्ष को

* सोफ़िस्तों में उन दिनों जबरदस्त प्रतिस्पर्धा चल रही थी, इसलिए ये अधिक से अधिक छात्रों को आकर्षित करने के लिए कम से कम फीस लेने के लिए विवश थे।

प्रचारित करने के लिए पर्चे भी बाँटे जाते थे। पर, समीक्षा का एक स्वतन्त्र शास्त्र भी हो सकता है इस ओर किसी का ध्यान नहीं गया था। गोर्जियास जैसे समर्पित सोफ़िस्तों को यह श्रेय अवश्य जाता है कि उन्होंने कुछ ऐसे नियमों का प्रतिपादन किया जिनका पालन करने से गद्य भी कविता जैसा ही कलात्मक और प्रभावशाली बन सकता है। आइसोक्रेतीज़ गोर्जियास का शिष्य था और एक अच्छे छात्र के धर्म का निर्वाह करते हुए उसने गुरु से जो पाया उसे अपने अध्ययन और अनुभव से और समृद्ध किया। उसकी यह चिन्ता स्वाभाविक थी कि अपने गुरु की परम्परा को नकली अध्यापकों से कैसे बचाया जाय।

आइसोक्रेतीज़ नौ वर्ष का था जब गोर्जियास ई.पू. 427 में लियोंताइनि का राजदूत बनकर एथेन्स आया था। वह जितने समय तक भी वहाँ रहा उसके भाषणों की धूम मची रही। उसके भाषण श्रोताओं को विषय की जानकारी के साथ-साथ सुनने का आनन्द भी देते थे, लगता था जैसे किसी ने कानों में रस घोल दिया हो। आइसोक्रेतीज़ ने अपनी किशोरावस्था में उसे अवश्य सुना होगा इसलिए गोर्जियास जब थेसाली में जाकर बस गया तो वहाँ भी शिक्षार्थी के रूप में पहुँच गया। फिर, एथेन्स आकर अपना शिक्षण संस्थान खोला और पाँच दशकों तक एक आदर्श अध्यापक बनकर युवकों का मार्गदर्शन करता रहा।* अतः जब उसने देखा कि कुछ सोफ़िस्त युवकों का उचित मार्गदर्शन नहीं कर रहे हैं तो उसने उनके दोषों पर प्रहार करना भी अपना कर्त्तव्य समझा। उसने स्पष्ट किया कि शब्दों की वर्तनी अथवा वाक्य रचना के नियमों को सिखलाना और कलात्मक गद्यलेखन की शिक्षा देना दोनों में धरती आकाश का अन्तर है। ये अध्यापक भूल जाते हैं कि व्याकरण के अनुसार त्रुटिहीन वाक्यों का प्रयोग करके कुछ लिख लेना शिल्प के अन्तर्गत आता है, उसी तकनीक को सर्जनात्मक प्रक्रिया पर घटाना बहुत बड़ी भूल है। व्याकरण के नियम स्थिर हैं, शब्द की वर्तनी भी नहीं बदली जा सकती किन्तु भाषण लिखते समय स्थिति भिन्न होती है। दूसरे शब्दों में कहा जा सकता है कि कला में कल्पना से उद्भूत नये-नये विचारों की अभिव्यक्ति अधिक महत्त्वपूर्ण और मूल्यवान् होती है जिसके लिए कई बार नियमों की अवहेलना अनिवार्य हो जाती है। सोफ़िस्तों के विरोध का यह सैद्धान्तिक आधार था। अधिकांश सोफ़िस्त पाठ्यक्रम में भाषणशास्त्र को सम्मिलित अवश्य करते थे पर उनका बल उसके रूप-पक्ष पर ही होता था और रूप-पक्ष

---

* आइसोक्रेतीज़ का संस्थान कितना प्रतिष्ठित था इसका अनुमान इसी तथ्य से लगाया जा सकता है कि उसकी फ़ीस सबसे ज्यादा थी, फिर भी उसमें इतने विद्यार्थी थे जितने सब सोफ़िस्तों के पास कुल मिलाकर थे। विद्यार्थियों से ली गयी राशि का काफी बड़ा हिस्सा वह एथेन्स के विकास कार्यों में लगाता था, यह उसके समर्पित जीवन का प्रमाण था।

से उनका तात्पर्य हुआ करता था व्याकरण सम्मत वाक्य रचना। इससे आगे यदि वे बढ़ते थे तो शब्द-छल पर अटक जाते थे, ले-दे कर कोई ऐसी बात कहना कि श्रोता उलझन में पड़ जाय और उन्हें विद्वान् मान बैठे। इस दृष्टि का खंडन करनेवाला आइसोक्रेतीज़ का पक्ष था कि नियमों की जकड़बन्दी में कला अपना प्रयोजन सिद्ध नहीं कर सकती। कोर्ट-कचहरियों में विपक्ष के शब्द-प्रयोगों की चीर-फाड़ करनेवाले यह नहीं सोच पा रहे थे कि सार्वजनिक भाषणों का प्रयोजन श्रोताओं की मानसिकता को बदलना है। दूसरे, यह स्वीकार करते हुए भी कि गद्य को कला की ऊँचाई प्रदान करना आवश्यक है, इस तथ्य को भी ध्यान में रखा जाना चाहिए कि गद्य के अनेक प्रकार हैं और प्रत्येक में विषय की प्रकृति एक अलग ढंग के प्रतिपादन की अपेक्षा रखती है। विषय के जितने भी आयाम हो सकते हैं पहले उनकी खोज करना, उन्हें अच्छी तरह समझना जरूरी है फिर उसी के अनुरूप रूप-पक्ष निर्धारित किया जाना चाहिए।[14]

इसके बाद आइसोक्रेतीज़ वक्तृत्व कला के विषय पक्ष को लेता है। मुकद्दमों में बहस करते समय कहा तो यह जाता था कि वे, वादी और प्रतिवादी, वास्तविकता का पता लगाने की कोशिश कर रहे हैं पर इनका लक्ष्य सच जानने का कम वाक्पटुता की धाक जमाने का अधिक होता था। एक-एक वाक्य का विश्लेषण करके अपनी बुद्धि का लोहा मनवाना ही उनकी प्रेरक शक्ति होती थी। इसकी तैयारी के लिए कक्षा में कुछ ऐसे विषय लिए जाते थे—''कोई झूठ नहीं बोल सकता'' ''किसी भी वस्तु का अस्तित्व नहीं है'', या ''जो सम्भव है वह असम्भव भी है।'' उसके अनुसार ऐसे विषयों का विश्लेषण करना तर्क शक्ति का दुरुपयोग है, इसलिए, भाषणशास्त्र की शिक्षा देनेवालों के बीच पनपती इस प्रवृत्ति की उसने कड़ी भर्त्सना की। एटकिन्स की मानें तो प्रोतेगोरस और गोर्जियास भी उसकी ऐसे शिक्षकों की सूची में शामिल थे।[15] इससे अनुमान लगाया जा सकता है कि कुतर्क का सहारा लेनेवाले केवल वे अध्यापक ही नहीं थे जो कोर्ट-कचहरियों के लिए वकील तैयार कर रहे थे वरन् वे भाषण विशेषज्ञ भी थे जिनका व्यवसाय ही दूसरों के लिए भाषण लिखना था। प्रजातान्त्रिक व्यवस्था में बहुमत को अपने पक्ष में करने के लिए विषय की जानकारी और भाषा पर अधिकार दोनों की आवश्यकता होती है। किन्तु, इसके लिए शिक्षाविद् जिस पद्धति को अपना रहे थे उससे छात्रों का भला नहीं हो रहा था। देखने में यह आ रहा था कि अध्यापक कोई भी सामान्य विषय लेकर आलंकारिक शैली में उसे विस्तार देने का अभ्यास करवा रहे थे। स्पष्ट था कि उनके लिए वस्तुतत्त्व का कोई महत्त्व नहीं था, जो भी था रूप-तत्त्व ही था। उनका तर्क था कि यदि रूप आकर्षक है तो वस्तु अपने आप प्रभावशाली बन जाएगी। इधर आइसोक्रेतीज़ इस विश्वास से प्रेरित था कि भाषण तभी मूल्यवान् हो सकता है जब उसका रूप किसी

महत्त्वपूर्ण उदात्त विषय को अभिव्यक्ति दे रहा हो। शिक्षक यदि किसी गम्भीर विषय का चयन नहीं कर पाता तो यह उसकी अक्षमता है। परिणाम यह होगा कि यह कमी विद्यार्थियों में भी उनकी प्रतिभा के विकास में अवरोधक बन जायेगी।[16]

भाषण का विषय महान् हो, उदात्त हो, आइसोक्रेतीज़ की यह दृष्टि अपने समय के घटना-क्रम से विकसित हुई थी। उसके सामने सभी राज्यों पर घहराता संकट था। उससे जूझने के लिए देश प्रेम/नगर-प्रेम के साथ-साथ पूरे हेलास को एक राष्ट्र मानने का भाव होना भी आवश्यक था। इस महान् कार्य के लिए सभी एथेन्सवासी प्रोत्साहित हों यह उदात्त विषय द्वारा ही सम्भव था। उसने स्वयं ऐसे विषय चुने और इसी देश-प्रेम की भावना से उसने प्रतिद्वन्द्वियों पर प्रहार भी किया।

1.1.2.3 भाषण-हेतु

होमर से लेकर एरिस्तोफ़ेनीज़ तक सभी कवियों ने, तथा इसी क्रम में सुकरात जैसे चिन्तकों ने भी, सृजन शक्ति में सहजात प्रतिभा के महत्त्व को स्वीकार किया है। यह म्यूज़, वाणी की अधिष्ठात्री देवी, की देन है। किसी भी रचना के लिए जन्मजात संस्कारों का होना पहली शर्त है। उन्हें निखारने के लिए व्युत्पत्ति और अभ्यास की आवश्यकता है, अतः उनके महत्त्व को भी कम करके नहीं आँका जा सकता। आइसोक्रेतीज़ देख रहा था कि वक्तृत्वकला नागरिक जीवन के दैनंदिन कार्यों के साथ अभिन्न रूप से जुड़ी हुई है, प्रत्येक परिस्थिति में वह नया रूप लेती है। इसलिए, उसे किन्हीं नियमों में पूरी तरह बाँध लेना सम्भव नहीं है, तात्पर्य यह कि इसको वश में करने के लिए प्रतिभा, व्युत्पत्ति और अभ्यास तीनों का समायोग अनिवार्य है। किन्तु व्यवहार में हो यह रहा था कि भाषिकी सिखलानेवाले केवल अपने द्वारा दी जाने वाली शिक्षा को ही महत्त्व दे रहे थे। इन्हीं की ओर संकेत करते हुए उसने 'सोफ़िस्तों के विरोध में' लिखा कि अच्छे वक्ता तैयार करने की कसम खानेवाले ये शिक्षक एक ओर जन्मजात योग्यता और व्यावहारिक ज्ञान (इससे उसका तात्पर्य सम्भवतः स्वाध्याय और अभ्यास से था) दोनों को नकारते हैं और दूसरी तरफ बस थोड़े से बँधे-बँधाये नियम सिखलाते हैं जैसे कोई वर्तनी सिखला रहा हो।[17] सोफ़िस्त अपने द्वारा दी जाने वाली शिक्षा पर सर्वाधिक बल इसलिए देते थे ताकि उनका गुरुडम बना रहे, पर अपने ज्ञान की गरिमा में वे भूल रहे थे ज्ञान के प्रत्येक क्षेत्र का निजी अनुशासन होता है। व्याकरण और वक्तृत्वकला दोनों भिन्न हैं, दोनों को एक ही तरीके से नहीं सिखलाया जा सकता और, यह निश्चित है कि छात्र में यदि जन्मजात प्रतिभा न हो तथा अभ्यास की भी कमी हो तो कुछ नियम सीख जाने से वह अच्छा वक्ता नहीं बन सकता। जब कि ऐसे कई अच्छे वक्ताओं और राज्यविशेषज्ञों के उदाहरण हमारे सामने हैं जिन्होंने अपनी प्रतिभा और अनुभव के

बल पर ही, बिना किसी को गुरु बनाये, इस क्षेत्र में उच्च स्थान प्राप्त किया है। इससे सिद्ध होता है कि अन्य कलाओं की भाँति अच्छा भाषण देना भी इन्हीं दोनों हेतुओं पर अधिक निर्भर करता है। वैसे कुल मिलाकर देखा जाय तो किसी भी श्रेष्ठ रचना में तीनों काव्य-हेतुओं का अपना-अपना योग रहता ही है। जैसे, मौलिक उद्भावनाएँ बिना जन्मजात संस्कारों के सम्भव नहीं हैं, साथ ही इनके विकास के लिए निरन्तर अभ्यास भी उतना ही आवश्यक है और औपचारिक शिक्षा, व्युत्पत्ति, शेष दोनों हेतुओं से सम्पन्न वक्ताओं को इस योग्य बनाती है कि किसी विषय के सभी पक्षों को अच्छी तरह समझ सकें तथा अपने भाषण में उन्हें कुशलतापूर्वक प्रतिपादित कर सकें। अनेक विषयों के ज्ञान से वस्तुतः बुद्धि का विकास होता है और व्यक्ति को आत्मोन्नति की निश्चित दिशा मिल जाती है।[18] तात्पर्य यह कि मूल हेतु जन्मजात प्रतिभा है शेष दो उसके पूरक हैं।[19]

उपर्युक्त तीनों भाषण-हेतुओं में से किसी एक पर भी आवश्यक ध्यान न दिया जाना उचित नहीं है, ये सभी सम्भावित वक्ता की पग-पग पर सहायता करते हैं। किसी भी विषय पर भाषण तैयार करते समय जिन स्रोतों से सामग्री मिल सकती है उनकी जानकारी के लिए सबसे पहले सच्चे गुरु की शरण में जाना होता है। फिर गुरु जो सामग्री हमारे सामने रखता है उसमें से विषयानुरूप सन्दर्भ छाँटना, क्रमानुसार उन्हें संयोजित करना ताकि कोई भी आवश्यक तथ्य छूट न जाय; और तत्पश्चात् सबको चमत्कृत कर देनेवाले विचारों का समावेश तथा इन सभी को प्रवाहमयी, श्रुतिमधुर वाक्सरणि में आवेष्टित कर सामाजिक के सामने प्रस्तुत करना ऐसा कठिन कार्य है जो अत्यन्त ऊर्जावान् एवं कल्पनाशील मन-मस्तिष्क द्वारा ही सम्भव है।[20] कहना न होगा, वक्ता का कल्पनाशील होना उसकी प्रतिभा का विशिष्ट गुण है।

भाषण-हेतुओं के सन्दर्भ में आइसोक्रेतीज़ ने जहाँ एक ओर विद्यार्थी में संस्कार, विशेष रुचि, विभिन्न विषयों को आत्मसात् करने की योग्यता तथा स्वयं गहन अभ्यास करने की क्षमता जैसे गुणों का होना आवश्यक माना है वहीं अध्यापक के लिए भी उसने कुछ शर्तें रखी हैं। इसके द्वारा वह अपनी बिरादरी को बचा रहा था जो स्वार्थी सोफ़िस्तों के कारण बदनामी की चपेट में आ रही थी। अतः, एक आदर्श शिक्षक के चरित्र को रेखांकित करना भी उसने अपना कर्तव्य समझा। इसी का निर्वाह करते हुए 'अंतिदोसिस' में उसने लिखा है कि सच्चे गुरु में व्यापक ज्ञान के साथ-साथ सामग्री को व्यवस्थित ढंग से प्रस्तुत करने की भी क्षमता होनी चाहिए। वह अपनी कला (शिल्प/तकनीक) के सिद्धान्तों की सटीक व्याख्या कर सकता हो, विषय को, उसके समग्र रूप में, इस तरह समझा सकता हो कि कुछ भी छूट जाने की गुंजाइश न रहे। उसका कर्त्तव्य है शिष्य की प्रकृति प्रदत्त क्षमताओं का विकास करते हुए

उसमें निखार लाना, उसकी शिक्षा की सार्थकता इसी में मानी जानी चाहिए। इस सम्बन्ध में उसने अपना उदाहरण भी प्रस्तुत किया हैः

"लोग जब शिक्षार्थी बनकर मेरे पास आते हैं तो मैं उनसे कहता हूँ कि वे यदि वक्तृत्वकला या किसी अन्य विषय में श्रेष्ठता प्राप्त करना चाहते हैं तो सबसे पहले उन्हें यह देखना चाहिए कि क्या उस विषय में उनकी सहज गति या अभिरुचि है; फिर उन्हें कठिन श्रम करके उससे सम्बन्धित सारी जानकारी जुटानी चाहिए; अन्त में, यह अभ्यास करना चाहिए कि उस जानकारी का कैसे उपयोग किया जाय। इस पूरी प्रक्रिया में गुरु और शिष्य दोनों की अपनी-अपनी भूमिकाएँ हैं। जैसे, कार्य को करने की सहज योग्यता शिष्य ही उपलब्ध करवा सकता है, ज्ञान गुरु ही दे सकता है और ज्ञान को व्यवहार में लाने के लिए दोनों का परस्पर सहयोग आवश्यक है। शिष्य का मार्गदर्शन करने में गुरु अपने उत्तरदायित्व का पूर्ण निर्वाह करे और शिष्य अपने गुरु के दिशा-निर्देशों का कठोरता से पालन करे।"[21]

आइसोक्रेतीज़ द्वारा प्रस्तुत तीनों हेतुओं की यह समन्विति अपने आपमें अनूठी है। इसे और विशेष बनाते हुए उसने गुरु पर एक अन्य दायित्व भी सौंपा है। इसका उल्लेख उसने 'सोफ़िस्तों के विरोध में' उन्हीं को लक्ष्य करके किया है।[22]

"गुरु केवल नियमों-सिद्धान्तों की चर्चा करके न रह जाय, उसे स्वयं भी आदर्श भाषण बोलकर या लिखकर प्रत्यक्ष उदाहरण प्रस्तुत करने चाहिए, तभी शिक्षार्थी उसके निर्देशों को ठीक से आत्मसात् कर पायेंगे, कालान्तर में वे स्वयं को भी उसी साँचे में ढाल सकेंगे। उनके बोलने में, शुरू से ही, ऐसी रमणीयता एवं मोहकता होगी जो उन्हें दूसरों से भिन्न दर्शायेगी। यही पूर्ण सफलता होगी। इन बातों में, यदि कहीं कोई न्यूनता रह जाती है तो उतनी ही कमी छात्रों की सफलता में भी रह जाएगी।"

ऐतिहासिक तथ्य बतलाते हैं कि आइसोक्रेतीज़ ने स्वयं अपना प्रत्येक भाषण इतनी तैयारी के साथ लिखा था कि बाद के वक्ताओं के लिए वह प्रतिमान गन गया। स्वयं अरस्तू ने "भाषणशास्त्र" में उसे जितना उद्धृत किया है वह उसकी श्रेष्ठता का प्रमाण है। उसने जो भी लिखा चुनौती स्वीकार करके लिखा। किन्तु, उपर्युक्त पंक्तियाँ इस अर्थ में चिर उद्धरणीय हैं क्योंकि इनमें अनुकरण को भाषण का चौथा हेतु घोषित किया गया है और ऐसा करनेवाला वह पहला भाषणशास्त्री है। दूसरे, उसने अनुकरण को केवल गुरु तक ही सीमित नहीं रखा है। 'पैनएजिरिकुस' में इसकी सीमा का विस्तार करते हुए और अनुकरणीय गुणों को परिभाषित करते हुए वह लिखता है कि किसी पुराने वक्ता को ही अपना आदर्श बनाना आवश्यक नहीं है। प्रतीत होता है उस समय वहाँ पिछली शताब्दी के ही वक्ताओं को प्रतिमान मानने का चलन रहा होगा। इसी का विरोध करते हुए उसने सुझाव दिया कि अनुकरण के लिए ऐसा वक्ता चुनना चाहिए जिसका रूप-पक्ष अधिक से अधिक साफ़-सुथरा

हो।[23] तात्पर्य यह कि एकदम नया विषय ले लेने से ही कोई भाषण श्रेष्ठ नहीं हो जाता, अधिक महत्त्व इस बात का है कि वह कहा कैसे गया है। पुराने विषय का प्रतिपादन भी इस ढंग से किया जा सकता है कि वह नया लगने लगे। लीक से हटकर बात कहने में ही वक्ता की श्रेष्ठता है।

ऊपर के दोनों उद्धरण अनुकरण की उपादेयता रेखांकित कर रहे हैं। कोई चाहे तो इसे व्युत्पत्ति और अभ्यास के अन्तर्गत भी रख सकता है क्योंकि इसमें गुरु का मार्गदर्शन तथा शिक्षार्थी का श्रम दोनों एक हो गये हैं। फिर भी, आइसोक्रेतीज़ ने जिस तरह से इस पर बल दिया है, और जिसे बाद के काव्यशास्त्रियों ने भी स्वीकार किया है, उसे देखते हुए यह कहना अनुचित न होगा कि उसके लिए यह चौथा काव्य-हेतु था। किन्तु, इस सन्दर्भ में यह भी स्मरण रखना होगा कि अनुकरण उसके लिए प्रतिकृति तैयार करना मात्र नहीं था। इसका सम्बन्ध भाषण के रूप-तत्त्व, अभिव्यक्ति पक्ष से है। प्रशिक्षण के आरम्भिक चरण में यह हो सकता है कि शिक्षार्थी शैली की सूक्ष्मताओं को न समझते हुए भी अपने आदर्श वक्ता का अनुकरण करता चले, पर समय बीतने के साथ-साथ धीरे-धीरे शब्द-संयोजन, वाक्य-रचना तथा अलंकारों के समावेश आदि के प्रभाव को अनुभव करने लगेगा। रूप-तत्त्व की विशेषताओं को अनुभूति के स्तर पर आत्मसात् करना तथा अपने व्यक्तित्त्व का अंग बना लेना इस प्रकार के अनुकरण का प्रयोजन होना चाहिए।

इस दृष्टिकोण को पाइथोगोरियों के चिन्तन के प्रकाश में और अच्छी तरह समझा जा सकता है। वे पहले दार्शनिक थे जिन्होंने कहा था कि सम्पूर्ण विश्व में एक ही लय व्याप्त है और उसे गणित द्वारा समझा जा सकता है। सिद्धान्ततः उनके लिए वही संगीत मूल्यवान् था जिसमें विश्वजनीन संगीत के अनुपात का अनुसरण किया जाता था। इसी के समानान्तर उनकी दूसरी उपपत्ति थी कि मनुष्य को भी अपनी मुक्ति के लिए उसी ताल और लय के अनुरूप जीवन जीना चाहिए।[24] इस सिद्धान्त को, दूसरे शब्दों में यों रखा जा सकता है कि प्रकृति अपनी विकास यात्रा में किन्हीं विशिष्ट नियमों का पालन करती है। यदि हमें भी विकास करना है तो उन्हीं नियमों को बुद्धि के स्तर पर समझने के साथ-साथ व्यवहार में लाने की भी आवश्यकता है। अन्ततः अनुकरण अन्तर्निहित नियमों का होना चाहिए न कि बाह्य रूपों का। विकास की इसी प्रक्रिया को आइसोक्रेतीज़ आदर्श गुरु के अनुकरण द्वारा समझा रहा था। शुरू-शुरू में शिष्य केवल बाहूय रूपों का ही अनुकरण कर पाता है, फिर जैसे-जैसे वह रूप उसके अन्तस में पैठता जाता है, वैसे-वैसे उस रूप को शक्ति प्रदान करनेवाले नियम उसके मानस पटल पर स्पष्ट होने लगते हैं और अन्त में उसके स्वभाव का अंग बन जाते हैं। इस तरह प्रशिक्षार्थी अपनी स्वतन्त्र शैली का विकास कर लेता है। इस उपपत्ति के लिए वह किसी अन्य का कितना ऋणी

था कहना कठिन है किन्तु यह उसके अनुभव की बात अवश्य रही होगी अन्यथा काव्य/भाषण-हेतुओं के साथ इसकी चर्चा करने का और क्या औचित्य हो सकता है।

1.1.2.4 भाषण-प्रयोजन

'सोफ़िस्तों के विरोध में' आइसोक्रेतीज़ ने शिक्षकों की योग्यता का प्रश्न उठाया है और इस सन्दर्भ में सच्चा शिक्षक होने की जो शर्तें रखी उन्हें अपने ऊपर भी चरितार्थ किया। 'अंतिदोसिस' में उसने चुनौती दी कि मेरा भाषण-लेखन यदि दूसरों से श्रेष्ठ न हो तो मेरे प्रति कोई दया भाव न दिखलाया जाय और कठोर से कठोर दंड दिया जाय।[25] कहना न होगा कि उसके द्वारा तैयार किये गये भाषणों में उसका श्रेष्ठ चरित्र साफ़ झलकता है। प्रश्न उठता है कि अपनी सृजनात्मक शक्ति की अभिव्यक्ति के लिए उसने राजनीतिक भाषण की विद्या ही क्यों चुनी? यदि समाज का मार्गदर्शन ही करना था तो होमर और पिन्दर के रास्ते पर भी चल सकता था, सुकरात का अनुसरण भी कर सकता था। इसका उत्तर उसकी निम्न टिप्पणी देती है:[26]

"कोई कला (शिक्षा या अध्ययन) ऐसी नहीं है जो भ्रष्ट स्वभाववाले व्यक्तियों में गम्भीरता (जीवन के प्रति ईमानदारी) और न्यायप्रियता का भाव भर सके। फिर भी, मेरे विचार से राजनीतिक विषयों का गम्भीर अध्ययन चरित्र निर्माण की प्रेरणा देने तथा इस दिशा में अग्रसर होने में, अन्य विषयों की अपेक्षा, अधिक महत्त्वपूर्ण भूमिका निभा सकता है।"

तात्पर्य यह कि उसकी दृष्टि में राजनीति प्रत्येक नागरिक का जीवन धर्म था जिसका मूल मन्त्र था आत्मानुशासन। वह स्वयं को ऐसे आदर्श नागरिक के रूप में देख रहा था (तथा दूसरों से भी उसकी यही अपेक्षा थी) जिसका व्यक्तिगत जीवन और सामाजिक जीवन दोनों एक दूसरे के पूरक थे क्योंकि एक ही लक्ष्य से अनुप्रेरित थे। यह लक्ष्य था नगर की समृद्धि और स्वतन्त्रता तथा उसका साधन था आत्मत्याग। वह चाहता था कि सभी नागरिक समर्पण भाव से अपना कर्तव्याकर्तव्य सुनिश्चित करें, फिर इसके लिए यदि प्राण भी देने पड़ें तो इसे वे अपना सौभाग्य समझें।* सामाजिक जीवन में व्यक्ति इस उच्च आदर्श का निर्वाह कर सके इसके लिए चरित्र की श्रेष्ठता पहली शर्त है। राजनीतिक विषयों का गम्भीर अध्ययन चरित्र निर्माण

---

* महान् त्रासदी नाटककार एस्खिलुस को इस बात का अभिमान था कि वह एथेन्स के लिए फारसी सेनाओं के साथ लड़ा था। अपने समाधि-लेख में उसने योद्धा होने का उल्लेख किया है न कि नाटकों में पुरस्कार पाने का। सुकरात ने भी एथेन्स के लिए कई युद्धों में भाग लिया था।

में सर्वाधिक सहायक हो सकता है, यह क्षमता इसमें अन्य विषयों की अपेक्षा कहीं अधिक है। इसी लिए, आइसोक्रेतीज़ चाहता था कि प्रत्येक नागरिक इसमें रुचि ले। तत्कालीन परिस्थितियों में यह कितना आवश्यक था इसका संकेत ऐतिहासिक पृष्ठभूमि के अन्तर्गत किया जा चुका है। ई.पू. चौथी शताब्दी में एथेन्स पुराने आदर्शों से दूर भटक गया था। यही नगर की दुर्दशा का कारण भी था। प्रजातान्त्रिक प्रणाली की स्थापना के नाम पर अन्य नगर-राज्यों को अपने अधीन रखना और जो विरोध करें उन्हें मौत के घाट उतार देना वस्तुतः प्रजातन्त्र के नाम का दुरुपयोग था, मज़ाक था। इस स्थिति को बदलने के लिए राजनीति की अवधारणा को, उसके चरित्र को बदलना आवश्यक था। आइसोक्रेतीज़ इसी लक्ष्य से प्रेरित था। उसने राजनीति को अपना जीवन दर्शन बनाया और मानव धर्म के रूप में उसकी व्याख्या की। उसके राजनीतिक भाषण इसी प्रयोजन को सिद्ध करते हैं। वह जानता था कि इसे आत्मसात् करना थोड़े से पढ़े-लिखे लोगों (सम्भवतः वर्ग विशेष) के लिए ही सम्भव है, इसलिए वे ही उसके भाषणों के सम्बोध्य भी हैं। चिन्तन की यही वर्गीय दृष्टि हमें प्लेटो और अरस्तू में भी मिलती है।

आनन्दः प्रयोजन का एक पक्ष

गोर्जियास ने अपने भाषणों से यह तथ्य व्यवहारतः स्थापित कर दिया था कि श्रोता को मिलनेवाले आनन्द की उपेक्षा नहीं की जा सकती। उसने काव्य और भाषण दोनों को एक कर दिया था। भाषण में काव्यात्मकता के समावेश पर भाषणशास्त्रियों में थोड़ा-बहुत मतभेद अवश्य रहा किन्तु आनन्द के पक्ष पर सर्वसहमति थी। 'अंतिदोसिस[27] में आइसोक्रेतीज़ ने भी इसका समर्थन करते हुए लिखा है कि साधारण सभा में अथवा पूरे यूनान को सम्बोधित जनसभाओं में दिये जानेवाले भाषणों की विशेषता यह होती है कि वे काव्य के निकट होते हैं, इस निकटता का आधार है उनकी संगीत में ढल जाने की क्षमता। इसमें सन्देह नहीं कि इनमें गम्भीर और मौलिक विचारों पर अधिक बल होता है किन्तु इनके रूप-पक्ष को सुष्ठु बनाने में कल्पना और अलंकारों का प्रयोग ऐसा चमत्कारपूर्ण होता है कि वे काव्य की तरह ही आनन्ददायी बन जाते हैं। जो भी इन्हें सुनता है सुख का अनुभव करता है। यह सम्भवतः इसी शैली का ही प्रभाव है कि बहुसंख्यक छात्र इस प्रकार की वक्तृत्वकला सीखने की इच्छा रखते हैं। इनके आनन्द देने की क्षमता का एक और परिणाम यह भी सामने आया है कि जनता ऐसा भाषण देनेवालों को उन शिक्षकों से अधिक सम्मान देने लगी है जो कचहरियों में वाद-विवाद का प्रशिक्षण देने तक ही सीमित रहते हैं।

राजनीतिक भाषणों में आनन्द का गुण समाहित करने के लिए उसने कल्पना

तत्त्व को विशेष महत्त्व दिया है। 'निकोक्लीज़ के प्रति' पत्र-प्रबन्ध में वह लिखता है कि वक्ता को अधिकाधिक उपदेश देने पर ध्यान नहीं देना चाहिए, इसके बजाय कल्पना का पुट मिलाकर उसे इतना आनन्ददायी बनाने का प्रयत्न करना चाहिए जितना आँखों के लिए खेल होता है। दूसरा उदाहरण उसने नाटककारों का दिया जो देवकथाओं के माध्यम से हमारी आँखों और कानों दोनों को सुख देते हैं।[28] इसी तरह वक्ता को भी ध्यान रखना चाहिए कि श्रोताओं को उपदेश के साथ-साथ और क्या सुनना अच्छा लगता है। नाटककारों के उदाहरण से स्पष्ट है कि वह कांतासम्मित उपदेश का पक्षधर था। यहीं पर उसने शब्दों के रूप, उनमें परस्पर तालमेल तथा उनके श्रुतिमाधुर्य पर अपना पक्ष रखा है।

आइसोक्रेतीज़ संगीत का प्रबल समर्थक था, उसके लिए यह आनन्द का मूल स्रोत था। वह खुले मन से स्वीकार करता था कि गद्य को प्रभावशाली बनाने में संगीत की मुख्य भूमिका होती है। किन्तु यह एक कठिन कार्य है क्योंकि गद्य लेखक को वह छूट नहीं मिलती है जो कवि को मिली हुई होती है। न वह छन्द का प्रयोग कर सकता है, न नये शब्द गढ़ सकता है और न पुराने शब्दों के रूप में कोई परिवर्तन कर सकता है। इन सीमाओं के भीतर रहते हुए भी यदि उसके गद्य में काव्य जैसी ताल हो, लय हो, संगीतात्मकता हो तो इसे लेखक की बड़ी उपलब्धि माना जाना चाहिए। इस लक्ष्य को प्राप्त करने के लिए उसका सुझाव है कि लेखक को एकाधिक तालों का संयोजन करना चाहिए खास तौर से आइऐंबिक और ट्रॉकेइक गणों का मेल अधिक आनन्ददायी होता है।[29] इससे अधिक की गुंजाइश गद्य में नहीं होती। यह टिप्पणी संकेत देती है कि वह गोर्जियास के भाषणों की अत्यधिक संगीतात्मकता के पक्ष में नहीं था। यह ठीक है कि एथेन्सवासी वर्षों तक उसके भाषणों के इसी गुण पर रीझते रहे किन्तु आइसोक्रेतीज़ को इसमें कृत्रिमता की गंध आती थी, और भाषण का यह पक्ष यदि श्रोताओं को उसके उदात्त लक्ष्य से भटका दे तब उसका औचित्य ही क्या रह जाता है।

शिक्षा : प्रयोजन का मुख्य पक्ष

पृष्ठभूमि के अन्तर्गत यह तथ्य रेखांकित किया जा चुका है कि ई.पू. चौथी शताब्दी में छन्दोबद्ध काव्य का स्थान छन्द की ताल का आभास देनेवाले गद्य (= भाषण) ने ले लिया था। एक प्रकार से यह सत्ता परिवर्तन था क्योंकि परिवर्तन केवल रूप के क्षेत्र में ही नहीं वस्तु के क्षेत्र में भी हो रहा था। राष्ट्रीय विषय और उदात्त लक्ष्यों की चर्चा अब गद्य के सन्दर्भ में भी होने लगी थी। सच्चा बुद्धिजीवी और सच्चा देश- भक्त होने के नाते आइसोक्रेतीज़ राजनीति में भ्रष्ट स्वार्थी तत्त्वों के प्रवेश से क्षुब्ध था। उसकी कामना थी कि यूनान की युवा पीढ़ी व्यापक दृष्टि रखे और पूर्व

परम्परा को देखते हुए वह भीतर से महसूस कर रहा था कि यूनान की राजनीतिक और सांस्कृतिक रक्षा का उत्तरदायित्व दूसरों की अपेक्षा एथेन्स पर अधिक है। अब प्रश्न यह था कि युवकों को इसके लिए तैयार कैसे किया जाय? इसी का समाधान प्रकारान्तर से उसके सार्वजनिक भाषणों का प्रयोजन बना। संक्षेप में, इसे हम राजधर्म और प्रजाधर्म की शिक्षा कहेंगे। उस समय यूनान के सभी नगरों में एक जैसी शासन-व्यवस्था नहीं थी। कहीं राजतन्त्र था तो कहीं धनिकतन्त्र तो कहीं प्रजातन्त्र, फिर भी, सभी राज्य अपने-अपने ढंग से उसकी शिक्षा अपना सकते थे।

राजधर्म की शिक्षा आइसोक्रेतीज़ की सभी रचनाओं में इधर-उधर बिखरी हुई मिल जाती हैं। यदि उसे सार रूप में किसी एक जगह देखना हो तो उसके लिए हम 'अंतिदोसिस' की निम्न पंक्तियाँ उद्धृत करना चाहेंगे :[30]

"गद्य में भी पद्य की भाँति ही अनेक विधाएँ हैं जिनमें लोग जीवन भर खोज करते हैं और लिखते हैं। उदाहरणार्थ, कुछ लोगों ने देववंशावली लिखीं, कुछ ने कवियों की जीवनियों का अध्ययन किया, दूसरों ने युद्ध के वर्णन प्रस्तुत किये तथा कुछ संवाद ही लिखते रहे। मैं यहाँ पर उन्हीं विधाओं को ले रहा हूँ जो प्रासंगिक हैं। कुछ ऐसे भी हैं जो भले ही अन्य विधाओं में लिख सकते हों फिर भी उन्होंने निजी विवाद से सम्बन्धित भाषणों की अपेक्षा ऐसे भाषण लिखने पसन्द किये जिनका सम्बन्ध पूरे हेलास से है, पूरे राज्य से है, जो ऐसी सभाओं में दिये जाने योग्य हैं जिसमें पूरे हेलास से जनता आयी हुई हो। मेरा विश्वास है और सभी इससे सहमत होंगे कि ये छन्दोबद्ध काव्य के अधिक निकट होते हैं।" इस अंश के बाद वह भाषण में ताल और संगीतात्मा की चर्चा करता है जिस पर इससे पहले विचार हो चुका है।

उपर्युक्त उद्धरण में एक कूट वाक्य आया है—"ये छन्दोबद्ध काव्य के अधिक निकट होते हैं।" इसका अभिधेयार्थ हैं संगीतात्मकता, कल्पना और अलंकारों का समावेश जिससे ये भाषण काव्य जैसा ही आनन्द देते हैं। किन्तु, इसका निहितार्थ है कि होमर आदि प्राचीन कवियों की कृतियाँ जिस तरह पूरे यूनान को सम्बोधित थीं, पूरा प्रदेश उनसे प्रेरित होता था, उसी तरह इन भाषणों का लक्ष्य भी पूरे यूनान को उद्बुद्ध करना है। लक्ष्य की उदात्तता ही उन्हें अदालती भाषणों से विलग करती है। इस अर्थ के प्रकाश में दो अन्य वाक्यांश भी विचारणीय बन जाते हैं। ये हैं

(i) जिनका सम्बन्ध पूरे हेलास से हो; तथा

(ii) पूरे राज्य से हो।

आइसोक्रेतीज़ के अन्य भाषणों के सन्दर्भ में पहले का अर्थ है सभी नगर-राज्यों के बीच एकता का गठबन्धन और दूसरे का संकेतार्थ है—एथेन्सवासियो, इस दिशा में नेतृत्व प्रदान करने के लिए तैयार रहो। पहले के अन्तर्गत वह सभी यूनानियों को शिक्षा दे रहा था कि फारसी सेनाओं से प्रदेश की सुरक्षा के लिए सभी राज्यों को

परस्पर भेद-भाव भुला कर एक हो जाना चाहिए। एकजुट होकर ही वे सुरक्षित रह सकते हैं, और चाहें तो फारस में अपनी संस्कृति का परचम भी लहरा सकते हैं। जहाँ तक एथेन्सवासियों का प्रश्न है उन्हें प्रेरित कर रहा था कि वे इस दिशा में पहल करें, अपनी कला-संस्कृति की समृद्ध परम्परा से परिचित हों, उसे आत्मसात् करें और फिर से, न केवल राजनीतिक क्षेत्र में बल्कि अन्य क्षेत्रों में भी, सभी नगर-राज्यों का मार्गदर्शन करें।

उसके राजनीतिक भाषणों के सम्बोध्य सामान्यतः उपर्युक्त दो वर्गों में रखे जा सकते हैं किन्तु ऊपर के उद्धरण के बाद उसने एक तीसरे वर्ग का भी उल्लेख किया है, वह है उन छात्रों का जो इस प्रकार के भाषणों से प्रशिक्षण लेना चाहता था। इनके लिए उसकी शिक्षा है कि बिना कठिन श्रम के कुशलता प्राप्त नहीं होती। यह श्रम न केवल अध्ययन में वरन् चारित्रिक उत्थान की दिशा में भी करना चाहिए तभी अभीष्ट की सिद्धि हो सकती है।[31]

ये प्रयोजन भाषणों के युगानुरूप, समसामयिक परिस्थितियों की माँग को देखते हुए व्यापक, उदात्त वस्तु-तत्त्व को रेखांकित करते हैं। यही बात 'पैनएजिरिकुस', 'शान्ति', 'फ़िलिप के प्रति' जैसे भाषणों में भी दिखायी देती है। अब, जहाँ तक आइसोक्रेतीज़ द्वारा निर्धारित प्रयोजन का प्रश्न है उसकी निष्ठा पर सन्देह नहीं किया जा सकता। वह हृदय से चाहता था कि सभी नगर-राज्य एक हो जायँ। इसी तरह, जब वह एथेन्स की गौरवशाली परम्परा का गान करता है तो केवल भावनाओं में बह कर नहीं करता, वह श्रोताओं के सामने एक सच्चाई ला रहा था, उन्हें इतिहास का पाठ पढ़ा रहा था। किन्तु इसके साथ ही हमें यह भी देखना है कि प्रयोजन में स्वार्थरहित भाव से विश्वास रखना एक बात है और उसके लिए वर्गीय चेतना से ऊपर उठ कर समाधान प्रस्तुत करना दूसरी बात है। हम जानते हैं कि एरिस्तोफ़ेनीज़ ने भी 'लाइसिसत्रेता' में एथेन्स और स्पार्ता के एक हो जाने का सूत्र सुझाया था किन्तु उसका झुकाव स्पष्ट ही स्पार्ता की ओर था। प्लेटो के चिन्तन में भी यह दिशा स्पष्ट है और यहाँ आइसोक्रेतीज़ के विचार भी इन दोनों से भिन्न नहीं हैं। विश्लेषण करने पर इन सभी के चिन्तन में यह साफ़ दिखायी देता है कि ये एथेन्स के प्रजातन्त्र और स्पार्ता के धनिकतन्त्र में तालमेल नहीं बैठा पाये हैं। इनकी समस्या यह थी कि यदि प्रजातान्त्रिक मूल्यों की अवहेलना करते हैं तो अपने नगर-राज्य के प्रति विश्वासघात करते हैं पर जब अपने वर्ग के भविष्य पर विचार करते हैं तो स्पार्ता की राज्यव्यवस्था अधिक अनुकूल प्रतीत होती है। ई.पू. 5वीं शताब्दी के अन्तिम चरण में और 4 थीं शताब्दी के पूर्वार्ध में एथेन्स में नवधनाढ्यों का वर्चस्व लगातार बढ़ रहा था। उन्हीं में से अनेक अपनी वक्तृत्वकला और धन के बल पर एथेन्स की राजनीतिक को प्रभावित करने में सफल हुए थे। पर, आचरण में

संस्कारों की श्रेष्ठता न होने के कारण वे उस लक्ष्य को साफ़-साफ़ नहीं देख पा रहे थे जो सचमुच नगर के हित में था। आइसोक्रेतीज़ वर्षों से एथेन्स को परिस्थितियों से लड़ते हुए और बिखरते हुए देखता आ रहा था। विचार करने पर वह इस निष्कर्ष पर पहुँचा कि समस्या की असली जड़ अत्यधिक स्वतन्त्रता है।[32] उसके अनुसार नागरिक अब निजी जीवन को अधिक महत्त्व देने लगे हैं और उसे अलग से जीना चाहते हैं। वे स्वतन्त्रता चाहते हैं और उनके लिए स्वतन्त्रता का अर्थ है जैसा चाहें वैसा करने की छूट। इस संकट से उबरने का उसके पास एक ही उपाय था—सोलोन और क्लायस्थनीज़ के सीमित प्रजातन्त्र (= आभिजात्य प्रजातन्त्र) की पुनर्स्थापना। स्पार्ता में अभिजाततन्त्र ही था किन्तु वहाँ का अभिजात वर्ग नवधनाढ्यों का नहीं ज़मीदारों का था और चूँकि सारी जमीन उसी की थी इसलिए वह समृद्ध भी था। दूसरे, तलवार के बल पर वह पीढ़ी-दर-पीढ़ी शासन की बागडोर सँभाले हुए था इसलिए उसे धनिकतन्त्र कहना उचित था। एथेन्स का जमींदार समाज स्पार्ता के अभिजात वर्ग को इसी लिए सहानुभूति की दृष्टि से देखता था क्योंकि दोनों ही ज़मीन पर अपना एकाधिकार बनाये रखना चाहते थे। अन्तर केवल यह था कि एथेन्स की जैसी मताधिकार की स्वतन्त्रता स्पार्ता में नहीं थी। यही आइसोक्रेतीज़ की मूल समस्या थी। प्रजातान्त्रिक व्यवस्था के विरुद्ध वह जा नहीं सकता था इसलिए, दोनों नगरों में मित्रता का वह एक ही आधार देख रहा था—एथेन्स में सीमित प्रजातन्त्र। यह समाधान उसकी प्रजातान्त्रिक प्रणाली के अनुकूल भी था और उसे स्पार्ता के कुछ निकट भी ले आ सकता था। वह स्वीकार करता है कि सभी नागरिकों को अपना नेता चुनने की स्वतन्त्रता होनी चाहिए किन्तु वह नेता उसी वर्ग से होना चाहिए जो श्रेष्ठ हो। चारित्रिक श्रेष्ठता, संस्कार आदि पर बल घूम-फिर कर एक ही अर्थ देते हैं कि अभिजात वर्ग के लोग ही उच्च प्रशासनिक पदों पर बैठाये जाने चाहिए। अभिजात समाज को इसी में अपना हित दिखालायी देता था और शेष समाज को भी वह सन्देश दे रहा था कि इसी में उनका भी अर्थात् सबका हित है। ई.पू. 355 में 'एरियोपेगितिकुस' शीर्षक से तैयार किये गये भाषण में यह सन्देश स्पष्ट है। इसके पहले एथेन्स द्वारा स्थापित परिसंघ असफल हो चुका था, कुछ राज्य स्वतन्त्र हो चुके थे। हर कदम पर एथेन्स की साख गिरती जा रही थी किन्तु इसके समाधान के लिए 'एरियोपेगस परिषद्' का गठन किसी को भी मान्य नहीं हो सकता था। फिर भी, आइसोक्रेतीज़ ने ऐसी व्यवस्था का प्रस्ताव रखा तो यह निश्चित ही उसकी पश्चगामी दृष्टि का परिणाम था।

'एरियोपेगस परिषद्' बहुत पुरानी संस्था थी जिसकी सदस्यता थोड़े से अत्यन्त समृद्ध अभिजात परिवारों तक सीमित थी। सम्भव है शुरू-शुरू में इसके सदस्य सचमुच श्रेष्ठ आचरणयुक्त रहे हों तथा निःस्वार्थ भाव से जन-सेवा करते रहे हों।

इतिहास साक्षी है कि सोलोन ने ई.पू. 594 में अनेक सामाजिक और सांविधानिक सुधार किए किन्तु 'एरियोपेगस परिषद्' के अधिकार सुरक्षित रहे। हो सकता है क्लायस्थनीज़ के काल तक आते-आते इसका चरित्र बदल गया हो, इसमें रूढ़िवादिता आ गयी हो। स्यात् इसके बहुत से निर्णय इस दृष्टि से भी लिये जाने लगे हों जिससे प्रशासन के उच्च अधिकार केवल अभिजात वर्ग के हाथ में ही बने रहें। पर, यह स्पष्ट था कि प्रजातन्त्र के विकास की प्रक्रिया अवरुद्ध होने लगी थी। क्लायस्थनीज़ ने उसी दृष्टि से कई प्रस्ताव पारित करवाये पर 'एरियोपेगस परिषद्' की शक्ति ज्यों की त्यों बनी रही, उस पर प्रहार किया एफ़ियेल्तीज़ ने। इसके पश्चात् प्रजातान्त्रिक विकास में फिर से गति आ गयी किन्तु अभिजात समाज में इस परिषद् के सम्मान में कोई कमी नहीं आयी। साहित्य में समय-समय पर इसके गुण गाये जाते रहे। 'युमिनिदीज़' नाटिका (ई.पू. 458 में मंचित) में एस्खिलुस ने अथीना के मुख से कहलवाया है:

मैं एक न्यायाधिकरण का गठन करती हूँ जो धन के लालच से दूर रहेगा, दोषियों को तत्काल दंड देगा, जिसकी सतर्कता से सो रहे लोगों की रक्षा होगी, जो इस देश का प्रहरी होगा।

—पृ. 704-6

यहाँ प्रयुक्त 'न्यायाधिकरण' शब्द 'एरियोपेगस परिषद्' का स्थानापन्न है। प्रकारान्तर से एस्खिलुस आभिजात्य शासन की स्थापना का संकेत दे रहा है। उसकी धारणा थी कि जब से एफ़ियेल्तीज़ ने इस परिषद् के अधिकार छीने हैं एथेन्सवासियों के आचरण में, विशेष रूप से राज्य की सेवाओं को लेकर, ह्रास आ गया है।

उपर्युक्त पंक्तियों का एक और ध्वन्यर्थ विचारणीय है। एस्खिलुस का विश्वास था कि समाज के नियम देवताओं की देन हैं, उनका पालन करना दैवाज्ञा का पालन करना है। इधर आइसोक्रेतीज़ स्वयं को देवदूत ही मानता था। तो क्या एरियोपेगस जैसी संस्था की पुनर्स्थापना का सुझाव देकर वह एथेन्सवासियों को यह जतला रहा था कि देखो मैं जो कह रहा हूँ देवताओं की इच्छा से ही कह रहा हूँ, मेरी बात मान लो, इसी में तुम्हारा कल्याण है। उसका अभिप्राय इससे बहुत भिन्न नहीं हो सकता क्योंकि इस भाषण की प्रतियाँ उसने उसी वर्ग के बीच वितरित कीं जिसे प्रोत्साहित करना उसका प्रयोजन था और जिसके सदस्यों में वह भावी शासक ढूँढ़ रहा था। वही वर्ग उसका सम्बोध्य था।

आभिजात्य शासन की अवधारणा को आइसोक्रेतीज़ ने एक अन्य सन्दर्भ में दूसरे ढंग से भी परिभाषित किया है। हम देख आये हैं कि ई.पू. 346 में उसने फ़िलिप और उसके राजतन्त्र का समर्थन किया था क्योंकि समस्त यूनान के एकजुट होने की सम्भावना को वह केवल इसी रूप में देख पा रहा था। किन्तु इसमें, कहीं न कहीं, राजतन्त्र (यूनानी राजतन्त्र) के प्रति उसकी सहानुभूति की झलक भी मिलती है। उसके

कुछ पत्र-प्रबन्ध इसकी पुष्टि करते हैं। ई.पू. 374 में साइप्रस द्वीप पर सलामिस राज्य की बागडोर निकोक्लीज़ के हाथ में आयी। वह शायद आइसोक्रेतीज़ का छात्र रह चुका था। इसलिए, एक गुरु के नाते निकोक्लीज़ को राजधर्म सिखलाते हुए उसने पत्र-प्रबन्ध लिखा। इसके लिए उसकी कड़ी आलोचना भी हुई। एक प्रजातान्त्रिक का राजतन्त्र को समर्थ देना किसी भी तरह से लोगों के गले नहीं उतर रहा था। इसका उत्तर उसने दिया अवश्य फिर भी सत्य तो सत्य ही रहता है। विश्लेषण करने पर इसका कारण भी स्पष्ट हो जाता है। विश्वास किया जाता है कि निकोक्लीज़ ने स्वयं ही उसके सामने यह विचार रखा था कि एक राजा अपना धर्म तभी ठीक-ठीक निभा सकता है यदि प्रजा भी अपना धर्म निष्ठापूर्वक निभाये। तब आइसोक्रेतीज़ ने 'निकोक्लीज़/साइप्रसवासी' शीर्षक से दूसरा पत्र-प्रबन्ध लिखा और इस तरह से लिखा मानों निकोक्लीज़ अपनी प्रजा को सम्बोधित कर रहा हो। इन दोनों पत्र-प्रबन्धों में उसने जिस ढंग से विषय-प्रतिपादन किया है उससे लगता है जैसे वह उस समय के एथेन्स के प्रजातन्त्र से स्वयं को अलग करके देख रहा था। शायद, दूर कहीं उसे राजतन्त्र की केन्द्रीय शासन-व्यवस्था में अधिक लाभ दिखलायी दे रहे थे। कहा यह भी जाता है कि वह सोलोन के समय के सीमित प्रजातन्त्र का इसलिए भी समर्थक था क्योंकि इसमें उसे राजतन्त्र की झलक दिखलायी देती थी। इस दृष्टि से देखें तो उसके शासनतन्त्र का सूत्र—देवतन्त्र =राजतन्त्र=अभिजाततन्त्र— ठहरता है। यदि इसे स्वीकार कर लिया जाय तो यह उसकी पश्चगामी दृष्टि का साक्षी होगा। माना कि यूनान में अन्ततः राजतन्त्र (सिकन्दर के माध्यम से) ही स्थापित हुआ किन्तु केवल तथ्य का आधार मिल जाने से आइसोक्रेतीज़ द्वारा अपने भाषणों और पत्र-प्रबन्धों में इसे प्रयोजन बनाकर अपनाने का औचित्य सिद्ध नहीं हो जाता, अतः, सिद्धान्ततः इसका समर्थन भी नहीं किया जा सकता।

1.1.2.5 रूप-विचार

आइसोक्रेतीज़ ने अपनी रचनाओं में मनुष्य की वाक्शक्ति की भूरि-भूरि प्रशंसा की है। यह पाठ, शायद उन लोगों के लिए था जो स्वार्थवश इसका दुरुपयोग कर रहे थे। इस दैवी वरदान से मनुष्य पशु से ऊपर उठकर सभ्य जीवन जीने की दिशा में प्रवृत्त हुआ, उसने नगर बसाये, नियम बनाये, कलाओं का आविष्कार किया, यह सब वाणी के द्वारा ही सम्भव हो पाया है। वाणी के द्वारा ही झूठ को झूठ सिद्ध किया जाता है, सद्वृत्ति की प्रशंसा की जाती है, विवाद सुलझाये जाते हैं और ज्ञान का विस्तार होता है।[33] इसमें किसी भी वस्तु को एकदम भिन्न रूप देने की सामर्थ्य है, यह चाहे तो बूँद को समुद्र और समुद्र को बूँद बना दे। इससे जानी पहचानी वस्तुओं को भी नया प्रभावशाली रूप मिलता है।[34] केवल सार्वजनिक भाषण ही इससे जन्म

नहीं लेते, चिन्तन-मनन भी इसी के द्वारा सम्भव हो पाता है। इस समस्त चर्चा में उसने गद्य और पद्य का कोई भेद नहीं किया है। वह चाहता था कि जो काम पहले होमर, हीसियोद, एस्खिलुस आदि कर गये हैं उसका उत्तरदायित्व अब सार्वजनिक सभाओं के वक्ता सँभालें। इसी विचार से प्रेरित होकर वह समय-समय पर उन नियमों का प्रतिपादन करता चलता है जिनसे लिखित गद्य और सार्वजनिक भाषण दोनों ही काव्य की ऊँचाईयों को छू सकते हैं।

सिद्धान्ततः वक्तृत्वकला के कोई बँधे-बँधाये नियम या कोई एक ऐसी पद्धति नहीं हो सकती जिसे सफलता की कुंजी कहा जा सके। फिर भी कुछ आधारभूत नियमों की ओर उसने संकेत अवश्य किया है। साररूप में शैली के बारे में उसकी ऐसी कल्पना थी जो काव्य की भाँति की आनन्ददायी हो (पर गोर्जियास की जैसी कृत्रिम नहीं), जिसमें कल्पना के पुट के साथ-साथ नाना प्रकार के श्रेष्ठ एवं मौलिक विचार हों और जिसका रूप-पक्ष विभिन्न अलंकारों से सजाया गया हो।[35] यह वाक्य, यद्यपि, राजनीतिक भाषण के सन्दर्भ में आया है पर इसे गद्य की अन्य विधाओं पर भी घटाया जा सकता है। दूसरी बात यह कि पहले जो विषय केवल काव्य के लिए ही आरक्षित माने जाते थे वे गद्य में भी लिए जा सकते हैं, यदि उसका रूप-पक्ष काव्य जैसा ही आकर्षक बन सके। 'वन्दना-गद्य' ऐसी ही एक विधा है। यह कार्य श्रम साध्य अवश्य है किन्तु यहीं लेखक की कल्पना-शक्ति की परीक्षा भी हो जाती है। बिना नवीन उद्‌भावनाओं के कोई प्रगति नहीं हो सकती। यदि लेखक को सफल होना है तो इस कसौटी पर उसे खरा उतरना ही होगा।

औचित्य सिद्धान्त को आइसोक्रेतीज़ ने अत्यन्त व्यापक रूप में देखा है। भाषण लेखन का कोई पक्ष इसकी सीमा के बाहर नहीं जा सकता। व्यवहार के धरातल पर इसका व्यक्त रूप है—अवसर और विषय दोनों को ध्यान में रखकर अपनी बात कहना।[36] इसी से निःसृत उसका दूसरा सिद्धान्त है—"रूप-पक्ष को आवश्यकता से अधिक सँवारने की अपेक्षा यह ज्यादा अच्छा है कि उसमें एक-आध कमी रह जाय।"[37] दूसरे शब्दों में, मर्यादा के भीतर किसी त्रुटि का रह जाना कोई बड़ा दोष नहीं है किन्तु मर्यादा का उल्लंघन अक्षम्य है। ऐसा कहकर, सम्भवतः वह संकेत दे रहा था कि रूप को अधिक सँवारने से डर रहता है कि कहीं उसमें अस्वाभाविकता न आ जाय। गोर्जियास के भाषणों में उसे यहीं दोष खटकता था।

हमारे विचार से ये दोनों सिद्धान्त उसकी मध्यमान की अवधारणा से उद्‌भूत हैं। कहा जा चुका है कि अच्छे भाषण को वह श्रेष्ठ आचरण की देन मानता था। वस्तुतः, इन दोनों में वह अन्योन्याश्रयी सम्बन्ध देखता था। दोनों एक दूसरे को प्रभावित भी करते हैं और परस्पर विकास में सहायक भी होते हैं। इसके पीछे निश्चित

ही 'आरेती' की परम्परागत अवधारणा काम कर रही थी। ई.पू. 5 वीं शताब्दी में अभिजात वर्ग इस शब्द की व्याख्या में आचरण के विभिन्न पक्षों के सन्तुलित विकास को महत्त्व देते थे बजाय किसी एक गुण पर अधिक बल देने के। मध्यमान की यह कल्पना पहले आचरण से जुड़ी फिर कलाओं में प्रवेश कर गयी। आइसोक्रेतीज़ और अरस्तू दोनों ही मध्यमान की अवधारणा के लिए 'आरेती' की व्याख्या के ऋणी हैं। समाज के लिए यह अपोलो की विशेष देन थी।[38]

प्रस्तुत विषय पर अत्यन्त स्पष्ट निर्देशों के अन्तर्गत उसने करणीय-अकरणीय दोनों पर विचार किया है। बाद की पीढ़ियों के लिए ये शास्त्रीय नियम बन गये। संक्षेप में ये निर्देश हैं :[39]

(अ) पद-योजनागत–

(1) नये शब्द गढ़ना उचित नहीं है। नये बने शब्दों से भी दूर रहना चाहिए। उनकी अपेक्षा–

(2) लाक्षणिक प्रयोग, बशर्ते वे किसी को कष्ट न पहुँचायें, अधिक उचित हैं। या, फिर वे–

(3) जिनमें कम बनावटीपन हो, जो सुन्दर हों, सुपरिचित हों। और अन्त में,

(4) प्रयत्न होना चाहिए कि अधिक से अधिक प्रचलित शब्दों का प्रयोग हो।

(आ) भाषा-प्रयोगगत–

(1) परस्पर विरोधी स्वरों का प्रयोग वर्जित है, इससे सामजस्य भंग होता होता है, रचना के पोत में खुरदुरापन आता है। इस नियम को उसने लगभग अनुलंघ्य माना है।

(2) एक ही अक्षर से आरम्भ और अन्त नहीं होना चाहिए।

(3) एक ही संयोजक की पास-पास पुनरुक्ति से बचना चाहिए।

(4) गद्य गद्यात्मक, अर्थात् शुष्क, नहीं होना चाहिए। किन्तु, उसे छन्दोमय बनाने का भी प्रयत्न नहीं होना चाहिए। इसके बजाय विभिन्न तालों के संयोजन पर ध्यान दिया जाना चाहिए।

(5) वाक्य-रचना भाषा-प्रयोग का महत्त्वपूर्ण अंग है। प्रत्येक वाक्य जो विचार ले उसे पूरा करे।

भाषा को लेकर उसके मन में कुछ पूर्वग्रह थे। उसे कामेदियाँ पसन्द नहीं थीं क्योंकि उनमें अश्लील भाषा का प्रयोग लगभग परम्परा बन चुका था। उसका तर्क था कि भद्देपन को मंच पर प्रस्तुत करने से जनता उसकी ओर आकर्षित तो होती है किन्तु उसका सबसे बड़ा दुष्परिणाम यह सामने आया है कि लोगों का गम्भीर साहित्य की ओर से मन हट गया है।[40]

इस क्रम में उसका अन्तिम महत्त्वपूर्ण निर्देश है कि भाषण की सामग्री को व्यवस्थित रूप देने पर भी उतना ही ध्यान दिया जाना चाहिए जितना भाषा के अलंकरण पर। इस दृष्टि से भाषण के चार अनुभाग हैं और उनका क्रम है–विषय-प्रवेश, विषय का विस्तार, विषय का सत्यापन और समापन। कहा जाता है कि उसके पहेले लिसियास इसकी चर्चा कर चुका था, पर बाद के लेखकों को इसे अपनाने की प्रेरणा आइसोक्रेतीज़ से ही मिली। सम्भव है, अरस्तू द्वारा इस पर भिन्न दृष्टि से विचार करने के कारण अन्य भाषणशास्त्री इसे स्वीकार कर लेना आवश्यक समझने लगे हों। अस्तु, इन सब नियमों-निर्देशों का लक्ष्य एक था–गद्य में एक नयी समृद्ध शैली का सूत्रपात करना जो सामान्यतः औपचारिक तथा राजनीतिक दोनों प्रकार के भाषणों के उपयुक्त हो।

व्यावहारिक समीक्षा

एटकिन्स ने 'बुसिरिस' (ई.पू. 390), 'हेलेन' (ई.पू. 370) तथा 'इवोगोरस (ई.पू. 365) इन तीन पुस्तिकाओं को आइसोक्रेतीज़ की व्यावहारिक समीक्षा के अन्तर्गत रखा है। इनमें यह जतलाने की कोशिश की गयी है कि पौराणिक आख्यानों तथा औपचारिक संस्तुति जैसे विषयों को यदि वह अपनी रचनाओं का विषय बनाता तो उनके प्रतिपादन में किन-किन बातों का ध्यान रखता तथा इस समय जो लिखा जा रहा है उसमें क्या त्रुटियाँ हैं। हमारे विचार से उसकी वे सभी टिप्पणियाँ व्यवहारिक समीक्षा के अन्तर्गत आ जाती हैं जिनमें कभी वह समसामयिकों के व्यवहार पर प्रहार करता दीखता है, कभी उनकी शिक्षा पद्धति पर प्रश्नचिन्ह लगा रहा होता है, या, फिर नागरिकों के आचरण पर उँगली उठा रहा होता है। उसने केवल आलोचना ही नहीं की, अपने संस्थान के माध्यम से समाधान भी प्रस्तुत किया। अपने छात्रों के रूप में आदर्श नागरिक दिये। यह कहना अतिशयोक्ति नहीं होगी कि वह एथेन्स के लिए ही नहीं पूरे यूनान के लिए अध्यापक की भूमिका निबाह रहा था। उसकी पैनी नजर समग्र जीवन पर थी, जहाँ कहीं भी कमी दिखायी दी उस पर उँगली रखी। सिसरो उसके संस्थान को 'ट्रोजन हॉर्स' ठीक ही कहता था, उसमें से जो भी निकला वीर ही निकला। आदर्श में विश्वास रखनेवाले बाद के सभी समीक्षकों ने उसके अवदान को सहर्ष स्वीकार किया है।

आइसोक्रेतीज़ का 'भाषणशास्त्र' अपने मूल रूप में उपलब्ध नहीं है इसलिए आज यह कहना असम्भव है कि उसमें प्रस्तुत विषय के किन-किन पक्षों का विश्लेषण समाहित था। जो टिप्पणियाँ इधर-उधर बिखरी हुई मिलती हैं उनसे अन्य कोणों से भी कुछ व्यापक विचार करने की दृष्टि का पता नहीं चलता। इस कमी को पूरा करता है अरस्तू का 'भाषणशास्त्र' जो सौभाग्य से अपने समग्र रूप में उपलब्ध है।

यहाँ हमारे विचार का केन्द्र बिन्दु यह स्थापना है कि इन चिन्तकों ने वक्तृत्वकला को शास्त्रीय आधार देते समय उस पर काव्यशास्त्रीय दृष्टि से भी विचार किया है। भाषण का रूप लिखित हो या भाषित उसका अभिव्यक्ति पक्ष भाषा-प्रयोग पर निर्भर करता है। इसे सामान्यत : शैली भी कहा जाता है। अरस्तू इस तथ्य के प्रति जागरूक था कि 'भाषणशास्त्र' के इस क्षेत्र पर काव्यशास्त्र का अधिकार है। वक्ता इसकी उपेक्षा नहीं कर सकता। उसके भाषण का प्रभाव अथवा मूल्यांकन दूर तक उसकी शैली निश्चित करती है। 'काव्यशास्त्र' में वह इस पर विचार कर चुका था। यहाँ, 'भाषणशास्त्र' को भी उसने इसकी परिधि में समेट लिया और कहने की आवश्यकता नहीं कि पूरे प्रबन्ध की तीन पुस्तकों में से एक पूरी की पूरी इसी को समर्पित कर उसने विषय के साथ पूरा न्याय किया है।

सन्दर्भ एवं टिप्पणियाँ

1. कृष्णलाल शर्मा, यूनानी आभिजात्य चिन्तन, पृ. 130-31
2. सी.एम.बावरा, पेरिक्लियन एथेन्स, पृ. 219
3. वही, वही, पृ. 226
4. ''क्लासिकल ग्रीस'', सं. सी.एम.बावरा, पृ. 123
5. ''लिटरेरी क्रिटिसिज़्म इन एंटीक्विटी, खंड 1 पृ. 121
6. ''क्लासिकल ग्रीस'', सं. सी.एम. बावरा, पृ. 121
7. इस आवश्यकता को ऐरिस्तोफ़ेनीज़ बहुत पहले समझ चुका था। उसका 'लाइसिसत्रेता' (ई.पू. 411 में मंचित) पेलोपोनीशियाई युद्ध की पृष्ठभूमि पर लिखा गया था। इसकी नायिका एथेन्स और स्पार्ता दोनों नगरों की प्रतिनिधि-स्त्रियों से कहती है कि शत्रु द्वार पर खड़ा है और तुम अपने ही नगरों को नष्ट कर रहे हो। इसके बाद वह दोनों नगरों के एक हो जाने का प्रस्ताव रखती है। ऐसी ही स्थिति ई.पू. चौथी शताब्दी के पूर्वार्ध में पैदा हो गयी थी। सभी नगर-राज्य अपना-अपना हित साधने में लगे हुए थे जिसके लिए फारस के सम्राट् से भी मित्रता करने में परहेज़ नहीं कर रहे थे।
8. आधुनिक संस्करणों में इस भाषण का शीर्षक 'शान्ति' है जब कि पुराने संस्करणों में, स्वयं अरस्तू ने भी, इसे 'परिसंघ' शीर्षक दिया है।
9. 'एरियोपेगितिकुस' वस्तुतः 'एरियोपेगस परिषद्' की ध्वनि दे रहा है। यह परिषद् अपने अधिकार से साधारण सभा के निर्णय को भी बदल सकती थी। एफ़िऐल्तीज़ ने उससे यह अधिकार छीन लिया था। जिसकी कीमत उसे प्राण देकर चुकानी पड़ी थी।
10. 'अंतिदोसिस', पृ. 319, अनु. 46-47
11. 'बादल' नाटक में सुकरात का जो चित्र खींचा गया है वह उस समय जनता में प्रचलित सोफ़िस्तों की सामान्य धारणा का प्रतिनिधित्व करता है।
12. 'सोफ़िस्तों के विरोध में', पृ. 291, पं. 1-2
13. कुछ विद्वान् मानते हैं कि यहाँ आइसोक्रेतीज़ का संकेत एतिस्थनीज़ और युक्लाईदीज़

जैसे अध्यापकों की ओर है। ये सोफ़िस्त बड़ी चालाकी से पढ़ाई की पूरी फ़ीस पहले ही स्वयं न लेकर किसी अन्य के पास रखवा लेते थे यह कहकर कि पढ़ाई पूरी होने पर ही पैसे को हाथ लगायेंगे। पर सच्चाई यह थी कि उन्हें डर रहता था कि कहीं पढ़ाई पूरी होने पर विद्यार्थी ने फ़ीस नहीं दी तो? इसलिए फ़ीस का प्रबन्ध पहले ही कर लेते थे। आइसोक्रेतीज़ का यह कटाक्ष सोफ़िस्तों को पूरी तरह बेनकाब कर देता है– 'सोफ़िस्तों के विरोध में' पृ. 291-पं 3-6

14. 'सोफ़िस्तों के विरोध में', पृ. 292, पं 9
15. 'लिटरेरी क्रिटिसिज़्म इन एंटिक्विटी, खंड 1, पृ. 125
16. 'सोफ़िस्तों के विरोध में', पृ. 294, प. 18
17. पृ. 293, पं. 10
18. 'अंतिदोसिस' अनु. 185
19. वही, अनु. 189
20. 'सोफ़िस्तों के विरोध में' पृ. 294, प. 16-17
21. अनु. 187-88
22. पृ. 294-95, अनु. 17-18
23. पं. 10
24. कृष्णलाल शर्मा, यूनानी आभिजात्य चिन्तन, पृ. 259
25. अनु. 51
26. 'सोफ़िस्तों के विरोध में,' पृ. 295, पं. 21
27. अनु. 47
28. अनु. 47
29. एटकिन्स, लिटरेरी क्रिटिसिज़्म इन एंटीक्विटी, खंड-1, पृ. 130
30. अनु. 46-47
31. 'सोफ़िस्तों के विरोध में' पृ. 294, अनु. 17, पृ. 295, अनु. 21 'पैनएथनेइकुस', अनु. 3
32. बाद में अरस्तू भी इसी से मिलते-जुलते निष्कर्ष पर पहुँचा था। वह भी 'घोर प्रजातन्त्र' के विरुद्ध था।–कृष्णलाल शर्मा, यूनानी आभिजात्य चिन्तन, पृ. 447, 450
33. 'निकोक्लीज़' पं. 5-8
34. 'पैनएजिरिकुस' पं. 8
35. 'अंतिदोसिस', अनु. 47
36. 'सोफ़िस्तों के विरोध में, पृ. 293, अनु. 13, 'पैनएजिरिकुस' पं. 9
37. 'निकोक्लीज़ के प्रति' पं. 33
38. कृष्णलाल शर्मा, यूनानी आभिजात्य चिन्तन, पृ. 23
39. एटकिन्स, लिटरेरी क्रिटिसिज़्म इन एंटिक्विटी खंड-1 पृ. 130-32
40. 'शान्ति', पं. 14

1.1.3 अरस्तू
(ई.पू. 384-322)

1.1.3.1 विचार-भूमि

सुकरात—वक्तृत्वकला फुसलाने की कला है, मात्र यही इसका प्रयोजन है।

गोर्जियास—यह परिभाषा, हे सुकरात, मुझे ठीक जान पड़ती है, क्योंकि वक्तृत्वकला का मुख्य प्रयोजन फुसलाना ही है।

....

सु.—क्या हम मान लें कि फुसलाने की क्रिया दो प्रकार की होती है—एक, जिसमें ज्ञान आधारित विश्वास पैदा किया जाता है; दूसरी, जिसमें ज्ञान के बिना ही विश्वास पैदा किया जाता है।

....

सु.—और साधारण-सभाओं तथा अदालतों में दिये जानेवाले भाषण किस तरह से श्रोताओं को फुसलाते हैं, सही-गलत का सच्चा ज्ञान देकर या फिर बिना ज्ञान के ही केवल विश्वास पैदा करके।

गो.—हे सुकरात, स्पष्ट ही केवल विश्वास पैदा कर।

सु.—इसका अर्थ हुआ कि भाषण बिना ज्ञान दिये ही विश्वास पैदा करता है?

गो.—हाँ, तुम सच कहते हो।

....

गो.—हाँ, सुकरात यह कितनी बड़ी बात है कि अन्य कलाओं का ज्ञान न होने पर भी वक्ता, केवल वक्तृत्वकला के बल पर, अन्य कला-विशेषज्ञों की बगल में आ खड़ा होता है।

....

सु.—मेरे अनुसार, हे गोर्जियास, वक्तृत्वकला कला है ही नहीं केवल चापलूसी* है, जिसके लिए व्यक्ति का प्रत्युत्पन्नमति होना आवश्यक है [ज्ञानी नहीं]।

---

* फुसलाना = पर्सुएड; चापलूसी = फ्लैटरी

....

सु.—मेरा मत है कि वक्तृत्वकला राजनीति की प्रतिछाया, नकल, मात्र है।

पोलस—श्रेष्ठतर या निम्नतर।

सु.—निम्नतर[1]

उपर्युक्त संवाद में सुकरात का निश्चित मत है कि वक्तृत्वकला ज्ञान देती नहीं है, ज्ञान देने का भ्रम पैदा करती है। इसमें वक्ता श्रोताओं का विश्वास अर्जित करता है ज्ञान देने का केवल भुलावा पैदा करके। ज्ञान वह दे भी नहीं सकता क्योंकि वह स्वयं ज्ञानी नहीं है। सुकरात के माध्यम से यह मत वस्तुतः प्लेटो का है। यहाँ, वक्ता की वही स्थिति है जो 'गणराज्य' में चित्रकार और कवि की है। ये सभी लोग सत्य का ज्ञान कराने का विश्वास तो पैदा करते हैं किन्तु वह सत्य पर आधारित न होने के कारण केवल भ्रम होता है। इस तरह, वक्ता के भी 'गणराज्य' से बहिष्कृत हो जाने के खतरे को अरस्तू ने तभी भाँप लिया था जब वह अकादमी में अध्ययन-अध्यापन कर रहा था।

प्लेटो अरस्तू की प्रतिभा से प्रभावित था। संस्थान में वह 'अकादमी का मस्तिष्क' कहलाने लगा था। सम्भव है उसे यह उपनाम प्लेटो ने ही दिया हो। एक मान्यता यह भी है कि कवियों को लेकर प्लेटो की दृष्टि में जो भी बदलाव बाद में आया उसमें कहीं न कहीं अरस्तू का योगदान अवश्य था (और यही बात वक्तृत्वकला के सम्बन्ध में भी कही जा सकती है)। फ्रीडरिख सोम्सन ने उन प्राचीन उल्लेखों को सत्य माना है जिनमें कहा गया है कि भाषणशास्त्र पर पहला व्याख्यान अरस्तू ने प्लेटो के जीवन काल में ही दिया था, वही कुछ भिन्न रूप में वर्तमान 'भाषणशास्त्र' का आरम्भिक अंश है। हमें मान लेना चाहिए कि उस समय उसके मानस-पटल पर यह बात अवश्य रही होगी कि आइसोक्रेतीज़ (जो उस समय इस क्षेत्र में प्रसिद्ध हो चुका था) जैसे भाषणशास्त्री वक्तृत्वकला को किस रूप में देखते हैं। या, उसके जैसे भाषणशास्त्री जिन पक्षों पर अधिक बल देते हैं (जैसे, उन दिनों भाषण में संवेग जगाने पर बल देना आम बात हो गयी थी) क्या वे इस कला के मूल आधार हो सकते हैं। और, उसने प्रश्न ही नहीं उठाये होंगे यह भी जतला दिया होगा कि वह स्वयं इस दिशा में क्या सोचता है। बात जब उसके चिन्तन की आयी तो उसे केवल गोर्जियास और आइसोक्रेतीज़ को ही उत्तर नहीं देना था प्लेटो को भी उत्तर देना था और उन पेशेवर भाषणशास्त्रियों को भी जो जगह-जगह दुकानें खोले बैठे थे। फिर भी यह ध्यान में रखने की बात है कि उसके सम्बोध्य अकादमी के सदस्य थे और चिन्तन की पृष्ठभूमि में वे चर्चाएँ भी रही होंगी जो अकादमी के परिसर में इस विषय को लेकर होती रही होंगी।

प्रतीत होता है उन दिनों अकादमी में गरमागरम बहस का एक विषय यह भी था कि संवेग और संज्ञान में क्या कोई सम्बन्ध है? 'भाषणशास्त्र' में अरस्तू ने इस

विषय पर अपना यह दृष्टिकोण रखा है कि किसी में संवेग जगाने का तात्पर्य यह नहीं है कि वह पूरी तरह हमारे वश में हो गया है। यह मंत्रमुग्ध कर लेनेवाली स्थिति नहीं है। संवेग में संज्ञान की युति से वह मर्यादित हो जाता है, विवेक-सम्मत हो जाता है। इस रूप में परिष्कृत होकर वह भाव बन जाता है और ऐसी भावात्मक प्रतिक्रिया उस प्रतिक्रिया से भिन्न होती है जिसमें शरीर अंध आवेग के वशीभूत होकर कार्य करता है। यह ध्यान देने की बात है कि प्लेटो का सारा बल सत्य पर था। उसने वक्तृत्वकला को इसी लिए नकार दिया क्योंकि इसका लक्ष्य सत्य का संधान नहीं था। दूसरा कारण यह था कि उस समय के वक्ता श्रोताओं को भावावेग में बहा ले जाने में अधिक विश्वास करते थे, ठीक त्रासदीकारों की तरह। यह स्थिति उसे स्वीकार्य नहीं थी क्योंकि उसके अनुसार भावजगत् का आलोड़न सत्य के साक्षात्कार में बाधक बनता है। उधर गोर्जियास जैसे भाषणशास्त्री भी स्वीकार कर चुके थे कि भाषण देना बहलाने-फुसलाने की कला है। इसी परम्परा को आइसोक्रेतीज़ भी अपने ढंग से आगे बढ़ा रहा था। अरस्तू की स्थिति कुछ भिन्न थी। वह अकादमी के संस्कारों में पला बढ़ा था और उसी के सदस्यों को सम्बोधित कर रहा था। जब वह ऐसे वाक्यांशों का प्रयोग करता है "इससे सभी सहमत हैं/होंगे" तो इसका अर्थ अकादमी के सदस्य ही लेना चाहिए। किन्तु इसका अर्थ यह नहीं है कि वह व्यापक समाज की अनदेखी कर रहा था। हाँ, गम्भीर चर्चा के सामाजिक अवश्य सीमित थे। अतः, वह ऐसी स्थिति में था कि अपने संस्थान को पेशेवर वक्ताओं और भाषणशास्त्रियों से अलग करते हुए भाषणशास्त्र पर चिन्तक की दृष्टि से विचार कर सके। इस अन्तर को हम सबसे पहले रेखांकित कर लेना चाहते हैं। गोर्जियास और उसकी परम्परा में, चाहे उसके शिष्य हों चाहे अन्य, यह धारणा सर्वस्वीकृत थी कि एक वक्ता के लिए सफलता पाना (चाहे जिस उपाय से भी सम्भव हो) एक मात्र लक्ष्य होना चाहिए। इसलिए, उनकी दृष्टि से बहलाना-फुसलाना शब्द सटीक थे। इनमें मंत्रमुग्ध या वशीभूत कर लेने का भाव भी निहित था। इसके प्रमाणस्वरूप गोर्जियास का 'हेलेन की स्तुति' शीर्षक निबन्ध लिया जा सकता है।[2] अरस्तू ने इसे शास्त्रीय स्वरूप प्रदान करते हुए कहा कि भाषणशास्त्र वस्तुतः फुसलाने के विभिन्न उपादानों/साधनों की खोज है, जिससे उसका तात्पर्य है, 'तर्क-सम्मत विमर्श के विभिन्न प्रकारों का पता लगाना।' और, हमें मान लेना चाहिए कि अकादमी में इस दृष्टि से भी भाषणशास्त्र पर विचार किया जाता रहा होगा।

जीवन के उत्तरार्ध में अरस्तू जब वक्तृत्वकला पर उसकी समग्रता में विचार करने बैठा तो स्वाभाविक था कि सबसे पहले वह उसका स्वरूप निर्धारित करे। इसके लिए प्रबन्ध के आरम्भ में उसने अपना बीज-वाक्य प्रस्तुत किया "रॄहिटरिक इज़ दि काउंटरपार्ट ऑफ़ डायलेक्टिक।" यहीं उसने खेद भी व्यक्त किया है कि वर्तमान समय

में भाषणशास्त्र के मूल विषय 'संगतिपूर्ण तर्क-रचना' पर बहुत कम विचार हुआ है।[3] अतः प्रश्न उठाया जा सकता है कि ऐसा किन्हीं परिस्थितियों के कारण हुआ है, अथवा, विचारकों की अक्षमतावश हुआ है? वह इसके लिए ऐतिहासिक स्थितियों को दोषी ठहराता है। उपर्युक्त टिप्पणियों को इतिहास की कसौटी पर कसते हुए अंत में उसने एक और टिप्पणी की है। उसका कथन है, "नियम बनाने के लिए अथवा न्याय करने के लिए व्यक्ति/व्यक्तियों का समझदार होना आवश्यक है। यह समझदारी किसी छोटे समूह में तो हो सकती है बड़े समूह (अर्थात् साधारण सभा जिसे वह भीड़ समझता था* में नहीं।"[4] तथ्य साक्षी हैं कि राष्ट्रीय महत्त्व के प्रश्नों पर विचार करने के लिए एथेन्स में साधारण-सभाएँ बुलायी जाती थीं। नेतागण उसमें अपने-अपने विचार रखते थे और निर्णय बहुमत पर छोड़ दिया जाता था। कई निर्णय सही लिये गये कई गलत। गलत निर्णयों के परिणाम भी एथेन्स को भुगतने पड़े। अपार धन-जन की हानि होने के बाद भी यह प्रणाली बदली नहीं, निर्णय जनता के विशाल समूह द्वारा ही लिये जाते रहे। उपर्युक्त वाक्य सम्भवतः इसी स्थिति की ओर संकेत करता है। एथेन्स के परिप्रेक्ष्य में अरस्तू का इस निष्कर्ष पर पहुँचना स्वाभाविक था। न्याय करने की यह प्रणाली या शासन व्यवस्था वस्तुतः न्याय के विरुद्ध है। इसलिए वह और उसके जैसे अन्य चिन्तक भी इस मत के थे कि पूरे समाज से सम्बन्धित महत्त्वपूर्ण प्रश्नों पर उचित निर्णय लेना साधारण सभा के वश की बात नहीं है, क्योंकि इसके अधिकांश सदस्यों में ऐसी योग्यता नहीं थी कि समस्या के सभी पक्षों पर गहराई से विचार कर सकें। ये लोग सामान्यतः स्वार्थी नेताओं के हाथ की कठपुतली बन जाते थे और नेतागण बुद्धिबल का ही नहीं धनबल का प्रयोग करने से भी नहीं हिचकिचाते थे। इस स्थिति को देखते हुए स्पष्ट हो जाता है कि अरस्तू सीमित प्रजातन्त्र (आभिजाततंत्र) के पक्ष में क्यों था। यहाँ वह आइसोक्रेतीज़ का समर्थन करता प्रतीत होता है।

'आभिजात्य तन्त्र ही राज्य को सुशासन दे सकता है' यह एक निर्णयात्मक निष्कर्ष था जिस पर आइसोक्रेतीज़ और अरस्तू दोनों सहमत थे किन्तु इस बिन्दु पर दोनों अलग-अलग चिन्तन मार्गों से पहुँचे थे। आइसोक्रेतीज़ एथेन्स का मूल वासी था। वह छुटपन से ही इस नगर को राजनीति के उच्चतम शिखर से गिरते हुए और बिखरते हुए देखता आ रहा था। इस बिखराव का वह भुक्तभोगी था। उसने फारसी साम्राज्य से यूनानियों के युद्ध, ई.पू. 478 के देलियाई गठबन्धन और एथेन्स

---

* किसी राज्य के सभी नागरिकों द्वारा समूह में लिये गये निर्णयों के अनुसार शासन व्यवस्था को अरस्तू ने घोर प्रजातन्त्र की संज्ञा दी है। आज की भाषा में यह भीड़तन्त्र (मॉबोक्रेसी) है।

—'राजनीतिश्यास्त्र', पु. 4, अ. 4

के विशाल व्यापारिक साम्राज्य के बारे में प्रत्यक्षदर्शी बुज़ुर्गों से सुना होगा। उसका इतिहास-बोध अनुभव आधारित भी कहा जा सकता है। सोलोन और क्लायस्थनीज़ उसके अपने पूर्वज थे। उनकी शासन व्यवस्था को सर्वश्रेष्ठ मानने का अर्थ था अपने सुवर्ण युग की ओर लौटना। यहाँ तुलना भावमूलक थी, केवल एथेन्स की पूर्व शासन व्यवस्था और वर्तमान शासन व्यवस्था की। अरस्तू का एथेन्स से ऐसा भावात्मक सम्बन्ध नहीं था। उसकी पद्धति वैज्ञानिक थी। अनेक संविधानों का अध्ययन करने के बाद वह तुलना कर रहा था यूनान में प्रचलित विभिन्न शासन पद्धतियों की। वहाँ कहीं राजतन्त्र था, कहीं धनिकतन्त्र, कहीं अल्पतन्त्र तो कहीं प्रजातन्त्र और कहीं-कहीं टायरेंटों का शासन भी था। उन सभी के धन-पक्षों और ऋण-पक्षों पर विचार करने के पश्चात् वह इस निष्कर्ष पर पहुँचा था कि ज़मींदार अभिजात वर्ग के नियन्त्रणवाला प्रशासन ही सर्वहितकारी (बहुसंख्यक समाज का हित = सर्वहित यह अरस्तू का सूत्र था) है। दोनों चिन्तकों की दृष्टि का यह अन्तर उनके भाषणशास्त्रों की विवेचन पद्धति में दिखायी देता है। आइसोक्रेतीज़ के राजनीतिक भाषणों की पृष्ठभूमि में वे परिस्थितियाँ हैं जब एथेन्स संकट की घड़ियों से गुज़र रहा था। उसके लिए श्रोताओं में देशभक्ति का भाव जगाना, प्राचीन सांस्कृतिक परम्पराओं के प्रति गौरव का भाव भरना परिस्थितिजन्य आवश्यकता (= प्रयोजन) थी। अतः उसके द्वारा भाषणों में आवेगों पर बल दिया जाना स्वाभाविक था। इधर अरस्तू का एथेन्स की राजनीतिक घटनाओं से कोई रागात्मक सम्बन्ध नहीं था। वहाँ की साधारण सभा को सम्बोधित करने का भी कोई प्रश्न नहीं था। वह भाषण को एक वैज्ञानिक की दृष्टि से, तटस्थ भाव से, शुद्ध वैचारिक स्तर पर देख रहा था। आइसोक्रेतीज़ एथेन्स के नेतृत्व में जिस विराट् सर्वयूनानी गठबन्धन की वकालत कर रहा था वह फ़िलिप और सिकन्दर के नेतृत्व में अपने आप घटता दीख रहा था बल्कि उससे भी आगे बढ़कर बृहत्तर यूनान की कल्पना साकार होने जा रही थी। इसी तटस्थता के कारण वह वक्तृत्वकला को उसके कलारूप में—वस्तु-तत्त्व और रूप-तत्त्व की समन्विति, हेतु और प्रयोजन, वक्ता और सामाजिक की दृष्टि, एवं अन्य अनुशासनों से उसके सम्बन्ध—आदि देख सका। उसके विश्लेषण-विवेचन ने बाद की पीढ़ियों को कितना प्रभावित किया इसका प्रमाण यह तथ्य है कि न केवल वक्ता वरन् कवि, दार्शनिक, राजनीतिविशेषज्ञ यहाँ तक कि सामान्य विद्यार्थी भी शताब्दियों तक उसके 'भाषणशास्त्र' का पाठ्य पुस्तक की तरह अध्ययन करते रहे।

एटकिन्स ने इस किंवदन्ती की चर्चा की है कि आइसोक्रेतीज़ और अरस्तू के बीच वक्तृत्वकला के स्वरूप, नियम आदि को लेकर जो मतभेद थे उन्होंने विवाद का रूप ले लिया था, 'भाषणशास्त्र' उसी का परिणाम है। ई.पू. 347 में प्लेटो की मृत्यु के बाद परिस्थितियाँ अनुकूल न होने के कारण उसे एथेन्स छोड़ना पड़ा था।

कुछ वर्षों के बाद जब सिकन्दर पूरे यूनान का सर्वेसर्वा बना तब वह फिर से एथेन्स लौटा और निजी शिक्षण संस्थान, लाइस्युम, खोलने का उसका सपना पूरा हो पाया। एथेन्सवास के इस दूसरे कालखंड (ई.पू. 335-323) में ही 'काव्यशास्त्र' की तरह 'भाषणशास्त्र' भी अपने वर्तमान रूप में पूरा हो सका और उसी की तरह प्रकाशनार्थ नहीं पढ़ाने की दृष्टि से नोट्स के रूप में तैयार किया गया। इसे नोट्स कहना इसलिए उपयुक्त हैं क्योंकि इसमें उन प्रतिक्रियाओं टिप्पणियों का विशेष महत्त्व है जो उसने प्लेटो तथा अन्यों के समर्थन या विरोध में व्यक्त की हैं।

उसके सामने निश्चित ही आइसोक्रेतीज़ का भाषणशास्त्र रहा होगा अन्यथा वह जब न तब उसका उल्लेख न करता, न ही उसके भाषणों के अंश उद्धृत करता। प्लेटो के साथ उसका दुहरा सम्बन्ध था, उसका वह शिष्य भी था और प्रतिपक्षी भी। प्लेटो को लगता था कि उसके काल में वाग्मिता सच्ची कला का रूप नहीं ले पा रही थी, फुसलाने का चातुर्य बनकर रह गयी थी। कालान्तर में उसने अनुभव किया कि यदि इसमें चर्चा के लिए महत्त्वपूर्ण विषय लिये जायें और इसके अभिव्यक्ति पक्ष में मनोविज्ञान का पुट भी मिला दिया जाये तो शायद यह समाज के किसी काम आ सके।* इस सुझाव को अरस्तू ने सहर्ष स्वीकार किया। अतः एटकिन्स का यह निष्कर्ष उचित है कि 'भाषणशास्त्र' लिखते समय प्लेटो की इस सम्बन्ध में की गयी टिप्पणियाँ उसकी प्रेरणा भी बनीं, दिशा निर्देश भी और उपजीव्य भी। जहाँ तक उसकी अपनी तैयारी का प्रश्न है वह बहुत पहेले से इस विषय पर अपनी स्थिति स्पष्ट करता चला आ रहा था। 'ग्रिलुस' और 'थियोदेक्तिया' दोनों इसी दृष्टि से लिखी गयी थीं कि अपने छात्रों को भाषण के विषय की व्यवस्था, निबन्धन, शैली आदि के नियमों से परिचित करा सके। अब जब इस पर और गहराई से विचार करने बैठा तो उसमें दार्शनिक चिन्तन का पुट मिल जाना स्वाभाविक था। इसलिए, 'भाषणशास्त्र' का उपयोग उनके लिए अधिक था जो उसकी विचारधारा से परिचित थे। जैसे, ज्ञान को तीन शाखाओं—सैद्धान्तिक (थियेरेटिकल) व्यावहारिक (प्रैक्टिकल) और उत्पादन-प्रायोज्य (प्रोडक्टिव) में विभाजित करते हुए भाषणशास्त्र को उसने अन्तिम वर्ग में रखा है।[5] इससे अनुमान लगाया जा सकता है कि वक्तृत्वकला को वह किस दृष्टि से देखता था। अस्तु।

---

* 'फिद्रुस' संवाद 'गोर्जियास' के कुछ वर्षों के बाद लिखा गया था। इसमें वक्ता लिसियास पर प्रहार किया गया है और उसे दर्शनशास्त्र पढ़ने की सलाह दी गयी है। उसके बाद कहा गया है कि वक्तृत्वकला सत्य से विच्छिन्न हो ही नहीं सकती। अर्थात्, वक्ता यदि झूठ बोलना छोड़ कर सत्यआधारित बात कहे तो 'गणराज्य' में रह सकता है।—पृ. 257, 260

1.1.3.2 विषय-स्थापन

'भाषणशास्त्र' में सम्पूर्ण विषय तीन पुस्तकों (खंडों) में विभक्त है। पहली पुस्तक में प्रयोजन को ध्यान में रखते हुए विषय-सामग्री की चर्चा है। अपने पहले ही वाक्य में इसका स्वरूप निर्धारित करते हुए उसने लिखा है (इसे हम बीज-वाक्य भी कह आये हैं)–भाषणशास्त्र तर्कशास्त्र का सहधर्मी है (रहिटरिक इज़ दि कांउटरपार्ट ऑफ़ डायलेक्टिक)[6]। यह वाक्य इस शास्त्र के विशिष्ट गुण धर्मों को निर्धारित कर रहा है। फिर, इसी आधार पर उसने बाद में इसकी परिभाषा भी निश्चित की। सच पूछा जाये तो पूरी की पूरी प्रथम पुस्तक इसी लक्ष्य को समर्पित है कि आज के वक्ता कहाँ भटक गये हैं और उनके विरोध में वह स्वयं कहाँ खड़ा है? भाषणा का वास्तविक स्वरूप क्या होना चाहिए। उसके महत्त्वपूर्ण पक्ष क्या हैं? चर्चा में इन्हीं के स्पष्टीकरण में उसने जो कुछ भी लिखा उसमें सर्वाधिक बल तथ्य आधारित तर्कों की खोज पर दिया है। वह चाहता था कि वक्ता सामाजिक को अपने पक्ष में करने के लिए मुख्यतः तर्क को साधन रूप में अपनाये। विषय को प्रभावशाली ढंग से प्रस्तुत करने के लिए आवश्यक तर्कों की खोज करना उसका प्रथम कर्तव्य होना चाहिए, अन्य सभी साधन इसके सहायक बनककर ही आ सकते हैं। उसे खेद था कि उस समय के वक्ता इस ओर कम ध्यान दे रहे थे।

उसकी दूसरी आपत्ति थी कि भाषणशास्त्री राजनीतिक भाषणों पर कम और अदालती भाषणों पर अधिक ध्यान देते हैं। हो सकता है उन दिनों ऐसे भाषण सीखनेवाले छात्रों की संख्या अधिक रहती हो क्योंकि व्यापारिक गतिविधियाँ बढ़ गयी थीं, उत्पादन बढ़ गया था, पैसे का खूब लेन-देन हो रहा था तो अदालतों में ढेरों मुकद्दमें भी आने लगे थे। एक बात और कि अदालती बहसों में तथ्य आधारित तर्क कम दिये जाते थे भाषा की चीर-फाड़ अधिक होती थी। अरस्तू दोनों प्रकार से स्थिति को उलटना चाहता था। एक यह कि तर्क का आधार ठोस हो, दूसरा यह कि ऐसे राजनीतिक विषयों पर ध्यान दिया जाना चाहिए जो व्यापक हों। यह कह कर वह वास्तव में प्लेटो की इस दृष्टि की पुष्टि कर रहा था जिसके अनुसार भाषण को स्तरीय बनाने के लिए गम्भीर विषय चुनना पहली शर्त है।

वक्तृत्वकला को लेकर उन दिनों एक सर्वसम्मति यह थी कि इसका उद्देश्य सम्बोध्य को [बहला-फुसलाकर] अपने पक्ष में करना है और इसकी सिद्धि के लिए जो भी उपाय सम्भव हैं उनका संधान 'भाषणशास्त्र' है। अरस्तू इससे सहमत था तभी प्रथम पुस्तक के दूसरे अध्याय का आरम्भ ही वह इसकी परिभाषा से करता है।

"वक्तृत्वकला को परिभाषित करना हो तो वह स्थिति विशेष में 'फुसलाने' के सम्भव उपायों का तत्काल पता लगाने की क्षमता है" (रहिटरिक मे बी डिफाइंड ऐज़ दि फ़ेकल्टी ऑफ़ ऑब्जर्विंग इन ऐनी गिवन केस दि अवेलेबल मीन्स ऑफ़

पर्सुएशन)। किन्तु बात जब उपायों के विशिष्ट रूप की आती है तो वहाँ उसकी पहचान अलग है। जहाँ, अन्य भाषणशास्त्रियों के लिए कोई भी उपाय अग्राहय नहीं है (कहा जा चुका है कि सामाजिक में राग-द्वेष जगाने को वे तर्क से भी अधिक महत्त्व दे रहे थे) वहीं अरस्तू ने इसके तार्किक रूप को ही इस सन्दर्भ में स्वीकार किया है। इसे और स्पष्ट करने के लिए उसने 'फुसलाने' के तौर-तरीकों की चर्चा की है जो उसके अनुसार दो मुख्य वर्गों में विभाजित हैं—शास्त्रीय और अ-शास्त्रीय। अ-शास्त्रीय से उसका तात्पर्य उन साधनों से है जिनका उपयोग निर्णय को प्रभावित करने के लिए किया तो जाता है किन्तु उनकी रचना में वक्ता का कोई योग नहीं होता जैसे, गवाह पेश करना, दस्तावेज़ इकट्ठे कर प्रस्तुत करना आदि। शास्त्रीय उपायों का आधार पूरी तरह वक्ता के अभिभाषित शब्द होते हैं। उनका प्रभाव इस पर निर्भर करता है कि वक्ता उनका उपयोग कैसे करता है।

परिभाषा के अनुसार वक्ता सामाजिक को अपने पक्ष में करने के लिए तीन सूत्री योजना अपनाता है :

1. भाषण में निजी चरित्र की छाप इस तरह छोड़ना कि श्रोता सहज ही उस पर विश्वास करने की मनःस्थिति में आ जाये;
2. श्रोता को विशिष्ट मनःस्थिति में लाना; और
3. विषय के सन्दर्भ में अपने पक्ष को तर्क द्वारा प्रमाणित करना।

तर्क-संगति और चरित्र का युगपत् सम्बन्ध कुछ विचित्र लगता है किन्तु यह अरस्तू की शैली का विशिष्ट प्रयोग है। उस समय अनेक शास्त्रीय विषयों की पारिभाषिक शब्दावली तैयार नहीं हुई थी। इसलिए वह परम्परागत शब्द को अपने ढंग से प्रयुक्त करने के लिए विवश था। यहाँ भी ऐसा ही हुआ है। त्रिसूत्री योजना 'भाषणशास्त्र' की विषय-प्रस्तुति है। इसके महत्त्व का प्रतिपादन उसका दूसरा चरण है। भाषण का विषय चाहे जो हो वक्ता सामाजिक के विश्वास को अर्जित करने के पक्ष की उपेक्षा नहीं कर सकता। इस लक्ष्य की सिद्धि में उसका चरित्र एक महत्त्वपूर्ण साधन है। चरित्र को यहाँ उसने नया आयाम दिया है। भाषण शुरू करने के पहले श्रोताओं की वक्ता के बारे में कोई भी राय हो सकती है, महत्त्व उस चरित्र का है, जिसकी छाप वह अपने भाषण में विषय-प्रतिपादन, उसका विस्तार आदि के द्वारा छोड़ता है। यह अलग बात है कि किसी वक्ता की पहले से ही ऐसी प्रसिद्धि हो कि वह जो भी कहता है सच कहता है। किन्तु उसके बोलने में, अर्थात् विषय-स्थापन में, यह विश्वसनीयता झलकनी चाहिए[7]।

दूसरा साधन है श्रोताओं के अंतस को इस तरह स्पर्श करना कि वे उसे आत्मीय मानने लग जायें। भावना के स्तर पर वक्ता और श्रोता के बीच संवादी-सम्बन्ध (हार्मोनियस रिलेशनशिप) स्थापित होना बहुत आवश्यक है। यदि हम प्रसन्न होते

हैं और सामनेवाले को अपना मित्र मानते हैं तो हमारी प्रतिक्रिया सकारात्मक होती है। स्थिति यदि विपरीत होती है तो प्रतिक्रिया नकारात्मक हो जाती है। इस कारण से श्रोताओं को विशिष्ट मनःस्थिति, अनुकूल मनःस्थिति, में लाने के लिए उपयुक्त साधन अपनाये जाने चाहिए। भाषणशास्त्र में चित्तवृत्तियों के विशिष्ट स्थान को स्वीकार करते हुए उसने दूसरी पुस्तक में संवेगों का विस्तार से विश्लेषण किया है किन्तु साधनों के कोटिक्रम में उसने प्रथम स्थान तर्क-संगति को ही दिया है। उसने बार-बार उन भाषणशास्त्रियों की आलोचना की है जिनका ध्यान केवल संवेग जगाने पर होता है।[8] फिर भी, समय की माँग को देखते हुए उन पर विचार कर लेना आवश्यक हो गया था। 'भाषणशास्त्र' की दूसरी पुस्तक इसी विषय पर केन्द्रित है।

संवेगों का विवेचन करने के पहले अरस्तू स्थापित करता है कि भाषण के कथ्य (प्रतिपादित विषय के पक्ष में दिये गये तर्क) के अतिरिक्त वक्ता में विश्वास जगानेवाले तीन घटक हैं—सही समझ, अच्छा चरित्र और साख।[9] सही समझ न होने पर हमारी धारणा भ्रामक हो सकती है। धारणा सही होने पर भी चरित्र की दृढ़ता के अभाव में वक्ता सच्चाई सामने लाने में असमर्थ हो सकता है। सही धारणा को सही रूप में प्रस्तुत करने पर भी यदि वक्ता की साख में कमी है तो वह श्रोताओं का विश्वास अर्जित नहीं कर पाता। सही समझ की सीमा का विस्तार करते हुए यह कहा जा सकता है कि वक्ता की दृष्टि विषय के साथ-साथ श्रोताओं की चित्तवृत्ति पर भी होनी चाहिए। इसी चर्चा को और आगे बढ़ाते हुए उसने विभिन्न संवेगों पर विचार किया है। उसके अनुसार वक्ता के लिए श्रोताओं के मन में यह विश्वास जगाना बहुत आवश्यक है कि वह जो कुछ कह रहा है उनकी भलाई के लिए कह रहा है। उन्हें इस तरह की मानसिकता में लाने के लिए उनमें विशिष्ट (अभीष्ट) संवेगों को जगाना अनिवार्य हो जाता है। दूसरे शब्दों में, वह कह रहा है कि वक्ता श्रोताओं के अंतस को इस तरह आलोड़ित कर दे, उनमें क्रोध, करुणा, भय आदि संवेग इस सीमा तक प्रबुद्ध हो जायें कि वे अपनी बुद्धि का प्रयोग न करते हुए, बस कहीं हुई बात को सच मानते हुए, वक्ता की हाँ में हाँ मिला दें। इस दृष्टि से वक्ता का अच्छा मनोवैज्ञानिक होना ज़रूरी है। उदाहरणार्थ, यदि उसे क्रोध जगाना है तो उसे न केवल श्रोताओं (क्रोध करनेवाला) की मनोवृत्ति, उनके स्वभाव, का ज्ञान होना चाहिए वरन् यह भी जानना चाहिए कि वे किसके प्रति (क्रोध का आस्पद) क्रोध कर सकते हैं और क्रोध का आधार, कारण, क्या हो सकता है।[10]

अरस्तू के काल में मनोविज्ञान का शास्त्र के रूप में कोई अस्तित्त्व नहीं था फिर भी उसने संवेगों की परिभाषाओं के साथ-साथ उन पर विभिन्न कोणों से जिस तरह से विचार किया है वह उसके गहन अध्ययन एवं सूक्ष्म दृष्टि का परिचय देता है। दूसरे, जितने विस्तार से यह विवेचन प्रस्तुत किया गया है उससे यह भी सिद्ध

हो जाता है कि वक्ता में इसके ज्ञान को वह कितना महत्त्व देता था। इस आधार पर हम कहेंगे कि वह अपने ही सिद्धान्त का खंडन कर रहा था। एक वैज्ञानिक–भौतिकशास्त्री, जीवनशास्त्री, चिकित्सक आदि, आदि–होने के नाते उसका अधिक बल इस बात पर था कि वक्ता अपनी युक्तिमत्ता के बल पर अभीष्ट की सिद्धि करे। संवेगों का जागना इसमें सहायक हो सकता है पर उसे प्राथमिकता नहीं दी जा सकती, ऐसा उसने स्वयं भी स्वीकार किया है। 'भाषणशास्त्र' लिखना उसके लिए चुनौती थी। इसे लिखकर वह आइसोक्रेतीज़ एवं दिमोस्थनीज़ जैसे वक्ताओं की भाषण पद्धति पर प्रश्नचिन्ह लगा रहा था जो एथेन्स के मूल निवासी होने के कारण वहाँ की समस्याओं को उठाते समय भावुक हो उठते होंगे और जिसका प्रभाव उनके श्रोताओं पर भी पड़ता होगा। वैसे भी उनका बल अपने श्रोताओं में देशभक्ति जैसे भाव जगाने पर अधिक था। उनकी और श्रोताओं की समस्याएँ एक थीं और उनका समाधान जीवन-मरण का प्रश्न था। अरस्तू की स्थिति उनसे भिन्न थी। उसके लिए एथेन्स की पराजय उसकी अपनी पराजय नहीं थी। अतः वह इस विषय पर तटस्थ भाव से वैज्ञानिक की विश्लेषण पद्धति से विचार कर सकता था, उसका तर्क-संगति पर अधिक बल देना स्वाभाविक था। किसी भी प्रक्रिया में कारण-कार्य सम्बन्ध देखना उसके चिन्तन का मूल आधार था, निष्कर्ष तक पहुँचने का महत्त्वपूर्ण सहायक घटक था। पर, संवेगों के प्रकरण में यह घटक धुँधला गया है। सामाजिक यदि संवेग की प्रबलता के कारण, एक विशिष्ट मानसिक स्थिति के दबाव में आकर वक्ता द्वारा प्रस्तावित समाधान का समर्थन करने लग जाता है तब उसकी अपनी युक्तिमत्ता का क्या मूल्य रह जाता है? यदि भाषण में तर्क-संगति, कारण-कार्य सम्बन्ध आदि पर विचार किए बिना ही उसे निर्णय करना है तब भाषण में उसकी आवश्यकता ही क्या रह जाती है? लगता है उस समय की वस्तु स्थिति से तालमेल बैठाने के प्रयत्न में इस वदतोव्याध्यात पर उसका ध्यान नहीं गया। पर इतने मात्र से इस अंश का महत्त्व कम नहीं हो जाता। शताब्दियों तक कवि, वक्ता, राजनीतिज्ञ, एवं दार्शनिक मानव स्वभाव की चर्चा में अरस्तू के विश्लेषण को अन्तिम वाक्य के रूप में स्वीकार करते रहे।

काव्यशास्त्र की दृष्टि से 'भाषणशास्त्र' की तीसरी पुस्तक ही सर्वाधिक उपयोगी है। इसमें उसने वक्तृत्वकला के रूप-पक्ष पर विचार किया है। इसके आरम्भ में ही उसका स्पष्ट घोषवाक्य है कि हमें क्या कहना है यह जानना ही पर्याप्त नहीं है उसे ठीक से, उचित रूप में, कहना भी जरूरी है। इससे भाषण को प्रभावशाली बनाने में सहायता मिलती है।[11] इसी के अन्तर्गत उसने एक ओर शैली के गुण-दोषों का विवेचन करते हुए लगातार मध्यमान पर दृष्टि रखने का सुझाव दिया है, तो दूसरी ओर उसके धनपक्ष की चर्चा में भाषा के विविध प्रयोगों, अलंकारों तथा शब्द-भेदों

का सोदाहरण विश्लेषण किया है। इन्हीं के बीच-बीच में भाषण के प्रयोजन और हेतुओं पर भी वह टिप्पणी करता चलता है। भाषण के वस्तु-तत्त्व और रूप-तत्त्व के विश्लेषण और परस्पर सम्बन्ध को एक शास्त्र के रूप में देखनेवाली उसकी यह रचना बाद के वक्ताओं, भाषणशास्त्रियों तथा काव्यशास्त्रियों के लिए एक सन्दर्भ ग्रन्थ बन गयी।

1.1.3.3 भाषण-हेतु

वक्तृत्वकला के सन्दर्भ में उसके हेतुओं–प्रतिभा, व्युत्पत्ति तथा अभ्यास–पर काव्यशिक्षा की ही पद्धति पर अलग से विचार करने का कोई औचित्य नहीं था। इसकी वैसे भी वहाँ कोई परम्परा नहीं मिलती। इसलिए 'भाषणशास्त्र' में उनकी स्वीकृति तो मिलती है, विस्तार नहीं। किसी भी रचना में सहजात प्रतिभा की विशेष भूमिका पर बल देने वाली कवियों की बड़ी लम्बी पाँत उसके सामने थी। उसका गुरु प्लेटो और उसका भी गुरु सुकरात दोनों ही इसकी अनिवार्यता को स्थापित कर चुके थे, वह भी इस रूप में कि इसकी भूमिका शेष दो से कहीं अधिक है। सोफ़िस्त इस दृष्टि को नकार चुके थे। वे जतलाना चाहते थे कि गद्य विधा छन्दोबद्ध विधाओं से भिन्न है इसलिए उसकी रचना और मूल्यांकन की पद्धति भी भिन्न है और होनी चाहिए। दूसरे, वे अपने शिक्षक के रूप को स्थापित करना चाहते थे जो जन्मजात प्रतिभा को अनावश्यक घोषित करके ही सम्भव था। तीसरे, उनका उद्देश्य अभिजात समाज के वर्चस्व पर प्रहार करना भी था।

अरस्तू के सामने सोफ़िस्तों की बड़ी लम्बी-चौड़ी जमात थी। वह उनसे इस बात पर सहमत था कि गद्य, उसमें भी वक्तृत्वकला, को काव्य के मानदंड अपनाकर विकसित नहीं किया जा सकता, वह काव्य का पिछलग्गू नहीं है। गोर्जियास ने अपने गद्य के लिए काव्यात्मक शैली अपनायी थी। किन्तु यह परम्परा आगे बढ़ नहीं पायी, स्वयं सोफ़िस्तों ने इसका विरोध किया। इस पृष्ठभूमि में जब अरस्तू वक्तृत्वकला पर विचार करने बैठा तो उसने सहजात प्रतिभा को स्वीकार अवश्य किया पर प्लेटो और सुकरात जितना महत्त्व नहीं दिया। भाषण को प्रभावशाली बनाने के लिए कथन-भंगिमा के अन्तर्गत उसने नाट्याभिनय के योगदान को स्वीकार किया है, वहीं वह यह भी स्वीकार करता है कि इसकी योग्यता वस्तुतः प्रकृति का वरदान है जिसका व्यवस्थित शिक्षण लगभग असम्भव है। तात्पर्य यह कि यह क्षमता किन्हीं नियमों आदि के सीखने-सिखलाने से पैदा नहीं की जा सकती।[12] लगता है यह टिप्पणी उसने चलते-चलते की है। इसकी तुलना में शेष दो हेतुओं पर की गयी टिप्पणियाँ अधिक सशक्त हैं।

आइसोक्रेतीज़ ने व्युत्पत्ति और अभ्यास दोनों पर समान रूप से बल दिया

था। अन्य सोफ़िस्तों का झुकाव व्युत्पत्ति की ओर अधिक था। वे एक प्रकार से व्युत्पत्ति को ही एकमात्र शक्ति-स्रोत घोषित कर चुके थे। अरस्तू ने इस स्थिति में ऐसा परिवर्तन किया जो उस समय के लिए अभूतपूर्व था। 'भाषणशास्त्र' की रचना करते समय उसके सामने प्रधान रूप से राजनीतिक भाषण थे। यह स्वाभाविक था क्योंकि इनके विषय गम्भीर और राष्ट्रीय जीवन से जुड़े होने के कारण व्यापक होते थे। ऐसे विषयों पर विचार करने के लिए वक्ता का अध्ययन व्यापक हो तभी वह उनके साथ न्याय कर सकता है। इस सम्बन्ध में उसकी टिप्पणी है—"विषय सार्वजनिक जीवन से जुड़ा हो या किसी अन्य प्रकार का, हमें उससे सम्बन्धित सभी, या कुछ थोड़े, तथ्यों का ज्ञान अवश्य होना चाहिए तभी हम उसके पक्ष या विपक्ष में अपने तर्क दे सकते हैं। हमारे पास यदि तथ्य ही नहीं होंगे तो तर्कों को आधार कहाँ से मिलेगा।"[13] यहाँ तक अरस्तू अन्य भाषणशास्त्रियों के साथ उन्हीं की पंक्ति में खड़ा हुआ है। पर, जब वह अभ्यास के हेतु पर आता है तो उसकी दृष्टि बदल जाती है। शैली के विश्लेषण के अन्तर्गत उसका एक वाक्य है, "रूपक....ऐसी वस्तु नहीं है जो एक व्यक्ति दूसरे को सिखला सके।"[14] प्रथम दृष्टया इसका अर्थ निकलता है कि रूपकों की उद्‌भावना जन्मजात संस्कारों की देन है, किन्तु सन्दर्भ पर विचार करें तो यह अर्थ उचित नहीं प्रतीत होता। चर्चा शैली पक्ष की हो रही है, इसके कुछ नियमों का विश्लेषण हो रहा है। नियम और जन्मजात संस्कार में सहज मैत्री भाव नहीं होता। इसलिए हमारा मत है कि इसका संकेतित अर्थ अभ्यास, काव्य का तीसरा हेतु है। यह अर्थ एक ओर तो इस मत की पुष्टि करता है कि अरस्तू ने प्रतिभा के विशिष्ट योग को स्वीकार भले ही किया हो किन्तु बल व्युत्पत्ति और अभ्यास पर ही दिया है। अभ्यास के महत्त्व को अन्य भाषणशास्त्री स्वीकार कर चुके थे और अरस्तू व्यवहारवादी होने के नाते अच्छी तरह जानता था कि गद्य के लेखन और अभिभाषण दोनों में व्युत्पत्ति बिना अभ्यास के पंगु है। चाहें तो यों भी कह सकते हैं कि अभ्यास ही व्युत्पत्ति को सार्थक करता है। इस पृष्ठभूमि पर उपर्युक्त वाक्य का निहितार्थ होगा कि लाक्षणिक प्रयोगों के औचित्य और सौन्दर्य को पहचानने की क्षमता तथा नवीन प्रयोगों की उद्‌भावना-शक्ति अभ्यासजन्य हैं। इस दृष्टिकोण को कहावतों के सन्दर्भ में और भी स्पष्टता से व्यक्त करनेवाला उसका दूसरा वाक्य है—कहावतों की रचना जन्मजात संस्कार अथवा दीर्घ अभ्यास द्वारा ही सम्भव है।[15] यहाँ वह दोनों काव्य-हेतुओं को एक ही स्तर पर रखकर एक दूसरे के पूरक नहीं पर्याय के रूप में देख रहा है। ऐसा कह कर वह प्रतिभा का अपकर्ष नहीं कर रहा है वरन् अभ्यास को विशिष्ट ऊँचाई प्रदान कर रहा है। प्रकारान्तर से वह कह रहा है कि यदि किसी के पास सहजात प्रतिभा नहीं है तो भी उसे निराश होने की आवश्यकता नहीं है, इस क्षमता को वह अभ्यास द्वारा भी अर्जित कर सकता है। ठीक यही बात सोफ़िस्त बहुत पहले से कहते चले आ

रहे थे। श्रेष्ठ लेखन के लिए जन्मजात संस्कार की नहीं मार्गदर्शन और अभ्यास की आवश्यकता है और इसकी योग्यता कोई भी अपने बलबूते पर प्राप्त कर सकता है।

1.1.3.4 भाषण-प्रयोजन

सुख : प्रयोजन का प्रच्छन्न व्यापक रूप

राजनीतिक भाषणों के विषय तत्त्व पर विचार करते हुए अरस्तू ने उसे पाँच वर्गों में बाँटा है :

1. आय के विभिन्न स्रोत और वे योजनाएँ जिन पर राज्य को व्यय करना चाहिए। दोनों से सम्बन्धित भाषण में वक्ता का ध्यान इस बात पर होना चाहिए कि आय का कोई स्रोत और विकास का कोई क्षेत्र छूट न जाये।
2. दूसरा वर्ग है युद्ध एवं शान्ति का। वह समय ही ऐसा था कि एक यूनानी राज्य या तो किसी अन्य राज्य को अपने अधीन करने/रखने के लिए प्रयत्नशील रहता था या किसी अन्य राज्य से मुक्त होने के लिए योजना बनाता रहता था। परिणाम होता था संघर्ष, संघर्ष टल जाये तो फिर शान्ति।
3. तीसरा वर्ग है राष्ट्रीय सुरक्षा का जो दूसरे से अभिन्न रूप से जुड़ा हुआ है। इसके अन्तर्गत वक्ता को राज्य की सीमाओं का, किलों का तथा सैनिकों की कुल संख्या का ज्ञान होना चाहिए ताकि सीमाओं के विस्तार के अनुरूप आवश्यक हो तो सैनिकों की संख्या घटायी-बढ़ायी जाने की संस्तुति की जा सके या किलों के कमज़ोर हिस्सों को मजबूत किया जा सके।
4. चौथा वर्ग आयात-निर्यात का है, तथा
5. पाँचवें के अन्तर्गत उसने संविधान को रखा है। संविधान को सार्वजनिक विचार-विमर्श का विषय बनाकर अरस्तू ने इसके प्रति अपनी गम्भीरता तथा सूझबूझ का परिचय दिया है। इसका मुख्य प्रयोजन है नयी परिस्थितियों में आवश्यक नियमों को जोड़ना और पुराने अनावश्यक नियमों को हटाना। इस विषय पर भाषण देने के लिए वक्ता को अपने राज्य की शासन-व्यवस्था तथा संविधान की जानकारी तो होनी ही चाहिए साथ-साथ अन्य राज्यों के संविधानों का भी उसे गहन अध्ययन करना चाहिए। तभी वह जान सकेगा कि किस प्रकार के राष्ट्र (= परम्परागत शासन व्यवस्था + समाज संरचना) के लिए किस प्रकार का संविधान उपयोगी हो सकता है।[16] फिर, उसी के परिप्रेक्ष्य में वह साधारण-सभा को किसी नये नियम का सुझाव दे सकता है। 'राजनीतिशास्त्र' लिखने के पहले उसने स्वयं भी ऐसा ही किया था।

विषयों की उपर्युक्त सूची से स्पष्ट हो जाता है कि अरस्तू के लिए सार्वजनिक/राजनीतिक भाषण क्यों मुख्य थे। इसके बाद, विभिन्न प्रयोजनों

पर किये जा रहे विवेचन को समेटते हुए वह एक अत्यन्त व्यापक प्रयोजन को चर्चा का विषय बना लेता है। इसका आरम्भ वह इस सूत्र से करता है कि व्यक्ति हो या पूरा समाज हर कोई अपने सभी निर्णय एक ही प्रयोजन को सामने रख कर लेता है, वह है सुख। उसकी सभी गतिविधियों का अन्तिम लक्ष्य सुख होता है। सुख क्या है? इसे उसने कई तरह से परिभाषित किया है। जैसे, यह–

1. श्रेष्ठ गुणयुक्त समृद्धि है;
2. जीवन स्वातन्त्र्य है;
3. ऐसा सुरक्षित जीवन जिसमें अधिकाधिक आनन्द हो; और
4. स्वस्थ शरीर तथा आवश्यकतानुसार सम्पत्ति[17] और अधिकार की इतनी शक्ति कि सम्पत्ति, ज़मीन-जायदाद आदि की रक्षा भी हो सके और उसका सदुपयोग भी। सुख इनमें से कोई एक अथवा एक से अधिक स्थितियों का समन्वय है।[18]

सुख की उपर्युक्त परिभाषा/परिभाषाओं के बाद वह तुरन्त इसके घटकों को गिनाने बैठ जाता है और यहाँ उसका आभिजात्य दृष्टिकोण खुलकर सामने आ जाता है। सुख के घटकों पर दृष्टिपात करते हुए वह श्रेष्ठ कुल में जन्म, अच्छी सन्तान, निश्चिन्त वृद्धावस्था, लम्बा-चौड़ा शरीर, अच्छा स्वास्थ्य, सौन्दर्य, शक्ति, खेलों-कुश्तियों में भाग लेने की क्षमता तथा यश, सम्मान और सौभाग्य आदि का उल्लेख करता है। स्पष्ट है कि इनमें से अनेक स्थितियाँ स्वप्रयत्न से बहुत कम सम्भव हैं और कुछ तो असम्भव ही हैं। उधर विशिष्ट कुल में जन्म लेनेवाले को ये सहज ही प्राप्त हो जाती हैं। इसकी व्याख्या में वह आगे स्वयं लिखता है, "हमारे विचार से मनुष्य को सुखी होने के लिए उसके पास सुख के उपादानों के साथ-साथ सौभाग्य भी होना चाहिए तभी उसका जीवन सुरक्षित रह सकता है।"[19] कहने की आवश्यकता नहीं कि सुख की पहली शर्त है सुरक्षित जीवन। इसी क्रम में वह फिर लिखता है, "श्रेष्ठ कुल में जन्म लेने से तात्पर्य है उस जाति या राज्य में जन्म लेना जिसके (= सदस्य) नागरिक उस भू-क्षेत्र के मूल निवासी हों और बहुत काल से वहाँ रहते हों। जिनके पूर्वज महान् रहे हों तथा जिनके वंशज भी अपने श्रेष्ठ गुणों के कारण यशस्वी बने हों। इस तरह श्रेष्ठ कुलोद्भव होना सुख की पात्रता की पहली शर्त हैं।"[20] उस समय की परिस्थितियों को देखते हुए इसे कुछ और स्पष्ट करते हुए उसने लिखा है कि बच्चे के माता-पिता दोनों ही स्वतन्त्र नागरिक होने चाहिए (दूसरे शब्दों में दास-दासियों और उनकी सन्तानों को सुख कभी नहीं मिल सकता), राज्य में उनके पूर्वजों में से अनेक गुणवान्-सम्पत्तिवान् अवश्य होने चाहिए। इनमें पुरुष और महिलाएँ दोनों ही सम्मिलित हैं।[21]

हमें लगता है कि यह अंश लिखते समय अरस्तू के मानस-पटल पर निश्चित ही एथेन्स का आदर्श रहा होगा क्योंकि उसकी तुलना में उसका अपना भू-क्षेत्र, मकदूनिया, हर दृष्टि से पिछड़ा हुआ था। वहाँ न भौतिक सुख-सुविधाओं का जमघट था न वहाँ का सांस्कृतिक इतिहास कुछ ऐसा था जो उल्लेखनीय हो। इधर, यूनान की मुख्य भूमि पर कोरिंथ जैसे समृद्ध व्यापारिक नगर अवश्य थे और आयोनिया में भी अनेक नगर धन-धान्यपूरित थे किन्तु एथेन्स ने प्रजातान्त्रिक व्यवस्था अपना कर और उसे लगातार सुदृढ़ करते हुए एक ऐसा उदाहरण सामने रख दिया था जो यूनान ही नहीं पूरे विश्व के लिए प्रतिमान बन गया था। इसलिए, अरस्तू जैसे विचारक के लिए एथेन्स की सुदीर्घ ऐतिहासिक परम्परा से अभिभूत होना स्वाभाविक था। उसने उसी को कुछ क्षेत्रों में मानक स्वीकार कर लिया विशेष रूप से जब वह प्रशासन और समाज-संरचना की बात करता है। कहा जा चुका है कि 'भाषणशास्त्र' में मुख्यतः साधारण-सभा में दिये जानेवाले भाषण हैं। आइसोक्रेतीज़ के सामने भी वक्तृत्वकला के गुण दोषों पर विचार करते समय राजनीतिक भाषण ही थे। उसकी प्रतिद्वंद्विता भी राजनीतिक भाषण देनेवाले दिमोस्थनीज़ से थी न कि अदालती भाषणों के गुर सिखलानेवाले सोफ़िस्तों से। आइसोक्रेतीज़ और दिमोस्थनीज़ दोनों ही एथेन्स के नागरिक होने के नाते वहाँ की ज्वलन्त सत्रस्याओं में इतने उलझे हुए और उनका तात्कालिक समाधान उनके लिए इतना महत्त्वपूर्ण था कि वक्तृत्वकला के सभी पक्षों पर विचार-विश्लेषण कर भाषणशास्त्र को पूर्णता प्रदान करने की उन्होंने आवश्यकता ही अनुभव नहीं। अरस्तू की स्थिति अलग थी। वह एथेन्स की राजनीतिक घटनाओं से दूरी बनाये रखकर सोच सकता था कि साधारण सभा के सामने जब कोई युद्ध जैसी समस्या न हो, कोई अन्य आपात-स्थिति न हो तब उसे किन-किन विषयों पर विचार करना चाहिए। आय के स्रोत, विकास-योजनाएँ, आयात-निर्यात और संविधान निश्चित ही वे विषय थे जो नागरिक जीवन की सुख-समृद्धि से जुड़े हुए थे तथा जिन पर लगातार विचार करते रहने की आवश्यकता थी। वह चाहता था कि वक्ता इन महत्त्वपूर्ण विषयों पर भी विचार करें, इन्हें प्रयोजन बनाकर अपनी बात कहें। सुखमय जीवन की यह व्यापक अवधारणा थी, इसमें सभी स्वतन्त्र नागरिक, पुरुष और महिलाएँ दोनों, समाविष्ट थे। हाँ मजदूरों, कारीगरों, विदेशियों और दासों के लिए वह कोई व्यवस्था नहीं कर पाया। यदि यह उसके चिन्तन की सीमा थी तो इसके मूल में तत्कालीन परिस्थितियाँ थीं।

1.1.3.5 रूप-विचार

'भाषणशास्त्र' की तीसरी पुस्तक में अरस्तू ने अभिव्यक्ति के शैली पक्ष पर विचार किया है। वक्तृत्वकला को काव्यकला के समकक्ष रखकर उसी दृष्टि से उसका

मूल्यांकन करने के सम्बन्ध में उसकी जो भी मान्यताएँ थीं वे इसी खंड में समाविष्ट हैं। शैली के महत्त्व को रेखांकित करते हुए उसने लिखा है, "हमें क्या कहना है मात्र यह जानना पर्याप्त नहीं है; उसे सुष्ठु रूप में, उचित रूप में कहा जाना भी आवश्यक है; भाषण का अभीष्ट प्रभाव डालने में इससे बड़ी मदद मिलती है।"[22] उसके इस कथन की पृष्ठभूमि स्वरूप हमें ध्यान रखना होगा कि उन दिनों काव्य के पाठक नहीं श्रोता हुआ करते थे। होमर का पाठ करनेवाली मंडलियों के बीच पाठ-स्पर्धाएँ हुआ करती थीं जिन्हें सुनने के लिए लोग हज़ारों की संख्या में जुटा करते थे। अब, चूँकि प्रभावोत्पादकता की सिद्धि के लिए वक्ता के चरित्र और श्रोताओं के भावजगत् का विश्लेषण वह पिछली दो पुस्तकों में कर आया था इसलिए इस पुस्तक में उसने चर्चा को इस विषय पर केन्द्रित किया कि निर्णायकों—न्याय-परिषद् के सदस्य अथवा साधारण-सभा के सदस्य—को अपने पक्ष में करने के लिए (i) तथ्यों (ii) उनको व्यक्त करनेवाली भाषा, तथा (iii) कथन-भंगिमा (भाषण का उच्चरित रूप, डिलिवरी) का उपयोग करते समय किन-किन बातों का ध्यान रखना चाहिए। इनमें से कथन-भंगिमा ऐसा तत्त्व है जो भाषण की सफलता को सुनिश्चित करने में बड़ी दूर तक साथ देता है और उसे खेद था कि भाषणशास्त्र के अन्तर्गत इस पर पर्याप्त विचार नहीं हो रहा था।[24] यह बात सम्भवतः उसने भाषणशास्त्रियों की उदासीनता को देखते हुए कही थी क्योंकि नाटककारों तथा काव्य-पाठ करनेवालों ने तो इसके महत्त्व को बहुत पहले पहचान लिया था। उसी की ओर संकेत करते हुए उसने आगे लिखा भी कि विभिन्न संवेगों की प्रकृति को ध्यान में रखते हुए उन्हें व्यक्त करते हुए आवाज का ऊँचा, नीचा या उनके बीच का (मध्यम) होना बहुत जरूरी है। प्रतीत होता है भाषण के सन्दर्भ में स्वर-व्यवस्था का उसके लिए वही स्थान था जो काव्य में अलग-अलग विषयों के लिए ताल-व्यवस्था (छन्द-विधान) का था। यह उस समय की वस्तु स्थिति थी जिसका संकेत उसकी निम्न टिप्पणी से मिलता है:

"नाटकों में जो अभिनेता स्वर की तीव्रता, उसके उतार-चढ़ाव तथा ताल पर पूरा ध्यान देते हैं उन्हें ही पुरस्कार मिलते हैं। इसी कारण से कवियों की तुलना में अभिनय करनेवालों का महत्त्व बढ़ गया है।"[25]

उपर्युक्त टिप्पणी उस समय कथन-भंगिमा को लेकर वक्ताओं में प्रचलित धारणा को व्यक्त करती है। उसने भी इसको स्वीकार तो किया किन्तु आधे मन से क्योंकि इस पर आवश्यकता से अधिक बल देनेवालों को आड़े हाथों लेते हुए उसने लिखा है कि राजनीतिक संस्थाओं में प्रविष्ट कर गयी ह्रासमान प्रवृत्ति के कारण साधारण-सभा में भी नेतागण एक दूसरे के विचारों का खंडन-मंडन करते समय अभिनेताओं के चरण-चिन्हों पर चलने लगे हैं। अर्थात् वे तथ्यों की बात कम करते हैं जोर-जोर से बोलने का काम

ज्यादा करते हैं। उनकी इस प्रवृत्ति को बढ़ावा मिला श्रोताओं की दुर्बलता से। जब श्रोता ही बुद्धि से अधिक हृदय से काम लेने लगे तो वक्ताओं को भी उनके संवेगों को जगाने की आवश्यकता कुछ ज़्यादा ही महसूस होने लगी। फलतः उन्हें जो भी हथकंडे हाथ लगे उन्होंने अपनाने शुरू कर दिये। किन्तु, इससे भाषणशास्त्र का यह सिद्धान्त खंडित नहीं हो जाता कि वक्ता को अपनी लड़ाई मुख्यतः तथ्यों के आधार पर लड़नी चाहिए।[26] यह उसके विश्वास की बात थी, पर चूँकि वह भाषणशास्त्र लिख रहा था इसलिए वस्तु स्थिति को स्वीकार करना उसकी विवशता थी। उसका यह वाक्य कि राजनीतिक भाषणों में कथन-भंगिमा ने अपना विशिष्ट स्थान बना लिया है और इसके नियम आदि पर विचार करनेवाला प्रबन्ध सामने आना चाहिए,* अपनी कहानी स्वयं कह रहा है।

वास्तविकता से समझौता करनेवाली अरस्तू की दृष्टि भाषा-शैली पर विचार करते समय भी दिखायी देती है। तथ्य वक्तृत्वकला के उपादान कारण हैं, उन्हें भाषा के आवरण में ही प्रस्तुत किया जा सकता है। प्रश्न उठता है कि प्रस्तुतीकरण की भाषा केवल उपयोगिताश्रयी मूल्य सापेक्ष रहे, या, उसके रूपाश्रयी मूल्य पर भी ध्यान दिया जाना चाहिए। वह स्वयं भाषा केा अधिकाधिक तथ्यात्मक रखने के पक्ष में था। वह पूछता है कि रेखागणित पढ़ाते समय क्या कोई आलंकरिक भाषा का प्रयोग करता है। फिर भी, श्रोता का विश्वास अर्जित करने के लिए प्रस्तुतीकरण की शैली एक सीमा तक सहायक होती है इसलिए उस पर विचार कर लेना उसने आवश्यक समझता। दूसरे, उचित शैली को अपनाने से श्रोतागण भी तथ्यों को ठीक से समझ लेते हैं। वह स्वीकार करता है कि शैलीगत नियमों के प्रतिपालन से भाषण को उतना ही प्रभावशाली बनाया जा सकता है जितना कथन-भंगिमा द्वारा।[27]

'भाषणशास्त्र' की तीसरी पुस्तक में यहाँ तक की चर्चा विषय की भूमिका स्वरूप है, इसके बाद वह भाषण-हेतुओं पर विचार करता है। इसके अन्तर्गत हम देख आये हैं कि उसका बल व्युत्पत्ति और अभ्यास पर अधिक है। उसका विश्वास था कि प्रतिभा की कमी को शेष दो हेतुओं द्वारा पूरा किया जा सकता है। ऐसा कहकर वह वास्तव में स्वयं को सोफ़िस्तों की पंक्ति में नहीं खड़ा कर रहा है (क्योंकि तब तो उसे प्रतिभा को एकदम नकार ही देना चाहिए था) वरन् वक्तृत्वकला के अभिभाषित और लिखित रूप के अन्तर को रेखांकित कर रहा है। कथन-भंगिमा और नाट्याभिनय को वह प्रकृति का वरदान मानता था जिसका व्यवस्थित शिक्षण लगभग असम्भव है। कथन-भंगिमा का सम्बन्ध भाषित वक्तृत्वकला (बोला गया

---

* अरस्तू ने स्वयं इस दिशा में कोई प्रयत्न नहीं किया। इसके दो कारण हो सकते हैं—समयाभाव तथा इस विषय को महत्त्वपूर्ण न मानना पर उसके शिष्य थियोफ्रेस्तुस ने अवश्य इस पर एक प्रबन्ध लिखा। —स्रोत, अनुवादक की पाद टिप्पणी, पृ. 165

भाषण, जिसे तत्काल दिया गया भाषण भी कह सकते हैं) से है। नेतागण वक्ता के रूप में अभिनेताओं से स्पर्धा कर रहे थे। यह इस कला का एक रूप है, इसका दूसरा रूप है लिखित भाषण जो लम्बे समय तक सोच-सोचकर लिखा जाता है। आइसोक्रेतीज़ जैसे वक्ता इसी की प्रतियाँ बना-बनाकर लोगों में बाँटा करते थे। भाषण-हेतुओं के माध्यम से वह दोनों प्रकार के भाषणों में इस अन्तर को दर्शा रहा था कि अभिभाषित का प्रभाव बहुत कुछ कथन-भंगिमा, जो प्रतिभाजन्य है, पर निर्भर करता है जब कि लिखित का प्रभाव उसके शैली पक्ष—पद-योजना, भाषा के लाक्षणिक प्रयोग, ताल-संयोजन—पर निर्भर करता है और इसके नियम सीखे-सिखलाये जा सकते हैं, अर्थात् व्युत्पत्ति एवं अभ्यासजन्य हैं। इसी कारण से वह दूसरे प्रकार को साहित्यिक भाषण की संज्ञा भी देता है।

यहाँ प्रश्न उठाये जा सकते हैं कि क्या हेतुओं के इस अन्तर के आधार पर वह प्रथम प्रकार के भाषण को निम्न श्रेणी का और दूसरे प्रकार को उच्च श्रेणी का मानता है? क्या हेतुओं के भिन्न होने से उनके मूल्य में भी अन्तर आ जाता है? या, क्या बोले गये भाषण में कथन-भंगिमा के साथ-साथ लिखित शैली के नियमों का पालन नहीं किया जा सकता? इनका उत्तर स्पष्ट शब्दों में कहीं नहीं मिलता। हो सकता है वह इस अन्तर पर अधिक बल देकर कोई नया विवाद खड़ा न करना चाहता हो, या फिर दोनों में ही तर्काधारित विकास की सम्भावनाएँ देख रहा हो। हाँ, यह अवश्य कहा जा सकता है कि यदि उसने कहीं मूल्यांकन किया होता तो उसका आधार तर्क ही होता, न कथन-भंगिमा न भाषा के विशिष्ट प्रयोग। इसके अतिरिक्त यदि कोई अन्य निष्कर्ष निकालना हो तो कहा जा सकता है कि व्युत्पत्ति और अभ्यास के सन्दर्भ में उसकी और सोफ़िस्तों की दृष्टि में समानता थी अर्थात् वक्तृत्वकला को सीखा-सिखलाया जा सकता है। इसीलिए, उसने तीसरी पुस्तक में इसके नियमों का प्रतिपादन किया है।

एक बात और, कथन-भंगिमा और भाषा के सुष्ठु प्रयोग का अन्तर ऊपर दर्शाया जा चुका है। केवल कथन-भंगिमा के बल पर (जो संवेगों को जगाने का मुख्य साधन थी) भाषण को मूल्यवान् बनाने या मानने की प्रवृत्ति की उसने भर्त्सना की है। त्रासदी के सन्दर्भ में भी उसका स्पष्ट निर्देश था कि करुणा-भय कथानकजन्य होने चाहिए न कि दृश्यविधानजन्य। ठीक यही बात वह वक्तृत्वकला के बारे में भी कहता है। विषय प्रतिपादन के बाद उसकी पुष्टि में तर्क दिये जाने चाहिए जब कि सामान्य वक्ता नाटकीय अभिनय और कथन-भंगिमा द्वारा संवेग जगाने में लग जाते थे। अब, यदि कथन-भंगिमा भाषण की श्रेष्ठता का आधार नहीं बन सकती तो पद-योजना की साहित्यिक शैली भी लिखित भाषण के मूल्यांकन का आधार नहीं बन सकती। यह अलग बात है कि भाषण में इससे प्रभावोत्पादका बढ़ जाती है।[28]

एक ओर कथन-भंगिमा दूसरी ओर आलंकारिकता दोनों ही भाषण को प्रभावशाली बनाते हैं, पर उसे श्रेष्ठता भी प्रदान करते हैं ऐसा अरस्तू नहीं मानता था। प्रतीत होता है प्रभाव शब्द को वह सामाजिक में संवेग जगाकर उसे विशिष्ट मानसिकता में ले आने के अर्थ में ले रहा था जिसका प्रचलन उन दिनों साधारण-सभा में लगातार बढ़ रहा था। किन्तु मूल्यांकन का आधार तर्क-संगति मानने के निर्णय पर वह अडिग था और चाहता था कि श्रोता भी अपना निर्णय तर्कों के सही-ग़लत, उचित-अनुचित होने के आधार पर करें। यह इसलिए भी आवश्यक था क्योंकि सार्वजनिक भाषणों और अदालती भाषणों के श्रोता को राष्ट्रीय महत्त्व के विषयों पर, या फिर किसी के जीवन-मरण से जुड़ी समस्या पर निर्णय देना होता था। कभी-कभी उसका अपना भविष्य भी उस पर निर्भर करता था। अन्त में उसने इससे एक और निष्कर्ष निकाला—गद्य की भाषा काव्य की भाषा से इसलिए भिन्न होती है क्योंकि उसका प्रयोजन भिन्न होता है। यह वस्तुतः प्लेटों को दिया गया उत्तर है।*

अरस्तू के चिन्तन में प्रयोजनमूलकता एक महत्त्वपूर्ण सिद्धान्त है। प्रयोजन कला का तत्त्व है, वही उसके रूप को निर्धारित करता है। इस सन्दर्भ में उसे स्पष्ट करने के लिए उसने त्रासदी का उदाहरण दिया है। उसके समय की त्रासदियों में यथार्थ चित्रण की प्रवृत्ति और बढ़ गयी थी। इस प्रवृत्ति के अनुरूप, अर्थात् यथार्थ चित्रण को अधिक विश्वसनीय बनाने के लिए, नाटककार आइऐंबिक छन्द में विशेष रुचि लेने लगे थे। यह छन्द गद्य के निकट है और नाटक की भाषा भी बोलचाल की भाषा के निकट आ गयी थी। यह देखते हुए वह प्रश्न पूछता है कि जब कवि ही काव्यात्मकता (आलंकारिकता) से पल्ला झाड़ रहे हैं तब वक्ताओं द्वारा काव्य-शैली का अनुकरण करने का भला क्या औचित्य रह जाता है।[29]

1.1.3.6 भाषा-विचार

शैली का सबसे बड़ा गुण है स्पष्टता, इससे सामाजिक तात्पर्यार्थ को तत्काल ग्रहण कर लेता है। अरस्तू के चिन्तन में स्पष्टता विषयौचित्य पर आधारित है। और, औचित्य भी यहाँ विशिष्ट अर्थ में प्रयुक्त हुआ है, यह मध्यमान सापेक्ष है। प्रस्तुत सन्दर्भ में मध्यमान से तात्पर्य है—विषय की तुलना में शैली न निम्न स्तरीय हो न

* 'गोर्जियास' संवाद में प्लेटो यह निष्कर्ष निकाल चुका था (दूसरे शब्दों में यह उसकी स्थापना थी) कि कविता में से ताल और छन्द निकाल दें तो जो बच जाता है वह भाषण ही है। तात्पर्य यह कि कविता और गद्य में कोई तात्त्विक अन्तर नहीं है।

—स्रोत, यूनानी आभिजात्य चिन्तन, पृ. 282.

उच्चस्तरीय। विषयानुरूपता की कसौटी है सटीक भाषा का प्रयोग। दूसरे शब्दों में, गम्भीर विषय का विवेचन हलके-फुलके ढंग से नहीं करना चाहिए और मामूली विषय के लिए भारी-भरकम शब्दावली का प्रयोग नहीं होना चाहिए। सटीक भाषा की दूसरी कसौटी है ऐसी पद-योजना जो प्रचलन में हो।[30] हमें लगता है कि इस नियम का विधान करते समय उसके ध्यान में सोफ़िस्तों की यह घोषणा थी कि भाषण का विषय चाहे जो हो उसके प्रतिपादन में यदि कुछ नुस्खे (जैसे, शब्दालंकारों-अर्थालंकारों का बहुलता से प्रयोग जिससे उसके कविता होने का भ्रम पैदा हो जाय) अपना लिये जायें तो भाषण की सफलता (श्रोतावर्ग की तालियाँ) सुनिश्चित है। किन्तु, इसका एक अर्थ यह भी लिया जा सकता है कि वह सामान्य जन की भाषा की वकालत कर रहा था और सामान्य से उसका तात्पर्य था वे संज्ञा और क्रिया पद जिनसे सामान्य नागरिक (स्वतन्त्र नागरिक = साधारण सभा के सदस्य) परिचित हों। इन शब्दों का विशिष्ट प्रयोग भाषा को किस तरह गरिमा प्रदान करता है इस पर उसने 'काव्यशास्त्र' के इक्कीसवें और बाईसवें अध्यायों में विचार किया है। वहाँ उन नियमों पर भी सोदाहरण प्रकाश डाला गया है जिनका पालन करने से सामान्य भाषा में भी चमत्कार पैदा हो जाता है। इनके अन्तर्गत लाक्षणिक प्रयोगों की विशेष चर्चा है। ऐसे प्रयोगों में वक्ता द्वारा यह ध्यान रखना भी आवश्यक है कि भाषा कहीं स्वाभाविकता की सीमा लाँघकर कृत्रिम न बन जाये। स्वाभाविकता भाषा की वह शक्ति है जो सामाजिक को अपने ढंग से प्रभावित करती है। युरिपिदीज़ की भाषा इसका अच्छा उदाहरण है।

लाक्षणिक प्रयोगों के अन्तर्गत रूपकों के प्रयोग पर अरस्तू ने सर्वाधिक बल दिया है। रूपक उसके लिए बड़ा लचीला अलंकार है, उपमा भी उसी के भीतर समा जाती है।[31] इसलिए, इसकी स्पष्टता के लिए उसने इसके प्रयोग के अनेक उदाहरण दिये हैं। साथ ही कुछ विधि-निषेधों की भी चर्चा की है, जैसे, वे कौन से कारण हो सकते हैं जिनसे रूपकों में अनौचित्य दोष आ जाता है, या वे बहुत नाटकीय अथवा उपहासास्पद हो जाते हैं। विवेचन में पूर्णता लाने के लिए वह अस्पष्टता तथा कुछ अन्य सामान्य दोषों का उल्लेख करना नहीं भूलता।[32] पर, कुल मिलाकर उसका अनुभव यही रहा होगा कि मात्र नियम जान लेने से सुन्दर रूपकों की उद्भावना नहीं हो सकती। इसके लिए वक्ता के पास या तो प्रतिभा हो या फिर इतनी व्युत्पत्ति और अभ्यास हो जिससे मौलिक कल्पना उसके लिए सहज हो जाये। प्रतीत होता है कि यह वाक्य लिखते समय उसका ध्यान भाषा के चित्रात्मक सौन्दर्य पर अधिक था। जिस तरह व्याकरण के नियम स्थिर होते हैं और उनका पालन न करने से अर्थ का अनर्थ हो जाता है, उसी तरह लाक्षणिक प्रयोगों के भी कुछ नियम हैं। जिनका पालन न करने से अर्थ अस्पष्ट रह जाता है। किन्तु, अर्थ का सौन्दर्य भी एक महत्त्वपूर्ण घटक है

जिसकी कमी अर्थ की स्पष्टता पूरी नहीं कर सकती। चित्रात्मकता इसी सौन्दर्य का मूल आधार है।

भाषा-प्रयोग पर विचार करते समय अरस्तू की दृष्टि की यदि प्लेटो की दृष्टि से तुलना करें तो एक और बात सामने आती है। प्लेटो ने अनुकरण के आधार पर काव्य को निरर्थक सिद्ध किया है। अपनी बात को स्पष्ट करने के लिए उसने चित्र का उदाहरण लिया है। चित्र उसके लिए ज्ञान संप्रेषित करने का माध्यम है, उसका मूल्य ज्ञान सापेक्ष है। और चूँकि चित्र ऐसा नहीं कर पाता इसलिए उसके साथ-साथ काव्य भी मूल्यहीन है। अरस्तू ने भी 'काव्यशास्त्र' में काव्य और चित्र की युति का सहारा लिया है। किन्तु उसका निष्कर्ष है कि चित्र में रूपाश्रयी मूल्य के साथ-साथ ज्ञानाश्रयी मूल्य भी होता है। चित्र कला की दृश्य विधा है और महत्त्वपूर्ण विधा है। यहाँ तक कि वह चिन्तन को भी बिंबात्मक मानता था। दृश्य बिम्बों की प्रबल शक्ति को पहचानते हुए भाषण में रूपकों के माध्यम से उनके उचित उपयोग—सौन्दर्य की अभिवृद्धि—की ओर ध्यान आकर्षित करते हुए वह लिखता है—

"रूपक विशेषण का कार्य करते हैं इसलिए संकेतित वस्तु के साथ उसकी पूरी अनुरूपता होनी चाहिए, तालमेल का अभाव बहुत खटकनेवाला होता है। [ऐसे प्रयोगों में] उपमेय और उपमान का सम्बन्ध उनके गुण-दोषों के आधार पर औचित्य द्वारा निर्धारित होता है, किन्तु इसके साथ-साथ उनमें प्रयुक्त वर्णों पर भी पैनी नज़र रखी जानी चाहिए क्योंकि उसके उच्चारण में माधुर्य का अभाव भी रूपक के सौन्दर्य को निष्प्रभ कर देता है।"[33]

यहाँ हम देख सकते हैं कि वह संज्ञापद द्वारा संकेतित वस्तु, विषय से उसके औचित्य और उसके उच्चरित रूप से उभरे बिम्ब में परस्पर घनिष्ठ सम्बन्ध को रेखांकित कर रहा है। इनमें से किसी एक के प्रति भी वक्ता की असावधानी भाषण को लक्ष्य से भटका सकती है। यह कथन, हमारे मत से सोफ़िस्तों को भी सम्बोधित है। उनमें यह धारणा प्रचलित थी कि भाषा चाहे जैसी हो अर्थ वही का वही रहता है।[34] वे सम्भवतः पर्यायवाची शब्दों की बात कर रहे थे। पर, अरस्तू का तर्क है कि दैनंदिन व्यवहार में भले ही कुछ समानार्थी शब्दों में विपर्यय सम्भव हो किन्तु उदात्त विषय का विवेचन करते समय स्थिति भिन्न होती है। वहाँ शब्द का उच्चरित रूप भी अर्थ को स्पष्टता दे कर या सौन्दर्य में अभिवृद्धि कर अभीष्ट प्रभाव उत्पन्न करने में अपना योग देता है। कहा यह अवश्य जाता है कि दो पर्यायवाची शब्द एक ही वस्तु का बोध कराते हैं किन्तु गहराई से विचार करें तो देखेंगे कि दो समानार्थी शब्द एक ही वस्तु पर दो भिन्न कोणों से प्रकाश डालते हैं। उनकी अर्थ-छटा भिन्न होती है। भाषण में अर्थ-छटा के महत्त्व को भी समझा जाना चाहिए। निष्कर्ष यह

कि लाक्षणिक प्रयोगों की सफलता उनके द्वारा उत्पन्न गोचर बिम्बों के सौन्दर्य पर निर्भर करती है।[35]

इसके बाद अरस्तू भाषा के कुछ अन्य विचारणीय प्रयोगों को लेता है। जैसे, लघुता सूचक शब्द, अप्रचलित शब्द, सामासिक पद-योजना या विशेषणों का बाहुल्य। इन सब की विशेषताओं पर दृष्टिपात करते समय वह इस सन्देश को भी दुहराता चलता है कि गद्य को काव्य में परिणत करना उचित नहीं है। दोनों का प्रयोजन भिन्न है अतः रूप भी भिन्न होना चाहिए। इसमें यह धारणा भी समाहित थी कि सामाजिक स्वयं भी काव्य सुनने के लिए एक मानसिकता लेकर आता है तथा भाषण सुनने के लिए दूसरी। स्वभावतः कुछ प्रयोग काव्य में ही अच्छे लगते हैं गद्य में नहीं। जैसे, विशेषणों के बाहुल्य को ही लें। माना कि शैली की उदात्तता की दृष्टि से, उसकी खास पहचान के लिए, कुछ विशेषण सहायकत होते हैं किन्तु उनके उपयोग में मध्यमान की मर्यादा का उल्लंघन नहीं होना चाहिए। अच्छी शैली के कुछ सामान्य नियम हैं, उनसे अर्थ में स्पष्टता आती है। चमत्कार पैदा करने की झोंक में आकर उन नियमों की अवहेलना नहीं होनी चाहिए।

अरस्तू के लिए अर्थ की स्पष्टता भाषण का बहुत मूल्यवान् तत्त्व था। तीसरी पुस्तक का पाँचवा अध्याय पूरा का पूरा इसी को समर्पित है। सबसे पहले वह इसके मूल आधारों के पाँच वर्ग करता है–

1. संयोजकों का उचित प्रयोग और उनका स्वाभाविक क्रम;
2. विशेष वस्तुबोधक संज्ञापदों का प्रयोग;
3. पुरुषवाचक, स्त्रीवाचक, वस्तुवाचक भेद को ध्यान में रखते हुए संज्ञापदों का प्रयोग;
4. एकवचन और बहुवचन बोधक शब्दों का ठीक-ठीक प्रयोग;
5. तथ्यों को सीधे-सीधे रखना तथा अस्पष्टता से बचना।

इन सबके साथ-साथ वह विरामचिह्नों की पूरी जानकारी देते हुए उनके प्रयोग पर भी एक वैयाकरण की दृष्टि से विचार करता है। इस सम्पूर्ण चर्चा में उसका लक्ष्य यह सिद्ध करना है कि भाषण पढ़ने में जितना सरल और स्पष्ट होगा अपने भाषित रूप में वह उतना ही श्रोताओं को प्रभावित करेगा।

स्पष्टता और प्रभावोत्पादकता ये दो गुण ऐसे हैं जिन्हें अरस्तू ने इसी क्रम में साथ-साथ रखा है। पहले पर ध्यान दिये बिना दूसरा गुण भाषण में नहीं आ सकता। इनका परस्पर सम्बन्ध कारण-कार्य जैसा समझना चाहिए। 'जैसा' शब्द का प्रयोग हम इसलिए कर रहे हैं क्योंकि दोनों के नियम एक नहीं हैं। स्पष्टता के उपर्युक्त नियमों के अतिरिक्त भाषण को प्रभावशाली बनाने के उसने कुछ और सुझाव भी दिये हैं। संक्षेप में वे निम्न प्रकार से हैं–

1. वस्तुबोधक संज्ञा के स्थान पर उसका सटीक वर्णन प्रभाव को पुष्ट करता है।
2. वस्तु-चित्रण के लिए रूपकों व विशेषणों का प्रयोग किया जाना चाहिए।
3. कहीं-कहीं एकवचन के स्थान पर बहुवचन का प्रयोग प्रभाव में वृद्धि करता है।
4. एक 'आर्टिकल' के साथ अनेक शब्द न जोड़े जायें।
5. विस्तार या संक्षेप जो भी अभीष्ट हो उसी के अनुरूप कभी संयोजक, कभी अल्प विराम तो कभी अन्य विरामचिह्नों का प्रयोग होना चाहिए
6. अभीष्ट प्रभाव की सिद्धि के लिए कभी-कभी वस्तु में ऐसे गुण का भी आरोप किया जा सकता है जो उसमें होता ही नहीं।

ये सुझाव अरस्तू ने उदाहरण देकर परिपुष्ट किये हैं और उदाहरण भी समकालीन वक्ताओं से दिये हैं।

1.1.3.7 औचित्य-विचार

मध्यमान की तरह औचित्य भी अरस्तू के लिए मूलभूत सिद्धान्त है। कभी-कभी तो ऐसा लगता है मानों वह एक ही दृष्टि को कभी मध्यमान तो कभी औचित्य कह रहा है। अन्तर यही है कि औचित्य की वस्तुनिष्ठता तथा परिस्थिति सापेक्षता अधिक स्पष्ट, प्रत्यक्ष है तथा मध्यमान की अपेक्षा उसकी भूमि कहीं अधिक व्यापक है। भाषण के सन्दर्भ में औचित्य इसके तीनों घटकों–विषय, सामाजिक और वक्ता–पर निर्भर करता है। अतः इसकी चर्चा में उसने इन्हीं तीनों पर अपनी दृष्टि रखी है[36]।

1. क्या भाषण विषयानुरूप है?
2. क्या भाषण अभीष्ट संवेग उद्‌बुद्ध करने में समर्थ है?
3. क्या भाषण में वक्ता का वास्तविक चरित्र व्यक्त हुआ है?

इस सूत्रात्मक टिप्पणी में विषयानुरूपता, अर्थात् सटीक भाषा, की व्याख्या में उसने लिखा है कि विषय के अनुरूप ही शब्दावली भी गम्भीर या साधारण होनी चाहिए। यहाँ गम्भीर से तात्पर्य ऐसी शब्दावली से नहीं है जिसमें अप्रचलित या बड़े-बड़े सामासिक पदों का प्रयोग किया जाये। यह उस प्रवृत्ति का विरोधी है जिसमें हलके-फुलके विषयों के लिए भी वक्ता अलंकारों की झड़ी लगा देते हैं जिससे बात सामाजिक का विश्वास अर्जित करने के बजाय मजाक बनकर रह जाती है। भाषा के विषयानुरूप होने का अर्थ है उसमें उस गुण का होना जो सामाजिक को सत्य की प्रतीति कराने में सहायक हो।

इसी पद्धति पर आवेग संवलित भाषा भी सामाजिक में विषय (वक्ता द्वारा प्रतिपादित विषय के प्रति दृष्टिकोण) के प्रति विश्वास जगाती है। वह वक्ता को

अपना मित्र समझने लग जाता है। कभी-कभी ऐसे वक्ता, जिनके पास तथ्यों/तर्कों का अभाव होता है, केवल आवेगवेष्टित भाषा तथा कथन-भंगिमा से ही श्रोताओं को प्रभावित करने में सफल हो जाते हैं। यह भाषा कैसी होती है इसके उत्तर में उसने लिखा है–

"उसमें विभिन्न विशेषणों का बहुलता से प्रयोग होता है जिसमें कभी-कभी अपरिचित शब्द भी पर्याप्त मात्रा में आ जाते हैं। और जब वक्ता देख लेता है कि उसने श्रोताओं का दिल जीत लिया है तब वह अतिशयोक्तियों का लाभ उठाने से भी नहीं चूकता न सीमोल्लंघन से परहेज रखता है, क्योंकि वह जान चुका होता है कि श्रोताओं का एक वर्ग उसकी अतिशयोक्तियों पर अवश्य विश्वास कर लेगा तथा जो ऐसा नहीं करेंगे वे भी उसे क्षमा अवश्य कर देंगे।"[37]

भाषण में चरित्र की छाप पर विचार करते समय अरस्तू ने चरित्र को भिन्न अर्थ में ग्रहण किया है। वास्तविक जीवन में वक्ता का अच्छा-बुरा या सच्चा-झूठा होना अलग बात है। इस बारे में वह पहले ही कह चुका है कि सद्गुणसम्पन्न व्यक्ति, या जिसकी ऐसी प्रसिद्धि हो, श्रोताओं का विश्वास आसानी से जीत लेता है। किन्तु, इसका एक पक्ष यह भी है कि वक्ता जिस वर्ग का हो उस वर्ग के चरित्र की छाप लिए हुए हो। तात्पर्य यह कि विश्वसनीयता के लिए चरित्र का वर्गगत होना अनिवार्य है। जैसे, बूढ़ा बूढ़ों की तरह बोले युवा युवकों की तरह, पुरुष पुरुषों की तरह और स्त्री स्त्रियों की तरह बोले, गाँववाला गाँववालों की तरह बोले और शहरी शहरियों की तरह। इतना ही नहीं, इसकी सीमा में नगर-राज्यों का वैशिष्ट्य भी समाहित है। जैसे, स्पार्ता से आये वक्ता और थेसाली से आये व्यक्ति के भाषणों में अपने-अपने प्रदेश के चरित्र की छाप होनी चाहिए। उनकी शब्दावली तथा तर्क-संगति में उनका राष्ट्रीय चरित्र झलकना चाहिए।[38]

इस तरह उसने चरित्र को जितने व्यापक अर्थ में प्रयुक्त किया है उससे भ्रम होता है कि क्या वह राजनीतिक/अदालती भाषण में व्यक्त वक्ता के चरित्र की बात कर रहा है या सामान्य बोलचाल में व्यक्त चरित्र की। सम्भव है, आज हम उस समय की परिस्थितियों का सम्यक् आकलन करने में असमर्थ हों। फिर भी, यह निश्चित है कि चारित्र्य को वैशिष्ट्य प्रदान करनेवाले ये घटक कहीं न कहीं अपना प्रभाव अवश्य दिखलाते हैं। प्रस्तुत प्रसंग में इससे हम यही निष्कर्ष निकालना चाहेंगे कि उसके अनुसार प्रत्येक प्रकार का भाषण (राजनीतिक, अदालती या औपचारिक) एक विशिष्ट शैली की अपेक्षा रखता है जो उसके लिए सर्वाधिक उपयुक्त होती है। इसी तरह लिखित या अभिभाषित शैलियों में भी अन्तर होता है। लिखित भाषण की शैली अधिक मँजी हुई होती है और बोलते समय नाटकीयता पर अधिक बल होता है।[39]

भाषणों के प्रकार और शैली में जो भी अन्तर है उसके पीछे मूल कारण है

प्रयोजन। इसे समझाने के लिए उसने वक्तृत्वकला और चित्रकला की परस्पर तुलना की है। यह पद्धति उसने 'काव्यशास्त्र' में भी अपनायी है। साधारण सभा में दिया जानेवाला भाषण प्राकृतिक दृश्य का चित्र बनाने जैसा होता है। सामाजिकों की संख्या जितनी अधिक होगी कृति को देखने-सुनने की दूरी भी उतनी बढ़ जाती है। दूरी के कारण सूक्ष्म ब्योरों पर किसी का ध्यान नहीं जाता इसलिए उन्हें न दिखलाना ही उचित होता है। तात्पर्य यह कि राजनीतिक भाषणों में छोटे-छोटे ब्योरे न दिये जायें तो अच्छा है। इसके विपरीत अदालती भाषणों में साज-सँवार की आवश्यकता अधिक होती है और निर्णय करनेवाला व्यक्ति एक ही हो तो भाषण में और कसावट होनी चाहिए। एक न्यायाधीश के सामने आलंकारिक भाषा का प्रयोग निरर्थक हो जाता है।[40] यहाँ प्रश्न किया जा सकता है कि क्या एक वक्ता सभी प्रकार के भाषणों में कुशल हो सकता है? अरस्तू का उत्तर है नहीं। जिन भाषणों में नाटकीयता की आवश्यकता अधिक हो उनके वक्ताओं के पास आलंकारिक भाषा भले न हो जोरदार आवाज़ अवश्य होनी चाहिए ताकि अन्तिम पंक्ति का श्रोता भी सुन सके। आलंकारिक भाषा का सबसे अच्छा उपयोग सत्कार-भाषणों में किया जा सकता है क्योंकि ये पाठ्य होते हैं।[41] प्रतीत होता है कि भाषण शैली और वक्ता की प्रकृति दोनों में तालमेल बैठाते समय अरस्तू के मन में प्लेटो की यह बात अवश्य घुमड़ रही होगी कि प्रत्येक व्यक्ति वही काम कुशलतापूर्वक कर सकता है जो उसके स्वभाव (प्रकृति प्रदत्त गुण) के अनुकूल हो। 'एक व्यक्ति=एक कौशल', यह प्रकृति का नियम है।

भाषणों के प्रकारों में असली प्रतिद्वन्द्विता राजनीतिक और अदालती भाषणों में थी। उनके बीच अन्तर का आधार यह है कि पहले में किसी भावी घटना का सामना करने के लिए किसी विशिष्ट योजना का प्रतिपादन किया जाता है। दोनों में विषयगत और प्रयोजनगत अन्तर इतना महत्त्वपूर्ण है कि दोनों का रूप-पक्ष शुरू से ही एक भिन्न दृष्टिकोण की अपेक्षा रखता है। इससे वक्ता की पूरी सोच ही बदल जाती है जिसका प्रभाव विषय-प्रतिपादन (उसका आरम्भ कैसे किया जाये तथा अन्त कैसे किया जाये), उसका सत्यापन तथा तर्क-संगति, भाषण की शब्दावली (वह आलंकारिक हो या आवेग संवलित) और कथन-भंगिमा इन सब पर पड़ता है। प्रत्येक वक्ता इसका ध्यान रखे, यह सिद्धान्त की बात है। इस सत्य को रेखांकित करना ही अरस्तू के 'भाषणशास्त्र' का प्रयोजन है।

सन्दर्भ एवं टिप्पणियाँ

1. यह बातचीत प्लेटो के 'गोर्जियास' संवाद का एक अंश है जिसमें वह इस निष्कर्ष पर पहुँचता है कि वक्तृत्वकला का उसके 'गणराज्य' में कोई स्थान नहीं है क्योंकि वह ज्ञान

आधारित नहीं है।

2. कृष्णलाल शर्मा, यूनानी आभिजात्य चिन्तन, पृ. 127-28
3. 'भाषणशास्त्र' पृ. 1354अ, पं. 12
4. 'भाषणशास्त्र' पृ. 1354ब, पं. 1-2
5. एटकिन्स, लिटरेरी क्रिटिसिज़्म इन एंटिक्विटी, खंड 1, पृ. 133
6. भाषणशास्त्र (रहिटरिक) और तर्कशास्त्र (डायलेक्टिक) शब्दों के अर्थ की स्पष्टता के लिए रहाइस रॉबर्ट्स ने 'भाषणशास्त्र' की पाद टिप्पणी (पृ. 19) में लिखा है—"अँग्रेज़ी में इनकी व्याख्या के लिए 'सार्वजनिक भाषण की कला' और 'तार्किक विवेचन की कला' वाक्यांशों का प्रयोग किया जा सकता है।" तात्पर्य यह कि सार्वजनिक भाषण (जिसे अरस्तू राजनीतिक भाषण के रूप में ही देखता-समझता था) में भी बात पूरी तरह तर्काश्रित ही होनी चाहिए।
7. पर्सुएशन इज़ एचीव्ड बाइ दि स्पीकर्स पर्सनल कैरेक्टर व्हैन दि स्पीच इज़ सो स्पोकन ऐज़ टु मेक अस थिंक हिम क्रेडिबल।—पृ. 1, अ.2, पृ. 1356अ, पं. 5
8. पृ. 1354ब, पं. 10,20, पृ. 1356 अ, पं. 16-17
9. पृ. 1378अ, पं. 6-14
10. पृ. वही, पं. 25-26
11. पृ. 1403ब, पं. 16-17
12. पृ. 1404अ, पं. 15
13. पृ. 1396अ, पं. 5-7
14. पृ. 1405अ, पं. 9-10
15. पृ. 1410ब, पं. 7-8
16. पृ. 1359ब, पं. 20-21
17. सम्पत्ति के अन्तर्गत रुपया-पैसा, ज़मीन-जायदाद, सुन्दर-सुन्दर घर-बगीचे, घर के साजो-सामान, पशु,दास-दासियाँ सब कुछ आ जाता है क्योंकि, उसके अनुसार ये हमारे उपयोग की वस्तुएँ हैं और हमारे जीवन को सुरक्षित बनाती हैं तथा एक संभ्रान्त व्यक्ति की सम्पत्ति बनने के योग्य हैं।—पृ. 1361अ, पृ. 12-14
18. पृ. वही, पं. 14-19
19. पृ. 1360ब, पं. 28-29
20. पृ. वही, पं. 32
21. पृ. वही, पं. 34-37
22. पृ. 1403ब, पं. 16-17
23. पृ. वही, पं. 25
24. पृ. वही, पं. 19-22
25. पृ. वही, पं. 26-33
26. पृ. 1404अ, पं. 5-6
27. पृ. 1404अ, पं. 13
28. पृ. 1404अ, पं. 19

29. पृ. 1404अ, पं. 35
30. पृ. 1404ब, पं. 19-25
31. पृ. 1406ब, पं. 20
32. पृ. वही, पं. 7-8
33. पृ. 1406ब, पं. 31-32
34. इस सन्दर्भ में अरस्तू ने ब्राइसन का नाम लिया है।
35. पृ. 1405ब, पं. 14-15, 18-19
36. पृ. 1408अ, पं. 10-11
37. पृ. 1408ब, पं. 10-12
38. पृ. वही, पं. 26-33
39. पृ. 1413ब, पं. 2-5, 10
40. पृ. 1414अ, पं. 7-12
41. पृ. 1414अ, पं. 8-18

1.2 काव्यशास्त्र का कामेदीय सन्दर्भ

1.2.1 अरस्तू की सामाजिकोन्मुखी दृष्टि

1.2.1.1 कामेदी : परिभाषा और संज्ञानात्मक मूल्य

कामेदी शब्द 'कोमुस' से बना है। यूनानी परम्परा के अनुसार 'कोमुस' प्रजनन के देवता का नाम भी है और प्राचीन काल में मौज-मस्ती करनेवालों के उस जुलूस को भी 'कोमुस' कहा जाता था जो वसन्त ऋतु में निकाला जाता था। वह ऐसा उत्सव था जिसमें प्रकृति में समायनुक्रम से लगातार होने रहनेवाले नवस्फुरण, पुनर्जन्म तथा बार-बार उसके यौवन को प्राप्त होने का भाव संकेतित था। कुछ विद्वानों ने, इसी लिए कामेदी को विश्व-जीवन के मुक्त हास के विस्फोट के रूप में देखा है। यही हास, दूसरे चरण में, या तो विश्व की अनबूझ पहेली या फिर सामाजिक और राजनीतिक व्यवस्था की दमनकारी प्रवृत्ति को चुनौती देता है। इसी से प्रेरित होकर कतिपय समीक्षकों ने काव्य की इस विधा को अविमर्शी सृजनात्मक शक्ति की विजय के रूप में देखा है। यह प्रकृति की विप्लवी अंध शक्तियों के साथ मानवीय सहयोग का वह पक्ष है जिसमें से नवजीवन के अंकुर फूटते हैं।[1] अरस्तू में इसी विचार के समानान्तर यह दृष्टि मिलती है कि कामेदी सामाजिक के अन्तस के अविमर्शी और विमर्शी दोनों अनुभागों को प्रभावित करता है। सरसरी तौर पर देखने में यह विधा भले ही हलकी-फुलकी लगती हो किन्तु इसका सामाजिक मूल्य कम करके नहीं आँका जाना चाहिए।

'काव्याशास्त्र' के प्राप्य अंश में थोड़ी सी गिनी-चुनी टिप्पणियाँ हैं जिनसे यह तो स्पष्ट हो जाता है कि अरस्तू ने कामेदी पर भी कोई प्रबन्ध लिखा था। इसकी पुष्टि 'राजनीतिशास्त्र' 'नीतिशास्त्र' तथा 'भाषणशास्त्र' के उन अंशों से भी होती है जहाँ कामेदी की चर्चा आनुषंगिक विषय के रूप में हुई है। 'भाषणशास्त्र' पृष्ठ 1419[ब] की पंक्ति 5 में वह साफ़-साफ़ लिखता है, "परिहास का वर्ग-विभाजन "काव्यशास्त्र" में किया गया है।" इसी तरह 'राजनीतिशास्त्र' के पृ. 1341[ब] के अन्त में उसने लिखा है कि 'काव्यशास्त्र' में वह इसकी और स्पष्टता से व्याख्या करेगा

तो हमें मान लेना चाहिए कि उसने वह अंश अवश्य लिखा होगा पर वह प्राप्य नहीं है। इसी तरह त्रासदी के सन्दर्भ में काथार्सिस का विषय भी बिना विस्तृत चर्चा के रह गया है पर कहीं न कहीं यह चर्चा हुई अवश्य हुई होगी। इसलिए, इन सन्दर्भों के आधार पर विद्वान् निस्संकोच स्वीकार करते हैं कि 'काव्यशास्त्र' का भाग-2 (जो प्राप्त नहीं है) कभी अस्तित्व में अवश्य था। यहाँ, हम प्राप्य टिप्पणियों तक ही सीमित रहते हुए यह देखेंगे कि उसके लिए कामेदी का सामाजिक मूल्य क्या था जिससे आभिजात्यवादी युग में कामेदी में आये परिवर्तन को ठीक से समझा जा सके। बाद में इसी के प्रकाश में रोमी कामेदियों को समझने का भी प्रयास करेंगे।

इधर कुछ विद्वानों ने प्रस्तुत विषय पर अरस्तू के बिखरे हुए सूत्रों को जोड़ने का प्रयास किया है। यह प्रयास दो स्रोतों पर आधारित है। एक उसकी अपनी टिप्पणियाँ और अन्य विषयों के विवेचन में व्यक्त कला-दृष्टि; दूसरा ई.पू. पहली शताब्दी में तैयार किया गया यूनानी भाषा का संग्रह 'त्रैक्तेतुस कुआस्लीनियानुस'।[2] यह नाम इसे इसलिए दिया गया क्योंकि इसकी पांडुलिपि पैरिस में 'द कुआस्लें' के संग्रह से प्राप्त हुई थी। इसका पहला प्रकाशन सन् 1839 में जे. ए. क्रैमर द्वारा किया गया था। इसमें कामेदी पर भी संक्षेप में विचार हुआ है, पर महत्त्व की बात यह है कि इसकी दृष्टि और शैली दोनों ही अरस्तूवादी हैं। इसका लेखक कामेदी की परिभाषा ठीक उसी पद्धति पर देता है जिस पर अरस्तू ने त्रासदी की दी है। कुछ विद्वानों ने अनुमान लगाया है कि 'काव्यशास्त्र' में कामेदीवाले अंश में अरस्तू ने जो परिभाषा दी होगी उसी को थोड़ा बदल कर इस लेखक ने ले लिया है, यह पूरी की पूरी अरस्तू की नहीं हो सकती। इस पर एटकिन्स की टिप्पणी ध्यान देने योग्य है। त्रैक्तेतुस में हास के काथार्सिस में दो भावों—प्रसन्नता एवं हास—को अन्तर्भुक्त किया गया है। अरस्तू की दृष्टि से देखें तो इसमें केवल हास का ही योगदान माना जायेगा। 'प्रसन्नता' को भी इसके साथ जोड़ना कुछ अटपटा सा लगता है। दूसरे, प्रसन्नता की चित्तवृत्ति जीवन की श्रेष्ठतम क्रिया, चिन्तन, में बाधक है। इसे दर्शन की 'टहलुआ शाखा' की चिन्तनधारा से मेल खानेवाली नहीं माना जा सकता। वैसे वह स्वीकार करता है कि कुल मिलाकर त्रैक्तेतुस का लेखक अरस्तू के ही पदचिह्नों पर चला है।

सन् 1984 में रिचर्ड जांको द्वारा सम्पादित त्रैक्तेतुस का एक और संस्करण प्रकाशित हुआ। उसने इसका शीर्षक रखा 'एरिस्टॉटल ऑन कामेडी'। उसके निष्कर्ष कुछ और जानकारी देनेवाले हैं। उसका अनुमान है कि अरस्तू का कामेदी-विश्लेषण और काथार्सिस-विश्लेषण एक अलग पुस्तक के रूप में तैयार किया गया होगा जिसमें से किसी ने हास्य रस सम्बन्धी अंशों (उपपत्ति और उसकी व्याख्या करनेवाले चुटकुले) को उतारकर एरिस्तोफ़ेनीज़ की कामेदियों के लिए विषय-प्रवेश के रूप में

इस्तेमाल कर लिया। बस, वहीं से ये अंश मध्ययुग की अनेक पांडुलिपियों में प्रवेश कर गये। क्रैमर द्वारा प्रकाशित पुस्तक भी किसी ऐसे व्यक्ति द्वारा ही तैयार की गयी है। उसने पूरी उपपत्ति को (उदाहरणों को छोड़कर) अपने नोट्स के रूप में तैयार किया और अरस्तू की 'तर्कशास्त्र' पर लिखी गयी टीका की जिल्द में जोड़ दिया।

त्रैक्तेतुस अस्तित्व में कैसे आया इस पर विद्वानों में मतभेद हो सकता है पर इतना निश्चित है कि उस समय के सभी शिक्षा-केन्द्रों के छात्र अरस्तू की कामेदी की उपपत्ति से परिचित थे। ई.पू. पहली शताब्दी में अरस्तू की पांडुलिपियाँ रोम ले आयी गयी थीं जिसके कारण वहाँ उनके अध्ययन की लहर सी आ गयी। लोग उसके 'काव्यशास्त्र' को विधिवत् पढ़ने लगे होंगे। रोम की परिस्थितियाँ भी ऐसी थीं कि कामेदी वहाँ अत्यन्त लोकप्रिय विधा बन गयी और उसी के प्रकाश में उसके सैद्धान्तिक विवेचन की दृष्टि में भी परिवर्तन आ गया हो तो आश्चर्य क्या। बाद के सभी लेखक अरस्तू का पिष्ट-पेषण करें ऐसी उनकी कोई विवशता नहीं थी। अतः उनकी टिप्पणियों के प्रति सावधान रहने की आवश्यकता है। जांकों ने यह ध्यान रखा है। उसने कामेदी और काथार्सिस पर अरस्तू की टिप्पणियों और त्रैक्तेतुस में प्रतिपादित उपपत्ति का तुलनात्मक अध्ययन किया जिसमें उसने हर्क्यूलेनियम से प्राप्त फिलोदेमुस की पांडुलिपि "ऑन पोएम्स" से भी सहायता ली। इस प्रयास में इन दोनों पुस्तकों में से उसने जो अंश उद्धृत किये उनके प्रकाश में अरस्तू की टिप्पणियों का विश्लेषण करते हुए हम जानने का प्रयास करेंगे कि कामेदी की उसकी क्या अवधारणा थी। अर्थात्,

1. इसमें प्रतिपादित 'हास' की प्रकृति क्या होनी चाहिए?
2. इसको देखते समय क्या सामाजिक काथार्सिस की प्रक्रिया से गुज़रता है?
3. क्या काथार्सिस के अतिरिक्त भी इसका कोई प्रयोजन हो सकता है?

विषय की भूमिकास्वरूप सबसे पहले यह कहना आवश्यक है कि कलाओं पर विचार करते समय प्लेटो की जो दृष्टि थी उससे अरस्तू कहीं सहमत था कहीं असहमत, किन्तु सहमत होते हुए भी बहुधा व्यवहार के स्तर पर उसने भिन्न मार्ग अपनाया। कामेदी को लेकर भी हुआ है। नाट्य विधा (व्यापक अर्थ में अनुकरणात्मक कला) आनन्द प्रदान करती है इसे स्वीकार करते हुए भी प्लेटो नाटककारों को 'गणराज्य' में रहने नहीं देना चाहता। इस सम्बन्ध में उसकी तीन आपत्तियाँ हैं–

1. अनुकरणात्मक होने के कारण यह ज्ञान नहीं देती;
2. आवेगों को उभारकर सामाजिक को दुर्बलमना बनाती है;
3. कालान्तर में दुर्बलमना होना सामाजिक का स्वभाव बन जाता है जिसे चारित्रिक पतन की संज्ञा दी जानी चाहिए।

1. तत्त्वशास्त्र की दृष्टि से अनुकरणात्मक कलाएँ (काव्यकला, चित्रकला आदि) कोई मूल्य नहीं रखतीं क्योंकि वे सत्य का नहीं अनुकरण का अनुकरण करती हैं। सत्य से त्रिधा अपेत होने के कारण वे किसी प्रकार से सत्य का ज्ञान कराने में असमर्थ हैं। यह निष्कर्ष है उस विवेचन का जो उसने 'गणराज्य' की दसवीं पुस्तक में प्रस्तुत किया है। विषय का आरम्भ वह बढ़ई और चित्रकार की तुलना से करता है। यहाँ ध्यान देने योग्य बात यह है कि दोनों की उत्पादन प्रक्रिया को परिभाषित करने के लिए उसने अलग-अलग शब्दावली का प्रयोग किया है। बढ़ई को उसने बनानेवाला कहा है और चित्रकार को अनुकरण करनेवाला।[3] इससे स्पष्ट हो जाता है कि उत्पादकों के कोटिक्रम में वह बढ़ई को ऊँचा स्थान देता था। इस सम्बन्ध में उसका तर्क है कि बढ़ई का बनाया हुआ पलँग सत्य से दूसरे स्थान पर है और पलँग का चित्र (चूँकि वह बढ़ई के बनाये हुए पलँग को देखकर उसके अनुकरण पर बनाया गया है) तीसरे स्थान पर। बढ़ई का उत्पाद सत्य के अधिक निकट है और चित्रकार का उत्पाद उसका भ्रम है। यहाँ, उसका एक और तर्क यह भी है चित्रकार बढ़ई द्वारा बनाये गये पलँग की वास्तविकता का अनुकरण नहीं करता, शायद कर भी नहीं पाता, बस उसके भासमान रूप का संकेत देने तक ही सीमित रह जाता है। इस कारण से उसने उसे पलँग का चित्र बनानेवाला न कहकर उसका भ्रम पैदा करनेवाला कहा है। ऐसी स्थिति में उसकी रचना का क्या मूल्य रह जाता है।

जहाँ तक अनुकरण की बात है प्लेटो चित्रकार और कवि में कोई अन्तर करता नहीं दीखता। चित्रकार जो काम दो आयामी फलक पर रंग-रेखाओं द्वारा करता है वही काम कवि शब्दार्थ के माध्यम से करता है। कवि भी अनुकरण का अनुकरण करनेवाला है, सत्य का भ्रम पैदा करनेवाला है। उसकी रचना भी कोई मूल्य नहीं रखती क्योंकि वह भी सत्य से त्रिधा अपेत है। उसके द्वारा रचित भ्रम को केवल वे ही लोग सत्य की संज्ञा देते हैं जिनमें ज्ञान और अज्ञान में भेद करने की क्षमता नहीं है। प्लेटो यहाँ, वास्तव में, होमर और त्रासदीकारों पर प्रहार कर रहा है।[4] उस युग में होमर इस रूप में प्रसिद्ध था कि उसकी कृतियाँ ज्ञान का भंडार हैं। लोग कचहरियों में बहस करते समय अपने पक्ष के समर्थन में 'इलियद' और 'ओदिसी' से पंक्तियाँ उद्धृत किया करते थे। राजनीति, समाजनीति, रणनीति चाहे जो क्षेत्र हो होमर जो कह गया वह प्रामाणिक था। प्लेटो होमर की कवित्व शक्ति का प्रशंसक था किन्तु उसे ज्ञानी मानने में उसे अवश्य आपत्ति थी। उसने साफ़ लिखा है कि होमर ने जिन भी विषयों पर लिखा (इसके भीतर उसने मानवीय गुणों का भी समावेश किया है) उनका उसे कोई ज्ञान नहीं था। कविगण केवल बिम्बों का अनुकरण करते हैं, सत्य तक वे कभी पहुँच ही नहीं पाते।[5] हाँ, अपनी प्रतिभा से उसके भासमान रूप की

रचना अवश्य करते हैं जो वास्तविक ज्ञान न देकर वैसा करने का भ्रम पैदा करते हैं।[6]

2. प्लेटो अपनी सूक्ष्म दार्शनिक दृष्टि के लिए जितना प्रसिद्ध हुआ कवि विरोधी दृष्टिकोण के लिए उतना ही बदनाम भी हुआ। कवि विहीन 'गणराज्य' उसकी विचित्र कल्पना थी। ध्यान रहे उसने चित्रकारों को बहिष्कृत करने की बात कहीं नहीं कही है। कवियों को लेकर इतना बड़ा कदम उठाने की बात उसने इसलिए की क्योंकि उसकी दृष्टि में नागरिकों को भ्रष्ट करने की प्रबलतम शक्ति काव्य में ही है। यह कविता पर उसका दूसरा और सबसे बड़ा आरोप है।[7] अपने आरोप के पक्ष में उसने जो तर्क दिया वह संक्षेप में इस प्रकार से है :

जब होमर अथवा किसी त्रासदीकार की रचना का ऐसा अंश हमारे कानों में पड़ता है जिसमें एक नायक अत्यन्त करुणाजनक स्थिति में छाती पीट-पीटकर अपने शोक को व्यक्त कर रहा होता है, रो रहा होता है तो हममें से अत्यन्त संयमी भी उससे सहानुभूति रखने का सुख अनुभव करते हैं; साथ ही जो कवि हमारे भावों को अपने कौशल से जितना अधिक उभारता है उतना ही अधिक वह हमारी प्रशंसा का भागी बनता है। किन्तु, वास्तविक जीवन में जब हमारा सामना किसी शोकपूर्ण स्थिति से होता है तो हमारी प्रतिक्रिया इसके ठीक विपरीत होती है। हम संयम के साथ शान्त, धैर्यवान बने रहने में गर्व और सुख का अनुभव करते हैं क्योंकि वैसा करना हम पुरुषोचित मानते हैं और आवेग में बह जाने को स्त्रियोचित। अब, निजी जीवन में जिस प्रकार के व्यवहार को लेकर हम शर्म महसूस करते हैं यदि दूसरा ठीक वैसा ही व्यवहार कर रहा हो तो हम उसकी प्रशंसा कैसे कर सकते हैं। तात्पर्य यह कि अपने शोक की सार्वजनिक अभिव्यक्ति को यदि हम श्रेष्ठ आचरण के विरुद्ध मानते हैं तब नायक द्वारा मंच पर अपने शोक को प्रकट करने की प्रशंसा कैसे कर सकते हैं? क्या वैसा करना किसी भी दृष्टि से विवेकपूर्ण कहा जा सकता है? नहीं।

3. उपर्युक्त दूसरी आपत्ति से निःसृत उसकी तीसरी आपत्ति है कि श्रेष्ठ चरित्रवाले नागरिकों के लिए भी भावावेग की स्थिति से बार-बार गुज़रना खतरे की बात हो सकती है। प्रबन्ध-काव्यों को सुनते हुए या त्रासदियों को देखते हुए हम स्वयं को भावनाओं में बह जाने देते हैं यह सोचकर कि इसका सम्बन्ध किसी दूसरे, नाटक के पात्र, से है। निज और पर का यह भेद हमें सुरक्षित रखता है। किन्तु, बार-बार भावावेग में बहते रहने का परिणाम यह भी हो सकता है कि वह हमारा स्वभाव ही बन जाये। हमारे अन्तस के दुर्बल पड़ जाने का फल यह होगा कि निजी जीवन में जब हम शोकपूर्ण स्थिति में होंगे तो स्वयं पर संयम रखने के बजाय काव्य के नायक की भाँति ही छाती पीट-पीट कर विलाप करना शुरू कर देंगे। दूसरे शब्दों में, हम

भ्रष्ट चरित्रवाले हो जायेंगे।[8] इसके पहले वह कह चुका है कि काव्य के प्रबल प्रवाह को संयमपूर्वक झेलने की शक्ति किन्हीं बिरले व्यक्तियों में ही होती है। सामान्य मनुष्य के दुर्बल स्वभाव को देखते हुए उसका निश्चित मत था कि उस समय के साहित्यिक आयोजन (साल में दो बार होनेवाली नाट्य स्पर्धाएँ और विशेष अवसरों पर आयोजित होमर के काव्य-पाठ) नागरिकों को संस्कारित नहीं करते उलटे चारित्रिक पतन की ओर ले जाते हैं। ऐसी स्थिति में, यदि अधिकांश नागरिक संयमहीन हो जायें, तो उस नगर की क्या स्थिति होगी? इसलिए आदर्श गणराज्य के 'संविधान' में उसने ऐसी व्यवस्था की कि कोई भी कवि अपनी रचना को प्रकाशित नहीं कर सकता, यहाँ तक कि दिखला भी नहीं सकता, जब तक सेन्सर बोर्ड उसकी जाँच करके अनुमति न दे।[9]

प्लेटो अपनी आपत्तियों के औचित्य के स्पष्टीकरण में सामान्यतः प्रबन्ध-काव्यों और त्रासदियों का ही उल्लेख करता चलता है पर किसी को इस धोखे में नहीं रहना चाहिए कि आपत्तियाँ केवल इन्हीं को लेकर हैं। शायद इसी बात को ध्यान में रखकर 'गणराज्य' में कुछ आगे चलकर उसने साफ़ लिखा—

"ये ही तर्क 'हास' पर भी घटते हैं। जैसा मज़ाक करने में हमें शर्म महसूस होती है उसे मंच पर पात्रों द्वारा करते हुए देखकर हम खुश होते हैं। हाँ, यह डर अवश्य बना रहता है कि आदत पड़ जाने पर कहीं अपने ही घर में हम बेवकूफ न बन जायें।"[10]

बाद में जब उसके दृष्टिकोण में बदलाव आया तो उसने स्वीकार किया कि विषय की पूर्णता के लिए उसके धन पक्ष और ऋण पक्ष दोनों की जानकारी होनी चाहिए क्योंकि जीवन में गम्भीर और हास्यास्पद दोनों स्थितियाँ आती हैं।[11] किन्तु, उसकी विचारधारा को देखते हुए इस सम्भावना को भी नकारा नहीं जा सकता कि कामेदी के सन्दर्भ में उसका रुख और कठोर हो गया होगा। इसका कारण भी स्पष्ट है। कामेदी के पात्र, और इस जैसी अन्य विधाओं के पात्र भी, सामान्य नागरिकों की तुलना में निम्नस्तरीय रखने का विधान था। ऐसी स्थिति में यदि कोई नागरिक इनका अभिनय करता है तो कालान्तर में उसका चरित्र भ्रष्ट हो जाना स्वाभाविक है। इसी खतरे को ध्यान में रखकर उसने 'संविधान' में स्पष्ट आदेश दिया कि इन नाट्य-विधाओं में अभिनय करने के लिए दासों और विदेशियों को धन देकर नियुक्त किया जाना चाहिए, किसी भी स्वतन्त्र पुरुष या स्त्री को इसका प्रशिक्षण नहीं दिया जाना चाहिए। इन दृश्य-विधाओं में अपमानजनक स्थिति का होना एक प्रकार से अनिवार्य है और उसका अनुकरण करना किसी भी स्वतन्त्र नागरिक के लिए उचित नहीं ठहराया जा सकता।[12]

अरस्तू द्वारा आपत्तियों का निराकरण

प्लेटो की आपत्तियों को हमने यहाँ किंचित् विस्तार से रखा है ताकि अरस्तू द्वारा प्रस्तावित इनके निराकरण का उचित मूल्यांकन किया जा सके, पर, उसके पहले यह बतला देना आवश्यक प्रतीत हो रहा है कि प्लेटो की तुलना में वह कहीं अधिक व्यवहारशील था। उसने आदर्श और यथार्थ में सदैव सन्तुलन बनाये रखने का प्रयास किया। मध्यमान का सिद्धान्त उसका ऐसा ही सूत्र है जिससे उसे अनेक समस्याओं का हल ढूँढ़ने में उसे सफलता मिली। जो चिन्ताएँ प्लेटो की थीं वे ही उसकी भी थीं किन्तु उसके समाधान भिन्न थे। हम उन्हें एक ओर कलाशास्त्र तथा दूसरी ओर यथार्थ जीवन को संग्रथित करने का प्रयास कहना चाहेंगे।

अनुकरण की मूल्यवत्ता सिद्ध करने के लिए अरस्तू ने तीन सिद्धान्त प्रतिपादित किये:

1. अनुकरण मनुष्य का सहज गुण है;

2. अनुकरण एक विशिष्ट कला-समूह (आज की भाषा में ललित कलाएँ) का मूल सिद्धान्त है;

3. अनुकरण से ज्ञान प्राप्त होता है, विशिष्ट ज्ञान, जो ज्ञान के अन्य प्रकारों की अपेक्षा दर्शन के अधिक निकट है।

ये तीनों सिद्धान्त उसने यद्यपि त्रासदी के सन्दर्भ में प्रस्तुत किये हैं किन्तु इन्हें कामेदी पर भी आसानी घटाया जा सकता है। त्रैक्तेतुस में कामेदी की जो परिभाषा दी गयी है उससे अनुमान लगाया जा सकता है कि "काव्यशास्त्र" के खोये हुए अंश में यदि उसने इसकी परिभाषा दी होगी तो वह कैसी रही होगी। त्रैक्तेतुस की परिभाषा है, "कामेदी ऐसे कार्यव्यापार का अनुकरण है जो हास्यास्पद और नाति दीर्घ हो, जिसकी भाषा उसके अलग-अलग भागों में नाटक के विभिन्न तत्त्वों के अनुरूप अलंकृत हो, यह कार्यव्यापार आख्यान द्वारा नहीं पात्रों के अभिनय द्वारा अनुकृत हो, [यह] प्रसन्नता एवं हास के द्वारा ऐसी ही चित्तवृत्तियों का काथार्सिस निष्पन्न करनेवाला हो।"

("ए रिप्रेजेन्टेशन ऑफ़ ऐन ऐक्शन दैट इज़ लाफ़ेबल एंड लैकिंग इन मैग्निट्यूड, कम्पलीट इन एम्बेलिश्ड स्पीच, विद ईच ऑफ़ इट्स पार्ट्स यूज़्ड सैपेरेटली इन दि वेरियस एलिमेंट्स ऑफ़ दि प्ले; रिप्रेज़ेंटेड बाइ पीपल ऐक्टिंग एंड नॉट बाइ नैरेशन, एकांप्लिशिंग बाइमीन्स ऑफ़ प्लैज़र एंड लाफ़्टर दि काथार्सिस ऑफ़ सच इमोशन्स।" –अनु. रिचर्ड जांको।)

अर्थ की स्पष्टता के लिए जांको ने अनुवाद को किंचित् संशोधित रूप में रखा है किन्तु उससे इतना तो स्पष्ट हो ही जाता है कि अनुकरण का सिद्धान्त कामेदी पर भी घटाया जाना पूरी तरह न्याय संगत है।

1. अनुकरण अभिव्यक्ति की सहज प्रवृत्ति है और कलाओं का सहज धर्म भी। प्लेटो इस तथ्य को पूरी तरह स्वीकार करता है, कला की उत्पत्ति के सन्दर्भ में उसने इसकी विशेष चर्चा भी की है।[13] काव्यभाषा के विवेचन में उसकी अनुकरणमूलकता पर उसने जितना बल दिया है वह भी इसी तथ्य की पुष्टि करता है।[14] अनुकरण को लेकर अपने से पहले की दार्शनिक दृष्टि और लोकमान्य धारणा दोनों को स्वीकार कर अरस्तू ने उसे एक नया आयाम दिया, यह कलाशास्त्र को उसकी बहुत बड़ी देन है। 'काव्यशास्त्र' के शुरू में ही पृष्ठ 1448 ब पर एक वाक्य आया है, "अनुकरण करना मनुष्य का बचपन से ही स्वभाव रहा है... दुनिया में अनुकरण करनेवाले प्राणियों में सबसे अधिक अनुकरण करने की प्रवृत्तिवाला प्राणी मनुष्य है, और वह सीखने का काम सबसे पहले अनुकरण से ही शुरू करता है।" अनुकरण और उससे अर्जित ज्ञान इन दोनों को उसने सुख का सबसे बड़ा स्रोत माना है। अनुकरण यदि सुख न दे तो कोई उसे क्यों अपनायेगा और सुख यदि ज्ञान समन्वित न हो, अर्थात् यदि वह केवल पंचेन्द्रियों को सुख देने तक ही सीमित रह जाये तो वह आत्मिक विकास में कैसे सहायक होगा। इसी बात को ध्यान में रखकर उसने अनुकरण को ज्ञान समन्वित रूप में ही स्वीकार किया है। अनुकरण का यही रूप मनुष्य को अन्य अनुकरणशील प्राणियों से ऊपर उठाता है। इसी व्याख्या में आगे वह फिर लिखता है :

"सभी मनुष्य स्वभावतः अनुकरणप्रधान रचनाओं में आनन्द लेते हैं...अनुकृत वस्तु वैसे देखने में भले कष्टकारक हो पर कला में उसकी अनुकृति हमें प्रसन्नता ही देती है। इसका स्पष्टीकरण यह है कि हमें सर्वाधिक प्रसन्नता कुछ सीखने से मिलती है और यह नियम केवल दार्शनिकों पर ही नहीं सामान्य मनुष्य पर भी घटता है। चित्र को देखकर प्रसन्न होने का कारण यह है कि मनुष्य [नेत्रों की सन्तुष्टि के साथ-साथ कृति में अनुकृत] वस्तुओं के अर्थ ग्रहण के रूप में कुछ सीखता भी है।"

उपर्युक्त उद्धरणों से दो निष्कर्ष निकलते हैं। एक, कलाकार प्रकृति को अनुकरण के द्वारा ग्रहण करता है, उसे समझता है, उसमें अन्तर्निहित लय को आत्मसात् करता है। इधर, सामाजिक अनुकृति के माध्यम से अनुकार्य, प्रकृति, तक पहुँचता है, उसके अर्थ/यथार्थ, को आत्मसात् करता है। दूसरा निष्कर्ष यह है कि अनुकृति का मूल्य उसके रूप-तत्त्व ही नहीं वस्तु-तत्त्व, अनुकार्य, के मूल्य पर भी निर्भर करता है। किन्तु, इसकी और चर्चा करने के पहले हम यह देख लें कि कतिपय कलाओं को अनुकरण की विभिन्न पद्धतियाँ कहने के पीछे उसकी क्या दृष्टि थी।

2. अरस्तू की काव्यशास्त्र विषयक पुस्तक के शीर्षक पर टिप्पणी करते हुए

हम्फ्री हाउस ने लिखा है—''इट इज़ इम्पॉर्टेन्ट टु रिमेम्बर दैट दि फ्रेज़ इन एरिस्टॉल्ज टाइटल... इज़ रियली इन फुल पोईईतिके तेख्नी, दैट इज़ टु से, 'दि टैक्नीक, जनरल प्रिंसिपल ऐंड रूल्ज़ ऑफ़ पोएट्री' तेरन्वी इज़ इन दि फ़र्स्ट इन्सटेन्स, ''दि आर्ट ऑफ़ बिल्डिंग''; दैन इट कम्ज़ टु मीन दि 'प्रैक्टिकल आर्ट' और ''टैक्नीक ऑफ़ मेकिंग एनीथिंग।''[15]

काव्यशास्त्र पर लिखी जानेवाली पुस्तक के शीर्षक में ऐसे शब्द का प्रयोग जो सामान्यतः शिल्प (क्राफ्ट) के तन्त्र के लिए प्रयुक्त होता हो वास्तव में उस समय की यूनानी मानसिकता के विशिष्ट पक्ष पर प्रकाश डालता है। इससे यह बात साफ़ हो जाती है कि यूनान में उस समय काव्य—प्रबन्ध-काव्य, त्रासदी, कामेदी, वृन्दगान आदि—तथा बाँसुरी-वादन और लायर-वादन को भी शिल्प के विभिन्न प्रकारों में ही देखा-समझा जाता था। इसका सबसे बड़ा प्रमाण है कवि के लिए प्रयुक्त होनेवाला शब्द 'पोइईतीज़' जिसका सामान्य अर्थ है बनानेवाला जैसे, पलँग बनानेवाला, बर्तन बनानेवाला आदि, आदि। यह 'पोईइन' शब्द से बना है जिसका अर्थ है बनाना, और इसी से 'पोइईमा' शब्द भी बना। शिल्पशास्त्र से आयातित शब्दों को कवि और कविता के लिए प्रयोग में लाना यह सिद्ध करता है कि यूनानियों के लिए काव्य की प्रकृति अन्य शिल्पों की प्रकृति से भिन्न नहीं थी। इस मानसिकता को जन्म देनेवाली पृष्ठभूमि के ऐतिहासिक कारण हो सकते हैं पर यह निश्चित है कि अरस्तू के बहुत पहले ही यह धारणा वहाँ स्थिर हो गयी थी। हमारे लिए महत्त्व की बात यह है कि अरस्तू काव्यशास्त्र तो लिखने बैठा किन्तु शास्त्रीय विवेचन के लिए उचित शब्दावली उसके सामने एक बड़ी समस्या बनकर आ खड़ी हुई थी। वह महसूस कर रहा था कि कवियों, वाद्य संगीतज्ञों, नर्तकों आदि का उत्पाद बढ़ई, कुम्हार, लोहार आदि के उत्पादों से किन्हीं अर्थों में एकदम भिन्न है। यह भिन्नता केवल माध्यम आधारित नहीं है। सिमोनिदीज़ ने कितनी आसानी से कह दिया था कि चित्र मूक कविता है और कविता बोलता हुआ चित्र। लोगों ने इस सूत्रात्मक समीक्षा को स्वीकार ही नहीं किया बल्कि उसकी सूझ-बूझ की वाह-वाही भी की। पर, क्या इतनी ही आसानी से वह कह सकता था कि घड़ा मूक कविता है, और कहता भी तो क्या लोग इस वाक्य को बिना प्रश्नचिन्ह लगाये स्वीकार कर लेते। तात्पर्य यह कि अरस्तू देख रहा था कि तेख्नी के अन्तर्गत आनेवाले जितने भी शिल्प हैं उनमें से कुछ को (जिन्हें आजकल ललित कलाएँ कहा जाता है) उनका विशिष्ट साधारण धर्म शेष सभी से अलग कर देता है। उनके स्थूल माध्यम भले ही अलग हों फिर भी एक अन्तः सूत्र उन्हें परस्पर बाँधे हुए है, और उस सूत्र का नाम है अनुकरण। उसके भीतर बैठे दार्शनिक की सूक्ष्म दृष्टि यह तो देख रही थी कि इन विशिष्ट शिल्पों के उत्पादों का प्रकृति से जैसा सम्बन्ध है वैसा सभी शिल्पों के उत्पादों

का नहीं होता पर उसे परिभाषित कैसे किया जाये यह एक समस्या थी। किसी अन्य उपयुक्त शब्द के अभाव में उसने 'अनुकरण' शब्द का प्रयोग किया। कलाओं (अब हम शिल्प के स्थान पर इसी शब्द का प्रयोग करेंगे) के सन्दर्भ में अनुकरण शब्द का प्रयोग बहुत पहले से होता आ रहा था। उसने स्वयं भी इसे विविध अर्थों में प्रयुक्त किया है, फिर भी शिल्पों की जाति के भीतर एक उपजाति के भेदक के रूप में, कला-सिद्धान्त के रूप में, जहाँ कहीं भी उसने इसका प्रयोग किया है उसे विशिष्ट सन्दर्भ के प्रकाश में समझा जा सकता है।

एक बात और, 'काव्यशास्त्र' के वर्तमान संस्करण में मुख्य विवेच्य विषय है त्रासदी, अन्य विधाएँ, कामेदी और प्रबन्ध-काव्य गौण विषय हैं। उस समय, क्या सामान्य नागरिक और क्या काव्य चिन्तक सभी इस विश्वास से ग्रस्त थे कि होमर कवियों का आदि गुरु है, त्रासदी और कामेदी लिखनेवालों का भी। अरस्तू इससे सहमत था। यहाँ उसके सामने एक और समस्या आ खड़ी हुई। उसके मन में प्रश्न उठा कि काव्य को अन्य कलाओं से अलग करनेवाला भेदक क्या केवल स्थूल माध्यम ही है। सिमोनिदीज़ की टिप्पणी इसके अतिरिक्त अन्य किसी मेदक को नकारती है। किन्तु उसकी अद्भुत सूक्ष्म दृष्टि ने फिर अपना परिचय दिया। जैसे उसने शिल्पों से कलाओं को भिन्न दर्शानेवाले भेदक के रूप में अनुकरण को पहचाना था उसी पद्धति पर यहाँ उसकी स्थापना है कि नाट्यानुकरण वह आधारभूत भेदक है[16] जो काव्य को अन्य अनुकरणात्मक कलाओं से अलग करता है।

अनुकरण को कलाओं के भेदक के रूप में स्थापित करने के साथ-साथ अरस्तू ने दूसरा बड़ा काम यह किया कि कलाशास्त्र को विकास के लिए नयी भूमिका दे दी। इस नयी भूमिका में उसकी व्यवहार-कुशलता ने प्लेटो के आदर्शवाद को कड़ी चुनौती दे डाली, इससे भावी कलाशास्त्रियों का मार्ग भी प्रशस्त हुआ। प्लेटो ने कलाकारों के लिए अनुकार्य का विस्तार केवल नित्यरूपों तक ही सीमित कर दिया था। उधर कलाकार माध्यम की सीमा में बँधे थे इसलिए नित्यरूपों का अनुकरण उनके लिए सम्भव ही नहीं था। ऐसी स्थिति में कलाकारों तथा उनकी कृतियों के लिए 'गणराज्य' में स्थान कैसे हो सकता था? अरस्तू ने अनुभव किया कि नित्यरूपों का सत्य दर्शनशास्त्र का सत्य हो सकता है पर उसी के इर्द-गिर्द घूमते हुए दैनंदिन कार्य नहीं किए जा सकते। यह देखते हुए उसने मानव और मानवेतर प्रकृति दोनों के ही द्वार कलाकारों के लिए खोल दिए, साथ ही एक और सत्य की घोषणा कर दी कलाओं से प्राप्त होनेवाला ज्ञान दर्शन के ज्ञान के समकक्ष तो नहीं पर उसके अत्यन्त निकट अवश्य होता है। इस आधार पर कलाकृतियों से प्राप्त ज्ञान अन्य क्षेत्रों से प्राप्त ज्ञान की अपेक्षा अधिक मूल्यवान् हो जाता है। ऊपर के उद्धरण में एक वाक्य है—कलाकृतियों से न केवल सामान्य जन को वरन् दार्शनिक को भी

सर्वाधिक आनन्द प्राप्त होता है क्योंकि उनके माध्यम से कुछ सीखने को मिलता है। यह सारगर्भित वाक्य कुछ विस्तृत विवेचन की अपेक्षा रखता है।

3. 'अनुकरण से ज्ञान प्राप्त होता है', इस अभिस्वीकृति के तार वस्तुतः अरस्तू के तत्त्वशास्त्र से जुड़े हुए हैं। अपने तत्त्वशास्त्र में उसने प्लेटो के नित्यरूपों की कई तरह से आलोचना करते हुए निष्कर्ष निकाला है कि नित्यरूपों के स्वतन्त्र अस्तित्त्व का कोई तर्क-सम्मत आधार नहीं है। यहाँ हम उसकी आलोचना का केवल एक पक्ष (जिसका सम्बन्ध हमारे विषय से है) ले रहे हैं।

पलँग और उसके चित्र का उदाहरण प्रस्तुत करते हुए प्लेटो का तर्क था कि पलँग का एक तत्त्व (एसेन्स) है, वही सत्य है। सत्य केवल बुद्धिगम्य है, इन्द्रियगम्य नहीं। बढ़ई उसी के अनुकरण पर पलँग बनाता है, चित्रकार उस अनुकरण का अनुकरण करते हुए चित्र बनाता है। इस तरह पलँग नामक वस्तु का एक बुद्धिगम्य तत्त्व है जो उसका नित्यरूप है। उसका पदार्थमय रूप बढ़ई द्वारा बनाया गया पलँग है और उस पदार्थमय पलँग का भासमान रूप उसका चित्र है। इन तीनों के परस्पर सम्बन्ध को वह सहभागिता (पार्टिसिपेशन) और अनुकरण के द्वारा परिभाषित करता है। पदार्थमय रूप की तत्त्व में अधिक सहभागिता होने के कारण वह अधिक मूल्यवान् है, भासमान रूप की सहभागिता न के बराबर होने के कारण उसका मूल्य भी न के बराबर है। यहाँ मूल्य से तात्पर्य है तत्त्व का ज्ञान प्रदान करने का सामर्थ्य।

इस स्थिति को नकारते हुए अरस्तू तर्क देता है कि किसी वस्तु का पदार्थमय रूप और उसका तत्त्व अलग-अलग अस्तित्वमान हों यह कैसे सम्भव है। यदि तत्त्व अपने पदार्थमय रूप से अलग है तो उसे उसका (पदार्थमय वस्तु का) तत्त्व कैसे स्वीकार किया जा सकता है।[17] इसलिए, उसके अनुसार तत्त्व और उसके पदार्थमय रूप का सहअस्तित्त्व ही वास्तविकता है। अरस्तू का यह तर्क गोचर जगत् के स्वतन्त्र मूल्य का निष्पादन करता है और इसमें उसकी रुचि को दर्शाता है।

उपर्युक्त निष्कर्ष उसके चिन्तन का प्रथम सोपान है। इसके बाद उसने देखा कि गोचर रूपों की अलग-अलग जातियाँ हैं। एक जाति का एक 'विशेष' (पर्टिकुलर) उसी जाति के अन्य विशेषों से किसी साधारण धर्म के सम्बन्ध से जुड़ा हुआ है। जैसे, कह दिया जाता है कि मनुष्य विचारशील प्राणी है। अर्थात्, किसी एक वर्ग के प्राणियों में यदि विचारशीलता का गुण विद्यमान है तो उन सभी को मनुष्य कहा जा सकता है। इस साधारण धर्म को उसने 'सामान्य' (यूनिवर्सल) कहा। दूसरे सोपान के इस चिन्तन की पृष्ठभूमि पर हम पुनः उन अंशों पर विचार करें जहाँ अनुकरण से आनन्द प्राप्त होने की चर्चा हुई है। सबसे पहले पृष्ठ 1447 अ पर उसने [ललित] कलाओं में अनुकरण के साधनों की चर्चा की है जिसमें उसने ताल, भाषा (यहाँ, भाषा से तात्पर्य है कलाओं का प्रथम/स्थूल माध्यम (प्राइमरी मीडियम) या उपादान

कारण जैसे कवि के शब्द-अर्थ, चित्रकार रंग-रेखाएँ, मूर्तिकार की लकड़ी या पत्थर जिनसे वह रूप गढ़ता है) और समन्विति (हार्मनी) का नाम लिया है। फिर पृष्ठ 1448 ब पर लिखा है कि कोई वस्तु स्वयं में कष्टकारक होते हुए भी उसका यथार्थ अनुकरण हमें आनन्द देता है। आनन्द का कारण है उससे प्राप्त होनेवाला ज्ञान। इसके बाद वह एक व्यक्ति-चित्र का का उदाहरण देता है जिसमें यदि व्यक्ति हमारा परिचित नहीं है (दूसरे-शब्दों में हमें उससे जानकारी नहीं मिल रही है) तो भी उसमें वर्ण-संयोजन जैसी विशेषताएँ हमारे आनन्द का स्रोत तो बनती ही हैं। इससे स्पष्ट है कि कलाओं में माध्यम के संयोजन में अपनाये जानेवाले ताल, समन्विति आदि नियमों का दर्शक के अंतस पर सुखकारी प्रभाव पड़ता है। यही उसके आनन्द का स्रोत है। इसकी उपादेयता को प्लेटो ने भी पहचाना था। कला के माध्यम से छोटे बच्चों के चरित्र-निर्माण की संस्तुति के पीछे उसकी यही दृष्टि थी। अरस्तू भी उससे सहमत था। चरित्र निर्माण के लिए विचार-शक्ति के विकसित होने तक प्रतीक्षा करने की आवश्यकता नहीं है, आवश्यकता है अंतस को ऐसे साँचे में ढालने की कि बालक सहज ही घृणास्पद से घृणा और प्रेमास्पद से प्रेम करने लग जाय।

अब, उस शिक्षा को लेते हैं जिसका स्रोत विचार शक्ति द्वारा प्राप्त ज्ञान है। त्रासदी और कामेदी का भेद करते हुए पृष्ठ 1448 अ पर अरस्तू ने लिखा है कि त्रासदी के पात्र सामान्य नागरिकों की तुलना में श्रेष्ठ होते हैं और कामेदी के हीन। स्तर-भेद के अनुसार ही उनके कार्य होते हैं। इसी प्रकार की तुलना वह कार्य-व्यापार पर विचार करते हुए भी करता है पर वहाँ उसका निष्कर्ष कुछ दूसरा ही है। उसका सुझाव है कि कार्यव्यापार के लिए इतिहास की घटनाओं का निरूपण करने की आवश्यकता नहीं है बल्कि ऐसी घटनाओं की कल्पना करने की आवश्यकता है जो सम्भावना और आवश्यकता के नियमानुसार घट सकती हैं। घटनाओं में कारण—कार्य सम्बन्ध का निदर्शन स्पष्ट होना चाहिए तभी उसके द्वारा 'सामान्य' की अभिव्यक्ति सम्भव है। इस दृष्टि से कामेदी को उसने त्रासदी की तुलना में वरीयता दी है क्योंकि कामेदी का कथानक सदैव ही काल्पनिक रहा है जब कि त्रासदीकार उस समय भी पुराण तथा इतिहास की कथाओं से बँधे हुए थे।

'सामान्य' का सम्बन्ध त्रासदी और कामेदी दोनों से है। इसकी व्याख्या में अरस्तू ने लिखा है—"सामान्य से मेरा तात्पर्य ऐसे कथन से है जो अमुक प्रकार का व्यक्ति सम्भावना या आवश्यकता को देखते हुए कहेगा या करेगा" (बाइ ए युनिवर्सल स्टेटमेंट आइ मीन वन ऐज़ टु व्हॉट सच और सच ए काइंड ऑफ़ मैन विल प्रोबेब्ली ऑर नेसेसरिली से ऑर डू (अ.9, पृ. 1451ब, पं. 7-9)। ध्यान रहे वह जिन पात्रों की बात कर रहा है वे पूरे वर्ग का प्रतिनिधित्व करनेवाले हैं, इसलिए

उनके कथन और कार्य ऐसे होने चाहिए जो पूरे वर्ग पर घटाये जा सकें, यह तभी सम्भव है जब उनमें कारण-कार्य सम्बन्ध स्पष्ट हो। अब, यदि त्रासदी की बात करें तो उसके पात्र और कार्य उच्चतर भूमि पर होने के कारण उनसे सम्बन्धित 'सामान्य' अनुकरणीय मान लिया जाना चाहिए और माना भी जाता था। कोपल्सटन ने इसीलिए 'आइडियल'[18] शब्द का भी प्रयोग किया है। किन्तु क्या कामेदी की चर्चा में भी 'सामान्य' के लिए 'आइडियल' शब्द का प्रयोग किया जा सकता है? इसके पात्र सामान्य नागरिकों की तुलना में निम्नतर भूमि पर होने के कारण न वे, न उनके कार्य, अनुकरणीय हो सकते हैं। ऐसे स्थिति में कामेदी से प्राप्त ज्ञान का क्या मूल्य रह जाता है? तब क्या दोनों विधाओं के मूल्य की तुला भिन्न-भिन्न होनी चाहिए? एक की ज्ञान, दूसरी की कुछ और? हमारे मतानुसार अरस्तू की दृष्टि में 'सामान्य' ऐसा ज्ञान है या विशिष्ट सन्देश है जो कवि द्वारा कल्पित कार्यव्यापार के ताने-बाने में समाहित होता है और जिसे पात्र कार्यव्यापार का अनुकरण करते हुए सामाजिक तक संप्रेषित करता है। यह ज्ञान यदि अनुकरणीय है (जैसा त्रासदी में माना जाता है) तो सामाजिक उसका अनुकरण करने की दिशा में प्रेरित होगा।* उधर कामेदी का ज्ञान दोषों की पहचान करानेवाला होगा जिसकी सहायता से सामाजिक सम्भावित हानि से स्वयं को बचा सकता है। प्लेटों ने 'संविधान' में कामेदी की इस उपयोगिता को स्वीकार किया है। उसने कहा भी है कि गम्भीर विषयों को हास्यास्पद विषयों के बिना पूरी तरह नहीं समझा जा सकता। तात्पर्य यह कि ज्ञान की पूर्णता के लिए करणीय-अकरणीय दोनों का ज्ञान होना अनिवार्य है।[19] अरस्तू भी इस विचार से सहमत था, उसकी दृष्टि में कामेदी का यही संज्ञानात्मक मूल्य था। प्रमाणस्वरूप 'काव्यशास्त्र' का वह स्थल[20] लें जहाँ एरिस्तोफ़ेनीज़ की कामेदियों को उसने वही स्थान दिया है जो त्रासदियों में सोफ़ोक्लीज़ की रचनाओं और प्रबन्ध-काव्यों में 'इलियद' और 'ओदिसी' को। आगे के पृष्ठों में इस पर और चर्चा करने का अवसर मिलेगा।

1.2.1.2 औचित्य-विचार

कामेदी के सन्दर्भ में हास्यास्पद को परिभाषित करना अरस्तू के लिए एक जटिल कार्य रहा होगा क्योंकि इसके सजातीय काव्य-रूप—सैटिर नाटक और व्यंग्य काव्य—यूनान में बहुत पहले से प्रचलित थे। दूसरी समस्या यह थी कि इसके बारे में प्लेटो की आपत्तियों का निराकरण कैसे करे। तीसरी समस्या थी कि कामेदी के

* ''मेंढक'' नाटक में एस्खिलुस दावा करता है कि जो भी उसके 'थीब्ज के विरुद्ध सात' नाटक को देखता था सीधे शत्रु से लोहा लेने के लिए प्रेरित होता था। —पृ. 1021-22

पात्र सामान्य से निम्नस्तरीय होते हैं यह कहना जितना आसान है उतना ही मुश्किल है निम्नस्तरीय को व्याख्यायित करना। क्या निम्नस्तर का अर्थ बुरा लिया जाय? पर ऐसे पात्रों द्वारा किये जानेवाले बुरे कार्य हास्यास्पद नहीं भी हो सकते। इन्हीं कठिनाइयों को दूर करते हुए उसने हास्यास्पद का सम्बन्ध भोंडेपन से जोड़ा और उसकी भी एक सीमा निर्धारित की। 'काव्यशास्त्र' में इसके स्पष्टीकरण में कहा गया है—"कामेदी सामान्य से घटिया किस्म के लोगों का अनुकरण है। घटियापन से तात्पर्य यह नहीं है कि उनमें सभी प्रकार की त्रुटियाँ होती हैं। उनमें केवल एक त्रुटि होती है—ऐसा भोंडापन जो हास्यास्पद होता है (इसका अर्थ हुआ हास्यास्पद भोंडेपन की उपजाति है)। हास्यास्पद को परिभाषित करना हो तो वह ऐसी त्रुटि या विकृति है जो किसी को कष्ट या हानि नहीं पहुँचाती। उदाहरणार्थ, [कामेदी के पात्रों के] मुखौटे हँसी अवश्य पैदा करते हैं किन्तु उनका भोंडापन या विकृति किसी को कष्ट नहीं पहुँचाती।"[21]

हास्यास्पद की यह व्याख्या बड़ी साफ़-सुथरी है जिससे किसी के भी असहमत होने का प्रश्न नहीं उठता। कठिनाई तब पैदा होती है जब वह इस व्याख्या की धज्जियाँ उड़ानेवाले एरिस्तोफ़ेनीज़ को युगीन कामेदी लेखन का प्रतिनिधि नाटककार कहता है।[22] एरिस्तोफ़ेनीज़ की कामेदियों में व्यक्तिगत प्रहार भी मिलता है और अश्लील भाषा का प्रयोग भी, फिर भी अरस्तू ने उसे इतना मान क्यों दिया यह एक विचारणीय प्रश्न है। स्टीफ़ेन हैलिवेल का मत है कि वह एरिस्तोफ़ेनीज़ का प्रशंसक नहीं था किन्तु विद्वानों का एक बड़ा वर्ग उससे सहमत नहीं है। ऊपर के उद्धरण में उसने कामेदी के आदर्श को प्रस्तुत किया है। आदर्श, अर्थात् मध्यमान, दो छोरों के बीच की स्थिति है। 'नीतिशास्त्र' में उसने वास्तविक जीवन में हास्यपूर्ण स्थिति के दो छोरों का उल्लेख करते हुए लिखा है, "जिन लोगों से हम बात कर रहे हैं, या, जिन्हें हम सुन रहे हैं उनका स्वभाव भी स्थिति को बनाने में सहायक या बाधक बन सकता है। एक वे हैं जो दूसरों को हँसाने के लिए किसी भी हद तक जा सकते हैं। उन्हें भाँड़ कहा जाता है। उन्हें उचित-अनुचित का भान नहीं होता, न ही इस बात का कि वे जिसका मज़ाक उड़ा रहे हैं कहीं उसे कष्ट तो नहीं पहुँच रहा है। उनकी एक ही नीति होती है—किसी तरह दूसरों को हँसाना। दूसरे वे होते हैं जो स्वयं तो ठिठोली कर नहीं सकते पर तुनुक मिज़ाज इतने होते हैं कि दूसरे का हलका सा मज़ाक भी नहीं सह सकते। उन्हें हम गँवार या उजड्ड कह सकते हैं। ऐसे ही लोगों को प्रत्युत्पन्न मति कहा जाता है।[23] इस स्थिति को कुछ और स्पष्ट करते हुए वह फिर लिखता है, "लोगों को हँसाने के लिए संस्कारी और गँवार आदमी किस प्रकार की भाषा का प्रयोग करते हैं इसे पुरानी और नयी कामेदी के सन्दर्भ में समझा जा सकता है। पुरानी कामेदी में स्थिति को मनोरंजक बनाने के लिए भदेस भाषा का

प्रयोग किया जाता था जब कि नयी कामेदी में इसके लिए कटाक्षपूर्ण वाक्यांशों का प्रयोग होता है। औचित्य की दृष्टि से यह अन्तर पर्याप्त महत्त्वपूर्ण हो जाता है।"[24]

इन उद्धरणों के प्रकाश में अब हम फिर से उसकी कामेदी की अवधारणा पर विचार करें। कामेदी के स्वरूप-निर्धारण में मूल निमित्त कारण नाटककार स्वयं है। दूसरे क्रम पर, अर्थात् निमित्त कारण नम्बर दो, अनुकारी हैं। उपादान कारण कार्य-व्यापार है तथा प्रयोजन, अरस्तू की भाषा में अन्तिम कारण (फ़ाइनल कॉज़) सामाजिकों में काथार्सिस निष्पन्न करना है ताकि वे स्वस्थ मना हो सकें। कामेदी लेखकों की चर्चा करते समय यदि अरस्तू के दृष्टिकोण को ध्यान में रखा जाये तो कह सकते हैं कि स्वभाव के अनुसार इनके तीन वर्ग सम्भव हैं :

(1) पहला वर्ग उन नाटककारों का है जो प्रेक्षकों को हँसाने के लिए कुछ भी करने के लिए तैयार रहते हैं, अश्लील भाषा का भी प्रयोग कर सकते हैं तथा दूसरे को कष्ट पहुँचाने से भी नहीं हिचकिचाते।

(2) दूसरे वर्ग के लेखकों में हास्य की समझ नहीं होती जिसके कारण उनकी रचना प्रेक्षकों को हँसाने में असमर्थ रहती है।

ये दोनों वर्ग अतिवादी हैं।

(3) तीसरा वर्ग मध्यममार्गियों का है। ऐसे रचनाकार औचित्य का ध्यान रखते हुए शिष्ट हास्य करते हैं। उनकी लिखी कामेदी शिष्ट प्रेक्षकों के विमर्शी अंतस को सन्तुष्ट करती है (यह रचना का संज्ञानात्मक मूल्य है) और उनके भाव जगत् को सन्तुलित रखने में सहायक होती है (यह उसका भावात्मक मूल्य है)।

इसी प्रकार सामाजिकों को भी तीन वर्गों में बाँटा जा सकता है :

(1) पहला वर्ग अभिजातवर्गीय नागरिकों का है। वे औचित्यपूर्ण शिष्ट हास्य में ही रुचि रखते हैं। इनमें से कुछ ऐसे भी हो सकते हैं जिनका भाव-जगत् पूरी तरह सन्तुलित नहीं होता, उन्हें काथार्सिस की आवश्यकता होती है।

(2) दूसरे प्रकार के दर्शक कारीगर या दिहाड़ीदार होते हैं। इन्हें कामेदी के संज्ञानात्मक मूल्य की पहचान नहीं होती। ये प्रेक्षागृह में केवल मनोरंजन के लिए आते हैं। ऐसे सामाजिकों के भी दो वर्ग हैं—

(अ) वे जिनका भाव-जगत् अत्यन्त संवेदनशील होता है, और

(ब) वे जिनका भाव-जगत् कुंठित होता है।

यहाँ प्रश्न किया जा सकता है कि क्या यह वर्ग भी काथार्सिस की अनुभूति करता है? इसका कोई निश्चित उत्तर नहीं दिया जा सकता क्योंकि इस सम्बन्ध में अरस्तू की सैद्धान्तिक और व्यावहारिक दृष्टि में द्वैध है। बस इतना ही कहा जा

सकता है कि ऐसे प्रेक्षकों के मनोरंजन के अधिकार को उसने स्वीकार किया है साथ ही खेद भी व्यक्त किया है कि इनकी विकृत रुचि के कारण नाटक में इन्हें हँसाने के लिए विकृत कार्य दिखलाने पड़ते हैं और विकृत भाषा का भी प्रयोग करना पड़ता है।[25]

उत्पादक, उत्पाद और उपभोक्ता के परिप्रेक्ष्य में अरस्तू की कामेदी सम्बन्धी दृष्टि का विश्लेषण इस उद्देश्य से किया गया है ताकि स्पष्ट हो सके कि आदर्श कामेदी की उसके पास सुनिश्चित अवधारणा थी पर वह व्यवहारशील भी था। कलाओं में क्या दिखलाया जाये क्या नहीं इसके बारे में उसका रुख लचीला था। प्लेटो की भाँति वह भी समाज को आदर्श स्थिति की ओर ले जाना चाहता था, पर, साथ ही आशंकित भी था कि कहीं स्वर्ग को धरती पर उतार लाने के प्रयास में कला और समाज एक दूसरे से अलग-थलग न पड़ जायें। समाज की प्रकृति और आवश्यकताओं से उदासीन दार्शनिक समाज का बहुत हित नहीं कर सकता। प्लेटो का दो-दो बार सिरेक्यूज़ से भागकर आना इसका प्रमाण था। आदर्श पर दृष्टि रखते हुए भी उसके सामने प्रश्न यह नहीं था कि एरिस्तोफ़ेनीज़ उस पर कितना खरा उतरता है, प्रश्न था युगीन परिस्थितियों में समाज के हित को ध्यान में रखते हुए अन्य कामेदी लेखकों की तुलना में एरिस्तोफ़ेनीज़ की देन को मूल्यांकित करने का। वह अश्लील भाषा के प्रयोग का समर्थक नहीं था, उधर एरिस्तोफ़ेनीज़ के नाटकों में इसके ढेरों उदाहरण मिलते हैं। वह किसी को तकलीफ पहुँचानेवाले मज़ाक से परहेज़ करता था लेकिन एरिस्तोफ़ेनीज़ द्वारा क्लियोन और सुकरात पर किये गये प्रहारों ने नया इतिहास ही रच डाला था। क्लियोन के कारण उसके अपने प्राण संकट में पड़ गये थे और सुकरात को दिया गया प्राणदंड बहुत कुछ उसके नाटक 'बादल' के कारण भी था। अतः, वस्तु स्थिति को देखते हुए उसने कामेदी के स्वरूप और एरिस्तोफ़ेनीज़ के सम्बन्ध में जो नीति अपनायी (इसे हम उसके मध्यमान का अच्छा उदाहरण मानते हैं) उसके सभी पक्षों पर विचार कर लेना आवश्यक हो जाता है।

सबसे पहले कामेदी में प्रयुक्त अश्लील भाषा को लें। इसी के अन्तर्गत पात्रों की अश्लील भाव भंगिमा तथा परिधान भी आ जाते हैं। ''राजनीतिशास्त्र'' में उसने लिखा है कि नियम बनानेवाले को कुत्सित भाषा के प्रयोग पर पूरे राज्य में प्रतिबन्ध लगा देना चाहिए। इस बात का खास ख्याल रखा जाना चाहिए कि किशोर वर्ग न ऐसी भाषा बोले न सुने। केवल देवताओं की पूजा के विशेष उत्सवों पर ही इसकी छूट दी जा सकती है।[26] अरस्तू का यह कथन व्यवहार के स्तर पर एक पुरानी परिपाटी की पुष्टि कर रहा है। एथेन्स में, बहुत पहले से, कुछ विशेष अवसरों पर अश्लील भाषा के प्रयोग की छूट देने की परम्परा थी। हो सकता है इसका सम्बन्ध किसी जनजातीय पूजा से रहा हो। सभ्यता के विकास के साथ इसमें इतना परिवर्तन

अवश्य आया कि इसमें भाग लेने के लिए आया पुरुष वर्ग परिवार की महिलाओं और बच्चों को साथ नहीं लाता था। इस परम्परा को यदि कामेदी के सन्दर्भ में देखें तो पायेंगे कि नाटकों का मंचन भी दियोनाइसुस की पूजा का एक प्रकार था। एथेन्स के एक नाट्यगृह में मंच के साथ ही उसका मन्दिर भी बनवाया गया था। यह इस धारणा को पुष्ट करनेवाला माना जाना चाहिए कि मंच पर जो कुछ भी दिखलाया जा रहा है सब इसी देवता को समर्पित है ठीक वैसे ही जैसे ओलिंपिया में खेल-कूद की स्पर्धाएँ ज़्यूस को समर्पित थीं। कामेदी में भी धार्मिकता का अंश निहित था पर विषय और भाषा सम्बन्धी जो छूट इसमें दी जाती थी उससे मान लिया जाना चाहिए कि प्रेक्षागृह में महिलाओं और किशोरो का प्रवेश वर्जित था। इस प्रथा को राजकीय नियम बनाते हुए अरस्तू का विधान है कि, "किशोरों द्वारा स्वाँग (माइम) और कामेदियों के मंचन को देखने पर प्रतिबन्ध लगना चाहिए, और यह प्रतिबन्ध तब तक रहना चाहिए जब तक वे इतने बड़े नहीं हो जाते कि अपने से बड़ों के साथ एक ही मेज पर खाने-पीने की अनुमति मिल सके।"[27]

यह विधान प्लेटो और अरस्तू की दृष्टि के अन्तर को स्पष्ट कर देता है। प्लेटो ने कामेदी को नकार दिया था, अरस्तू ने उसमें संशोधन करते हुए खारा उम्र तक के किशोरों के लिए ही उसे प्रतिबन्धित किया है। वह जानता था कि कामेदी एक विशेष प्रयोजन को सिद्ध करने में समर्थ है, इसलिए समाज में उसका विशेष स्थान है। कामेदी की सामाजिक उपयोगिता में उसके संज्ञानात्मक मूल्य के साथ-साथ उसमें काथार्सिस द्वारा भाव-जगत् को सन्तुलित करने की शक्ति भी समाहित है। त्रैक्तेतुस में इस तथ्य का स्पष्ट उल्लेख हुआ है कि कामेदी प्रसन्नता एवं हास के द्वारा इन भावों की चित्तवृत्तियों का काथार्सिस निष्पन्न करती है। तात्पर्य यह कि कामेदी के मंचन को पूजा का विशिष्ट अवसर मानकर तथा परम्परा का आदर करते हुए अश्लील भाषा के प्रयोग की सांविधानिक अनुमति दी जा सकती है जो अरस्तू ने दी। वैसे भी उस समय इसका इतना प्रचलन हो चुका था कि कोई भी इसे कहीं से भी चुनौती नहीं दे पा रहा था। अरस्तू के पास भी इसे स्वीकार करने के अतिरिक्त और कोई चारा नहीं था। फिर भी यह प्रश्न तो बना ही रहता है कि मात्र अनुमति मिलने से ही क्या अश्लील भाषा का प्रयोग आवश्यक हो जाता है?

सम्भावना और आवश्यकता की दुहाई देनेवाले अरस्तू के मन में भी तो यह प्रश्न उठा ही होगा फिर भी हास्यास्पद की परिभाषा देते समय उसने इसका कोई उल्लेख नहीं किया। उसका यह कथन कि कामेदी सामान्य से घटिया किस्म के लोगों का अनुकरण है कोई निश्चित अर्थ नहीं देता। 'घटियापन भोंडेपन का एक प्रकार है' इस वाक्य के भोंडेपन में क्या अश्लील भाषा का प्रयोग भी सम्मिलित है? सामाजिकों का वर्ग-विभाजन करते हुए उसने लिखा है कि जिनकी (कारीगर, मजदूर)

रुचि विकृत होती है उनकी प्रसन्नता के लिए विकृत/घटिया धुनें बजायी जानीं चाहिए। इस कथन को नाटकों पर घटा कर देखें तो कामेदी ही इस वर्ग के सामाजिकों को प्रसन्नता देने वाली विधा ठहरती है। यह तो नहीं कहा जा सकता कि नाट्य स्पर्धाओं में त्रासदी और कामेदी के मंचन के समय दर्शकों की अदला-बदली होती होगी। पूरे दिन चलनेवाली स्पर्धाओं में पहले त्रासदी और बाद में कामेदी मंचित होती थी। सैटिर नाटक भी होते थे और लोग दिन-भर बैठ कर हर प्रकार के प्रयोग देखते थे, किन्तु, अरस्तू की दृष्टि में त्रासदी निश्चित ही अभिजात वर्ग के प्रेक्षकों के अधिक अनुकूल थी और कामेदी अन्य वर्गों की रुचि के अनुकूल। इसी के निष्कर्षस्वरूप यह भी कहा जा सकता है कि त्रासदी के पात्र सामान्य दर्शकों (जिसका अर्थ है प्रेक्षागृह में बैठे अभिजातवर्गीय दर्शक) की तुलना में श्रेष्ठतर दर्शाये जाते थे और कामेदी के पात्र निम्नतर। जिस तरह त्रासदी के आदर्श पात्रों की एक भूल उन्हें सामान्य दर्शकों के निकट ले आती थी उसी तरह अरस्तू के अनुसार कामेदी के पात्रों की केवल एक विकृति–भोंडेपन का हास्यास्पद रूप–उन्हें सामान्य दर्शक की तुलना में नीचे तो धकेल देती है पर इतनी दूर भी नहीं कि उनसे कोई सम्बन्ध जुड़ना ही असम्भव हो जाये। यदि दर्शकों और पात्रों के बीच की दूरी बढ़ जाती है तो हास चित्तवृत्ति का काथार्सिस सम्भव ही नहीं हो पायेगा। ध्यान रहे जहाँ तक काथार्सिस का प्रयोजन सिद्ध करने का प्रश्न है अरस्तू की दृष्टि में त्रासदी और कामेदी दोनों का विशिष्ट सम्बोध्य अभिजात वर्ग है न कि कारीगर या मजदूर।[28] वह चिन्तित था अभिजात वर्ग के उन नागरिकों के लिए जिनका भाव-जगत् असन्तुलित हो गया था। काथार्सिस उनकी अस्वस्थता का निदान था। कारीगर, मजदूर तो वहाँ मनोरंजन के लिए आते थे, उनमें काथार्सिस की सम्भावना वह देख ही नहीं रहा था। इस स्थिति पर हम एक भिन्न कोण से पुनः विचार करें।

प्रथमतः, 'काव्यशास्त्र' में अरस्तू ने निर्भ्रान्त शब्दों में कहा है कि जो कम भोंडा है कोटिक्रम में वह उच्चतर है और कम भोंडा वही होता है जो श्रेष्ठतर सामाजिक को सम्बोधित है। जो कला हर किसी को सम्बोध्य है वह बहुत भोंडी होती है।[29]
इस मानदंड को ध्यान में रखते हुए उसने हास्यास्पद की जो परिभाषा दी उसमें केवल ऐसी त्रुटि या विकृति को ही शामिल किया जो किसी को न कष्ट पहुँचाये न हानि। यह आदर्श स्थिति है जो बिना अश्लील शब्दों के प्रयोग के भी सम्भव है। इसका उल्लेख उसने 'भाषणशास्त्र' में भाषा के लाक्षणिक प्रयोगों की चर्चा में किया है जहाँ केवल एक वर्ण या शब्द के बदल देने से लोगों को हँसाया जा सकता है, किन्तु वहाँ भी औचित्य का ध्यान तो रखा ही जाना चाहिए।[30] तात्पर्य यह कि हास्य की स्थिति यदि किसी को कष्ट/हानि पहुँचाये बिना पैदा की जा सकती है तो वह सर्वोत्तम होगी। हमारा विश्वास है कि यह आदर्श उसने प्लेटो की उस टिप्पणी को ध्यान में रखकर निर्धारित किया होगा जिसमें कहा गया है कि अवांछित

स्थिति को मंच पर बार-बार देखने से (अर्थात् पात्रों की भोंडी मुद्राओं और उनकी मूर्खतापूर्ण बातों को देख-सुनकर) हम उसके आदी हो जाते हैं और सामान्य जीवन में भी उसी तरह का व्यहवार करने लग जाते हैं। 'राजनीतिशास्त्र' में वह स्वयं भी इसी निष्कर्ष पर पहुँचा है। संगीत के सन्दर्भ में अनुभूत सत्य की स्थापना करते हुए उसने लिखा है, "इन बिम्बों को सुनकर हमारी आत्मा पहले जैसी नहीं रह जाती।[31] कामेदी के सामाजिक मूल्य से वह अच्छी तरह परिचित था पर वह यह भी नहीं चाहता था कि अश्लील भाषा का प्रयोग अभिजात वर्ग के युवाओं के जीवन पर कोई अवांछित प्रभाव डाले।

अब, इस स्थिति पर विचार करें कि अरस्तू की दृष्टि में कामेदी का विशिष्ट सम्बोध्य यदि अभिजात वर्ग है तब प्रेक्षागृह में उपस्थित अन्य वर्गों के लिए उसका क्या सामाजिक मूल्य रह जाता है। 'राजनीतिशास्त्र' में उसकी स्थापना है कि अभिजात वर्ग के सन्दर्भ में काव्य अवकाश काल की क्रिया है।* किन्तु बात जब कारीगरों और मजदूरों की हो तो उनके लिए यह विश्रान्ति काल की क्रिया है।[32] प्रेक्षागृह में दोनों वर्ग यद्यपि साथ-साथ बैठे होते हैं फिर भी एक के लिए इसका प्रयोजन आत्मसंस्कार है और दूसरे के लिए श्रम के पश्चात् खोयी हुई ऊर्जा पुनः प्राप्त करने के लिए मनोरंजन का मात्र एक साधन है। पहला वर्ग इसे एंडोटेलिक क्रिया के रूप में लेता है और दूसरा वर्ग ऑटोटेलिक क्रिया के रूप में। इसका निहितार्थ हुआ कि काथार्सिस का सोपान केवल अभिजात वर्ग की अनुभूति में आयेगा। अरस्तू के चिन्तन के इस पक्ष को ध्यान में रखते हुए हम टिप्पणी करना चाहेंगे कि कामेदी में अश्लील भाषा की छूट देकर उसने एक तीर से दो निशाने साधे हैं। अभिजात वर्ग के लिए कामेदी देवता को समर्पित एक उत्सव है, उसमें ऐसी भाषा की छूट सीमित मात्रा में ही दी जा सकती है, वह भी साधन रूप में, काथार्सिस के प्रयोजन से। अन्य प्रेक्षकों के लिए कामेदी उनके निजी जीवन का अनुकरण होने के कारण मनोरंजन की सीमा से आगे नहीं बढ़ पाता, उनके लिए वही अभीष्ट है।

एक जटिल प्रश्न और है, अश्लील भाषा की सीमा क्या हो? 'नीतिशास्त्र' में संयम को चर्चा का विषय बनाते हुए अरस्तू ने स्वयं इस प्रश्न को उठाया है और स्वीकार किया है कि किस व्यक्ति से, किस बात पर, कितनी देर तक नाराज़ रहा जा सकता है, या, वह कौन सा बिन्दु है जहाँ औचित्य की सीमा समाप्त होती है और

---

* अवकाश काल की उदात्त क्रियाओं की चर्चा में उसने बात यद्यपि संगीत की की है पर यूनानी मानसिकता संगीत और काव्य में आज के जैसा भेद स्वीकार नहीं करती थी। उनके लिए संगीत और काव्य एक ही सिक्के को दो पहलू थे।

अनौचित्य की प्रारम्भ होती है, इसे ठीक-ठीक शब्दों में व्यक्त करना सरल नहीं है। इसका निर्णय बहुत कुछ स्थिति और व्यक्ति की अपनी दृष्टि पर निर्भर करता है पर इतना निश्चित रूप से कहा जा सकता है कि मध्यम मार्ग का अनुसरण करनेवाला व्यक्ति ही श्रेय का भागी होता है और इसका मानदंड है जिस व्यक्ति से नाराज होना उचित है उसी से नाराज होना, जिस बात पर नाराज़ होना चाहिए उसी पर नाराज़ होना, और नाराज़ होने का जो ढंग ठीक हो उसी तरह से नाराज होना प्रशंसनीय माना जायेगा। यही मध्यम मार्ग है। इसमें आधिक्य और न्यूनत्व दोनों ही निंदनीय हैं।[33] मध्यमान के इसी सिद्धान्त को आगे चलकर उसने हँसी-मज़ाक पर भी घटाया है। वहाँ उसका निष्कर्ष है कि जो [मध्यममार्गी] सुरुचिपूर्ण ढंग से मज़ाक कर लेते हैं उन्हें प्रत्युत्पन्नमति* कहा जाता है जिसका निहितार्थ है कि वे कुछ इधर कुछ उधर मुड़ने को तैयार रहते हैं।[34]

उपर्युक्त टिप्पणियों के प्रकाश में त्रैक्तेतुस के लेखक ने कामेदी के तीन वर्ग किये हैं। 'नीतिशास्त्र' में अरस्तू वस्तुतः इस विषय पर विचार कर रहा था कि एक स्वतन्त्र नागरिक को समाज में अपना व्यवहार किस तरह सन्तुलित बनाये रखना चाहिए। हो सकता है 'काव्यशास्त्र' के खोये हुए अंश में ऐसी कामेदियों का विश्लेषण किया गया हो जो उसके अनुसार या तो मध्यममार्गी रही हों या अत्यन्त अमर्यादित, या, फिर गम्भीर होने के कारण कामेदी बनते-बनते रह गयी हों। सम्भवतः, उसी को संक्षेप में, बिना सन्दर्भ के, त्रैक्तेतुस के लेखक ने पुनः प्रस्तुत कर दिया हो। वह सबसे पहले पुरानी कामेदियों को लेता है जो सामाजिक को हँसाने के लिए मर्यादा की सीमा लाँघ गयी हैं। दूसरे क्रम पर नयी कामदियाँ हैं जो गम्भीर होने के कारण कामेदी की सीमा में प्रवेश ही नहीं कर पायी हैं। तीसरे प्रकार की कामेदियाँ इनके बीच में, अर्थात् इन दोनों का मिश्रित रूप हैं। ये मर्यादा की न ऊपरी सीमा का न निचली सीमा का उल्लंघन करती हैं। हम बात चूँकि अश्लील भाषा के प्रयोग की कर रहे हैं इसलिए हमें मानकर चलना चाहिए कि इन कामेदियों में ऐसी भाषा का प्रयोग अवश्य किया गया होगा किन्तु संयमित रूप में। दूसरे शब्दों में, वे मध्यम मार्ग से भटकी अवश्य हैं किन्तु इतनी नहीं कि उन पर मर्यादाहीन होने का आरोप लगाया जा सके। इस तर्क के आधार पर एरिस्तोफ़ेनीज़ को मध्यम कामेदी का नाटककार स्वीकार कर लेने पर यदि अरस्तू के जीवन काल तक कामेदी के इतिहास का काल-विभाजन करना हो तो कहा जा सकता है कि एरिस्तोफ़ेनीज़ के पहले तक

---

* अरस्तू ने कहीं-कहीं मध्यमार्गियों को चतुर भी कहा है। इन विशेषणों से उसका तात्पर्य ऐसी समझ से है जो व्यक्ति को औचित्य की दृष्टि देती है

वह पुरानी कामेदी का युग मानता था और उसके बाद, अर्थात् चौथी शताब्दी को नयी कामेदी का, तभी अध्याय तीन में कार्यरत पात्रों के सन्दर्भ में कह सका कि इस क्षेत्र में सोफ़ोक्लीज़ (जो पुरानी त्रासदी के लेखक एस्खिलुस और नयी त्रासदी के लेखक युरिपिदीज़ के बीच में आदर्श त्रासदीकार कहलाता है) एरिस्तोफ़ेनीज़ के समकक्ष है। सच पूछा जाय तो ऐसा कहकर वह उस पर अपना आदर्श नहीं थोप रहा है वरन् यह जतला रहा है कि उसके सामने जितने भी कामेदी लेखक हैं उनमें से किसे वह अनुकरणीय मानता है। जांको के अनुसार इस निष्कर्ष का आधार उसकी सभी कामेदियाँ नहीं हैं, बस कुछ, विशेषतः वे जो ई.पू. 420 के थोड़ा पहले से शुरू हो कर कुछ बाद तक लिखी गयीं। हमारे विचार से यह काल ई.पू. 405 तक (जब 'मेंढक' का मंचन हुआ था) माना जाना चाहिए।

एरिस्तोफ़ेनीज़ की कामेदियों के सन्दर्भ में उस पक्ष पर विचार कर लेना भी आवश्यक है जो उसके समकालीन व्यक्तियों को कष्ट/हानि पहुँचाने के प्रयोजन से जुड़ा हुआ है। इस विषय पर प्लेटो[35] और अरस्तू दोनों एकमत हैं कि किसी अन्य नागरिक पर कटाक्ष करना या उसे विषय बनाकर मज़ाक करना कामेदी की सीमा का उल्लंघन करना है। किन्तु इस बारे में प्लेटो का बयान जितना सपाट है उसकी तुलना में अरस्तू कुछ गहराई में जाकर विचार करता है। इसके मूल में शायद उसकी वह दृष्टि भी थी जिससे वह यथार्थ जीवन और कला में उसके अनुकरण को सदैव युगनद्ध रूप में देखता था। कला जीवन को प्रतिबिम्बित भी करती है और प्रभावित भी करती है। इसलिए, इस सम्बन्ध में उसने उत्पादक और उपभोक्ता दोनों की दृष्टियों से विचार किया है। निमित्त कारण में नाटककार और नाटक के पात्र दोनों आते हैं। अतः पहले यह देखा जाना चाहिए कि क्या पात्र ऐसी परिस्थिति में है कि उसका किसी अन्य पर कटाक्ष करना उचित ठहराया जा सके। फिर नाटक में ऐसे अंश भी होते हैं जहाँ नाटककार सीधे-सीधे प्रेक्षकों को सम्बोधित करता है तो उस पर भी औचित्य का नियम घटाया जाना चाहिए। अर्थात् यह देखा जाना आवश्यक है कि नाटककार यदि स्वयं किसी पर आक्षेप/कटाक्ष कर रहा है तो वह कहाँ तक परिस्थिति सापेक्ष है। ''काव्यशास्त्र'' या अन्य शास्त्रों में उसने स्पष्टतः इस पर कुछ नहीं कहा है इसलिए अन्य सन्दर्भों में की गयी टिप्पणियों के प्रकाश में हम प्रस्तुत विषय पर विचार कर रहे हैं।

'भाषणशास्त्र' में चुटकुलों की चर्चा के अन्तर्गत[36] उसने लिखा है कि इनका वर्गीकरण 'काव्यशास्त्र' में किया गया है और यह अंश अप्राप्य है, पर इसके बादवाला वाक्य यह संकेत अवश्य देता है कि व्यंग्योक्ति भी उसके अनुसार एक प्रकार से चुटकुला ही है। यह सर्वस्वीकृत तथ्य है कि नाटककार के पास व्यंग्योक्ति ऐसा ब्रहमास्त्र है जिससे वह अपने विरोधी को कष्ट भी पहुँचा सकता है और हानि भी।

इसलिए, उसकी मर्यादा-रेखा को खींचते हुए उसने लिखा है कि व्यंग्योक्ति किसी शिष्ट व्यक्ति के संस्कारों के अनुकूल होनी चाहिए क्योंकि ऐसे चरित्रवाला व्यक्ति अपने ही मनोविनोद के लिए कटाक्ष करता है। उसका विश्वास था कि शिष्ट संस्कारोंवाला व्यक्ति दूसरे को कष्ट पहुँचाने के लिए कटाक्ष करता ही नहीं है। निष्कर्ष यह कि कामेदी में प्रयुक्त व्यंग्योक्ति/कटाक्ष प्रेक्षकों अथवा उनके परिचितों में से किसी को चुभनेवाले नहीं होने चाहिए। प्रश्न उठता है कि इस नियम का पक्षधर होते हुए भी उसने किस आधार पर एरिस्तोफ़ेनीज़ की कामेदियों को मध्यम मार्ग की सीमा के भीतर स्वीकार किया?

'भाषणाशास्त्र' के उपर्युक्त अंश के बाद भाषण के प्रयोजन पर मत व्यक्त करते हुए अरस्तू ने लिखा है कि इसका मुख्य लक्ष्य होता है सामाजिक को अपने पक्ष में और प्रतिद्वन्द्वी के विरोध में खड़ा करना।[37] क्या इसका यह अर्थ नहीं लगाया जा सकता कि एरिस्तोफ़ेनीज़ जिन व्यक्तियों को (अपना ही नहीं पूरे समाज का) शत्रु मानता था (क्लियोन को लेकर तो शायद बहुत से लोग उससे सहमत थे) उनके विरुद्ध पूरे समाज को खड़ा करने के लिए मध्यम मार्ग से यदि वह थोड़ा भटकता है (अर्थात् विरोधियों को कष्ट पहुँचानेवाले कटाक्ष करता है) तो उस पर मर्यादा के उल्लंघन का दोष नहीं लगाया जा सकता। 'नीतिशास्त्र' में उसने मध्यममार्ग के तीन प्रकार माने हैं:

इनमें से पहला सत्य से सम्बन्धित है जिसका सामान्य अर्थ है समाज को वास्तविकता का ज्ञान कराना। एरिस्तोफ़ेनीज़ भी स्वार्थी नेताओं का असली चेहरा लोगों के सामने लाना चाहता था। ऐसा करते समय कुछ प्रभावशाली पर स्वार्थी व्यक्तियों के हितों को हानि पहुँचती है तो क्या उसे क्षमा नहीं किया जाना चाहिए? व्यापक समाज के हित में अवश्य किया जाना चाहिए, अरस्तू ने वही किया। 'नीतिशास्त्र' में नीतिमान् व्यक्ति को मध्यममार्गी कहा गया है। मध्यम मार्ग क्या है इसकी भी सविस्तर चर्चा है। वहीं, ऐसे व्यक्ति को उसने अच्छे मित्र जैसा भी कहा है।[38] इसके बाद अच्छे मित्र की व्याख्या में उसने जो कुछ भी कहा है वह हमारे लिए अत्यन्त महत्त्वपूर्ण है। उस टिप्पणी को एरिस्तोफ़ेनीज़ के बचाव में सशक्त तर्क के रूप में लिया जा सकता है। अच्छे मित्र की उसकी व्याख्या है—"वह, अर्थात् मध्यममार्गी, समाज के सुख-दुःख से स्वयं को अभिन्न रूप से जुड़ा हुआ पाता है; जब वह देखता है कि समाज को सुख पहुँचाना समाज के हित में नहीं है तो वह प्रसन्नता देने के स्थान पर पीड़ा पहुँचाने की जिम्मेदारी उठाता है।.....वह जानता है कि भावी सुख के लिए अभी थोड़ी सी पीड़ा पहुँचाना श्रेयस्कर है।"[39]

इन पंक्तियों के प्रकाश में कोई भी यह निष्कर्ष निकाल सकता है कि अरस्तू एरिस्तोफ़ेनीज़ को समाज के सच्चे मित्र के रूप में देख रहा था।

1.2.1.3 कामेदीय वस्तुविधान और काथार्सिस

त्रैक्तेतुस में कामेदी की परिभाषा में चित्तवृत्तियों के काथार्सिस की बात कही गयी है जिसका स्रोत या तो अरस्तू द्वारा इसका स्पष्ट उल्लेख हो सकता है या उसकी विचार-सरणि। हमारे पास इसका स्रोत उसकी विचार-सरणि मानने के अतिरिक्त और कोई उपाय नहीं है। यह तर्क किसी भी तरह से उपेक्षणीय नहीं है कि त्रासदी यदि करुणा और भय की चित्तवृत्तियों का काथार्सिस निष्पन्न करती है तो कामेदी हास चित्तवृत्ति का। प्रश्न उठ सकता है कि क्या प्रेक्षागृह में बैठे सभी दर्शकों का? उत्तर है, जैसा पहले भी कह आये हैं, नहीं। त्रासदी की भाँति कामेदी का भी विशिष्ट सम्बोध्य अभिजात वर्ग है। नगर-व्यवस्था का भार उसी के कंधों पर है, अतः उसी का भाव-जगत् सन्तुलित, उसके विमर्शी अंतस को पुष्ट करनेवाला, होना चाहिए। अरस्तू के अनुसार काथार्सिस अंध संवेगों का प्रवाह मात्र नहीं है। यदि ऐसा होता तो प्लेटो और उसकी दृष्टि में कोई अन्तर नहीं रह जाता। काथार्सिस में अभिन्न तत्त्वस्वरूप उसका संज्ञानात्मक आयाम ही उसे अभिजात वर्ग के लिए विशेष मूल्यवान् बनाता है। खेद है कि काव्य मूल्य की यह सामाजिक दृष्टि उसके बाद न चिन्तकों में मिलती है न नाटककारों में।

'कामेदीय काथार्सिस संज्ञानात्मक है' यह हमारी अभिगृहीत धारणा (पॉस्टयूलेट) है। इसकी एक प्रक्रिया भावात्मक है जिसमें अनुभूति की अन्तिम परिणति भाव जगत् के सन्तुलन में होती है; दूसरी संज्ञानात्मक है जिसकी अन्तिम परिणति में कतिपय 'सामान्यों' का ज्ञान प्रकाशित होता है। हास्य की भावात्मक प्रक्रिया का आरम्भ मंच पर सामान्य से घटिया पात्रों के प्रवेश से होता है। यह आलंबन विभाव है। उद्दीपन विभाव हैं उनके मुखौटे, वेश-भूषा, हाव-भाव तथा भाषा। अरस्तू ने पात्रों के घटियापन को यद्यपि स्पष्टतः परिभाषित किया है किन्तु एरिस्तोफ़ेनीज़ के पात्र उस विशेषता पर खरे नहीं उतरते, इसलिए इसका एक अर्थ यह लिया जाना चाहिए कि उन्हें ऐसी स्थिति में रखा गया हो अथवा उनसे ऐसा कार्य करवाया जा रहा हो जो सामाजिक की दृष्टि में निम्नस्तरीय हो। किन्तु मंचन की दृष्टि से उस काल में उद्दीपन विभाव अधिक महत्त्वपूर्ण हो गये थे, मुखौटे और वेश-भूषा तो एक प्रकार से आलम्बन ही बन गये थे। परम्परया, कम से कम एरिस्तोफ़ेनीज़ के काल तक, कामेदी के पुरुष पात्र ऊपर बड़ा तंग चोगाा पहनते थे जो घुटनों के कुछ ऊपर तक ही आता था ताकि काफी नीचे तक लटकती हुई कृत्रिम जननेन्द्रिय दिखायी दे सके। यह वेश दियोनाइसुस के उत्सव की पहचान बन गया था जिसे मौज-मस्ती के वातावरण के अनुकूल स्वीकार कर लिया गया था। ऐसे पहनावे में पात्रों के मंच पर आते ही प्रेक्षागृह में त्रासदी की गम्भीरता किस तरह छँट जाती होगी इसकी कल्पना की जा सकती है। कामेदी के मुखौटे भी विशेष रूप से तैयार किये जाते थे जो

दर्शकों को खिलखिला कर हँसने के लिए विवश कर देते होंगे। इसके लिए पात्र को कुछ कहने की आवश्यकता नहीं होती होगी, मंच पर बस मुखौटा पहन कर आना ही पर्याप्त होता होगा। 'ततैये' नाटक में क्लियोन[40] की शक्ल से मिलते-जुलते कुत्ते का मुखौटा पहने पात्र विशेष ने जब मंच पर प्रवेश किया होगा तो उसके बिना कुछ कहे ही तालियों की गड़गड़ाहट से आसमान गूँज उठा होगा साथ ही दर्शकों को यह भी अनुमान हो गया होगा कि आगे क्या स्थिति होने वाली है।

मुखौटे दो तरह से तैयार किये जाते थे—पूरे वर्ग का बोध करानेवाले और व्यक्ति विशेष की ओर संकेत करनेवाले। ऊपर दिया गया उदाहरण दूसरे प्रकार के मुखौटे का है। पहले प्रकार के मुखौटे देवताओं, महान् नायकों, दासों, ग्रामीणों, वृद्धों आदि के होते थे। ये मुखौटे तैयार मिलते थे अब, चूँकि इनमें देवताओं के मुखौटे भी आते हैं इसलिए मान लिया जाना चाहिए कि देवताओं और महान् नायकों के चरित्र भी हास्य रस का आलम्बन बनने लगे थे। यह ई.पू. 5 वीं शताब्दी की बदली हुई यूनानी मानसिकता (विशेषतः एथेन्स के समाज की) का संकेत है। किन्तु ये देवता जिन शक्तियों के प्रतीक थे उनका मज़ाक नहीं उड़ाया जाता था। सम्भवतः इसी कारण से अपोलो या ज़्यूस जैसे देवताओं को हँसी का पात्र बनाना प्रतिबन्धित था। तात्पर्य यह कि देवत्व के अनादर की अभिव्यक्ति नियम विरुद्ध थी। ये कुछ परम्पराएँ थीं जिनके प्रकाश में अरस्तू ने कामेदी को परिभाषित करने प्रयास किया होगा। ऊपर हमने घटिया विशेषण को कर्म का संकेतार्थी भी कहा है, दैवी पात्रों के सन्दर्भ में यह अधिक महत्त्वपूर्ण हो जाता है। जनमानस देवताओं को घटिया रूप में नहीं देखता रहा होगा किन्तु परिस्थितिवश उनका व्यवहार या संवाद अवश्य विकृत हो सकते हैं। अरस्तू की दृष्टि में वे ही हास्य का आस्पद हैं न कि पात्र स्वयं। प्लेटो की दृष्टि इससे भिन्न थी। उसका कहना था कि देवताओं को इस तरह से काव्य में वर्णित करना या मंच पर प्रस्तुत करना स्वस्थ मनोवृत्ति नहीं है। इससे समाज को गलत संदेश मिलता है। इधर अरस्तू का तर्क था कि इससे यदि सामाजिक का भाव-जगत् सन्तुलित होता है, अथवा उसे कुछ ज्ञान मिलता है तो इसे स्वीकार किया जाना चाहिए। हाँ, रचना में कारण-कार्य सम्बन्ध स्पष्ट होना चाहिए, कोई भी व्यापार सम्भावना और आवश्यकता की सीमा के बाहर नहीं जाना चाहिए। उसके सामाजिक मूल्य को सुनिश्चित करने का यही एकमात्र उपाय है।

अरस्तू ने काथार्सिस की उपपत्ति को 'राजनीतिशास्त्र' में संगीत के सन्दर्भ में संक्षेप में प्रस्तुत किया है।[41] 'काव्यशास्त्र' में त्रासदी की परिभाषा भी उसी के प्रकाश में स्थिर की है। फिलोदिमुस जब 'ऑन पोएम्स' लिख रहा था तो उसके मानस पटल पर यह परिभाषा अवश्य रही होगी, शायद कामेदी पर लिखा गया अंश भी उसके सामने हो (तभी लगता है मानो अरस्तू ही व्याख्या कर रहा हो)।

हमारा मत है कि त्रैक्तेतुस में दी गयी कामेदी की परिभाषा को सुधारते समय जांकों के ध्यान में फिलोदिमुस की व्याख्या अवश्य रही होगी और उसे विश्वास हो गया होगा कि त्रासदी की पद्धति पर ही अरस्तू कामेदी में भी हास की चित्तवृत्ति का काथार्सिस मानता होगा। इस विश्वास की पुष्टि में उसने आइऐंब्लिकुस और प्रोक्लुस के उद्धरणों में प्रयुक्त 'मर्यादित'(मॉडरेट) और 'उचित मात्रा में (इन डयू मेज़र) शब्दों को लिया है। आइऐंब्लिकुस ने 'मर्यादित' का सम्बन्ध त्रासदी और कामेदी दोनों से जोड़ते हुए लिखा है–"कामेदी और त्रासेदी दोनों में दूसरे के भावों को देखकर हम अपने भावों पर भी संयम रख सकते हैं, उन्हें अधिक मर्यादित और शुद्ध कर सकते हैं।"

यहाँ, व्यावहारिक जीवन में पाये जानेवाले तीन प्रकार के लोगों का विषय हम फिर से लेना चाहते हैं। 'नीतिशास्त्र' में अरस्तू ने इस पर लिखा है–

"सामाजिक जीवन में परस्पर वार्तालाप करते हुए अथवा व्यवहार करते हुए, कुछ लोग अत्यन्त विनयशील समझे जाते हैं। ऐसे व्यक्ति दूसरों को सुख पहुँचाने के लिए उनकी हर बात में प्रशंसा करते हैं, कभी विरोध नहीं करते। वे मानते हैं कि जिन लोगों से वे मिलते हैं उन्हें कष्ट न पहुँचाना उनका कर्तव्य है। इसके विपरीत कुछ लोग होते है जो हर बात का विरोध करते हैं। दूसरों को कष्ट पहुँचने की उन्हें कोई चिन्ता नहीं होती। इन्हें उजड्ड या झगड़ालू कहा जाता है। ये दोनों ही प्रकार [के व्यवहार] दोषपूर्ण हैं। इनके बीच का व्यवहार करनेवाले प्रशंसा के योग्य हैं–अर्थात् ये मध्यममार्गी औचित्य को ध्यान में रखकर अपने विरोध या समर्थन को निश्चित करते हैं। ऐसे व्यक्ति को हम अच्छे मित्र जैसा कह सकते हैं।" यहाँ 'जैसा' शब्द उसे मित्र के सामान्य अर्थ से भिन्न दरशा रहा है क्योंकि जिस स्थिति में वह व्यवहार कर रहा है वह मित्रता के सम्बन्ध से परिभाषित नहीं है। उसका व्यवहार मित्र-भाव से प्रेरित नहीं होता, भावनाओं के वशीभूत होकर वह प्रेम या घृणा नहीं करता। वस्तुतः, औचित्यपूर्ण व्यवहार करना उसका स्वभाव होता है। दूसरे शब्दों में कहा जाये तो मध्यममार्गी का मार्गदर्शन उसके अंतस का वह संज्ञानात्मक पक्ष करता है जिसके कारण उचित व्यवहार करना अब उसका स्वभाव बन गया है। "लोगों के साथ व्यवहार करते समय वह केवल यह देखता है कि परिस्थिति विशेष में क्या उचित है क्या अनुचित, भले ही वे उससे परिचित हों या न हों, उसके आत्मीय हों या न हों।"[42]

उपर्युक्त विवेचन में हास चित्तवृत्ति के तीन स्तरों–एक मध्यमान, दो अतिवादी का उल्लेख करने के बाद निष्कर्ष निकाला गया है कि समाज में मध्यमान ही उचित और उपादेय है। समाज के सभी सदस्य इस प्रकार का व्यवहार कर सकें इसका प्रशिक्षण वे कामेदी द्वारा ले सकते हैं। यह प्रशिक्षण एक प्रकार का आत्मसंस्कार है जिसका अनुक्रमण दो अवस्थानों में सम्पन्न होता है। एक, अतिवादी चित्तवृत्ति का

मध्यमान में आना (अर्थात् चित्तवृत्ति के आधिक्य को उच्छलन की क्रिया द्वारा मर्यादा में रखना और न्यूनत्व को विकास के द्वारा मर्यादा की सीमा तक ले आना); दूसरा, निरन्तर अभ्यास द्वारा मध्यमान चित्तवृत्ति का स्वभाव बन जाना।[43] अरस्तू इन दोनों ही अवस्थानों में काथार्सिस की भूमिका महत्त्वपूर्ण मानता होगा यह हमें निस्संकोच स्वीकार कर लेना चाहिए। काथार्सिस संज्ञान संपृक्त एक भावात्मक क्रिया है, संज्ञान इस तथ्य का कि मध्यमान से छोरों की ओर सीमा से अधिक भटकने का क्या परिणाम हो सकता है। यह संज्ञान ही संयमन की प्रेरणा शक्ति का कार्य करता है। वैसे [प्रेक्षागृह के बाहर] सामान्य व्यवहार में भी हँसी मजाक का कम महत्त्व नहीं है। यह कितना उपादेय है इसका उल्लेख उसने 'भाषणशास्त्र' में किया है।[44]

1.2.1.4 आनन्द : एक बहुआयामी अनुभूति

कामेदी के प्रयोजनगत आनन्द पर जब हम अरस्तू की दृष्टि से विचार करते हैं तो वह एक बहुआयामी मिश्रित अनुभूति ठहरती है। इसके अन्तर्गत कामेदी का वह पक्ष सबसे पहले आता है जिसका स्थायी भाव हास है। स्पष्ट है, ऐसी किसी भी रचना में इसी के अनुरूप आलम्बन विभाव और उद्दीपन विभाव भी होंगे। इनसे सम्बन्धित मुखौटों, भाषा आदि की चर्चा हो चुकी है। इनके माध्यम से प्रेक्षकों को अधिक से अधिक हँसाना कामेदी का प्रयोजन माना जाना चाहिए। इसे चाहें तो विधागत विशिष्ट आनन्द भी कह सकते हैं। इसके अतिरिक्त कामेदी उस बहुविध आनन्द का स्रोत भी होती है जो कलाकृति होने के कारण उसमें, काव्य की अन्य विधाओं में तथा दूसरी कलाओं में समान रूप से होता है। इस मिश्रित आनन्दानुभूति में, अरस्तू की दृष्टि से, सबसे पहले अनुकरण का आनन्द लिया जाना चाहिए।[45] इसकी व्याख्या में उसने लिखा है कि कष्टदायी वस्तुएँ भी अपने अनुकृत रूप में आनन्ददायी बन जाती हैं। इसका कारण है उस वस्तु का पहचान में आ जाना या उसकी किसी ऐसी विशेषता की ओर हमारा ध्यान जाना जो अब तक हमारे लिए अनजानी रही हो। यह जानकारी अर्थात् ज्ञानवृद्धि अपने आप में आनन्द का स्रोत है। हम कल्पना करें कि 'ततैये' नाटक में कुत्ते के मुखौटे में क्लियोन को पहचान कर प्रेक्षकों को कुछ अतिरिक्त आनन्द अवश्य मिला होगा। कुत्ते का मुखौटा वैसे भी हँसी पैदा कर सकता है पर उसमें से झाँकती क्लियोन की शक्ल को पहचान कर और उसका सम्बन्ध क्लियोन के उपनाम 'रखवाला कुत्ता' से जोड़कर दर्शक अपनी-अपनी जगहों पर उछल पड़े होंगे। इसी तरह 'बादल' नाटक देखते समय सोफ़िस्तों के बारे में जो अफ़वाहें उड़ती रही होंगी उन्हीं के आधार पर सुकरात को पीले चेहरेवाला और नंगे पाँव देखकर तथा उसे सोफ़िस्त के रूप में पहचान कर दर्शक निश्चित ही खिल-खिला पड़े होंगे। यहाँ चाक्षुषी बिम्बों के कल्पना अथवा

स्मृति के बिम्बों से मेल खाने पर उत्पन्न आनन्द उस आनन्द से भिन्न है जो केवल तात्कालिक चाक्षुषी बिम्बों में व्याप्त ताल समन्विति आदि से उद्भूत होता है।[46] विषय को बार-बार देखना, फिर उसका स्मृति बन जाना अनुभवजन्य ज्ञान है, अरस्तू इस उपपत्ति को प्लेटो के विरोध में स्थापित कर रहा था जिसकी चर्चा हम उसके मनोविज्ञान के सन्दर्भ में आगे करेंगे। अभी नाटक के सन्दर्भ में आनन्द के विषय पर एक भिन्न दृष्टिकोण से विचार कर लेना चाहेंगे।

प्रयोजन के रूप में आनन्द अरस्तू के लिए अत्यन्त महत्त्वपूर्ण था। प्रतीत होता है इसको लेकर होमर और उसमें कोई मतभेद नहीं था। 'काव्यशास्त्र' में त्रासदी और प्रबन्ध-काव्य की तुलना करते हुए वह निष्कर्ष निकालता है कि त्रासदी भले ही प्रबन्ध काव्य से विकसित हुई हो किन्तु प्रभाव में वह उसकी अपेक्षा श्रेष्ठ है।[47] इसके जो कारण उसने गिनाये हैं उनमें से हम तीन ले रहे हैं क्योंकि वे कामेदी पर भी पूरी तरह घटाये जा सकते हैं।

पहले कारण के अन्तर्गत उसने संगीत तथा दृश्यविधान को लिया है। नाटक/कामेदी के ये दोनों अंग एक ओर कानों को तथा दूसरी ओर आँखों को जो प्राणवान् आनन्द देते हैं वह केवल इसी विधा से मिल सकता है। यह विधागत विशिष्ट आनन्द है। आनन्द का दूसरा स्रोत है नाटक की मन पर पड़ने वाली स्पष्ट छाप, चाहे वह पढ़ा जाये चाहे देखा जाये। इस कारण का हालाँकि उसने खुलासा नहीं किया है पर समझा जा सकता है कि सामाजिक से सीधे आमना-सामना होने के कारण लेखक के पास अपनी बात को घुमा-फिरा कर कहने की गुंजाइश नहीं होती। कृति और कृतिकार तथा सामाजिक के बीच इतने निकट का प्रत्यक्ष सम्बध सम्भवतः रचना को आत्मसात् करने में अधिक सहायक होता है। इसी से निःसृत तीसरा कारण है कृति के विस्तार का सीमित होना। नाटककार, सीमित समय में सीमित कथानक के भीतर रहते हुए, घनीभूत प्रभाव डालने के लिए विवश है। यह विवशता ही उसके लिए वरदान बन जाती है। जो प्रभाव प्रबन्ध-काव्य में उसके विस्तार के कारण हलका पड़ जाता है वही संकुचित सीमा में सिमट जाने से अधिक आनन्ददायी बन जाता है। प्रभाव की तीव्रता का कारण है कार्यान्विति। प्रबन्ध-काव्य में उपकथानकों के कारण वह शिथिल हो जाती है किन्तु नाटक में कथानक की संक्षिप्तता उसे चुस्त-दुरुस्त रखती है जो अन्ततः आनन्द का स्रोत बन जाती है।

कार्यान्विति पर अरस्तू ने जिस तरह से जोर दिया है वह आनन्द के एक और स्रोत का संकेत देता है जिसे अपने शुद्ध रूप में सभी सफल कलाकृतियों का मूल आधार कहा जा सकता है। यह चर्चा हो चुकी है कि किसी व्यक्ति-चित्र में यदि व्यक्ति हमारा परिचित नहीं भी है तब भी चित्र का वर्णिका-भंग या ऐसा ही कोई दूसरा घटक हमें आनन्द दे सकता है।[48] वर्णिका-भंग और रूप-भेद चित्र के विशिष्ट

अंग है जिनके संयोजन से चित्र में जो ताल और समन्विति आती है उसका आनन्द शुद्ध गोचर बिम्बों का आनन्द है। यह कलाकृति की संरचना, अर्थात्, प्रथम (स्थूल) माध्यम के कला-रूप में परिणत होने का आनन्द है। यह एक ओर कलाकार को रचना करने का आनन्द देता है तो सामाजिक को कलास्वाद का। पर, अरस्तू यहाँ उपभोक्ता की दृष्टि से विचार कर रहा है, उसके लिए प्राधान्य समाजिक का है। वह कृति का मूल्यांकन उसके मन पर पड़े प्रभाव के आधार पर कर रहा है। यद्यपि, उसके सामने प्रभावात्मक आलोचना की कोई परम्परा नहीं थी फिर भी वह अनुभव कर रहा था कि किसी भी कलाकृति का प्रथम प्रयोजन अपने रूपाश्रयी मूल्य, आनन्द, को सिद्ध करना है। इस ओर ध्यान न देकर कवि यदि ज्ञान पर ही बल देता रहेगा तो वह नीतिशास्त्र का प्रवक्ता बनकर रह जायेगा। कलाकार के रूप में समाज में उसका स्थान कृति का रूपाश्रयी मूल्य निर्धारित करता है। उस समय तक समीक्षा की भाषा या पद्धतियाँ विकसित नहीं हो पायी थीं। इसलिए हम मानते हैं कि अरस्तू की यह एक पंक्ति ही अपने भीतर पूरी की पूरी उपपत्ति समेटे हुए है। अब इस टिप्पणी को कामेदी पर घटा कर देखें।

'काव्यशास्त्र' के छठे अध्याय में त्रासदी के छः अंगों—कथानक, चरित्र, वाक्सरणि, विचार, दृश्यविधान और गीत-संगीत—का उल्लेख हुआ है। इन्हें ही हम कामेदी के भी अंग मान सकते हैं। इनके परस्पर सम्बन्ध को परिभाषित करने के प्रयास में इन्हें अनुकरण के विषय, माध्यम और पद्धति इन तीन वर्गों में बाँटा गया है। इसके अनुसार कामेदी का कथानक, चरित्र और विचार अनुकरण के विषय ठहरते हैं, माध्यम है वाक्सरणि तथा गीत-संगीत और पद्धति है दृश्य विधान। कामेदी का कथानक हास्यास्पद घटनाओं तथा कार्यव्यापार का संयोजित रूप कहलायेगा, चरित्र होंगे वे पात्र जिनमें ऐसा कोई भोंडापन होगा जिससे वे सामान्य से निम्न स्तर के माने जा सकें। अपने चरित्र के अनुरूप उनके विचार भी होंगे जैसे, अधिक स्वार्थी होना, हमेशा अपने को ही सही ठहराना, समाज के हित-अहित की उपेक्षा करना, अपने में ही सीमित रहना, आदि। इन्हीं के साथ मेल खानेवाले उनके कार्य और भाषा भी होगी। कामेदी में संगीत की कोई विशेष भूमिका होती होगी इसका कोई उल्लेख नहीं मिलता। रही बात दृश्यविधान—प्रस्तुतीकरण—की तो उसकी जानकारी नाटकों और उनमें दिये गये निर्देशों को पढ़ने से मिल जाती है। अरस्तू की दृष्टि यही रही होगी कि कामेदी के पाँचों अंगों की दृश्यविधान के अंगभूत तत्त्वों—मुखौटे, वेश-भूषा, भोंडी मुद्राएँ—के साथ इस तरह की अन्विति बैठ जाये, हास-परिहास का ऐसा वातावरण निर्मित हो जाये, जिससे प्रेक्षक की हास चित्तवृत्ति का काथार्सिस सम्भव हो सके। प्रेक्षक में अभीष्ट अनुभूति का जागना नाटक के समग्र प्रभाव (टोटल इफ़ेक्ट) पर निर्भर करता है और यह सम्भव हो पाता है उसके सभी

अंगों के सम्यक् संयोजन के द्वारा। इस दृष्टि से अरस्तू आज के जॉन ड्यूई और ए.एन. व्हाइटहैड जैसे सौन्दर्यशास्त्रियों के निकट आ बैठता है जिनके लिए कला एक अनुभव है जो सामान्य जीवन के अनुभव की अपेक्षा अधिक समन्वित/एकीकृत, सजीव और अर्थवान् होता है। ऐसा अनुभव तभी सम्भव है जब इसको जगानेवाली कृति (उत्तेजक=स्टिमुलस) इन धर्मों से युक्त हो। अन्तर केवल इतना है कि वह कलाकृति से जगायी जानेवाली अनुभूति के सुखात्मक होने पर बल देता है। काथार्सिस की अन्तिम परिणति, सभी परिस्थितियों में, सुखमय होती है अरस्तू की इस स्थापना को हमें सदैव स्मरण रखना होगा।

1.2.1.5 कामेदीय संज्ञान और उसका ज्ञानीमीमांसीय आधार

सामाजिक की मनःस्थिति यदि काथार्सिस तक पहुँच जाती है तो यह नाटक की बड़ी सफलता मानी जानी चाहिए। यह प्रमाण होगा इस बात का कि अनुभूति के स्तर पर उसने अपना सामाजिक मूल्य सिद्ध कर दिया है। अब, हम कामेदी के संज्ञानात्मक मूल्य पर उसके चिन्तन के प्रकाश में विचार कर लेना चाहते हैं। एक दार्शनिक होने के नाते संगीत की उपादेयता में आत्मसंस्कार के प्रयोजन को उसने काथार्सिस से भी अधिक महत्त्व दिया है, उसे कामेदी के सन्दर्भ में अनछुआ रहने देना उसके साथ अन्याय करना होगा। संज्ञानात्मक मूल्य उसी की आधार-भूमि है।

प्रमेय के प्रति भेद-बुद्धियुक्त, विवेकपूर्ण, प्रतिक्रिया व्यक्त करने की शक्ति ही उसे जानने की शक्ति है। अरस्तू की दृष्टि में इस प्रकार की प्रतिक्रिया जब पूरी होती है तो वही संज्ञान है। इस प्रक्रिया के दो अवस्थान हैं। पहला है प्रमेय का गोचर होना, फिर, जिन प्राणियों में 'नूस' है (ऐसा प्राणी केवल मनुष्य है) उनमें उसका सक्रिय होना जिसके लिए कुछ विद्वानों ने अँग्रेजी में 'नूजिंग' क्रियापद का भी प्रयोग किया है। हम इसे 'बोध होना' कहेंगे जिसका सम्यक् रूप संज्ञान है। अरस्तू ने गोचर होने और बोध होने दोनों को एक करते हुए विवेकपूर्ण प्रतिक्रिया कहा है। उसके 'प्रकृति-दर्शन' में 'नूस' और 'नूजिंग' का महत्त्वपूर्ण स्थान है, इस दृष्टि से इनकी कुछ और व्याख्या आवश्यक है।

'नूस' ऐसी शक्ति है जिसका अस्तित्व केवल मनुष्य में है क्योंकि उसके मतानुसार प्रकृति के विकासक्रम में मनुष्य ही उच्चतम स्थान पर है। अरस्तू के दर्शन की दो ऐसी विशेषताएँ हैं जिनका सम्बन्ध हमारी प्रस्तुत चर्चा से है। पहली यह कि प्रकृति एक निश्चित प्रयोजन की ओर अग्रसर होती है, दूसरी यह कि कला यदि इसी नियम का पालन करते हुए स्व-रूप को प्राप्त होती है तभी अपने अस्तित्व को मूल्य प्रदान कर पायेगी। प्रकृति किन्हीं कारणों से अपनी योजना में सफल नहीं हो पाती तब कला उसके अधूरे काम को पूरा करती है। मानव समाज व्यापक प्रकृति का एक

अंग है, कला मानव समाज में अपनी सार्थकता सिद्ध करके प्रकृति की योजना को आगे बढ़ाने में सहायक हो सकती है। कला का सामाजिक मूल्य व्यापक प्रकृति के सन्दर्भ में भी अपनी अर्थवत्ता खोता नहीं है। 'दि एनिमा' (जिसे अनुवादकों ने 'मनोविज्ञान' या 'प्रकृति और मनोविज्ञान' शीर्षक भी दिया है) में उसका विषय प्राणी जगत् है। जड़ जगत् और प्राणी जगत् में भेद करते हुए वह वस्तुतः उस तत्त्व की खोज कर रहा था जो समस्त प्राणी जगत् का जाति सूचक भी हो और उसकी उपजातियों का भेदक भी। यहाँ, हम उसके केवल उन अंशों पर विचार कर रह हैं जिनसे उसकी ज्ञान की अवधारणा को समझने में सहायता मिलती है।

अरस्तू की अभिगृहीत धारणा है कि प्रकृति की समस्त गति सोद्देश्य है। यह उद्देश्य क्या है? उत्तर है सम्भावना का वास्तविकता में परिणत होना। दूसरे शब्दों में नाम-रूप रहित पदार्थ का विशेष नाम रूप ग्रहण कर लेना। प्लेटो ने प्राकृतिक रूपों की रचना का उत्तरदायित्व आद्य प्रेरणा शक्ति को सौंप दिया था। अरस्तू ने इसमें उलट-फेर करते हुए प्रकृति की प्रयोजनमूलकता को ही इसका श्रेय दे दिया। प्रयोजनमूलकता प्रकृति का गुण-धर्म है, प्रकृति में आज जो सम्भावना के रूप में विद्यमान है वह, अपनी ही गति से विकसित होते-होते, बाद में वास्तविकता बन जाती है, विशिष्ट नाम रूप ले लेती है। सोद्देश्य गति समस्त प्रकृति का धर्म नहीं है। केवल उस प्रकृति का जिसमें जीवात्मा है।* जीवात्मा समस्त प्राणीजगत् का जीवन धर्म है। इस जगत् में पायी जाने वाली सभी वस्तुएँ प्राकृतिक पदार्थ और जीवात्मा की यौगिक इकाई हैं। जीवात्मा देह का अभिन्न अंग है क्यों वह उसकी उपलब्धि है।

जीवात्मा के विभिन्न धर्मों में कोटिक्रम है, उसी आधार पर प्राणी जगत् में भी कोटिक्रम है। इसका निम्नतम रूप आहारी है। जिससे यह भोजन को आत्मसात् कर अपने रूप का संवर्धन करता है। पेड़-पौधे केवल इतने तक ही सीमित रहते हैं। इससे ऊपर की कोटि में गतिशील जीव-जन्तु आते हैं। इनमें अधिक विकसित जीवात्मा होने के कारण ये पेड़-पौधों के धर्म के साथ-साथ कुछ और धर्मों का निर्वाह भी करते हैं। ये हैं—इन्द्रियबोध, कामना और संचरण। विकास के तीसरे और अन्तिम क्रम पर मनुष्य है। उसकी जीवात्मा और अधिक विकसित होने के कारण पहले के सभी धर्मों के निर्वाह के साथ-साथ कुछ और विशिष्ट कार्य भी करती है। यह इसलिए सम्भव हो पाता

---

* अरस्तू ने इसके लिए 'प्स्युखे' शब्द का प्रयोग किया हैं, अँग्रेजी में अनुवाद करते समय 'सोल' शब्द रखा गया है। हिन्दी में 'आत्मा' शब्द एकदम भिन्न अर्थ देता है इसलिए 'जीवात्मा' शब्द हमें अधिक उपयुक्त प्रतीत हुआ।

है क्योंकि विकास के इस चरण में 'नूस'[49] की शक्ति भी जीवात्मा के साथ आकर जुड़ जाती है। शायद यह कहना अधिक उचित होगा कि 'नूस' जीवात्मा की अन्य शक्तियों को आत्मसात् कर लेती है। मनुष्य की, या कहें 'नूस' की, दो विशिष्ट क्रियाएँ हैं—1. शुद्ध ज्ञान के स्तर पर सत्य को बुद्धि का विषय बनाना, और 2. व्यवहार के स्तर पर सोद्देश्य सत्य को बुद्धि का विषय बनाना। ये कार्य 'नूस' के दो भिन्न अनुभागों—चिन्तनशील और व्यवहारशील—द्वारा सम्पन्न किये जाते हैं। जीवात्मा और 'नूस' में एक और अन्तर भी है। जीवात्मा की शक्तियाँ शरीर से भिन्न नहीं हैं।[50] वे शरीर के साथ ही नष्ट हो जाती हैं। किन्तु 'नूस' अमर है और शरीर से भिन्न है। इसके साथ एक शर्त यह है कि जब यह शरीर में प्रवेश करती है तो इसे शरीर में एक ऐसी आदाता शक्ति की आवश्यकता होती है जिस पर यह बिम्बों से अपकर्षित रूपों की छाप छोड़ सके, ये छाप ही अवधारणाएँ कहलाती हैं।

अरस्तू की ज्ञान-मीमांसा की यह पृष्ठभूमि है। पहले संवेदन, फिर इन्द्रियबोध, अन्त में 'सामान्य' का ज्ञान यह पूरी प्रक्रिया उसकी जीवात्मा और नूस की अवधारणाओं से जुड़ी हुई है। जिसे स्पष्ट करना आवश्यक था। अब ज्ञान की मूल प्रक्रिया पर विचार करें।

प्रमेय को इन्द्रियों का विषय बनाने की शक्ति सम्भावना के रूप में (सुषुप्तावस्था में) सभी प्राणियों में होती है। प्रमेय इसको सक्रिय, जागृत कर देता है, तब यह प्रमेय के जैसी हो जाती है। इसी प्रकार प्रमेय के गुण-धर्म भी सम्भावना के रूप में उसमें तब तक रहते हैं जब तक वे इन्द्रियों का विषय नहीं बनते। इससे स्पष्ट है कि किसी विषय का गोचर होना एक साझी क्रिया है। इसमें प्रमेय की गोचर होने की क्षमता और इन्द्रियों की उसे अपना विषय बनाने की क्षमता दोनों परस्पर सहयोग करती हुई साझी सफलता को प्राप्त होती हैं।

इस चर्चा को और आगे बढ़ाने के पहले दो स्पष्टीकरण आवश्यक हैं। प्रथम, हम बात कर रहे हैं इन्द्रियों की क्षमता की किन्तु अरस्तू के लिए प्राधान्य उस क्षमता का है जो इन्द्रियों का साधन रूप में उपयोग करती है। उदाहरणार्थ, दीवार सम्भावित रूप में सफ़ेद है, अर्थात् उसमें सफेद दिखायी दिखायी पड़ने की क्षमता है। उधर आँख में सफेद रंग देखने की शक्ति सुषुप्तावस्था में है। दोनों शक्तियाँ जब सहयोग करती हैं तब हम दीवार का सफेद रंग देखते हैं। सामान्यतः कहा यह जाता है किन्तु अरस्तू के लिए वास्तविकता यह है कि देखने की क्रिया हमारी आँखें नहीं वह शक्ति कर रही है जो प्रमेय के इन्द्रियों के सम्पर्क में आने पर ही अस्तित्त्व में आयी है और आँखों को माध्यम बनाकर सक्रिय हो गयी है। ठीक-ठीक कहें तो हम आँखों के द्वारा देखते हैं, आँखें केवल माध्यम/साधन हैं।

दूसरा स्पष्टीकरकण यह है कि देखने की क्रिया में प्रमेय का योगदान महत्त्वपूर्ण होते हुए भी जो कुछ देखा जा रहा है उसका वास्तविक अधिष्ठान देखने में है। दूसरे शब्दों में, दीवार के सम्भावित सफेद रंग और आँख की सफेद रंग देखने की क्षमता की अन्तिम परिणति जिस सफ़ेद रंग में होती है (क्योंकि अन्ततः दोनों एक हो जाते हैं) उसका वास्तविक आश्रय देखे जाने में है। इस सन्दर्भ में अरस्तू का तर्क है कि किसी दूसरी वस्तु को गति प्रदान करनेवाली शक्ति स्वयं स्थिर रहती है और उसकी सक्रियता का केन्द्र गतिमान वस्तु बन जाती है। दूसरी बात ध्यान देने की यह है कि विश्व को इन्द्रियों का विषय बनाने की सम्पूर्ण प्रक्रिया देह के स्तर पर होती है। 'बोध होना' (नूज़िंग) एक शारीरिक क्रिया है किन्तु इसकी शक्ति देह की सीमाओं से ऊपर उठने की क्षमता रखती है। यह शरीर के अंगों का उपयोग करते हुए भी उनसे भिन्न है, स्वयंपूर्ण है। यह, अर्थात् 'नूस', ऐसी शक्ति है जो वस्तुओं को सीधे वस्तुनिष्ठ रूप में ग्रहण करती है। अब, अपने मूल रूप में यह शक्ति भौतिक है या मानसिक इस पर विद्वानों में मतैक्य नहीं है। 'नूस' की अवधारणा का प्रवेश सबसे पहले अनेक्सागोरस के चिन्तन में हुआ था। वहाँ भी बर्नेट जैसे भौतिकवादियों और स्टेस जैसे चैतन्यवादियों के निष्कर्ष अलग-अलग थे, वही स्थिति यहाँ भी है।

ऊपर प्रमेय की सम्भावना और इन्द्रियों की क्षमता के एक हो जाने की बात कही गयी है। प्रमेय की सम्भावना अनुकूल परिस्थितियों में इन्द्रियों की क्षमता पर प्रभाव डालती है, इन्द्रियों की शक्ति उसे ग्रहण करती है और प्रमेय के गुण-धर्म को धारण कर उसके जैसी हो जाती है ठीक वैसे ही जैसे मोमपट्टी पर कोई वस्तु अपनी छाप छोड़ती है तो वह छाप उस वस्तु की जैसी होती है। इस बारे में विचित्र बात यह है कि छाप छोड़नेवाली वस्तु स्वयं 'विशेष' होती है किन्तु उसके द्वारा छोड़ी छाप 'सामान्य' होती है। यह 'सामान्य' उस पदार्थ का रूप (फार्म जिसे उसने तत्त्व भी कहा है क्योंकि 'तत्त्व-कारण' ही उपादान कारण को उसका अन्तिम रूप प्रदान करता है, जैसे काव्य ने विकसित होते-होते त्रासदी का रूप ले लिया था) है जो प्रकृति या कला उसे विकास की अन्तिम परिणति में प्रदान करती है। ऊपर का उदाहरण लें तो कहना होगा कि ईंट-पत्थरों से बनी दीवार एक 'विशेष' है किन्तु उसकी सफ़ेदी 'सामान्य' है जिसे देखनेवाली शक्ति आँखों के माध्यम से ग्रहण करती है।

'विशेष' और 'सामान्य' का भेद इस तथ्य की ओर संकेत करता है कि 'इन्द्रिय संवेदन' और 'इन्द्रिय-बोध' अलग-अलग स्तरों पर होने वाली क्रियाएँ हैं। अरस्तू के चिन्तन में संवेदन और संवेग दैहिक क्रियाएँ हैं जो मनुष्य तथा अन्य प्राणियों में समान रूप पायी जाती हैं, जहाँ तक 'नूस' का प्रश्न है वह केवल मनुष्य की बपौती है।[51] निष्कर्ष यह कि 'विशेष' और 'सामान्य' को ग्रहण कर सकने की क्षमता वस्तुतः विकासक्रम की द्योतक है। क्या इसी आधार पर हम यह निष्कर्ष नहीं निकाल सकते

कि उसकी दृष्टि में काथार्सिस (जहाँ तक वह एक भाव-सन्तुलन है) संवेदन के स्तर पर होने वाली क्रिया है और आत्मसंस्कार 'नूस' के स्तर पर होने वाली क्रिया है? आज इसका उत्तर देना सम्भव नहीं है फिर भी हम कहना चाहेंगे कि संगीत के सन्दर्भ में उसके लाभों/प्रयोजनों पर की गयी टिप्पणी[52] में जो क्रम रखा गया है वह विकास-भेद को भी सूचित करता है।

उस काल में यूनानियों के लिए सर्वप्रमुख इन्द्रिय-बोध देखना था। इसके समर्थन में अरस्तू ने यहाँ तक कहा है कि बिना दृक्बिम्बों के चिन्तन भी सम्भव नहीं है। दृक्बिम्बों का यूनानी चिन्तन में जो महत्त्व था उसके सन्दर्भ में रैंडाल द्वारा की गयी टिप्पणी उल्लेखनीय है। 'नूस' शब्द पर विचार करते हुए उसने लिखा है कि पूरी यूनानी संस्कृति को प्रतिबिम्बित करनेवाला यह शब्द अपने भीतर इतनी अर्थ-छटाएँ समेटे हुए है कि किसी अन्य भाषा में इसका अनुवाद असम्भव है। इसलिए, इसकी संक्षिप्त व्याख्या उसने निम्न प्रकार से की है :

"एक यूनानी के लिए 'नूस' का अर्थ था—"बुद्धि के स्तर पर किया गया दर्शन" (इंटेलेक्चुअल विज़न) और इससे जुड़े हुए क्रियापद 'आयदेनाय' तथा 'थियोरायन' भी देखने की अर्थ-छटा देते हैं। 'नूस' का कार्य है 'दर्शन की क्रिया' (थियोरिया) की दिशा में प्रवृत्त करना या ले जाना। जैसे, किसी नाटक आदि कलात्मक दृश्य को देखने की प्रेरणा देना। इस तरह नाट्यगृह 'दर्शन की क्रिया' (थियोरिया) का स्वाभाविक अधिष्ठान बन गया। सांस्कृतिक विकास-क्रम में जब चिन्तन विकसित हुआ तो प्लेटो के काल तक आते-आते 'नूस' के कार्य में एक नया आयाम जुड़ गया, यह था अपने चारों ओर मानव समाज में प्रतिक्षण खेले जानेवाले नाटक को देखने व समझने का प्रयास... 'नूस' का प्रधान गुण है 'स्पष्टता' (क्लैरिटी)।"*

इस टिप्पणी के प्रकाश में समझा जा सकता है कि यूनानियों के लिए नाटक काव्य की महत्त्वपूर्ण विधा क्यों थी और अरस्तू नाटक को काव्य के विकासक्रम में उसकी चरम परिणति क्यों मानता था। इस विवेचन को समेटते हुए अन्त में रैंडाल लिखता है कि 'नूस' वास्तव में ऐसी शक्ति के रूप में स्वीकृत थी जो विचार के सभी विषयों का रूप ले सकती थी। इस अर्थ में इसे समस्त सम्भावित 'सामान्य' भी कहा जा सकता है ठीक वैसे ही जैसे कहा जा सकता है कि कोरा कागज उन सभी सम्भावित लेखों को अपने भीतर संजोए हुए है जो उस पर लिखे जा सकते हैं। इसका सार यह निकलता है कि प्रमेय जब इन्द्रियों का विषय बनता है तो वह 'विशेष' होता है, पर जब 'नूस' का विषय बनता है तो नूस उसके सामान्य

---

* सम्भवतः विकासक्रम में यही अर्थ ज्ञान का आधार बन गया जिसका एक अर्थ है कारण-कार्य सम्बन्ध को स्पष्ट करना।

को ही ग्रहण करता है। संज्ञान की इस प्रक्रिया को कामेदी पर घटाने से स्थिति और स्पष्ट हो जाती है।

त्रासदी पर विचार करते हुए अरस्तू ने इतिहासज्ञ और कवि की तुलना की है जिसका आधार वह अन्तर है जो वह प्रमेय के गोचर होने और उसके बोध होने के बीच में मानता है। इतिहासज्ञ उस घटना का वर्णन करता है जो घट चुकी है, कवि उस घटना का वर्णन करता है जो सम्भावना और आवश्यकता के अनुसार घट सकती है। एतिहासिक घटना की प्रकृति 'विशेष' की होती है जब कि काव्य में वर्णित घटना की प्रकृति 'सामान्य' की होती है।[53] इतिहास की घटना विशेष में यह आवश्यक नहीं है कि कारण-कार्य सम्बन्ध एकदम स्पष्ट हो किन्तु कारण-कार्य सम्बन्ध अस्पष्ट होने पर भी एतिहासिक घटना का महत्त्व कम नहीं हो जाता। उधर काव्य में यदि ऐसा होता है तो यह कवि की अक्षमता है और इससे काव्य का मूल्य भी कम हो जाता है। इसलिए, वह त्रासदी में भी काल्पनिक कथावस्तु लेने के पक्ष में था। कामेदी का लेखक अपेक्षाकृत स्वतन्त्र था। उसे पहले से ही काल्पनिक घटनाओं का तानाबाना बुनने की सुविधा थी जिससे 'सामान्यों' को अभिव्यक्ति देने का उसका कार्य सरल हो जाता था। वह स्वीकार करता है कि पात्रों को नाम देकर और घटनाओं को ऐतिहासिक स्थलों पर घटता हुआ दिखला कर यद्यपि वह अपने उपादान कारण में विशेषत्व का भ्रम अवश्य पैदा करता है किन्तु वास्तव में उसके पात्र पूरे वर्ग का प्रतिनिधित्व करते हैं, अर्थात् वर्गगत होते हैं। उनके चरित्र और क्रिया-कलाप पूरे वर्ग पर घटाये जा सकने योग्य होते हैं। अतः उनके माध्यम से घटनाओं को घटता हुआ दिखलाकर वह उनके कारण-कार्य सम्बन्ध को स्पष्टता से व्यक्त कर सकता है। इस तरह उजागर किया गया सत्य 'सामान्य' होता है। उसे 'सामान्य' इसलिए कहा जा रहा है क्योंकि अमुक चरित्रवाला व्यक्ति अमुक परिस्थिति में सदैव इसी तरह व्यवहार करेगा। जैसे, दीवार का सफेद रंग अन्य वस्तुओं में भी पाये जाने के कारण 'सामान्य' है। उसी तरह नाटक के पात्र विशेष नाम धारण करते हुए भी कार्य 'सामान्य' करते हैं और उनसे मिलनेवाला संदेश भी सार्वजनीन है।

प्लेटो की 'नित्यरूपों' की उपत्ति से अरस्तू सहमत नहीं था। ज्ञान प्राप्ति की उपर्युक्त प्रक्रिया द्वारा उसने उसका खंडन भी किया और उसका उत्तर भी दिया। प्लेटो के लिए 'नित्यरूप' ही एकमात्र सत्य हैं। उन्हें केवल विमर्शी बुद्धि द्वारा जाना जा सकता है। जो केवल दार्शनिक के लिए सम्भव है। कलाकार की कृतियाँ सत्य से त्रिधा अपेत होती हैं जिनसे ज्ञान तो मिलता नहीं उलटे वे सामाजिक के भावजगत् को आन्दोलित करके उसकी विमर्शी बुद्धि को पंगु बना देती हैं। बाद के प्लेटोवादियों ने इस बात पर बल देना शुरू कर दिया कि सत्य को सीधे-सीधे अन्तः दर्शन द्वारा जाना जा सकता है।[54] और, हो सकता है वे यह भी कहते रहे हों कि

इस काम को करने में केवल वे ही सक्षम हैं। अरस्तू ने इसके विरोध में दो स्थापनाएँ रखी हैं। पहली यह कि नित्यरूपों का कोई स्वतन्त्र अस्तित्त्व नहीं है। फिर, यह धारण भी ग़लत है कि सभी वस्तुओं के अलग-अलग 'नित्यरूप' हैं और गोचर विशेष जिस सीमा तक अपने-अपने 'नित्यरूपों' में सहभागी बनते हैं उतनी ही सीमा तक वे ज्ञान देने में समर्थ होते हैं। यह धारणा भी ग़लत है कि कवि और चित्रकार 'नित्यरूपों' तक पहुँच नहीं पाते इसलिए वे ज्ञान से शून्य ही रह जाते हैं। 'गणराज्य' में दिये गये इन तर्कों के विरोध में अरस्तू की स्थापना है कि कृति प्रकृति प्रदत्त हो या कलाकार द्वारा रचित 'नित्यरूप' का उससे स्वतन्त्र कोई अस्तित्त्व नहीं हो सकता। जो भी 'सामान्य' है (नित्यरूप भी एक अर्थ में सामान्य ही है) वह 'विशेष' में ही व्यक्त होता है, वही उसका अधिष्ठान है।[55] इसलिए प्रकृति तथा कला दोनों ही ज्ञान देने में समर्थ हैं।

इस सम्बन्ध में उसकी दूसरी स्थापना है कि ज्ञान अनुभव साध्य है न कि अन्तःदर्शन साध्य। चिन्तन-जगत् में यह सिद्धान्त—अनुभववाद—एक बड़ी क्रान्ति का सूचक था। उसके द्वारा प्रतिपादित ज्ञानार्जन की यह प्रक्रिया प्रकृति में प्रजातान्त्रिक थी। इस दृष्टि से सुकरात का सच्चा शिष्य वह ठहरता है न कि प्लेटो। इस स्थापना के अनुसार मनुष्य जिस सीमा तक गोचर जगत् को अपने वीक्षण का विषय बनायेगा उतनी ही सीमा तक वह ज्ञान प्राप्त कर सकता है। गोचर विषयों को समझने का कार्य 'नूस' का है और 'नूस' ऐसी शक्ति है जिसकी कोई सीमा नहीं है। 'नूस' प्रत्येक विचारशील प्राणी में शक्ति के रूप में विद्यमान है, इसलिए, अपनी शक्ति का ठीक-ठीक उपयोग करनेवाला प्रत्येक व्यक्ति ज्ञान प्राप्त कर सकता है। 'नूस' विश्व के ज्ञानगम्य पक्ष को इन्द्रियों के माध्यम से ग्रहण करता है। दूसरे शब्दों में, इन्द्रियानुभव ज्ञान का प्रथम सोपान है।

अब अन्तिम प्रश्न, कामेदी से ज्ञान प्राप्त करने की क्या सम्भावना है? कामेदी हँसने-हँसाने की विधा है, लोग केवल मनोरंजन के लिए इसे देखने जाते हैं। इसके द्वारा हास चित्तवृत्ति के काथार्सिस पर तो सहमति अवश्यक बन गयी होगी पर ज्ञान को लेकर मतभेद निश्चित ही रहा होगा। यदि अरस्तू के दृष्टिकोण से बात करें तो वह मजदूरों-कारीगरों में काथार्सिस की भी सम्भावना नहीं देख रहा था। उनके लिए कामेदी देखना विश्रांतिकाल की क्रिया है, मात्र मनोरंजन, इससे अधिक कुछ नहीं। काथार्सिस केवल उन्हीं प्रेक्षकों में सम्भव है जिनके लिए यह अवकाश काल की क्रिया है। किन्तु, उनके लिए भी अवकाश काल की क्रिया भावभूमि से ऊपर उठकर किसी उच्चतर भूमि पर ज्ञान का स्रोत बने तभी कहा जा सकता है कि उसका लक्ष्य पूरा हुआ।

प्लेटो ने स्वीकार किया है कि ज्ञान की सीमा के भीतर करणीय-अकरणीय भी समाहित हैं।[56] उधर अरस्तू द्वारा कामेदी में घटिया पात्रों का विधान केवल दर्शकों

को हँसाने के लिए नहीं हो सकता। इसका अर्थ स्पष्ट था—त्रासदी के पात्र यदि अनुकरणीय हैं तो कामेदी के अननुकरणीय। प्रेक्षकों को ऐसे पात्रों और उनके व्यवहार की भी जानकारी होनी चाहिए ताकि वे स्वयं को उस तरह के घटियापन से दूर रख सकें, उसके दुष्परिणामों में बच सके। अज्ञान स्वयं में एक बड़ा दोष है, कवि का कर्त्तव्य है कि अपने साथ-साथ समाज को भी इससे बचाये। 'बादल' नाटक को लेकर जांको ने इस विषय पर महत्त्वपूर्ण टिप्पणी की है। एरिस्तोफ़ेनीज़ ने इसमें सुकरात को पात्र बनाकर सोफ़िस्तों/दार्शनिकों की जैसी खिल्ली उड़ायी है अरस्तू निश्चित ही उसके विरुद्ध रहा होगा। वह उन घटनाओं से भी परिचित रहा होगा। जिनमें से कुछ इस नाटक की प्रेरणा मानी जा सकती हैं। नाटक के अन्त में 'चिन्तनशाला' (सुकरात जहाँ पढ़ाता था और जहाँ एक किसान अपने बेटे को शिक्षित बनाने के लिए लाता है उस जगह को एरिस्तोफ़नीज़ ने मज़ाक में चिन्तनशाला कहा है) को किसान आग लगा देता है। कारण यह था कि उसका बेटा वहाँ से शिक्षा लेने के बाद अपने पिता से ही दुर्व्यवहार करने लग गया था, मारपीट तक करने लग गया था। 'बादल' का कथानक अपने भीतर कुछ वास्तविक घटनाएँ समेटे हुए है। यह नाटक ई. पू. 423 में खेला गया था। इसके तीस वर्ष पहले क्रोतोन में मीलो का घर भी उस समय जलाया गया था जब कुछ प्रमुख पाइथागोरी वहाँ अपनी सभा कर रहे थे। उस आग से कुछ ही पाइथागोरी बच पाये थे। अनेक्सागोरस को ई.पू. 434 में देश निकाला दे दिया गया था। प्रोतेगोरस को मृत्युदंड की घोषणा की गयी थी। और उसकी पुस्तकों को जला दिया गया था। ई.पू. 415 में मीलोस के दियागोरस के सिर पर इनाम का ऐलान कर दिया गया था क्योंकि उसकी शिक्षा को समाज विरोधी समझ लिया गया था। सिकन्दर की मृत्यु के बाद स्वयं अरस्तू को एथेन्स से भागना पड़ा था। इससे पता चलता है कि अभिमानी निरंकुश राजतन्त्र और अज्ञानी प्रजाजनों का घोर प्रजातन्त्र कितना विनाशकारी हो सकता है। अरस्तू इन दोनों प्रकार की शासन प्रणालियों के ऋण-पक्ष से परिचित था। प्लेटो का अनुभव भी उसके सामने था। इसलिए ये दोनों विचारक मनुष्य के विमर्शी अन्तस पर बल देते रहे तो आश्चर्य क्या। एरिस्तोफ़ेनीज़ ने मज़ाक-मज़ाक में ही कितनी गम्भीर बातें कह दी थीं। ज्ञानवर्धन कामेदी का प्रयोजन है स्वयं एरिस्तोफ़ेनीज़ मंच से इसकी घोषण करता रहता था।[57] इसे वह अपना सामाजिक दायित्व मानता था। अरस्तू इससे सहमत था। उपर्युक्त विश्लेषण इसी का तर्क सम्मत आधार है।

सन्दर्भ एवं टिप्पणियाँ

1. प्रिंसटन एन्साइक्लोपीडिया ऑफ़ पोएट्री ऐंड पोएटिक्स, पृ. 224
2. एटकिन्स, लिटरेरी क्रिटिसिज़्म इन एंटिक्विटी, खंड-दो, पृ. 138-43

3. ''वी मे फेयर्ली डेज़िग्नेट हिम ऐज़ दि इमिटेटर ऑफ़ दैट व्हिच अदर्ज़ मेक''—अनु. जोवेट, पृ. 597
4. ''वी हियर पर्सन्ज सेइंग दैट दि ट्रैजीडियन्स ऐंड होमर, हू इज़ ऐट देयर हैड, नो ऑल दि आर्ट्स....वी आर टु कन्सिडर व्हैदर हियर ऑल्सो देयर में बी ए सिमिलर इल्यूज़न।''—वही, पृ. 598
5. ...दीज़ पोएटिकल इंडिविजुअल्स, बिगनिंग विद होमर, आर ओनली इमिटेटर्स, दे कॉपी इमिजेज़ ऑफ़ वर्चू ऐंड दि लाइक, बट दि ट्रूथ दे नैवर रीच। वही, पृ. 600
6. विस्तृत चर्चा के लिए देखिये—कृष्णलाल शर्मा, यूनानी आभिजात्य चिन्तन, पृ. 320-330
7. बट वी हैव नॉट यट ब्रॉट फ़ॉरवर्ड दि हैवियेस्ट कांउट इन अवर एक्यूज़ेशन दि पावर व्हिच पोएट्री हैज़ ऑफ़ हार्मिंग इवन दि गुड। ''गणराज्य'', अनु.जोवेट, पृ. 605
8. वही, पृ. 606
9. पृ. 801
10. पृ. 603
11. 'संविधान' पृ. 816
12. वही, पृ. 816
13. कृष्णलाल शर्मा, यूनानी आभिजात्य चिन्तन, पृ. 288-89
14. देखिये प्लेटो के ''क्रेतिलुस'' और ''थीतितुस'' संवाद
15. ''एरिस्टॉटल्स पोएटिक्स'', पृ. 36
16. इस पर विस्तृत चर्चा के लिए देखिये—यूनानी आभिजात्य चिन्तन, पृ. 362-72
17. 'तत्त्वशास्त्र', पृ. 991, पं. 20-22
18. ए हिस्ट्री ऑफ़ फ़िलॉसोफ़ी, पृ. 360
19. पृष्ठ 816
20. पृ. 1448अ, पं. 25-26
21. पृ. 1449अ, पं. 31-37
22. वही, पृ. 1448अ, पं. 25-26
23. पृ. 1128अ, पं. 3-9
24. पृ. वही, पं. 18-24
25. 'राजनीतिशास्त्र', पु. 8, अ. 7, पृ. 1342अ
26. पु. 7, अ. 17, पृ. 1336ब
27. वही, वही, वही
28. कृष्णलाल शर्मा, यूनानी आभिजात्य चिन्तन, पृ. 430
29. पृ. 1461ब, पं. 27-28
30. पृ. 1406ब, पं. 6-8, पृ. 1412अ, पं. 18-27
31. पृ. 1340अ, अनु. 18
32. विशेष चर्चा के लिए देखिये ''यूनानी आभिजात्य चिन्तन, पृ. 454-57
33. पु. 4, अ. 5, पृ. 1126अ, पं. 33 पृ. 1126ब, पं. 6

34. पु. 4, अ. 8, पृ. 1128अ, पं. 5-10, 18, 33-35
35. ए कॉमिक पोएट, ऑर मेकर ऑफ़ ऐन आइऐम्बिक ऑर सेटायरिकल लिरिक वर्स शैल नॉट बी परमिटिड टु रिडिक्यूल ऐनी ऑफ़ दि सिटिज़न्स आइदर बाइ वर्ड ऑर लाइकनेस, आइदर इन ऐंगर ऑर विदाउट ऐंगर। 'संविधान', पु.11, पृ. 935
36. पु. 3, अ.18, पृ. 1419ब, पं. 3-9
37. वही, वही, वही पं. 10
38. पु. 4, अ.6, पृ. 1126ब, पं. 20
39. वही, वही, पृ. 1126ब, पं. 31-33 तथा पृ. 1127अ, पं. 3-6
40. क्लियोन पेरिक्लीज़ का उत्तराधिकारी था, उसका चमड़े का व्यवसाय था। वह अच्छा वक्ता था और साधारण सभा में अपनी बात मनवा लेता था। वह स्वयं को जनता का 'रखवाला कुत्ता' कहा करता था जिससे उसका उपनाम ही 'कुत्ता' पड़ गया।
41. पु. 8, अ.7, पृ. 1342अ
42. पु. 4, अ.6, पृ. 1126ब, पं. 11-30
43. इसके विस्तृत विवेचन के लिए देखिये यूनानी आभिजात्य चिन्तन, पृ. 409-13
44. पु. 3, अ. 18, पृ. 1419ब, पं. 3-9
45. 'काव्यशास्त्र', अ. 4, पृ. 1448ब, पं. 4
46. वही, वही वही, पं. 19
47. देखिये पूरा 26वाँ अध्याय
48. 'काव्यशास्त्र', अ.4, पृ. 1448ब, पं. 18-19
49. जीवात्मा और नूस के विवेचन के लिए देखिये कोपल्स्टन कृत ''ए हिस्ट्री ऑफ़ फ़िलॉसोफ़ी'' पृ. 325-30
50. अरस्तू ने प्राणी जगत् की प्रत्येक प्रजाति के लिए अलग-अलग जीवात्मा की कल्पना की है। एक बैल और मनुष्य की जीवात्मा अलग-अलग ही होंगी।
51. जॉन हर्मन रैंडाल, ''अरस्तू'', पृ. 88
52. 'राजनीतिशास्त्र', पु.8, अ. 7, पृ. 1341ब
53. 'काव्यशास्त्र', पृ. 1451अ, पं. 36—पृ. 1451ब, पं. 8
54. जॉन हर्मन रैंडाल, ''अरस्तू'', पृ. 95
55. इस सन्दर्भ में अरस्तू की अन्य उक्तियाँ है :
    1. गोचर रूप और भौतिक पदार्थ की यौगिक इकाई को ही वास्तव में मूल वस्तु कहा जाना चाहिए।—तत्त्वशास्त्र, पु. जेड, अ. 3
    2. रूप बनाया नहीं जाता, इसका निर्माण/उत्पादन नहीं किया जाता। [चूँकि 'रूप' ही तत्त्व है इसलिए] यह भी कहा जा सकता है कि वह किसी अन्य [माध्यम] में व्यक्त किया जाता है।... 'नित्यरूप' मूल वस्तुओं के उत्पादन की व्याख्या में सहायक नहीं होते इसलिए उन्हें आत्मावलम्बी मूल वस्तु नहीं कहा जा सकता।—वही, वही, अ.8
56. 'संविधान', पृ. 816
57. 'ततैये' कामेदी का अन्तिम वृन्दगान

1.2.2 मानव मूल्यों का संस्थापक–मीनान्दर

1.2.2.1 राजनीतिक, आर्थिक एवं सामाजिक पृष्ठभूमि

ई.पू. चौथी शताब्दी के आरम्भ से ही एथेन्स का जनमानस नया रूप लेने लगा था। पेलोपोनीशियाई युद्ध ने उसके बहुत से विश्वासों को धराशायी कर दिया था और अब यह वह अन्य आधार ढूँढ़ने के लिए विवश था। समाज-संरचना के समीकरण बदल जाने से यह और भी आवश्यक हो गया था। सामाजिक/दर्शक का चरित्र बदला तो नाटककार को भी अपनी रचना नये रूप में ढालनी पड़ी। 'पुरा-कामेदी' (ओल्ड-कॉमेडी) और 'नव-कामेदी' (न्यू-कॉमेडी) की तुलना द्वारा इस तथ्य को रेखांकित किया जा सकता है। राजनीतिक परिवर्तन जिस तरह से जन-जीवन को प्रभावित करता है उससे नागरिकों की आशाएँ-आकांक्षाएँ भी बदल जाती हैं तथा करणीय-अकरणीय की दृष्टि भी पूर्ववत् नहीं रह पाती।

फ़िलिप की एथेन्स पर विजय (ई.पू. 338) ने नगर की प्रजातान्त्रिक प्रणाली को छिन्न-भिन्न कर दिया था। कोरिंथियाई गठबन्धन में फ़िलिप का व्यवहार यद्यपि एथेन्स के प्रति उदारतापूर्ण था किन्तु उसका स्वतन्त्रता का सुख तो छिन ही गया था। सिकन्दर की मृत्यु के पश्चात् उसने पुनः स्वतन्त्र होने का प्रयास किया किन्तु सफल नहीं हो सका। तब अंतिपेतर (मक़दूनिया का शासनाध्यक्ष) और एथेन्स के बीच जो समझौता हुआ उसके अनुसार नगर का शासन धनिकतन्त्र (प्लूटोक्रेसी) में बदल गया। इसका आधार तैयार करने के लिए उन सभी नागरिकों को अधिकार-वंचित कर दिया गया जिनकी सम्पत्ति दो सहस्र द्राखमों (उन दिनों प्रचलित चाँदी का सिक्का) से कम थी। इस घोषणा से रातों-रात मताधिकारियों की संख्या आधी रह गयी और एथेन्स पर धनिकों/व्यापारियों का अधिकार हो गया। परिणाम यह हुआ कि जूरी-न्यायालय खाली हो गये, किशोर-सेना का बल आधा रह गया। इसके अतिरिक्त प्रशासनिक व्यय को कम करने के लिए एक और घोषणा हुई। उसके अनुसार लोकसभा या जूरी में सेवाएँ देने के लिए दिया जानेवाला बैठक-भत्ता बन्द कर दिया गया और वह धर्मादा-कोष भी समाप्त कर दिया गया जिसमें से कम आयवाले नागरिकों की आवश्यकता पड़ने पर सहायता की जाती थी। यह प्रजातन्त्र पर अन्तिम प्रहार था।

अंतिपेतर की मृत्यु (ई.पू. 319) के बाद मक़दूनिया की सत्ता उसके बेटे कासांदर के हाथ में आ गयी। वह एथेन्स को मित्रभाव से अपने अधीन रखना चाहता था। इसलिए समझौते का प्रारूप तैयार करने का कार्य फालेरुम के दिमित्रियुस को सौंप दिया। इसके अनुसार उन नागरिकों को भी अधिकार मिल गये जिनकी सम्पत्ति एक सहस्र द्राखमों तक थी। अब प्रश्न था दैनंदिन प्रशासन की देखभाल का, इसके लिए कासांदर ने दिमित्रियुस का नाम सुझाया और वह स्वीकार कर लिया गया।

दिमित्रियुस थियोफ्रेस्तुस* का शिष्य था, इस नाते वह अभिजाततन्त्र में विश्वास करता था। अरस्तू जिस अभिजात वर्ग के हाथ में शासन की बागडोर देना चाहता था वह वस्तुतः जमींदार वर्ग था। उसका दूसरा सिद्धान्त था कि कोई भी नागरिक अपने अधिकारों एवं कर्त्तव्यों के प्रतिपूर्ण बोध के साथ जन्म नहीं लेता। अतः, नागरिकों में से कुछ का चयन करना पड़ता है और उन्हें प्रशिक्षण देकर कर्तव्यों का निर्वाह करने में सक्षम बनाना पड़ता है। इस शिक्षा के परिप्रेक्ष्य में दिमित्रियुस का धनिक वर्ग के साथ समझौता कर लेना स्वाभाविक था। अरस्तू ने घोर प्रजातन्त्र का विरोध सिद्धान्ततः किया दिमित्रियुस ने व्यवहारतः। फिर भी, नगर के हित में, उसकी आर्थिक स्थिति को सुदृढ़ करने के लिए उसने कुछ ठोस कदम ज़रूर उठाये। जैसे, किसी व्यक्ति की मृत्यु पर उसकी समाधि को भव्य से भव्यतर बनाने के लिए लोग जीवनभर की कमाई लगा देते थे। इस प्रथा को उसने बन्द करवा दिया। दूसरा नियम उसने बनाया कि विवाह अथवा इसी प्रकार के अन्य अवसरों पर तीस से अधिक अतिथियों को नहीं बुलाया जायेगा। इसी तरह, महिलाओं द्वारा धन के अपव्यय पर रोक लगाने के उद्देश्य से उसका आदेश था कि वे जब घर से बाहर निकलें तो मर्यादा में रहें अनावश्यक प्रदर्शन न करें।** इन सब की देख-रेख के लिए उसने महिला आयोग गठित किया। महिला शब्द से यह अर्थ नहीं लेना चाहिए कि इसकी सीमा में केवल स्त्रियाँ ही आती थी। यह वस्तुतःनागरिकों के निजी जीवन पर रखी जानेवाले निगरानी थी जिसका उद्देश्य था कि समाज की आँखों से छुपाकर यदि नियम विरुद्ध कार्य हो रहा हो तो उसे रोका जा सके। इसमें उसका मुख्य लक्ष्य था अपव्यय पर अंकुश लगाकर नगर-विकास को गति प्रदान करना। ऐतिहासिक तथ्य बतलाते हैं कि उसके शासनकाल में निजी एवं सार्वजनिक सम्पत्ति में पहले की अपेक्षा कहीं अधिक वृद्धि हुई। उसका शासन ई.पू. 317 तक रहा।

यह दिमित्रयुस का दुर्भाग्य ही था कि सार्वजनिक हित में अनेक कार्य करने के बाद भी एथेन्सवासियों को वह अपना मित्र बनाने में सफल नहीं हुआ। इसके दो कारण थे। एक था उसकी कथनी और करनी में अन्तर। दूसरों के अपव्यय पर दृष्टि रखनेवाला स्वयं रात्रिभोजों का आयोजन करता था जिनमें मदिरापान का विशेष

---

* थियोफ्रेस्तुस अरस्तू का शिष्य था और उसका उत्तराधिकारी भी।

** उन दिनों समृद्ध परिवार की स्त्रियों में प्रदर्शन की प्रवृत्ति ने प्रतिस्पर्धा का रूप ले लिया था। वे जब भी घर से बाहर निकलतीं खूब सजी-धजी तथा आभूषणों से लदी-फँदी होती थीं। उनकी घोड़ागाड़ियाँ नक्काशीदार तथा चमक-दमकवाली हुआ करती थीं। अंगरक्षकों के नाम पर साथ में दास-दासियों का पूरा दलबल चलता था।

—विलियम स्कॉट फर्ग्यूसन, हेलेनिस्टिक एथेन्स, पृ. 46

प्रबन्ध होता था। सुन्दर गणिकाओं से उसके सम्बन्ध पूरे नगर में चर्चा का विषय थे। दूसरा कारण, जो अधिक महत्त्वपूर्ण था, यह कहा जाता है कि जनसाधारण उसे स्व-शासन में सबसे बड़ी बाधा मानता था। इसलिए आर्थिक प्रतिबन्धों को भी उसने एक प्रकार का अत्याचार ही समझा। जन-आक्रोश के इसी तरह कुछ और कारण भी रहे होंगे जिन्हें देखते हुए अंतिगोनुस ने जब अपने बेटे दिमित्रियुस पोलियोरकितीज़ के नेतृत्व में, एथेन्स को स्वशासन का विश्वास दिलाते हुए अपनी सेना भेजी तो उसका पूरे उत्साह के साथ स्वागत हुआ। परिस्थितियाँ अपने विपरीत देखते हुए फालेरूम का दिमित्रियुस वहाँ से भाग गया।

गत दो दशाब्दियों में नगर समृद्ध अवश्य हुआ किन्तु यह समृद्धि वर्ग विशेष तक सीमित रही। धनवान् और अधिक धनी हुए, निर्धन और अधिक विपन्न हुए। पारिश्रमिक में वृद्धि हुई किन्तु मूल्यों में और अधिक वृद्धि हुई जिससे दैनिक वेतनभोगियों का जीना कठिन हो गया था। नाटकों के पात्र यह शिकायत करते दिखलाये गये हैं कि खाने-पीने की चीजों के दाम गरीबों की पहुँच के बाहर हो गये हैं जबकि उधर सम्पन्न परिवार रात्रिभोजों के लिए नये-नये व्यंजनों के अम्बार लगा देते हैं। निर्धन बच्चों को दासों की तरह काम करते दिखलाया गया है।[1] इसका एक कारण यह भी था कि एथेन्स में बाहर से लाये गये दासों की संख्या इतनी बढ़ गयी थी कि स्थानीय श्रमिकों को काम मिलना दूभर हो गया था। सम्भवतः मताधिकार छिन जाने से नौकरी मिलना भी कठिन हो गया होगा। तिमोक्लीज़ ने एक पात्र के मुँह से कहलवाया है।

''अमीरों की दावतों में खानेवालों की संख्या गिनने के बजाय उसे (दिमित्रियुस) यह देखना चाहिए कि कौन भूखा रह गया है।''[2]

एक समय था जब दहेज के लिए एक तैलेंत (छः हज़ार द्राखमा के बराबर यूनान का सबसे बड़ा सिक्का) पर्याप्त माना जाता था, नव-कामेदियों में इसके लिए तीन-चार तैलेंतों की बात आयी है।

सम्भव है एथेन्स में महँगाई कुछ अधिक ही रही हो। इस नगर की महिमा ही कुछ ऐसी थी कि जिसने यहाँ नाम कमा लिया समझो वह सारे संसार में प्रसिद्ध हो गया। उन दिनों यह शक्ति-प्रदर्शन का केन्द्र बन गया था। राजनीतिज्ञ, दार्शनिक, भाषणशास्त्री, कवि तथा अन्य क्षेत्रों में अपनी-अपनी साख रखनेवाले यहीं आकर अपना प्रतिद्वन्द्वी ढूँढ़ते थे। बुद्धि के इन अखाड़ियों के बीच गणिकाओं का भी अपना स्थान था। गणिकाएँ यहाँ की हों या बाहर से आकर यहाँ बसी हों उनकी ख्याति दूर-दूर तक थी। इनके सम्बन्ध में मुख्य बात यह समझ लेनी चाहिए कि इनमें शारीरिक आकर्षण के साथ-साथ शिष्ट व्यवहार, वाणी-कौशल, प्रत्युत्पन्नमति आदि गुण भी विशेष होते थे जो यहाँ के परिवेश की देन माने जाते थे। इनसे उनकी जो पहचान बनती थी राजनीति के दंगली उसी से अधिक आकर्षित होते थे। सिकन्दर और

उसके बाद तोलेमी प्रथम की रखैल थेइस एथेन्स की ही थी। कोषाध्यक्ष हार्पालुस की दोनों रखैलें, पाइथिनिके और ग्लाइकीरा, यहीं की थी। अंतिगोनुस के पुत्र दिमित्रियुस पोलियारेकितीज़ ने जब एथेन्स का शासन सँभाला तो अपनी रखैल लामिया को लेकर वह महीनों अथीना के मन्दिर में ही पड़ा रहा। ऐसी न जाने कितनी गणिकाएँ थी जिन्हें अपने व्यक्तित्त्व के बल पर अन्य नगरों के उच्च पदाधिकारियों की प्रेमिकाएँ बनने का अवसर मिला। फिर इनके रिक्त स्थान की पूर्ति हेतु ऐन्ड्रोस, सिक्योन, रेहोड्ज़ आदि से रुपाजीवाएँ आयीं और यहीं की स्थायी निवासी हो गयीं। इतिहास का यह अध्याय 'नव-कामेदी' में गणिकाओं की महत्त्वपूर्ण भूमिकाओं की पृष्ठभूमि है।

1.2.2.2 विश्वसंस्कृति का केन्द्र–एथेन्स

गणिकाओं का एथेन्स से अन्य नगरों में जाना या अन्य नगरों से यहाँ आना विश्वसंस्कृति का संकेत देता है। वाणिज्य-व्यापार के आधर पर यहाँ के निवासियों के पहले से ही दूर-दूर तक सम्बन्ध बने हुए थे। अब व्यापार बढ़ा तो सम्बन्ध और प्रगाढ़ हुए। व्यापारियों के साथ-साथ कवि-कलाकारों तथा विभिन्न विषयों के विद्वानों का भी आना-जाना बढ़ा। यहाँ तक कि वेतनभोगी सैनिक भी किसी भी नगर की सेना में भरतीं होने के लिए तैयार रहते थे। सिकन्दर की मृत्यु के बाद साम्राज्य तीन भागों में अवश्य बँट गया था किन्तु यूनानी संस्कृति का प्रसार जहाँ तक भी था यूनानियों को वह अपना ही प्रदेश प्रतीत होता था। उनके वहाँ आने-जाने में कोई रोक भी नहीं थी। वस्तुतः, विश्वसंस्कृति का शिलान्यास स्वयं सिकन्दर के हाथों हो चुका था। फारसी साम्राज्य को अपने अधीन कर लेने के बाद उसके सामने सबसे बड़ी समस्या थी इतने बड़े भू-भाग को अपने अधीन बनाये रखने की। वह जानता था कि इस विशाल प्रदेश को केवल यूनानी उपनिवेश बनाकर नहीं रखा जा सकता है। इसलिए राजनीतिक सम्बन्धों को दृढ़ करने के उद्देश्य से उसने सोग्दियाना (इसकी राजधानी समरकन्द थी) की राजकुमारी से विवाह किया। इसके तीन वर्ष बाद दारा तृतीय की बड़ी बेटी से विवाह किया। इस विवाह के द्वारा दो समुदायों के एक हो जाने के भाव को और पुष्ट करने के लिए उसने अपनी सेना के अस्सी उच्च पदस्थ अधिकारियों का विवाह भी फारसी अभिजातवर्गीय कन्याओं से करवाया। फिर तीस हज़ार फारसी युवाओं को अपनी युद्ध-पद्धति सिखलायी तथा कुछ फारसी अधिकारियों को यूनानी टुकड़ियों का नायकत्व प्रदान किया। यहाँ तक कि कुछ योग्य अधिकारियों के राजप्रमुख (गवरनर) भी बनाया। वह बार-बार अपने मक़दूनियाई और फ़ारसी सेना नायकों से आग्रह करता था कि वे पूरी दुनिया को अपना घर तथा अच्छे आदमियों को अपना भाई समझें।[3] इस शिक्षा को कितने

यूनानियों ने अपने जीवन में उतारा कहना कठिन है किन्तु इससे समाज संरचना में एक नया आयाम अवश्य जुड़ गया। अब तक यूनानियों की धारणा थी कि केवल वे ही सभ्य हैं। अरस्तू जैसा विचारक भी इसी मानसिकता से ग्रस्त था। उपर्युक्त घटनाओं से नयी धारणा यह बनी कि उनका साम्राज्य विश्वसाम्राज्य है और वे एक विश्वमानव संस्कृति के उत्तराधिकारी हैं। अब वे सभी नगरों को परस्पर एकता के सूत्र में बँधे हुए देखने लगे थे।

यूनानी जन-मानस में विश्वमानवता की अवधारणा का बीजारोपण बहुत बड़ी वैचारिक क्रान्ति थी। एथेन्स में यह विचार और भी शीघ्रता से पनपा होगा क्योंकि वहाँ विदेशी राजनयिकों तथा सोफ़िस्तों के आने-जाने का क्रम बहुत पहले से चला आ रहा था। उनके साथ-साथ कवि एवं नाटककार भी आते रहते थे और उनमें से अनेक यहीं के होकर रह जाते थे। 'मध्य-कामेदी' के दो प्रसिद्ध नाटककार अंतिफ़ेनीज़ और अलेक्सिस (इसके द्वारा 245 नाटक लिखे जाने का उल्लेख मिलता है) अन्य नगरों से आये थे। अंतिफ़ेनीज़ थेसाली या खियोस का था और अलेक्सिस थूरियाई के यूनानी उपनिवेश से आया था। इनमें दूसरे क्रम पर अनेक्सेंद्रिदीज़ और अनेक्सिलस रहोडियाई और डोरियाई थे। अंतिफेनीज़ और अलेक्सिस को बाद में एथेन्स की नागरिकता भी मिल गयी थी। इसी तरह, 'नव-कामेदी' के लेखकों में मीनांदर के प्रतिस्पर्धी दिफ़िलुस और फ़िलीमन (ये दोनों उम्र में मीनांदर से बड़े थे) क्रमशः सिनोपि (यह नगर कृष्ण सागर के तट पर स्थित था) और सिरेक्यूज़ के मूल निवासी थे। उससे कनिष्ठ अपोलोदोरुस जीला का रहनेवाला था। हमारे विचार से यह सूची एथेन्स को विश्वनाट्यभूमि सिद्ध करने के लिए पर्याप्त है।

एथेन्स समूचे यूनानी साम्राज्य की सांस्कृतिक राजधानी अवश्य था किन्तु पिछले सौ सालों की व्यापारिक गतिविधियों के कारण इसका सांस्कृतिक चरित्र अब नये साँचे में ढलने लगा था, बल्कि ढल चुका था कहना अधिक उपयुक्त होगा। उसमें व्यावहारिकता का पुट पहले की अपेक्षा कहीं अधिक था। मूल्यांकन-दृष्टि कलाकृतियों को भौतिक उत्पाद के रूप में अधिक देखने लगी थी। रूपाश्रायी मूल्य पर विशेष बल दिया जाना इसी का परिणाम था। शीघ्र ही मूल्यत्रयी (रूपाश्रयी, उपयोगिताश्रयी तथा सम्बन्धाश्रयी) में यह प्रथम स्थान पर आ गया। पिछली शताब्दी की कृतियों में इन तीनों मूल्यों का पूर्ण सन्तुलन मिलता है। अरस्तू की कलादृष्टि इन्हीं के परिप्रेक्ष्य में विकसित हुई थी। हो सकता है यह अकादमी में अध्ययन का परिणाम रहा हो। वह चौथी शताब्दी में रहते हुए भी पाँचवी शताब्दी में जी रहा था। उधर नवधनाढ्य वर्ग वर्तमान में जी रहा था। प्रशासन में उसकी भागीदारी भी बढ़ गयी थी और उत्पादन उसके नियन्त्रण में था। ऐसे परिवेश में कलाकार और सामाजिक दोनों ही कला-मूल्यों के आदर्श सन्तुलन के प्रति उदासीन हो गये थे। अरस्तू अपने

समय की इन स्थितियों को निकटता से देखता आ रहा था। उसका यह निष्कर्ष ठीक ही था कि प्रकृति में कोई वस्तु जब परिपक्वावस्था में पहुँच जाती है तो उसमें कुम्हलाने-सड़ने की प्रक्रिया शुरू हो जाती है। कला-जगत् में यह स्थिति इस रूप में व्यक्त हुई कि रूपाश्रयी मूल्य शेष दो से स्वतन्त्र हो गया। स्वतन्त्रता से हमारा तात्पर्य है कि कला रूप पहले के आदर्शों द्वारा नियन्त्रित न होकर भौतिकवादी सामाजिक की रुचि के साँचे में ढलने लगा था। कला-रूपों में नये-नये प्रयोग (अर्थात् उनसे खेलना) तथा पच्चीकारी की प्रवृत्ति इसके साक्षी हैं।

एक बात और। नवधनाढ्य सामाजिक के पास सूक्ष्म कलादृष्टि नहीं थी इसलिए अपनी व्यवहारिक बुद्धि से, अपने हित में, उसने नया कलाशास्त्र गढ़ लिया। इसमें उसकी दृष्टि कला के तीन पक्षों पर थी। एक, कला में यथार्थ दर्शन में उसकी अधिक रुचि थी। कहा जाता है आगाथार्खुस ने नाटक के परदों पर जो दृश्य चित्रित किये थे उनमें देश (स्पेस) को तीन आयामोंवाला दिखला कर यथार्थ दर्शन का भ्रम पैदा करने का प्रयास किया था। यह निश्चित ही भौतिकवादी मनोवृत्ति थी। पिछली शताब्दी में आरम्भ हुई इस मनोवृत्ति में आलोच्यकाल में आकर भौतिक समृद्धि का भाव भी प्रवेश कर गया। हाउज़र के अनुसार चित्रकला के क्षेत्र में 'स्टिल-लाइफ़' चित्रण (घर की सुख-सुविधा की मूल्यवान् वस्तुओं का प्रदर्शन) इसी युग और इसी मानसिकता की देन है।[4]

दूसरा पक्ष है नवीनता के प्रति आग्रह। उपभोक्तावादी सामाजिक के लिए कला का मुख्य प्रयोजन आनन्द था। प्लेटो के 'नित्यरूप' से उसका कोई लेना-देना नहीं था और अरस्तू की अवकाश की अवधारणा भी यहाँ विलुप्त थी। अब कला का सम्बन्ध विश्रांति से जुड़ जाने के कारण मनोरंजन को महत्त्व मिलना स्वाभाविक था। इसी की सिद्धि के लिए कलाकार नये-नये प्रयोग करने लगे और जिनके पास कम कल्पना शक्ति थी वे पच्चीकारी को ही कला-मूल्य मान बैठे। इन्द्रिय सुख का एक स्रोत यह भी था।

कलाशास्त्र का तीसरा पक्ष इस वर्ग की बिल्कुल नयी सोच लिये हुए था। यह वर्ग कुछ समय पहले ही धन के बल पर अभिजात समाज में प्रविष्ट हुआ था और उसी के बल पर वह कलाकारों का आश्रयदाता भी बन गया था किन्तु स्तरीय कृतियों को पहचानने की दृष्टि उसके पास नहीं थी। अतः, अपनी सुरुचि सम्पन्नता का प्रदर्शन करने के लिए उसने एक नयी युक्ति अपनायी, वह कला-संग्राहक (मूलतः ग्राहक) बन बैठा (बाद में इसी प्रवृत्ति ने कला संग्रहालयों तथा सार्वजनिक पुस्तकालयों को जन्म दिया)। यह ऐसा तीर था जिससे उसने दो निशाने एक साथ साधे। पहला, कलाकारों को आश्रय देने के कारण उसकी साख बढ़ी; दूसरा, इसके रूप में उसे पूँजी निवेश का नया क्षेत्र मिल गया। यहाँ की कलाकृतियों की माँग दूर-दूर तक

थी उसको पूरा करने के लिए बँधे-बँधाये नुस्खे अपना कर नयी-नयी कृतियाँ तैयार होने लगी जिनमें मुख्यतः यथार्थ दर्शन और कुशल कारीगरी पर ही बल होता था। नाटक इससे अछूता नहीं रहा। इसमें नये पात्रों को स्थान अवश्य मिला किन्तु रहे वे वर्गगत ही। सभी नाटकों में पिता यदि कंजूस होता है तो पुत्र शराबी और रखैलों पर पैसा उड़ानेवाला; यहाँ एक ओर गणिकाओं का लालची व्यापारी है तो समझदार गणिकाएँ भी हैं, परजीवी हैं तथा नौकर चाकरों की पूरी जमात है। ये ही गिने-चुने पात्र थोड़े बहुत हेरफेर से कथानक को आगे बढ़ाते रहते हैं। इन नाटकों में संघर्ष तो है किन्तु उसका सम्बन्ध बृहत्तर समाज से नहीं है। व्यक्ति के स्तर पर इस संघर्ष का कारण, प्रेम, परिवार की संकुचित सीमा में सिमट कर रहा गया है। व्यष्टिगत प्रेम संघर्ष का कारण पहले भी इधर-उधर मिलता था किन्तु नाटककारों की पूरी की पूरी पीढ़ी ही इस रोग से ग्रस्त हो जाय यह अकल्पनीय था। 'नव-कामेदी' ऐसी ही अभूतपूर्व घटना है, मीनांदर उसी का प्रतिनिधि नाटककार है।

1.2.2.3 जीवनवृत्त

मीनांदर (ई.पू. 342-291) का जन्म एथेन्स के ऐसे परिवार में हुआ था। जिसमें नाट्यलेखन की परम्परा पहले से चली आ रही थी। सम्भवतः इसी गुण के कारण वह लेखकीय जीवन के आरम्भ में ही पुरस्कार पाने में सफल हुआ।[5] किन्तु यह क्रम बहुत आगे नहीं बढ़ पाया। फ़िलीमन के सामने उसे बार-बार हार का मुँह देखना पड़ा। यह उसका दुर्भाग्य ही कहा जाना चाहिए कि 108 नाटक लिखने के बाद भी उसे बहुत कम पुरस्कार मिले। और, यदि पुरस्कारों को तुला मान लिया जाय तो कहना होगा कि वह एथेन्स के प्रेक्षकों की अपेक्षाओं पर खरा नहीं उतरा। पर, अन्य नगरों में उसे उस समय भी प्रतिष्ठा प्राप्त थी,[6] या, आज इतिहास में उसका जो स्थान है उसे देखते हुए कहा जाना चाहिए कि एथेन्स के दर्शक उसकी अपेक्षाओं पर खरे नहीं उतरे। मकदूनिया और सिकंदरिया से उसे कई निमन्त्रण मिले किन्तु एथेन्स के मोह ने उसे बाँधे रखा। किंवदंती यह भी है कि यहाँ के नाट्य प्रेमियों के बीच वह लगातार अपनी श्रेष्ठता सिद्ध करने का प्रयास करता रहा और जब ऐसा नहीं हो सका तो पिरियस बन्दरगाह की दीवार से छलाँग लगाकर प्राण दे दिये। यह घटना संदिग्ध हो सकती है किन्तु अपनी रचनाओं का उचित सम्मान न होने का दुःख तो उसे रहा ही होगा।

नाट्यकला में उसका गुरु अलेक्सिस था और दर्शन की शिक्षा उसने थियोफ्रेस्तुस से ली थी। उसी के संस्थान में वह फालेरुम के दिमित्रियुस से परिचित हुआ था, बाद में दोनों मित्र हो गये। उसकी मित्रता एपिक्यूरस से भी थी। दोनों की अवस्था एक थी और दोनों अनिवार्य सेना-सेवा में साथ-साथ भर्ती हुए थे। इस आधार पर कुछ

विद्वान् उसके नाटकों में एपिक्यूरी विचारधारा का प्रभाव देखते हैं। हम इसे केवल समय का प्रभाव कहना चाहेंगे। एपिक्यूरस ने दर्शन के स्वतन्त्र प्रचार के लिए ई.पू. 302 में संस्थान खोला था। इसके पहले तक वह लघु एशिया में ही भटकता रहा था और तब तक मीनांदर अपने अधिकांश नाटक लिख चुका था, उसकी शैली और विचार परिपक्व हो चुके थे। अतः, स्वीकार कर लिया जाना चाहिए कि सिकन्दर की मृत्यु के पश्चात् एथेन्स की परिस्थितियों ने जो करवट ली उसकी प्रतिक्रियास्वरूप दो प्रबुद्ध नागरिकों की विचारधारा ने जो रूप ग्रहण किया उसमें कहीं न कहीं समानता आ जाना स्वाभाविक था। इसका एक और कारण सैन्य-सेवा के काल में विचारों का आदान-प्रदान भी हो सकता है। दोनों में वैचारिक साम्य निम्नरूप लिये हुए मिलता है :

"जीवन जीने के लिए मिला है, इसमें आनेवाले दुःखों को हँसते-हँसते झेलो और सुखों का भरपूर आनन्द लो।* जीवन बहुत छोटा है, इसका अधिक से अधिक सदुपयोग करते हुए इसे श्रेष्ठतम रूप देने का प्रयत्न करना चाहिए। इसे पश्चात्ताप में गँवाना मूर्खता है। दूसरों से बहुत अधिक आशा मत रखो और अपनी दुर्बलता को पहचानो।"[7]

एक अनुमान है कि उसके नाटकों में दर्शन और उपदेश का पुट कुछ गहरा होने के कारण अधिकांश दर्शकों को मनोरंजन की सामग्री (व्यंग्य या हँसी-मज़ाक के बँधे-बँधाये नुस्खे) कम मिलती थी इसलिए वे उनका भरपूर आनन्द नहीं उठा पाते थे।

1.2.2.4 स्रोत एवं स्वरूप

यूनानी कामेदी की बात चलती है तो सबसे पहला नाम ऐरिस्तोफ़ेनीज़ का लिया जाता है। एक समय उसकी रचनाएँ पहले के नाटककारों की तुलना में नयी मानी जातीं थी। किन्तु ई.पू. 400 के बाद उसने नये प्रकार की कामेदियाँ लिखनी शुरू कीं और जब उसी शैली में कुछ और लेखकों की रचनाएँ भी सामने आयी तो उनसे पहले की उसकी कृतियाँ बीच की कहलाने लगी। नये प्रकार की कामेदियों का क्रम कई दशकों तक चलता रहा और जब उसमें परिवर्तन आया तो उस नये चरण को 'नव-कामेदी' की संज्ञा मिल गयी। इस नामकरण से चौथी शताब्दी में उससे पहले की सभी रचनाएँ 'मध्य-कामेदी' और उससे भी पहले की 'पुरा-कामेदी' के नाम से

---

* फीद्रुस ने लिखा है कि मीनांदर को इत्र लगाने का तथा नये-नये फैशन के कपड़े पहनने का शौक था। उसकी मन्द-मन्थर गति से लगता था मानों एक-एक कदम सँभालकर रख रहा हो।

जानी जाने लगी। यहाँ हम 'पुरा-कामेदी' के अन्तर्गत पाँचवी शताब्दी के अन्त तक की, विशेष रूप से एरिस्तोफ़ेनीज़ की, लिखी रचनाएँ ले रहे हैं। 'मध्य-कामेदी' का काल कुछ ने ई.पू. 404 से 338 तक माना है[8] तो कुछ ने ई.पू. 380 से 320 के बीच का रखा है।[9] इसी आधार पर 'नव-कामेदी' का काल या तो ई.पू. 338 से 290 तक, या फिर, ई.पू. 320 से 250 तक मानना होगा। अस्तु, हम बात कर रहे हैं 'नव-कामेदी' को विशिष्ट पहचान दिलानेवाले मीनांदर की इसलिए हमारे अध्ययन का कालखंड उसकी जीवनावधि है और विषय है उसकी कामेदियाँ।

'नव-कामेदी' के गुण-धर्मों के सूत्र यदि एक ओर 'मध्य-कामेदी' से जुड़े हैं तो दूसरी ओर आभिजात्य युग की कामेदी और त्रासदी तक भी पहुँचते हैं। अतः पृष्ठभूमि के रूप में इन दोनों, पुरा एवं मध्य, कामेदियों की परम्पराओं पर संक्षेप में विचार कर लेना उचित होगा। और, इन दोनों का अन्तर समझने के लिए नाटककारों की मानसिकता को आधार बनाया जा सकता है। एरिस्तोफ़ेनीज़ एथेन्स का नागरिक था, नगर के सुख-दुख उसके अपने थे, नगर के भविष्य की चिन्ता करना उसका नगर-धर्म था, प्रेक्षकों को अपना भाई-बन्धु मानकर उन्हें डाँटना फटकारना या मन्त्रणा देना* वह अपना अधिकार मानता था। उसका स्वर बड़े भाई या गुरु का स्वर हुआ करता था। उसके इन्हीं गुणों का सम्मान करते हुए ई.पू. 390 में पाँच सौ सदस्यों की निर्वाचित परिषद् में उसे भी सम्मिलित किया गया। लेखक और सामाजिक का यह सम्बन्ध 'मध्य-कामेदी' के युग तक आते-आते बदल गया। कामेदी को नयी दिशा देनेवाले और उसे यह नाम दिलानेवाले चारों नाटककार अंतिफ़ेनीज़, अलेक्सिस, अनेक्सेंद्रिदीज़ और अनेक्सिलस एथेन्स में बाहर से आकर बसे थे। ये, निश्चित ही, यहाँ के दर्शकों या प्रशासन की उतने अधिकार से आलोचना नहीं कर सकते थे। साथ ही उन्हें शायद इस बात की भी चिन्ता न रही हो कि नगर में प्रजातन्त्र रहता है या और कोई तन्त्र। फिर, यहाँ की पुरानी परम्पराओं के प्रति उनकी आस्था पर भी प्रश्नचिह्न लगाया जा सकता है। यही कारण है कि इनके नाटकों में वृन्दगान, जो सामाजिक को सम्बोधित करने का मुख्य घटक था, केवल पुछल्ला बनकर रह गया। इसका आरम्भ यद्यपि युरिपिदीज़ की त्रासदियों में

---

* ई.पू. 405 में मंचित 'मेढक' नाटक में एरिस्तोफ़ेनीज़ ने सुझाव दिया था कि कुछ वर्ष पहले प्रशासन ने जिनकी नागरिकता छीन ली थी वह बहाल की जाय, इसी में नगर का हित है। पर, राजनीतिज्ञों ने इस पर कोई ध्यान नहीं दिया। संयोग से कुछ ही महीनों के बाद परिस्थितियाँ ऐसी बदलीं कि लोगों को उसकी बात समझ में आने लगी। तब न केवल वह सुझाव लोकसभा में कार्यान्वित हुआ बल्कि एरिस्तोफ़ेनीज़ को सम्मानित भी किया गया।

हो चुका था किन्तु इसकी चरम परिणति इतनी शीघ्र हो जायेगी यह किसी ने भी नहीं सोचा होगा। नयी परिस्थितियों के परिणामस्वरूप नाटककारों में जो प्रवृत्ति घर कर गयी थी उसका व्यक्त रूप था—सामाजिक का मनोरंजन करना ही रचना का मुख्य प्रयोजन है। इसकी चकाचौंध में उपदेश या ज्ञान तो जाने कहाँ खो गया। यह, वस्तुतः सामाजिक द्वारा नियन्त्रित प्रवृत्ति थी।

पेलोपोनीशियाई युद्ध के बाद राजनीतिक-सामाजिक पटल पर जो समीकरण बने उसका सीधा प्रभाव दर्शक दीर्घा पर पड़ा। अब एथेन्स व्यापार के साथ-साथ उत्पादन का भी बड़ा केन्द्र बन गया था। जिसके कारण यहाँ व्यापारियों, बैंक अधिकारियों तथा अन्य कर्मचारियों की संख्या में पर्याप्त वृद्धि हो गयी थी। पूर्व और पश्चिम को जानेवाला सारा माल यहीं से होकर जाता था। इन गतिविधियों से जुड़े अनेक विदेशी यहीं रहने लग गये थे। इसी तरह प्लेटो और आइसोक्रेतीज़ के संस्थानों तथा वक्तृत्वकला के अन्य अध्ययन केन्द्रों में शिक्षा ग्रहण करने के लिए दूर-दूर से युवक आने लगे थे। इसी का परिणाम था कि नाटक देखनेवालों में युवावर्ग और व्यापारी वर्ग की संख्या कहीं अधिक बढ़ गयी थी और जिस तरह 'मध्य-कामेदी' के लेखक विदेशी थे उसी तरह दर्शकों का एक विशाल समूह भी विदेशी था। इस परिप्रेक्ष्य में देखें तो, उन्हें सम्बोधित होने के कारण, कामेदी का मनोरंजन का साधन बनकर रह जाना स्वाभाविक था और मनोरंजन भी सस्ते ढंग का। व्यापारिक मनोवृत्तिवाले प्रेक्षकों पर व्यंग्य करते हुए अलेक्सिस के नाटक में पात्र 'अ' कहता है, "उसकी जाति क्या है?" उत्तर था, "धनिक जाति, सब लोग कहते हैं यह सर्वश्रेष्ठ जाति है।"[10] इसी तरह एक अन्य नाटक में आया वाक्य है,"अमीरों के लिए बाज़ार बहुत अच्छी जगह है पर गरीब के लिए वहाँ भी दुःख ही है।" सर्वविदित तथ्य है कि सम्पन्न परिवारों में खरीदारी और अच्छे-अच्छे रेस्तराँ में खाना-पीना एक शौक होता है। उन दिनों इसी के समकक्ष रात्रि के सहभोजों की प्रवृत्ति पनप रही थी। एक कवि ने ऐसे ही सहभोजों के लिए नब्बे से अधिक व्यंजनों की सूची दी है।[11] आगाथार्खुस से शुरू हुई यथार्थ दर्शन की प्रवृत्ति, यहाँ नाटकों में, इस रूप में व्यक्त हो रही थी। नाट्यकला में पच्चीकारी की यह खास बानगी है। दर्शक-दीर्घा में बैठा धनिक वर्ग यह देख-सुनकर मन ही मन अपनी पीठ ठोकता होगा।

एक ओर कामेदी को शुद्ध मनोरंजन की कला समझना तथा दूसरी ओर खाने-पीने तथा पहनने-ओढ़ने पर आवश्यकता से कहीं अधिक खर्च करके धनी होने का प्रदर्शन करना इन दोनों प्रवृत्तियों को वस्तुतः एक ही संस्कृति, उपभोक्ता संस्कृति, की देन कहना चाहिए। इसके लक्षण पिछली शताब्दी के अन्तिम चरण में ही दिखायी देने लग गये थे। सुकरात इसी का सामना करने के लिए प्रकृति दर्शन से विमुख होकर नैतिक दर्शन की ओर उन्मुख हुआ था। एरिस्तोफ़ेनीज़ के सामने भी यही समस्या

थी। वह देख रहा था कि एथेन्स का अभिजात समाज 'आरेती' के आदर्श को भूलता जा रहा है। उसकी कामना थी कि अनीति के पथ पर अग्रसर समाज को वापिस ले आने के लिए एस्खिलुस फिर से इस धरती पर आ जाय।[12] इस अपसंस्कृति के दुष्प्रभावों से बचने के लिए ही प्लेटो और अरस्तू ने अपने-अपने कलाशास्त्र को विशिष्ट दिशा दी। अरस्तू ने अपनी अवधारणाओं की पुष्टि के लिए पिछली शताब्दी की त्रासदियों से ही भला उदाहरण क्यों लिए? कामेदी में भी उसकी दृष्टि एरिस्तोफ़ेनीज़ पर ही क्यों थी? इसका मुख्य कारण था कि 'मध्य-कामेदी' पारिवारिक जीवन के यथार्थ का भ्रम पैदा करनेवाला चित्रण, जीवन का आभास देनेवाला प्रतिबिम्ब, बनकर रह गयी थी। प्लेटो ने इसका खंडन तत्त्वशास्त्र की दृष्टि से किया तो अरस्तू ने कलाशास्त्र की दृष्टि से। इन कामेदियों में समाज की आलोचना यदि कहीं मिलती भी है तो उसे आदर्श की ओर उन्मुख करने के लिए नहीं वरन् सम्पन्न समाज के मूल्यों को स्थापित करने के लिए, उन पर तुलनात्मक दृष्टि डालने के लिए, या फिर हँसी मज़ाक के लिए। इसके लिए खान-पान/सहभोज में उन्हें बँधा-बँधाया सूत्र मिल गया था। हम इसे उस समय के नाटककारों के सौन्दर्यबोध की विडम्बना ही कहना चाहेंगे कि उनके लिए पाककला का रसबोध चित्रकला के सौन्दर्यबोध से भी कुछ अधिक ही था।* इसका आनन्द, उनके अनुसार, रसोइया—रसोई—भोजक (उत्पादक-उत्पाद-उपभोक्ता) इन तीनों के समीकरण पर निर्भर करता था। इसमें भोजक की भूमिका को रेखांकित करते हुए अलेक्सिस ने एक पात्र के मुँह से कहलवाया है :

"मैं एक नहीं दो-दो पाक-पंडितों को साथ ले जाना चाहता हूँ, ऐसे जो नगर में सर्वश्रेष्ठ हों। रात्रिभोजन के लिए मेरे घर थेसाली से एक अतिथि आनेवाले हैं। एथेन्सवासी तो ऐसे भूखे होते हैं कि भोजन के स्वाद से मानों उनका कोई परिचय ही नहीं है।"[13]

रात्रिभोज को अधिक से अधिक आनन्ददायी बनाने के लिए अनेक सुगन्धित द्रव्य, मद्यपान, गायक तथा बाँसुरी बजानेवालियों की भी व्यवस्था होती थी। भोगवादी संस्कृति का यह मुक्त रूप था। इसे एक वाक्य में समेटते हुए अलेक्सिस का दास पात्र कहता है, तुमने जो खा लिया और पी लिया वही तुम्हारा है, शेष सब कुछ राख है।"[14]

---

* यहाँ भोजन बनाने को शिल्प माना गया है और इस नाते उसे काव्य के समकक्ष रखा गया है। एक बावर्ची और कवि तथा चित्रकार सबके सब शिल्पी हैं किन्तु समाज में बावर्ची की माँग अधिक थी, वे अच्छी-खासी राशि भी लिया करते थे, उसकी तुलना में कवि और चित्रकार पीछे रह गये थे।

इन नाटकों में दूसरे मुख्य विषय के रूप में गणिकाएँ थीं। एक पात्र का यह कथन कि प्रेम-रोग का एक ही उपचार है—गणिका, सचमुच चौंका देनेवाला है। इससे स्पष्ट है कि समाज में गणिकाओं की संख्या दिनों-दिन बढ़ती जा रही थी और इन्होंने अमीर-गरीब सभी को एक रोग की तरह अपने जाल में फाँस रखा था। नाटक चूँकि समाज का दर्पण था इसलिए लेखकों को यह विषय लेना ही था। उनकी रचनाओं में विभिन्न परिस्थितियों में तथा विभिन्न रूपों में गणिकाओं के अनेक चित्र वास्तविकता को उजागर करते हैं। प्रतीत होता है यह विषय उनके हृदय के इतना निकट था कि कई कामेदियों के शीर्षक भी उन्हीं के नामों पर मिलते हैं।[15] यह कोई सुखद विषय नहीं था, कहीं-कहीं इसकी निन्दा भी की गयी है।[16] प्रशासन ने भी इन पर अंकुश लगाने के प्रयास किये फिर भी छूत-रोग की तरह गणिकाओं/रखैलों की बिरादरी पनपती ही गयी। यहाँ तक कि उनके नाम पर मन्दिर भी बनवाये जाने लगे।[17]

हास्यकेन्द्रित विषयों में यहाँ दो का उल्लेख करना आवश्यक प्रतीत हो रहा है। एक, पेटू परजीवी, दूसरा, मछली विक्रेता। दोनों का सम्बन्ध आर्थिक दृष्टि से विपन्न वर्ग से है। पहले कहा जा चुका है कि निर्धन और निर्धन होते जा रहे थे। 'प्लुतुस' में एरिस्तोफ़ेनीज़ का निष्कर्ष है कि विपन्नता मनुष्य को काम करने के लिए विवश कर देती है, यदि यह न होती तो धनिकों को दास, रसोइये, रखैलें कहाँ से मिलतीं। किन्तु एक वर्ग ऐसा भी था जो चापलूसी करके सेंत में भोजन पर अपना अधिकार मानता था। उसका कहना था कि देवगण भी तो बिना कुछ दिये-लिये आराम से भोजन करते हैं। धनिक वर्ग इसे पालना अपनी शान समझता था। इन्हीं के समानान्तर ऐसे चित्र भी मिलते हैं जिनमें कोई गरीब मछली बेचनेवाले के साथ लम्बे समय तक भाव-ताव करता रहता है ताकि जितने पैसे उसके पास हैं उतने में ही वह मछली खरीद सके।

विषयवस्तु की सूची में कुछ और चित्र भी जोड़े जा सकते हैं किन्तु उनसे "मध्य-कामेदी" के किसी नये पक्ष के उद्घाटन की सम्भावना न होने के कारण हम इस पर यही विराम लगा रहे हैं। हमारी सबसे बड़ी सीमा यह है कि 'मध्य-कामेदी की एक भी रचना आदि से अन्त तक प्राप्त नहीं हुई है, केवल खंडाशों के सहारे ही विद्वज्जन आगे बढ़े हैं। उन्हीं के आधार पर, निष्कर्षस्वरूप कहा जा सकता है कि पारिवारिक जीवन को प्रस्तुत करना इन नाटककारों की परिस्थितिगत सीमा थी और दर्शक-दीर्घा में उनका सम्बोध्य था उच्च मध्यमवर्गीय अभिजात समाज, व्यापारी वर्ग और विदेशी युवा समूह। सम्पन्न परिवारों के जीवन को प्रस्तुत करना समय की माँग थी। दूसरे, विदेशी प्रेक्षकों की संख्या पहले की अपेक्षा कहीं अधिक होने के कारण घटना-चक्र का रूप विशेष न होकर सामान्य (यूनीवर्सल) हो गया था। अर्थात्, वे

घटनाएँ एथेन्स में घटती हुई अवश्य दिखलायी जाती थीं किन्तु उनमें कारण-कार्य सम्बन्ध किसी भी नगर के उच्च मध्यम वर्ग के परिवार में घटाया जा सकता था। जैसे, किसी धनी पिता के युवा पुत्र का किसी नवयुवती से प्रेम करने लग जाना ऐसा विषय है जो किसी भी भौगोलिक सीमा से मुक्त है। यह सामान्यीकरण इस काल की मुख्य विशेषता थी जो 'नव-कामेदी' में भी ज्यों की त्यों बनी रही। एक बात और। यह कामेदी अपने समय के पारिवारिक जीवन का प्रतिबिम्ब भले ही कही जा सकती हो किन्तु प्राप्त खंडाशों के आधार पर इतना और कह देना आवश्यक प्रतीत हो रहा है कि यह प्रतिबिम्ब (सामान्यतः अर्थ-आधारित वर्ग-विरोध) इतना यथार्थ भी नहीं था कि दर्शकों को कुछ करने की प्रेरणा देता। यह ऐसा स्वप्नवत् प्रतिबिम्ब था जिसके सुखद आभास में सामाजिक स्वयं को खो देना चाहता था। कैथरीन लिवर के शब्दों में कहें तो इन नाटककारों ने जीवन को उत्सव के रूप में प्रस्तुत किया है जिसमें दर्जनों अच्छे-अच्छे व्यंजन हैं, मदिरा है, मनोरम संगीत है और प्रेम में डूब जाने के लिए सुन्दर-सुन्दर गणिकाएँ हैं। इस कल्पनालोक में मनुष्य की सभी कामनाएँ पूरी हो जाती हैं।[18]

'नव-कामेदी' ने भी पारिवारिक जीवन को ही अपने कथानकों का आधार बनाया (क्योंकि राजनीति का क्षेत्र इनके लिए भी वर्जित था) किन्तु उनके चित्र यथार्थ के अधिक निकट हैं। साथ ही कथानक को और रोचक बनाने के लिए इसके लेखकों ने कौतूहल के समावेश पर अधिक ध्यान दिया है जिसका बँधा-बँधाया सूत्र था—वर्षों से बिछुड़े हुए पात्रों का एक दूसरे को पहचानना तथा सभी समस्याओं का सुलझ जाना। इस तकनीक के सूत्र हमें युरिपिदीज़ की 'तौरियनों के बीच इफिजीनिया' शीर्षक त्रासदी तथा एरिस्तोफ़ेनीज़ की 'कोकालुस' शीर्षक कामेदी में मिलते हैं।[19] दोनों ही नाटकों में कथानक का उत्कर्ष बिन्दु है दो पात्रों का एक दूसरे को पहचानना, वहीं से घटनाएँ नया मोड़ लेती हैं और अन्त दिखायी देने लग जाता है। इतिहासज्ञों का विश्वास है कि 'कोकालुस' का यह सूत्र सीधे 'नव-कामेदी' तक नहीं पहुँचा होगा, इसके कुछ उदाहरण मध्य-कामेदी में भी रहे होंगे। जो खंडांश आज प्राप्त हैं उनमें से अंतिफ़ेनीज़ और अनेक्सेंद्रिदीज़ के अंश संकेत देते हैं कि किन्हीं नाटकों में उन्होंने भी इसका उपयोग किया था।

कथानक के बाद यदि चरित्रों (कैरेक्टर्स) की बात करें तो वहाँ भी 'पुरा-कामेदी', 'मध्य-कामेदी' और 'नव-कामेदी' में एक निश्चित क्रम दिखायी देता है। 'पुरा-कामेदी' के पात्र वर्गगत हैं और ये वर्ग अत्यन्त सीमित हैं। उस काल में वर्ग चारित्रिक गुणों पर आधारित थे। सद्गुणों का अनुपात अधिक होने पर पात्र आदर्श कहलाते थे, अनुपात बहुत कम होने पर अधम/घटिया और इन दोनों के बीच के पात्र सामान्य कहलाते थे। अरस्तू ने कामेदी में घटिया पात्रों की उपस्थिति मानी है। प्रतीत होता

है। 'मध्य-कामेदी' को वह विचार करने के योग्य समझता ही नहीं था अन्यथा इसमें समाविष्ट पात्रों पर भी इसी युग की दृष्टि से कोई टिप्पणी करता। इस कालखंड में पात्र वर्गगत थे किन्तु वर्ग विभाजन का आधार था उनका व्यवसाय और यह मान लिया गया था कि एक व्यवसाय से जुड़े व्यक्तियों का चरित्र एक जैसा ही होता है। जैसे, चिकित्सक, चित्रकार, वीणावादक, मोची, बकरी पालक, वेश्यालय चलानेवाला या परजीवी सब अपने-अपने व्यवसाय के अनुसार ही व्यवहार करेंगे। इसलिए सभी नाटकों में इनका व्यवहार तथा बोलने का ढंग इतना सुनिश्चित था कि इन नामों को शीर्षक के लिए भी प्रयुक्त किया जाने लगा। दूसरा वर्ग स्थान/प्रदेश से आये पात्रों का था। उनकी राष्ट्रीयता ही उनकी पहचान थी। जैसे, ब्योशा की स्त्रियाँ, एपिडॉरुस के पुरुष, समोस की स्त्री या लॉक्रिसी। यहाँ भी स्वीकृत तथ्य था कि ब्योशा या समोस की सभी स्त्रियों का व्यवहार अमुक प्रकार का ही होगा। इस तरह, वर्गों की संख्या तो कई गुना बढ़ गयी किन्तु पात्र रहे वर्गगत ही।

वर्गों की संख्या का बढ़ना किन्तु पात्रों का अपने वर्ग की सीमाओं में ही रहना इस युग की जटिल मानसिकता का द्योतक है। इससे पहले की शताब्दी में कविगण अपनी रचना में, किसी न किसी रूप में, निजी व्यक्तित्त्व की छाप छोड़ने की दिशा में प्रवृत्त हो चुके थे। सोफ़िस्तों ने चिन्तन के धरातल पर इस व्यष्टिवादी प्रवृत्ति को और पुष्ट किया। युरिपिदीज़ के नाटकों में इसकी झलक देखी जा सकती है। फिर भी व्यष्टि और समष्टि की खाई उतनी चौड़ी नहीं हुई थी कि इन्हें दो ध्रुवों की तरह देखा जा सके। 'मध्य-कामेदी' इस बात का संकेत देती है कि व्यक्ति समाज का अंग होते हुए भी अपनी पहचान को और स्पष्ट करना चाहता था। इसी दिशा में आगे बढ़ते हुए समाज व्यवसायों के छोटे-छोटे वर्गों में बँटने लगा था और प्रत्येक वर्ग चाहता था कि समाज उसके व्यवसाय की विशेषताओं के मूल्य (दूसरे शब्दों में उसके योगदान) को समझे तथा उसे उचित महत्त्व दे। पाककला को चित्रकला के समकक्ष रखना (अनेक्सेंद्रिदीज़ के खंडाश में आया वाक्य) और मद्यपान कराने की सूक्ष्मता को समझाना (युबुलुस के खंडाश में आया वाक्य) जैसे सन्दर्भों को इसके उदाहरणस्वरूप लिया जा सकता है। नव-कामेदी में पात्र व्यक्ति के रूप में अपनी खोजपूरी कर लेता है, अर्थात् पात्र वर्गगत होते हुए भी मानवीय गुणसम्पन्न, स्वतन्त्र निर्णय लेने की क्षमतायुक्त तथा अपनी भूल सुधारनेवाले व्यक्ति के रूप में सामने आने लगता है। युरिपिदीज़ ने भी इस दिशा में कदम बढ़ाया था, उसने स्वतन्त्र दृष्टि रखने के कारण चरित्र-चित्रण की परम्पराओं को तोड़ा था जिसकी उस समय आलोचना भी हुई थी। एरिस्तोफ़ेनीज़ के 'मेंढक' नाटक में यह आलोचनात्मक प्रसंग आया है।

एक बात और। युरिपिदीज़ और नवकामेदीकारों के बीच इस अंतः सूत्र से यह

नहीं समझ लेना चाहिए कि इसका संवाहक 'मध्य-कामेदी' का केाई लेखक रहा ही होगा। वस्तुतः पूरी चौथी शताब्दी में युरिपिदीज़ के नाटकों के मंचित होते रहने के उल्लेख मिलते हैं। अतः यह स्वीकार कर लेने में हमें कोई दुविधा नहीं होनी चाहिए कि नाटककार और दर्शक दोनों ही युरिपिदीज़ से अच्छी तरह परिचित थे। इसी कारण से कोई कामेदी लेखक जब उसके वाक्यों की विडम्बना करता था तो दर्शकों को उसके मर्म को समझना कठिन नहीं होता था। इससे यह तथ्य भी सामने आ जाता है कि 'मध्य-कामेदी' से ही पहले की त्रासदियों में से किसी घटना या संवाद की विडम्बना करने की परम्परा शुरू हो गयी थी। नवकामेदीकारों ने इससे प्रेरणा भी ली और इसे आगे बढ़ाने का कार्य भी किया।

ऊपर हमने 'मध्य-कामेदी' के सन्दर्भ में विषय के सामान्यीकरण का उल्लेख किया है। 'नव-कामेदी' में यह प्रवृत्ति और व्यापक हुई। नाटककारों ने सचेत होकर इस दिशा में जो प्रयत्न किये उन्हें हम 'मध्य-कामेदी' से भिन्न दर्शाने के लिए 'अन्तर्राष्ट्रीयता' की दिशा में अग्रसर होना कहना चाहेंगे। सिकन्दर ने जिस तरह से यूनानी और फारसी संस्कृतियों के मेल से एक व्यापक अन्तर्राष्ट्रीय संस्कृति की कल्पना की थी और उस दिशा में स्वयं आगे बढ़ा भी था उसी तरह नाटककार भी यह अनुभव करने लगे थे कि उनकी रचनाएँ एथेन्स के बाहर के सामाजिकों को भी अपरिचित न प्रतीत हों। इस वैचारिक दृष्टि को रंगमंच से जुड़े कलाकारों के सन्दर्भ में और अच्छी तरह से समझा जा सकता है। कतिपय उल्लेखों से यह तथ्य सामने आया है कि एथेन्स की नाटक मंडलियाँ त्रासदी तथा कामेदी दोनों ही प्रकार के नाटकों के मंचन के लिए थासोस, देल्फाई, दीलॉस, सिकन्दरिया आदि नगरों में जाती रहती थी। कुछ मंडलियाँ ऐसी भी थीं जो अनेक नगरों से आये हुए रंगकर्मियों ने मिलकर बनायी थीं। कहा जाता है तिजीआ का एक अभिनेता एथेन्स, आर्गोस, देल्फाई आदि सभी नगरों में आता-जाता रहता था। इस आधार पर यदि यह भी कह दिया जाय कि इस कालखंड में नाट्य-विधा का स्वरूप अन्तर्राष्ट्रीय हो गया था तो अत्युक्ति न होगी। नाटककारों को अनेक नगरों में आमन्त्रित किया जाना इसका एक और प्रमाण है।

1.2.2.5 मीनांदर का द्वैध

'नव-कामेदी' की रूप-रचना में 'सामान्य' पर बल दिये जाने से यह भ्रम हो सकता है कि मीनांदर और उसके वरिष्ठ सहयोगी, दिफ़िलुस तथा फ़िलीमन, एथेन्स की घटनाओं से उदासीन थे। वेबस्टर ने अनेक उदाहरणों के प्रकाश में यह सिद्ध किया है कि वास्तविकता इससे भिन्न थी। इन नाटककारों, विशेषतया मीनांदर, के सामने यह बहुत बड़ा प्रश्न था कि रचना के अन्तर्राष्ट्रीय रूप के लिए एथेन्स की समस्याओं

की ओर से आँख मूँद लें, या नगर के प्रति अपनी निष्ठा को सँजोये रखने के लिए नाटक के अन्तर्राष्ट्रीय रूप की बलि दे दे। मीनांदर के लिए किसी भी ओर से उदासीन रह जाना शक्य नहीं था। नगर की स्वतन्त्रता छिन जाने से उसकी लेखकीय स्वतन्त्रता भी सीमित हो गयी थी। इसका उसे कष्ट न रहा हो यह कैसे हो सकता था किन्तु प्रशासन की नीति के विरुद्ध जाना भी सम्भव नहीं था। फिर, फालेरूम का दिमित्रियुस उसका सहपाठी और मित्र भी था। इसी मित्रता के कारण ई.पू. 307 में दिमित्रियुस पोलियोरकितीज़ के हाथ में सत्ता आते ही उसके प्राण संकट में पड़ गये। इन विपरीत परिस्थितियों के होते हुए भी उसने अपनी रचनाधर्मिता का निर्वाह किया। उस समय के राजनीति एवं सामाजिक सन्दर्भों के उल्लेख उसकी रचनाओं में मिलते हैं। वेब्सटर का यह कथन ग़लत नहीं है कि जिस तरह एरिस्ताफ़ेनीज़ के सम्बोध्य एथेन्सवासी थे उसी तरह मीनांदर के भी वे ही हैं।[20] अन्तर केवल इतना है कि उसका स्वर उतना तीखा नहीं है। नाटक के तानेबाने में ये इस तरह गुँथे हुए हैं कि भुक्तभोगी, अर्थात् एथेन्सवासी, इनके विशेष संकेत तत्काल समझ जाते रहे होंगे और अन्य नगरवासियों के लिए यह एक सामान्य प्रसंग बनकर रह जाता होगा। दूसरी बात यह कि दिफ़िलुस आदि ने अपने समय की अनीतियों की निन्दा अवश्य की है[21] किन्तु वे यथार्थ दर्शन तक सीमित होकर रह गये हैं जबकि मीनांदर ने उसे अधिक कलात्मक अभिव्यक्ति देने के साथ-साथ उपचार का मार्ग भी सुझाया है, भले ही उसमें दार्शनिकता का पुट कुछ अधिक हो। उसके इस पक्ष पर प्रयोजन के अन्तर्गत कुछ और विस्तार से विचार करेंगे।

विषय-वस्तु का अन्तर्राष्ट्रीय स्वरूप पूर्व परम्परा और परिस्थिति दोनों की देन था। परिस्थिति के अन्तर्गत प्रेक्षक समूह के बदले हुए चरित्र और अन्य नगरों में इन नाटकों की माँग दोनों समाविष्ट हैं। मीनांदर भले ही एथेन्स छोड़कर और कहीं न गया हो किन्तु उसके नाटक सभी नगरों में खेले जाते थे। यदि हम स्वीकार कर लें कि उसने एक सौ आठ नाटक लिखे (जब कि दूसरों ने इससे दुगुने भी लिखे) तो यह भी स्वीकार करना होगा कि ये सभी एथेन्स की नाट्य स्पर्धाओं के लिए नहीं लिखे गये थे क्योंकि ये स्पर्धाएँ साल में दो बार ही होती थी। इससे अनुमान लगाना कठिन नहीं है कि वह अन्य नगरों की स्पर्धाओं के लिए भी लिखता था। कथानक के स्वरूप को अन्तर्राष्ट्रीय बनाये रखने के पीछे यही मुख्य कारण था। यहाँ, वस्तुतः हम इस तथ्य को रेखांकित कर रहे हैं कि जिस उच्च मध्यम वर्ग को घटना चक्र के केन्द्र में रखने की प्रथा दशकों पुरानी हो गयी थी उसका पालन उसने भी किया। अर्थात्, एक ओर उसके सामान्य रूप को बनाये रखा तो दूसरी ओर अपने समय के विशेषत्व (धनवान् और निर्धन का भेद, निम्न वर्ग का कठिन जीवन, कोयला बनानेवाले तथा बकरी पालक जैसे पात्रों को सक्रिय भूमिका प्रदान

करना), सामाजिक यथार्थ, को अभिव्यक्ति देना जैसे लेखकीय धर्म का निर्वाह भी किया। सामान्य और विशेष तथा वर्गवाद एवं व्यष्टिवाद में सन्तुलन बनाये रखने में मीनांदर जितना सफल हुआ उतने उसके समसामयिक नहीं हो पाये। अपने इसी गुण के कारण वह 'नव-कामेदी' का पुरोधा बन गया।

1.2.2.6 कथानक-संरचना

मीनांदर के कथानकों की सीमा अत्यन्त संकुचित है। यह वाक्य 'नव-कामेदी' के अन्य लेखकों के लिए भी प्रयुक्त किया जा सकता है। सीमा है एक परिवार और परिवार में सबसे बड़ा पात्र एक नागरिक के रूप में नहीं परिवार के मुखिया के रूप में दिखलाया गया है, और जिस समस्या से वह जूझता है वह नगर की नहीं उसके परिवार तक सीमित है। सामान्यतः समस्या भी एक ही होती है, जिस लड़की को पुत्र पत्नी बनाकर घर में लाना चाहता है पिता को, किन्हीं कारणों से, उस पर आपत्ति है। परिवार भी सीमित है—उसकी पत्नी, बेटा-बेटी दोनों या कोई एक, नौकर-चाकर, एक-आध चापलूस और अच्छा पड़ोसी। कथानक में कौतूहल निर्माण और घटनाओं को अप्रत्याशित मोड़ देने के लिए बहुत दिनों से बिछड़े हुओं को मिलाना, या उनकी असली पहचान कराने के लिए कुछ तथ्यों के उजागर होने जैसे सूत्र अपनाये गये हैं। इनमें मुख्य हैं गले की माला या अँगूठी की पहचान, अथवा, छुटपन के कपड़ों से पता लग जाना कि युवक/युवती के माता-पिता कौन हैं। बिछुड़ कर फिर से मिलनेवालों में भाई-बहन, पिता-पुत्र/पुत्री जैसे सगे-सम्बन्धी ही हुआ करते थे। इनसे सम्बन्धित मनोरंजन का सर्वाधिक प्रिय विषय धा नायक, नायिका तथा बच्चे का त्रिकोण। नायिका (प्रेमिका/रखैल) की गोद में बच्चे को देखकर नायक को भ्रम हो जाता है कि वह उसके प्रति निष्ठावान् नहीं है। नायिका की निष्ठा को सन्देह के घेरे में लाने के लिए कुछ और युक्तियाँ भी अपनायी गयी हैं किन्तु घटना-चक्र का सूत्रपात होता है मिथ्याबोध से ही। यहाँ से नायिका का संघर्षमय जीवन आरम्भ होता है फिर किन्हीं सूत्रों अथवा वस्तुओं की पहचान से इस सत्य का उद्घाटन होता है कि नायक स्वयं ही उस सन्तान का पिता है। तब, वह नायिका और सन्तान दोनों को अपना लेता है। कथानक की इस प्रकृति के मूल में वस्तुतः एथेन्स के कठोर नियम की भूमिका थी। नियम यह था कि किसी कन्या का शीलभंग करनेवाले को मृत्युदंड भी दिया जा सकता है। नायक को इस दंड से बचाने के लिए लेखकों ने दो उपाय किये। पहला, शीलभंग की घटना को उत्सव आदि के वातावरण में अथवा अन्धकार की स्थिति में ऐसे दिखलाया कि उससे नायिका की पहचान भी गुप्त रही और घटना की कठोरता भी कुछ कम हो गयी। दूसरे, नायक को शराब के नशे की स्थिति में दिखला कर उसे भ्रष्ट चरित्र होने के आरोप से भी बचा लिया। दूसरा

उपाय यह किया कि नायक वस्तु-स्थिति जान लेने के बाद नायिका तथा बच्चे को प्रसन्न होकर अपना लेता है।

उपर्युक्त दूसरे उपाय की एक और पृष्ठभूमि भी थी। एथेन्स में यह नियम था कि विवाह की वैधता के लिए युवक-युवती दोनों का स्वतन्त्र नागरिक (एथेन्स की नागरिकता) होना आवश्यक था।* इसलिए, जो नायिका परिस्थितिवश (पहचान का प्रमाण न होने के कारण) अब तक रखैल बनकर रह रही होती है वह, किन्हीं सूत्रों से स्वतन्त्र नागरिक होने के सत्य का उद्घाटन होने पर, विवाह योग्य बन जाती है। तब नायक का उसे विधिवत् अपनी पत्नी बना लेना कामेदी को सुखांतिका बना देता है। इस प्रकार के सुखमय अन्त के लिए विभिन्न बाधाओं को दूर करने तथा रहस्योद्घाटन को अधिकाधिक रोचक बनाने में लेखकों ने अपनी कल्पना शक्ति का अच्छा परिचय दिया है।

प्रेम सभी देशों के नाटककारों का प्रिय विषय रहा है। नव-कामेदीकारों के पास प्रेमकेन्द्रित विषय का एक और घटनाचक्र भी था। इसके मूल में भी एथेन्स का विशिष्ट नियम कार्य कर रहा था। समाज को भ्रष्ट होने से बचाने के लिए एक नियम यह था कि पत्नी के होते हुए पुरुष किसी रखैल को नहीं रख सकता था, यह दंडनीय अपराध था। अविवाहित और विधुर इस नियम से मुक्त थे, साथ ही उन पर यह प्रतिबन्ध भी नहीं था कि वे एक से अधिक रखैलें नहीं रख सकते। फालेरुम का दिमित्रियुस तो इसी के लिए बदनाम था। धनिक वर्ग रखैलों को रखना अपना बड़प्पन समझता था। नाटककारों ने इस विषय को पारिवारिक समस्या के रूप में लिया और प्रयत्न किया कि इसका अन्त पारिवारिक सुखमय समाधान के रूप में हो। उन्होंने नायक-नायिका के सम्बन्ध को वैध बनाने की दिशा में सूत्र यह अपनाया कि रखैल का सम्बन्ध नायक के अतिरिक्त और किसी से नहीं रहा और वह उसी नगर की स्वतन्त्र नागरिक है, अतः उसके साथ विधिवत् विवाह करने में कोई नियम भी बाधक नहीं है। कथानक को सुखान्त बनाने की दिशा में लेखकों ने परिवार के अन्य सदस्यों तथा पड़ोसियों को सहायक की भूमिका में रखा है। तात्पर्य यह कि परिवार के मुखिया को छोड़कर शेष सभी सदस्य यह चाहते हैं कि प्रेमी-प्रेमिका मिल जायें, उनका जीवन सुखी हो। घटनाओं को इस दिशा में अप्रत्याशित किन्तु सहज मोड़ देने में मीनांदर नाटककारों की पंक्ति में अलग खड़ा है। एरिस्तोफ़ेनीज़ का 'कोकालुस' भी इसी प्रकार का माना गया है। आज यह कृति अप्राप्य है, इधर-उधर के उल्लेखों

* पेरिक्लीज़ के हाथों में एथेन्स की बागडोर तीस वर्षों तक रही किन्तु वह अपनी [रखैल] प्रेमिका, अस्पेसिया, से विवाह नहीं कर पाया क्योंकि लोकसभा ने उसे एथेन्स की नागरिकता देने से मना कर दिया था।

से ही इसकी पुष्टि होती है। असामान्य स्थिति से कथा सूत्र का आरम्भ होना और वैसी ही असामान्य स्थिति में उसका समाप्त होना 'नव-कामेदी' की विशेषता है। इस दृष्टि से यदि यह कहा जाय कि मीनांदर ने एरिस्तोफ़ेनीज़ की तकनीक का और विस्तार किया है तो अत्युक्ति न होगी।

कहा जा चुका है कि 'नव-कामेदी' के सूत्र युरिपिदीज़ से भी जुड़े हुए थे। विशिष्ट परिस्थिति में पात्रों का एक दूसरे का पहचानना और घटनाओं का नया मोड़ ले लेना इस सूत्र का सफलतापूर्वक प्रयोग उसी की त्रासदियों में मिलता है। युरिपिदीज़ और मीनांदर दोनों की रचनाओं की तुलना करने पर कैथरीन लिवर का निष्कर्ष है कि उनमें विधागत अन्तर है संरचना के घटक तत्त्वों का नहीं।[22] दर्शक में कौतूहल को जगाने और उसे अन्त तक बनाये रखने के लिए त्रासदी में भय का सहारा लिया जाता था, उसी के किंचित् हलके रूप का उपयोग 'नव-कामेदी' में हुआ है। 'आयन' त्रासदी में दर्शक लगातार इस अनुभूति से ग्रस्त रहता है कि क्या क्र्यूज़ा अपने बटे आयन को मारने में सफल हो जायेगी या? क्या आयन अपनी माँ को मौत के घाट उतार देगा? ठीक इसी प्रकार की अनुभूति 'ग्लाइकीरा का मुंडन' शीर्षक कामेदी में भी होती है। पोलीमन अपनी रखैल ग्लाइकीरा को किसी अन्य युवक की बाँहों में देख लेता है। उसी क्रोधावेश में आकर वह उसके बाल काट डालता है और घर से बाहर निकल जाता है। दर्शक ग्लाइकीरा के लिए अनिष्ट की आशंका के ग्रसित (भयभीत) हो उठता है। क्या पोलीमन उसे हमेशा के लिए छोड़ देगा? या, कोई और भी भयानक दंड देगा? प्रेक्षक दोनों ही स्थितियों (आयन की और ग्लाइकीरा की) में भय का अनुभव करता है किन्तु दोनों में स्तर-भेद है। 'आयन' में मृत्यु की सम्भावना बहुत कुछ निश्चित होने के कारण भय की तीव्रता अधिक है पर दोनों नाटकों में सामाजिक की रुचि को बनाये रखने का सूत्र एक ही है—भय को जगानेवाले वस्तु-विधान की संरचना। हाँ, सत्य का उद्‌घाटन हो जाने के बाद दोनों विधाओं में स्थितियाँ अवश्य अलग-अलग रूप ले लेती है। त्रासदी में मुख्य पात्र दुःखानुभूति से ग्रस्त हो जाता है और कामेदी में मनोकामना पूरी हो जाने से वह प्रसन्न हो जाता है। उधर दर्शक भी (पात्र से सम्बन्ध जोड़ लेने के कारण) उसी के अनुरूप या तो भारी मन से या, खुशी-खुशी घर जाता है। घटनाचक्र किसी भूल/मिथ्याबोध से आरम्भ होता है और सत्य के उद्‌घाटन (व्यक्ति, वस्तु या स्थिति की पहचान) द्वारा उसका अन्त सुनिश्चित होता है। त्रासदी में घटनाओं की परिणति सौभाग्य से दुर्भाग्य में होती है,[23] कामेदी में यह परिणति इसके विपरीत होती है। मीनांदर अरस्तू के शिष्य का शिष्य था, उसकी स्थापनाओं से परिचित रहा होगा। प्रतिभासम्पन्न होने के कारण उसने इनका उपयोग कुशलतापूर्वक किया।

युरिपिदीज़ की त्रासदी और 'नव-कामेदी' में संरचनागत साम्य को ऊपर हमने

संक्षेप में प्रस्तुत किया है। उसे भी अपने जीवनकाल में मीनांदर की भाँति दर्शक समाज से उपेक्षा ही मिली थी। पुरस्कार भी बहुत कम मिले थे। पर, बाद के नाटककारों ने उसकी प्रतिभा को समझा। जिसका प्रमाण फ़िलीमन का एक पात्र देता हैः

"कहा जाता है मृतात्माएँ सब कुछ देख सकती हैं, यदि यह सच है तो मैं युरिपिदीज़ को देखने के लिए मरने को तैयार हूँ।"[24]

1.2.2.7 पात्र-रचना

युरिपिदीज़ की नाट्यकला का प्रभाव केवल कथानक की संरचना तक सीमित नहीं था, इसकी सीमा में पात्र-रचना/प्रस्तुतीकरण भी आ जाती है। उसके मुख्य पात्र परम्परागत हैं, वर्गगत हैं, किन्तु व्यवहार में वे मानवीय धरातल पर खड़े हैं। वे सामान्य मनुष्यों की भाँति ही आवेश में आ जाते हैं। अरस्तू की दृष्टि से सिद्धान्तः त्रासदी के पात्र सामान्य मनुष्यों की अपेक्षा उच्च भूमि पर स्थित होने चाहिए[25] ताकि दर्शक उनसे प्रेरणा ले सकें। युरिपिदीज़ ने पात्र तो उच्च वर्ग (राजा-रानी) से ही लिए किन्तु व्यवहार में वे एस्खिलुस और सोफ़ोक्लीज़ के आदर्श पात्रों से भिन्न हैं। उन पर प्रहार करते हुए एरिस्तोफ़ेनीज़ ने एस्खिलुस से कहलवाया हैः

1. तुम्हारी त्रासदियाँ क्या हैं? सामान्य घटनाओं तथा चिथड़ों में लिपटे पात्रों का जमघट मात्र।
2. तुम मंच पर लँगड़े-लूले, भिखारी जैसे पात्रों की भीड़ लगा देते हो।
3. तुम अवैध सम्बन्धों जैसे घटिया विषयों को अपने कथानक में स्थान देते हो।–'मेंढक', पं. 840-55

कितने आश्चर्य की बात है कि नाटक के जिन पक्षों के लिए युरिपिदीज़ की अपने समय में आलोचना हुई बाद के कामेदीकारों के लिए वे ही प्रेरणा-स्रोत बन गये। उसके समकालीनों के ध्यान में यह बात आयी ही नहीं कि वह प्रेक्षकों के सामने समाज का यथार्थ प्रस्तुत कर रहा है न कि आदर्श। वह उन्हें सामान्य जन की आशाओं-आकांक्षाओं तथा दुःख दर्द से परिचित कराना चाहता है, मानव जीवन के उस अनुभूति-जगत् के दर्शन करना चाहता है जहाँ सभी मनुष्य, राजा हो या रंक, एक ही भूमि पर खड़े हैं। यह ठीक है कि उसने आभिजात्य त्रासदी की मर्यादा का उल्लंघन किया किन्तु यह भी सत्य है कि उसने सामान्य परिवार के इर्द-गिर्द घूमनेवाली नाट्य परम्परा की भी नींव रख दी थी। नव-कामेदीकारों ने उसी पर अपना विशाल भवन खड़ा किया।

उपर्युक्त विवेचन से पात्र-रचना का एक महत्त्वपूर्ण पक्ष सामने आता है, यह कि पात्र भले ही आदर्श (वर्गगत) हों किन्तु उनके चरित्र-चित्रण में कुछ ऐसी

विशेषताएँ समाहित की जा सकती हैं जो उसे व्यक्ति के रूप में पहचान दिला सकें। मीनांदर ने इसी सूत्र को अपनाया और वर्ग एवं व्यष्टि के सन्तुलन को बनाये रखने में युरिपिदीज़ से भी आगे निकल गया। 'मध्य-कामेदी' के सन्दर्भ में हम देख आये हैं कि पिछली शताब्दी की तुलना में पात्रों के वर्ग कई गुना बढ़ गये थे फिर भी रहे वे वर्गगत ही, अन्तर आया तो केवल वर्ग-विभाजन के आधार में। आधार था व्यवसाय या प्रदेश और नाटककारों का प्रयत्न होता था कि उनमें वर्गगत विशेषताएँ अवश्य दिखलायें। ऐसा लगता था मानों वर्ग से अलग होकर उनका अस्तित्त्व ही संकट में पड़ जायेगा। 'नव-कामेदी' को यह अवधारणा विरासत में मिली थी। मीनांदर का एक पात्र कहता है—

"वह सही अर्थों में अत्तिकी किसान है। वह पथरीली भूमि को पसीने से सींचता है और उगाता क्या है—झाड़-झँखाड़। वह धूप और बारिश हँसते-हँसते झेल लेता है किन्तु बदले में मिलता क्या है—कुछ नहीं।"[26]

तात्पर्य यह कि मीनांदर ने जो भी पात्र लिए वर्ग विशेष से लिए, हाँ इतना अवश्य ध्यान रखना होगा कि उसके काल तक आते-आते वर्गों की संख्या पहले की तुलना में कहीं अधिक बढ़ गयी थी। इसका एक अनुमान मुखौटों के प्रकारों से लगाया जा सकता है।

यूनानी परम्परा में मुखौटे नाट्य मंचन के अभिन्न अंग थे। पात्र के परिधान को इन्हीं से पूर्णता मिलती थी। चौदह-पन्द्रह हज़ार की दर्शक-दीर्घा में पीछे बैठा हुआ प्रेक्षक इन से ही पात्र की पहचान कर पाता था। दूसरे, पुरुषों को स्त्रियों की भूमिका भी करनी पड़ती थी। मुखौटे इस काम को सरल बना देते थे। तीसरे, कुछ अभिनेता जिन्हें एक से अधिक भूमिकाएँ निभानी होती थीं वे उन्हीं के अनुरूप दो-दो, तीन-तीन जोड़ी कपड़े पहने हुए होते थे। नेपथ्य में मुखौटे रखे होते थे, जैसे ही एक पात्र की भूमिका समाप्त होती वे नेपथ्य में जाकर कपड़ों की ऊपरी जोड़ी उतारते, मुखौटा बदलते और मंच पर पुनः आ जाते। यह पूरी क्रिया एक-डेढ़ मिनट में सम्पन्न हो जाती थी। इन मुखौटों की बनावट भी ऐसी होती थी कि ये मेगाफ़ोन का काम भी करते थे जिससे पात्र की आवाज दूर-दूर तक सुनायी देती थी। मंच की आवश्यकता और सीमा के देखते हुए मुखौटों का वर्गों में विभाजित होना स्वाभाविक था। ये बाजार में बने-बनाये तैयार मिलते थे। समय की माँग को देखते हुए इनकी संख्या में जो वृद्धि हुई उसकी झलक कुछ ऐतिहासिक स्रोतों से मिलती है। आलोच्यकाल में वृद्धों के चरित्रों को दर्शाने के लिए नौ प्रकार के मुखौटे हुआ करते थे, दस प्रकार के युवाओं के लिए और सात प्रकार दासों के लिए होते थे। बड़ी उम्र की स्त्रियों के केवल तीन वर्ग थे—वृद्धा, अभिभाविका और धाय। युवतियों के लिए चौदह प्रकार के मुखौटे हर समय तैयार रखे जाते थे। इनसे पात्रों की

उम्र और चरित्र दोनों का बोध होता था। चरित्र से तात्पर्य है उनके कुछ मुखर गुण, जैसे– बहुत बातूनी युवती, अत्यन्त लज्जाशील तरुणी, मुग्धा नायिका अथवा गतयौवना आदि। इन मुखौटों की सहायता से पात्र के मंच का प्रवेश करते ही दर्शक पहचान जाते थे कि उसका चरित्र क्या है और उसका व्यवहार कैसा हो सकता है, या होना चाहिए।

मुखौटों की उपर्युक्त सूची प्रस्तुत करने का उद्देश्य केवल यह दर्शाना है कि 'नव-कामेदी' में पात्रों के विभिन्न वर्गों में जो वृद्धि हुई थी उसमें मध्यम वर्ग की भागीदारी बढ़ी थी, दर्शक पात्रों को निकटतर अनुभव करने लगे थे फिर भी वे वर्गगत ही थे इसमें संदेह नहीं। और, उनके वर्गगत चरित्र की पहचान उनके मुखौटे, शिरोवेष्टन तथा परिधान आदि से होती थी। ये रंगमंच की सीमाएँ थीं। मीनांदर भी इनके भीतर रहने को विवश था। अब, उसकी उपलब्धि की चर्चा करें तो कहना होगा कि इन सीमाओं के भीतर रहते हुए भी संवाद, कार्य तथा घटनाओं की परिणति से वह अपने पात्रों के स्वतन्त्र व्यक्तित्त्व को अभिव्यक्ति देने में सफल हुआ। उनमें वह वे गुण दिखला पाया जो उन्हें वर्ग की सीमा से बाहर ले आता है। व्यक्तिगत चारित्रिक विशेषताओं को उसने जितनी कुशलता से उकेरा है उससे स्पष्ट हो जाता है कि उसने समाज के जीवन्त पात्रों का गहन अध्ययन किया था। उसका यह कथन कि 'मेरे अनुसार यह अधिक लाभदायक होगा कि व्यक्ति दूसरों को जाने'[27] वस्तुतः बहुत पुरानी कहावत 'स्वयं को जानो' को नयी दिशा देता है। इस वाक्य को यदि थियोफ्रेस्तुस की रचना ''चरित्र'' (कैरेक्टर्स) के परिप्रेक्ष्य में देखें तो इसका निहितार्थ समझ में आ सकता है। इसमें लेखक ने कंजूस, शिष्ट, उजड्ड अंधविश्वासी, आदि चरित्रों के छोटे-छोटे चित्र दिये हैं। इनके सम्बन्ध में विद्वानों की सम्मत्ति है कि ये अतिशयोक्तिपूर्ण होते हुए भी उसके अपने अनुभव पर आधारित हैं। वह सचमुच ही ऐसे व्यक्तियों के सम्पर्क में आया होगा अन्यथा यथार्थ का इतना गहरा पुट आ ही नहीं सकता था।[28] ऐसे दार्शनिक का शिष्य होने के नाते मीनांदर का भी इस निष्कर्ष पर पहुँचना स्वाभाविक था कि नाटक के पात्रों को यदि जीवन्त बनाना है तो समाज में उनके प्रतिस्थानी व्यक्ति विशेषों का अध्ययन करना ही होगा। शोधकर्ताओं ने यह पता लगाया है कि उसके कुछ पात्र, जैसे—ख्राइसिस, ग्लाइकीरा, ऐतिहासिक हैं। जीवन और कला का इतना गहरा सम्बन्ध नाट्य विधा में पहली बार दिखायी दिया। बिजैंटियम के एरिस्तोफ़ेनीज़ ने सचगुच बड़ा सार्थक प्रश्न किया था—

''हे जीवन, हे मीनांदर! बोलो और हमें बताओं कि

तुममें से किसने किसका अनुकरण किया? प्रकृति ने, या नाटक ने?[29]

यथार्थ चित्रण आज स्वयं में एक मूल्य बन गया है, व्यष्टिवाद भी चरम पर पहुँच

गया है, चरित्र-चित्रण में आज के जितनी विविधता की अपेक्षा हमें 'नव-कामेदी' में नहीं करनी चाहिए, पर इस सत्य को भी नहीं भूलना चाहिए कि उन दिनों जीवन भी इतना जटिल नहीं था। समाज वर्गों में विभाजित था और सामाजिक व्यवहार परम्पराओं द्वारा नियन्त्रित था, उन्हीं के बीच वर्गगत पात्र को व्यक्तित्त्व प्रदान करना मीनांदर की लेखनी का कौशल है।

वर्ग और व्यष्टि, सामान्य और विशेष, की उपर्युक्त चर्चा के अन्तर्गत नाट्य चिन्तन का एक और पक्ष भी विचारणीय है। अरस्तू स्थापित कर चुका था कि कवि/नाटककार का लक्ष्य सामान्य को चित्रित करना है न कि इतिहास के विशेष को, किन्तु सामान्य विशेष के माध्यम से ही व्यक्त हो सकता है। इसलिए, उन्हें नाम विशेष (ऐतिहासिक या काल्पनिक) की सहायता लेनी ही पड़ती है।[30] मीनांदर की शिक्षा-दीक्षा दर्शन की टहलुआ शाखा में हुई थी अतः वह इस अवधारणा से अवश्य परिचित रहा होगा। अब, यदि वेब्सटर की बात मानकर स्वीकार कर भी लिया जाय कि उसके सम्बोध्य एथेन्स और केवल के एथेन्स के सामाजिक थे[31] तो भी इस विचार के लिए इतना स्थान रहता ही है कि नाट्यकला की दृष्टि से वह अत्तिका के व्यक्ति विशेष पात्रों में कुछ वर्गगत/सामान्य गुणों की स्थापना करे। घरेलू समस्याओं में उलझा कथानक और उनसे जूझते पात्र उसे 'मध्य-कामेदी' से उत्तराधिकार में मिले थे। उसके कंधों पर एक ओर उनके कलात्मक रूप को सँवारने का उत्तरदायित्व था तो दूसरी ओर उन्हें अपने विचारों का संवाहक बनाने का गुरु भार भी। इस उभय लक्ष्य को सिद्ध करने में उसका पहला धर्म था पात्रों में सामान्य की स्थापना, उनके वर्गीय गुणों को उभारना। मध्यमवर्गीय पात्रों का स्वभाव सभी नगरों में एक जैसा ही था इसमें सन्देह नहीं। पहले ही कहा जा चुका है कि चौथी शताब्दी के अन्तिम चरण में जहाँ-जहाँ भी यूनानी संस्कृति का प्रसार था उन सभी नगरों में वह विश्वसंस्कृति का रूप लेने लगी थी। एथेन्स उसका केन्द्र था। यदि 'नव-कामेदी' उस तत्त्व से विरहित होती तो रोमी कामेदी लेखक कभी भी उससे इतने अधिक प्रभावित न होते। जूलियस सीज़र द्वारा तेरेन्स को आधा मीनान्दर कहा जाना इसी तथ्य का प्रकाशन है।[32]

1.2.2.8 नाट्य-प्रयोजन

कथानक और पात्रों के माध्यम से दर्शकों को मानवता का सन्देश देना मीनान्दर का विशेष प्रयोजन था। उसकी सीमा यह थी कि उस समय तक नाटक में वृन्दगान तथा पैराबेसिस जैसे घटक तत्व या तो लुप्त हो गये था या इनका रूप बदल गया था। इनके माध्यम से पहले के नाटककार या तो वृन्दगान के मुखिया के रूप में या कवि के रूप में सामाजिक को सीधे सम्बोधित कर सकते थे। इस सुविधा के

न रहने से उसके लिए यह आवश्यक हो गया कि रचना में प्रयोजन—वैचारिक संदेश का संप्रेषण—सिद्धि के लिए उसके रूप-तत्त्व को और अधिक सँवारे, सशक्त बनाये। हम इस प्रयोजन को द्विस्तरीय मानते हैं—एक, अनुभूति के स्तर पर, दूसरा चिन्तन के धरातल पर। यह केवल विश्लेषण की दृष्टि से किया विभाजन है अन्यथा नाट्यप्रयोग में इनका सम्बन्ध कहियत भिन्न न भिन्न जैसा है।

अनुभूति के स्तर पर प्रेम को 'नव-कामेदी' में नया आयाम मिला है। बाद के आलोचकों ने मीनांदर पर यह आरोप लगाया है कि उस पर प्रेम की सनक सवार थी। उसके प्रत्येक नाटक (वे भी जिनके खंडांश ही प्राप्त हैं) का कथानक इसी के इर्द-गिर्द घूमता है। यह सत्य होते हुए भी उसने प्रेम के जिस उदात्त, मंगलकारी, रूप का चित्रण किया है वह भावी लेखकों के लिए आदर्श बन गया। यदि ऐसा न होता तो उसके लातीनी अनुवाद/छायानुवाद क्या स्कूलों तथा कॉलेजों में खेले जा सकते थे।[33] उस युग में भी जब धर्म का अनुशासन पर्याप्त कठोर था उसके नाटकों का लोकप्रिय होना सिद्ध करता है कि उसके प्रेम की अनुभूति मानवीय संवेदना का व्यापक रूप लिये हुए है।

यूनानी समाज में अविवाहित युवती का अकेले घर से बाहर निकलना वर्जित था जिसके कारण 'पुरा-कामेदियाँ' प्रेम-प्रसंगों के चित्रण से शून्य हैं। उधर युरिपिदीज़ की त्रासदियों में यह ऐसा आवेग है जो पात्र को अन्धा बना देता है। तब, इसके दो ही रूप रह जाते हैं, या तो प्रेमास्पद को हर मूल्य पर पाने की तीव्र कामना, या बदला लेने का भयंकर आवेश। मिदीआ का जेसन के प्रति प्रेम ऐसा ही है (मिदीआ नाटक)। किन्तु, मीनांदर के प्रेम चित्रण में कोमलता है, संवेदनशीलता है, काम से अधिक समर्पण का भाव है। प्रेमी और प्रेमिका दोनों ही इसका उचित सम्मान करते हैं। लगता है मानों यह कोई दैवी वरदान है जिसकी रक्षा करना उनका व्यक्तिगत नहीं पारिवारिक/सामाजिक उत्तरदायित्व है। कथानक के अन्तर्गत सन्तान को त्यागने का एक बड़ा कारण यह रहा करता था कि नायिका उसे विवाह पूर्ण ही गर्भ में धारण कर चुकी होती है और बाद में जब पता चलता है कि वर्तमान में परिणय-सूत्र में बँधनेवाले प्रेमी-प्रेमिका ही उसके माता-पिता हैं तो वे, तथा परिवारजन, दुगुने उत्साह से विवाह की तैयारियों में जुट जाते हैं। यहाँ, सन्तान को हर प्रकार से शुभ माना गया है। नाटक के सुखमय अन्त पर टिप्पणी करते हुए एल.ए. पोस्ट ने लिखा है, "यूनानियों के लिए विवाहपूर्व सन्तान प्रेम की बड़ी गारंटी थी अपेक्षाकृत उस विवाह के जिसका प्रतिफलन सन्तान में न हुआ हो।"[34] 'सामिया' नाटक का एक पात्र दूसरे को समझाते हुए कहता है, "मेरा विश्वास है यह सब कुछ भगवान् ने ही किया है।... मैं समाज में ऐसे अनेक व्यक्तियों के नाम ले सकता हूँ जो देवता की सन्तान है।" इसका एक अर्थ यह लिया जा सकता है कि वक्ता दूसरे पात्र को सांत्वना भर

दे रहा है किन्तु मीनांदर सचमुच ही इस विश्वास से प्रेरित था कि मनुष्य के कर्म के अतिरिक्त भी ऐसी शुभंकर शक्तियाँ हैं जो उसके फल को प्रभावित करती हैं। ये न्याय तथा ज्ञान की शक्तियाँ हैं। यदि मनुष्य का चरित्र उससे कोई अनुचित कार्य करवा भी लेता है तो ये शक्तियाँ परिस्थितियों को इस तरह प्रभावित करती हैं कि उसका फल मंगलकारी हो जाता है।[35] इस विश्वास की पुष्टि में 'ग्लाइकीरा का मुंडन' नाटक का मुख्य प्रसंग लिया जा सकता है। ग्लाइकीरा पोलीमन की रखैल बनकर उसके घर में रह रही है, उसके प्रति वह पूर्ण निष्ठावान् है। साथ के घर में रह रहा मोस्खियन उसका भाई है। इस सम्बन्ध को ग्लाइकीरा जानती है। उसका भाई नहीं। मोस्खियन मन ही मन उसको चाहने लगता है और एक दिन अवसर पाकर उसे आलिंगन बद्धकर चुम्बन ले लेता है। दुर्भाग्य से उसी समय पोलीमन आ जाता है और यह सब देखकर आपे से बाहर हो जाता है। दंडस्वरूप, वह अपनी तलवार से ग्लाइकीरा के बाल काट डालता है। यहाँ, नाटककार ने पोलीमन के मिथ्याबोध को पात्र रूप में उपस्थित कर उसके मुख से दर्शकों को सम्बोधित करते हुए कहलवाया है :

"इस दृश्य को देखकर यदि किसी ने मान लिया हो कि युवती अपमानित हुई है तो उसे अपनी धारणा बदलनी होगी क्योंकि देवता किसी दुष्कृत्य के परिणाम को अपने विशेषाधिकार से शुभ फल में भी बदल सकता है।"[36]

कैथरीन लिवर के अनुसार लेखक का यह विश्वास उसकी न्याय की अवधारणा से उद्भूत है। 'नव-कामेदी' के कथानकों में स्त्रियों के प्रति पहले अन्याय होता हुआ दिखलाया जाता है और उसका कारण होता है मिथ्याबोध। फिर, उसके परिमार्जन के लिए किन्हीं वस्तुओं एवं व्यक्ति की पहचान द्वारा भूमिका तैयार की जाती है इस उद्देश्य से कि जो अन्याय हुआ है उसका सुधार होना आवश्यक है और जिसके प्रति अन्याय हुआ है उसे न्याय मिलना ही चाहिए। लेखकों के अनुसार इसका एकमात्र उपाय है सत्यबोध। व्यक्ति की ठीक-ठीक पहचान ही न्याय का कलात्मक स्वरूप है। मीनांदर के नाटकों का यही प्रयोजनगत संदेश है। इसे प्रेम के सन्दर्भ में दिखलाकर उसने परम्परागत विषय को नया आयाम दिया है।

मिथ्याबोध के कारण हुए अन्याय के परिमार्जन को मीनांदर ने दो रूपों में प्रस्तुत किया है। एक, पहचान के द्वारा स्थिति में सुधार होना अर्थात् पीड़ित पात्र को उसके अधिकार और सम्मान दिलाना। आत्मबोध इसका दूसरा रूप है और यह प्रथम की अपेक्षा उच्चतर भूमि पर स्थिति होने के कारण मानवीय मूल्यों का वास्तविक अधिष्ठान है। हमारा विश्वास है कि वह समाज में परिवर्तन लाने के लिए इसे ही शक्ति का मूल स्रोत मानता था। पुरुष सत्तात्मक समाज होने के कारण स्त्रियों पर अनेक प्रतिबन्ध हों यह बात तो समझ में आती है किन्तु उनमें केवल दोष ही दोष

देखे जायें यह उनके प्रति घोर अन्याय था। 'मध्य-कामेदी' में एक भी वाक्य उनके पक्ष में नहीं कहा गया है, जिसे देखो वही उन पर आरोप लगाने पर तुला है :[37]

1. जब तक वह मर नहीं जाती उसके बारे में मैं किसी बात पर विश्वास करने के लिए तैयार नहीं हूँ।
2. आँखों की बीमारीवाले को अनेक कष्ट सहने पड़ते हैं पर एक लाभ अवश्य होता है–जब तक आँखें ठीक नहीं हो जातीं वह स्त्रियों को देख नहीं पाता।
3. स्त्रियों का विरोध उचित है, उनके पेट में कोई बात नहीं पचती।
4. वे कबूतरों की तरह हर वक्त गुटरगूँ करती ही रहती हैं।
5. झींगुर सचमुच भाग्यवान् है क्योंकि उसकी मादा बोल नहीं पाती।

सच्चा मानवतावादी होने के कारण मीनांदर को इसका प्रतिवाद करना ही था। हमारा विश्वास है कि नारी विरोधी प्रवृत्ति के उत्तर में जिन उदात्त गुणों की प्रतिष्ठा उसने अपने नारी पात्रों में की उससे वह न केवल अपने समय में बल्कि भविष्य की अनेक शताब्दियों में भी सबसे बड़ा नारी समर्थक लेखक माना जाता रहा होगा। उसकी नारी केवल प्रेमिका या पत्नी नहीं है, वह श्रेष्ठ गुणों की जीवन्त प्रतिमा है। और, कभी-कभी इससे भी आगे बढ़कर, अपने सत् आचरण द्वारा, पुरुषों को भी इसकी शिक्षा देती है। सम्भवतः वह पूरे समाज को संदेश दे रहा था कि यदि उसे अपना उत्थान करना है तो उसे नारी क़ा सम्मान करना सीखना होगा, उसका अनुसरण करना होगा। एथेन्स के पतनशील समाज (जिसमें पत्नियों के स्थान पर गणिकाओं की समाधियाँ बनायी जाने लगी थीं) को देखकर वह अत्यन्त दुःख का अनुभव किया करता होगा। अतः, उसे सन्मार्ग पर लाना वह अपना धर्म समझता होगा।

नारी पात्रों के माध्यम से मीनांदर ने क्षमा तथा कष्टसहिष्णुता का आदर्श सामने रखा है। उसके अनुसार क्षमादान यूनानी चरित्र का विशिष्ट गुण है। 'ग्लाइकीरा का मुंडन' रचना के अन्तिम संवाद इसके साक्षी हैं :[38]

1. पतीकुस (ग्लाइकीरा से)–मेरा तुमसे आग्रह है कि तुम उसकी (पोलीमन) बात मान जाओ और उसे क्षमा कर दो।
2. पोलीमन (पश्चाताप के स्वर में)– हे क्रोध, तुमने मुझे आवेश में कैसे जकड़ लिया। मैं ईर्ष्या में अन्धा होकर पिशाच बन गया।
3. पतीकुस (ग्लाइकीरा से)–मैं प्रसन्न हूँ कि मेल-मिलाप करने के लिए तुमने अपनी ओर से [पोलीमन को क्षमा करके] एक कदम आगे बढ़ाने का निर्णय कर लिया है। समृद्धि आने पर सन्तोष का गुण यूनानी चरित्र की सच्ची पहचान है।
4. ग्लाइकीरा (पोलीमन से)–यह सब देखते हुए मैंने तुम्हें क्षमा करने का निर्णय कर लिया है।

भ्रम निवृत्ति के बाद क्षमा एवं सन्तोष मनुष्य के सबसे बड़े गुण हैं। यहाँ उन्हें यूनानी चरित्र की विशेषता इसलिए कहा गया है क्योंकि चौथी शताब्दी के अन्तिम चरण में भी समाज का एक बड़ा वर्ग इस भ्रम में जी रहा था कि विश्व में यूनानी संस्कृति ही मानव संस्कृति का प्रतिनिधित्व करती है। यह हो सकता है कि मीनांदर की कथानक-संरचना का स्रोत जिस तरह आभिजात्य युग की त्रासदियाँ हैं उसी तरह मानवीय गुणों की प्रेरणा भी उसक आरेती, कालोकागाथिया तथा सोफ्रोज़्युनी[39] की अवधारणाओं से मिली हो।

पिछली शताब्दी में नाटककारों के सामने अभिजात वर्ग की युवा पीढ़ी को अपने वर्गीय चरित्र की पहचान कराने तथा उसके विशिष्ट गुण-धर्मों में उन्हें दीक्षित करने की समस्या थी ठीक वही स्थिति इस समय भी थी। इस काल तक आते-आते अभिजात वर्ग का दायरा निस्सन्देह व्यापक हो गया था किन्तु वर्गीय चरित्र के स्खलन से जितने चिन्तित एस्खिलुस और सोफ़ोक्लीज़ थे उतना ही मीनांदर भी था। इसलिए, वेब्सटर का यह निष्कर्ष उचित है कि उसके सम्बोध्य एथेन्सवासी ही हैं। आनुश्रुतिक कथा को विशेष साँचे में ढाल कर जो निष्कर्ष उन्होंने निकाले थे उन्हीं को शैक्षिक मूल्य बनाकर सम्प्रेषित करने का प्रयोजन इसका भी है।

शिक्षा की सर्वसामान्य नीति के दो सूत्रवाक्य बहुत पहले से चले आ रहे थे। पहला, मिथ्याभिमान व्यक्ति के पतन का कारण बनता है, दूसरा, अनुचित कार्य चाहे जिस स्थिति में किया गया हो उसके दंड का एक रूप प्रायश्चित भी है जिसके बाद उस पर देवता कृपालु भी हो सकते हैं। त्रासदीकारों ने इनकी व्याख्या के लिए नाटक के तीनों अंगों कथानक, वृन्दगान तथा संवाद का उपयोग किया था। 'मध्य-कामेदी' में वृन्दगान नाटक का अभिन्न अंग न रहकर अंक विभाजक बन गया था। 'नव-कामेदी' में भी इसका उपयोग दो अंकों के बीच में दर्शकों का मनोरंजन करने के अतिरिक्त और कुछ नहीं है, वैचारिक सन्देश के लिए कथानक एवं संवादों का ही उपयोग किया गया है। त्रासदी के लेखक अपना सन्देश देने के लिए एक विशिष्ट पद्धति अपनाते थे। इसके अनुसार पात्र मिथ्याभिमान की अभिव्यक्ति पहले कथन द्वारा करता था, फिर उससे ऐसा काम करवाया जाता जो उसके विनाश का कारण बनता था। अन्त में, जब उसे अपनी भूल का ज्ञान होता तो उससे प्रायश्चित करवाया जाता था। मीनान्दर चूँकि कामेदी लिख रहा था इसलिए उसने अन्त में पात्र को मनवांछित फल प्राप्ति का संकेत दिया है। 'ईदिपुस' त्रासदी में नायक अज्ञानतावश अपने ही पिता की हत्या कर डालता है और अनजाने ही अपनी माता को पत्नी भी बना लेता है। दो-दो पाप भले ही भूल में हुए हों किन्तु पाप तो पाप है, उसका दंड तो उसे भुगतना ही है। उसी का एक रूप प्रायश्चित है। अतः वह देवताओं के दंड की प्रतीक्षा नहीं करता, स्वयं इस दिशा में आगे बढ़कर अपनी आँखें फोड़ लेता है। यह दंड उसने स्वयं को दिया

अवश्य किन्तु भूल इतनी बड़ी थी कि इससे स्थिति को सुधारा नहीं जा सका, दर्शक के मन पर करुणा की छाप बनी ही रह जाती है। मीनान्दर के नायक, पोलीमन, के जीवन में भी स्थितियाँ इसी प्रकार का मोड़ लेती है। अपने पुरुष होने के अभिमान में मिथ्याबोध के कारण वह उसके बाल काट डालता है। यह उसके द्वारा दिया गया दंड था।[40] बाद में, सत्य का पता लगने पर, वह पश्चात्ताप करता है, स्वयं को भला बुरा कहता है और प्रण करता है कि भविष्य में न ग्लाइकीरा पर दोषारोपण करेगा न किसी अन्य के प्रति इतना असहिष्णु बनेगा।

'मध्यस्थता' नाटक में यह सन्देश और भी प्रभावशाली ढंग से व्यक्त हुआ है। लेखक ने यहाँ इसे आत्मज्ञान की उच्च भूमि पर प्रतिष्ठित किया है। नायिका पैंफ़िला का पिता चाहता है कि वह अपने दुराचारी पति (जिसने बिना कुछ सोचे-समझे, सच्चाई का पता लगाने का यत्न किये बिना ही सारा दोष उसी पर मढ़ दिया है) को छोड़ दे। किन्तु, उसका कहना है–''विवाह जीवन भर का सम्बन्ध है। उसे चाहे जितने कष्ट झेलने पड़ें, चाहे जितनी प्रतिकूल स्थिति में रहना पड़े, वह अपने पति का त्याग नहीं करेगी।'' इस कथन को लेखक ने कष्ट सहिष्णुता के मानवीय गुण के आदर्श रूप में रखा है। नारी में उसने यह गुण भरपूर देखा है और चाहता है कि पुरुष भी अहम् का त्याग कर उसी का अनुसरण करे। पत्नी की सहिष्णुता तथा एक-निष्ठता का प्रभाव पति पर (उसे छिप कर यह बात सुनते हुए दिखलाया गया है) इतना पड़ता है कि वह पश्चात्ताप की आग में जलने लगता है। उसका स्वगत भाषण इस नाटक का सुन्दरतम अंश है और प्रयोजन की दृष्टि से अत्यन्त श्रेष्ठ माना गया है। वास्तविकता यह थी कि नायिका ने जिस सन्तान को जन्म दिया था वह नायक द्वारा ही उसके शीलभंग का परिणाम था। वस्तु-स्थिति का ज्ञान होने पर नायक नायिका से अपनी तुलना करने बैठता है तो स्व्यं को उससे कहीं निम्न स्तर पर पाता है। इस आत्मज्ञान को स्वगत कथन का रूप देते हुए उसके मुँह से कहलवाया गया है:[41]

''मेरी पत्नी कितनी अच्छी है पर मैंने उसकी कद्र नहीं की....एक ओर मैं हूँ जो उसी (शीलभंग करने के) दोष से दूषित हूँ, किन्तु उसी स्थिति में पत्नी को देखकर मैंने उस पर कोई दया नहीं की, कोई मानवता नहीं दिखलायी। मैं इतना कठोर कैसे हो गया? मैं अपने सदाचरण में, उपदेश देने की प्रवृत्ति में स्वयं को कितना धोखा देता रहा और उसके दुर्भाग्य के प्रति इतना असहिष्णु कैसे हो गया? उधर, मेरी पत्नी को देखो, मुझमें वे ही दोष देखने के बाद भी मेरे प्रति उसका व्यवहार कितना स्नेहपूर्ण है, भले ही आज मैं उसे अपमानित कर रहा हूँ। उसने अपने पिता से कितनी बड़ी बात कही है–मैं अपने पति के पास जीवन भर का साथ निभाने के लिए आयी हूँ तो दुर्भाग्य के समय उससे दूर जाने का प्रश्न ही कहाँ उठता है।

इधर मैं हूँ जो अपने ही घमंड में आकर अमानुष बन गया हूँ। हे खेरिसियुस, तुम्हारा ज्ञान कहाँ खो गया है?"

पुरुष पात्र अथवा किसी अन्य में अहम् भाव के नाश और व्यापक मानवता का भाव जगाने के लिए लेखक की विशिष्ट पद्धति है नारी के उदात्त आचरण के साथ उसकी तुलना करना। इसके मूल में उसका विश्वास है कि मनुष्य प्रकृत्या सज्जन है, परिस्थितिवश, कुछ समय के लिए, उसकी प्रकृति विचलित हो जाती है। आवश्यकता है उस पर पड़े भ्रम के आवरण को हटाने की। पात्रों के माध्यम से आत्मज्ञान की इस स्थिति की संरचना नाट्य-पद्धति है जो अधिक कलात्मक है। दूसरी पद्धति प्रत्यक्ष पद्धति है जिसमें, प्रतीत होता है, वह 'पुरा-कामेदी/त्रासदी' का अनुसरण करते हुए 'मानों'* सीधे दर्शक को सम्बोधित कर रहा है। ऐसे स्थलों पर लेखक तत्त्व चिन्तक के रूप में, समाज का गुरु बनकर, उसे जीवन का सार समझा रहा है। इसका प्रयोजन भी मिथ्याबोध (सम्पत्ति, उच्च कुल में जन्म होने आदि का अभिमान) को दूर कर सामाजिक में मानव मूल्यों के प्रति सम्मान का भाव जगाना है। इस सन्दर्भ में खंडांशों से प्राप्त कुछ पंक्तियाँ द्रष्टव्य है।[42]

1. तुम मनुष्य हो, और संसार में कोई ऐसा प्राणी नहीं है
   जिसके जीवन में उत्थान और पतन इतने अप्रत्याशित ढंग से घटते हों।
2. मरणशील होने के कारण, देवताओं से यह मत माँगो कि
   तुम्हें दुःख से मुक्ति दें, माँगना ही है तो सहनशक्ति माँगो;
   क्योंकि दुःख अथवा विपत्ति से मुक्ति का अर्थ है
   तुम अपने लिए देवत्व अथवा मृत्यु ढूँढ़ रहे हो।
3. 'तुम क्या हो?' यदि तुम यह जानना चाहते हो तो–
   राह से गुज़रते हुए कब्रगाहों और श्मशान-भूमियों को देखो;
   वहाँ पुराकाल के सम्राटों और बड़े-बड़े ज्ञानियों की
   अस्थियाँ और थोड़ी सी राख मिलेगी,
   उनकी, जिन्हें अपने उच्च वंश और सम्पत्ति का बड़ा अभिमान था,
   वे भी काल के प्रहार को नहीं झेल सके,
   देखो–और सोचो कि तुम भी उन्हीं की तरह मरणधर्मा हो।

उपर्युक्त पंक्तियों का उद्देश्य संसार की वास्तविकता, सारहीनता, को सामने रखना है, इसे आत्मसात् करने में ही सामाजिक का हित है, ठीक वैसे ही जैसे किसी युवती या बच्चे की सच्चाई का ज्ञान होने पर उसे अपना लेने पर ही नायक

* 'मानों' शब्द का प्रयोग इसलिए किया जा रहा है क्योंकि खंडाशों से पूरे सन्दर्भ का ज्ञान नहीं हो पाता।

का जीवन सुखी हो सकता है। दोनों में बिम्ब-प्रतिबिम्ब भाव दरशा कर मनुष्य को अपनी पहचान कराना लेखक का प्रयोजन है। एक अन्य खंडाश की निम्न पंक्तियाँ भी इसी विचार का पोषण कर रही हैं:[43]

1. पुत्र (अपनी माँ से)—"हमें अपने पुरखों अथवा वर्ग विशेष में जन्म लेने का अभिमान नहीं करना चाहिए। मनुष्य ने कहाँ जन्म लिया यह महत्त्वपूर्ण नहीं है, महत्त्वपूर्ण यह है कि हम सद्गुणों में कितनी आस्था रखते हैं और ये गुण किसी इथियोपियाई या शक में भी हो सकते हैं।"

2. "प्रकृति ने सभी मनुष्यों को समान बनाया है, उसका चरित्र ही उसे दूसरों से अलग करता है।"

पृष्ठभूमि के अन्तर्गत एथेन्स को हम विश्वसंस्कृति का केन्द्र कह आये हैं। इसमें सिकन्दर के योगदान की चर्चा भी हो चुकी है। हो सकता है इस दिशा में राजनीतिक स्तर पर किये गये प्रयास अधिक सफल न हुए हों, या, राजनयिकों में ही इस विचार के प्रति कम आस्था रही हो। किन्तु, मीनान्दर जैसे लेखक इसमें पूरी आस्था रखते थे। नाटकों के माध्यम से विश्वमानवता का सन्देश देना उन्होंने अपना लक्ष्य बना लिया था। इस दृष्टि से उसकी कामेदियाँ आज भी प्रासंगिक हैं।

सन्दर्भ एवं टिप्पणियाँ

1. विलियम स्कॉट फ़र्ग्यूसन, हेलेनिस्टिक एथेन्स, पृ.66
2. वही, पृ. 67
3. क्लासिकल ग्रीस, सं. सी. एम. बावरा, पृ. 160-61
4. दि सोशल हिस्ट्री ऑफ़ आर्ट, खंड-एक, पृ. 95
5. एल्बिन लेस्की के अनुसार मीनान्दर को कुल आठ पुरस्कार मिले थे जिनमें से एक 'दाइस्कोलुस' पर मिला था।[अ] वेब्सटर के अनुसार यह नाटक ई. पू. 317/16 की जाड़ों की स्पर्धा में खेला गया था।[ब] इससे सिद्ध होता है कि यह पुरस्कार उसने पच्चीस वर्ष की अवस्था में जीता था। सम्भवतः पुरस्कार मिलने पर उसे छींटाकशी भी झेलनी पड़ी होगी। उसी का उत्तर देने के लिए उसने मंच पर एक बार कुत्ते के नवजात शिशुओं को पानी में छोड़ दिया, जब वे तैरने लगे तो उसने पूछा—इन्हें तैरना किसने सिखलाया।
   (अ) ए हिस्ट्री ऑफ़ ग्रीक लिटरेचर, पृ. 651
   (ब) हेलेनिस्टिक पोएट्री ऐंड आर्ट, पृ. 8
6. क्विंतिलियन के अनुसार मीनान्दर के सामने उसके सभी समकालीन नाटककार फीके पड़ जाते हैं।—डब्लू.एल. कोलिन्स, एन्शेण्ट कॉमिक ड्रामा, पृ.7
7. वही, पृ. 8
8. कैथरीन लिवर, दि आर्ट ऑफ़ ग्रीक कॉमेडी, पृ. 160
9. प्रिंसटन एनसाइक्लोपीडिया ऑफ़ पोएट्री ऐंड पोएटिक्स, पृ. 486
10. कैथरीन लिवर, दि आर्ट ऑफ़ ग्रीक कॉमेडी, पृ. 165-66

11. वही, पृ. वही
12. देखिये 'मेंढक' कामेदी का अन्तिम अंश
13. कैथरीन लिवर, दि आर्ट ऑफ़ ग्रीक कॉमेडी, पृ. 166
14. वही, पृ. 175
15. वही, पृ. 168
16. अंतिफ़ेनीज़ ने एक पात्र से कहलवाया है–''रखैल उसे रखनेवाले के लिए सुखकर है, किन्तु वास्तव में वह अपने दुर्भाग्य को घर में रखकर प्रसन्न हो रहा है। –वही, पृ. 173
17. वही, पृ. वही
18. दि आर्ट ऑफ़ ग्रीक कॉमेडी, पृ. 168
19. 'तौरियनों के बीच इफ़िजीनिया' ई.पू. 414-12 के बीच मंचित हुआ था। 'कोकालुस' का मंचन ई.पू. 387 में एरिस्तोफ़ेनीज़ के पुत्र आरारोस की देखरेख में हुआ था और इसे प्रथम पुरस्कार मिला था।
20. स्टडीज़ इन लेटर ग्रीक कॉमेडी, पृ. 105
21. एक खंडांश का वाक्य है–''हे भगवान् हमें शान्ति दो, इस दुःख एवं दुर्भाग्य से मुक्ति दिलाओ'' यह स्थिति उस समय की है जब फालेरूम के दिमित्रियुस के शासनकाल में ही गृहयुद्ध की स्थिति पैदा हो गयी थी। ऐसा ही एक उल्लेख दिफ़िलुस के 'रुदेन्स' नाटक में भी आया हे। –वही, वही।
22. दि आर्ट ऑफ़ ग्रीक कॉमेडी, पृ. 191
23. अरस्तू के अनुसार यह परिणति अनिवार्य है। 'काव्यशास्त्र', पृ. 1453[अ]
24. कैथरीन लिवर, दि आर्ट ऑफ़ ग्रीक कॉमेडी, पृ. 189
25. 'काव्यशास्त्र' पृ. 1454[ब]
26. एल्बिन लेस्की, ए हिस्ट्री ऑफ़ ग्रीक लिटरेचर, पृ. 652
27. डब्लू.ल्यूकस कोलिन्स, दि एन्शेंट कॉमिक ड्रामा, पृ. 10
28. ए.ए. लौंग, हेलेनिस्टिक फ़िलॉसोफ़ी, पृ. 42
29. दि एन्शेंट कॉमिक ड्रामा, पृ. 10
30. 'काव्यशास्त्र' अ. 9, पृ. 1451[ब]
31. एथेन्स से उसका तात्पर्य अत्तिका प्रदेश से है और उसमें पिरियुस, अखरनी तथा एक्सोनी स्थानों पर भी नाट्यगृह थे जिनके लिए मीनान्दर ने नाटक लिखे होंगे।
32. डब्लू.ल्यूकस कोलिन्स, दि एन्शेंट कॉमिक ड्रामा, पृ. 29
33. कैथरीन लिवर, दि आर्ट ऑफ़, ग्रीक कॉमेडी, पृ. 200
34. 'सामिया' नाटक की भूमिका
35. कैथरीन लिवर, दि आर्ट ऑफ़ ग्रीक कॉमेडी, पृ. 198
36. कम्प्लीट ग्रीक ड्रामा (सं. ओट्स और ओ'नील), 1177
37. कैथरीन लिवर, दि आर्ट ऑफ़ ग्रीक कॉमेडी, पृ. 172
38. कम्प्लीट ग्रीक ड्रामा, पृ. 1192-98
39. यूनानी आभिजात्य चिन्तन, पृ.143

40. कैथरीन लिवर के अनुसार लेखक ने यहाँ 'अतिमिया' शब्द का प्रयोग किया है जिसका अर्थ होता है नागरिक अधिकारों का आहरण जिसे बहुत बड़ा दंड कहा जाना चाहिए।—दि आर्ट ऑफ़ ग्रीक कॉमेडी, पृ. 198
41. कम्प्लीट ग्रीक ड्रामा, पृ. 1166
42. दि एन्शेंट कॉमिक ड्रामा, पृ. 8-9, 27
43. एल्बिन लेस्की, ए हिस्ट्री ऑफ़ ग्रीक लिटरेचर, पृ. 661

2. सिकन्दरिया
आभिजात्य सम्पदा की संरक्षी दृष्टि

2.1 काव्य-चिन्तन के नये सन्दर्भ

सिकन्दर के विजय अभियान राजनीतिक स्तर पर जितने महत्त्वपूर्ण थे उतने ही वैचारिक स्तर पर भी थे। साम्राज्य स्थापना के साथ ही राज्य की अवधारणा नगर की सीमा से मुक्त होकर विश्वव्यापी हो गयी थी। अब व्यक्ति के कहीं भी जाकर रहने या आजीविका उपार्जन पर कोई प्रतिबन्ध नहीं था, यहाँ तक कि वह किसी भी नगर के सैनिक अभियानों में भी भाग ले सकता था। एक समय था जब सोफ़िस्त एक नगर की सीमा से बाहर निकल कर, जहाँ भी उन्हें सम्पन्न शिक्षार्थी मिलते, यत्र-तत्र घूमते रहते थे। वे चलते फिरते शिक्षा-संस्थान थे। यही प्रवृत्ति अब कवियों में पनपने लगी थी, उन्हें जहाँ भी राजाश्रय की आशा होती वहीं पहुँच जाते। दूसरे शब्दों में वे बिकाऊ माल हो गये थे। पिन्दर का उदाहरण उनके सामने था ही। यह संस्कृति के आध्यात्मिक मूल्यों का भौतिक मूल्यों में रूपान्तरण था। अपने नगर के लिए जीने-मरने की भावना विलुप्त हो चुकी थी। व्यक्ति किसी विशिष्ट समाज का अंग न रहकर व्यापक मानवता की इकाई बन गया था। और, इस रूप में वह व्यक्तिगत योग्यता के बल पर अपनी पहचान बनाने के लिए प्रयत्नशील था। इस परिप्रेक्ष्य में कलाकृति के उत्पादन का सम्बन्ध अब विपणन (मार्केटिंग) की व्यवस्था से जुड़ गया था जहाँ उसका उपभोक्ता रसिक सामाजिक नहीं व्यापारी था। कला-जगत् का यह नया रूप साम्राज्य के कतिपय पूर्वी नगरों में अपेक्षाकृत अधिक स्पष्टता से उभरा।

एक बात और। नये भू-क्षेत्रों में अपना शासन स्थापित करने के साथ-साथ यूनानियों को वहाँ अपनी संस्कृति का वर्चस्व स्थापित करने की आवश्यकता भी कुछ तीव्रता से अनुभव होने लगी थी। सैन्य अभियानों के बाद अब सांस्कृतिक अभियान की बारी थी। यूनानी मानसिकता का यह विचित्र पक्ष था कि अपने अतिरिक्त अन्य सभी जातियाँ उन्हें बर्बर दिखलायी देती थीं। उन्हें सभ्यता का पाठ पढ़ाना यूनानी अपना कर्तव्य समझते थे। इस दिशा में उन्होंने जो कदम उठाये उनमें एक था यूनानी

कलाकृतियों एवं पुस्तकों का अधिक से अधिक संख्या में संग्रह करना और उनके ऐतिहासिक महत्त्व तथा विकास को, उनकी श्रेष्ठता को, स्थापित करने वाली पुस्तकों को तैयार करना। दूसरी दृष्टि से देखें तो इन संग्रहालयों के माध्यम से वे अपनी धरोहर को भावी पीढ़ियों के लिए भी सुरक्षित कर लेना चाहते थे। इस योजना के अन्तर्गत जो भी प्रयत्न किये गये उनमें सांस्कृतिक मूल्यों का मानकीकरण और सजग होकर उनका अनुकरण उस युग की प्रधान प्रवृत्ति बन गयी। इतिहासकारों ने इसकी पहचान के लिए और पूर्व युग से भिन्न दर्शाने के लिए इसे 'हेलेनिस्टिक' नाम दिया है। कला के क्षेत्र में हम इसे 'आभिजात्यवाद' की संज्ञा दे रहे हैं। इस काल में साहित्यिक गतिविधियों ने जो रूप लिया उसे मिस्र के सिकन्दरिया के सन्दर्भ में स्पष्टता से देखा जा सकता है।

ई.पू. 300 तक आते-आते बौद्धिक क्रिया-कलापों के केन्द्र के रूप में एथेन्स का आकर्षण लगभग समाप्त हो चला था। उसके स्थान पर कलाकार मुख्यतः सिकन्दरिया को देखने लगे थे। काव्य और काव्यशास्त्र को इस नगर ने नयी दिशा दी जिसका महत्त्व एथेन्स और रोम के काव्य चिन्तन के बीच की कड़ी के रूप में आज भी अक्षुण्ण है। इस उपलब्धि का श्रेय तोलेमी वंश को दिया जाता है। उसके शासनकाल में यह नगर अनेक विषयों के विद्वानों के साथ-साथ कवियों के लिए भी तीर्थस्थल बन गया। सिकन्दर की मृत्यु के पश्चात् मिस्र में उसके कार्याधिकारी तोलेमी प्रथम (ई.पू. 367-280; शासनकाल, 323-285) ने राजनीतिक दूरदर्शिता का परिचय देते हुए उसके मृत शरीर पर अधिकार कर लिया। इससे उसकी प्रतिष्ठा तो बढ़ी ही मिस्र, साइरीनि और फिनीशिया पर अपने वंश का राज्य स्थापित करने में भी वह सफल हुआ। ई.पू. 305 में उसने स्वयं को सम्राट् घोषित कर दिया। उसी के वंश की अन्तिम साम्राज्ञी क्लियोपात्रा हुई। हम तोलेमी वंश के प्रथम दो शासकों तक ही स्वयं को सीमित रखेंगे। एल्बिन लेस्की ने सिकन्दरियाई काल का सुवर्ण युग 300 से 260 ई.पू. तक माना है,[1] हम इसकी सीमा 240 तक बढ़ाना चाहेंगे क्योंकि काव्यशास्त्र की दृष्टि से कुछ महत्त्वपूर्ण कृतियाँ 260 के बाद की भी हैं।

प्रशासनिक कार्यों में तोलेमी प्रथम की सहायता करनेवाले मक़दूनियावासी बहुत थोड़े थे। उनसे अधिक वे यूनानी थे जो अन्य नगरों से आये थे। परिस्थितिवश इनके समक्ष भी अपनी सभ्यता-संस्कृति से जुड़े रहने की समस्या थी। अतः इन्होंने अपनी शिक्षा पद्धति को पहले के नगर-राज्यों, मुख्यतः एथेन्स, के अनुकरण पर ही विकसित करने का निश्चय किया। परिणामस्वरूप, यहाँ के सभी यूनानी स्वयं को एक ही सांस्कृतिक परम्परा के उत्तराधिकारी मानते हुए परस्पर दृढ़ सम्बन्ध में बँध गये। कम से कम ई.पू. 250 तक सिकन्दरिया के नगर-समाज में यूनानी और मिस्री तथा अन्य प्रदेशों से आये नागरिकों के बीच विभाजक रेखा अत्यन्त स्पष्ट थी।

यूनानी समाज चूँकि अधिकारी वर्ग था इसलिए वह जिस संस्कृति को फूलते-फलते देखना चाहता था वह यूनानी थी, आभिजात्य कला, साहित्य, दर्शन, धार्मिक विश्वासों तथा पौराणिक आख्यानों से प्रेरित थी। और इसके लिए संसाधन जुटाने की महती योजना बनायी तोलेमी प्रथम ने। उसके द्वारा स्थापित संग्रहालय तथा पुस्तकालय को साहित्य के इतिहास की बहुत बड़ी घटना भी कहें तो अनुचित न होगा। एक मत यह भी है कि आभिजात्यवादी काव्यशास्त्र इस पुस्तकालय रूपी वृक्ष पर लगा फूल है।

तोलेमी द्वितीय (ई.पू. 309-247;शासनकाल 285-47) ने अपने पिता द्वारा स्थापित संग्राहलय एवं पुस्तकालय को पूर्ण संरक्षण प्रदान किया। पुस्तकालय के संवर्धन के लिए और अपनी राजसभा की प्रतिष्ठा के लिए भी वह यूनानी विद्वानों, अनुसंधान करनेवालों तथा कवियों (चाहे वे किसी भी नगर के हों) को आमन्त्रित करता रहता था। उन्हें यहाँ पूर्ण सम्मान मिलता था और उनके रहने, खाने-पीने की व्यवस्था राज्य की ओर से की जाती थी। उन पर कोई कर भी नहीं लगाया जाता था तथा उन्हें हर प्रकार की सुरक्षा प्रदान की जाती थी और कभी भी यह अनुभव नहीं होने दिया जाता था कि वे यहाँ के नागरिक नहीं हैं। इन्हीं सुविधाओं को देखते हुए थियोक्रितुस ने उसे सर्वोत्तम सेवायोजक कहा था।[2] तोलेमी द्वितीय हृदय से चाहता था कि उसकी राजसभा सांस्कृतिक केन्द्र के रूप में विख्यात हो। विद्वानों एवं कवियों को सुविधाएँ देने के पीछे कारण यही था कि वे निश्चिंत होकर अपनी रचनाधर्मिता के विकास पर ध्यान दें। संयोग से इस कालखंड में जिन कवियों में युगीन प्रवृत्तियाँ सर्वाधिक स्पष्ट हैं, और काव्यशास्त्र की दृष्टि से जिन पर विचार करना हमारी अनिवार्यता है, वे तीनों सिकन्दरिया के पुस्तकालय तथा दरबारी वातावरण में बैठकर रचना कर रहे थे। उनसे सम्बन्धित साहित्य चर्चा में हमें स्मरण रखना होगा कि वह पूरे समाज को सम्बोधित नहीं था। उसकी रचना विशिष्ट मंडली, राज-समाज, के बीच रह कर हो रही थी। उसका सम्बोध्य अभिजात समाज का भी सीमित वर्ग था। वह किन्हीं नियमों के भीतर रह कर सोचा, समझा और रचा जा रहा था। उसके सन्दर्भ परम्परागत अवश्य थे किन्तु उन्हें नया आयाम दिया जा रहा था। उसके लिए जिस लाक्षणिक भाषा का विकास हो रहा था उसका सम्बन्ध दैनंदिन जीवन से न हो कर पुस्तकालय से था। वहाँ पर जो काव्य-संग्रह तैयार हो रहे थे, कवियों और उनकी रचनाओं पर जो शोध-टिप्पणियाँ लिखी जा रही थीं उन सबसे साहित्यिक मूल्यांकन की एक नयी दृष्टि विकसित होने लगी थी, और उसका प्रभाव मौलिक साहित्य रचना पर भी पड़ना स्वाभाविक था। इसलिए, पहले उस पर विचार कर लेना उचित होगा।

2.1.1 पाठालोचन : काव्यशास्त्र का नया अध्याय

आभिजात्यवादी साहित्य को प्रोत्साहित किया तोलेमी के दरबार ने किन्तु समीक्षा दृष्टि को नयी दिशा दी पुस्तकालय ने। एक टिप्पणी के अनुसार तोलेमी प्रथम की मृत्यु के समय तक इसमें दो लाख खर्रे (रोल) संगृहीत हो चुके थे। इस संख्या पर शंका की जा सकती है किन्तु पुस्तकालय की विशालता पर नहीं।* इसका सूचीपत्र तैयार करने का भार कल्लिमाखुस को सौंपा गया था और यह 120 खंडों में तैयार हो पाया था। पुस्तकों तथा सूचनाओं के संग्रह की एक दृष्टि यह थी कि जो भी प्राचीन है वह संग्रहणीय है। इसलिए, पांडुलिपियों के जितने भी संस्करण प्राप्त थे वे सब वहाँ लाये जाते थे, लेखकों को जीवनी से सम्बन्धित अधिक से अधिक तथ्यों को इकट्ठा किया जाता था। साथ ही, अपने-अपने क्षेत्र के प्रसिद्ध व्यक्तियों के जीवन से सम्बन्धित टिप्पणियाँ भी संकलित की जाती थी। इससे अनुमान लगाया जा सकता है कि वहाँ कितनी पठनीय सामग्री संगृहीत हो गयी होगी।

सूचीपत्र तैयार करने के लिए कल्लिमाखुस को सहायक अवश्य दिये गये होंगे किन्तु उत्तरदायित्व तो उसी पर था। संग्रह को यथासम्भव उपयोगी बनाने के लिए उसने शोधपरक दृष्टि अपनायी। इसके अनुसार उसने वर्गीकरण के कई आधार लिये, जैसे, विधा के अनुसार–प्रबन्धकाव्य, गीतिकाव्य, त्रासदी, कामेदी आदि। फिर, इनमें से प्रत्येक के अन्तर्गत लेखक का वर्णक्रमानुसार स्थान निर्धारित किया और प्रत्येक लेखक की रचनाओं को भी विधा के अनुसार तथा, सम्भवतः वर्णमाला के क्रम में रखा गया था। इस कार्य को व्यवस्थित रूप देना कितना कठिन रहा होगा आज यह अकल्पनीय है। योजना की सफलता में सबसे बड़ी बाधा थी कृतियों पर स्पष्ट शीर्षक का न होना। इसके समाधान के लिए प्रत्येक रचना की आरम्भिक पंक्ति/पंक्तियों के साथ-साथ कुल पंक्तियों की संख्या भी दी जाने लगी। इतना ही नहीं कृतिकार की संक्षिप्त जीवनी का भी समावेश किया गया और जिनके बारे में कुछ सन्देह था उन पर टिप्पणी दी गयी। प्रयास यह किया गया कि टिप्पणी तथ्यपरक हो तथा एक सीमा तक लेखक या उसकी रचना का मूल्यांकन करने वाली भी हो। पुस्तकालय को अधिक से अधिक उपयोगी बनाने के लिए यह आवश्यक था और इसके माध्यम से शोधकार्य को गति मिलने की भी सम्भावना थी। इसमें दो मत नहीं कि पुस्तकालय एक विश्वस्तरीय शोधपीठ बन गया था और यह कहना भी गलत नहीं होगा कि सूचीपत्र स्वयं एक शोध-प्रबन्ध था।

---

* इसी प्रकार का पुस्तकालय पेर्गामम में अत्तालुस प्रथम (ई.पू. 241-197) ने भी स्थापित किया था।

पुस्तकालय का जैसे-जैसे विस्तार होता गया अनेक प्रतिभासम्पन्न कवि तथा भाषा-शास्त्री इसके साथ जुड़ते गये। फ़िलितास (ई.पू. 340/30–280/70) तोलेमी द्वितीय का शिक्षक था और कहा जाता है कि उसके शासनकाल में पुस्तकाध्यक्ष बननेवाला ज़ेनोदोतुस भी उसका शिष्य था। सम्भवतः उसकी योग्यता को देखते हुए फ़िलितास ने ही इस पद के लिए उसकी अनुशंसा की हो। उसकी सहायता के लिए दो और नियुक्तियाँ हुई, लाइकोफ्रॉन और प्ल्यूरॉन का सिकन्दर। दोनों अच्छे कवि थे। प्रतीत होता है पुस्तकालय में नियुक्ति के लिए किसी का कवि रूप में प्रसिद्ध होना भी धन-पक्ष माना जाने लगा था। कल्लिमाखुस इसका अच्छा उदाहरण है। पुस्तकालय में कार्यभार सम्भालने के पहले ही वह कवि एवं भाषाविद् के रूप में ख्याति अर्जित कर चुका था। ज़ेनोदोतुस के बाद अपोलोनियुस फिर इरेतोस्थनीज़ पुस्तकाध्यक्ष के पद पर नियुक्त हुए। इन दोनों की रचनाएँ उस समय तथा बाद में भी बहुचर्चित हुईं। तात्पर्य यह कि पुस्तकालय का वातावरण जितना शोधकार्य के लिए अनुकूल था उतना ही काव्य-रचना के लिए भी था। हम पहले शोधकार्यों पर विहंगम दृष्टि डाल रहे हैं।

फ़िलितास कवि मित्रों के बीच जितना लघु कविताओं के लिए जाना जाता था बाद की पीढ़ी में उससे अधिक कोशकार के नाम से विख्यात हुआ। उसने कठिन शब्दों का कोश तैयार किया था, विशेष रूप से ऐसे शब्द जो सामान्य होने पर भी अलग-अलग प्रदेशों में बिल्कुल भिन्न अर्थ देते थे। इसी पद्धति पर उसने प्रबन्धकाव्यों तथा गीतिकाव्यों से खोज-खोज कर यौगिक विशेषणों की सूची तैयार की जिसका बाद के कवियों ने अच्छा उपयोग किया। हो सकता है ज़ेनोदोतुस को होमर का पाठ सुनिश्चित करने की प्रेरणा इसी से मिली हो। उस समय होमर के महाकाव्यों के अनेक पाठ प्रचलन में थे जो भिन्न-भिन्न प्रदेशों में समय-समय पर तैयार किये गये थे। उनमें से कौन सा मूल पाठ है या उसके निकट है यह पता लगाना एक विकट समस्या थी। यही स्थिति अन्य कवियों के सम्बन्ध में भी थी। ज़ेनोदोतुस ने होमर की पांडुलिपियों का विभिन्न कोणों से गहन अध्ययन किया, प्रतिपाद्य के विभिन्न स्रोतों पर विचार किया और तब आलोचनात्मक टिप्पणियों सहित उनका सम्पादन किया। इसके अतिरिक्त जो स्थल अत्यन्त विवादास्पद थे उन्हें 'ओबेलस' कहे जानेवाले कटार के चिन्ह द्वारा इंगित किया। पाठालोचन का यह पहला चिन्ह था। ज़ेनोदोतुस के कार्य को आगे बढ़ाया उसके शिष्य बिजैंटियम के एरिस्तोफ़ेनीज़ ने। उसने कुछ ऐसे चिन्ह सुझाये जिनसे यूनानी शब्दों में उतार-चढ़ाव को व्यक्त किया जा सकता था। साथ ही विराम-चिन्हों का विकास किया तथा कुछ नये आलोचनात्मक चिन्ह भी निश्चित किये। इस दिशा में उसका एक और महत्त्वपूर्ण कार्य था कुछ नाटकों का सम्पादन

जिन्हें सुकर बनाने के लिए विषय-प्रवेश के रूप में कथा का संक्षेप भी दिया और पृष्ठभूमि पर भी विचार किया। प्रतीत होता है उसके सामने अरस्तू की परम्परा किसी न किसी रूप में विद्यमान थी। इसके साथ-साथ भावी अध्येताओं को ध्यान में रखते हुए उसने संज्ञापदों तथा विरल शब्दों का कोश भी तैयार किया।

पाठालोचन की इस परम्परा को आगे बढ़ानेवालों में एरिस्तार्खुस का नाम मुख्य है। होमर पर किये गये उसके काम को देखते हुए उसका नाम ही 'होमरमय' (होमरिक) पड़ गया था।[3] कुछ समीक्षकों ने उसे प्रथम आलोचक की संज्ञा भी दी है। उसने होमर के विभिन्न संस्करणों में ऐसी पंक्तियों को चिह्नित करने का प्रयास किया जो मूल पाठ में नहीं रही होगी। इस कार्य के लिए उसने सिद्धान्त यह अपनाया कि मूल पाठ का निर्धारण केवल भाषा के आधार पर ही किया जाना चाहिए। अर्थात् यह देखा जाना चाहिए कि कवि किन शब्दों का प्रयोग अधिक करता है, उसने किस बोली/बोलियों से शब्द लिये हैं, उसकी शैली कैसी है, आदि। इसके बाद क्षेपकों या भरती के शब्दों का पता लगाना सरल हो जाता है। अब, इस सिद्धान्त को यदि दूसरे ढंग से कहना हो तो कहा जा सकता है कि किसी कवि का अध्ययन इतिहास के परिप्रेक्ष्य में ही सम्भव है। जैसे, यह देखना कि वह किस प्रदेश में बैठकर रचना कर रहा था? वह क्षेत्र सभ्यता के किस चरण में था? वहाँ की भाषा/बोली का क्या स्वरूप था? इसे हम इतिहास की पृष्ठभूमि में रचना के अंतरंग अध्ययन (इंट्रिजिक स्टडी) का प्रारम्भ कहना चाहेंगे। इस पद्धति का अनुसरण करते हुए एरिस्तार्खुस का निष्कर्ष था कि होमर में जिन मिथकों तथा काल्पनिक कथाओं का तानाबाना बुना गया है वह यूनानी सभ्यता के विकास में आरम्भिक चरण का बोधक है।[4]

प्रामाणिक पाठ सम्पादन का यह कार्य होमर तक ही सीमित नहीं रहा, प्राचीन काल के अन्य कवियों के पाठ भी इसी तरह के कतिपय नियमों का पालन करते हुए स्थिर किये गये। निष्कर्ष यह कि काव्यशास्त्र में पाठालोचन का एक नया अध्याय जुड़ गया। किन्तु इससे यह नहीं समझ लेना चाहिए कि शोध के अन्य विषयों की ओर इन विद्वानों का ध्यान नहीं गया। कल्लिमाखुस द्वारा तैयार किये गये बृहत् सूचीपत्र का उल्लेख पहले कर आये हैं। कहने को यह सूचीपत्र अवश्य था किन्तु प्रकृति में यह लेखकों और उनकी रचनाओं का जीवनी तथा इतिहास के परिप्रेक्ष्य गें तथ्यात्मक अध्ययन था। साहित्य के इतिहास को इससे नयी दिशा मिली। कुछ समय के पश्चात् बिज़ैटियम के एरिस्तोफ़ेनीज़ ने इसकी त्रुटियों को दूर करने के लिए एक और शोध प्रबन्ध तैयार किया। सम्भवतः कल्लिमाखुस भी यह अनुभव कर रहा था कि कुछ विषयों का विश्लेषण किंचित् विस्तार की अपेक्षा रखता है, इसी उद्देश्य से उसने दिमोक्रितुस और नाटकों पर स्वतन्त्र प्रबन्ध तैयार किये।[5] लाइकोफ्रॉन ने कामेदी पर ग्यारह खंडों में और इरेतोस्थनीज़ ने पुरानी अत्तिकी कामेदी

पर बारह खंडों में प्रबन्ध तैयार किये। इरेतोस्थनीज़ ने अपने प्रबन्ध को प्रामाणिक और उपयोगी बनाने के लिए लेखकों, नाटकों की तिथियों, उनके कथानकों तथा भाषा पर भी खोजपूर्ण टिप्पणियाँ लिखी। इससे निर्णयात्मक आलोचना की नयी परम्परा का शुभारम्भ हुआ। बाद में यह प्रबन्ध एक प्रामाणिक ज्ञान-स्रोत के रूप में समादृत हुआ।

पुस्तकालय की चारदीवारी के भीतर साहित्य के अध्ययन की नयी-नयी दिशाएँ दिखायी देने लगी थीं और अध्येता उन दिशाओं में आगे बढ़े। उनके अध्ययन का प्रभाव काव्यशास्त्र और काव्य-रचना में दो प्रकार से फलीभूत हुआ। पुस्तकालय से सम्बद्ध कवि-समीक्षक बड़ी तीव्रता से अनुभव करने लगे थे कि आभिजात्य धरोहर को अक्षुण्ण रखना उनका उत्तरदायित्व है, उनकी रचनाओं में परम्परा की निरन्तरता गोचर होनी चाहिए, वे सारे सन्दर्भ जिनसे आभिजात्य काव्य महिमा-मंडित है उनकी कृतियों में भी आने चाहिए और साथ ही उन्हें समय की अपेक्षाओं पर भी खरा उतरना है, परम्परा से हटकर कुछ नया कहना है। यह कार्य केवल अन्धानुकरण द्वारा सम्भव नहीं था। इसलिए, परम्परा को उन्होंने नयी परिभाषा दी, युगानुरूप उसकी नयी व्याख्या की। इस प्रभाव का दूसरा रूप रचनाधर्मिता के नियमों में देखा जा सकता है। इन कवि-समीक्षकों द्वारा अनुसंधान का कार्य किन्हीं सिद्धान्तों/नियमों का पालन करते हुए किया जा रहा था जो स्वयं इन्हीं के बनाये हुए थे। इनकी वही दृष्टि अब काव्य-रचना के प्रति भी बन गयी तथा व्यावहारिक समीक्षा में भी व्यक्त होने लगी। काव्यालोकन की इस नयी दृष्टि की पहचान के लिए हम इधर-उधर व जाकर केवल कल्लिमाखुस, अपोलोनियुस तथा थियोक्रितुस की मान्यताओं तक ही स्वयं को सीमित रख रहे हैं। हमारे विचार से ये तीनों अपने युग का पूर्ण प्रतिनिधित्व करने में समर्थ हैं।

2.1.2 लघु प्रति बृहत्

लाइसिप्पुस सिकन्दर का मूर्तिकार था और अपिलीज़ चित्रकार। लाइसिप्पुस फ़िदियास की इस उपपत्ति का पोषक था कि 'देवता महान् हैं' इस भाव को संप्रेषित करने के लिए उनकी बृहदाकार मूर्तियाँ बनायी जानीं चाहिए। इसके प्रत्यक्ष उदाहरणस्वरूप उसने तरेंतुम नगर के लिए 70 फुट ऊँची प्रतिमा बनायी और हर्क्यूलीज़ की भी वैसी ही विशालकाय मूर्ति बनायी। उसके शिष्य ने रूहोड्ज के लिए अपोलो की 105 फुट ऊँची प्रतिमा बनायी थी जो कुछ वर्षों के बाद भूचाल में खंडित हो गयी। महान् विषय विशाल आकार की अपेक्षा रखता है इस अवधारणा का किंचित् भिन्न रूप यह सामने आया कि 'सद्‌गुण' के उदात्त भाव को संप्रेषित करने के लिए भी उसकी विशाल प्रतिमा बनायी जाय। यह विचारधारा सहज विश्वसनीय होने के कारण आभिजात्यवादी

युग में भी प्रचलित रही और बाद में रोमी मानसिकता को भी इसने प्रभावित किया। आज अनेक यूनानी मूर्तियाँ रोमी प्रतिकृतियों में ही उपलब्ध हैं।

विषय और उसकी अभिव्यक्ति (रूप-पक्ष) में पूर्ण सहभाव का समर्थन करनेवाला चौथी शताब्दी का यह विचार (चाहें तो इसे सिद्धान्त भी कह सकते हैं) चिन्तन का एक पक्ष है। इसके समानान्तर दूसरी विचारधारा यह उभर रही थी कि कला में कौशल एक महत्त्वपूर्ण घटक है और उसकी अभिव्यक्ति स्पष्ट होनी चाहिए। यथार्थवादी चित्रण का यही आधार था। विषय कितना ही सामान्य क्यों न हो उसका तथ्यपरक प्रस्तुतीकरण स्वयं में एक मूल्य है, उसे कलाकृति की संज्ञा से अभिहित किया जाना पूर्णतया उचित है। यथातथ्यपरक चित्रण के संज्ञानात्मक मूल्य को रेखांकित करके[6] अरस्तू ने वस्तुतः इसी प्रवृत्ति को वैचारिक आधार दिया है। लाइसिप्पुस ने सम्भवतः इसी से प्रेरित होकर हर्क्यूक्लीज़ की एक फुट ऊँची मूर्ति बनायी। इसका शीर्षक ही यह बोध कराता है कि यह मेज़ पर सजाने के लिए ही बनायी गयी थी।* हम इसे अलंकरण के मूल्य की स्वीकृति कहेंगे। कलाकार ने इसकी मुद्रा भी ऐसी बनायी थी मानों काम के बाद वह आराम से मद्यपान कर रहा है। इस मूर्ति की विशेषता यह है कि हर्क्यूलीज़ का आकार छोटा होते हुए भी दर्शक उसकी असीम शक्ति को अनुभव कर सकता है। चित्रकला में इस प्रवृत्ति का बोध कराने के लिए एक विशेष घटना का उल्लेख किया जाता है। अपिलीज़ र्‌होड्ज़ में अपने चित्रकार मित्र प्रोतोजिनीज़ के घर मिलने के लिए गया। संयोग से वह घर पर नहीं था तो उसने वहीं रखे एक फलक पर हलकी सी सुन्दर रेखा खींच दी। प्रोतोजिनीज़ ने घर लौटने पर वह रेखा देखी तो समझ गया कि कौन आया था। तब उसने उस रेखा को काटते हुए एक और उससे भी हलकी रेखा खींच दी। उसके कुछ और देर बाद जब अपिलीज़ यह सोचकर लौटा कि सम्भवतः प्रोतिजिनीज़ घर आ गया हो तो अपनी रेखा को कटी हुई देखकर वह आश्चर्य में पड़ गया। तब उसने अपनी पहली वाली रेखा को और भी सूक्ष्मता से काटते हुए एक और रेखा खींच दी। प्रोतोजिनीज़ ने वह फलक सम्भाल कर रख लिया। बाद में यह फलक रोम पहुँचा और आग लगने से नष्ट हो गया।[7]

उपर्युक्त दोनों उदाहरण लघुता/सूक्ष्मता के प्रति आकर्षण को दर्शाते हैं। इसके दो लक्ष्य हो सकते हैं। एक ओर इससे कलाकार की दक्षता का बोध होता है जो कभी-कभी कलाकार के लिए अत्यन्त महत्त्वपूर्ण हो जाता है और वह इसे ही प्रयोजन मान बैठता है। मीनान्दर की चर्चा के अन्तर्गत इसके एक रूप पच्चीकारी का उल्लेख

---

* जनधारणा के अनुसार यह सिकन्दर की खाने की मेज़ पर रखने के लिए बनायी गयी थी।

हो चुका है। दूसरे, उसका यह सन्देश भी हो सकता है कि लघुता/सूक्ष्मता भी असीम शक्ति/अर्थगाम्भीर्य का बोध करा सकती है। इस उपपत्ति को यदि काव्य के सन्दर्भ में देखें तो कहा जा सकता है कि लघु काव्य भी, यदि वह कुशलतापूर्वक रचा गया है, वैसा ही महान् लक्ष्य सिद्ध कर सकता है जैसा कोई प्रबन्धकाव्य। बिहारी के दोहों के बारे में यह बात कही भी जाती है। आभिजात्यवादी युग ने लघुता के प्रति विशेष रुचि को आग्रहपूर्वक ग्रहण किया और उसे अपनी पहचान बना लिया। यह तो नहीं कहा जा सकता (कम से कम काव्य के क्षेत्र में) कि आभिजात्य युग में लघु काव्य की कोई परम्परा नहीं थी किन्तु इसे एक मूल्य के रूप में देखना तत्कालीन परिस्थितिगत विचारधारा का परिणाम था। उस समय एक विशाल भू-भाग पर सिकन्दर की विजय ने यूनानियों को एक ओर धरती के विस्तार का तो दूसरी ओर मनुष्य के लघु होने पर भी उसकी असीम शक्ति का आभास करा दिया था। सेनेका की एक टिप्पणी है—सिकन्दर विश्व से कहीं अधिक महान् है; विश्व सिकन्दर के लिए बहुत छोटा है। सिकन्दर ने यह सिद्ध कर दिया था कि विशाल पृथ्वी और लघु मानव जब आमने-सामने होते हैं तो जीत लघुता की शक्ति की होती है। काँटा कितना छोटा होता है फिर भी पाँव में चुभ जाने पर बड़े से बड़ा आदमी भी विह्वल हो उठता है। इस घटना का प्रतीकात्मक चित्रण थियोक्रितुस के ग्राम गीत 4 में हुआ है; पैन और सैटिर शीर्षक से एक शिल्प भी इसी भाव को व्यक्त करता है।

उपर्युक्त तथ्यों से अनुमान लगाना कठिन नहीं है कि सिकन्दरिया में म्यूज़ों के तथाकथित 'चिड़ियों का पिंजरा' (संग्रहालय-पुस्तकालय) में लघु प्रति बृहत् का वाक् युद्ध आरम्भ होने के पहले ही रचना के धरातल पर दोनों प्रवृत्तियाँ अस्तित्व में आ चुकी थीं। दोनों का अपना-अपना वैचारिक आधार था। बृहत् के पक्ष में आभिजात्य परम्परा पहले से विद्यमान थी, लघु के पक्ष में भौतिक संस्कृति थी जो वस्तु में अलंकरण के मूल्य/गोचर सौन्दर्य पर बल दे रही थी (हर्क्यूलीज़ तथा इरॉस/कामदेव के बाल रूप की मूर्तियाँ एवं चित्र इसके प्रमाण हैं), राजसभाएँ इसका मूर्त रूप थीं। हम, यहाँ जिन तीन कवियों को ले रहे हैं उनमें से कल्लिमाखुस और थियोक्रितुस लघु काव्य के समर्थक थे और अपोलोनियुस बृहत् काव्य का रचयिता था। उन दिनों कल्लिमाखुस और अपोलोनियुस की प्रतिद्वन्द्विता खुलकर सामने आ गयी थी। संयोग से तोलेमी द्वितीय से निकटता के कारण कल्लिमाखुस की स्थिति सुदृढ़ थी। उसकी कविताएँ साहित्यकारों के बीच अपना स्थान बना चुकी थीं। इसलिए लम्बी कविताओं और उनके रचयिताओं पर किये गये उसके प्रहार स्वयं में इतिहास बन गये।

2.1.2.1 कल्लिमाखुस (ई.पू. 310-240/35)

2.1.2.1.1 जीवनवृत्त

कल्लिमाखुस का जीवनकाल और काव्य दोनों को ही सिकन्दरियाई साहित्य में विशिष्ट स्थान प्राप्त है। तोलेमी द्वितीय और पुस्तकालय दोनों से सम्बन्ध होने के कारण उसकी ख्याति दूर-दूर तक थी फिर भी उसके जन्म और मृत्यु की, तथा जीवन की अन्य घटनाओं की भी, तिथियाँ अनुमानित ही हैं। हाँ, इतना अवश्य निश्चित है के उसका जन्म साइरीनि नगर के सम्भ्रान्त परिवार में हुआ था, एपिग्राम-21 में उसने इसके संकेत दिये है। शेष के लिए उसकी कविताओं तथा उनसे सम्बन्धित घटनाओं को आधार बनाया गया है। जैसे, जिन कविताओं में सिकन्दरिया का कोई सन्दर्भ नहीं आया है उन्हें शुरू-शुरू की रचनाएँ मान लिया गया है। इसी तरह स्तुतिगान-1 में तोलेमी द्वितीय के शासनकाल के आरम्भिक वर्षों का उल्लेख है तो उसका समय ई.पू. 280 होना चाहिए; या देलॉस का स्तुतिगान का काल देलॉस की यात्रा ई. पू. 269-5 के बीच का होना चाहिए। 'आइतिया' की अन्तिम दो पुस्तकें, हेकाली और तीसरे स्तुतिगान की रचना एक अनुमान के अनुसार ई.पू. 246-40 के बीच हुई। इस साहित्यिक यात्रा को ध्यान में रखना इसलिए आवश्यक है ताकि उसके कवि-व्यक्तित्व के विकास एवं मूल्यदृष्टि में आये परिवर्तन के बीच परस्पर सम्बन्ध को समझा जा सके। सिकन्दरिया आकर कल्लिमाखुस ने इल्यूसिस उपनगर के एक विद्यालय में काव्य और व्याकरण पढ़ाना शुरू कर दिया। यह कहना कठिन है कि जीवन के इस कालखंड में एक अध्यापक के नाते प्रसिद्ध हुआ, या, लघु काव्य के रचयिता के रूप में। यह तथ्य भी अज्ञात ही है कि तोलेमी द्वितीय तक उसकी ख्याति कैसे पहुँची। बस इतना ही कहा जा सकता है कि शीघ्र ही उसका सम्बन्ध राजसभा तथा पुस्तकालय से जुड़ गया जो जीवन पर्यन्त बना रहा।

2.1.2.1.2. समीक्षा-दृष्टि

ऊपर हम जिस विवाद की चर्चा कर आये हैं वह सबसे अधिक कल्लिमाखुस की कविताओं में मुखर हुआ है। इससे सम्बन्धित अंशों पर हम दो कोणों से विचार करेंगे। पहला, अपनी रचनात्मक शक्तियों को अभिव्यक्ति देने के लिए उसने छोटी कविताएँ क्यों चुनी? दूसरा, लम्बी कविताओं का विरोध करने के क्या कारण थे? इन्हीं के अन्तर्गत अपने आलोचकों को दिये गये उसके उत्तर भी आ गये हैं। इस विषय की भूमिकास्वरूप हम उसका एक घोषवाक्य उद्धृत करना चाहेंगे—"सामान्य जन से सम्बन्धित प्रत्येक वस्तु से मुझे घृणा है।"[8] यह सिकन्दरियाई दरबारी कविर्दृष्टि थी, यह उसकी समीक्षा-दृष्टि का भी बोध करा देती है। इस तथ्य के ऐतिहासिक सन्दर्भ मिलते हैं कि उसने जो कुछ भी लिखा विशिष्ट समाज के लिए, विशिष्ट अवसर

के लिए लिखा। अतः उसके सम्बोध्य की रुचि-अरुचि का उसके काव्य-चरित्र पर प्रभाव पड़ना स्वाभाविक था।

छोटी कविताओं में कल्लिमाखुस की रुचि इस चिन्तन से उद्‌भूत है कि वह युगीन जीवन के अधिक निकट है। और, बात केवल युग की माँग पूरा करने की नहीं है युगीन प्रतिभा की भी है जो उसके अनुसार लघु काव्य के अधिक अनुकूल है। अपोलोनियुस और उससे सहमति रखनेवाले अन्य कवि होमर की परम्परा को आगे बढ़ाना चाहते रहे होंगे। उनके सामने वही आदर्श था जिसे वे बचाये रखना चाहते थे। कल्लिमाखुस होमर विरोधी नहीं था किन्तु इस सम्बन्ध में उसकी निश्चित धारणा थी कि परम्परा द्वारा निर्धारित शब्दावली, वाक्य-रचना, कथानक विस्तार के बँधे-बँधाये नियम आदि कुछ ऐसी बातें है जिनका पालन कवि को करना ही पड़ेगा और ऐसी स्थिति में वह जो कुछ भी लिखेगा वह होमर की घटिया प्रतिकृति के अतिरिक्त और कुछ नहीं हो सकता। तब, सिकन्दरिया की जीवन्त संस्कृति से भी उसका कोई सम्बन्ध नहीं रह जायेगा, न उसमें मौलिकता होगी न कवि-व्यक्तित्व। अन्तिमाखुस की 'लाइदि' को उसने इसी आधार पर मोटी और अस्पष्ट पुस्तक कहा। इस पर उसका मुख्य आरोप था—"कवि ने श्रीगणेश किया अपनी प्रियतमा के विरह से फिर धीरे-धीरे वह पौराणिक आख्यान का उलझा हुआ पुलिन्दा बनकर रह गया।"[9] हो सकता है इस आलोचना के कुछ व्यक्तिगत कारण भी रहे हों (क्योंकि उस समय भी इस कविता के कम प्रशंसक नहीं थे) पर इस सम्बन्ध में एक वाक्य बहुधा उद्‌धृत किया जाता था—"बड़ी पुस्तक, बड़ी बला।" इस पृष्ठभूमि पर यदि देखें तो उसके निम्न एपिग्राम का अर्थ स्पष्ट हो जाता है:

मुझे पुनरावर्ती (साइक्लिक) कविता से घृणा है, न ही मुझे
वह [आम] रास्ता पसन्द है जिस पर भीड़ की भीड़ आ-जा रही हो
...मैं हर किसी कुएँ का पानी नहीं पीता हूँ;
जो भी सामान्य* है उस सबसे मुझे अरुचि है।

परम्परा का पल्ला पकड़कर चलनेवालों की भत्सर्ना करने के बाद वह अपना पक्ष रखता है—"हे दियोनाइसुस, तुम्हारे श्रेष्ठ कवि [काव्य के] संक्षिप्त रूपों में रचना करते हैं।"

कल्लिामाखुस निःसन्देह प्रतिभासम्पन्न कवि था, उसका अध्ययन व्यापक था। उसकी रचनाओं में प्राचीन संस्कृति और आभिजात्य युग के अनेक सन्दर्भ झाँकते हैं। उसकी कविताएँ छन्द की साफ़-सुथरी शुद्धता लिए हुए हैं और वाक्पटुतापूर्ण हैं। तोलेमी द्वितीय द्वारा उसे अपनी राजसभा का कवि बनाने और पुस्तकालय में

---

* 'सामान्य' से तात्पर्य है जो परम्परागत है और जिसका सब अनुसरण करते हैं।

कार्यभार सौंप देने से उसका सम्मान और भी बढ़ गया था। ऊपर की पंक्ति में दियोनाइसुस का सम्बोधन तोलेमी द्वितीय की ओर भी संकेत कर रहा है। उसकी पद-प्रतिष्ठा से लघु काव्य के पक्षधरों की स्थिति और सुदृढ़ हुई होगी। संयोग से इसी बीच अपोलोनियुस के प्रबन्ध-काव्य 'आर्गोनॉतिका' का प्रथम संस्करण प्रकाश में आ गया। उसकी योग्यता को देखते हुए ज़ेनोदोतुस के बाद उसे पुस्तकाध्यक्ष बनाया गया था (स्मरण रहे कल्लिमाखुस कभी पुस्तकाध्यक्ष नहीं बना)। इससे लम्बी कविता के समर्थकों का उत्साह बढ़ गया। 'आर्गोनॉतिका' के प्रथम संस्करण में अवश्य अनेक त्रुटियाँ रही होंगी जिनकी प्रतिपक्ष ने कड़ी आलोचना की होगी। उत्तर में विरोधियों ने भी कल्लिमाखुस पर कठोर प्रहार किये होंगे। प्रतीत होता है। अपनी-अपनी पक्षधरता ने अब वाक्-युद्ध का रूप ले लिया था। आइऐम्बुस XIII (आइऐम्बुस छन्द में लिखी कविता) इस दृष्टि से महत्त्वपूर्ण रचना है। इसमें अन्य कवियों द्वारा की गयी आलोचना और उसका उत्तर दोनों समाहित हैं। विरोधियों के उस पर कई आरोप थे। जैसे–

1. वह कभी इफ़िसुस गया नहीं फिर भी आयोनियाई भाषा में कविता करता है।
2. विभिन्न बोलियों का मिश्रण करता है।
3. पुरानी और नयी बोलियों का मिश्रण करता है।
4. अनेक काव्य-रूपों में रचना करता है।*

इनका उत्तर देते हुए उसने लिखाः

"मुझे काव्य-रूपों के वैविध्य की प्रेरणा खियोस के आयन शिल्पी से मिली है। शिल्पी से तो कोई नहीं कहता कि वह नाना प्रकार के शिल्प क्यों बनाता है। और ऐसा कोई नियम भी नहीं है कि एक कवि एक ही रूप-रचना तक सीमित रहे। म्यूज़ मुझे प्यार करती हैं तो दूसरों को इससे ईर्ष्या क्यों होनी चाहिए। किन्तु, आजकल कवियों को दूसरों पर कीचड़ उछालने की आदत ही पड़ गयी है। इसलिए म्यूज़ भी शीघ्रतापूर्वक उनके पास से होती हुई निकल जाती हैं इस डर से कि कहीं उन पर भी कीचड़ के छींटे न पड़ जायँ।"

---

* हाउज़र के अनुसार पुस्तकालय में ऐसे संग्रह भी तैयार किये गये थे जिनमें बिना किसी वर्ग विभाजन के विभिन्न विषयों तथा शैलियों की कृतियाँ साथ-साथ रखी गयी थीं। इनमें दृष्टि यह थी कि महत्त्व विषय और शैली का नहीं है कृति के प्राचीन होने का है। कालान्तर में इसका परिणाम यह सामने आया कि मौलिक कृतियों में भी विषयगत और शैलीगत वैविध्य मिलने लगा। आज की शब्दावली में इन प्रयोगों को 'रीमिक्सिंग' कहा जा सकता है। बाद में इस प्रवृत्ति ने रोमी काव्य-चिन्तन को भी प्रभावित किया। वहाँ इसे एशियाई शैली नाम दिया गया।

यहाँ कवि ने अन्तिम वाक्य में विरोधियों को उन्हीं की भाषा में उत्तर दे दिया है। 'म्यूज़ मुझे प्यार करती हैं' इस वाक्य का ध्वन्यर्थ है कि मेरी रचनाएँ इसलिए श्रेष्ठ हैं क्योंकि वे म्यूज़ों की प्रेरणा से लिखी गयी हैं, मुझे उन्होंने इसके लिए जन्मजात संस्कार दिये हैं। दूसरी ओर 'म्यूज़ भी' वस्तुतः यह अर्थ दे रहा है कि मेरे विरोधी जो कुछ भी लिखते हैं जोड़-तोड़ कर लिखते हैं, प्रेरणा के अभाव में उनके पास यही एक मात्र उपाय बचा रहता है।[11]

ऊपर प्रेरणा न होने का आरोप गम्भीर अवश्य है पर घटिया नहीं। आश्चर्य तो तब होता है जब वह और भी नीचे उतर कर आइबिस (सारस जाति का गन्दी चीजें खानेवाला पक्षी) का प्रतीक लेकर अपोलोनियुस पर प्रहार करता है।[12]

प्रतीत होता है 'लघु प्रति विशाल' को विषय बनाकर आरोप-प्रत्यारोप का यह क्रम दीर्घ काल तक चलता रहा था। स्तुतिगान-2 यद्यपि अपोलो को समर्पित रचना है किन्तु प्रतिद्वन्द्विता का स्वर इसमें इतना मुखर है कि लगता है मानों इसी के लिए लिखा गया है। निम्न पंक्तियाँ इसकी साक्षी हैं :

"ईर्ष्या ने अपोलो के कान में फुसफुसा कर कहा—

मैं उन लोगों की प्रशंसक नहीं हूँ जो सागर के जैसे विशाल गीत नहीं लिखते।

अपोलो ने उसे ठोकर से दूर हटाते हुए कहा :

असीरिया की नदी विशाल है, पर पता नहीं धरती का कितना कूड़ा-करकट अपने पानी के साथ बहा लाती है।

[ध्यान रहे] मीलिसी हर कहीं से दीयो के लिए* पानी इकट्ठा नहीं करती है,

अत्यन्त शुद्ध एवं पवित्र स्रोत से बूँद-बूँद टपकने वाली सभी जल-स्रोतों से श्रेष्ठ धारा से ही वे जल भरती हैं।

फिर देवता को विदा करने के बाद कवि लिखता है—"जहाँ ईर्ष्या होती है वहीं आलोचना वास करती है।"

कल्लिमाखुस का यह कथन तथ्यपरक है कि कुछ लोग ईर्ष्यावश आलोचना करते हैं। राजसभा में उसका सम्मान और उसकी छोटी कविताओं की लोकप्रियता के कारण अन्य कवि अवश्य उससे ईर्ष्या करते रहे होंगे किन्तु वह स्वयं भी इससे कहाँ मुक्त था। 'आर्गोनॉतिका' के प्रकाशन से उसकी यह धारणा अवश्य खंडित हो गयी होगी कि युगीन प्रतिभा केवल लघु काव्य में ही पूर्ण अभिव्यक्ति पा सकती है। दूसरे, उसमें कतिपय दोषों के रहते हुए भी (जिनका बाद में परिहार कर लिया गया था) एक वर्ग ने उसका स्वागत किया क्योंकि प्रयोजन की दृष्टि से यह रचना

---

* दीयो = कृषि, खेत-खलिहानों की देवी। मीलिसी = दीयों की पुजारिनें इस नाम से जानी जाती थीं।

सचमुच आलोच्यकाल की कसौटी पर खरी उतरती है। फिर उसका यह कथन कि मुझे सागर के जैसे विशाल गीत पसन्द नहीं है ईर्ष्या भाव से ही उद्भूत है। अब, कहने को तो उसने कह दिया कि बड़ी नदी अपने साथ बहुत सा कूड़ा-कर्कट भी बहा लाती है, ऐसे अशुद्ध जल से देवता का अभिषेक कैसे किया जा सकता है? इसी तरह लम्बी कविता में बहुत कुछ अवांछित होता है, अनेक त्रुटियाँ होती हैं, अपोलो, अर्थात् तोलेमी द्वितीय, को ये रुचिकर कैसे लग सकती हैं? किन्तु क्या यह वास्तविकता थी? देखा जाय तो वस्तु-स्थिति का उसका यह आकलन भ्रमपूर्ण था।

ऐतिहासिक तथ्य बतलाते हैं कि अपोलोनियुस अपनी रचना की कठोर आलोचना से दुःखी होकर रूहोड्ज़ चला गया था जहाँ उसने उसका दूसरा संस्करण तैयार किया। इस सम्भावना को नकारा नहीं जा सकता कि कल्लिमाखुस की मंडली के प्रबल विरोध के कारण ही तोलेमी ने भी उसमें कोई रुचि न दिखलायी हो। अपोलोनियुस मूलतः सिकन्दरिया का ही था, वहीं के राजा से उसे प्रोत्साहन न मिले तो उसका दुःखी होना स्वाभाविक था। रूहोड्ज में 'आर्गोनॉतिका' के संस्कारित रूप की भूरि-भूरि प्रशंसा हुई। इसके बाद उसे सिकन्दरिया आमन्त्रित किया गया, अथवा, अनुकूल वातावरण होने पर वह स्वयं ही चला आया इसकी ठीक-ठीक जानकारी नहीं मिलती।

बृहत् काव्य की आलोचना के बाद कल्लिमाखुस लघु काव्य के धन पक्ष को प्रस्तुत करता है। 'अत्यन्त शुद्ध... भरती हैं' यह वाक्य उसके काव्य की विशेषताओं पर प्रकाश डाल रहा है। शुद्ध और पवित्र विशेषणों से जतलाना चाहता है कि उसकी प्रत्येक रचना नयापन लिए हुए होती है। वह किसी दूसरे का भाव नहीं चुराता है और न उसके कहने का ढंग किसी अन्य का अनुसरण करता है। इसके अतिरिक्त यह अर्थ भी ध्वनित हो रहा है कि एक जलधारा से जब वे जल भर लेती हैं तो दूसरी बार किसी अन्य धारा से जल भरती है। बूँद-बूँद टपकनेवाली धारा से थोड़ा जल = (लघु काव्य) ही भरा जा सकता है। वेब्सटर ने मीलिसी (पुजारिनों) के लिए मधुमक्खी शब्द का प्रयोग किया है और पूरे वाक्य को इस अर्थ में समझा है कि इनके द्वारा वह नाना प्रकार की अपनी छोटी कविताओं के औचित्य को सिद्ध कर रहा है।[13] अर्थात्, वह इतना आलसी नहीं है कि एक ही स्रोत पर निर्भर रहे। वह मधुमक्खियों की तरह श्रमशील है जो अलग-अलग फूलों से नाना गुणयुक्त मधु इकट्ठा करती हैं। इसीलिए उसकी कविताओं में वैविध्य है किन्तु साथ-साथ वे माधुर्य एवं सौन्दर्य से भी भरपूर हैं, और शुद्धतम (त्रुटिहीन) तथा श्रेष्ठतम भी। यहाँ, यदि 'दीयो' का प्रतीकार्थ तोलेमी ले लिया जाय (जैसे अपोलो का लिया गया है) तो इसका ध्वन्यर्थ भी यही निकलता है कि उसकी प्रत्येक कृति अन्यों की तुलना में अधिक मूल्यवान् है इसी कारण से देवता ने उसे स्वीकार कर उसका सम्मान किया है।

एटकिन्स ने कल्लिमाखुस की ऐसी पंक्तियों के निहितार्थ से निष्कर्ष निकाला है कि उसे अपनी कविताओं पर बहुत अभिमान था, इतना कि जहाँ तक सुकुमारता तथा परिष्कार का प्रश्न है होमर भी उससे पीछे छूट जाता है।[14] प्रकारान्तर से वह सिद्ध करना चाहता है कि यह प्रशिक्षण एवं अभ्यास का परिणाम है (अर्थात् वह व्युत्पत्ति तथा अभ्यास पर अधिक बल दे रहा है) और यह कलात्मकता छोटी कविताओं में ही सम्भव है। विरोधियों ने उसके तर्क को यथारूप न लेकर उस पर अक्षमता का आरोप लगा दिया, यह प्रचार करना शुरू कर दिया कि प्राचीन काल के राजाओं तथा वीर नायकों की विजय गाथाओं को किसी बृहत् काव्य में व्यक्त करने में वह असमर्थ है। अब, इसका उत्तर देना आवश्यक हो गया। 'आइतिया' की रचना प्रबन्धकाव्य की पद्धति पर हुई है। वह सिद्ध करना चाहता था कि लम्बी कविता लिखने में भी उतना ही दक्ष है। इसके उपोद्‌धात में उसने फिर से लघु तथा बृहत् के प्रति अपना दृष्टिकोण स्पष्ट किया है। इसमें कुछ तर्कों की पुनरावृत्ति अवश्य हुई है पर, सम्भवतः, वह संकेत देना चाहता था कि प्रबन्ध-शैली में यह रचना वह भले कर रहा हो किन्तु इसका यह अर्थ नहीं है कि उसके विचार बदल गये हैं। अभी भी वह छोटी कविताओं का झंडाबरदार है। हमारे मत से उपोद्‌घात का यह अंश सिकंदरिया के नये काव्यशास्त्र का सार है। कुछ पंक्तियों के सन्दर्भ में इसे स्पष्ट देखा जा सकता है।

1. [मैं जानता हूँ कि] तेलखिनीज़ (मनुष्यों को तंग करनेवाले मायावी जीव) अज्ञानी हैं और म्यूज़ के मित्र भी नहीं हैं। वे मेरी कविता से खीजे हुए हैं क्योंकि मैंने हज़ारों पंक्तियों वाली लम्बी कविता न लिखकर एक बालक की भाँति क्रीड़ा-भाव से छोटी-छोटी कथाएँ गढ़ी हैं।

   लम्बी कविताओं को वह परम्परा का अनुसरण मानता था जिनमें पिष्ट-पेषण के अतिरिक्त और कुछ नहीं हो सकता, नयेपन का तो प्रश्न ही नहीं उठता। हो सकता है चौथी शताब्दी में प्रबन्ध-शैली में लिखे गये ऐसे काव्य उसके सामने रहे हों जिनमें नियमों की जकड़बन्दी से मौलिकता नष्ट हो गयी हो। या, काव्य को परखने का मानदंड ही ऐसा बन गया हो जिसमें यह देखा जाता रहा हो कि नियमों का पालन किस सीमा तक हुआ है। बहुत सा साहित्य नष्ट हो जाने के कारण आज वस्तु-स्थिति का पता लगाना असम्भव हो गया है। किन्तु, छोटी कविताओं के प्रचलन में प्रेरणास्वरूप राजसभा के वातावरण को अस्वीकार नहीं किया जा सकता। वहाँ विभिन्न प्रदेशों से आये हुए अपने-अपने विषय के विद्वान् बैठते होंगे। उनके सामने कवियों का उद्‌देश्य रहता होगा कि अनेक बोलियों में नाना छन्दों की रचना करके उन्हें चमत्कृत कर देना। कल्लिमाखुस अपने प्रयास

में कुछ अधिक सफल रहा होगा। उसके बढ़ते सम्मान से कुछ कवियों को ईर्ष्या हुई होगी। उन्हीं को सम्बोधित कर उसने लिखा—

2. मुझे छोटी और गूढ़ कविताएँ अधिक प्रिय हैं। हे विनाशकारी ईर्ष्यालुओ जाओ, आज से कविता कला के मानदंडों से मूल्यांकित होगी न कि फ़ारसी ज़ंजीर* [की माप] से।

पहले कहा जा चुका है कि वह छोटी कविताओं को युगीन मानसिकता के अनुकूल मानता था। इसके दोनों अर्थ लिये जा सकते हैं। पहला यह कि आज का [दरबारी] सामाजिक प्रबुद्ध है, शास्त्रीय ज्ञान रखता है (क्योंकि उसका सम्बन्ध पुस्तकालय से भी है), वह भारी-भरकम लम्बी कविता से प्रभावित नहीं हो सकता। दूसरा, चूँकि वह शास्त्रज्ञ है इसलिए रूप-पक्ष जितना सजा-सँवरा हुआ, शुद्ध, त्रुटिहीन तथा विविधतापूर्ण होगा उतना ही अधिक मूल्यवान् होगा। 'कला के मानदंडों से' वाक्यांश रूप-पक्ष की प्रधानता को रेखांकित कर रहा है। वस्तुतः अरस्तू के बाद प्रदेश की राजनीति में स्थितियाँ चाहे जैसी रही हों पाठ्यक्रम में काव्य और काव्यशास्त्र का महत्त्व कम नहीं हुआ, शास्त्रीय विषय के रूप में उसे लगातार पढ़ाया जाता रहा। अन्तर केवल इतना आया कि इसका अध्यापन कार्य दार्शनिकों के हाथ से निकल कर वैयाकरणों तथा भाषावैज्ञानिकों के हाथ में आ गया। फलस्वरूप, शास्त्र का यह पक्ष प्रधान हो गया कि कविता कैसे लिखी जानी चाहिए? उसके नियम क्या हैं? प्रकार कितने हैं? अब, काव्य के विभिन्न रूपों के लिए अलग-अलग भाषा, छन्द आदि स्थिर हो गये, जिन रचनाओं पर सर्वसहमति बन चुकी थी वे प्रतिमान बन गयीं। उनका किसी न किसी रूप में अनुसरण करना अनिवार्य हो गया। व्यवहार में काव्य-हेतुओं में व्युत्पत्ति और अभ्यास मुख्य हो गये। पुस्तकालय के वातावरण में ये विचार और पल्लवित एवं पुष्ट हुए। इस तरह रचनाधर्मिता सीमित हो गयी। कल्लिमाखुस भी जीवन के आरम्भिक वर्षों में व्याकरण का अध्यापक रह चुका था। उसका भाषा एवं छन्दों की शुद्धता तथा पांडित्य प्रदर्शन करनेवाले अनेक सन्दर्भों के समावेश आदि के प्रति मोह होना स्वाभाविक था। और, इसके लिए छोटी कविताएँ ही उपयुक्त थीं। अन्य कवियों के मार्गदर्शन के लिए, बड़ी कुशलता से, इसे दैवाज्ञा का रूप दे दिया—

3. मैंने लिखने की पाटी जब पहले-पहल घुटनों पर रखी
तो लिशियाई अपोलो ने मुझसे कहा—

---

* फ़ारसी ज़ंजीर से तात्पर्य है ज़मीन मापने की ज़ंजीर।

...हे कवि शिकार को खा-पीकर मुटाने दो, पर
म्यूज़ को छरहरी ही रहने दो। मेरी तुम्हें यह भी आज्ञा है—
ऐसे रास्ते पर चलो जिसे गाड़ियों ने कुचल न रखा हो:
अपने रथ को आम चौड़े रास्ते पर मत हाँको,
तुम्हारा रास्ता तंग भले हो, घिसा-पिटा न हो

× × ×

दूसरों को लम्बे कानवाले पशु (गधा) की तरह रेंकने दो
पर [तुम] मुझे उड़नेवाले जीव की तरह सुकुमार ही रहने दो।

इन पंक्तियों में कवि बात कर रहा है अपनी रुचि की किन्तु कसौटी तैयार कर हा है समसामयिक कविता को परखने की। इसके बाद वह फ़िलितास आदि अपने आदर्श कवियों की चर्चा करता है जिन्होंने उसे छोटी-छोटी कविताएँ लिखने की प्रेरणा दी थी। कविता के आरम्भ में ही अपोलो ने उसे संक्षेप में तथा कुछ नया कहने का आदेश दिया। आदेश से तात्पर्य है कि देवता ने उसके अन्तस को ही ऐसे साँचे में ढाला है, उसे ऐसे संस्कार दिये हैं कि उसका मन बस छोटी कविताओं में रमता है। इस वक्तव्य से, हो सकता है, यह संदेश भी वह दे रहा था कि मूलतः मैं लघु काव्य का पक्षधर हूँ (ध्यान रहे 'आइतिया' उसकी वृद्धावस्था की रचना है), लम्बी कविता का विरोधी तो मुझे विरोधियों की आलोचना ने बना दिया था। कविता अपने भारी-भरकम शरीर के कारण धरती पर चल रही थी, अब समय आ गया है कि वह स्थूलता त्यागकर, सूक्ष्म शरीर धारण कर ले और आकाश की ऊँचाइयों को छू ले। हम स्मरण करें, अरस्तू ने भी त्रासदी को प्रबन्धकाव्य का विकसित रूप (विकास का अन्तिम चरण) इसी अर्थ में कहा था कि आकार में लघु होने पर भी सामाजिक को प्रभावित करने की शक्ति इसमें उतनी ही है जितनी विशालकाय महाकाव्य में, बल्कि उससे भी अधिक। इस भाव की अनुगूँज हमें 'आइतिया' की निम्न पंक्तियों में भी मिलती है, "मानव जीवन को पोषित करनेवाली देवी दिमीतर की भेंट छोटी होती है किन्तु बड़े-बड़े ओक वृक्षों की तुलना में कहीं अधिक गुणकारी होती है।"[15] निष्कर्ष यह कि 'आइतिया' को प्रबन्धकाव्य का विशाल आकार भले ही अपनी क्षमता का परिचय देने के लिए प्रदान किया हो किन्तु इससे विरोधियों को यह नहीं समझ लेना चाहिए कि उसकी विचारधारा में कोई परिवर्तन आया है।

लघु एवं बृहत् के विवाद को किंचित् विस्तार से प्रस्तुत करना आवश्यक था। साहित्य में इस आभिजात्यवादी प्रवृत्ति का सबसे बड़ा प्रवक्ता कल्लिमाखुस था। उसने छोटी कविताएँ तो लिखीं ही, उनके माध्यम से 'लघुता' को काव्यशास्त्रीय सिद्धान्त के रूप में स्थापित भी किया। चिन्तन के क्षेत्र में लघुता के प्रति आकर्षण दृश्य कलाओं में इसके पहले ही प्रवेश कर चुका था। हर्क्युलीज़ और दियोनाइसुस

को बाल रूप में दिखलानेवाली मूर्तियाँ बहुत पहले से मिलने लगती हैं। बाल इरॉस को मूर्तियों और चित्रों में बहुत महत्त्व मिला, यूनानी कला में भी और रोमी कला में भी। इसके पीछे वैचारिक संदेश यही था कि इरॉस भले छोटा हो किन्तु मनुष्य तो क्या देव-दानव भी इसके वश में हो जाते हैं। इन उदाहरणों से समझा जा सकता है कि लघुता की लड़ाई लड़नेवाला वह अकेला नहीं था।

2.1.2.1.3 काव्य-हेतु

काव्य-हेतुओं के सम्बन्ध में कल्लिमाखुस की धारणा परम्परागत है। होमर से लेकर प्लेटो तक सभी ने काव्य रचना में म्यूज़ों के योगदान को निर्विवाद रूप से स्वीकार किया है। कवियों ने अलग-अलग ढंग से म्यूज़ों के साथ अपने सम्बन्धों की चर्चा की है। कल्लिमाखुस की अनेक कृतियाँ नष्ट हो गयी हैं इसलिए कहना कठिन है कि उसने कितने प्रकार से उनका आवाहन किया होगा। यदि उपलब्ध सामग्री के आधार पर बात करें तो कहना होगा कि वह हीसियोद से अधिक प्रभावित प्रतीत होता है। एक गीति में उसने अति सामान्य पद्धति अपनायी है जैसे, यह वाक्य–"हे देव, (अपोलो के लिए सम्बोधन) मेरा मार्गदर्शन करो क्योंकि उनके (म्यूज़ों के अर्थ में) बिना मैं गा नहीं सकता।" किन्तु 'आइतिया' में उसने इस निर्भरता को कथा का रूप दे दिया है जो पूरी तरह 'देववंशावली' की छाया है। वहाँ, कवि को हेलिकॉन पर्वत पर भेड़ें चराते हुए म्यूज़ का वरदान प्राप्त हुआ था। ठीक उसी तरह, यहाँ, उसने अपने स्वप्न का उल्लेख किया है कि कैसे हेलिकॉन पर म्यूज़ों से उसे 'आइतिया' का प्रतिपाद्य प्राप्त हुआ।[16] स्वप्न है–

'वह युवावस्था में हेलिकॉन पर्वत पर विचरण कर रहा है, वहीं उसकी भेंट म्यूज़ बहनों से होती है। म्यूज़ों से उसकी बातचीत बड़े अनौपचारिक ढंग से होती है। बातचीत, वस्तुतः, प्रश्नोत्तर रूप में होती है, वह प्रश्न पूछता जाता है और म्यूज़ उत्तर देती जाती हैं।' सामाजिक इससे यह निष्कर्ष निकालता है कि संस्कृति के अनेक पक्षों, अनुश्रुतियों एवं लोक परम्पराओं का ज्ञान उसे म्यूज़ों से ही प्राप्त हुआ है। उदाहरणार्थ, अमुक बलि प्रथा में वंशीवादन तथा फूल मालाओं का प्रयोग क्यों नहीं होता? या, आर्गोस में अमुक महीना भेड़ का महीना क्यों कहलाता है? ये कोई महान् विषय नहीं हैं, किन्तु इनकी प्रस्तुति ने बड़ा ही कलात्मक रूप ले लिया है। स्वप्न के वातावरण से इसमें रहस्य का भाव भी समाहित हो गया है। म्यूज़ों से हुई भेंट का उल्लेख करके कवि ने दो लक्ष्य सिद्ध किये हैं। पहला इस सत्य की स्थापना है कि कवि में दैवी प्रेरणा का होना आवश्यक है। 'देववंशावली' में हीसियोद की स्थापना भी यही है। उसे भी भेड़ें चराते हुए म्यूज़ के दर्शन हुए थे और काव्य-शक्ति का वरदान प्राप्त हुआ था। दूसरा लक्ष्य है सामाजिक को यह विश्वास दिलाना कि यह

ज्ञान चूँकि सीधे म्यूज़ से प्राप्त है इसलिए प्रामाणिक है। उन दिनों कवि के प्राधिकार को चुनौती मिलने की सम्भावना सदैव बनी रहती थी। उसका सामाजिक होमर के श्रोता की तरह सामान्य नागरिक नहीं था, राजसभा का प्रबुद्ध सदस्य था। वह प्रश्न उठा सकता था कि जिन स्थानों/नगरों में वह गया ही नहीं, फिर भी वहाँ की प्रथाओं की जानकारी दे रहा है तो उस पर कैसे विश्वास किया जाय? इस तरह, किसी भी शंका को निरुद्ध करने के लिए उसने म्यूज़ों को माध्यम बनाया। उनके लिए देश-काल की कोई बाधा नहीं है। म्यूज़ और सामाजिक के बीच में कवि माध्यम मात्र है। इसलिए सामाजिक यदि इस ज्ञान पर शंका करता है तो इसका अर्थ होगा वह म्यूज़ के ज्ञान पर शंका कर रहा है जिसका उसे कोई अधिकार नहीं है। वह ज्ञान को सिर झुका कर ग्रहण कर ले इसी में उसका हित है।

'कवि-प्रतिभा दैवी कृपा है' इस रूढ़ अवधारणा को कल्लिमाखुस कोई नयी दिशा नहीं दे पाया है और जिस तरह से उसने स्वप्न की चर्चा की है वह हीसियोद का अत्यन्त निम्नस्तरीय अनुकरण है। हो सकता है इसे कोई भिन्न रूप देने की उसे कोई इच्छा ही न रही हो क्योंकि आभिजात्य युग से चली आ रही इस अवधारणा के पहले से ही इतने संस्करण प्रचलित थे कि अब कुछ नया कहने को रह ही नहीं गया था। इसमें बस एक ही बात वह और जोड़ सका कि म्यूज़ों ने बचपन से ही उसके प्रति प्रेम भाव रखा है, अब वह बूढ़ा हो गया है ('आइतिया' का यही रचना काल है) फिर भी म्यूज़ों ने उससे आत्मीयता का नाता तोड़ा नहीं है इसका उसे सन्तोष है। 'आइतिया' का अभिव्यक्ति पक्ष उतना ही साफ़-सुथरा है जितना छोटी कविताओं का है। इसके लिए वह म्यूज़ों का ऋणी है।

2.1.2.1.4 काव्य-प्रयोजन

काव्य-हेतुओं के विवेचन में दिखायी देनेवाली न्यूनता की पूर्ति प्रयोजन की विविधता से हो जाती है। विविधता, वास्तव में, प्रयोजन के प्रस्तुतीकरण में है। सामान्यतः कविगण स्वयं को केवल दो प्रयोजनों तक सीमित रखते थे—आनन्द तथा ज्ञान/उपदेश। सिकंदरिया की राजसभा के कवि के लिए राजा की प्रशंसा करना इनकी अपेक्षा अधिक महत्त्वपूर्ण था। यह उसकी आजीविका का प्रश्न था, फिर प्रशंसा और आनन्द में युगपत् सम्बन्ध तो था ही। इस प्रयोजन को कल्लिमाखुस ने जितने विविध रूपों में सिद्ध किया है उनसे उसके पांडित्य तथा काव्य-कौशल दोनों की अच्छी जानकारी मिलती है।

देवताओं की किसी न किसी रूप में स्तुति करने की प्रवृत्ति बहुत पहले से चली आ रही थी। सार्वजनिक पूजा के अनेक ऐसे अवसर आते थे (जिनमें राजा भी भाग लेता था) जब कवि को देवता-विशेष के लिए स्तुतिगान लिखना होता था। राजा का

कवि होने के नाते कल्लिमाखुस ने इन स्तुतिगानों में तोलेमी द्वितीय की न केवल प्रशंसा करने का बल्कि उसे ही देवता मान लेने का हेतु ढूँढ़ लिया। इस विशिष्ट प्रयोजन के क्रमिक विकास को निम्न उद्धरणों के प्रकाश में देखा जा सकता है:

स्तुतिगान-एक, ज्यूस के प्रति–''ज़्यूस में सर्वोच्च सम्राट् के सभी गुण हैं। पक्षीराज उसका संदेशवाहक है। मानवों पर राज्य करनेवालों को भी वही शक्ति प्रदान करता है, उन पर उसकी विशेष कृपा होती है। उनमें (राजागण) भी तोलेमी उसे सर्वाधिक प्रिय है।'' ज़्यूस देवताओं का राजा है, वह समस्त विश्व का सम्राट् है। 'तोलेमी उसे सभी राजाओं में सर्वाधिक प्रिय है' इस एक वाक्य में अनेक अर्थ समाहित हैं। एक, धरती के सभी राजाओं में वह श्रेष्ठ है। दो, वह ज़्यूस की भाँति न्यायप्रिय शासक है। तीन, कोई भी शत्रु उसका विरोध करने का साहस नहीं कर सकता। चार, गुणी जनों पर उसकी सदैव कृपा रहती है। अन्तिम अर्थ का एक ध्वन्यर्थ यह भी लिया जा सकता है कि मेरी कृतियों से प्रसन्न होकर ही सम्राट् ने मुझ पर कृपा की है। राजसभा में मेरा जो पद है उसका आधार मेरी योग्यता है।

इस स्तुतिगान में ज़्यूस के जीवन से सम्बन्धित एक विशेष कथा आयी है। कल्लिमाखुस ने कथा को परम्परा से भिन्न रूप दिया है। कथा के पूर्व संस्करण के अनुसार ज़्यूस और उसके भाइयों ने पूरे विश्व पर शासन करने के लिए परची निकाली थी। संयोग से वह ज़्यूस के नाम निकली। कल्लिमाखुस ने इसके स्थान पर यह दरशाया है कि ज़्यूस छोटा होने पर भी अधिक योग्य था इसलिए उसके भाइयों ने स्वतः ही राजपद सौंप दिया। कथा को यह मोड़ उसने यह संदेश देने के लिए दिया कि तोलेमी द्वितीय अपने बड़े सौतेले भाई से अधिक योग्य होने के कारण ही राजा बनाया गया। इसमें राजा की प्रशंसा प्रकट प्रयोजन है और उसकी योग्यता की घोषणा करना प्रच्छन्न प्रयोजन है। लेस्की के अनुसार यह स्तुतिगान उस काल का है जब कवि तोलेमी के अधिक निकट नहीं था और उसकी कामना थी कि उसकी पदोन्नति हो। प्रस्तुत स्तुति के माध्यम से उसने अपनी इच्छा राजा तक पहुँचा दी।[17]

इसके बाद कवि की पदोन्नति हो गयी होगी यह मान लिया जाना चाहिए क्योंकि इसके बाद कवि ने राजा को देवता के रूप में देखना शुरू कर दिया। इस भाव को अभिव्यक्ति देनेवाला स्तुतिगान अपोलो को समर्पित है। इसमें उसने दिखलाया है कि अपोलो का जन्म होनेवाला है, उसकी माता लीतो ऐसी स्थिति में कोस द्वीप पहुँचती है। गर्भस्थ होने पर भी अपोलो अपनी माता से प्रार्थना करता है कि मुझे यहाँ जन्म मत दो क्योंकि भविष्य में यहाँ एक और देवता जन्म लेनेवाला है। कोस में तोलेमी के जन्म को देवता की भविष्यवाणी के साथ सम्बद्ध कर कवि उसके देवत्व को रेखांकित कर रहा है। इसका दूसरा ध्वन्यर्थ यह है कि देवता की भाँति ही दूर-दूर तक उसका एकछत्र साम्राज्य होगा। तोलेमी तृतीय की पत्नी को

'ग्रेसों'* पंक्ति में खड़ा करने के पीछे भी उसका यही प्रयोजन था। एपिग्राम L-II की ये चार पंक्तियाँ इसी भाव को समर्पित हैं।

ग्रेस चार हैं, पहले की तीन के अतिरिक्त एक और है,
[वह] पिछले दिनों ही उनके साथ आ मिली है,
उसका शरीर अभी भी सुगन्ध-सिक्त है। यह बेरेनिके है,
सर्वाधिक कान्तिमान्—उसके बिना अन्य ग्रेस ग्रेस नहीं रह जातीं।

बेरेनिके को समर्पित यह कविता पूरी तरह दरबारी है जिसमें विषय कोई भी हो घूम-फिर कर आश्रयदाता की प्रशंसा में समाप्त होता है। बेरेनिके का विवाह ई. पू. 247 में तोलेमी तृतीय से हुआ था। उसे देवी घोषित करना प्रकारान्तर से राजा को देवता रूप में देखना है। इस प्रकार की राजभक्ति अन्य कवियों में भी मिलती है किन्तु कल्लिमाखुस में कुछ अधिक ही है।

काव्य श्रवण से सामाजिक के ज्ञान का विस्तार हो यह प्रयोजन इस युग के लिए नया नहीं था फिर भी ज्ञान का स्वरूप अवश्य नवीनता लिये हुए था। होमर और हीसियोद का पौराणिक आख्यानों पर बल था, त्रासदीकारों ने ऐतिहासिकता पर अधिक ध्यान दिया, एरिस्तोफ़ेनीज़ की कामेदियों में एथेन्स का राजनीतिक वातावरण प्रमुखता से उभरा। सिकन्दरिया में सत्ता के विरुद्ध कोई भी टिप्पणी असम्भव थी। देश और काल की दूरी के कारण यहाँ के यूनानी समाज के लिए पुराकालीन अनुश्रुतियाँ लोकगाथाएँ, धार्मिक प्रथाएँ, विशिष्ट स्थानों का इतिहास जैसे विषय राष्ट्रीय धरोहर बन गये थे। यहाँ का समाज उसे ठीक-ठीक जानना चाहता तो रहा होगा पर इसका ज्ञान उसे मिले कहाँ से? पुस्तकालय से इन कवियों का सम्बन्ध उनकी शक्ति बन गया। पुस्तकालय की स्थापना ही अपनी थाती को बचाये रखने के उद्देश्य से हुई थी। उसी का लाभ उठाकर कल्लिमाखुस तथा उसकी मंडली ने उपलब्ध ज्ञान को सामाजिक तक पहुँचाना अपना लक्ष्य बना लिया। ज्ञान के विविध पक्षों पर इतना अधिक बल इससे पहले कभी नहीं दिया गया था। प्रतीत होता है जैसे कवियों में इसकी होड़ लग गयी थी। कहने को हमारे कवि ने अवश्य कहा कि 'आइतिया' लिखने का उद्देश्य यह दरशाना है कि वह लम्बी कविता भी लिख सकता है किन्तु मुख्य प्रयोजन था अपना पांडित्य प्रदर्शन जिसका लाभ सामाजिक भी उठा सकता था। लेस्की की धारणा है कि उस समय तक समाज अपने इतिहास और संस्कृति को भूलने लगा था, उसे फिर से इसका स्मरण कराना कवि अपना धर्म समझते थे।[18] 'आइतिया' का अर्थ है कारण की खोज अर्थात् किसी प्रथा, मान्यता पूजा-अर्चा अथवा अभिधान के उत्स को जानना। इसी पद्धति पर उसने एक और

---

* ज़्यूस की तीन पुत्रियाँ हैं, तीनों सौन्दर्य की देवियाँ मानी गयी हैं।

लघु प्रबन्धकाव्य 'हिकाली' शीर्षक से लिखा। इसके थोड़े से अंश ही मिल पाये हैं। इसमें कथा का विस्तार दो पक्षियों के संवाद के माध्यम से किया गया था। कथा भी एक नहीं है, कौआ कई पुरानी कहानियों को नये ढंग से कहता चलता है। पुरानी बातों को, नया रूप देना, या युगानुरूप उनकी नयी व्याख्या करना आभिजात्यवादी काव्यशास्त्र की निजी दृष्टि है। एक सम्भावना यह भी है, जैसा लेस्की ने कहा है, कि समाज प्रथा का पालन तो करता चला आ रहा था पर जिस भावना से वह आरम्भ हुई थी वह भुला दी गयी थी। इन कवियों ने यह लक्ष्य बना लिया था कि पहले मूल भावना को पहचानें फिर उसके महत्त्व को स्थापित करने के उद्देश्य से उसकी [नयी] व्याख्या करें।

जहाँ तक विषय प्रतिपादन का प्रश्न है इस काल के सभी कवियों ने व्युत्पत्ति पर पर्याप्त बल दिया है। इनकी रचनाओं में व्यापक अध्ययन की छाप स्पष्ट है और ये चाहते थे कि यह अर्जित ज्ञान सामाजिक तक भी पहुँचे। इसका ऋण पक्ष बस एक था कि पांडित्य प्रदर्शन की धुन में इनकी रचना कभी-कभी सूचीपत्र बन कर रह जाती थी। आर्तिमिस (वन की देवी जो शिकारी भी है) को समर्पित स्तुतिगान-3 में कुछ ऐसा ही हुआ है। इसके प्रथमार्ध में नगरों, बन्दरगाहों, पर्वतों, जलपरियों आदि का इतना विस्तृत वर्णन हुआ है कि इसे पद्यात्मक निर्देश पुस्तिका (मैनुअल) कह देना स्यात् अधिक उचित हो। इसमें कल्लिमाखुस जैसा कवि भी जब स्वयं को नहीं सँभाल पाया तब अन्य कवियों की कैसी-कैसी रचनाएँ सामने आयी होंगी इसकी कल्पना की जा सकती है।

काव्य के चिकित्सकीय प्रयोजन या प्रभाव की आभिजात्य युग में कोई परम्परा नहीं रही। पिन्दर ने काव्य के विषयरूप व्यक्ति पर इससे प्राप्त यश के चिकित्सकीय प्रभाव का वर्णन अवश्य किया है वह भी इस अर्थ में कि सफल होने के लिए उसने जो श्रम किया था उसे वह भूल जाता है।[19] इसे शुद्ध उपचार के अर्थ में लेने से किसी को संकोच भी हो सकता है। इस क्रम में चाहें तो अरस्तू की काथार्सिस की उपपत्ति को भी ले सकते हैं किन्तु कवियों ने इसे प्रयोजन के अन्तर्गत स्वीकार करने में कोई उत्साह नहीं दिखाया। अतः, कल्लिमाखुस द्वारा इसे प्रयोजन रूप में स्वीकार करना सचमुच आश्चर्य का विषय है। क्या उसे पिन्दर से प्रेरणा मिली होगी? कहा नहीं जा सकता, पर उसका विश्वास था कि कम से कम कवि का मनोरोग इससे अवश्य दूर हो सकता है। इसका उदाहरण उसके सामने था। पोलिफीमुरा ने गालातिया* के लिए अपनी प्रेम-पीड़ा पर कविता के माध्यम से ही विजय पायी थी। उसी का

* हाथीदाँत की नारी-प्रतिमा जो इसके शिल्पी की प्रार्थना पर जीवंत हो उठी थी।

उदाहरण देते हुए वह अपने मित्र फ़िलिपपुस को परामर्श देता है कि वह भी अपनी पीड़ा को कम करने के लिए काव्य-रचना आरम्भ कर दे। एपिग्राम -XLVI में उसकी एक पंक्ति आयी है—"हे फ़िलिपपुस, काव्य-कौशल सभी व्याधियों का उपचार है।" तात्पर्य यह कि काव्य का एक प्रयोजन मनोरोग का उपचार भी है।

जहाँ तक आनन्द का प्रश्न है वह व्यवहारतः सर्वस्वीकृत प्रयोजन था। हमारी धारणा है कि रूप-पक्ष के प्रति अतिरिक्त सावधानी (जो सिकन्दरियाई कवियों में मिलती है) का प्रच्छन्न प्रयोजन सामाजिक को आनन्द देना ही था। इस सम्बन्ध में ऐंद्रोमिनिदीज़ का यह कथन, "कवियों को अपनी भाषा का सावधानीपूर्वक संस्कार करना चाहिए, उनकी दृष्टि ऐसी बात पर नहीं होनी चाहिए जो किसी ने न कही हो वरन् ऐसी कथन-भंगिमा पर होनी चाहिए जैसी और किसी की न हो"[20] अत्यन्त सटीक है और इसे यदि आभिजात्यवादी युग का घोषवाक्य भी मान लें तो अत्युक्ति न होगी। कथन-भंगिमा के स्रोतों की चर्चा में ऐंद्रोमिनिदीज़ ताल और नाद सौन्दर्य पर विशेष बल देता है। इसका उल्लेख प्लेटो भी कर चुका था, इसलिए उसका आग्रह था कि सामाजिक को प्रभावित (आनन्दित) करने के लिए अधिक से अधिक सुन्दर शब्दों का चयन करना चाहिए। कर्ण-मधुर होना कविता का मूल गुण है। कल्लिमाखुस की काव्यशास्त्रीय दृष्टि इसी पृष्ठभूमि पर विकसित हुई और पूरे मनोयोग से इसका उसने पालन भी किया।

2.1.2.2 अपोलोनियुस (ई.पू. 295/80–?)

2.1.2.2.1 जीवनवृत्त

आभिजात्यवादी युग के गिने-चुने श्रेष्ठ कवियों में अकेले अपालोनियुस का जन्म सिकन्दरिया में हुआ था किन्तु प्रसिद्ध हुआ वह 'रहोड्ज़ का अपोलोनियुस' के नाम से। यह उसके भाग्य की बहुत बड़ी विडम्बना थी। रहोड्ज़ में सम्भवतः उसे मानद नागरिकता प्रदान की गयी थी। कहीं-कहीं उल्लेख मिलता है कि वह कल्लिमाखुस का शिष्य था। किन्तु, लेस्की का अनुमान है कि कवि-मंडली में ही दोनों एक दूसरे से मिले थे, वह कल्लिमाखुस से बहुत छोटा था इसलिए लोगों ने उसे उसका शिष्य घोषित कर दिया।[21] वस्तुतः, उसके जीवन के बारे में बहुत कम जानकारी मिलती है। शोधकर्ताओं ने उसका जन्म ई. पू. 295/90 के बीच माना है। यदि इसे हम मान लेते हैं तो वह कल्लिमाखुस से बीस वर्ष छोटा था फिर भी यह स्वीकार करना होगा कि उसका कवि व्यक्तित्त्व उसकी छाया में नहीं स्वतन्त्र रूप से विकसित हुआ था। उसका पुस्तकालय का अध्यक्ष बनना इसका पहला प्रमाण है। फिर तोलेमी तृतीय की शिक्षा-दीक्षा का भार उस पर आना उसकी योग्यता का दूसरा प्रमाण है। कल्लिमाखुस से उसके सम्बन्धों में कितनी निकटता थी, कितनी दूरी थी

इसकी तथ्यात्मक सूचना उपलब्ध नहीं है। इतिहासज्ञ इस विषय में अनुमान के सहारे ही आगे बढ़े हैं। इतना अवश्य कहा जा सकता है कि दोनों का सम्बन्ध तोलेमी द्वितीय की राजसभा से होने के कारण शुरू-शुरू में वे मित्र अवश्य रहे होंगे। फिर, समय ऐसा आया कि काव्यदृष्टि के अन्तर ने विवाद का रूप ले लिया। शीघ्र ही 'आर्गोनॉतिका' शीर्षक से उसका प्रबन्ध-काव्य भी प्रकाशित हो गया। 'आर्गोनॉतिका' कवि की युवावस्था की रचना है। इसका प्रकाशन उसके प्रशंसकों के लिए प्रसन्नता की बात थी तो विरोधियों के लिए ईर्ष्या की। संयोग से यह बहुचर्चित हुआ। होमर के पश्चात् बहुत बड़े अन्तराल के बाद ऐसी रचना प्रकाश में आयी थी। काव्य का यह प्रथम संस्करण कितना स्तरीय था यह तो नहीं कहा जा सकता किन्तु इसकी समीक्षा ने लघु प्रति बृहत् के विवाद का रूप अवश्य ले लिया। कल्लिमाखुस का पक्ष सर्वविदित था। हो सकता है किसी मंच पर या गोष्ठी में दोनों के मतभेद ने तर्क-कुतर्क का रूप ले लिया हो। 'आइबिस' में कल्लिमाखुस की उँगली अपोलोनियुस की ओर ही उठी है।[22] कुछ और विरोधियों ने भी उसकी कड़ी आलोचना की होगी। निष्कर्ष यह है कि 'आर्गोनॉतिका' के सार्वजनिक पाठ द्वारा वह जितनी प्रशंसा बटोरना चाहता था उतनी उसे मिली नहीं, इसी से दुःखी होकर उसने सिकन्दरिया छोड़ दिया। रहोड्ज़ की साहित्यिक मंडली ने उसका उत्साहपूर्वक स्वागत किया और वहीं उसने अपने प्रबन्ध-काव्य का संशोधित संस्करण भी प्रकाशित कराया। नये संस्करण की वहाँ भूरि-भूरि प्रशंसा हुई और हो सकता है इसे देखते हुए उसे वहाँ की नागरिकता भी मिल गयी हो। अब, एक स्थापित कवि के रूप में उसका यश सिकन्दरिया पहुँच चुका था। वह कब और किन परिस्थितियों में अपने नगर लौटा इसका कोई स्पष्ट उल्लेख नहीं मिलता, इतना अवश्य कहा जा सकता है कि घर वापसी पर उसका अच्छा स्वागत-सत्कार हुआ। कल्लिमाखुस भी अब उसका वैसा विरोधी नहीं रह गया था। यही कारण था कि बाद में उसकी कब्र भी उसी की बगल में बनायी गयी।

2.1.2.2.2 आर्गोनॉतिकाः समीक्षा की कसौटी पर

अपोलोनियुस के पहले भी यह कथानक कई कवियों को आकर्षित कर चुका था और प्रत्येक कवि ने इसे अपने ढंग से कहने के प्रयास में इसमें कुछ जोड़ा, कुछ घटाया। वस्तुतः, इस कथानक का विशेष आकर्षण था। कथा से सम्बद्ध अनेक स्थानों का इतिहास या भूगोल। प्रत्येक लेखक की अपनी-अपनी रुचि होने के कारण इस कथा के अनेक संस्करण प्रचलन में थे। हमारे कवि ने इनमें से किसे अपनी रचना का स्रोत बनाया इसका स्पष्ट उल्लेख कहीं नहीं मिलता, केवल विवरण साम्य के आधार पर कुछ विद्वानों का निष्कर्ष है कि पिन्दर कृत चौथा पिथीयाई सम्बोधगीति इसका

मूल स्रोत है।[23] इसमें इतना और जोड़ा जा सकता है कि सामाजिक को विभिन्न स्थानों से परिचित कराना जैसे अन्य कवियों का लक्ष्य था वही अपोलोनियुस का भी है। काव्य की चार पुस्तकों में से पहली दो इसी प्रकार के परिचयात्मक विवरणों का संकलन हैं। देखा जाय तो सभी प्रबन्ध-काव्य के रचयिताओं का एक प्रयोजन यह भी रहा करता था कि सामाजिक को अधिक से अधिक भौगोलिक स्थानों का ज्ञान प्राप्त हो। 'आइतिया' लिखते समय जो लक्ष्य कल्लिमाखुस के सामने था वही 'आर्गोनॉतिका' के कवि ने भी अपने समक्ष रखा। जब भी उसे अवसर मिला वह अपने समय की किसी प्रथा की ऐतिहासिक व्याख्या करने से नहीं चूका। आर्षयुग अथवा आभिजात्य युग के परिप्रेक्ष्य में वर्तमान की व्याख्या करना आभिजात्यवादी युग की विशिष्ट प्रवृत्ति बन गयी थी। इसे अपोलोनियुस ने और आगे बढ़ाया। सामाजिक को समय की अखंड धारा का अनुभव कराना इस शैली का मुख्य लक्ष्य होता है। वह स्वयं को पूर्वजों के उत्तराधिकारी के रूप में देखने लगता है ठीक वैसे ही जैसे ये कवि स्वयं को आभिजात्य साहित्य के उत्तराधिकारी के रूप में देख रहे थे।

केवल आकार को छोड़ कर काव्य के अन्य मूल्यगत पक्षों पर यदि अपोलोनियुस और कल्लिमाखुस में सहमति थी तब प्रश्न उठता है कि आभिव्यक्ति को प्रबन्धात्मक रूप देने का उसका क्या उद्देश्य हो सकता है? और, वह भी ऐसी स्थिति में जब इस प्रेमकथा पर पहले से ही अनेक लम्बी कविताएँ लिखी जा चुकी थीं। दूसरे यह भी निश्चित है कि वह इस कथानक को बहुत बड़े आकार में नहीं बाँधना चाहता था। एटकिन्स की धारणा है कि इस सम्बन्ध में वह परोक्षतः (परोक्षतः इसलिए कहा जा रहा है क्योंकि 'काव्यशास्त्र' की कोई भी प्रतिलिप इस कवियों को उपलब्ध नहीं थी। उसके विचार मौखिक रूप से या टीकाओं के माध्यम से ही इन कवियों तक पहुँचे थे।) अरस्तू से प्रभावित था। अरस्तू का मत था कि प्रबन्ध-काव्य यदि आकार में छोटा हो तो वह और अधिक प्रभावशाली हो सकता है। कितना छोटा हो, इसके उत्तर में उसका सुझाव है कि जितना आकार एक नाट्य चतुष्टयी को होता है।[24] किसी भी प्रकृत वस्तु या कलाकृति के सौन्दर्य के आकलन का उसका एक माप था—वह न बहुत बड़ी हो न बहुत छोटी हो। मध्यमान उसके चिन्तन की मूल अवधारणा है। आपोलोनियुस ने उसी को आधार बनाया ताकि कथाक्रम शीघ्रता से आगे बढ़ सके किन्तु व्यवहार में वह ऐसा कर नहीं पाया। कथानक की एकता, जैव एकता, जिस पर अरस्तू ने सर्वाधिक बल दिया, के स्थान पर इसमें बस विविध घटनाओं का क्रम चलता रहता है। तब, उस समय के सामाजिक ने इसकी प्रशंसा की तो किस आधार पर? अथवा आज के सन्दर्भ में पाठक के लिए इसमें क्या मूल्यवान् है? इसका उत्तर, एक सीमा तक, काव्य-हेतु/प्रयोजन के अन्तर्गत मिलता है।

2.1.2.2.3 काव्य-हेतु एवं प्रयोजन

आर्गोनॉतिका के प्रकाशित होने तक कल्लिमाखुस और उसकी मंडली द्वारा रचित साहित्य सामाजिक की रुचि एवं अपेक्षाओं को एक दिशा दे चुका था। या, यों कहें कि वे आभिजात्यवादी शैली के साँचे में ढल चुकी थीं। इसमें काव्य-प्रयोजन की मुख्य भूमिका थी। जिस समाज के बीच और जिसके लिए काव्य रचा जा रहा था वह रहता सिकन्दरिया में था किन्तु उसके स्मृति-सम्बन्ध दूर-दूर के अपने-अपने मूल नगरों से थे। दूसरे, परस्पर के विचार-विमर्श से तथा विविध क्षेत्रों में हो रही खोजों से ज्ञान का असीम विस्तार हो गया था। इसलिए, रचना छोटी हो या बड़ी सामाजिक आनन्द के साथ-साथ ढेर सारी नयी-नयी जानकारी भी लेना चाहता था। इस कसौटी पर खरा उतरना, अब, प्रत्येक कवि के लिए अनिवार्य हो गया था। अपोलोनियुस इसका अपवाद नहीं हो सकता था।

प्रयोजन के साथ-साथ काव्य-हेतु की अवधारणा भी निश्चित थी जिसे परम्परागत कहना ही उचित होगा। उसी का अनुसरण करते हुए, कृति की सफलता के लिए वह अपोलो के स्तुतिगान से आरम्भ करता है–

''फ़ीबुस, (सूर्य देवता के रूप में अपोलो फीबुस कहलाता था) मैं तुमसे प्रारम्भ करते हुए पुराकाल के लोगों के महान् कार्यों का वर्णन करुँगा..।''

आभिजात्य युग के कवि म्यूज़ की प्रार्थना से रचना शुरू करते थे। यहाँ अपोलो म्यूज़ का स्थानापन्न है। अपोलो को संगीत तथा काव्य का देवता माना गया है। म्यूज़ उसी के नेतृत्व में नृत्य एवं गान प्रस्तुत करती हैं। कवि अपनी योजना में अपोलो से सहायता की प्रार्थना कर रहा है। प्रकारान्तर से वह संकेत दे रहा है कि काव्य का प्रथम हेतु दिव्य प्रेरणा है और इसके आगे वह जो कुछ भी कहेगा देवता की सहमति से ही (प्रेरणा से) कहेगा। अर्थात् यह सम्पूर्ण कृति देवता द्वारा सत्यापित है। इसकी पुष्टि वह म्यूज़ों को सम्बोधित अन्य वाक्यों से भी करता है। शेष दो हेतुओं, व्युत्पत्ति एवं अभ्यास, को इस युग के कवियों ने प्रयोजन एवं शैली में अन्तर्भुक्त कर लिया है और, इस तरह से किया है कि सामाजिक यह अनुभव किये बिना नहीं रह सकता कि इन्होंने जो प्रयोजन सामने रखा है, या, जो शैली अपनायी है वह इन हेतुओं के द्वारा ही सम्भव है। उदाहरणार्थ, जेसन अपने नाविक मित्रों के साथ सुनहरी खाल लाने के लिए घर से निकलता है। गंतव्य स्थल तक पहुँचने तथा लौटने के लिए जो मार्ग उसने अपनाया है और जिन स्थानों पर उसे रुकना है उनका वर्णन करते समय अपोलोनियुस ने इतिहास, भूगोल और खगोल की नवीनतम जानकारी दी है। विशेष रूप से भूगोल के नक्शे जो कुछ दिन पहले ही तैयार हुए थे, उनका भी उसने उपयोग किया है।[25] आर्गोनॉतिका के इस पक्ष में

उस काल के सामाजिक की गहरी रुचि रही होगी, आज के सामाजिक के लिए भी यह विषय रोचक है।

प्रथम पुस्तक में, प्रस्तावना के समाप्त होते न होते, एक वाक्य आया है—"म्यूज़ों से प्रार्थना है कि वे मेरे गीत की व्याख्याता बनें।" यूनानी साहित्य में म्यूज़ को काव्य बिम्ब के रूप में देखने की बड़ी पुष्ट परम्परा रही है। कभी अपने प्राधिकार को सुरक्षित रखने के लिए तो कभी काव्य सौन्दर्य की अभिवृद्धि के लिए और कभी शुद्ध क्रीड़ा भाव से स्वतन्त्र विषय के रूप में कवियों ने इसे लिया है। होमर को उन्होंने सच्चे ज्ञान का स्रोत माना है। वह काव्य के बीच-बीच में भी म्यूज़ से निवेदन करता है कि मैं बूढ़ा हो गया हूँ, स्पष्ट देख नहीं पाता हूँ, इसलिए मुझे ठीक-ठीक जानकारी दो। पिन्दर भी ज्ञान के लिए म्यूज़ों पर ही निर्भर है किन्तु उनका सन्देश गुह्य भाषा में होता है इसलिए वह उनका व्याख्याता बनना चाहता है। अपोलोनियुस ने स्थिति उलट दी है, वह म्यूज़ों से ही अपने गीत की व्याख्या करने के लिए कह रहा है। इस पंक्ति की यदि केवल शाब्दिक व्याख्या तक स्वयं को सीमित रखें तो यहाँ अर्थ का अनर्थ होता दिखायी दे रहा है क्योंकि वह स्वयं को उनकी अपेक्षा उच्च भूमि पर देख रहा है। अतः, इसे परम्परा की पृष्ठभूमि में समझने की आवश्यकता है।

पहले कहा जा चुका है कि आर्गोनॉतिका के कथानक पर उस समय तक अनेक कृतियाँ प्रकाश में आ चुकी थीं, प्रत्येक में कथा-विस्तार का रूप अलग-अलग था। हो सकता है कवि दुविधा में हो कि इनमें से किसे सच माने किसे झूठ। दूसरे, जिन स्थानों या कथाओं का वह काव्य में समावेश करनेवाला था उनकी ऐतिहासिक व्याख्या क्या हो इस पर भी उसे विचार करना था। इसे यों कहना उचित होगा कि ढाँचा उसके पास था, अब, उसको उचित रूप देना था, व्याख्यागत सामग्री उसमें ढाली जानी थी, गीत की वस्तु उसके पास थी उसे गीतात्मक रूप देना शेष था। इसी के लिए वह म्यूज़ों से प्रार्थना कर रहा है। इसकी पुष्टि में पुस्तक तीन का आरम्भिक अंश लिया जा सकता है।

जेसन और मिदीआ के प्रेम-प्रसंग के कारण 'आर्गोनॉतिका' का आकर्षण आज भी अक्षुण्ण है, पुस्तक तीन का यह मुख्य प्रतिपाद्य है। विषय का उचित निर्वाह हो सके इसके लिए कवि शुरू में ही इरेतो (प्रेम काव्य/शृंगार रस की म्यूज़। इसी की प्रेरणा से किशोरियों में काम भाव जागता है) से निवेदन करता है कि वह उसके पार्श्व में खड़ी रहे और उसे बतलाती जाय। पिन्दर ने भी एक गीत (ओलि. 3.4–6) में लिखा है कि वह जब डोरियाई छन्द में रचना कर रहा था तो म्यूज़ उसके बगल में खड़ी थी। इसकी व्याख्या में समीक्षकों का मत है कि कवि म्यूज़ का निष्क्रिय सहभागी नहीं है। म्यूज़ उसे प्रेरणा देती है, ज्ञान/तथ्य देती है, किन्तु उसे भी सक्रिय

(व्युत्पत्ति और अभ्यास इसी का व्यक्त रूप हैं) होने की आवश्यकता है। यही बात अपोलोनियुस के सन्दर्भ में भी कही जा सकती है। परोक्षतः वह भी इन दोनों हेतुओं के महत्त्व को स्वीकार कर रहा है। तात्पर्य यह कि काव्य-रचना में तीनों हेतुओं की अपनी-अपनी भूमिका है किन्तु प्रथम स्थान प्रतिभा का ही है। इसका समाधान पुस्तक चार में हो जाता है। वहाँ, फिर से वह म्यूज़ से सत्य कथा सुनाने की प्रार्थना करता है क्योंकि किन्हीं प्रसंगों को लेकर उसके मन में शंका है। सारांश यह कि काव्य-हेतुओं के सम्बन्ध में कवि परम्परा का पालन करता हुआ दिखायी देता है।

प्रेम सर्वजनीन एवं सार्वकालिक विषय है, इसी का मनोवैज्ञानिक चित्रण 'आर्गोनॉतिका' के सौन्दर्य का अजस्र स्रोत बन गया है। इसका परिपक्व रूप आभिजात्य युग में ही स्पष्ट हो गया था। व्यक्ति के स्तर पर पात्र की तीव्र अनुभूतियों को उभारना युरिपिदीज़ की त्रासदियों की विशेषता है। जैसे-जैसे व्यष्टिवाद की जड़ें सुदृढ़ होती गयी व्यक्ति के मनोभावों को प्रमुखता मिलती गयी। इस अर्थ में अपोलोनियुस पूर्व युग का निष्ठावान् प्रतिनिधि है। कृति के उत्तरार्ध में मिदीआ के हृदय में प्रेम का अंकुर फूटना, फिर उसका प्रेम-पीड़ा में परिणत हो जाना, सन्देहजन्य ऊहापोह तथा अन्तर्द्वन्द्व का कवि ने जिस संवेदनशीलता से वर्णन किया है उसकी सभी समीक्षकों ने एक स्वर से प्रशंसा की है। ऐसे स्थलों में से एक में शरीर-विज्ञान की नयी शोध का ज्ञान भी पाठक को हो जाता है। मिदीआ की प्रेम-पीड़ा का वर्णन करते हुए कवि ने लिखा कि वह उसे पतली-पतली नसों और मस्तिष्क में अनुभव करती है। इस पंक्ति पर प्रो. सोम्सन की टिप्पणी है कि नसें मस्तिष्क से शुरू होती हैं यह तथ्य कुछ दिन पहले ही प्रकाश में आया था।[26] हमारे मत से यहाँ कवि का मुख्य प्रयोजन सामाजिक का ज्ञान-वर्धन है न कि पात्र की अनुभूतियों में उसे डुबो देना।

प्रणयानुभूति का मनोवैज्ञानिक वर्णन कवि ने अन्य प्रसंगों में भी किया है। मिदीआ द्वारा जेसन के प्रथम दर्शन के समय उसकी मुद्राओं तथा अन्तस की पीड़ा का जैसा अनूठा चित्रण हुआ है उसकी सराहना आज भी होती है और उस समय भी हुई होगी। प्रतीत होता है जैसे कवि मिदिआ के अन्तर्लोक का एक-एक कोना झाँक रहा है :

"जेसन पर दृष्टि पड़ते ही मिदीआ अवाक् रह गयी, वह उसे एकटक देखती रहती है। [प्रेम] पीड़ा से जकड़ा हृदय तीव्र गति से धड़कने लगा, उसका रंग बदलने लगा। उसके विदा होने पर वह उसे अवगुंठन में से देखती है, उसका मन उसी के साथ चला गया। अब, उसे वह एक-एक बात याद आने लगी जब वह उसके सामने आ खड़ा हुआ था।"

मनोविज्ञान की दृष्टि से महत्त्वपूर्ण ऐसे चित्रात्मक स्थल कुछ और भी हैं :

"मिदीआ और जेसन आमने-सामने खड़े हैं। प्रेमावेग के कारण पहले थोड़ी देर तक दोनों चुप रहते हैं और जब बोलने लगते हैं तो बोलते ही जाते हैं।" फिर, इस दृश्य के सौन्दर्य को व्यक्त करने के लिए कवि ने जिस उपमा का आश्रय लिया वह और भी अधिक मन को छू जाती है–

"शान्त वातावरण में दोनों ओक या देवदारु के वृक्षों की तरह मौन खड़े हैं, एकाएक हवा चलने लगती है और पेड़ लगातार हिलते रहते हैं, इसी तरह प्रेम की बयार से दोनों ने जो बातें करना शुरू किया तो करते ही रहे।"

एक अन्य चित्र में अगोचर व्यापार के लिए गोचर बिम्ब का विधान कर कवि ने अपनी प्रबल कल्पना शक्ति का परिचय दिया है। एक चित्रकार की तरह, प्रकाश में नया रूप धारण कर लेनेवाली वस्तु को उपमान बनाकर, उसने अनेक मोहक उपमाओं की उद्भावना की है। उन्हीं में से एक है–"प्रेम की तीव्रता के कारण मिदीआ का अशान्त हृदय उसकी छाती में ऐसे धड़क रहा है जैसे बाल्टी में हिलते पानी पर पड़ने वाली सूर्य की किरणों का प्रतिबिम्ब छत से इधर-उधर टकराता फिर रहा हो।"

इतने सूक्ष्म ब्योरों का निरीक्षण और उनका सजीव चित्रण अपोलोनियुस की शैली की विशेषता है। ऐसा अनुभव होता है मानों हम सब कुछ प्रत्यक्ष देख रहे हैं। छाया-प्रकाश का चित्रण करनेवाले और भी मनोरम स्थल हैं किन्तु हम बात कर रहे हैं व्यक्तिनिष्ठ चरित्र-चित्रण की। यहाँ मिदीआ किसी वर्गगत पात्र का प्रतिनिधित्व नहीं कर रही है। पात्र को, विशेषतः नारी पात्र को, समष्टि की सीमा से बाहर निकाल कर व्यष्टि-रूप में स्थापित करने का काम युरिपिदीज़ ने शुरू कर दिया था। इस दृष्टि ने चौथी शताब्दी के नाटकों को भी प्रभावित किया। मिदीआ के चरित्र चित्रण में यही परम्परा और आगे बढ़ी है। व्यष्टिवाद को पुष्ट करना आभिजात्यवादी मनोवृत्ति का स्वतन्त्र पक्ष है जिसे काव्य-प्रयोजन की संज्ञा दी जा सकती है।

मिदीआ की कोमल प्रणयानुभूतियों का बिम्बात्मक भाषा में सजीव वर्णन अपने में आनन्द एवं ज्ञान का सुखद मिश्रण समेटे हुए है। ऐसी ही सशक्त भाषा उन स्थलों पर भी मिलती है जहाँ उसका विषय कठोर यथार्थ है। द्रष्टव्य है भूखे फिन्यूस का गत्यात्मक चित्र।

"एक स्वप्न की तरह वह बिस्तर से उठ खड़ा हुआ। किसी तरह लाठी के सहारे, टेढ़े-मेढ़े पाँवों पर, दीवारों को पकड़-पकड़ कर चलता हुआ बाहर आया। जब वह चल रहा था तो उसका एक-एक जोड़ कमज़ोरी और उम्र के बोझ तले काँप रहा था। उसका माँस सूख कर सिकुड़ गया था, उसकी चमड़ी किसी तरह उसकी हड्डियों को जोड़कर रखे हुए थी। जैसे ही वह कमरे से बाहर आया उसके घुटने

इतने भारी हो गये कि ड्योढ़ी पर ही बैठ गया।''

वेब्स्टर ने इसे डाक्टरी विवरण कहकर बहुत हलका कर दिया है।[27] इसका स्रोत चिकित्साशास्त्र से मिलने वाली नयी-नयी सूचनाओं में भले रहा हो किन्तु सशक्त भाषा में यथार्थ निरूपण की प्रवृत्ति एक नयी दिशा की ओर इंगित कर रही है। आभिजात्य युग में ही सोफ़िस्तों के प्रभाव के कारण यथार्थवादी शैली का बीज-वपन हो चुका था। प्लेटो जैसा आदर्शवादी तत्त्व चिन्तक भी उनके प्रभाव से बच नहीं पाया था। वैसा ही खंडित व्यक्तित्व हमें अपोलोनियुस का भी दिखायी देता है—चिन्तन में आदर्शवादी व्यवहार (= लेखन शैली) में यथार्थवादी। वह प्रतिपाद्य/विषय लेता है परम्परागत, काव्य-रूप चुनता है आभिजात्य युगीन किन्तु शैली अपनाता है अपने युग से प्रेरित यथार्थवादी। प्लेटो के संवादों को लिखे हुए लगभग सौ वर्ष बीत चुके थे, परिस्थितियाँ और भी विकट हो गयी थीं। ज्ञान के क्षेत्र में नये-नये तथ्य प्रकाश में आ रहे थे, कल्पना की सुनहरी परत उखड़ रही थी जिसका प्रभाव सिकन्दरिया के लेखकों पर पड़ना स्वाभाविक था। प्रतीत होता है इसी से प्रेरित होकर नग्न यथार्थ से साक्षात्कार कराना भी अपोलोनियुस का एक प्रयोजन बन गया।

अन्त में, लघु प्रति बृहत् के विवाद में निहित लघु की अतुलनीय शक्ति से परिचित कराने के प्रयोजन को पुनः लें। ई.पू. चौथी शताब्दी के उत्तरार्ध में इस प्रवृत्ति ने स्व-रूप ले लिया था। दृश्य कलाओं में यह विषय उत्साहपूर्वक अपनाया जाने लगा था। साहित्य इससे अछूता कैसे रह सकता था। दूसरे चरण में इस प्रवृत्ति का मुख्य केन्द्र इरॉस का बाल रूप हो गया। सन्देश यह था कि लघु होते हुए भी बड़े-बड़े वीर इससे परास्त हो जाते हैं। तीसरे चरण में विभिन्न कलाओं में इस विषय का आदान-प्रदान होने लगा, अर्थात इसे निरूपित करनेवाला कोई काव्य प्रसंग मूर्ति या चित्र का विषय बन जाता अथवा किसी मूर्ति या चित्र का सन्दर्भ काव्य में आ जाता। दोनों ही स्थितियों में प्रयोजन एक ही होता था, सभी कलाओं के सामाजिकों को निकट लाना, एक दूसरे के विषयों का ज्ञान करना। सम्प्रेषणीय ज्ञान का यह नया आयाम था। भला कवि क्यों काव्य-परम्परा तक ही सीमित रहे। क्या ज्ञान के अन्य स्रोत नहीं हो सकते? इस तरह, आभिजात्यवादी कवि व्यापक ज्ञान की खोज में लगातार अपनी सीमाओं का विस्तार करता चलता है। अपोलोनियुस को यह दरशाना है कि मिदीआ कैसे जेसन के प्रथम दर्शन से ही उससे प्रेम करने लग जाती है। काव्य-परम्परा के अनुसार इसमें देवता की सहायता आवश्यक है। एफ़्रोदाइति बालक इरॉस को लालच देकर ले आती है। वह जेसन के पाँवों के पास बैठकर मिदीआ के हृदय को कामबाण से बेध देता है। वेब्सटर के अनुसार इस प्रसंग का स्रोत चौथी शताब्दी का एक शिल्प है।[28]

उपर्युक्त चर्चा के निष्कर्षस्वरूप यह कहा जा सकता है कि अपोलोनियुस ने

प्रबन्ध-काव्य लिखकर कल्लिमाखुस को चुनौती अवश्य दी किन्तु उसकी आभिजात्यवादी समीक्षा-दृष्टि से वह स्वयं भी प्रभावित हुए बिना न रह सका। परम्पराओं की वही नयी व्याख्या, प्राचीन आख्यानों का पुनः प्रतिपादन, ज्ञान-विज्ञान के विभिन्न क्षेत्रों की अधिक से अधिक सूचना प्रदान करना, शैली की वही साज-सँवार, होमर की उपमाओं को नये ढंग से प्रस्तुत करना आदि उसके भी लक्ष्य थे। इन्हें उसने सफलतापूर्वक से सिद्ध किया, उसी का परिणाम था कि 'आर्गोनॉतिका' का प्रभाव समकालीन यूनानी साहित्य और कालान्तर में लातीनी साहित्य पर भी पड़ा। विद्वानों के मतानुसार कल्लिमाखुस को 'आइतिया' की प्रेरणा इसी से मिली। रोमी कवि वर्जिल और ओविद ने भी इसके कुछ अंशों के आहरण से संकोच नहीं किया।[29]

2.1.2.3 थियोक्रितुस

2.1.2.3.1 जीवनवृत्त

थियोक्रितुस अपोलोनियुस से बड़ा था, कालक्रम में पहले आता है किन्तु लघु-बृहत् के विवाद को देखते हुए हमने अपोलोनियुस को इसलिए पहले लिया ताकि दोनों दृष्टियों का सम्यक् आकलन हो सके। थियोक्रितुस का लेखन काल वही है जो कल्लिमाखुस का, उसकी तुलना में उसने लिखा भी कम पर बाद के साहित्यकारों पर उसका प्रभाव अपेक्षाकृत अधिक दिखायी देता है। जहाँ तक ग्रामगीतों का प्रश्न है आधुनिक युग भी उससे अछूता नहीं है।[30] उसका जन्म सिसली के सिरेक्यूज़ नगर में हुआ था। उसके अनेक ग्राम-गीतों में वहाँ के आँचलिक परिवेश का रंग है। वहाँ तथा बाद में सिकन्दरिया में बिताये गये जीवन के बारे में बहुत कम तथ्य उपलब्ध हैं और जो हैं उनका भी अन्तः साक्ष्यों के आधार पर अनुमान ही लगाया गया है। ग्रामगीत-7 में आत्मचरित की प्राचीन परम्परा का पालन करते हुए उसने बड़ी कलात्मकता से जतला दिया है कि उसके पिता का नाम सिमिखुस/सिमिखिदास था। जब वह काव्य-रचना करने लगा तो उसे आश्रयदाता की आवश्यकता अनुभव हुई। ग्रामगीत-16 में सिरेक्यूज़ के शासक हायरो से उसने इसके लिए निवेदन किया है। शोधकर्ताओं के अनुसार इसका रचना काल ई.पू. 275/74 है। प्रतीत होता है अपनी जन्मस्थली में उसकी प्रतिभा को उचित सम्मान नहीं मिला। तब तक सिकन्दरिया के साहित्यिक वातावरण की ख्याति दूर-दूर तक पहुँच चुकी थी। थियोक्रितुस भी वहाँ पहुँच गया और फिर वहीं का होकर रह गया।

उसके सिकन्दरिया आने की ठीक-ठीक तिथि का उल्लेख नहीं मिलता, हाँ ग्रामगीत-7 में उसने यह संकेत अवश्य दिया है कि उसके काव्य की चर्चा ज़्यूस के कानों तक पहुँच चुकी है। आलोचकों ने इससे अनुमान लगाया है कि उस समय तक तोलेमी द्वितीय का ध्यान अपनी ओर आकर्षित करने में वह सफल हो चुका था।

ग्रामगीत-18 भी उसी को सम्बोधित है, उसी की प्रशंसा में लिखा गया है। इसका काल ई.पू. 270 माना जाता है। अतः कहा जा सकता है कि तब तक वह तोलेमी का दरबारी कवि बन चुका था और इस रूप में वह और कल्लिमाखुस मित्र बन गये थे। मित्रता का सबसे बड़ा आधार था काव्य के प्रति समान दृष्टिकोण—बड़ी कविताओं के विरोध में छोटी कविताओं का पक्षधर होना। ग्रामगीत-7 में वह उन लोगों को ध्यान देने योग्य मानता ही नहीं जो पर्वत जितने ऊँचे भवन बनाने की इच्छा रखते हैं, उसका विश्वास है कि उनका यह प्रयास कभी सफल होनेवाला नहीं है। उनकी चुटकी लेते हुए उसने लिखा—''खियोस के गीतकार (होमर) के साथ स्पर्धा करने की इच्छा रखनेवाले म्यूज़ के पक्षी (अर्थात् छोटे कवि) केवल हँसी के पात्र हैं।'' इससे स्पष्ट है कि होमर के प्रति तो उसके मन में सम्मान है किन्तु उसका अनुसरण करने के किसी भी प्रयास को वह व्यर्थ समझता है।

तोलेमी प्रथम और द्वितीय के शासनकाल में सिकन्दरिया एक समृद्ध व्यापारिक नगर बन गया था। वहाँ की भीड़-भाड़ का थियोक्रितुस ने अत्यन्त यथार्थवादी चित्रण किया है। ग्रामगीत-15 में वह लिखता है।

''हे भगवान्, क्या जनसमूह है, मुझे तो बड़ा डर लग रहा है। हम कैसे इसको पार कर पायेंगे? इसका तो अन्त ही नहीं दिखायी दे रहा है—लोग चींटियों की तरह एक-दूसरे से सटे चले आ रहे हैं।''

इसी तरह कुछ ग्रामगीत वारवधुओं के परिप्रेक्ष्य में भी लिखे गये हैं। ऐसी कविताओं की रचना इस उपपत्ति को जन्म देती है कि काव्य अब समाज को किसी आदर्श की ओर प्रेरित करने के लिए नहीं लिखा जा रहा था, वह मनोरंजन की वस्तु बन गया था। अथवा, यह कहें कि यथार्थ-चित्रण स्वयं एक मूल्य बन गया था।

2.1.2.3.2 समीक्षा-दृष्टि

थियोक्रितुस की कविता पर आभिजात्यवादी शैली की पूरी छाप है। ग्रामगीत-7 में उसने स्वयं को समकालीन कवियों में सर्वश्रेष्ठ कहा है केवल फ़िलितास और एस्क्लीपियादीज़ को छोड़कर। इससे स्पष्ट हो जाता है कि वह लघु काव्य का पक्षधर था जिसमें रूप-पक्ष पर अधिक ध्यान दिया जाता था। रूप-तत्त्व आलंकारिक, त्रुटिहीन तथा नाना सन्दर्भयुक्त हो यह उस समय की कसौटी थी जिस पर वह खरा उतरता है। भाषा एवं छन्द के विभिन्न प्रयोगों तथा नयेपन के प्रति जैसा मोह कल्लिमाखुस में मिलता है वैसा ही थियोक्रितुस में भी है। उसकी रचनाओं में डोरियाई, आयोनी, इयोली इन सभी भाषाओं/बोलियों का पुट मिलता है। इन सबके माध्यम से वह अपनी कला-क्षमता का परिचय देता हुआ चलता है। सम्भवतः सामाजिक भी इसमें आनन्द लेते हों और इसकी अपेक्षा भी रखते हों। वह स्वयं इसके प्रति क्या दृष्टि

रखता था उसे संक्षेप में कहीं देखना हो तो ग्रामगीत-7 में देख सकते हैं। इसके लाक्षणिक प्रयोग कहीं-कहीं अस्पष्ट अवश्य हैं किन्तु उनसे मुख्य अवधारणाओं से परिचित होना कठिन नहीं है। उसके कृतित्व में इसका वही स्थान है जो कल्लिमाखुस की रचनाओं में 'आइतिया' के उपोद्घात का है। गीत सिमिखिदास के नाम से आत्मकथा के रूप में लिखा गया है।[31]

"एक बार मैं, युक्रितुस और अमींतस [अपने] नगर से [दूर] हेलीज़ जा रहे थे। म्यूज़ों की कृपा ऐसी हुई कि हमारा परिचय कुदोनिया के एक भलेमानस से हो गया, उसका नाम लाइकिदास था। उसके मुख पर विचित्र मुस्कान थी। वह अजपालक था और एकदम अजपालक ही लगता था—खाल का कोट, चौड़ी पेटी औ जंगली जैतून की लाठी। उसने मुझसे पूछा, "सिमिखिदास, भर-दोपहरी में कहाँ जा रहे हो? तुम्हारी चाल कुछ ऐसी है कि तुम्हारे पाँवों की ठोकर खा कर उड़नेवाला प्रत्येक कंकड़ तुम्हारी पनही तले गीत गाता है।"

सिमिखिदास तत्काल पहचान जाता है कि प्रश्नकर्ता, लाइकिदास, स्वयं अच्छा गायक/गीतकार है और चूँकि वह स्वयं को श्रेष्ठ गीतकार मानता था इसलिए उसकी इच्छा हुई कि उसके साथ स्पर्धा करे। तब वह बड़े अभिमान से कहता है :

"मैं म्यूज़ों का प्रवक्ता हूँ। लोग मुझे सबसे अच्छा गीतकार मानते हैं केवल फ़िलितास और एस्क्लीपियादीज़ को छोड़ कर* तो क्यों न हम दोनों मिलकर साथ-साथ चरवाहों के गीत गायें, कदाचित् हम दोनों ही इससे लाभान्वित** हों।" सिमिखिदास का प्रस्ताव लाइकिदास को प्रसन्न कर देता है। कवि ने लाइकिदास में शुरू से ही असामान्य गुण देखे हैं। वह अजपालक जैसा दिखता है पर अपनी मधुर मुस्कान से यह प्रभाव भी छोड़ता है कि म्यूज़ों की उस पर विशेष कृपा है। और, कभी तो ऐसा लगता है मानों वह म्यूज़ ही हो। यह रहस्य तब और गहरा हो जाता है जब प्रस्ताव स्वीकार करने के पहले वह क़हता है—"मैं तुम्हें अपनी छड़ी भेंट करता हूँ क्योंकि तुम ऐसे पौधे हो जिसे ज़्यूस ने सत्य कथन के लिए ही बनाया है।" इसके बाद गीत प्रस्तुति के पहले भूमिकास्वरूप उसका कथन है—"मैंने अपने गीतों पर बहुत श्रम किया है।"

लाइकिदास का गीत एक प्रेमकथा है जो वास्तव में शोकगीति का रूप लिये

---

* शोधकर्ताओं ने इस परम्परागत धारणा को स्वीकार किया है कि इन दोनों को थियोक्रितुस अपना गुरु मानता था। —एल्बिन लेस्की, ए हिस्ट्री ऑफ़ ग्रीक लिटरेचर, पृ. 720

** समीक्षकों ने इस वाक्य का यह अर्थ किया है कि वह 'नये प्रकार' के ग्रामगीत आरम्भ करना चाहता है, या मानता है कि उसने ग्रामगीतों को नयी दिशा दी है।

हुए है। ग्रामगीत-7 के सन्दर्भ में यह अंश पूरी रचना का एक महत्त्वपूर्ण घटक है, अर्थात, ग्रामगीत के भीतर एक और ग्रामगीत। लाइकिदास एक पौराणिक पात्र, कोमातास, को विषय बनाकर गाता है–

"मधुमक्खियाँ उस सुगन्धित पिटारे के पास आयीं
और उसे फूलों पर जीवित रखा, केवल इसलिए
क्योंकि म्यूज़ों ने उसके होठों पर मधुर अमृत उँडेल रखा था।
हे महाभाग कोमातास, यह तुम्हारा मधुर श्रम है।
तुम भी पिटारे में बन्द थे, तुम भी मधुकोश पर जीवित रहते हुए वसन्त ऋतु भर श्रम करते रहे।"

अन्त में लाइकिदास के गीत को प्रशंसा-भाव से स्वीकार करते हुए सिमिखिदास कहता है–

"प्रिय लाइकिदास, जब मैं पहाड़ियों पर अपने पशु चरा रहा था
जलपरियों (म्यूज़ की प्रतिस्थानी) ने मुझे और भी कई गीत सिखलाये
उनका समाचार सम्भवतः ज़्यूस के कानों तक पहुँच गया है।"

अब गीत की पंक्तियों का काव्यशास्त्रीय विश्लेषण करें :

2.1.2.3.3 काव्य-हेतु

ऊपर इस विषय से सम्बन्धित पंक्तियाँ हैं–

1. म्यूज़ों की ऐसी कृपा हुई...
2. तुम्हारी चाल कुछ...गीत गाता है
3. मैं म्यूज़ों का प्रवक्ता हूँ
4. मैं तुम्हें अपनी छड़ी....सत्य कथन के लिए ही बनाया है
5. मैंने अपने गीतों पर बहुत श्रम किया है
6. मधुमक्खियाँ उस सुगन्धित...वसन्त ऋतु भर श्रम करते रहे
7. जब मैं पहाड़ियों पर...कई गीत सिखलाये

(1) इस पंक्ति में म्यूज़ काव्य जगत् की एकछत्र समाज्ञी के रूप में प्रतिष्ठित हुई हैं। कवि ग्रामगीत लिख रहा है। इसका विषय ग्राम-जीवन से सम्बद्ध होना चाहिए यह तो समझा जा सकता है किन्तु सिमिखिदास और लाइकिदास की भेंट वह नगर में भी करवा सकता था क्योंकि विषय तो ग्रामगीत के उपयुक्त था ही। ग्रामीण वातावरण में दोनों का मिलन करवा कर वह संदेश दे रहा है कि सच्चा ग्रामगीत उसी परिवेश में, प्राकृतिक वातावरण, विशेषतः वृक्ष कुंजों की छाया, में ही जन्म लेता है। इसलिए वह सिमिखदास को नगर के बाहर प्रकृति के खुले आँचल में ले चलता है। म्यूज़ स्वयं ऐसा चाहती थीं कि दोनों कवियों की भेंट ग्रामीण परिवेश में हो।

इस पंक्ति का विस्तारित अर्थ यह भी लिया जा सकता है कि काव्य से सम्बन्धित प्रत्येक घटना म्यूज़ों द्वारा नियोजित होती है। काव्यशास्त्र की परम्परा में यह नयी अवधारणा थी। यहाँ, चर्चा का विषय चूँकि ग्रामगीत है इसलिए हमारी धारणा है कि इस सन्दर्भ में कवि प्रकृति तथा म्यूज़ों के सम्बन्ध को विशेष दृष्टि से देख रहा है जिसे परम्परा के परिप्रेक्ष्य में कुछ सरलता से समझा जा सकता है।

इस गीत का प्राकृतिक वातावरण ओदिसी के कुछ स्थलों का स्मरण करा देता है। कुछ समीक्षकों के अनुसार कवि स्वयं इसके प्रति सजग है। वह ओदिसी और अपने गीत की तुलना से यह संदेश दे रहा है कि मेरा प्रतिपाद्य (आँचलिक परिवेश में घटनेवाली घटना) भले ही परम्परागत हो किन्तु यह आवश्यक नहीं है कि उसका निर्वाह बृहत् काव्य में ही सम्भव हो। मेरा प्रयोजन छोटी कविता भी सिद्ध कर सकती है। यह, वस्तुतः कल्लिमाखुस की विचारधारा को पुष्ट करनेवाली नयी पद्धति थी जिसमें उपर्युक्त तुलना एक भिन्न दिशा की ओर संकेत कर रही है। ओदिसी में प्रकृति पृष्ठभूमि है, गौण है, मुख्य है ओदिस्यूस की कथा का आगे बढ़ना। प्रस्तुत गीत में कथा का विकास अत्यन्त सूक्ष्म है, निमित्त मात्र है, प्रकृति चित्रण के लिए तैयार गया हलका सा आवरण। सच पूछा जाय तो प्रकृति यहाँ आलम्बन विभाव है। नगरों के विस्तार में, व्यापारिक गतिविधियों की भाग-दौड़ में, दरबारी परिवेश में प्रकृति का आँचल छूट रहा था। कवि अपने श्रोताओं/पाठकों को और स्वयं को भी उसकी याद दिला रहा है और इसी के भीतर इस तथ्य को भी रेखांकित कर रहा है कि काव्य की प्रेरणा/संस्कार (प्रथम हेतु–प्रतिभा) का स्रोत प्रकृति है। आगे की पंक्तियाँ इस पर और प्रकाश डाल रही हैं।

(2) कवि प्रकृति को आलम्बन विभाव के रूप में विशेष उद्देश्य से ग्रहण कर रहा है। यह भेद तब खुलता है जब हम देखते हैं कि 'तुम्हारी चाल कुछ...' पंक्ति में वह प्रकृति पर मानवीय गुणों का आरोप करते हुए उसे काव्य के विषय, या काव्य की प्रेरणा की सीमा से बाहर निकाल कर स्वयं रचयिता के आसन पर बैठा रहा है। 'प्रत्येक कंकड़ का गीत गाना' उसके कवि व्यक्तित्त्व की घोषणा है। भाव यह है कि प्रकृति स्वयं कविता है और उस कविता को वही सुन् सकता है जो उसके साथ तादात्म्य सम्बन्ध स्थापित करने में सक्षम हो। कवि ने लाइकिदास के व्यक्तित्व को जिस तरह से चित्रित किया है उससे अनुमान लगाया जा सकता है कि वह म्यूज़ों का अत्यन्त प्रिय है। प्रकृति का उन्मुक्त रूप म्यूज़ों की क्रीड़ास्थली है, लाइकिदास इसीलिए वहाँ भटकता रहता है क्योंकि म्यूज़/प्रकृति के गीत सुनने का सुख मिलता है। साइमन गोल्डहिल ने इस पंक्ति पर टिप्पणी करते हुए लिखा है कि प्रकृति के मानवीकरण की जो परम्परा थियोक्रितुस ने आरम्भ की वह बाद में भी किसी न किसी रूप में जीवित रही।[32] निष्कर्षस्वरूप यह कहा जा सकता है कि प्रकृति के

सान्निध्य के कारण कवि प्रकृति को भी काव्य का प्रथम हेतु, प्रतिभा, मानने के पक्ष में है, विशेषतः ग्रामगीतों के सन्दर्भ में।

(3) 'मैं म्यूज़ों का प्रवक्ता हूँ', यह पंक्ति अत्यन्त गद्यात्मक है। इसमें उसका उद्देश्य केवल यह जतलाना है कि कवियों की जो अखंड परम्परा आर्ष युग से चली आ रही है इस युग में मैं उसी का प्रतिनिधि हूँ। लगता है जैसे कोई अपना सम्बन्ध राजपरिवार से जोड़ कर सामनेवाले पर अपना प्रभाव डालना चाहता हो। आभिजात्य युग में भी कवियों ने म्यूज़ों के साथ अपने सम्बन्धों को नाना प्रकार से व्याख्यायित किया था, उनमें से एक यह था कि म्यूज़ों और सामाजिक के बीच वे केवल माध्यम हैं। 'आयन' संवाद में प्लेटो ने सुकरात के मुख से इसी उपपत्ति का प्रतिपादन कराया है। यहाँ प्रतीत होता है मानों म्यूज़ उसे प्रेरणा नहीं दे रही है मेगाफोन की तरह उसका उपयोग कर रही है। यह प्रयोग उसने केवल अपने प्राधिकार को सुरक्षित रखने के लिए किया है, काव्य-सौन्दर्य में इसका कोई योग नहीं है।

(4) लाइकिदास घोषणा कर रहा है कि सिमिखिदास पर ज़्यूस की कृपा है इस नाते म्यूज़ों की भी, ज़्यूस की पुत्रियाँ होने के कारण, उस पर कृपा है। वह म्यूज़ों का प्रवक्ता है, इसलिए अपने गीतों में वह जो कुछ भी प्रतिपादित कर रहा है उसे म्यूज़ों का ही कथन मानकर ज्यों का त्यों स्वीकार कर लिया जाना चाहिए। सामाजिक द्वारा उसकी सत्यता पर सन्देह करने का अर्थ होगा स्वयं त्रिकालदर्शी म्यूज़ों के ज्ञान पर शंका करना। यहाँ तक काव्य के प्रथम हेतु, जन्मजात संस्कार, का प्रथम चरण है। 'ज़्यूस ने तुम्हें सत्य कथन के लिए ही बनाया है। अर्थात्, उसने तुम्हें काव्य रचना (= सत्य कथन) की शक्ति जन्म से दी है। कवि-व्यक्तित्त्व का यह पक्ष मुख्य है, विकास यात्रा का प्रथम चरण है। अब, यदि इसको विकसित करना है या नयी दिशा देनी है तो उसके लिए भी, अर्थात् व्युत्पत्ति से पहले, दैवी कृपा की आवश्यकता है। लाइकिदास द्वारा छड़ी भेंट करने के प्रसंग को इसी अर्थ में लिया जाना चाहिए। कुछ समीक्षकों ने इसे हीसियोद द्वारा 'देववंशावली' में वर्णित म्यूज़ों से हुई भेंट के समकक्ष रखा है।[33] यह सम्भव है कि थियोक्रितुस को इसकी प्रेरणा उस प्रसंग से मिली हो किन्तु दोनों में एक मूलभूत अन्तर पर ध्यान देना आवश्यक है। 'देववंशावली' का कवि म्यूज़ों से हुई भेंट के पहले कविता नहीं करता था। म्यूज़ों से मिली लाठी (राजदंड) मिलने के बाद ही वह कविता करने लगा था। यहाँ, सिमिखिदास पहले से ही श्रेष्ठ कवि है। अतः, हमारे अनुसार इसका अर्थ 'इच्छा-पूर्ति' लिया जाना चाहिए। वह चाहता है कि लाइकिदास के साथ मिलकर ग्रामगीतों को नयी दिशा दे ('हम दोनों ही इससे लाभान्वित हों' इस पंक्ति का यही अर्थ किया गया है)। लाइकिदास छड़ी के उपहार (म्यूज़ के उपहार के अर्थ में) द्वारा संकेत दे रहा है कि ग्रामगीतों के जिस 'नये प्रकार' का आरम्भ

वह करना चाहता है, या [परम्परा से हटकर] जिस प्रकार के गीत लिखने उसने शुरू कर दिये हैं उन्हें म्यूज़ों का समर्थन प्राप्त है और सामाजिक भी उनका स्वागत करेंगे। चूँकि ज़्यूस तथा म्यूज़ों ने उसे सत्य कथन का प्राधिकार सौंपा है इसलिए सामाजिक उनकी सत्यता को अवश्य स्वीकार करेंगे।

(5) अब तक कवि ने प्रथम काव्य-हेतु पर ही अपना दृष्टिकोण स्पष्ट किया है। स्वयं को परम्परा से जोड़ने के लिए यह आवश्यक था। व्यवहार में आभिजात्यवादी चिन्तन का व्युत्पत्ति और अभ्यास पर भी उतना ही बल था, लाइकिदास के गीत की भूमिका में उन्हीं की स्थापना है। इस पंक्ति का एक अर्थ यह लिया जा सकता है कि ये गीत उसने बिना म्यूज़ों की सहायता के ही लिखे हैं किन्तु थियोक्रितुस जिस परम्परा से स्वयं को जोड़कर देख रहा है उसके परिप्रेक्ष्य में यह अर्थ करना उचित नहीं है। हमें स्वीकार कर लेना चाहिए कि म्यूज़ों की प्रेरणा सिमिखिदास और लाइकिदास दोनों को सिद्धान्तः स्वीकृत है (अन्तिम वाक्य इसकी पुष्टि कर रहा है) दोनों कवि के रूप में पहले से ही प्रसिद्ध हैं। आवश्यकता थी तो कवि के योगदान, व्युत्पत्ति एवं अभ्यास, को रेखांकित करने की। आभिजात्य काल की रचनाओं में ऐसे अनेक स्थल मिल जाते हैं जिनसे ध्वनि यह निकलती है कि म्यूज़ के वरदान के पश्चात् किसी अन्य हेतु की आवश्यकता नहीं रह जाती। सिकन्दरियाई काव्यशास्त्र में इस एकांगी धारणा का खंडन करते हुए व्युत्पत्ति तथा अभ्यास को भी उतना ही महत्त्वपूर्ण स्थान दिया गया है। इसलिए, उपर्युक्त पंक्ति का यह अर्थ किया जाना चाहिए कि काव्य-रचना सावधानीपूर्वक की जाने वाली क्रिया है जिसमें शेष दो हेतुओं का भी उतना ही योग रहता है जितना प्रथम हेतु का। परोक्षतः यह लघु काव्य के समर्थन में की गयी घोषणा है कि काव्य के रूप-पक्ष को सँवारने की जितनी आवश्यकता है वह छोटी विधा में ही सम्भव है।

(6) लाइकिदास का गीत एक ओर काव्य के स्रोत के रूप में म्यूज़ों को प्रतिष्ठित कर रहा है तो दूसरी ओर व्युत्पत्ति तथा अभ्यास की अनिवार्यता को भी दरशा रहा है। 'म्यूज़ों ने उसके होठों पर मधुर अमृत उँडेल रखा था' यह प्रथम हेतु की स्वीकृति है। 'होठों पर मधुर अमृत', अर्थात् होठों से निःसृत गीत, उँडेलने का कार्य करनेवाली म्यूज़ हैं। अब, यदि गीत का कर्ता म्यूज़ों को मान लिया जाय तो अन्तिम पंक्ति 'वसन्त ऋतु भर श्रम करते रहे' निरर्थक हो जाती है। इसलिए म्यूज का योग उद्‌भावना के अर्थ में लिया जाना चाहिए जिसकी बाद की तीनों पंक्तियों के साथ संगति बैठाने पर तीनों हेतुओं का समन्वय हो जाता है। इस परिप्रेक्ष्य में 'कोमातास का मधुकोश पर जीवित रहना' का अर्थ होगा म्यूज़ से निरन्तर प्रेरणा मिलना। इसी का परिणाम यह था कि वह स्वयं भी पूरी वसन्त ऋतु भर श्रम (गीत-रचना) करता रहा।

काव्य के लिए 'मधुर श्रम' का प्रयोग आनन्द के प्रयोजन की ध्वनि दे रहा है। प्रतीत होता है 'आनन्द' जैसे सर्वस्वीकृत प्रयोजन को अलग से घोषित करने की कवि ने कोई आवश्यकता नहीं समझी है, इसलिए समीक्षकों ने भी इस सम्बन्ध में अधिक कुछ नहीं कहा है। हाँ, इसके अतिरिक्त एक प्रच्छन्न प्रयोजन पर उनका ध्यान अवश्य गया है। गीत में एक ओर दो कवियों में परस्पर स्पर्धा का उल्लेख है तो दूसरी ओर उन दिनों को स्मरण किया जा रहा है जब प्राकृतिक वातावरण और ग्राम-जीवन एक-दूसरे के सहयोग से फल-फूल रहे थे। नगरों के विस्तार से वह आँचलिक जीवन कहीं खो गया था, इसलिए वैसे ग्रामगीत भी नहीं लिखे जा रहे थे। सिमिखिदास द्वारा लाइकिदास को गीत गाने के लिए आमन्त्रित करने का ध्वन्यर्थ है कि वह प्राचीन ग्रामगीतों की परम्परा को पुनर्जीवित करने के लिए अपने समकालीन गीतकारों का आवाहन कर रहा है। तभी उसने यह कहा कि हम दोनों एक दूसरे को लाभ पहुँचा सकते हैं।

(7) इन तीनों पंक्तियों में कवि ने एक साथ दो लक्ष्य सिद्ध किये हैं। पहला, वह सामाजिक पर प्रभाव डाल रहा है कि उसने म्यूज़ों से काव्यशिक्षा ग्रहण की है जिसका निहितार्थ है कि वह उन कवियों से कहीं अधिक श्रेष्ठ है जो केवल व्युत्पत्ति तथा अभ्यास के बल पर कुछ तुकबन्दियाँ कर लेते हैं साथ ही यह संकेत भी दे रहा है कि मेरे गीतों में समाहित ज्ञान सत्य है क्योंकि वह म्यूज़ प्रदत्त है। यहाँ हम स्मरण करा दें कि कवि जिस ज्ञान की बात कर रहा है उसका स्वरूप बहुत कुछ होमर के ज्ञान जैसा ही है।

दूसरा लक्ष्य कवि के स्व-हित से जुड़ा हुआ है। जब वह कहता है कि सम्भवतः उसके गीतों का समाचार ज़्यूस के कानों तक पहुँच चुका है तो उसका संकेत तोलेमी द्वितीय की ओर है। लक्षणा से वह सूचना दे रहा है कि व्यवस्था एवं शान्ति स्थापना में उसका शासन देव-शासन के समान है। अथवा, यों भी कह सकते हैं कि धरती पर वह ज़्यूस का प्रतिनिधि है। जो भी उसका विरोध करेगा वह ज़्यूस का विरोधी माना जायेगा। यह बात म्यूज़ द्वारा कथित होने के कारण पूर्णतः सत्य है। इस पंक्ति की तुलना यदि कल्लिमाखुस के ज़्यूस तथा अपोलो के प्रति स्तुतिगानों से की जाय तो कवि का प्रच्छन्न प्रयोजन अनायास स्पष्ट हो जाता है। यह दरबारी काव्य है, इसका एक उद्देश्य सम्राट् तक अपने कवि होने का समाचार पहुँचाना है। वह अपनी योजना में सफल हुआ और तोलेमी द्वितीय की राजसभा में उसे प्रवेश मिल गया।

प्रतिभा को प्रथम काव्य-हेतु के रूप में घोषित करने वाली कवि की दूसरी महत्त्वपूर्ण रचना ग्रामगीत-1 है। इसका आरम्भ एक अजपालक द्वारा थाइरसिस के गीतों की प्रशंसा से होता है। वह उससे एक चरवाहागीत सुनाने की प्रार्थना करता है (क्योंकि ग्रामगीतों का यह रूप उसे अधिक प्रिय है) और बदले में उसे नक्काशीदार

प्याला और एक बकरी देने का वचन देता है। थाइरसिस गीत प्रस्तुत करता है। इस तरह, यहाँ भी एक गीत दूसरे गीत को अपने भीतर समेटे हुए है। शिल्प की दृष्टि से यह पद्धति गीत के सौन्दर्य को और बढ़ा देती है।

थाइरसिस के गीत की तीन टेकों में कवि का हेतु सम्बन्धी दृष्टिकोण व्यक्त हुआ है:

(1) प्रिय म्यूज़ो, कृपया चरवाहा गीत प्रारम्भ करो;

(2) हे म्यूज़ो, कृपया चरवाहागीत पुनः आरम्भ करो;

(3) हे म्यूज़ो, कृपया चरवाहागीत समाप्त करो।

कहने की आवश्यकता नहीं कि म्यूज़ प्रतिभा का काव्यात्मक बिम्ब-विधान है। आभिजात्य युग में यह जितने विविध रूपों में प्रयुक्त हुआ है वह शोध का स्वतन्त्र विषय बन गया है। इन पंक्तियों में थियोक्रितुस पूर्णतया होमर, हीसियोद तथा पिन्दर का अनुसरण करता दिखायी दे रहा है। वह जब न तब म्यूज़ों का स्मरण कर रहा है और उनसे सहायता की प्रार्थना भी कर रहा है। थाइरसिस के माध्यम से गीत के आरम्भ, मध्य और अन्त में म्यूज़ों से सहयता की याचना का प्रयोजन है सामाजिक पर यह छाप डालना कि जो कुछ भी कहा जा रहा है उनके द्वारा ही कहा जा रहा है, कवि माध्यम मात्र है। सामाजिक इसे बिना किसी शंका के स्वीकार कर ले।

गीत के आरम्भ में एक और पंक्ति पर, यहाँ, टिप्पणी करना आवश्यक प्रतीत हो रहा है। पंक्ति है—"यह एत्ना से थाइरसिस है और थाइरसिस की वाणी मधुर है।" इस पंक्ति को आत्मप्रशंसा के अर्थ में नहीं वरन् इस अर्थ में लिया जाना चाहिए कि म्यूज़ों ने उसे माध्यम बनने के योग्य समझा इसका उसे अभिमान है। ग्रामगीत-7 में भी उसने स्वयं को ज़्यूस द्वारा पोषित पौधे के रूप में देखा है। दोनों पंक्तियाँ एक ही अर्थ का निष्पादन कर रही हैं—"प्रथम काव्य-हेतु म्यूज़ या उनके पिता ज़्यूस (= जन्मजात संस्कार) हैं, व्युत्पत्ति तथा अभ्यास महत्त्वपूर्ण हैं किन्तु उनका स्थान दूसरे क्रम पर है।"

थाइरसिस के गीत से प्रसन्न होकर अजपालक उसे वचनानुसार बकरी और नक्काशीदार प्याला उपहारस्वरूप देता है। इसके लिए धन्यवाद व्यक्त करते हुए वह कहता है—

तुम मुझे बकरी और प्याला दे रहे हो, ताकि मैं इसे दुह कर
म्यूज़ों को नैवेद्य चढ़ा सकूँ।
बिदा, हे म्यूज़ो, बार-बार बिदा, मैं भविष्य में भी इसी तरह
तुम्हारे लिए और भी मधुर गीत गाता रहूँगा।

पुरस्कार में मिलने वाली बकरी और प्याला पृष्ठभूमि है चरवाहागीत की (अर्थात् चरवाहागीत का प्रतिपाद्य क्या हो, जहाँ तक उसके संरचनात्मक रूप का प्रश्न है

उसका उदाहरण उसके गीत स्वयं हैं) और उस प्रोत्साहन की भी कि भविष्य में इसी तरह के गीत गाते रहो। नैवेद्य चढ़ानेवाला वाक्यांश लाक्षणिक है जिसका अर्थ है–"हे म्यूज़ों, भविष्य में जब भी मैं गीत-रचना में प्रवृत्त होऊँ तो मेरी सहायता करने अवश्य आना।" व्युत्पत्ति और अभ्यास कवि की अर्जित सम्पत्ति है किन्तु इनका उचित उपयोग करने में म्यूज़ उसकी सहायता करती रहें दूध का नैवेद्य उसकी इसी याचना का प्रतीक है। गीत की अन्तिम पंक्ति का ध्वन्यर्थ है–भविष्य में भी वह चरवाहागीत ही गाते रहना चाहता है क्योंकि इसी में उसकी रुचि है। 'रुचि' शब्द कहीं न कहीं क्षमता का संकेत भी दे रहा है, यदि यह स्वीकार कर लिया जाय तो हम कहना चाहेंगे कि थियोक्रितुस का अन्तस प्लेटो की उस मान्यता का समर्थन कर रहा था जिसके अनुसार कवि केवल एक ही विधा में निपुण हो सकता है क्योंकि प्रकृति ने उसे संस्कार ही उस प्रकार के दिये है।[34]

2.1.2.3.4 काव्य-प्रयोजन

काव्य-हेतुओं के विवेचन के अन्तर्गत दो प्रयोजनों, आनन्द तथा आश्रयदाता की स्तुति, की संक्षिप्त चर्चा हो चुकी है। गीतों के लिए बहुधा प्रयुक्त होनेवाले 'मधुर' विशेषण से यह सुनिश्चित हो जाता है कि आनन्द का गुण निहित है। यह दूसरी बात है कि स्तोआई चिन्तन उपयोगिताश्रयी मूल्य पर अधिक बल देता था किन्तु दरबारी काव्य के लिए आनन्द की उपेक्षा करना सम्भव नहीं था। कुछ ऐसी ही स्थिति दूसरे प्रयोजन, आश्रयदाता की स्तुति की भी थी। सिरेक्यूज़ से सिकन्दरिया जाते समय थियोक्रितुस कुछ दिनों के लिए कोस द्वीप पर रुका था। वहाँ उसके कई अच्छे मित्र बन गये थे। इतिहासज्ञों के अनुसार ग्रामगीत-7 की रचना उसने वहीं की थी। लाइकिदास द्वारा सिमिखिदास को दी गयी जैतून की लाठी का समीक्षकों ने एक अर्थ यह भी लिया है कि वहाँ के कवियों ने उसे अपनी मंडली में सम्मिलित कर लिया था। म्यूज़ का उपहार मिलना अर्थात् उसके प्रिय कवियों की बिरादरी में प्रवेश मिलना। कोस में रहते हुए उसने जो कविताएँ मित्रों के बीच पढ़ी होंगी उनकी प्रसिद्धि तोलेमी द्वितीय तक पहुँचनी स्वाभाविक थी क्योंकि वह उसकी जन्मभूमि थी और वहाँ से उसका घनिष्ठ सम्बन्ध बना रहना स्वाभाविक था। थियोक्रितुस का ग्रामगीत-18 भी तोलेमी की स्तुति में ही लिखा गया।[35] इससे यही निष्कर्ष निकलता है कि राजा की प्रत्यक्ष या परोक्ष स्तुति करना इन कवियों की नियति बन गयी थी।

कल्लिमाखुस के काव्य चिन्तन के अन्तर्गत हम देख आये हैं कि मनोरोग की चिकित्सा को उसने एक प्रयोजन के रूप में स्वीकार किया है। सम्भवतः थियोक्रितुस उससे प्रेरित था। इसका एक उदाहरण उसके साहित्य में भी मिलता है। कुछ समीक्षकों ने इस रचना को उसके चिकित्सक मित्र निकियास पर किया गया कटाक्ष

भी कहा है। इस गीत का प्रतिपाद्य है—प्रेम-पीड़ा का उचित निदान क्या है? हमारा कवि यह दर्शाता है कि पोलिफ़ीमुस म्यूज़ (गीत) की शक्ति से स्वस्थ हो गया बिना किसी चिकित्सक के पास गये, बिना कोई धनराशि व्यय किये। प्रतीत होता है आभिजात्यवादी युग में 'सद्यः पर निवृतये' की धारणा ने जन्म ले लिया था। गीत का अन्तिम अंश है।

"इस तरह पोलिफ़ीमुस ने अपनी तीव्र इच्छा को
[गीत] गाकर हँका दिया, धन व्यय करने की अपेक्षा वह ठीक ही रहा
निकियास, [प्रेम] कामना की कोई दवा नहीं है,
न मलहम, न कोई लेप, ऐसा मुझे लगता है,
बस केवल म्यूज़ (गीत)। मनुष्यों के लिए यह हलकी-फुलकी मधुर वस्तु
[उपयुक्त है]—किन्तु इसका मिलना इतना सरल नहीं है।

इन पंक्तियों का एक अर्थ इस तरह से भी हो सकता है कि रोगी की प्रेमानुभूति का गीत गाने से काथार्सिस हो जाता है जिससे वह स्वस्थमना हो जाता है। दूसरा अर्थ यह हो सकता है कि गीत-रचना/गाने से उसे जो आत्मज्ञान हुआ उससे वह प्रेमासक्ति से मुक्त हो गया।[36] कवि ने यह नुसखा यद्यपि रचयिता के लिए लिखा है किन्तु इसकी सीमा सामाजिक तक विस्तृत है (यदि कवि गाकर स्वस्थ चित्त हो सकता है तो श्रोता क्यों नहीं हो सकता), अर्थात्, उत्पादक और उपभोक्ता दोनों ही इससे लाभान्वित होते हैं।

'हलकी-फुलकी मधुर.....सरल नहीं है' यह वाक्य अपने भीतर चिन्तन के अनेक आयाम सँजोए हुए है। माधुर्य गुण आनन्द का स्रोत है इस पर आर्ष युग से ही सहमति चली आ रही थी। दूसरा विशेषण 'हलकी-फुलकी' लघु काव्य के पक्ष का समर्थन कर रहा है। सिकन्दरियाई काव्यशास्त्र में प्रबन्ध-काव्य और त्रासदी की भव्यता, गम्भीरता और विशालता को युग के अनुकूल न मानकर प्राथमिकता नहीं दी जा रही थी। उधर अनवधानतावश प्रबन्ध-काव्य के पक्षधरों ने यह कहना शुरू कर दिया होगा कि लम्बे, कठिन मार्ग पर चलने की क्षमता न होने के कारण इन्होंने छोटा, सरल मार्ग अपनाया है। हमारे विचार से यह वाक्य उसी का उत्तर है। इन कवियों ने अपनी रचनाओं से सिद्ध कर दिया था कि सजा-सँवरा, हर प्रकार से त्रुटिहीन फिर भी नाना सन्दर्भयुक्त लघु काव्य लिखना इतना सरल नहीं है। गागर में सागर भरना जितना जन्मजात प्रतिभा पर निर्भर करता है उतना ही व्युत्पत्ति और अभ्यास पर भी। इस तरह इन गिनती की पंक्तियों में कवि ने काव्य-गुण, काव्य-हेतु तथा प्रयोजन तीनों का समाहार करते हुए सिकन्दरियाई काव्यशास्त्र के सैद्धान्तिक तथा व्यावहारिक दोनों पक्षों का समवेत उदाहरण प्रस्तुत किया है।

2.1.3 चित्रकाव्य : रूपाश्रयी मूल्य का नया आयाम

अन्त में, आभिजात्यवादी युग के उस पक्ष पर विचार कर लेना आवश्यक प्रतीत हो रहा है जिसने उस समय स्वयं नवीनता को भी विशिष्ट पहचान दी। कला के क्षेत्र में हम इसे बहुत बड़ी विडम्बना कहेंगे कि जिस प्रवृत्ति का जन्म ई.पू. 300 के आसपास हो गया था उसे समीक्षा जगत् में अपनी जगह बनाने के लिए बीसवीं शताब्दी तक प्रतीक्षा करनी पड़ी। गत शताब्दी के प्रथम चरण में अ-कला आन्दोलन का जन्म हुआ। उसी के अन्तर्गत मालार्मे तथा आपोलिनेर के काव्य-प्रयोगों की खूब चर्चा हुई। मालार्मे ने 'अं कू द दे' की छपाई के समय यह ध्यान रखा था कि छपा हुआ पृष्ठ एक सुन्दर दृश्य सा प्रतीत हो। इसके लिए देश-संयोजन (अरेंजमेंट ऑफ़ स्पेस) में चित्रकला के नियमों का पालन किया गया था। सम्भवतः इसी से प्रेरित होकर आपोलिनेर ने अपने एक काव्य-संग्रह में कुछ कविताओं को उनके भावों को देखते हुए चित्र रूप में छपाया। जैसे, वर्षा शीर्षक कविता को देखकर ऐसा लगता है मानों जलधाराएँ बह रही हों। ऐसे ही अन्य कविताएँ हृदय, ताज या सीटी के आकार में हैं। इस वर्ग की रचनाओं में 'एफिल टावर' को कुछ अधिक प्रसिद्धि मिली। उसका विषय एफिल टावर है और छपाई में आकार भी वैसा ही दिया गया है।[37] ओज़ाफ़ाँ ने इनके लिए इडियोग्राम शब्द का प्रयोग किया है। उसने अठाहरवीं शताब्दी के एक और इडियोग्राम का उदाहरण भी दिया है। किसी पानार/पानार्ड कवि की ५८ रचना छोटे मुँह और बड़े पेट वाली बोतल के आकार में है।[38] इन सभी प्रयोगों का मूल आलोच्यकालीन एपिग्रामों में देखा जा सकता है।

इस युग को एपिग्राम आभिजात्य युग से उत्तराधिकार में मिला था। परम्परा यह थी कि किसी समाधि पर अथवा किसी विशेष अवसर पर अर्पणार्थ वस्तु पर उत्कीर्ण किये जाने के लिए एपिग्राम लिखे जाते थे। समय बीतने के साथ धीरे-धीरे एपिग्राम इस बन्धन से मुक्त होने लगे। परिणामस्वरूप, इसमें जितनी विविधता आयी वह नये युग का प्रतिबिम्ब बन गयी। उदाहरणार्थ, ऐसे एपिग्राम भी मिलते हैं जो सिकन्दरिया या रूहोड्ज़ में सामूहिक भोज के अवसरों पर सस्वर पाठ के लिए लिखे गये थे। यह विषय की विविधता का द्योतक है। सच पूछा जाय तो विषय का कोई बन्धन रह ही नहीं गया था। एस्क्लिपियादीज़ एक एपिग्राम में पहले नौकर को डाँटता है फिर खरीदारी करने के लिए भेज देता है। किसी में प्रकृति की झलक मिलती है तो कभी किसी कलाकृति की प्रशंसा ही विषय बन जाती है।

एपिग्राम लघु काव्य का विशिष्ट रूप है। आरम्भ में इसकी लघुता की सीमा वह स्थान निश्चित करता था जहाँ इसे उत्कीर्ण किया जाना होता था फिर, विषय और आकार की सीमा से मुक्त हो जाने पर इसमें नये-नये प्रयोग होने लगे। ई. पू.चौथी और तीसरी शताब्दी में हम देख आये हैं कि काव्य और दृश्यकलाओं में

परस्पर सहयोग बढ़ गया था, अर्थात् कभी काव्य में आये प्रसंग पर चित्र या उत्थित शिल्प बनते तो कभी किसी प्रतिमा पर काव्य-रचना हो जाती। इस कारण से शब्द और चाक्षुष बिम्ब में स्पर्धा का भाव आ गया। 'आर्गोनॉतिका' में आलोक-बिम्बों* के सौन्दर्य को जिस तरह से प्रधानता मिली है उससे अनुमान लगाया जा सकता है कि काव्य की बिम्बात्मक भाषा नया मोड़ ले रही थी। दृश्यकलाओं से स्पर्धा करने में एपिग्राम का लघु रूप बहुत उपयोगी सिद्ध हुआ। किसी गम्भीर उद्देश्य अथवा मानव मूल्यों के नियन्त्रण से यह विधा पहले ही मुक्त चुकी थी। अपनी कुशलता का परिचय देने के लिए कविगण अब किसी भी साधारण विषय को लेकर अभ्यास करने लगे। किसी कलाकृति पर टिप्पणी करने के उद्देश्य से कुछ पंक्तियाँ लिखने की बात तो फिर भी समझी जा सकती है किन्तु जब आकार ही मुख्य हो गया तो ऐसे विषय भी लिये जाने लगे जैसे, इरॉस के दो पंख, ईपियोस की दुधारी कुल्हाड़ी या नाइटिंगेल का अंडा जिसे हर्मीज़ ने चुरा लिया था। र्‌होड्ज़ के सिमियास के चित्रकाव्य इन आकारों में मिले हैं। प्रतीत होता है इरॉस की प्रतिमा के पंखों के ऊपर अंकित किये जाने के लिए पहली कविता उसी आकार में लिखी गयी होगी किन्तु शेष दो शुद्ध चित्र-रूप देने के लिए ही रची गयी होंगी। इजिस्थ्यूस ने एगामैमनन की कुल्हाड़ी से हत्या की थी किन्तु दुधारी कुल्हाड़ीवाले एपिग्राम की एक और विचित्रता यह है कि इसमें पंक्तियों का क्रम सामान्य न होगर 1,20,2,19 की पद्धति पर है। इसी तरह अंडाकार चित्रकाव्य भी रहस्यगर्भित है। यह वस्तुतः रूपक है। कवि स्वयं को अन्य कवियों के बीच में नाइटिंगेल का विशेष स्थान दे रहा है।[39] कल्लिमाखुस का एपिग्राम-38 इसकी अपेक्षा सरल है। यह तूणीर के ऊपर लिखे जाने के लिए उसी आकार में लिखा गया था।[40] थियोक्रितुस के नाम से प्रसिद्ध चित्रकाव्य में वन देवता पैन को समर्पित नलियों के बड़े से छोटे होते आकार के अनुसार बीस पंक्तियाँ दो-दो की संख्या में रखी गयी हैं। इन्हें स्वरों के आरोह-अवरोह का प्रतीक माना गया है।

---

* 1. मिदीआ का अशान्त हृदय उसकी छाती में इस तरह धड़क रहा है जैसे बाल्टी में हिलते पानी पर पड़नेवाली सूर्य की किरणों का प्रतिबिम्ब छत से इधर-उधर टकराता फिर रहा हो, 2. पेड़ पर टँगी ऊनवाली खाल सूर्य के प्रकाश में इस तरह चमक रही थी जैसे कोई बादल लजा रहा हो। 3. जेसन ने खाल हाथों में उठा ली तो लगा जैसे किसी बाला ने पूर्णचन्द्र के प्रकाश में लबादा थाम रखा हो। 4. उसे दूर हिरेक्लीज़ ऐसे दिखायी दिया जैसे उषःकाल में मन्द होता चन्द्रमा।

अंडा
सिमियास का
चित्रकाव्य

पैन को
समर्पित नलियाँ
थियोक्रितुस का चित्रकाव्य

इन प्रयोगों पर टिप्पणी करते हुए जॉन अनियन्स ने लिखा है कि आज यह दूर की कौड़ी लाने जैसा प्रयास लग सकता है पर युगीन मनोवृत्ति इसमें रस लेती थी इस पर शंका नहीं की जा सकती। ऐसे उल्लेख मिलते हैं कि उस समय भोजन और पेय में भी अंगभूत तत्त्वों का मिश्रण संगीत के विभिन्न स्वर-सामंजस्य के आधार पर किया जाता था।[41]

चित्रकाव्य के ऊपर के दोनों उदाहरण काव्य में रूपाश्रयी मूल्य के नये आयाम की घोषणा कर रहे हैं, उपयोगिताश्रयी मूल्य (जो शुरू में प्रधान था) का इन एपिग्रामों में दूर-दूर तक पता नहीं है। इस काव्य का मूल्य इसके बाहर किसी अन्य प्रयोजन को सिद्ध करने में निहित नहीं है। सम्बन्धाश्रयी मूल्य केवल इसे समझने तक सीमित है, मुख्य है रूपाश्रयी मूल्य जो चाक्षुष बिम्ब के सहयोग से और भी बढ़ गया है। स्यात् यह कहना और भी उचित होगा कि चित्रकाव्य में चाक्षुष अनुभूति ही मुख्य है। यहाँ आकर कविता सभी अनचाहे बन्धनों से मुक्त हो जाती है। बाद का युग यदि इस स्वतन्त्रता का उचित उपयोग कर पाता तो सम्भवतः रोमी काव्यशास्त्र का इतिहास कुछ और होता।

सन्दर्भ एवं टिप्पणियाँ

1. ए हिस्ट्री ऑफ़ ग्रीक लिटरेचर, पृ. 718
2. जे. फ़र्ग्यूसन, दि हेरिटेज ऑफ़ हेलेनिज़्म, पृ. 115
3. वही, पृ. 98 99
4. एटकिन्स, लिटरेरी क्रिटिसिज़्म इन ऐंटीक्विटी, खंड एक, पृ. 188-9
5. एल्बिन लेस्की, ए हिस्ट्री ऑफ़ ग्रीक लिटरेचर, पृ. 703
6. 'काव्यशास्त्र', अ. 4, पृ. 1448ब, पं. 11-12
7. जॉन अनियन्स, दि हेलेनिस्टिक एज, पृ. 123, 126
8. साइमन गोल्डहिल, दि पोएट्स वॉएस, पृ. 223

9. वेब्सटर, हेलेनिस्टिक पोएट्री एंड आर्ट, पृ. 104
10. एटकिन्स, लिटरेरी क्रिटिसिज़्म इन ऐंटिक्विटी, खंड-एक, पृ. 179
11. वेब्सटर, हेलेनिस्टिक पोएट्री ऐंड आर्ट, पृ. 101
12. वही, पृ. 64
13. हेलेनिस्टिक पोएट्री ऐंड आर्ट, पृ. 101
14. लिटरेरी क्रिटिसिज़्म इन ऐंटिक्विटी, खंड-एक, पृ. 179
15. एल्बिन लेस्की, ए हिस्ट्री ऑफ़ ग्रीक लिटरेचर, पृ. 710
16. वेब्सटर, हेलेनिस्टिक पोएट्री ऐंड आर्ट, पृ. 105
17. ए हिस्ट्री ऑफ़ ग्रीक लिटरेचर, पृ. 706
18. वही, पृ. 712
19. यूनानी आभिजात्य चिन्तन, पृ. 106-7
20. एटकिन्स, लिटरेरी क्रिटिसिज़्म इन ऐंटिक्विटी, खंड-एक, पृ. 175
21. ए हिस्ट्री ऑफ़ ग्रीक लिटरेचर, पृ. 728
22. 'आर्गोनॉतिका' की पुस्तक–तीन में (पं. 927-47) कवि ने इस विवाद का उल्लेख किया है।
23. आर.सी. सीतन, 'आर्गोनॉतिका' की भूमिका
24. 'काव्यशास्त्र' पृ. 1459ब, पं. 20-22
25. वेब्सटर, हेलेनिस्टिक पोएट्री ऐंड आर्ट, पृ. 71
26. वही, पृ.72
27. वही, पृ.वही
28. वही, पृ. 77-78
29. आर.सी.सीतन, 'आर्गोनॉतिका की भूमिका'
30. एल्बिन लेस्की, ए हिस्ट्री ऑफ़ ग्रीक लिटरेचर, पृ. 718
31. साइमन गोल्डहिल के अनुवाद पर आधारित, दि पोएट्स वॉएस।
32. वही, पृ. 231
33. इस प्रंसग के लिए देखिये 'यूनानी आभिजात्य चिन्तन', पृ. 67
34. 'गणराज्य', पृ. 370, 395
35. एल्बिन लेस्की, एहिस्ट्री ऑफ़ ग्रीक लिटरेचर, पृ. 718
36. साइमन गोल्डहिल, दि पोएट्स वॉएस, पृ. 251
37. कृष्णलाल शर्मा, साहित्य अन्य कलाओं के सन्दर्भ में, पृ. 95
38. फ़ाउंडेशन्स ऑफ़ मॉडर्न आर्ट, पृ. 19। भारतीय अलंकारशास्त्र में भी चित्रकाव्य/चित्रालंकार के अन्तर्गत ऐसे प्रयोगों को स्थान मिला है।
39. जॉन अनियन्स, दि हेलेनिस्टिक एज, पृ. 109
40. वेब्सटर, हेलेनिस्टिक पोएट्री ऐंड आर्ट, पृ. 182
41. दि हेलेनिस्टिक एज, पृ. 110

3. रोम
आभिजात्य मूल्यों का पुनराधान

3.1 ऐतिहासिक पृष्ठभूमि

लातीनी साहित्य में समीक्षा-दृष्टि का विकास उस कालखंड की देन है जब रोम अपने आसपास की अन्य संस्कृतियों के सम्पर्क में आने लगा और उसकी परम्परागत विचारधारा बदलने लगी। इसे हम उसके नगर-राज्य से साम्राज्य बनने की प्रक्रिया का पूर्वाभास कह सकते हैं और यहीं से उसकी संस्कृति का नया अध्याय आरम्भ होता है। यह एक ऐसे तनाव की कथा है जिसमें पुरानी और नयी, रोमी तथा यूनानी जीवन-दृष्टियाँ—आचार-विचार, भाषा एवं साहित्य, कलाओं के अन्य रूप, धर्म और समाज की विभिन्न संस्थाएँ—शताब्दियों तक संघर्षरत रहीं। अन्त में इसका प्रतिफलन रोमी संस्कृति के उस श्रेष्ठ रूप में हुआ जो अपने भीतर प्राचीन काल की आभिजात्य सम्पदा को सँजोए हुए थी। आज का यूरोप भी उससे निरन्तर प्रेरणा ले रहा है।

इस काल के कवियों के सामने दोहरी समस्या थी। एक ओर आयातित यूनानी साहित्य, विशेषतः नाटक, उन्हें प्रेरणा दे रहा था कि वे अपनी भाषा में भी समाज को कुछ ऐसा दें जो उसके समकक्ष हो। किन्तु, उसका रूप एकदम अपरिचित भी नहीं हो सकता था, उसमें निजी संस्कृति की झलक मिलना भी आवश्यक था। इस प्रयास में सामाजिक की निम्नस्तरीय रुचि सबसे बड़ी बाधा बन कर आ खड़ी हुई। वह जिन मंचीय प्रस्तुतियों से पोषित थी उसमें केवल रोमांचकारी दृश्य ही दिखलाये जाते थे। बौद्धिक स्तर पर कथानक के कारण-कार्य को समझने अथवा पात्र के चरित्र का विश्लेषण करने की क्षमता उसमें विकसित ही नहीं हुई थी। अच्छे नाटकों को मंच पर बार-बार देखकर प्रेक्षक को जो प्रशिक्षण मिलता है उसका अवसर रोमी दर्शकों को मिला ही नहीं था। किन्तु आश्चर्य तो यह देखकर होता है कि शताब्दियाँ बीत जाने पर भी, लातीनी साहित्य के सुवर्ण युग में भी, विधा के रूप में नाटक अपेक्षित विकास नहीं कर पाया। ई.पू. 14/13 में होरेस द्वारा सम्राट् ऑगस्तस को

लिखा पत्र इसका लिखित प्रमाण है। समीक्षा-दृष्टि को प्रभावित करनेवाले काव्य के इस महत्त्वपूर्ण रूप का समुचित विकास न कर पाना विचारणीय विषय है। इसका उत्तर इतिहास के पन्ने देते हैं जिसका उल्लेख यथास्थान किया जायेगा।

इटली के मूल निवासी चाहे जो रहे हों उसे सभ्यता का उच्चतम शिखर बाहर से आयी हुई जातियों से मिला है। पहले पश्चिमोत्तर में बसे लिग्यूरी आये फिर उंब्रियावासी और लातीनी आये। इनके भी बाद लगभग ई.पू. नवीं शताब्दी में लघु एशिया से इत्रुस्की आये। उसके बाद इसके तटीय क्षेत्रों में यूनान के विभिन्न प्रान्तों के आप्रवासियों ने अपने-अपने उपनिवेश बसाये। ये मुख्यतः सिसली और दक्षिणी इटली के क्षेत्रों तक ही सीमित रहे जिसे कालान्तर में मैग्ना ग्रीशिया कहा जाने लगा। इन क्षेत्रों के मूल निवासियों के अपने संस्कार, धार्मिक विश्वास, मिथक और मौखिक साहित्य के विशिष्ट रूप अवश्य रहे होंगे किन्तु यूनानियों को अपनी तुलना में वे बहुत पिछड़े हुए लगे होंगे तभी उन्होंने इनके लिए बर्बर विशेषण का प्रयोग किया जो ई.पू. दूसरी शताब्दी तक भी प्रयुक्त होता रहा।[1]

समय बीतने के साथ कुछ उपनिवेश बड़े नगर-राज्यों में परिणत हो गये और सभ्यता के केन्द्रों के रूप में उनकी अलग पहचान बन गयी। पड़ोसी नगरों के साथ लड़ाई-झगड़े जब लगभग शान्त हो गये तो युग आरम्भ हुआ धार्मिक विश्वासों, संस्कारों, विचारों तथा कला-रूपों के आदान-प्रदान का। इटलीवासियों की ओर से बात करें तो यह मुख्यतः आदान था। इत्रुरिया में हुई पुरातात्त्विक खोजों से पता चलता है कि भाषा पर आधारित यूनानी कला-रूपों का सर्वाधिक प्रभाव उंब्रियों और ऑस्कियों पर पड़ा। नाटक के क्षेत्र में इसे साफ़ देखा जा सकता है। इसका एक रूप या तो कांपानियों के यूनानियों ने विकसित किया था, या, यूनानी प्रभाव को लेकर वहाँ के मूल निवासियों ने। इसके सूत्र इस तथ्य से जुड़े हुए हैं कि उस समय तक यूनानी मैग्ना ग्रीशिया के बाहर भी बहुत बड़े भू-भाग में समझी जाने लगी थी। इसके मुख्य कारण थे (1) भाषा का समृद्ध होना और (2) पड़ोसी नगर-राज्यों के साथ व्यापारिक तथा राजनयिक सम्बन्ध होना। परिणामस्वरूप, यूनानी पुस्तकों को दूर-दूर तक नया पाठक वर्ग मिल गया।

इटली में लेखन कला का विकास यूनानियों के सम्पर्क में आने के बाद हुआ। उनकी वर्णमाला के स्रोत को लेकर कुछ मतभेद हो सकते हैं किन्तु यह निश्चित है कि लेखन सामग्री मोम की परत बिछी पट्टी, मिस्र से आयातिक कागज, नुकीली कलम आदि और लेख-प्रविधि में गुणवत्ता यूनानियों की देन थी। धीरे-धीरे पेशेवर लेखक तैयार हो गये जो दुकानों पर बेचने के लिए मिस्री कागज़ के खर्रे के खर्रे तैयार कर दिया करते थे और अमीर ग्राहकों के लिए उसे अच्छी तरह सजा-सँवार भी देते थे। पुस्तक प्रकाशन अब एक स्वतन्त्र उद्योग बन गया।

पृष्ठभूमि का यह एक पक्ष है जो पूरी तरह ऐतिहासिक परिस्थितियों से नियन्त्रित था। कालक्रम में पहले आने के कारण इसे हम पूर्वार्ध कहेंगे। साहित्य को केन्द्र में रखकर जब उत्तरार्ध पर विचार करते हैं तो चौंकानेवाला तथ्य यह सामने आता है कि प्रेरणा देने का कार्य किया एथेन्स तथा सिकन्दरिया के साहित्य ने और गति प्रदान करने में मुख्य भूमिका निभायी यूनानी भाषियों ने। रोम ने अपनी सैन्य शक्ति के बल पर यूनान एवं लघु एशिया के साथ-साथ भूमध्य सागर के चारों ओर के तटवर्ती क्षेत्रों को भी अपने अधिकार में कर लिया था। इस पूरे क्षेत्र में यूनानी भाषा कम से कम समझी अवश्य जाती थी। इसी तथ्य से प्रेरित होकर कुछ संवेदनशील, जागरूक रोमवासियों के मन में यह विचार घर कर गया कि वे भी यूनानी कला और साहित्य को आधार बनाकर अपनी कला-संस्कृति का विकास कर सकते हैं। उसके घटक तत्त्व भले ही विदेशी हों किन्तु उसकी रूप-रचना पर लातीनी छाप अवश्य हो सकती है। तब, उन्होंने जो भी जहाँ भी अच्छा लगा स्वीकार कर लिया। रोम और यूनान के इस गठबन्धन से रोमी काव्यशास्त्र ने जो रूप ग्रहण किया आगे उसी पर विचार किया जा रहा है। यह एक मिश्र संस्कृति का परिणाम था पर इस प्रक्रिया में सब कुछ सहज गति से होता चला गया यह समझना भूल होगी। समय-समय पर यूनानी कला-रूपों और समीक्षा के मानदंडों का विरोध लगातार होता रहा। रोमवासी, सामान्यतः रूढ़िवादी थे। शताब्दियों की कृषक जीवन-शैली ने उन्हें वैसा बना दिया था। वह जितना अनुशासन-प्रिय था उतना ही परम्परावादी भी था। इसलिए आलोच्यकाल में अपने-पराये, प्राचीन-अर्वाचीन का टकराव निरन्तर दिखलायी देता है।

3.2 काव्यशास्त्र का कामेदीय सन्दर्भ

3.2.1 नाट्य-परम्परा का पूर्व रूप

रोम की आरम्भिक नाट्य-प्रस्तुतियाँ एक विचित्र प्रथा से सम्बद्ध हैं। विचित्र हम इसलिए कह रहे हैं क्योंकि काव्य की विधा होते हुए भी इनका प्रयोजन न-काव्यात्मक हुआ करता था। आभिजात परिवार के किसी सदस्य के अन्तिम संस्कार में उसकी तथा उसके परिवार की उपलब्धियों पर प्रकाश डालने के साथ-साथ समाज तथा राजनीतिक के क्षेत्र में उसके विशिष्ट स्थान को भी रेखांकित किया जाता था। इन प्रयोजनों को ध्यान में रखते हुए अन्तिग संस्कार एक प्रकार से राजनीतिक नाटक का रूप ले लेता था। दूसरे शब्दों में यह मृतक के परिवार की ओर से अभिजातवर्गीय रियेलिटी शो हुआ करता था। शव-यात्रा एक जुलूस का रूप ले लिया करती थी जिसमें अभिनेता एवं श्रोता/दर्शक दोनों साथ-साथ चलते रहते थे। वे विशेष परिधान पहनने के साथ-साथ मुखौटे भी लगाये रहते थे, बीच-बीच में

अभिनय भी करते जाते थे और संवाद भी बोलते रहते थे। बाद्यों में बाँसुरी और तुरही बजायी जाती थी और पेशेवर गायक शोकगीत गाते चलते थे। कहीं-कहीं उनका मुखिया भाषण भी देने लग जाता था। इस तरह गाते-बजाते और रोम की सड़कों से गुजरते हुए जुलूस किसी ऊँची सी भूमि (जो मंच का काम दे सकती थी) के पास रुक जाता था जहाँ पूरी नाटकीय भाव-भंगिमा के साथ मृतक के जीवन पर प्रकाश डाला जाता था।* कुल मिलाकर अन्तिम संस्कार का यह कार्यक्रम अभिजात वर्ग के श्रेष्ठ जीवन मूल्यों, उसके राजनीतिक नेतृत्व तथा वर्तमान सामाजिक वर्गव्यवस्था को उचित ठहराने का अच्छा अवसर हुआ करता था। इसलिए ऐसे अवसरों को अधिकाधिक भव्य एवं स्मरणीय बनाने में स्पर्धा का भाव भी दिखलायी देता था। अपनी उपलब्धियों के प्रचार के लिए इस वर्ग के सदस्य अधिकतर सैन्य अभियानों में मिली सफलता का उपयोग करते थे। इस तथ्य के उल्लेख मिलते हैं कि मंच जैसी उच्च भूमि (जिसे रोस्ट्रा कहा जाता था) को लूटे गये पोतों के अग्रभाग से सजाया जाता था। लूट की सामग्री का प्रदर्शन उस व्यक्ति की वीरता के प्रमाणस्वरूप किया जाता था। तात्पर्य यह कि पूरे आयोजन में आत्मप्रचार अधिक होता था, शोक का तो केवल नाम होता था।

समय आने पर नाट्य-प्रस्तुतियों के लिए दो अवसर और ढूँढ़ लिये गये। एक, धनिक वर्ग के सदस्य प्रीतिभोज के अवसर पर अतिथियों के मनोरंजनार्थ कभी-कभी अपने आवास पर ही अस्थायी रंगमंच खड़ा कर नाटकों का आयोजन कर लिया करते थे। दो, राज्यस्तरीय खेल-तमाशों के साथ दर्शकों के मनोरंजन के लिए सार्वजनिक नाट्य-मंचन की व्यवस्था भी की जाने लगी। इन खेल-तमाशों में मुष्टि-युद्ध, रथों की दौड़, पशुओं का शिकार, मदारी के खेल, सर्कस आदि हुआ करते थे। इनके साथ नाटक को भी जोड़ देने का अर्थ स्पष्ट था कि इनका एकमात्र प्रयोजन मनोरंजन ही हो सकता था। परदों के साथ खेले जानेवाले इन नाटकों को 'लूदी सीनिची' कहा जाता था। परोक्षतः, विशेष घटक के रूप में इसमें धार्मिक भाव रहा करता था। कारण यह था कि सम्पूर्ण कार्यक्रम को देवता के प्रति कृतज्ञता प्रकट करने के अर्थ में लिया जाता था। रोमी समाज की यह मान्यता थी कि संकट की घड़ी में देवताओं की कृपा से ही सफलता मिलती है। सैन्य अभियान भी संकट काल है, उसमें मिली सफलता के लिए उनके प्रति आभार प्रकट करना ही चाहिए।

औपचारिक रूप से पहला नाट्य-प्रयोग ई.पू. 240 में माना गया है। इसके लेखन और मंचन का श्रेय लिवियस ऐन्ड्रोनिकुस को दिया गया है। यहाँ से नाट्य प्रयोगों की परम्परा आरम्भ हो जाती है। नाटकों को एकाएक प्रोत्साहन मिलना

---

* इतिहासकार ऐसे भाषणों में जूलियस सीज़र की मृत्यु पर ऐंतोनी द्वारा दिये गये भाषण की विशेष चर्चा करते हैं।

चौंकानेवाली घटना है क्योंकि तब तक जनसाधारण इतना प्रशिक्षित नहीं हुआ था कि इसके कला-मूल्य को पहचान कर इसकी माँग कर बैठे। इतिहासज्ञ, जैसा कि पृष्ठभूमि में कह आये हैं, इसका मूल कारण यूनानी प्रभाव मानते हैं। प्रथम प्यूनिक युद्ध (ई.पू.264-41) के समय रोमी सेनाएँ कई वर्षों तक दक्षिणी इटली तथा सिसली के यूनानी नगरों में रहीं। तब, साहित्य में रुचि रखनेवाले कुछ सैनिकों को यूनानी नाट्य प्रयोगों को निकट से देखने समझने का अवसर मिला। परिणामस्वरूप, युद्ध से लौटने पर वे विचार करने लगे कि रोम में भी ऐसे नाटक खेले जाने चाहिए। दूसरे, उस समय तक, इस विचार को पुष्ट करने के लिए परिस्थितियाँ भी अनुकूल होने लगी थीं। ऐतिहासिक तथ्य बतलाते हैं कि धीरे-धीरे गणराज्यीय व्यवस्था में ऐसे वर्ग की साझेदारी बढ़ रही थी जो रूढ़िवादी अभिजात समाज की भाँति कला-शिल्प विरोधी नहीं था। यह वर्ग रोम के चतुर्दिक विकास के प्रति सजग था और प्रयत्नशील भी था। फलस्वरूप, समय बीतने के साथ-साथ दृश्य-काव्य के अनेक रूप—त्रासदी, कामेदी, भाषण, फैबुला, प्रितेक्सता आदि—विकसित हुए। इनके प्रयोजन भी भिन्न होते थे। रोमी समीक्षा-दृष्टि पर विचार करने के लिए हम केवल कामेदी और त्रासदी विधाओं को ले रहे हैं तथा प्राप्त सामग्री के आधार पर पहले कामेदी की चर्चा करना तर्क संगत होगा।

3.2.2 प्लॉतस (ई.पू. 254-184)

3.2.2.1 जीवनवृत्त

उपर्युक्त सर्वेक्षण से यह अनुमान लगाना कठिन नहीं है कि सामान्य रोमी दर्शक नाटक को मात्र मनोरंजक दृश्यविधान मानकर देखने जाता था। इससे प्राप्त होनेवाले जिस संज्ञानात्मक आनन्द की चर्चा अरस्तू कर चुका था उसके लिए यहाँ कोई स्थान नहीं था। दर्शकों की यह मानसिकता किसी भी नाटककार के लिए उत्साहवर्धक नहीं थी। कामेदी वैसे भी हँसने-हँसाने की विधा मानी जाती है किन्तु रोमी प्रेक्षक उसमें रोमांच से अधिक कुछ नहीं ढूँढ़ता था और जब उसे वह नहीं मिलता था तो दीर्घा में हुड़दंग मच जाता था। ऐसी स्थिति में नाटक थोड़ी देर के लिए रोक दिया जाता था और मुष्टियुद्ध या कुत्तों की लड़ाई जैसा कोई अन्य कार्यक्रम दिखलाया जाने लगता था।[2] कल्पना कीजिये कि फसल की कटाई के बाद सार्वजनिक उत्सव मनाया जा रहा है। उसका आरम्भ खेतों की देवी 'सीरीज़' के पूजा-पाठ से होता है, फिर बलि दी जाती है और खाने-पीने का दौर चलता है। आमोद-प्रमोद के ऐसे वातावरण में नाटक में कोई रोमांचक दृश्य न देखकर दर्शनों का अशान्त हो उठना स्वाभाविक था। इन्हीं परिस्थितियों को देखते हुए उपस्थित जन-समूह के मनोरंजनार्थ सैटिर रूपक तथा फैबुला के विभिन्न प्रकार

प्रचलन में आये। यह माना जाता है कि फैबुला पल्लियाता का परिपक्व रूप प्लॉत्स की कामेदियों में मिलता है। आज की तुलना में उस काल की इन प्रस्तुतियों में प्रयुक्त अश्लील भाषा और अश्लील संकेत हमें अरुचिकर लग सकते हैं किन्तु उनके दर्शकों की सीमाओं को देखते हुए इन घटक तत्त्वों के कारण ही ये नाटक कुछ सीमा तक सफल हो पाते थे। प्लॉतस का नाम लोग इसी रूप में जानने लगे थे। मंच पर एक अभिनेता के द्वारा यह घोषणा–'प्लॉतस की रचना प्रस्तुत की जा रही है'–होते ही दर्शक दीर्घा में मौन छा जाता था।[3] कामेदी के आरम्भिक वर्षों में अशिक्षित प्रेक्षकों के मनोरंजन के प्रयोजन को सिद्ध करने के साथ-साथ उसके साहित्यिक रूप को गढ़ने में प्लॉतस की विलक्षण प्रतिभा के दर्शन होते हैं। उसकी रचनाओं में लगता है जैसे कामेदी एकाएक अपने पूर्ण विकसित रूप में अवतरित हुई है।

ताइतस मैक्सियस प्लॉतस उंब्रिया प्रदेश के सरसीना नगर का मूल निवासी था। सम्भवतः कम अवस्था में ही रोम आ गया था और आजीविका के लिए किसी नाटक मंडली के साथ जुड़ गया था। उस पर मंच व्यवस्था का उत्तरदायित्व था। कुछ पूँजी जुट जाने पर उसने व्यापार करना शुरू कर दिया। दुर्भाग्य से उसमें उसकी सारी धनराशि डूब गयी और वह फिर से नाटक के क्षेत्र में काम करने लग गया। इस व्यवसाय से उसके सम्बन्ध जीवन पर्यन्त बने रहे जिसमें उसे धन भी मिला और ख्याति भी। नाटककार के रूप में उसका काल ई.पू. 215 से आरम्भ होता है।[4] उसने कितने नाटक लिखे यह विवाद का विषय है, अधिकांश शोधकर्ता 130 की संख्या पर सहमत हैं। आज इनमें से केवल बीस (पूर्ण या खंडांश रूप में) ही प्राप्त हैं।

प्लॉतस की जीवनी के बहुत कम तथ्य उपलब्ध होने के कारण विद्वानों के लिए यह समझना कठिन हो रहा है कि अति साधारण स्थिति से उठकर वह कैसे इतना बड़ा लेखक बन गया कि उसे ''लातीनी भाषा की कीर्ति'' के सम्मान के अलंकृत किया गया।[5] उसके सामने जो अनुकरणीय कृतियाँ थी वे त्रासदी का पुट लिये हुए गम्भीर रचनाएँ थीं किन्तु उसकी कामेदियों का रंग, उनसे ठीक उलट, संगीत की ताल और हुड़दंगीपन लिये हुए था। इसकी प्रेरणा उसे कहाँ से मिली इस पर आलोचक एक मत नहीं हैं। एक वर्ग इसका श्रेय उसकी प्रतिभा को देता है, दूसरे के अनुसार इसका स्रोत फैबुला आतिलाना की परम्परा में है। इन स्वाँगों की मुख्य भूमिका में समाज के निम्न स्तर के पात्र हुआ करते थे, जैसे कोई मूर्ख और कामुक वृद्ध या कुबड़ा भाँड़। इस वर्ग के शोधार्थियों का यह अनुमान भी विचारणीय है कि हो सकता है प्लॉतस ऐसा स्वाँग रचनेवाली किसी मंडली का सदस्य रहा हो। उसका नाम मैक्सियस इस ओर संकेत करता प्रतीत होता है और उसका उपनाम 'प्लॉतस' (चपटे पाँववाला) स्वाँग में की जाने वाली भूमिका की ओर संकेत करता है। ऐसे उल्लेख मिलते है कि तमाशे के व्यवसाय से उसने पर्याप्त सम्पत्ति अर्जित

कर ली थी।[6] उसकी नाट्य-संरचना से इस अनुमान की पुष्टि हो जाती है कि उसकी कामेदियों का प्रथम प्रयोजन दर्शकों का अधिक से अधिक मनोरंजन करना है।

3.2.2.2 नाट्य-संरचना का नया आयाम

'मध्य-कामेदी' में बँधे-बँधाये पात्र होते थे और गिनी-चुनी परिस्थितियाँ तथा परिवेश मध्यमवर्गीय या उच्च मध्यमवर्गीय। पूरी घटना नगर में घटती थी और कथानक प्रेम केन्द्रित रहता था। नायक नायिका से प्रेम करता है। उसका शीलभंग कर चुका होता है, और उससे विधिवत् विवाह करने का इच्छुक है। अपने उत्तरदायित्व से वह भागता नहीं है। सम्पूर्ण घटना-चक्र यथार्थवादी होते हुए भी अपने समय की अन्य सामाजिक समस्याओं तथा राजनीतिक प्रश्नों से अछूता है। संयोग से 'नव-कामेदी' भी इसी राह पर चली।

प्लॉतस की कामेदियाँ यद्यपि इसी यूनानी परम्परा पर आधारित हैं किन्तु उनके रूप-तत्त्व को उसने इस तरह से गढ़ा है कि उसमें से केवल उसी का व्यक्तित्त्व झाँकता दिखायी देता है। उदाहरण के लिए उसके संवादों पर की गयी यह टिप्पणी ली जा सकती है :

''यूनानी नाटकों में संवाद एक ही छन्द में चलते जाते हैं जब कि प्लॉतस में संवाद नाना छन्दयुक्त एक गीत बन जाते हैं। मीनांदर के संवादों में न यमक है न श्लेष और बिना इनके परिहास सम्भव ही नहीं होता। उधर प्लॉतस में इनकी भरमार है।''[7] दूसरा काम उसने यह किया कि गीतों के लिए कुछ और अवसर ढूँढ़ निकाले, मनोरंजन के लिए यह आवश्यक था। लिवियस इस शिल्प-विधि को पहले ही अपना चुका था। प्लॉतस ने इसे और आगे बढ़ाया।

एक बात और। उसका यह प्रयास भी रहा करता था कि मूल की तुलना में रचना को यदि एकदम नया रूप न दिया जा सके तो कुछ अंशों पर अधिक बल देकर उसमें नयापन अवश्य लाया जाय। 'नव-कामेदी' में यथार्थ, भाग्य की विडम्बना, चरित्र-चित्रण की सूक्ष्मता आदि पर पर्याप्त ध्यान दिया जाता था। उसने संरचना के सभी अंगों को हास्य की इकाइयों में बदल दिया। मीनांदर के नाटकों के अन्त में दर्शक (समस्या के ठीक-ठीक समाधान के कारण) सन्तुष्ट होकर भले ही घर जाते रहे हों पर पूरे नाटक में उन्हें हँसने का अवसर शायद ही मिलता होगा। इधर प्लॉतस की कामेदियों में एक-एक वाक्य पर या स्थिति के उलट जाने पर लोटपोट होते होंगे। आधुनिक युग में जब भी उसके नाटक मंचित हुए हैं दर्शकों की यही प्रतिक्रिया रही है।

प्लॉतस के लिए नाटक एक खेल था (प्ले ऐज़ ए प्ले) जिसका अर्थ यह लिया जाना चाहिए कि अच्छा खेलो और उसका आनन्द लो। अभिनेतागण खेलनेवाले हैं, वह

इनको खेलनेवाला ही नहीं खेल/नाटक को रूप देनेवाला अर्थात् रचयिता भी मानता है। 'पुरा-कामेदी' में पात्र कभी देवता होते थे तो कभी वे नागरिक जिन्हें अपने नगर की चिन्ता होती थी। 'मध्य' और 'नव-कामेदी' में पात्र उच्च मध्यमवर्गीय परिवार के सदस्य होते थे और उनकी समस्याओं के समाधान में दास सहायक बनते थे। इन दासों की भूमिका महत्त्वपूर्ण अवश्य होती थी किन्तु केन्द्रीय नहीं। वे घटनाओं में उलट-फेर नहीं कर सकते थे। प्लॉतस की कामेदियों में दास सूत्र संचालक है। वह अपनी इच्छानुसार विशिष्ट उद्देश्य के लिए घटना-चक्र को दिशा देने की क्षमता रखता है। अब, दासों* के मुख्य भूमिका में आ जाने से रोमी कामेदी का चरित्र ही बदल गया। इसकी पृष्ठभूमि में प्लॉतस स्वयं भी हो सकता है। मंच व्यवस्था में वेतनभोगी बनकर काम करनेवाले एक किशोर का महान् नाटककार बन जाना उसके जीवन का सत्य था। हमारा विश्वास है कि 'भुतहा घर' में त्रानियो दास की निम्न पंक्तियाँ उसके जीवन-सत्य को ही प्रकट कर रही हैं—''यदि किसी व्यक्ति के पास प्रतिभा है तो इससे कोई फर्क नहीं पड़ता कि वह दास है या स्वामी।''[8] यह उसकी प्रतिभा ही थी जिसने कल्पना को उसके जीवन का यथार्थ बना दिया। 'स्युदोलुस' (मिथ्याभाषी) नाटक में इसी नाम के एक दास के मुख से कहलायी गयी निम्न पंक्तियाँ उसके आत्मकथ्य के रूप में ली जानीं चाहिए।[9]

एक नाटककार जब रचना करने बैठता है
तो उस वस्तु को ढूँढ़ता है जो कहीं नहीं होती
—फिर भी वह उसे पा ही लेता है,
(किस तरह?) आधारहीन मिथ्या को सत्याभास में रूपान्तरित करके,
इसी तरह, आज मैं भी [निश्चयपूर्वक] नाटककार बन जाऊँगा...

कथानक में आवश्यकता और सम्भाव्यता को अरस्तू बहुत पहले रेखांकित कर चुका था और यह भी कह चुका था कि इसके पालन में त्रासदीकारों की अपेक्षा कामेदीकार स्वयं को अधिक स्वतन्त्र अनुभव करते हैं क्योंकि पम्परा में बँधे हुए होने के कारण त्रासदी के लेखक ऐतिहासिक अथवा आनुश्रुतिक पात्रों का चयन करने के लिए विवश हैं। इधर कामेदी का कथानक काल्पनिक होने के कारण

---

* लिवियस ऐन्द्रोनिकुस एक यूनानी दास था जिसे उसके स्वामी लिवियाई ने उसकी सेवाओं से प्रसन्न होकर, मुक्त कर दिया था। लातीनी नाटकों (त्रासदी तथा कामेदी दोनों) का आरम्भ उसी से माना जाता है। सूत्र संचालक की भूमिका दास को सौंप कर प्लॉतस कहीं इसी ऐतिहासिक तथ्य पर ही तो व्यंग्य नहीं कर रहा था। एक ओर घटना की वास्तविकता दूसरी ओर कल्पना की उड़ान दोनों में विरोध है फिर भी उपर्युक्त साम्य विचारणीय विषय अवश्य है।

लेखक आवश्यकता और सम्भाव्यता के अनुसार उनकी भूमिका की रचना पहले ही कर लेता है और नाम (जिनसे वास्तविकता/विशेषत्व का बोध होता है) का समावेश बाद में करता है।[10] कलाशास्त्र के नियम के रूप में इसका प्रतिपादन किसने किया प्लॉतस को इसकी कोई जानकारी नहीं थी किन्तु व्यवहार में इसे पूरी तरह से उसी ने अपनाया। मंच के अनुभव ने उसे सिखला दिया था कि सच्चे अर्थ में कामेदी मंच पर ही स्वीय रूप ग्रहण करती है और मंच शेष संसार का लघु प्रतिरूप या अनुकृति नहीं है वरन् एक स्वतन्त्र संसार है। दोनों में कुछ समानताएँ अवश्य दिखलायी देती हैं किन्तु दोनों में घटनाचक्र के परिचालन की धुरियाँ एक नहीं हैं। इस सम्बन्ध में उसके द्वारा अपनायी गयी तकनीक उल्लेखनीय है।

उन दिनों यह प्रथा बन गयी थी कि प्रस्तुति के अन्त में कोई एक पात्र नाटक की समाप्ति की घोषणा करता था और दर्शकों से तालियाँ बजाने को भी कहता था। उदाहरण के लिए, 'भुतहा घर' में थियोप्रोपिदीज़ का वाक्य है, ''अब मैं दर्शकों से निवेदन करता हूँ कि वे तालियाँ बजायें, यह नाटक का अन्त है।' इसी तरह 'मिनीखमुस बन्धु' के अन्त में मिसीनिया दास कहता है, ''प्रिय दर्शको, अब आप खूब ज़ोर-ज़ोर से तालियाँ बजायें।'' किन्तु 'गधों की कामेदी' में इसका रूप थोड़ा बदल जाने से दर्शकों को हँसने का एक और अवसर मिल गया। इसके अन्तिम दृश्य में एक बड़ी उम्र की औरत अपने पति की खिंचाई करने के लिए उसे बलपूर्वक पकड़ कर मंच पर से ले जाती है। इस पर दूसरे पात्र की टिप्पणी है–

''यदि दर्शक खुले दिल से तालियाँ बजायेंगे तो यह औरत अपने पति के प्रति दयावान् हो सकती है।''

इसमें सन्देह नहीं कि यह वाक्य केवल हँसाने के लिए कहा गया है किन्तु नाटक की घटना विशेष से जुड़ा होने के कारण इसे संरचनागत नया आयाम कहना अधिक उचित होगा। लेखक इस तकनीक से दर्शकों को नाटक की घटना में सम्मिलित होने के लिए, अर्थात् घटनाचक्र की एक इकाई बनने के लिए आमन्त्रित कर रहा है। पात्र-दर्शक का यह सम्बन्ध, 'सोने से भरा पात्र' में और भी कलात्मक रूप ले लेता है। नाटक का मुख्य पात्र यूक्लियो अपने खजाने के गुम हो जाने से लगभग विक्षिप्तावस्था में मंच पर आता है। उसका अता-पता जानने के लिए वह दर्शकों से सहायता करने की प्रार्थना करता है। फिर, प्रथम पंक्ति में बैठे एक प्रेक्षक को सम्बोधित करते हुए कहता है–

''आप इस बारे में क्या कहते हैं? अपनी निश्छल भाव-भंगिमा से आप बड़े सच्चे आदमी लगते हैं। मैं आप पर पूर्ण विश्वास करने के लिए तैयार हूँ।

पर यह क्या? आप हँस रहे हैं। मैं समझ गया आप सब यहाँ धूर्त बैठे हैं। सफ़ेद लबादे में और सबसे अच्छे आसनों पर.....''–पं. 714-19

हम जानते हैं कि इस संवाद में किसी दर्शक ने भाग नहीं लिया होगा किन्तु इस शैली से मंच और दर्शक दीर्घा के बीच की सीमा-रेखा को धुँधलाने का प्रयास तो लेखक ने किया ही। मंच पर विविध भूमिकाओं में काम करने के अनुभव से वह जानता था कि नाटक की पूर्णता (= सफलता) पात्रों और प्रेक्षकों के बीच उचित संवाद स्थापित होने पर ही निर्भर करती है। नाटक केवल श्रव्य या पाठ्य विधा नहीं है, मिश्र कला (कोम्पोजिट आर्ट) है और दर्शक उसका अभिन्न अंग है। उसकी यह दृष्टि और यह प्रयोग इस विधा को नये प्रकाश में देखने-समझने के लिए समीक्षकों को दिया गया आमन्त्रण है। मंच की सीमा को लाँघने की दिशा में प्लॉतस ने पहला कदम उठाया था। सेनेका के काल तक आते-आते पूरा प्रेक्षागृह ही मंच में कैसे परिणत हो गया इस पर आगे विचार किया जायेगा।

3.2.2.3 नाट्य-प्रयोजन

नाटक की सफलता में सामाजिक के चरित्र की विशेष भूमिका होती है। इसमें सन्देह नहीं कि कामेदियों (अथवा सभी प्रकार की मंच-प्रस्तुतियों) को देखने के लिए सेनेट सदस्य की आया करते थे। उनके बैठने के लिए विशेष प्रबन्ध हुआ करता था। शेष वर्गों के प्रेक्षकों में सभी के लिए बैठने की व्यवस्था होती होगी यह नहीं कहा जा सकता। मंच को किसी टीले के पास बनाने का उद्देश्य ही यह हुआ करता था कि सभी प्रकार के दर्शक कार्यक्रम देख सकते थे, बैठकर या खड़े-खड़े। दर्शकों पर कोई प्रतिबन्ध नहीं था, किन्तु, उनका मिश्रित चरित्र (रुचि-अरुचि तथा बौद्धिक स्तर) प्रयोजन की दृष्टि से लेखक के लिए अवश्य समस्या बना रहता था। प्रेक्षक-दीर्घा में अभिजात समाज के सदस्य कम होते होंगे किन्तु उनकी परम्पराओं, विश्वासों तथा अपेक्षाओं की अनदेखी नहीं की जा सकती थी। यह वर्ग किसान परिवारों से आया था और रूढ़िवादी था। देवताओं, गुरुजनों एवं नेताओं का आदर करना इसकी शिक्षा का एक अंग था। इसलिए, नाटककार कुछ भी ऐसा नहीं दिखला सकता था जो इसकी आस्थाओं पर प्रहार करता हो। दूसरी ओर विशाल जन-समूह था जो अशिक्षित होने के साथ-साथ राजनीतिक परिस्थितिवश अर्थ-विपन्न भी था। उसके असन्तोष को नियन्त्रण में रखने के लिए भोजन-वितरण तथा रोमांचकारी मनोरंजक कार्यक्रम जैसे आयोजन करना प्रशासन की विववशता बन गयी थी। कामेदी के लेखक को इनसे स्पर्धा करते हुए अपनी प्रस्तुति देनी होती थी। प्लॉतस आर्थिक दृष्टि से मीनांदर की स्थिति में नहीं था। उसके लिए नाटक लेखन आजीविका का साधन था। इस परिप्रेक्ष्य में उसके सामने समस्या थी कि यदि किसी व्यक्ति (पात्र) का मज़ाक उड़ाना हो तो वह कौन हो सकता है? दूसरे, उसका माध्यम क्या हो?

'नव-कामेदी' के लेखक एथेन्स में बैठकर लिख रहे थे, उनके लिए अपने

पात्रों को यूनानी समाज के मध्यम/उच्च मध्यम वर्ग से लेना स्वाभाविक था। उसी के अनुसार घटनाओं को भी उन्होंने एथेन्स या कोरिंथ में घटता हुआ दिखलाया है। ये दोनों घटक उनके लिए परिचित थे। किन्तु रोमी नाटककारों द्वारा भी अपने कथानकों, पात्रों तथा घटनास्थलों को यूनानी परिवेश तथा भौगोलिक सीमा में रखना आश्चर्य की बात थी। प्लॉतस के अधिकांश नाटकों की दृश्यस्थली एथेन्स है। शेष में एपिदोरुस, एपिदेमुस, सिक्योन, इतोलिया, इफ़िसुस आदि एथेन्स के पश्चिम में पड़नेवाले यूनानी नगर हैं। माना कि कथानक का तानाबाना उसने 'नव-कामेदी' से लिया किन्तु सामाजिक परिवेश, पात्र और दृश्यस्थल तो रोमी हो सकते थे। इस विवशता को तत्कालीन परिस्थितियों के परिप्रेक्ष्य में समझा जा सकता है।

'नव-कामेदी' के सन्दर्भ में हम देख आये हैं कि उसमें अपने समय की ज्वलन्त समस्याओं को बहुत कम, वह भी हलके से, लिया गया है। ये लेखक 'पुरा-कामेदी' के नाटककारों की तरह इतने स्वतन्त्र नहीं थे कि राजनीति के गलियारों में पनप रहे भ्रष्टाचार अथवा जनविरोधी नीतियों पर प्रहार कर सकें। इसलिए, उनकी कामेदियाँ सम्पन्न परिवारों में चल रही नायक-नायिकाओं की लुका-छिपी तक सीमित होकर रह गयी। प्लॉतस की लेखकीय स्वतन्त्रता भी इन्हीं लेखकों की तरह सीमित थी। रोम की तत्कालीन गणराज्यीय व्यवस्था जिस अभिजात वर्ग के हाथों में थी उस पर उँगली उठाना उसके वश में नहीं था। साथ ही रोमी आस्थाओं एवं परम्पराओं को लेकर किसी प्रकार का खिलवाड़ करना भी शक्य नहीं था। तब उपहास/व्यंग्य का आस्पद आये तो कहाँ से? कामेदी में हास्य के दो ही स्रोत हो सकते थे—एक भाषा प्रयोग, या, फिर विषय अर्थात् पात्र और घटना चक्र में उसकी स्थिति। जहाँ तक भाषा-संरचना का प्रश्न है उसने निश्चित ही इसे एक नया रूप दिया जिसकी किंचित् विस्तृत चर्चा हम बाद में करेंगे। किन्तु इस सत्य को भी नकारा नहीं जा सकता कि भाषा अपनी क्षमता का पूरा परिचय विषय के सन्दर्भ में ही दे सकती है। बस, प्लॉतस की यही समस्या थी कि वह उपहास के आस्पद को रोमी परिवेश में नहीं रख सकता था। व्यक्तिगत जीवन में कोई भी रोमी परिवार आचरण के चाहे जितने नियमों का उल्लंघन कर रहा हो किन्तु नाटक में उसे हास्य का विषय बनाने का अर्थ था पूरे अभिजात समाज का उपहास करना। उच्च वर्ग इसे स्वीकार करने को तैयार नहीं था। इसी समस्या के समाधान के लिए हमारे लेखक को यूनानी समाज और यूनानी दृश्यस्थली का सहारा लेना पड़ा। 'मिनीखमुस बन्धु' के आरम्भ में ही मुख्य पात्र कहता है, "आजकल के लेखकों में यह प्रथा ही चल पड़ी है कि जो घटता है वह एथेन्स में ही घटता हुआ दिखाया जाता है ताकि सब कुछ यूनानी रंग में रँगा हुआ ही दिखलायी पड़े।" इस स्थिति का एक और पक्ष भी था। रोमी अभिजात समाज में ऐसा प्रबुद्ध वर्ग अवश्य था जो यूनानी साहित्य तथा

कलाकृतियों का सम्मान करता था और रोम की कला-संस्कृति को भी उसी ऊँचाई पर देखना चाहता था। वहाँ की साहित्यिक कृतियों तथा मूर्तियों आदि को रोम लाने का उद्देश्य यही था कि यहाँ के कलाकार भी उनसे प्रेरित हो सकें, किन्तु आचरण में नैतिक मूल्यों के प्रति यूनानियों का उपेक्षा भाव इस वर्ग की अपनी राष्ट्रीय अस्मिता को कहीं न कहीं सन्तुष्ट करता था। 'नव-कामेदियों' में बहुधा यह दिखलाया गया है कि कोई वृद्ध केवल पैसे के बल पर किसी युवा रखैल को ले आता है और वह रखैल जब उसके युवा पुत्र को ही अपने जाल में फँसा लेती है तो वह स्वयं को संसार का सबसे अभागा व्यक्ति मानकर विलाप करने लगता है। इसी तरह, किसी युवक का नशे की हालत में किसी युवती का शीलभंग करना भी सामान्य विषय था। 'रखैल' इन कामेदियों का प्रिय विषय कहें तो अत्युक्ति न होगी। घटनाक्रम के ऐसे ही रूप को प्लॉतस ने भी लिया है। उदाहरणस्वरूप 'बड़बोला फौजी' का कथानक लें। इफ़िसुस का एक फौजी* एथेन्स के एक युवक की प्रेमिका (यहाँ रखैल के अर्थ में) का अपहरण कर लेता है। युवक का दास नायिका को वापिस ले आने के प्रयत्न में जुट जाता है। इफ़िसुस में फौजी के वृद्ध पड़ोसी की सहायता से वह एक गणिका को इस षड्यन्त्र में सम्मिलित कर लेता है। गणिका यह दिखावा करती है कि वह वृद्ध की पत्नी अवश्य है किन्तु फौजी के सुन्दर व्यक्तित्त्व को देखकर उसके प्रेम में पागल हो गयी है। उसने पति का त्याग कर दिया है और अब उसी के लिए समर्पित है। इसके प्रतीक स्वरूप वह उसे एक अँगूठी भेंट में भेजती है। नयी नायिका का स्वागत करने के लिए फौजी पुरानी नायिका को भरपूर आभूषणों, कपड़ों आदि के साथ घर से विदा कर लेता है। अन्त में एथेन्स के युवक को अपनी प्रेमिका मिल जाती है और फौजी को अपने अनैतिक आचरण का दंड भुगतना पड़ता है। इस सम्पूर्ण घटनाचक्र में फौजी लगातार उपहास का विषय बनता है। अपने बड़बोलेपन के कारण ही वह धोखा खाता है जिससे उसकी स्थिति धोबी के कुत्ते जैसी हो जाती है।

यह कामेदी प्लॉतस की श्रेष्ठ कृति मानी जाती है। हास्य का यह आलम्बन विभाव किसी भी समाज का मनोरंजन करने के लिए पर्याप्त है किन्तु रोमी दर्शकों के लिए इसका यूनान से सम्बद्ध होना एक और अर्थ भी ध्वनित करता था। कम से कम नाटक देखते समय वे इस भ्रम में अवश्य रहते होंगे कि जो कुछ घट रहा है यूनान में घट रहा है, जिसके साथ घट रहा है वह यूनानी है। पात्र और स्थान के

---

* रोमी दर्शकों में अनेक स्वयं सैनिक हुआ करते थे इसलिए किसी फौजी का मुख्य पात्र बनना उन्हें और भी अच्छा लगता होगा।

साथ किसी भी प्रकार के भावात्मक सम्बन्ध की बाधा न होने के कारण वे निश्चित ही इसका भरपूर आनन्द उठा पाते होंगे। साथ ही यूनानी फौजी के साथ अपने आचरण की तुलना करने पर उन्हें यह आत्मतुष्टि भी होती होगी कि वे उससे कहीं श्रेष्ठ हैं। इतिहासज्ञों ने इस युग की रोमी विचारधारा को स्पष्ट करते हुए कैतो जैसे लेखकों का उदाहरण दिया है। उसके जैसे लेखकों के प्रयास से उस समय शुद्धतावाद अर्थात् पुराने आदर्शों की ओर लौट चलने की लहर सी चल पड़ी थी। प्रतीत होता है फौजी की उपर्युक्त स्थिति भी यहीं सन्देश दे रही थी कि अभिजात समाज यदि समय रहते सचेत नहीं हुआ तो वह भी न घर का रहेगा न घाट का। यूनानीकरण भ्रष्टता का समानार्थी हो गया था। यदि कोई शराब पीकर विषय-सुख में डूबा हुआ दिखायी पड़ता था तो कह दिया जाता था वह यूनानी बन गया है ('भुतहा घर' में यह प्रयोग पं. 22 व पं. 959-60 में देखा जा सकता है)। भाषा में 'यूनानी' शब्द का ऐसा व्यंग्यार्थ एक विचित्र मनःस्थिति का बोध कराता है। हमारा विश्वास है कि कामेदी लिखते समय प्लॉतस की दृष्टि दोनों प्रयोजनों पर थी—सामाजिक का मनोरंजन करने भी और उसके अहं को तुष्ट करने पर भी। विषय और उसको अभिव्यक्ति देनेवाली भाषा दोनों में युगपत् सम्बन्ध बैठा पाने के कारण इन दोनों प्रयोजनों को सिद्ध करने में अन्य लेखकों की तुलना में वह अधिक सफल रहा। उसकी मृत्यु पर लिखी गयी यह चतुष्पदी उसकी लोकप्रियता तथा साहित्यिक देन पर अत्यन्त सटीक टिप्पणी है:

> नाटककार प्लॉतस का जब निधन हुआ,
> कामेदी स्वयं को रोक नहीं पायी और विलाप करने लगी।
> मंच खाली हो गया, तब ठहाके, खेल, मौज-मस्ती
> और तालों की असीम क्रीड़ा सब एक साथ रो पड़े।[11]

उपर्युक्त प्रयोजनों पर प्लॉतस का ध्यान अधिक था किन्तु इसका यह अर्थ नहीं लेना चाहिए कि व्यापक मानवता के प्रति वह उदासीन था। राजनीतिक अस्थिरता तथा समाज में अमीर-गरीब के बीच की दूरी इन दो स्थितियों की यदि बात करें तो एथेन्स और रोम दोनों में बहुत अन्तर नहीं था। इसलिए कहा जा सकता है कि 'नव-कामेदी' से प्रेरित होने पर भी वह अपने समाज को खुली आँखों से देखता रहा होगा। इसी के फलस्वरूप उसकी रचनाओं में मानव मूल्यों के प्रति इतनी गहन आस्था दिखायी देती है। मीनान्दर पर विचार करते हुए हम देख आये हैं कि वह मनुष्य को प्रकृति से सज्जन मानता था। 'सोने से भरा पात्र' में प्लॉतस भी इस धारणा को पुष्ट करता दिखलायी देता है। लाइकोनिदीज़ अपने अपराध के लिए क्षमा माँगते हुए कहता है:

"इस धरती पर कोई भी मनुष्य इतना नीच नहीं हो सकता कि अपने दुष्कर्म पर लज्जित न हो....मैंने अज्ञानतावश आपकी बेटी के प्रति अपराध किया है, मेरी

आपसे हाथ जोड़कर प्रार्थना है कि मुझे क्षमा कर दें और मुझे उससे विधिवत् विवाह करने की अनुमति प्रदान करें।" —पं. 789-93

मीनान्दर के सन्दर्भ में यह कहा जा चुका है क्षमा माँगना और क्षमा करना इन दोनों प्रवृत्तियों को उसने सच्चे यूनानी चरित्र के अन्तर्गत रखा है। प्लॉतस ने इन्हें और व्यापकता प्रदान करते हुए श्रेष्ठ मानवीय गुणों के रूप में देखा है। लड़की का पिता न केवल लाइकोनिदीज़ को क्षमा करता है बल्कि दहेज के साथ विवाह भी सम्पन्न करा देता है। यहाँ लेखका का मानव मूल्यों की स्थापना करने का प्रयोजन स्पष्ट है।

इन्हीं मूल्यों का किंचित् भिन्न रूप इस नाटक के दूसरे पात्र के सन्दर्भ में दिखायी देता है। यह सचमुच आश्चर्य की बात है कि यूनानी और रोमी दोनों संस्कृतियों में स्त्रियों का पक्ष लेने की प्रवृत्ति नहीं मिलती। 'मध्य-कामेदी' और 'नव-कामेदी' में उनकी प्रशंसा में कुछ नहीं कहा गया है। और बात यदि सम्पन्न परिवार की स्त्रियों की हो तो उनकी खर्चीली आदतों पर हमेशा ही कठोर टिप्पणियाँ की गयी हैं। बहुत सा दहेज लेकर आनेवाली लड़की और निर्धन परिवार से आयी लड़की के व्यवहार की तुलना करते हुए एक पात्र का निष्कर्ष है:

"दहेज लानेवाली पत्नियाँ अपनी दुष्ट बुद्धि और उलटे-सीधे खर्चों से पति का जीना हराम कर देती हैं,* किन्तु जो पत्नी दहेज नहीं लाती वह अपने पति के प्रति अधिक समर्पित होती है।" —पं. 533-35

यही सोचकर वह निर्णय करता है कि वह स्वयं भले ही धनसम्पन्न हो किन्तु विवाह करेगा किसी निर्धन परिवार की कन्या से बिना कोई दहेज लिये जिससे वह दूसरों के सामने एक अनुकरणीय उदाहरण प्रस्तुत कर सके। इस विचारधारा के धन पक्ष को मानवीय हित का रूप देते हुए उसका कहना है—

"यदि समाज के सभी धनी युवक, इसी तरह बिना दहेज के विवाह करने लग जायेंगे तो नगर में कितनी शान्ति होगी क्योंकि तब अन्य वर्गों के मन में हमारे प्रति बहुत कम ईर्ष्या भाव होगा।"** (पं. 479-82) इन पंक्तियों में लेखक शान्ति की बात इसलिए कह रहा है क्योंकि तब गरीब को अपनी गरीबी अखरेगी नहीं या कम

---

* औरतों की फजूल खर्ची पर नियन्त्रण रखने के लिए रोम में ई.पू. 215 में अधिनियम बनाया गया था जिसे बीस वर्षों के बाद हटा दिया गया था यद्यपि कुछ लोग तब भी इसके पक्ष में थे।

** गणराज्यीय व्यवस्था के शुरू-शुरू के दिनों में रोमी समाज में उच्च वर्ग (पैट्रीशयन) और निम्न वर्ग (प्लेबियन) की दूरी स्पष्ट थी। दोनों में विवाह सम्बन्ध भी वर्जित था। कुछ सार्वजनिक विधि-विधान (धर्म से सम्बन्धित) ऐसे थे जिन्हें निम्न वर्ग के सदस्य नहीं कर

अखरेगी। रोम के लिए समरसता का वातावरण बहुत आवश्यक था। ऐतिहासिक साक्ष्यों के अनुसार प्लेबियन अपने अधिकारों के लिए कई बार आन्दोलन कर चुके थे। लेखक के अनुसार इसका एक समाधान यह भी था। तत्कालीन परिस्थितिवश यह बात उसने यूनानी पात्र के मुख से अवश्य कहलवायी किन्तु उसका संकेत रोमी समाज की ओर भी है इसमें सन्देह नहीं। इस तरह, इस प्रयोजन ने एक जटिल अवधारणा का रूप ले लिया है।

सामाजिक न्याय से सम्बद्ध एक और प्रश्न है। अन्याय करनेवाला व्यक्ति बहुधा प्रशासनिक दंड से बच जाता है तो क्या दैवी विधान से भी बच सकता है? यदि वास्तव में ऐसा हो जाय तो समाज में अराजकता फैलने में देर नहीं लगेगी। प्लॉतस की दैवी न्याय में पूर्ण आस्था थी। 'बड़बोला फौजी' में उसने इसे प्रयोजन बनाकर प्रस्तुत किया है। अपने अपराध के दंडस्वरूप फौजी अपनी रखैल से भी हाथ धो बैठता है और मार भी खाता है। अन्त में वह स्वीकार करता है–

"इस लालच में मुझे मेरे दास ने फँसाया है किन्तु जो हुआ ठीक ही हुआ। मेरी दशा देख कर यदि अन्य कामुक व्यक्ति कुछ सीख लेंगे तो समाज में व्यभिचार पर अंकुश लगेगा।"

नाटक यहीं समाप्त हो जाता है। फौजी ने जिस तरह सिर झुकाकर अपने दंड को स्वीकार किया वह उसके आत्मबोध का परिणाम था। प्रेक्षक इसे सन्देश के रूप में ग्रहण करें यह नाटककार का प्रयोजन है। मनोरंजन और ज्ञान दोनों की सिद्धि में लेखक की असीम प्रतिभा के दर्शन होते हैं।

3.2.2.4 भाषा

प्लॉतस ने अपनी सभी कामेदियों में हास्य उत्पन्न करने के लिए जिस भाषा का प्रयोग किया है उसके लिए उसकी जितनी प्रशंसा की जाय कम है। लक्ष्य सिद्धि के लिए उसने बोलचाल की लातीनी को नाटकीय रूप दिया है। वह व्यक्ति जिसने केवल पाठ्य पुस्तकों से लातीनी सीखी हो इन नाटकों की भाषा समझने में कठिनाई का अनुभव करता है। दूसरी बात यह है कि इसके लिखित रूप को भी उसने इस

सकते थे और इसी के परिणामस्वरूप वे शासन में ऊंचा पद भी नहीं पा सकते थे। दोनों के बीच की यह दीवार पहली बार तब टूटी जब ई.पू. 494 में निम्न वर्ग ने अपने कुछ प्रतिनिधियों को चुनकर ट्रिब्युनेट की स्थापना की जिसके पास पर्याप्त राजनीतिक अधिकार भी थे। प्लॉतस के समय में भी इन दोनों वर्गों के बीच खींचातानी चलती ही रहती थी।

–इम्पीरियल रोम, टाइम लाइफ़ बुक्स, पृ. 36,39

तरह रखा है मानों वह बोला जा रहा हो। उदाहरणार्थ, विशिष्ट अवसरों पर कई शब्द शीघ्रता से ऐसे बोले जाते हैं जैसे वे एक हों तो प्लॉतस ने उन्हें एक बना कर ही लिखा है। इस क्रम में उसका दूसरा प्रयोग है अभिनय के लिए रखे गये शब्दों—सिसकना, चूमना—को भी इस तरह रखा है कि रिक्त स्थान की पूर्ति होकर प्रवाह का अबाध रूप सामने आ जाता है। तीसरी विशेषता यह है कि यूनानी शब्दों से बचने का उसने कोई प्रयास नहीं किया है। इससे दो तथ्यों का पता चलता है। पहला, उसका दोनों भाषाओं पर अच्छा अधिकार था, दूसरा, उसका जो सम्बोध्य था वह विशिष्ट वर्ग भी उसका मिला-जुला प्रयोग करता था। इसके चाहे जो कारण रहे हों किन्तु नाटक की भाषा को यथार्थ के निकट लाने के लिए उसे भाषा का ऐसा रूप रखना ही पड़ा। निष्कर्ष यह कि उस समय रोम में निश्चित ही बोलचाल की ऐसी भाषा प्रचलन में आ गयी थी जिसमें यूनानी भाषा का पुट तो था किन्तु उसे स्थानीय लातीनी मान लिया गया था।[12] फिर, इस भाषा को और नाटकीय बनाने के लिए लेखक ने कुछ और नये शब्द गढ़े। इस तरह, नाट्य-मंचन की दृष्टि से उसने शब्दों का विशाल भंडार तैयार कर लिया जिनका संवादों में ऐसा अनोखा प्रयोग किया कि दर्शक उन्हें सुनकर हँसते-हँसते लोट-पोट हो जाते थे। अध्ययन की सुविधा के लिए इन प्रयोगों के तीन वर्ग किये जा सकते है*:

1. शब्दालंकारों के अन्तर्गत रखे जा सकनेवाले—

(i) इट्स ओनली फ़ॉर माई स्टमक (संज्ञापद) दैट आई स्टमक (क्रियापद) हिम। —यमक

(ii) इन ड्यूटीज़ ऑर इन ब्युटीज़। —अनुप्रास

(iii) फ़ौलोइंग हिज़ फ़ादर्स फ़ेयरिंग फ़ोर्थ फ़ॉर फ़ॉरेन फ़ील्ड्ज़ दि फ़ैलो फ़ैल टु फ़ुल-टाइम फ़ैस्टिव फ़्रॉलिकिंग। —अनुप्रास

(iv) शी नोज़ एवरी फ़ोनी फ़्रेज, दि फ़ोनी वेज़, दि फ़ोनी प्लेज़।

—पुनरक्ति पुष्ट अनुप्रास

(v) दि मिनट अवर यंग फ़िली (किशोरी/घोड़ी) ट्रॉट्स फ़्रॉम पास्चर टु हर स्टोर हाउस स्टॉल (वेश्यालय/अस्तबल)। —श्लेष पुष्ट रूपक

2. विशेषणों तथा संज्ञापदों के विशिष्ट प्रयोग—

(i) आइ एम दि वैरी डैड-डैड-डैडेस्ट मैन एलाइव।

---

* इन प्रयोगों का सौन्दर्य तथा हँसाने की शक्ति इनके उच्चरित रूप में निहित है। हमारे लिए इनका हिन्दी अनुवाद करना असम्भव था। एरिख सेगल के अँग्रेजी अनुवाद में मूल की झलक मिल जाती है इसलिए हमने अँग्रेजी रूपान्तर ही रखा है।

इस वाक्य में हास्य के अनेक स्रोत हैं। पहला, डैड विशेषण की पुनरुक्ति। दूसरा, डैड और एलाइव का विरोधाभास। तीसरा, विशेषण की उत्तमावस्था सूचक डैडेस्ट का प्रयोग। यह शब्द व्याकरण सम्मत न होते हुए भी नया गढ़ा गया है और यहाँ सटीक बैठता है।

(ii) दैट मार्वेलेस्ट, वंडरफ़ुलेस्ट, फ्रैंड्लियेस्ट फ़ैलो।

यहाँ भी व्याकरणसम्मत प्रयोग केवल फ्रैंड्लियेस्ट है, मार्वेलेस्ट और वंडरफ़ुलेस्ट शब्द केवल प्रास के लिए गढ़े गये हैं जिससे न केवल प्रास बल्कि स्वयं शब्द भी हास्य का स्रोत बन गया है।

(iii) आइ हैव वाइंड, आइ हैव डाइंड, आइ हैव कॉनक्युबाइंड।

उपर्युक्त वाक्य में वाइंड (शराब पीना) और डाइंड (शाम का भोजन करना) शब्द व्याकरण सम्मत हैं, इनके साथ मेल बैठाने के लिए लेखक ने कॉनक्युबाइन (रखैल) संज्ञापद को क्रियापद की तरह प्रयुक्त किया है। यह नियम विरुद्ध होते हुए भी अर्थ बोधक है और प्रास के सौन्दर्य को बढ़ानेवाला भी है।

3. ध्वन्यर्थ व्यंजक शब्द, ये उच्चरित रूप में अर्थ सम्प्रेषित करने के साथ-साथ हास्य के स्रोत भी हैं–

1. टची-क्लची, इट्टी-बिट्टी-प्रिट्टी-टिट्टी।

यह पूरा का पूरा विशेषण वाक्य लघुता सूचक है किन्तु इसमें केवल प्रिट्टी शब्द ही व्याकरण सम्मत है शेष सभी गढ़े गये हैं और सभी ईकारान्त होने के कारण अर्थबोधक बन गये हैं।

2. एब्सोल्युटिस्सिमो, बेलिस्सिमो, स्वेलिस्सिमो।

पात्र की स्वीकृति की निश्चिति को बलपूर्वक रेखांकित करने के लिए ये तीनों शब्द नये गढ़े गये हैं। ये अर्थबोधक भी हैं और हास्योत्पादक भी। इन उदाहरणों से अनुमान लगाना कठिन नहीं है कि प्लॉतस के नाम की घोषणा होते ही दर्शक क्यों शान्त हो जाते होंगे और कितनी उत्सुकता से उसकी नाट्य प्रस्तुति की प्रतीक्षा करते होंगे। कामेदी के इतिहास में वस्तु-तत्त्व और रूप-तत्त्व का परस्पर पूर्ण सहभाव पहली बार उसी की रचनाओं में दिखायी देता है। यही कारण था कि जागरणकाल में अंग्रेज़ी और फ्रांसिरी नाटककार भी उसके नाटकों से प्रभावित हुए बिना न रह सके। उनकी कुछ कामेदियाँ इन्हीं के आधार पर लिखी गयी हैं।

3.2.3 तेरेन्स (ई.पू. 186-159)

3.2.3.1 जीवनवृत्त

बेट्टी रेडिस के अनुसार यूरोपीय नाटकों पर सर्वाधिक प्रभाव डालनेवाले तीन रोमी लेखक हुए हैं–प्लॉतस, तेरेन्स और सेनेका। केवल छब्बीस वर्ष की आयु में मात्र छः

नाटक लिखनेवाला तेरेन्स इतना बड़ा चमत्कार कैसे कर गया यह वस्तुतः आश्चर्य का विषय है। पब्लियस तेरेंशस ऐफ़र का जन्म कार्थिज के लीबियाई परिवार में हुआ था। एच.जे.रोज़ का मत है कि ऐफ़र उपनाम से ही स्पष्ट हो जाता है कि वह मूलतः कार्थिज का नहीं था। इस सम्बन्ध में इतिहासज्ञ अधिक जानकारी नहीं जुटा पाये हैं कि वह किन परिस्थितियों में रोमी सेनेट के सदस्य तेरेंशस ल्युकानस का दास बना और उस समय उसकी अवस्था क्या थी, महत्त्वपूर्ण तथ्य यह है कि उसके आश्रय में रहते हुए उसे अच्छी शिक्षा मिली तथा अन्ततः दास जीवन से मुक्ति भी। यह उसके आकर्षक व्यक्तित्त्व और प्रतिभा का ही परिणाम था कि जब उसने लिखना शुरू किया तो उसे उस समय की कला-संस्कृति को प्रश्रय देने वाली अत्यन्त प्रभावशाली मंडली का सहयोग और समर्थन दोनों प्राप्त हुए। इस मंडली का नेतृत्व सिपीयो ऐफ्रिकानस और लीलियस के हाथों में था और ये दोनों उससे मित्रवत् सम्बन्ध रखते थे। इसमें सन्देह नहीं कि अपनी विलक्षण रचनात्मक शक्ति का लोहा उसने पहली कामेदी 'ऐन्द्रियानी लड़की' से ही मनवा लिया था। इसे लेकर स्वीतोनियस ने एक रोचक घटना का उल्लेख किया है। नाटक तैयार हो जाने के बाद इसके मंचन के लिए उसने खेलों के अधिकारी के सामने प्रस्ताव रखा तो कहा गया कि पहले इसे नाटककार सीसिलियस को सुनाओ। उसकी अनुशंसा के बाद ही इसे खेलों में सम्मिलित किया जा सकता है। तेरेन्स उसके घर पहुँचा तो वह रात का खाना खा रहा था। वह चूँकि बड़े भोंडे ढंग के कपड़े पहने हुए था अतः उसका ठीक से स्वागत नहीं हुआ। फिर भी उसे सीसिलियस के पास स्टूल पर बैठकर नाटक की पंक्तियाँ सुनाने की अनुमति मिल गयी। वह एक-आध पृष्ठ ही पढ़ पाया था कि उसे सामने खाने की मेज पर बैठने का आमन्त्रण दिया गया (जिसका यह अर्थ लिया जाना चाहिए कि उसे भोजन में साथ देने के लिए कहा गया)। भोजन समाप्त होने के बाद उसने शेष नाटक सुनाया। सीसिलियस उसकी प्रशंसा किये बिना न रह सका और उसे मंच पर प्रस्तुत करने की अनुमति मिल गयी।[13] इसके बाद पाँच कामेदियाँ उसने और लिखीं जिनकी साहित्यिक मित्रों के बीच भूरि-भूरि प्रशंसा हुई। इतनी कम अवस्था में साहित्य-जगत् में यश अर्जित कर लेना उसके लिए सौभाग्य की बात थी जिससे कुछ लेखक उससे ईर्ष्या भी करने लगे। उसकी भूमिकाओं में इसके उल्लेख मिलते हैं, किन्तु मंच से जुड़ा शिक्षित समुदाय उसके नाटकों में रुचि लेता था और उसका समर्थक भी था। अपने इन्हीं प्रशंसकों की अपेक्षा पर और खरा उतरने के लिए वह यूनान या लघु एशिया जाकर यूनानी नाटकों का और व्यापक अध्ययन करना चाहता था ताकि कुछ नये नाटक रोम ला सके या उनका छायानुवाद प्रस्तुत कर सके। लातीनी साहित्य का यह दुर्भाग्य ही माना जाना चाहिए कि एक बार रोम छोड़ने के बाद वह लौट कर नहीं आ पाया। उसकी पुत्री ने समय आने

पर एक रोमी उच्च पदाधिकारी से विवाह किया जिससे सिद्ध होता है कि उसकी मृत्यु के पश्चात् भी रोम के सम्भ्रान्त परिवारों में उसका पर्याप्त सम्मान था। कवि के रूप में उसके समसामयिक और बाद के नाटककार उसे किस दृष्टि से देखते थे इस पर आगे विचार कर रहे हैं।

3.2.3.2 प्रयोगधर्मी नाट्य-संरचना

तेरेन्स के सभी नाटक, उपोद्‌घात सहित, पूरे के पूरे उपलब्ध हैं। कालक्रम में उसका पहला नाटक 'ऐन्द्रियानी लड़की' है। रोम में महान् माता देवी सिबिली के सम्मान के प्रति वर्ष अप्रैल मास में खेल हुआ करते थे। उसी आयोजन के अन्तर्गत ई.पू. 166 में इसका मंचन हुआ था। लेखक का यद्यपि यह प्रथम प्रयास था फिर भी इसके उपोद्‌घात में उसने कुछ बातें विरोधियों को उत्तर देते हुए भी कहीं हैं। इससे ज्ञात होता है कि सार्वजनिक रूप से इसे प्रस्तुत करने के पहले सिपीयोनी साहित्यिक मंडली के बीच इसे अवश्य पढ़ा होगा। धीरे-धीरे इसकी चर्चा मंडली के बाहर भी शुरू हो गयी होगी। हो सकता है कुछ नाटककारों ने ईर्ष्यावश इसकी आलोचना की हो। इतिहासज्ञों ने इन्हीं में से एक नाम लूशस लेनुविनस का लिया है। तेरेन्स ने उसे और उसका साथ देनेवालों को सार्वजनिक रूप से उत्तर देने का अवसर इस नाटक में ढूँढ़ लिया। यह कामेदी मीनान्दर के नाटक पर आधारित है (आधारित शब्द का अर्थ है कि रचना का कथानक मूल से प्रेरित भी है और अनेक स्थलों पर मूल का शाब्दिक अनुवाद भी मिलता है)। इसमें दुहरे कथानक को प्रस्तुत करना उसका नवीन प्रयोग था। जागरण काल में इसका इतालवी अनुवाद ओरियोस्तो और माकियावेल्ली ने किया और डयूरर ने, इसके लिए रेखाचित्र तैयार किये। इसी से कल्पना की जा सकती है कि साहित्य के मर्मज्ञों के बीच यह कितना लोकप्रिय रहा होगा।

'जनखा' तेरेन्स का दूसरा नाटक है। यह लिखा तो बहुत पहले गया था किन्तु मंचन इसका ई.पू. 161 में देवी सिबिली के सम्मान में आयोजित खेलों के अवसर पर हुआ। इसका आधार भी मीनांदर का नाटक है। सफलता की दृष्टि से यह कामेदी उसकी अन्यतम कृति है। स्वितोनियस के अनुसार इसका सबसे बड़ा प्रमाण यह है कि इसका मंचन एक ही दिन में दो बार करना पड़ा था और लेखक/नाटक मंडली ने शुल्क के रूप में इससे आठ हज़ार चाँदी के सिक्के भी अर्जित किये। किसी भी नाटक के लिए दिया गया यह सर्वाधिक शुल्क था। प्लॉतस की शैली में लिखा गया यह उसका एक मात्र नाटक है। प्लॉतस की सामाजिकोन्मुखी दृष्टि से हम परिचित हो ही चुके हैं, हो सकता है उसी की झलक यहाँ दिखायी देने के कारण दर्शकों ने इसे खेले जाने की माँग उठायी हो।

तीसरे क्रम पर 'स्व-पीड़क' है जो ई.पू. 163 में उपर्युक्त खेलों के साथ ही

मंचित हुआ था। मीनान्दर की कृति पर ही आधारित इस नाटक की विशेषता यह है कि इसमें नाटकीयता बहुत कम है। कथावस्तु के विस्तार के लिए कार्य के स्थान पर संवादों का उपयोग किया गया है। उपोद्घात में इसकी सूचना देते हुए, लगभग क्षमा-प्रार्थना के स्वर में उसका कथन है।*

"इस नाटक में कार्य (पात्रों की भाग-दौड़) पर बल नहीं है, इसलिए आप लोग इसे खुले मन से सुनिये....इस नाटक का सौन्दर्य उच्चरित शब्दों की सहज शुद्धता (भाषा की शुद्धता) पर निर्भर करता है। यहाँ, आप देखेंगे कि मेरी [संवादों को बोलने की] प्रतिभा शैली के साथ कितना न्याय करती है। यदि आप मुझे (मुझ बूढ़े को) सुनेंगे तो युवा अभिनेता भी आपको आनन्द देने के लिए आगे आयेंगे।"

इस नाटक में, अब चूँकि सब कुछ संवादों पर निर्भर है इसलिए वे गूढ़ हो गये हैं। सामाजिक को उन्हें अधिक एकाग्र मन से सुनने की आवश्यकता होती है जो छोटी गोष्ठियों में ही सम्भव था। यह प्रमाण है इस तथ्य का कि तेरेन्स के सम्बोध्य वस्तुतः शिक्षित साहित्यिक मंडली के सदस्य थे न कि दर्शक-दीर्घा के सामान्य जन। उसकी रचनाओं के इस पक्ष को ध्यान में रखते हुए हम कहना चाहेंगे कि काव्य के प्रति उसकी वही दृष्टि थी जो पिन्दर की भी थी। अपने सम्बोध्य शिष्ट सामाजिकों की प्रशंसा मिल जाना या उनके सन्तुष्ट हो जाने में ही ये दोनों अपने प्रयास की सफलता मानते थे। यह आभिजात्यवादी दृष्टि थी। सिपीयोनी मंडली के बीच रहने के कारण ऐसा होना स्वाभाविक था। बेट्टी रेडिस का कहना है कि ई.पू. दूसरी शताब्दी में यह नाटक पर्याप्त लोकप्रिय हुआ था। सिसरो, होरेस और सेनेका द्वारा इसके उद्धरण देना यही दरशाता है, किन्तु सिसरो आदि को हम जनसामान्य का प्रतिनिधि नहीं मान सकते। अतः इनकी टिप्पणियों को अभिजात वर्ग की प्रतिक्रियाएँ कहना ही उचित है।

ई.पू. 161 में तेरेन्स ने एक और नाटक लिखा 'फ़ोर्मियो'। इसकी प्रस्तुति रोम के सबसे बड़े देवता जुपिटर के सम्मान में सितम्बर मास में आयोजित खेलों के अवसर पर की गयी थी। शोधकर्ताओं के अनुसार यह चौथा नाटक नव-कामेदीकार अपोलोदोरुस के 'दावेदार' के आधार पर तैयार किया गया था। फ़ोर्मियो इसका मुख्य पात्र है। तेरेन्स ने केवल शीर्षक ही बदला है शेष सब कुछ वैसा ही रखा है। अपोलोदोरुस मीनान्दर के बाद की पीढ़ी का महत्त्वपूर्ण कामेदी लेखक था और प्रतीत होता है कि वह स्वयं मीनान्दर से प्रेरित था। वेब्सटर ने 'फ़ोर्मियो' पर मीनांदर की

---

* यह वक्तव्य वस्तुतः लेखक की ओर से मुख्य भूमिका निभानेवाले प्रसिद्ध अभिनेता लूशस ऐंबिवियस तूर्पियो ने दिया था।

इतनी गहरी छाप देखी है कि इसे उसका छायानुवाद कहना भी गलत नहीं होगा।[14] दोनों में इस सम्बन्ध को स्वीकार कर लेने पर सीज़र द्वारा तेरेन्स को दी गयी श्रद्धांजलि का अर्थ और गहराई से समझ में आने लगता है :

"हे आधे मीनान्दर, तुम सदैव ऊँचाई पर विराजमान रहोगे, यह उचित ही है क्योंकि तुम सहज भाषा से इतना प्यार जो करते थे।"[15]

यह उद्धरण स्वितोनियस द्वारा दी गयी जीवनी में आया है, जिससे तेरेन्स की कामेदियों के पूर्वापर सम्बन्ध को समझने में सहायता मिलती है। इससे स्पष्ट है कि मीनान्दर का ठीक उसके बाद की यूनानी पीढ़ी पर व्यापक प्रभाव पड़ा, फिर वही प्रभाव रोमी कामेदियों के माध्यम से जागरणकाल और उसके बाद के नाटककारों पर भी पड़ता गया। प्रत्येक पीढ़ी उसे अपने-अपने ढंग से आत्मसात् करती गयी, कोई भी उससे अछूती नहीं रह पायी।

ई.पू. 160 में तेरेन्स की दो कामेदियों का मंचन हुआ। इनमें से पहली 'सासू-माँ' की विशेष चर्चा की जाती है। इससे पहले भी यह दो बार खेली जा चुकी थी और दोनों बार इसका खेल आधे में ही बन्द कर देना पड़ा था। इसका लेखन काल वस्तुतः ई.पू. 165 है और तभी इसकी सार्वजनिक प्रस्तुति भी हुई थी। संयोग से इसके शुरू होते ही समाचार फैल गया कि मुष्टियुद्ध और रस्से पर चलनेवाले खेल भी होनेवाले हैं। ये खेल अधिक रोमांचकारी होने के कारण दर्शक इन्हीं की माँग करने लगे और इसे बीच में ही रोक देना पड़ा। दूसरी बार लूशस ईमिलियस पॉलस की मृत्यु पर आयोजित खेलों के अन्तर्गत इसे फिर सम्मिलित किया गया। इस बार भी सूचना मिली कि ग्लैडियेटरों का खेल होनेवाला है। यह सुनते ही बहुत से दर्शक चीखते-चिल्लाते, धक्का-मुक्की करते दर्शक-दीर्घा में घुस आये और नाटक का पटाक्षेप हो गया।* इसी वर्ष जब यह तीसरी बार खेला गया तो संयोग से कोई व्यवधान नहीं आया और सफलतापूर्वक समाप्त हुआ। बेट्टी रेडिस की दृष्टि में यह लेखक का सर्वाधिक मौलिक नाटक है। इसका मंचन करनेवाले भी इसे सचमुच अच्छी कामेदी मानते रहे होंगे तभी दो-दो बार असफल हो जाने पर भी उन्होंने इसे तीसरी बार प्रस्तुत करने का मन बनाया। इसका कथानक सुसम्बद्ध है, चरित्र-चित्रण साफ़-सुथरा है और संवादों को भी काट-छाँटकर कम कर दिया गया है। बाद के आलोचकों ने सामान्यतः इसकी प्रशंसा की है और यह ऐसी कामेदियों का प्रेरणा-स्रोत भी बनी जिनमें परिवार के बीच उभरनेवाले कुछ गम्भीर प्रश्न उठाये जाते हैं। यहाँ समस्या

* उपर्युक्त दोनों घटनाएँ यह दर्शाती हैं कि रोमी दर्शकों की रुचि यूनानी प्रेक्षकों की तुलना में कितनी दिशाहीन थी। कह सकते हैं कि नाटकों के प्रति वे पूरी तरह से उदासीन थे।

ली गयी है कि एक विवाह टूटने के कगार पर है तो क्या इसे टूटने दिया जाय? लेखक इसे बचाना चाहता है और उसने दिखलाया है कि इसके लिए दोनों ओर के परिवार के सदस्य हर सम्भव प्रयास करते हैं।

'भ्रातृ द्वय' लेखक की अन्तिम कृति है। वैसे तो यह मीनान्दर की कामेदी पर आधारित है किन्तु इसे नया रूप देने के लिए एक बड़ा परिवर्तन यह किया गया कि दिफ़िलुस की कामेदी से भी छोटा सा अंश लेकर इसमें जोड़ दिया गया। स्वयं लेखक ने यह स्वीकार किया है कि प्लॉतस ने दिफ़िलुस की कामेदी 'मृत्यु में मिलन' का स्वतन्त्र अनुवाद किया था किन्तु इसके आरम्भिक अंश को छोड़ दिया गया था। इस अंश में यह दिखलाया गया था कि कैसे एक युवक दासों का व्यापार करनेवाले के चंगुल से एक लड़की को मुक्त करा लेता है। हमारे लेखक ने मीनान्दर पर आधारित अपनी रचना और इस अंश के शाब्दिक अनुवाद दोनों को मिलाकर एक कर दिया। इस तरह दो लेखकों के दो नाटकों के गठजोड़ से एक नयी कृति सामने आ गयी जिसे उसने स्वयं एक छूटे हुए अंश की पुनः रचना की संज्ञा दी।

'भ्रातृ द्वय' में 'सासू-माँ' की भाँति ही एक समस्या ली गयी है। यह समस्या है दो भिन्न प्रकार की शिक्षा-दृष्टियों के टकराव की। प्रतीत होता है इस पर काफ़ी पहले से समाज में विचार-विमर्श होता आ रहा था। हम देख आये हैं कि रोम में यूनानी साहित्य तथा कलाकृतियों के लाये जाने से वहाँ की हेलेनवादी संस्कृति और रोम की परम्परावादी/रूढ़िवादी संस्कृति के बीच टकराव पैदा हो गया था। ई.पू. तीसरी और दूसरी शताब्दी में शिक्षा का क्षेत्र भी इसकी चपेट में आ गया। ये दो विरोधी दृष्टियाँ अपने-अपने ढंग से वृद्धों तथा युवकों को अपनी ओर आकर्षित कर रही थीं। एक थी कठोर अनुशासनवाली जो परम्परागत मूल्यों को पकड़कर रखना चाहती थी। इसके समर्थकों में कैतो का नाम विशेष लिया जाता है। दूसरी ओर यूनानियों की उदार जीवन दृष्टि थी जिसमें समय के अनुसार पिछली शताबदी में और भी शिथिलता आ गयी थी। रोमी कामेदी में दृश्य-स्थल और पात्र यूनानी ही क्यों रखे जाते थे इस पर विचार हो चुका है। इन पात्रों को मंच पर मनोरंजन के लिए दिखाये जाने पर किसी को कोई आपत्ति नहीं थी। किन्तु ऐसे पात्र घर में ही या घर के आसपास पैदा हो जायँ तो समस्या गम्भीर हो जाती है। रोमी परिवारों में यह समस्या प्रवेश कर चुकी थी और उन्हें विचलित कर रही थी, इस पर विचार करना आवश्यक हो गया था। देखा जाय तो यह ऐसा प्रश्न है जिसका उत्तर हर पीढ़ी को स्वयं ढूँढ़ना होता है। क्या युवाओं को कठोर नियमों में बाँध कर रखा जाना चाहिए, या उन्हें अपने ढंग से (मौज-मस्ती में) जीने देना चाहिए? यदि छूट देनी ही है तो कितनी? जहाँ तक तेरेन्स की अपनी धारणा का प्रश्न है उसके नाटकों से स्पष्ट है कि वह यूनान के नव-उदारवादी दृष्टिकोण का पक्षधर था। यह उसके जन्मजात

संस्कारों का परिणाम भी हो सकता है। फिर भी यह नहीं कहा जा सकता कि रोम की परम्परागत संस्कृति की उसने उपेक्षा की है। प्रयास उसका यही रहा कि दोनों दृष्टियों में सन्तुलन बना रहे। उसका प्रथम प्रयास 'ऐन्द्रियानी लड़की' इसका अच्छा उदाहरण है। युवकों की प्रथम दृष्टि में ही प्रेम में पड़ जानेवाली मनोवृत्ति के प्रति लेखक सहानुभूतिशील है। सिमो अपने पुत्र के इस भटकाव से सहमत नहीं है। फिर भी वह जान लेना चाहता है कि यह उसका क्षणिक उन्माद है, या, वह हृदय से उस प्रेम का निर्वाह भी करना चाहता है। बेट्टी रेडिस के अनुसार अपनी इसी सन्तुलित दृष्टि के कारण वह हर युग में सराहा जाता रहा।[16]

3.2.3.3 समीक्षा-दृष्टि

तेरेन्स की रचनाओं में उसकी कला सम्बन्धी मान्यताएँ प्लॉतस की तुलना में कहीं अधिक स्पष्टता से व्यक्त हुई हैं। इसके लिए उसने प्रत्येक कामेदी के उपोद्घात का उपयोग किया है। अब तक की प्रथानुसार उपोद्घात का उपयोग रचना का परिचय देने के लिए ही किया जाता था किन्तु उसे यह अधिक अनुकूल नहीं प्रतीत हुआ। उसका तर्क था कि संरचना की दृष्टि से नाटक का आरम्भिक अंश ही इसके लिए अधिक उपयुक्त है। 'भ्रातृ द्वय' के उपोद्घात के अन्त में उसका स्पष्ट कथन है–

"इसके बाद आप (प्रेक्षक) यह आशा मत रखिये कि आपके सामने नाटक की रूप रेखा स्पष्ट की जायेगी–बुजुर्ग लोग, जो सबसे पहले मंच पर आयेंगे, स्वयं इसकी आंशिक व्याख्या करेंगे, जो शेष रह जायेगा वह कार्यव्यापार द्वारा स्पष्ट हो जायेगा।"

इन पंक्तियों के सम्बन्ध में एटकिन्स ने बड़ी सार्थक टिप्पणी की है। हम आगे देखेंगे कि नाटककार ने उपोद्घात का उपयोग लगातार विरोधियों को उत्तर देने के लिए किया गया है। अतः, प्रश्न उठाया जा सकता है कि उसके सामने मुख्य लक्ष्य क्या था? रचना का सौन्दर्य या आरोपों का खंडन? एटकिन्स की धारणा है कि उसके सामने मुख्य प्रश्न रचना के कलात्मक रूप को संरक्षित रखने का था। जो लक्ष्य नाटक के आरम्भ में अंशतः वर्णन द्वारा, अंशतः कार्यव्यापार द्वारा प्राप्त किया जा सकता है। उसके लिए उपोद्घात को साधन क्यों बनाया जाय। तात्पर्य यह कि समस्या रूप-संरचना और उसके प्रभाव की थी न कि विरोधियों को उत्तर देने की।[17]

एटकिन्स के उपर्युक्त तर्क को यदि हम स्वीकार कर लेते हैं तो यह कहना भी गलत नहीं होगा कि तेरेन्स यहाँ एक ही तीर से दो लक्ष्य सिद्ध कर रहा है। पहला, रूप-तत्त्व को और सुगठित करने का परामर्श दे रहा है। 'सासू-माँ' में इसे उसने व्यावहारिक रूप भी दिया जहाँ अनावश्यक अंशों के हटने तथा संवादों की काट-छाँट से पूरी रचना 873 पंक्तियों में सिमट कर रह गयी है जब कि अन्य कामेदियों में यह संख्या हज़ार या उससे भी अधिक की है। दूसरा लक्ष्य है, परोक्षतः लेखक की

स्वतन्त्रता की घोषणा करना। यदि उपोद्घात को नाटक से विच्छिन्न करके उसकी कलात्मकता में वृद्धि होती है तो लेखक वैसा करने के लिए स्वतन्त्र है। भारतीय काव्यशास्त्र में भी कवि को इसी अर्थ में निरंकुश कहा गया है।

उपोद्घात को मूल कामेदी से अलग करके लेखक ने इसका दो प्रकार से उपयोग किया है। पहला, जैसा कह आये हैं, विरोधियों के आरोपों का खंडन करना तथा आवश्यकता होने पर उलटे उनके दोषों को उजागर करना। दूसरा, सामाजिकों को अपनी कलाशास्त्रीय दृष्टि के विविध पक्षों से परिचित कराना, और साथ ही उनके विवेक को जगाकर उचित निर्णय करने के लिए निवेदन करना। ये दोनों कार्य उसने कहीं अलग-अलग तो कहीं समन्वित रूप में किये हैं।

'ऐन्द्रियानी लड़की' तेरेन्स का पहला नाटक होते हुए भी इसके उपोद्घात को किन परिस्थितियों में प्रतिवक्तव्य के रूप में रखना पड़ा इसकी चर्चा हो चुकी है। मीनानन्दर ने दो नाटक लिखे थे—'ऐन्द्रोस से आयी लड़की' और 'पेरिंथॉस से आयी लड़की'। संवादों के भिन्न होने पर भी दोनों नाटकों में इतनी समानता है कि एक को पढ़ लेने के बाद किसी को भी लग सकता है कि उसने दोनों को पढ़ लिया है। 'ऐन्द्रियानी लड़की' वस्तुतः पहले नाटक पर आधारित है किन्तु लेखक को जो बातें दूसरे में अच्छी लगीं उनके समाहार में भी उसने कोई संकोच नहीं किया है। इसी पर आपत्ति उठाते हुए विरोधियों का आरोप था कि उसने दोनों मूल नाटकों को नष्ट कर दिया है, न स्वयं उनका ढंग से उपयोग किया न उन्हें दूसरों के काम लायक रखा। उत्तर में लेखक का वक्तव्य है:

"[इस बात को लेकर] वे लेखक मुझ पर प्रहार कर रहे हैं। यह प्रहार, एक प्रकार से, नीवियस, प्लॉतस और एनियस पर है क्योंकि लेखक (अर्थात् वह स्वयं) उन्हीं के चरण चिन्हों पर चला है। उन्होंने भी यादृच्छिक रूप से जो कुछ इधर-उधर अच्छा लगा सो लिया। लेखक उन्हीं को अनुकरणीय मानता है न कि उनको जो मक्खी पर मक्खी मारने में विश्वास करते हैं। इसलिए, मैं इन विरोधियों को सावधान कर देना चाहता हूँ कि वे अपनी घटिया आलोचना बन्द कर दें नहीं तो [अपनी आलोचना सहने के लिए तैयार हो जायँ क्योंकि] उनके दोष भी सबके सामने आ जायेंगे।"

इस प्रतिवक्तव्य में तेरेन्स ने अनुकरण के सिद्धान्त को अत्यन्त संक्षेप में प्रस्तुत किया है। वह वस्तुतः यहाँ साहित्यिक चोरी और अनुकरण के अन्तर को रेखांकित कर रहा है। लेखक जिस भाषा में लिख रहा है उसी भाषा में किसी अन्य के लिखे अंश को अपना बनाकर लिखना चोरी है। किन्तु, किसी अन्य भाषा की रचना के आधार पर यदि एक से अधिक लेखक कुछ लिखते हैं तो मूल स्रोत एक ही होने के कारण उनमें साम्य आ जाना स्वाभाविक है, इसे चोरी नहीं कहा जा सकता।

'जनखा' कामेदी के उपोद्घात में इस विषय पर कुछ और प्रकाश डाला गया है। यह रचना इसी शीर्षक से मीनान्दर द्वारा लिखी गयी कामेदी पर आधारित है। इसका परजीवी चापलूस ग्नाथो अपने ढंग का अनोखा पात्र है। खेल अधिकारी ने इसे प्रस्तुत करने की अनुमति दे दी और शुल्क भी दे दिया। संयोग से, जब उसने इसकी प्रस्तुति (सम्भवतः किसी निजी/छोटी मंडली के बीच) देखी तो आरोप लगाया कि इसका पात्र नीवियस और प्लॉतस की रचनाओं का चापलूस है, इसे वहाँ से चुराया गया है। यहाँ लेखक ने अपने बचाव में कहा है कि उसे इस बात की कोई जानकारी नहीं थी कि नीवियस और प्लॉतस भी 'चापलूस' शीर्षक से कामेदियाँ लिख चुके हैं। नाटक देखने के बाद दर्शक स्वयं इसका निर्णय कर सकते हैं कि यह चोरी है अथवा अनुकरण। अब, प्रश्न यह भी उठता है कि अन्य लेखकों को आहरण की अनुमति है (क्योंकि नीवियस और प्लॉतस पर इस तरह का आरोप नहीं लगाया गया था) तो इस लेखक को क्यों नहीं? यहीं, उसका एक और महत्त्वपूर्ण निर्णयात्मक वाक्य आया है—"वास्तविकता यह है कि ऐसा कुछ भी नहीं कहा जाता जो पहले न कहा गया हो।" तात्पर्य यह कि पात्र और कथानक सबके पुराने ही होते हैं उनको प्रस्तुत करने का केवल ढंग ही नया होता है। इस नवीनता के कारण ही तेरेन्स का ग्नाथो (परजीवी/चापलूस) अँग्रेजी शब्दकोश में स्थान पा गया।

यूनानी नाटकों से आहरण का दोष उस पर पहले भी लगाया गया था। 'स्व-पीड़क' के उपोद्घात में उस समय भी उसने यही तर्क दिया था:

"जनप्रवाद फैलाया गया है कि वह (तेरेन्स) यूनानी नाटकों से लेता अधिक है बदले में [लातीनी भाषा में] देता कम है। इस तरह, उन नाटकों को वह इतना भ्रष्ट* कर देता है कि दूसरों के लिए भी वे कुछ लेने योग्य नहीं रह जाते। [यूनानी नाटकों से कथानक और पात्रों के] आहरण की वास्तविकता को वह अस्वीकार नहीं करता, इसके लिए उसे पश्चात्ताप भी नहीं है क्योंकि वह आगे भी ऐसा ही करता रहेगा। इसके सम्बन्ध में उसके सामने पहले के अच्छे लेखकों की परम्परा है और कोई कारण नहीं है कि वह उनका अनुकरण न करे।"

तेरेन्स का यह उत्तर दो भागों में बँटा हुआ है। पहले ही कहा जा चुका है कि रोमी लेखकों का उपजीव्य यूनानी 'नव-कामेदी' साहित्य था। लगता है उस समय

---

* 'ऐन्द्रियानी लड़की' में तेरेन्स ने दो नाटको को अपना आधार बनाया था, कुछ न कुछ दोनों से ही लिया था। इसी पर विरोधियों ने कहा होगा कि उसने दोनों नाटकों को भ्रष्ट कर दिया है। मूल नाटकों में किये गये इस तरह के तोड़-मरोड़ को वे उनकी शुद्धता को हानि पहुँचानेवाला कार्य मानते थे।

कामेदी लेखन की बाढ़ सी आ गयी थी। किन्तु नाटक की सूक्ष्मताओं को समझना प्रत्येक के वश की बात नहीं थी। ऐसे लेखकों (लेनुविनस एवं उसके सहयोगी) का एक दल तैयार हो गया था जो घटनाओं, वर्णनों यहाँ तक कि मुहावरेदानी को भी मूल के अधिकाधिक निकट रखने के पक्ष में था। इसलिए, अधिकांश लेखन मात्र शाब्दिक अनुवाद बनकर रह जाता था। अब, जिस नाटक का ऐसा अनुवाद प्रकाश में आ जाता वह दूसरों के लिए व्यर्थ हो जाता क्योंकि वैसी स्थिति में उन पर साहित्यिक चोरी (प्लैजियरिज़्म) का आरोप लग सकता था। यही कारण था कि वे सदैव अछूती रचना की खोज में रहते थे। 'ऐन्द्रियानी लड़की' की चर्चा के अन्तर्गत हम देख आये हैं कि इसकी रचना में उसने मीनान्दर की दो कृतियों को स्रोत बनाया था। सम्भवतः इसी की ओर संकेत करते हुए विरोधियों का आरोप था कि वह लेता अधिक है देता कम है। प्रश्न उठता है कि इस तरह के आहरण को उन्होंने भ्रष्ट करने की संज्ञा क्यों दी? हमारे विचार से यह स्थिति कुछ ऐसी थी मानों किसी थाली में से कोई थोड़ा सा चखकर छोड़ दे तो वह और किसी के खाने लायक नहीं रह जाती। यह मानसिकता वस्तुतः अनुवाद करनेवालों की रही होगी क्योंकि 'जनखा' के मूल नाटक के आधार पर नीवियस और प्लॉतस की कामेदियाँ भी पहले लिखी जा चुकी थी, उनका सार्वजनिक प्रदर्शन भी हो चुका था फिर भी तेरेन्स की कामेदी ही इतनी लोकप्रिय क्यों हुई। निश्चित ही उसमें ऐसा कुछ नयापन रहा होगा। जो उसी की प्रतिभा का फल था।

3.2.3.4 कोलाज का प्रथम साहित्यिक प्रयोग

आहरण से तेरेन्स का क्या तात्पर्य था और इसे वह दोष क्यों नहीं मानता था इसकी स्पष्ट प्रतिपत्ति उसने 'भ्रातृ द्वय' के उपोद्घात में की है। दिफ़िलुस के एक नाटक के आधार पर प्लॉतस ने एक कामेदी लिखी थी। मूल नाटक के आरम्भ में यह घटना आयी है कि एक युवक दासों का व्यापार करनेवाले के चंगुल से एक लड़की को छुड़ा लाता है। प्लॉतस ने उसे अनावश्यक समझ कर अपने नाटक में सम्मिलित नहीं किया। तेरेन्स ने स्वीकार किया है कि उसने इस अंश को मूल से शब्दशः लिया है किन्तु उपयोग नये सन्दर्भ में किया है। अब, विचारणीय विषय यह है कि नया सन्दर्भ उसे नया अर्थ भी देता है या नहीं। इसका निर्णय उसने प्रेक्षकों पर छोड़ा है। वे इसे ध्यान से देखें कि क्या यह साहित्यिक चोरी है, या अनवधानता के कारण यों ही छोड़ दिये अंश की पुनः रचना। प्रश्न दर्शकों से है, निर्णय भी उन्हें ही लेना है किन्तु उसका अपना मत है कि इसे पुनः रचना कहा जाना चाहिए। सन्दर्भ बदल जाने से शब्द, वाक्य अथवा प्रसंग का अर्थ भी अवश्य बदल जाता है। अनुकरण का यह नया आयाम था। आधुनिक कला की भाषा में यह कोलाज कहा जा सकता

है। भले ही उसकी वह दृष्टि न रही हो जो घनवादियों की थी किन्तु चिन्तन की दिशा उनके समानान्तर थी।

घनवाद का उत्तर चरण पहले से एकदम उलट संश्लेषणप्रधान था। वर्ष 1912-13 में पिकासो और ब्राक इस विचार से प्रेरित हुए कि रूप (फॉर्म) कैसा भी हो उसकी अपनी सत्ता होती है। बृहत्तर रूप, जिसकी वह इकाई है, से अलग होने पर भी वह मर नहीं जाता। सामान्य व्यक्ति के लिए वह व्यर्थ, निरुपयोगी (कूड़ा-कबाड़) हो गया हो किन्तु कलाकार उसकी मूल सत्ता (भाव जगाने की शक्ति या अर्थ सम्प्रेषणीयता) की पहचान करते हुए और उसी जैसे अन्य रूपों के साथ उसका तालमेल बैठाते हुए एक नये कला-रूप की रचना कर सकता है। इस विचार से प्रेरित होकर उन्होंने अखबार के टुकड़ों [बोतलों आदि पर लगे] लेबलों, रस्सी के टुकड़ों आदि का तैल रंगों के साथ मेल बैठाते हुए जो कृतियाँ तैयार की उन्हें कोलाज कहा गया। यह संज्ञापद फ्रांसिसी भाषा के कोले (र) क्रियापद से बना है जिसका अर्थ है लेई या गोंद से चिपकाना। कालान्तर में इस प्रवृत्ति की परिणति मार्सेल डयुशां की 'रेडी मेड्ज़'—टोपी टाँगने की खूँटियाँ, बेलचा, पेशाब दानी आदि मे हुई। दैनंदिन व्यवहार में बहुधा हर वस्तु को हम उसके उपयोगिताश्रयी मूल्य से मापते हैं न कि उसके रूपाश्रयी मूल्य से। इसके अतिरिक्त परम्परा भी किसी वस्तु के मूल्यांकन में महत्त्वपूर्ण भूमिका निभाती है। ऊपर के चित्रकार द्वय और उनके साथियों ने इन बन्धनों से मुक्त होकर किसी भी रूप को उसके निजी मूल्य, रूपाश्रयी मूल्य द्वारा मूल्यांकित की जाने की स्वतन्त्रता की स्थापना की। व्यवहार के धरातल पर इसी का क्रियान्वयन करते हुए उन्होंने किसी भी रूप को उसके पूर्व सन्दर्भ से विच्छिन्न करके एक नये सन्दर्भ में रखने का प्रयास किया जिससे दर्शक उसकी निजी भावोद्बोधक शक्ति को पहचान सके, अनुभव कर सके। ये चित्रकार, एक प्रकार से, वास्तविक जगत् और कला जगत् की दूरी को मिटाने की दिशा में प्रयत्नशील थे और ऐसा करते समय उनका बल रूप रचना पर नहीं था (क्योंकि उनकी इकाइयाँ-दियासलाई की डिब्बियाँ, रेलवे निकट, परेगें आदि तो पहले से ही तैयार, रेडीमेड थे) बल्कि उनके संयोजन, संघटना पद्धति पर था। उसी में उनके व्यक्तित्त्व की छाप दिखायी देती है। रचना की पद्धति को देखते हुए यदि हम कहें कि वे वामन की 'रीतिरात्मा काव्यस्य' उक्ति को चरित्रार्थ कर रहे थे तो अत्युक्ति न होगी।

तेरेन्स के सामने घनवादियों की तरह यथार्थ और कला की दूरी मिटाने का लक्ष्य नहीं था, हाँ लेखक की स्वतन्त्रता का प्रश्न अवश्य था। उसके समक्ष 'नव-कामेदी' का विशाल साहित्य था तथा उसका लातीनी अनुवाद करनेवाले लेखकों की परम्परा भी थी। इस परम्परा की अधिकांश कामेदियाँ उसे घटिया दिखायी देती थीं (प्लॉतस को वह निश्चित ही अपवाद मानता था)। इस सम्बन्ध में 'जनखा' के उपोद्घात में

आया एक वाक्य विचारणीय है। इसके पहले वह अपने विरोधी लूशस लेनुविनस की घटिया आलोचना का कठोर शब्दों में खंडन कर चुका था। इस आरोप-प्रत्यारोप के परिप्रेक्ष्य में उसने इस उपोद्घात में यह विषय उठाया है कि कला क्या नहीं है। वह लिखता है—"वह (विरोधी) अच्छा अनुवादक है किन्तु लेखन-शैली निम्नस्तरीय होने के कारण अच्छे यूनानी नाटक भी घटिया लातीनी नाटक बनकर रह गये हैं।" यहाँ 'अनुवादक' शब्द ध्यान देने योग्य है। इसके पहले के दोनों नाटकों (ऐन्द्रियानी लड़की और स्वपीड़क) के उपोद्घातों में वह कह आया था कि उस पर यूनानी नाटकों से यादृच्छिक अंशों के चयन और उनके मिश्रण का आरोप लगाया जा चुका है जो अर्थहीन है क्योंकि उसके पहले के लेखक भी वैसा कर चुके हैं। इसके प्रकाश में उपर्युक्त वाक्य का यह अर्थ निकलता है कि लेनुविनस अच्छा अनुवादक है अच्छा नाटककार नहीं। क्योंकि अच्छा नाटककार वह होता है जो उपयुक्त सामग्री का चयन करके उसे अपने साँचे में ढालता है। तभी वह रचनाकार कहलाने का अधिकारी है। क्या ग्रहणीय है क्या नहीं इस पर विचार किये बिना जो उपलब्ध सामग्री को कागज पर उतारता चला जाय उसकी कृति स्तरीय हो ही नहीं सकती। इस विचारधारा के प्रकाश में हम इस वाक्य 'वास्तविकता यह है कि ऐसा कुछ भी नहीं कहा जाता जो पहले न कहा गया हो' पर पुनः विचार करें। कोलाज बनानेवाले पहले से बनी-बनायी चीजों/रूपों को लेते हैं किन्तु उनके संयोजन/संश्लेषण की पद्धति निजी होती है। इसी पद्धति का अनुसरण करते हुए 'भ्रातृ द्वय' में उसने दिफ़िलुस के नाटक के आरम्भिक अंश को बने बनाये (रेडीमेड) घटक के रूप में ग्रहण किया किन्तु उसका सम्बन्ध जोड़ा अन्य नये घटकों के साथ। इसलिए, वह इसे साहित्यिक चोरी न कह कर छूटे हुए अंश की पुनः रचना कह रहा है। सन्दर्भ बदल जाने से उसका निहितार्थ भी बदल जाता है (घनवादियों यही तर्क है)। अतः इसे नयी रचना, तेरेन्स की रचना, कहना उचित होगा। उस समय की पृष्ठभूमि पर यह तर्क हमें प्लॉतस के चिन्तन का विकसित रूप दिखलायी दे रहा है। उसकी संरचनागत दृष्टि की चर्चा के अन्तर्गत हम देख आये हैं कि मंच पर होनेवाली नाट्य-प्रस्तुति शेष जगत् की प्रतिकृति (कॉपी) नहीं एक स्वतन्त्र सृष्टि है जिसके अपने कारण-कार्य सम्बन्ध होते हैं। तेरेन्स ने कला की इस स्वायत्तता को सम्पूर्ण कृति ही नहीं उसके प्रत्येक घटक में देखा है। प्रत्येक घटक यदि स्वायत्त है (अर्थात् कृति से स्वतन्त्र होकर भी अर्थवान् बने रहने में सक्षम है) तो कलाकार उसका किसी भी उचित सन्दर्भ में उपयोग कर सकता है तथा उसके रूपाश्रयी मूल्य को और समृद्ध बना सकता है।

3.2.3.5 नाट्य-प्रयोजन

मीनान्दर तेरेन्स का आदर्श था, स्वभावतः वह उसके मानवीय पक्ष से भी सहमत था।

उसके द्वारा स्थापित मानव मूल्यों को उसने भी अपनी कामेदियों का प्रयोजन बनाया है। हम देख आये हैं कि नव-कामेदी में सच्चे प्रेमियों को मिलाने में पास-पड़ोस के सभी लोग भरसक प्रयास करते हैं और बुज़ुर्ग सम्बधी भी यह जान लेने पर कि बच्चे से उनका खून का रिश्ता है उसे सहर्ष स्वीकार कर लेते हैं। तेरेन्स ने इस प्रवृत्ति को दो स्तरों पर आगे बढ़ाया है। इसके प्रथम चरण में मानवीय संवेदना के सामान्य गुण को किन्हीं पात्रों में त्याग की उच्च भूमि पर स्थापित किया है; दूसरे चरण में यह त्याग-भाव और व्यापक होकर गणिका जैसे पात्रों का भी अपने भीतर समाहार कर लेता है। जिन पात्रों को समाज धन-लोलुप तथा चरित्र-भ्रष्ट मान कर सदैव गर्हित दृष्टि से देखता आया है उनमें भी इस उदात्त भाव को प्रतिष्ठित कर लेखक ने उन्हें मानवता की उच्चतम भूमि पर बिठा दिया है। हमारे विचार से कतिपय पात्रों का यह चारित्रिक विकास उसकी विशिष्ट देन है।

कामेदी का कोई भी पात्र मानवता के व्यापक रूप से अछूता नहीं है। कोटिक्रम में दास सबसे नीचे है। पर वह भी सहज संवेदना से भरा-पूरा है। प्लॉतस का दास नाटक का सूत्र-संचालक है। वह दुष्ट प्रवृत्ति का नहीं है फिर भी पात्रों को कठपुतली की तरह नचाना, घटनाओं को इच्छानुसार मोड़ देना उसे सन्तोष प्रदान करता है। तेरेन्स का दास सच्चा मित्र है, वह सबका हितैषी है, छोटे-बड़े सभी का वह विश्वासपात्र है और सब उससे परामर्श लेते हैं। 'ऐन्द्रियानी लड़की' का दास सोसिया निष्ठावान् होने के साथ-साथ गुप्त बातों को भी स्वयं तक सीमित रखनेवाला है इसलिए घर का बुज़ुर्ग सिमो उसी के मंत्रणा करना चाहता है। 'जनखा' के दास पारमीनो से खीरिया कहता है—"इतनी अच्छी सलाह आज तक किसी ने मुझे नहीं दी है।" 'फ़ोर्मियो' का दास अपने स्वामी की सफलता पर फूला नहीं समाता—"हे सौभाग्य, आज तुमने मेरे स्वामी अन्तिफ़ो पर अपनी दैवी शक्ति से आशीर्वादों की झड़ी लगा दी है।" यह है मनुष्य का मनुष्य से निश्छल सम्बन्ध, इसे स्वामी-भक्ति कहना इसकी पवित्रता को कलंकित करना है। मानवधर्म की व्यापक परिभाषा प्रस्तुत करते हुए 'स्व-पीड़क' में ख्रीमीज़ कहता है—"मैं मनुष्य हूँ, इसलिए, मनुष्यों से सम्बन्धित हर समस्या को अपना समझना मेरा धर्म है।" मानव मूल्य के इस श्रेष्ठ रूप को स्थापित करनेवाला यह वाक्य जाने कहाँ-कहाँ उद्धृत हुआ है। प्रतीत होता है तेरेन्स इसे प्रकृति की देन मानता था। 'स्व-पीड़क' में ही मिनीदिमुस कहता है—"देवताओं ने मनुष्य का स्वभाव ही ऐसा बनाया है कि वह अपनी अपेक्षा दूसरों की समस्याएँ ज्यादा अच्छी तरह समझता है।"

दूसरे क्रम पर प्रेमी युवक पैंफ़िलुस है जो एक ओर अपनी प्रेमिका के लिए चिन्तित है, उससे प्रतिबद्ध है, तो दूसरी ओर अपने पिता की भावनाओं की अवहेलना करना भी उसके लिए सम्भव नहीं है। वह अपने प्रेमिका के बिना जी नहीं

पा रहा है किन्तु पिता की अनुमति के बिना उससे विवाह करने में असमर्थ है। उसका अन्तर्द्वन्द्व 'ऐन्द्रियानी लड़की' का अनूठा प्रसंग है। इसी के समानान्तर दूसरा प्रसंग 'स्व-पीड़क' में आया है। पति की कठोर आज्ञा का पालन करते हुए सोसत्राता ने अपनी कन्या को जन्म देते ही अपने से दूर कर दिया था। वर्षों बाद जब वह उसे युवती के रूप में देखती है तो उसका मातृत्व उमड़ पड़ता है। अब, उसके सामने एक ओर मातृत्व को सार्थक करने का प्रश्न है तो दूसरी ओर पति के प्रति कर्तव्य के निर्वाह का। दोनों के बीच संघर्ष को विराम देने के लिए वह पति से क्षमा याचना करती है। हम देख आये हैं कि मीनान्दर ने क्षमादान को सच्चे यूनानी का श्रेष्ठ चारित्रिक गुण माना है। उसी का सहारा लेते हुए वह पति से कहती है—"वयोवृद्ध होने से तुममे' ज्ञान की वृद्धि भी हुई है और क्षमा का भाव भी आ गया है, इसलिए [मुझे विश्वास है कि] तुम मेरी पहले की भूल पर न्यायपूर्ण दृष्टि से विचार कर सकते हो।" सन्दर्भ से उसके कहने का तात्पर्य यह हे कि उस समय मैंने बच्ची को मरने के लिए न छोड़ कर किसी वृद्धा को दे दिया था, यह तुम्हारी आज्ञा का उल्लंघन करने की भूल अवश्य की थी, किन्तु आज तुम उस पर न्यायपूर्वक विचार कर सकते हो, मुझे क्षमा कर सच्चे मानव-धर्म का निर्वाह कर सकते हो।

प्रेम, क्षमा, त्याग, धर्म निर्वाह आदि गुण समाज के उच्च अथवा मध्यम वर्ग के सदस्यों में पाये जाने सामान्य बात है। उनमें इनकी अपेक्षा करना सहज है। पात्रों को वर्ग विशेष के प्रतिनिधि के रूप में दिखलाना 'नव-कामेदी' में नाट्य-संरचना की सीमा थी। रोमी कामेदी ने उसी का अनुसरण किया। किन्तु, जैसे मीनान्दर ने वर्गगत पात्रों को कुछ विशेष गुणों से युक्त दिखलाकर उन्हें व्यष्टि की भूमिका पर स्थापित करने का प्रयास किया गया था उसी पद्धति पर उसी दिशा में तेरेन्स ने एक कदम और आगे बढ़ाया। समाज में रूपाजीवाओं का अलग वर्ग था। यह मान लिया जाता था कि वे कठोर हृदय और धनलोभी होती हैं। वे जो भी करती हैं उसका लक्ष्य केवल धन प्राप्ति होता है। किन्तु, उनमें भी कुछ निःस्वार्थ भाव से किसी की सहायता करनेवाली हो सकती हैं, या, मानव-धर्म का निर्वाह करने के लिए त्याग कर सकती हैं। उन्हें सदैव धन की तुला पर तौलना उनके प्रति अन्याय है। यह तेरेन्स की मौलिक कल्पना थी। 'जनखा' की थेइस गणिका है किन्तु उसका यह वाक्य कि "मैं मानवीय अनुभूतियों से रिक्त नहीं हूँ, मैं प्रेम की शक्ति से परिचित हूँ" उसे नारी की उच्च भूमि पर ला बिठाता है। उधर, 'सासू-माँ' की बाक्खिस इससे भी उच्च भूमि पर स्थित है। जब उसे पता चलता है कि उसके प्रेमी पैंफ़िलुस का विवाह हो चुका है तो उसने सपत्नी बनने का प्रयास नहीं किया। एक नारी के वैवाहिक जीवन को सफल बनाने के लिए वह पैंफ़िलुस से रूखा व्यवहार करने लगी, फिर शारीरिक सम्बन्ध बनाने का तो प्रश्न ही नहीं उठता था। इतना ही नहीं, उसके विवाह को

टूटने से बचाने के लिए, इस पवित्र बन्धन को बनाये रखने के लिए, वह उतनी ही चिन्तित हो उठती है जितनी की प्रेमी युगल की माताएँ। समय आने पर, उसके परिवारजनों को वास्तविकता का ज्ञान कराने के लिए अपमान सहने के लिए भी तैयार हो जाती है। एक गणिका में प्रेम के त्यागमय रूप का ऐसा अनूठा उदाहरण उस समय के किसी अन्य नाटक में नहीं मिलता। 'स्व-पीड़क' की रूपाजीवा भी परहित में अपना योग देती है किन्तु उसके व्यवहार में वह उज्ज्वलता नहीं है जो 'सासू-माँ' की गणिका में है।

तेरेन्स की पात्र-रचना का क्या कोई ऐतिहासिक स्रोत भी रहा होगा इस पर शोधकर्ताओं ने विचार किया है। बेट्टी रेडिस ने हिस्पाला फीसिन्ना नाम की गणिका का उल्लेख किया है जो तेरेन्स की समकालीन थी।[18] उसका अपने पड़ोसी ईब्युशस से सच्चा प्रेम था। परिवार में ईब्युशस का विरोध होने पर उसने उसका साथ दिया और समय आने पर उसे अपना उत्तराधिकारी भी घोषित किया। यह ऐतिहासिक घटना हो सकती है किन्तु उसे कला की भूमि पर प्रतिष्ठित करना लेखक की सूझ-बूझ का परिणाम था। उसने सिद्ध कर दिया कि लेखक किसी घटना या पात्र को कहीं से भी—इतिहास अथवा पूर्व साहित्य—लेने के लिए स्वतन्त्र है बशर्तें वह उसे कला का रूप दे सके। हमारे लिए महत्त्वपूर्ण बात यह है कि उसने समाज में नारी की प्रतिष्ठा को स्थापित करने का प्रयास किया। इतने बड़े आदर्श को कामेदी (हँसने-हँसाने की विधा) के प्रयोजन-रूप में स्वीकार करना एक चुनौती भरा कार्य था। इसमें सन्देह नहीं कि मीनान्दर के महती प्रयास से मानव मूल्यों को कामेदी में प्रवेश मिल चुका था किन्तु गणिका-वर्ग में सामाजिक उत्तरदायित्त्व, प्रेम की पवित्रता, निःस्वार्थ त्याग का श्रेष्ठ भाव तेरेन्स की कामेदियों में पहली बार दिखायी पड़ा।

3.2.3.6 रूपवादी नाट्य-चिन्तन

विरोधियों ने तेरेन्स पर आरोप लगाया था कि उसके नाटकों की भाषा एवं संरचना अशक्त तथा प्रभावहीन है। इसका आधार यह था कि उनमें प्रेमी युवक का एक भी करुणापूर्ण दृश्य नहीं है। लेखक ने इसका यह निहितार्थ लिया कि ये बुजुर्ग नाटककार चाहते हैं कि कामेदी में करुणापूर्ण दृश्य दिखलाने की जो भूल इन्होंने की है वही दूसरे भी करें, और, यदि वे ऐसा नहीं करते हैं तो उनकी रचना अशक्त तथा प्रभावहीन मानी जानी चाहिए। एटकिन्स के अनुसार तेरेन्स इस सन्दर्भ द्वारा त्रासदी और कामेदी के भेद को रेखांकित कर रहा है। कामेदी में ऐसे दृश्यों का कोई औचित्य नहीं है।[19] बुजुर्ग नाटककार द्वारा इस भेद को न समझना उसकी मन्दबुद्धि का प्रमाण है। प्रतीत होता है कुछ रोमी लेखक, बिना विधा की सीमाओं का विचार किये, करुण रसपूर्ण दृश्य इसलिए दिखाया करते थे जिससे दर्शकों को दयार्द्र कर सकें। फिर, दर्शक भी ऐसे दृश्यों की माँग करने लग गये होंगे। इससे सिद्ध होता कि

सामान्य रोमी सामाजिक नाटकों के प्रति न उतना संवेदनशील था न उतना प्रशिक्षित जितना यूनानी समाज था। दर्शकों में यह कमी तेरेन्स को सदैव खलती रही। इसी उपोद्घात के अन्त में, वह दर्शकों से निवेदन करता है कि नाटक को ध्यान से पूरा देख कर अपना निर्णय दें, 'सासू-माँ' की तरह शोरगुल मचा कर बीच में ही नाटक बन्द न करवा दें। इस प्रसंग को किंचित् विस्तार के उद्धृत करने का उद्देश्य यह है कि दर्शकों की मानसिकता का अनुमान हो सके। दुर्भाग्य से कुछ नाटककार उनकी रुचि को परिष्कृत करने के स्थान पर केवल उनकी वाह-वाही लूटने के लिए या तो हुड़दंगबाज़ी दिखलाते थे जिसमें शालीनता और कलात्मकता दोनों का अभाव रहता था, या, विरोधी रस का समावेश करने लगे थे जो नियम विरुद्ध था। अरस्तू तो इस पर भी विरोध जता चुका था कि भय और करुणा जगाने के लिए कार्यव्यापार के स्थान पर दृश्यविधान का आश्रय लिया जाय।[20] किन्तु, यहाँ तो विधाएँ ही गड्डमड्ड हो रही थीं, त्रासदी और कामेदी का भेद ही मिटने लगा था। हमारा विश्वास है कि तेरेन्स विधागत शुद्धता के प्रति अत्यन्त सजग था। यहाँ वह कहता प्रतीत हो रहा है कि कामेदी में करुण रस का समावेश नहीं किया जाना चाहिए और कोई कारण नहीं है कि यदि सामाजिक भटक गये हैं तो लेखक उनकी रुचि के परिष्कार के लिए अच्छी कामेदी [उसके नियमों का पालन करते हुए] न लिखे।

'ऐन्द्रियानी लड़की' के उपोद्घात में यह तथ्य उभर कर सामने आया है कि इसकी सार्वजनिक प्रस्तुति के पहले ही सिपीयोनी मंडली में वह इसका पाठ कर चुका था या अनौपचारिक प्रस्तुति दे चुका था। इससे नाटक के गुण-दोषों पर चर्चा शुरू हो गयी थी। ईर्ष्यालु नाटककारों द्वारा कुछ और भी लांछन लगाने का क्रम आरम्भ हो गया होगा। संयोग से दर्शकों की प्रतिक्रिया उत्साहवर्धक रही। लेखक का यह प्रथम प्रयास था और उसकी अवस्था केवल बीस वर्ष की थी। अब विरोधियों ने नयी बात ढूँढ़ निकाली कि यह अवश्य ही किसी अन्य लेखक की कृति होनी चाहिए। देखते-देखते यह जनप्रवाद फैल गया कि यह रचना लेखक की जन्मजात क्षमता का नहीं उसके प्रतिभावान् मित्रों (सिपीयोनी मंडली) की सहायता का परिणाम है। 'स्व-पीड़क' के उपोद्घात में इसका उत्तर देते हुए वह केवल इतना कहकर रह गया कि दर्शक किसी भी पक्षपातपूर्ण बातों पर ध्यान न देकर स्वयं सच्चाई का पता लगायें। यदि उसकी रचना में कुछ नया है और त्रुटियाँ भी नहीं हैं तो उसे कुछ और लिखने के लिए प्रोत्साहित करें। इसके साथ ही यद्यपि उसने विरोधियों को चेतावनी भी दी किन्तु दुष्प्रचार का क्रम रुका नहीं। अन्तिम नाटक 'भ्रातृ द्वय' के उपोद्घात में यह प्रसंग फिर उठा है। यहाँ, एक सच्चे लेखक के रूप में उसने अपनी प्रतिक्रिया दूसरे ढंग से व्यक्त की।

''मेरे विरोधी जिसे मेरे लिए निन्दा की बात समझते हैं उसे मैं प्रशंसा भाव से

ग्रहण करता हूँ। क्या यह गौरव की बात नहीं है कि जिन व्यक्तियों का समाज में मान है, जिन्होंने युद्ध के समय तथा शान्ति के काल में समाज की भरपूर सेवा की है उनका अनुमोदन लेखक को मिला।''

उपर्युक्त पंक्तियों के निहितार्थ को समझने के लिए तत्कालीन साहित्यिक परिवेश पर पुनः दृक्पात कर लेना उचित होगा। तेरेन्स यह अच्छी तरह जानता था कि बिना सामाजिक के सहयोग के नाटक अपनी पूर्णता (= सफलता) को प्राप्त नहीं हो सकता। इसके लिए उसे इस विधा में दीक्षित करना आवश्यक है। अब, सामाजिक को सच्चे अर्थ में रसिक बनाना उसके सामने बहुत बड़ी चुनौती थी। 'नव-कामेदी' के रूप में उसे ज्ञात था कि श्रेष्ठ कामेदी क्या होती है। उसने अपनी कामेदियाँ उसी पैटर्न पर तैयार की थीं। प्लॉतस ने भी ऐसा ही किया था किन्तु रोमी दर्शक समाज की रुचि/आवश्यकताओं को देखते हुए हास्य के जिन घटकों—रोचक शब्द-क्रीड़ा, कुछ हद तक अश्लील संकेत, गीत एवं नृत्य—का समाहार उसने अपनी रचनाओं में किया था तेरेन्स उनसे असहमत भले न रहा हो पर वे उसकी प्रकृति के अनुकूल नहीं थे। इनके स्थान पर वह कथानक के सूक्ष्म तानेबाने, चारित्रिक विकास, आवश्यकता भर संवाद को अधिक महत्त्व देता था। इनको आधार बनाकर उसने साहित्यिक मापदंड के अनुसार अच्छी कामेदियाँ लिखीं किन्तु उनकी सार्वजनिक प्रस्तुति की सफलता में सबसे बड़ी बाधा थी दूषित रुचि। इसी कारण से प्रत्येक प्रस्तुति के पहले वह दर्शकों से ध्यानपूर्वक नाटक देखने का आग्रह करता है।

तेरेन्स के नाटकों में कथानक की गूढ़ संरचना जब पाठकों के लिए भी ध्यान-साध्य है तब दर्शकों के लिए तो और भी चित्त की एकाग्रता की आवश्यकता रहती होगी। इसमें सन्देह नहीं उसकी कामेदियों ने पाठ्य नाटकों की परम्परा को जन्म दिया जिसकी प्रशंसा सामान्य प्रेक्षकों की तुलना में सुधी आलोचकों ने विशेष की है।[21] सिसरो और होरेस ने भी उसकी शैली और मानव मूल्यों में आस्था को लेकर सराहना की है। हमारा विश्वास है उसका प्रत्येक नाटक सार्वजनिक रूप से मंचित होने के पहले सिपीयोनी मंडली में अवश्य पढ़ा गया होगा, गुण-दोषों पर चर्चा भी हुई होगी और लेखक ने उसकी संरचना और भाषा में तदनुसार सुधार भी किये होंगे। अन्तिम नाटक के उपोद्घात में हम देख सकते हैं कि उसने आरोप का सीधे-सीधे कोई खंडन नहीं किया है और 'स्व-पीड़क' में तो वह मौन ही रहा है। अतः अनुमान लगाया जा सकता है कि मित्रों के सुझावों के प्रति वह स्वयं को थोड़ा बहुत ऋणी अवश्य मानता होगा। किन्तु, इससे उसका अवदान कम नहीं हो जाता। उदाहरणार्थ, उसके संरचनागत प्रयोगों पर दृष्टि डालें—

1. 'ऐन्द्रियानी लड़की' में उसने दो यूनानी नाटकों को एक कथानक में गूँथने का प्रयोग किया जबकि यह उसका प्रथम प्रयास था। इसके अतिरिक्त, इसी के

अन्त में एक वैकल्पिक अन्त का सुझाव देकर एक ही नाटक में दो प्रयोग कर डाले। इससे हमारा यह अनुमान पुष्ट होता है कि पहले यह किसी गोष्ठी में ही पढ़ा गया होगा क्योंकि इस प्रकार का विकल्प गिने-चुने शिक्षित सामाजिकों के बीच ही विचारार्थ रखा जा सकता है। 'भ्रातृ द्वय' में भी उसने इसी तरह से दो नाटकों को जोड़कर एक करने का प्रयोग किया था।

2. 'स्व-पीड़क' में उसका प्रयोग नया भी है और गम्भीर भी। कार्य के स्थान पर संवादों पर बल देना एक नयी नाट्य-परम्परा का बीज-वपन माना जाना चाहिए। मुख्य पात्र स्वयं दर्शकों को मूल्यांकन की दृष्टि देता है—'नाटक का प्रभाव उच्चरित शब्दों की सहज शुद्धता पर निर्भर करता है।' इस वाक्य पर यदि गहराई से विचार करें तो देखेंगे कि वह नाट्य-रचना को वह नयी सैद्धान्तिक दृष्टि दे रहा है। अरस्तू ने त्रासदी (नाटक) के छः अंग माने थे—कथानक, चरित्र, विचार, पदयोजना, गीत और दृश्यविधान। इनमें से प्रथम तीन को, स्वयं विषय होने के कारण, उसने आन्तिरक (इंटर्नल) कहा और शेष तीन को बाह्य (एक्सटर्नल)। हम इस विभाजन को वस्तुगत और रूपगत नाम देना चाहेंगे। इस विभाजन के आधार पर उसकी स्थापना है कि नाटक में मुख्य अंग कथानक (कार्यव्यापार) है और यही उसके मूल्यांकन का आधार भी होना चाहिए। व्यवहार में कुछ नाटककारों ने चरित्र पर बल दिया फिर भी मूल्यांकन का आधार वस्तुगत ही बना रहा। ऊपर के वाक्य में तेरेन्स मूल्यांकन के इसी आधार को चुनौती दे रहा है। वह नाटक के सौन्दर्य/प्रभाव का श्रेय नाटक में उच्चरित शब्दों की सहज शुद्धता को दे रहा है कार्यव्यापार या चरित्र को नहीं। दूसरे शब्दों में, उसके अनुसार मूल्यांकन रूप-तत्त्व के आधार पर होना चाहिए न कि वस्तु-तत्त्व के आधार पर। जो कार्य प्लॉतस व्यवहार के धरातल पर पहले कर चुका था (उसके द्वारा भाषा को नया रूप देना इसी का परिणाम था) उसी को हमारा लेखक सैद्धान्तिक आधार दे रहा है। सम्भव है उसे यह दृष्टि प्लॉतस से मिली हो। अन्तर केवल इतना है कि उसने दैनंदिन भाषा को वरीयता दी, उसे नये साँचे में ढाला, तो इसने दैनंदिन भाषा को साहित्यिक रूप प्रदान किया, मानक लातीनी को जन्म दिया पर यह स्वीकार करना होगा कि दोनों ही रूप-पक्ष में मूल्यांकन का नया आधार ढूँढ़ रहे थे। आभिजात्य काव्यशास्त्र के समानान्तर यह नया काव्य-चिन्तन था, उपर्युक्त वाक्य उसी की घोषणा करता प्रतीत होता है।

भाषा के क्षेत्र में तेरेन्स के योगदान को समीक्षकों ने एक स्वर से स्वीकार किया है। बेट्टी रेडिस का निष्कर्ष है कि जिस प्रवाहमयी लातीनी शैली का निर्माण उसने किया वह अपनी गुणवत्ता में निर्विवाद रूप से आभिजात्यवादी यूनानी के समकक्ष है। उसकी शैली में वही स्वाभाविक तालबद्धता है जो यूनानी शैली का सौन्दर्य थी। ऐसी लातीनी उस समय का कोई नाटककार नहीं लिख पाया था।[22] भाषा की

शुद्धता को बनाये रखने की धुन में उसने यह भी प्रयत्न नहीं किया कि भाषा पात्रानुसार बदले। घर का स्वामी और दास दोनों एक जैसी साफ़-सुथरी भाषा बोलते हैं। इन्हीं विशेषताओं के कारण रोमी साम्राज्य के अन्तिम दिनों तक भी उसकी कामेदियों का अध्ययन किया जाता रहा। उसके बाद पढ़ने-पढ़ाने की परम्परा मठों (मोनास्टरी) तक सीमित होकर रह गयी फिर भी उसकी रचनाओं का आकर्षण कम नहीं हुआ, उन्हें सम्भाल कर रखा जाता रहा। उसकी शैली की स्पष्टता भाषा का प्रतिमान बन गयी थी। शताब्दियों के बाद अँग्रेजी स्कूलों में शुद्ध लातीनी सिखलाने के लिए तेरेन्स के नाटक पढ़ाये जाते रहे। सिसरो ने उसके सम्मान में ठीक ही लिखा था:[23]

"हे तेरेन्स, शब्दों पर अकेले तुम्हारा ही अधिकार है, तुमने लातीनी मीनान्दर को हमारे बीच ला बैठाया है, तुम्हारी भाषा मंत्रमुग्ध कर देने वाली है, एक-एक शब्द आनन्ददायी है।'

सन्दर्भ एवं टिप्पणियाँ

1. एच. जे. रोज़, ए हैंड बुक ऑफ़ लैटिन लिटरेचर, पृ. 13
2. एच. जे. रोज़ के अनुसार ई.पू. दूसरी शताब्दी में भी यह स्थिति बहुत नहीं बदल पायी थी। वस्तुतः इस विधा को (चाहे त्रासदी हो या कामेदी) शिक्षित अभिजात वर्ग प्रश्रय दे रहा था ताकि वह अभिमान से कह सके कि हमारे पास भी यूनानियों के सभकक्ष रखे जा सकनेवाले नाटककार हैं किन्तु अधिकांश जनता की रुचि संस्कारित नहीं हो पायी थी। तेरेन्स का 'सासू-माँ' जैसा श्रेष्ठ नाटक भी जब ई.पू. 165 में पहली बार मंचित हुआ था तो आयोजकों को इसे बीच में ही इसलिए रोक देना पड़ा था ताकि दर्शकों को कुछ अधिक रोमांचकारी कार्यक्रम दिखलाया जा सके।—ए हैंडबुक ऑफ़ लैटिन लिटरेचर, पृ. 25
3. एरिख सेगल, प्लॉतस की चार कामेदियाँ, पृ. XI, होरेस की 'आर्स पोएतिका' में भी इसका सन्दर्भ आया है, पं. 288-99
4. प्लॉतस की चार कामेदियाँ, पृ. XII
5. वही, पृ. XVII
6. वही, पृ. वही
7. वही, पृ. XIV
8. पं. 407-8
9. प्लॉतस की चार कामेदियाँ, पृ. XVI
10. 'काव्यशास्त्र', अ. 8, पं. 25-27
11. प्लॉतस की चार कामेदियाँ, भूमिका, पृ. XXIII
12. एच.जे.रोज़, ए हैंडबुक ऑफ़ लैटिन लिटरेचर, पृ. 59
13. तेरेन्स की कामेदियाँ, अनु. बेट्टी रेडिस, पृ.390
14. स्टडीज़ इन लेटर ग्रीक कॉमेडीज़, पृ. 206

15. तेरेन्स की कामेदियाँ, अनु. बेट्टी रेडिस, पृ. 393
16. वही, पृ. 16
17. लिटरेरी क्रिटिसिज़्म इन ऐंटिक्विटी, खंड-दो, पृ.8
18. तेरेन्स की कामेदियाँ, पृ. 286
19. एटकिन्स के अनुसार लेनुविनस ने अपनी किसी कामेदी में ऐसा दृश्य दिखलाया था जिसमें शिकारी कुत्ते एक हिरनी का पीछा कर रहे हैं और वह अपनी सहायता के लिए एक प्रेम-पीड़ित युवक से याचना करती है।—लिटरेरी क्रिटिसिज़्म इन ऐंटिक्विटी, खंड-दो, पृ. 6
20. 'काव्यशास्त्र', अ. 14, पृ. 1453ब
21. यूरोपीय नाटकों पर सर्वाधिक प्रभाव डालनेवालों में तेरेन्स का नाम भी लिया जाता है। 17वीं शताब्दी के बाद उसे सबसे अधिक प्रशंसक फ्रांस में मिले—मोंतेन्य, दिदरो, मोलियेर। तेरेन्स की कामेदियाँ, पृ. 24
22. तेरेन्स की कामेदियाँ, पृ. 20
23. वही, पृ. 393

3.3 आभिजात्य आदर्शोन्मुखी सिसरो
(ई.पू. 106–43)

3.3.1 जीवनवृत्त

सिसरो का पूरा नाम 'मार्कस तलियस सिसरो' ही उसके अभिजात वंश का प्रमाण-पत्र है। उन दिनों रोम में बालक का नामकरण एक विशेष पद्धति के अुनसार किया जाता था। इसमें नाम के तीन भाग होते थे। पहला, बालक का अपना नाम, दूसरा, गोत्र का नाम और तीसरा, उस गोत्र की विशिष्ट शाखा अर्थात् वंश/कुल का द्योतक हुआ करता था। सिसरो का अपने नाम की अपेक्षा अपने कुल के नाम द्वारा प्रसिद्ध होना किन परिस्थितियों की देन है यह जान पाना तो कठिन है किन्तु यह स्पष्ट है कि वह अपने अभिजातवर्गीय होने के प्रति सजग था और उसे महत्त्व भी देता था। आलोच्य काल में भद्र रोमी समाज में व्यवसाय को लेकर करणीय-अकरणीय की रेखा अत्यन्त स्पष्ट थी।[1] यह भी कह सकते हैं कि इस सम्बन्ध में अभिजात रोमवासी रुढ़िवादी था। वह अपने कुल की मर्यादा एवं परम्पराओं को अक्षुण्ण रखना चाहता था। इसलिए, कुछ व्यवसायों से वह स्वयं को दूर रखता था, जैसे– सामान्य मेहनत-मज़दूरी, दुकानदारी, सूद पर धन उधार देना आदि। सिसरो ने इस मनोवृत्ति का समर्थन किया है। परम्परा पालन के लिए कारण यह दिया जाता था कि पूर्वजों की जीवन-पद्धति श्रेष्ठ थी, इसी के बल पर वे सभ्यता के विकास में आसपास की अन्य जातियों से आगे निकल सके। अतः हम भी उनके द्वारा स्थापित विधि-विधानों का पालन करके ही उनके सच्चे उत्तराधिकारी बन सकते हैं। इस भू-क्षेत्र में रोम को पहचान दिलानेवाले जिन पूर्वजों को यहाँ का समाज आदर्श मान रहा था वे वस्तुतः परिश्रमी किसान थे। यह सचमुच आश्चर्य की बात है कि उन दिनों भी किसानी रोमवासियों के लिए सर्वाधिक सम्मानजनक व्यवसाय था। धरती उनके लिए अनेक भावों का पुंजीभूत रूप थी, उसके प्रति मोह देश प्रेम का प्रतिरूप था। एक आख्यान के अनुसार ई.पू. 458 में इक्विवासियों ने रोम पर चढ़ाई कर दी थी। रोम के कुछ अधिकारी सिनसिनातस के पास यह प्रस्ताव ले कर गये कि उसे छः महीनों के लिए

अधिनायक के अधिकार दे दिये गये हैं, उसे रोम को मुक्ति दिलानी है। उसने प्रस्ताव स्वीकार कर लिया, फिर सोलह दिनों के भीतर ही शत्रुओं को परास्त कर दिया तथा अधिनायक पद त्याग कर पुनः अपने खेत में आकर हल चलाने लग गया। धन, पद आदि के किसी भी मोह से दूर रह कर कर्मठ जीवन जीना तथा अपनी धरती की रक्षा के लिए सदैव तत्पर रहना यह आदर्श इस आख्यान का सार है, और इसमें सन्देह नहीं कि पीढ़ी दर पीढ़ी संघर्ष करते रहने से रोम के मूल निवासियों का यह स्वभाव बन गया था। इस स्वभाव के अन्य पक्ष थे संयम, गम्भीरता एवं औचित्यपूर्ण व्यवहार, इसके अतिरिक्त शेष सभी कुछ उनके लिए तुच्छ था। सम्भवतः इसी का परिणाम था कि जीवन के चिन्तनपूर्ण पक्ष का वे विकास नहीं कर पाये। अब, जहाँ शक्ति की पूजा हो वहाँ लावण्य के लिए क्या स्थान हो सकता था। यही कारण था कि शुरू-शुरू में युनानियों की कलात्मक रुचि उन्हें मूर्खता लगती थी। ई.पू. प्रथम शताब्दी तक आते-आते यद्यपि रोमी मानसिकता में, राजनीतिक-आर्थिक परिस्थितियों के बदल जाने से, पर्याप्त बदलाव आ गया था फिर भी रोम और एथेन्स का यह दृष्टि-भेद सिसरो को जब न तब उलझन में डाल देता था।

सिसरो रोमी इतिहास के सर्वाधिक उथल-पुथल के युग में जी रहा था। राज्यतन्त्र का गणराज्य से बदल कर पहले अधिनायकवाद फिर साम्राज्यवाद में परिणत हो जाना इसी काल की देन है, जूलियस सीज़र इसका नायक था। सीज़र और सिसरो समवयस्क थे। अब तक कहने को रोम गणराज्य था क्योंकि प्रशासनिक पदों पर चुना जाना मतगणना पर निर्भर करता था किन्तु व्यवहारतः यह अभिजाततन्त्र था। उस समय जनसेवा के लिए कोई वेतन या भत्ता नहीं दिया जाता था जिससे इस कार्य के लिए वे ही लोग आगे आ सकते थे जो सम्पन्न थे। इसके पहले कार्थिज साम्राज्य के विरुद्ध लड़ी गयी तीन-तीन लड़ाइयों में जिन सेना-नायकों ने भाग लिया था वे लूट की धन-दौलत और उससे खरीदी गयी ज़मीनों से लगातार समृद्ध होते गये थे। रोम पर वे अपना अधिकार कुछ इस कारण से भी मानते थे क्योंकि उन्हीं के युद्ध-कौशल से रोमी राज्य का विस्तार हुआ था और रोम उस समय का सबसे समृद्ध नगर बन गया था। निष्कर्ष यह कि राज्य पर इसी वर्ग का वर्चस्व था। इतिहास साक्षी है कि ई.पू. 200-146 के बीच 108 मुख्य राज्याधिकारियों (कौन्सल) में से 100 इन्हीं समृद्ध घरानों से आये थे।

सीज़र की राजनीतिक यात्रा एक सेनानायक से अधिनायक बनने की कथा है। पहले वह ई.पू. 60 में स्थापित प्रथम त्रयी—पोंपी, क्रैसस और सीज़र—का सदस्य था। फिर, अपनी सूझ-बूझ से रोम के जनवादी दल (पॉपुलेर) में लोकप्रिय हो गया। समय आने पर ई.पू. 48 में पोंपी को परास्त कर सीज़र जब रोम में प्रविष्ट हुआ तो वह रोमी साम्राज्य का सर्वेसर्वा था। क्रैसस युद्ध में पहले ही मारा जा चुका था।

प्रतीत होता है पोंपी और सीज़र के बीच शक्ति परीक्षण के समय सिसरो ने सीज़र का विरोध किया था। पोंपी को सेनेट और अभिजात वर्ग का समर्थन प्राप्त था। अपने हित को ध्यान में रखते हुए सिसरो का पोंपी को समर्थन देना स्वाभाविक था।* अब राज्य पर पूर्ण अधिकार प्राप्त हो जाने पर सीज़र चाहता तो उसे दण्ड दे सकता था किन्तु उसने कूटनीति अपनाते हुए उसे तथा अन्यों को क्षमा ही नहीं किया प्रशासनिक पद भी सौंपे। तब से ये दोनों परस्पर निकट आ गये। सीज़र ने अपने युद्ध अभियानों पर दो प्रबन्ध लिखे जिनकी अनलंकृत सहज ग्राह्य स्पष्ट भाषा तथा संक्षेप में बात कहने की रम्य पद्धति की सिसरो ने भूरि-भूरि प्रशंसा की। उधर सीज़र ने उसकी यह कह कर सराहना की कि राज्य की सीमाओं का विस्तार करने से बड़ा काम है मनुष्य के ज्ञान-क्षितिज का विस्तार करना। यह उसके श्रेष्ठ वक्ता होने को सिद्ध करता है। एक बार उसके वक्तृत्व के प्रभाव में आकर सेनेट ने बिना साक्ष्यों की जाँच किये ही षड्यन्त्रकारियों को दण्ड दे दिया था।

सिसरो ने युवावस्था में ही सार्वजनिक जीवन में प्रवेश करने का निश्चय कर लिया था। जिसके लिए वाणी पर अधिकार करना उसकी महत्त्वाकाँक्षा बन गयी। उसी दिशा में तैयारी करते हुए उसने यूनानी दर्शन का अध्ययन आरम्भ किया। उन दिनों उदात्त शिक्षा के अन्तर्गत यूनानी दर्शन अत्यन्त महत्त्वपूर्ण विषय था। इसमें वे सभी विषय आ जाते थे जिसनका अध्ययन वक्ता के लिए आवश्यक माना जाता था। इसे और व्यापक बनाने के लिए उसने तत्कालीन दर्शन की तीनों शाखाओं—एपिक्यूरी, स्तोआई तथा प्लेटोवादी—का ज्ञान प्राप्त करने का निश्चय किया। इन दर्शनों के विद्वान्, फ़िद्रुस, दियोदोतुस और फ़िलो, एथेन्स में चल रहे राजनीतिक संघर्ष से बचने के लिए रोम में रह रहे थे। इन सभी के व्याख्यानों को सिसरो सुनता भी था और उनका अध्ययन भी करता। इनमें से दियोदोतुस तो वर्षों तक उसके ही घर में रहा। प्रतीत होता है उस अवधि में दर्शनशास्त्र और भाषणशास्त्र** पर उसने जो व्याख्यान सुने, उन पर जो अपने नोट्स तैयार किये उसी के आधार पर 'द इन्विन्सियोन' की रचना कर डाली। यह दो पुस्तकों में तैयार किया गया अपरिपक्व प्रबन्ध है। एटकिन्स ने इसका रचनाकाल ई.पू. 84 माना है। उन्हीं दिनों उसकी मित्रता पोंपी से हो गयी और दोनों ने महान् वक्ता बनने के सपने देखने शुरू कर दिये।

---

* ठीक यही स्थिति सीज़र की हत्या के बाद भी पैदा हो गयी थी। सिसरो ने मार्क ऐन्तोनी का विरोध केवल इस आधार पर किया था क्योंकि वह अभिजात वर्ग द्वारा गठित सेनेट की देख-रेख में पुरानी गणराज्य पद्धति को पुनर्जीवित करना चाहता था।

** भाषणशास्त्र में सिसरो को रहोड्ज़ के अपोलोनियुस मोलोन का शिष्य माना जाता है।

यूनानी दर्शन तथा भाषणाशास्त्र के क्षेत्र में और अधिक योग्यता प्राप्त करने के उद्देश्य से सिसरो ने ई.पू. 79 में एथेन्स जाने का निश्चय किया। वहाँ पर एपिक्यूरी ज़ीनो और अकादमी के अंतियोखुस के मार्गदर्शन में लगभग छः महीनों तक अध्ययन करता रहा। इस तरह, दो वर्षों तक छात्र जीवन की यात्रा के बाद जब वह अपने नगर लौटा तो एक परिपक्व राज्यविशेषज्ञ और प्रखर वक्ता बन चुका था।

बीस वर्षों के राजीनतिक जीवन में उसके अनेक मित्र बने अनेक शत्रु। उसने जो भी कार्य किया पूरी निष्ठा से किया। उसमें कठोर परिश्रम, व्यवहार कुशलता, चातुर्य और जनकल्याण की भावना का अद्भुत मिश्रण था। किन्तु, राजीनति में यही पर्याप्त नहीं होता। प्रथम त्रयी के समय राजनीति में जब उसका प्रभाव सिमटने लगा तो उसने लेखनी सँभाल ली। राजनीतिक लेखन के साथ-साथ भाषणशास्त्र पर पहली व्यवस्थित एवं महत्त्वपूर्ण पुस्तक 'द ओरातोरे' का लेखन ई.पू. 55 में पूरा हुआ और शीघ्र ही उसका प्रकाशन भी हो गया। चार साल के लिए उसकी नियुक्ति सिलीशिया के राज्यपाल के रूप में हो गयी जिससे उसका लिखना बन्द हो गया। शीघ्र ही उसका मित्र पोंपी सीज़र के हाथों पराजित हो कर मिस्र भाग गया और वहाँ मारा गया। इस घटना (ई.पू. 48) से उसका गणराज्य का सपना टूट गया और वह निराशा से दूर रहने के लिए फिर से लेखन कार्य में जुट गया। दो ही वर्षों में उसकी तीन पुस्तकें, ब्रूतस, ओरातोर और द ऑप्तिमों ज़नरे ओरातोरम, प्रकाश में आ गयीं। इनके अतिरिक्त उसने और भी बहुत कुछ लिखा, विशेष रूप से अपने पत्रों के लिए वह अधिक प्रसिद्ध हुआ। लातीनी गद्य के इस महान् शिल्पी की लेखनी से साहित्य और भी समृद्ध होता यदि उसने सीज़र की मृत्यु के बाद ऐन्तोनी का विरोध न किया होता। अपने मानवतावादी दृष्टिकोण पर अटूट विश्वास रखते हुए पहले के सेनेट शासित अभिजात्य गणराज्य को पुनर्स्थापित करने की उसने जी तोड़ कोशिश की पर भाग्य उससे रूठ चुका था। ऐन्तोनी ने उसके मृत्युदण्ड की घोषणा कर दी। वह चाहता तो कहीं दूर जा कर अपनी जान बचा सकता था। इसके लिए वह एक नाव में बैठा भी, फिर उसे यह कायरपन लगा। वह किनारे पर लौट आया और अपनी घोड़ागाड़ी में तब तक बैठा रहा जब तक उसे मारनेवाले तलवारें ले कर आ नहीं गये। उसने जिस शान्त भाव से मृत्यु का वरण किया वह उसके चरित्र की दृढ़ता को व्यक्त करता है। यह स्वेच्छा-मृत्यु इतिहास की अद्भुत घटना है जो उसे सुकरात के बग़ल में ला बैठाती है।

3.3.2 समन्वयवादी उदात्त दृष्टि

सिसरो ने दर्शन, राजनीति, वक्तृत्वकला, नैतिकता आदि अनेक विषयों पर विस्तार से विचार किया है किन्तु वक्तृत्व विषयक लेखन से वह अधिक जाना जाता है। इस क्षेत्र में उसका अनुभव और अध्ययन दोनों ही उसके मौलिक विचारों को सम्पुष्ट

करते हुए भावी पीढ़ी का मार्ग-दर्शन करते हैं। उस समय की ऐतिहासिक परिस्थितियों की एक झलक हम देख आये हैं। वह उन लोगों में से नहीं था जो निष्क्रिय हो कर समय को झेलते जाते हैं। मानव मूल्यों की रक्षा के लिए वह निरन्तर संघर्षरत रहा। उसका लेखन कार्य भी इसी लड़ाई का एक हिस्सा था। वक्तृत्वकला पर लिखते समय उसके सामने दो लक्ष्य मुख्य थे। एक, लातीनी भाषा में इस कला पर जो प्रबन्ध प्रकाशित हों वे उसी स्तर के हों जिस स्तर के यूनानी भाषा में हैं। अपनी भाषा को समृद्ध करना उसके देश प्रेम का एक पक्ष था। 'द ओरातोरे' में उसने दुःख व्यक्त किया है कि लातीनी में यूनानी भाषा की तुलना में अच्छे कवि कम हैं और अच्छे वक्ता और भी कम हैं (पु. I, अ. III, 11)। फिर भी, रोमी कवियों में जिस-जिस में भी कुछ अनुकरणीय है उसकी प्रशंसा होनी चाहिए और विदेशियों की अपेक्षा उन्हें गुण विशेष के लिए मानक रूप में स्वीकार किया जाना चाहिए। इससे उन कवियों और उनका अनुसरण करनेवाले दोनों को प्रोत्साहन मिलेगा और हमें भी देशप्रेमी होने के नाते आत्मसन्तोष होगा ('ओरातोर', अ. VII, 22)। इस दृष्टि से देखा जाय तो रोमी वक्ताओं में उसका वही स्थान है जो एथेन्स में दिमोस्थनीज़ का है। दोनों ही अपने नगर के लिए पागलपन की सीमा तक समर्पित थे।

उसका दूसरा लक्ष्य पहलेवाले से भी ऊँचा था। वह अपने समय की राज्य-व्यवस्था से सन्तुष्ट नहीं था। इसलिए, उसका देश-प्रेम उसे प्रेरित कर रहा था कि क्यों न ऐसे श्रेष्ठ वक्ता तैयार किये जायँ जो रोम में फिर से गणराज्य की स्थापना के लिए प्रयत्नशील हों। वह जानता था कि यह एक लम्बी लड़ाई है और इसके लिए अच्छे वक्ताओं की पूरी पीढ़ी का तैयार होना आवश्यक है।[2]

इनके अतिरिक्त एक और प्रच्छन लक्ष्य यह भी था कि वक्तृत्वकला का मूल्यांकन करने वाली सच्ची अभिजात्य दृष्टि की पहचान कैसे दी जाय? उन दिनों आभिजात्य दृष्टि अत्तिकी विशेषण से भी जानी जाने लगी थी और इसे न केवल एशियावादियों ने वरन् अत्तिकावादियों से भी चुनौती दी जा रही थी।*

एशियाई शैली का स्वरूप अत्यन्त स्पष्ट था। इसलिए उसके विरोध को सरलता

---

* सिसरो के लेखन काल के पहले ही एशियाई तथा अत्तिकी शैलियाँ विवाद का विषय बन गयी थीं। एशिगाई से तात्पर्य था जिस पर लघु एशिया, र्‌होड्ज़ तथा सिकन्दरिया के लखेकों/वक्ताओं का प्रभाव हो। अत्तिकी एथेन्स के लेखकों तक सीमित थी किन्तु वहाँ भी अच्छे-बुरे सभी तरह के लेखक/वक्ता थे। अतः, प्रश्न था कि क्या किसी भी अत्तिकी वक्ता का अनुसरण करना पर्याप्त था, या, यह भी देखा जाना चाहिए कि प्रतिमान बनने की सच्ची योग्यता किसमें है? अथवा, एकाधिक वक्ताओं में से प्रत्येक की शैली के अनुकरणीय गुणों की परख करके उन्हें अपनाया जाय?

से समझा जा सकता था। किन्तु, अत्तिकी शैली का मुखौटा भर लगाये तथाकथित अत्तिकावादियों तथा सच्चे अत्तिकियों के भेद को भाषणशास्त्र के सामान्य विद्यार्थी समझ नहीं पा रहे थे। उन्हीं के लाभार्थ सिसरो अपने लेखन के बीच-बीच के इस भेद को रेखांकित करता चलता है। इस पद्धति से एशियाई शैली के अन्धाधुन्ध अनुकरण की प्रवृति पर रोग लगी। साथ ही, उसे अपना पक्ष प्रस्तुत करने तथा वक्तृत्वकला की महत्त्वपूर्ण उपपत्तियों का प्रतिपादन न करने का अवसर भी मिल गया। उनमें से कुछ को यदि कला का सामान्य सिद्धान्त भी मान लिया जाय तो ग़लत नहीं होगा। उस समय कला पर विश्लेषणात्मक दृष्टि डालनेवाली पुस्तकों का लातीनी भाषा में नितान्त अभाव था, इस अभाव की पूर्ति करने के कारण उसकी कृतियों का महत्त्व स्वतः सिद्ध है।

सिसरो का गद्य उसके समसामयिकों तथा बाद की पीढ़ियों के लिए भी मानक बन गया। इसकी विशेषताओं को पूर्व संकेतित एशियाई और अत्तिकी शैली की पृष्ठभूमि में ही समझा जा सकता है। एशियाई शैली के मूल लातीनी उदाहरण प्राप्य नहीं हैं पर सेनेका के गद्य में इसकी कुछ झलक देख जा सकती है ऐसी विद्वानों की धारणा है।[3] इसका विशिष्ट लक्षण है दैनंदिन शब्दावली से दूरी रखना और सावधानी से चुने हुए शब्दों तथा तालबद्ध वाक्यांशों का इस तरह से प्रयोग करना कि उसे गद्य-काव्य की संज्ञा दी जा सके। ऐतिहासिक कालक्रम में लातीनी गद्य विकास के उस चरण में था जब उसमें बनावटीपन आ गया था और अलंकरण के प्रति रुचि बढ़ गयी थी। इसी कारण से एशियाई शैली को लातीनी साहित्यकारों ने हाथों-हाथ ले लिया और इस उत्साह में उसके दोषों की ओर या तो उनका ध्यान नहीं गया या उन्हें साधारण समझ कर उनके प्रति वे उदासीन रहे। इस प्रकार की शैली में कृत्रिमता, शब्दाडंबर तथा अत्यधिक अलंकरण के कारण अनुभूति की ऊष्मा लुप्त हो गयी। बाद में यही उसके ह्रास का कारण बनी और आलोचकों के कठोर प्रहार का भी।[4] इसका हलका सा संकेत इस वाक्य से मिलता है कि एशियावादी ताल के ऐसे दास हैं कि जहाँ यह सम्भव नहीं होता तो ऊटपटाँग शब्दों के प्रयोग से इसे लाने का प्रयास करते हैं। प्रतीत होता है अधिकंश लेखक इसी प्रवाह में बह रहे थे।

लेखकों का दूसरा वर्ग अत्तिकी गद्य को अनुकरणीय मानता था। इनके सम्बन्ध में यह स्मरण रखना होगा कि इनका आदर्श एथेन्स का समकालीन गद्य नहीं वरन् ई.पू. चौथी शताब्दी का गद्य था और उसमें भी दिमोस्थनीज़ का लेखन उनका विशेष प्रेरणा स्रोत था। सिसरो के समकालीन यूनानियों ने उसे पुराना कह कर भुला दिया था, उसकी गद्य-शैली एक प्रकार से वहाँ समाप्तप्राय थी। संयोग से रोमी लेखकों के पास अपना कोई ऐसा गद्यकाल नहीं था जो उन्हें अपना लेखन स्तरीय बनाने में सहायक होता। अत्तिकी गद्या की विशेषता यह थी कि उसमें प्रयोग तो बोलचाल

की भाषा का होता था किन्तु शब्द-चयन उसे सुष्ठु, सुसंस्कृत रूप दे देता था। दूसरे, अलंकरण की प्रवृत्ति में संयम बरतने से उसमें सहज सौन्दर्य स्वयमेव आ जाता था। सिसरो और उसके समर्थकों को अत्तिकी शैली का यही गुण आकर्षित कर रहा था। अत्तिकावादियों को मानक शैली तो मिल गयी थी किन्तु उसके समानान्तर अपनी शैली के विकास में एक बड़ी बाधा थी लातीनी भाषा की सीमा।[5] दिमोस्थनीज़ जैसे लेखकों के पास अपने से सैकड़ो वर्ष पहले की काव्य-सम्पदा थी और गद्य लेखन की भी पुष्ट परम्परा थी। उनके पास शब्दों का विशाल भण्डार था जिसका रोमी लेखकों के पास नितान्त अभाव था। इस कारण से वे यूनानी शब्दों का खुल कर प्रयोग करने लगे थे और उनमें से भी वे शब्द उन्हें अधिक उपयुक्त लगते थे जो, अब भले ही अप्रचलित हो गये थे, दिमोस्थनीज़ द्वारा प्रयुक्त किये गये थे।

सिसरो ने इन दोनों शैलियों को पहचाना और बड़ी कुशलता से मध्यम मार्ग का अनुसरण किया। रोज़ के मत से इस प्रयास में उसके गुरु ऱ्होड्ज़ के मोलोन का मार्गदर्शन उसके लिए विशेष सहायक सिद्ध हुआ था। एक ओर उसने यदि अत्तिकी आदर्श के अनुरूप भाषा की शुद्धता और उसकी मुहावरेदानी पर बल दिया तो दूसरी ओर विदेशी शब्दों के मोह से भी वह दूर रहा। उसके भाषणों से स्पष्ट है कि उसने अत्यन्त सावधानी से यूनानी शब्दों के अप्रचलित प्रयोगों से स्वयं को बचाया है। अपने पत्रों में भी उसने बहुधा व्याकरणसम्मत प्रयोगों की चर्चा की है। उसके अनुसार विषय यदि गूढ़ है तो उसमें सूक्ष्म विस्तार, अलंकरण तथा विशिष्ट शब्दों या वाक्यांशों को स्थान दिया जा सकता है किन्तु प्रयोंगों की सीमा अवश्य निर्धारित की जानी चाहिए। इस दृष्टि से देखें तो एशियाई शैली के सीमित प्रयोग में भी उसे कोई आपत्ति नहीं थी।

शैलियों के उपर्युक्त अन्तर को रोज़ ने पत्रकारों के गद्य, जिसका सम्बन्ध जनसामान्य से होता है, तथा शुद्ध साहित्यिक विषय अथवा शास्त्रीय विषय का विश्लेषण करनेवाले गद्य (जिसका सम्बोध्य विशेष क्षेत्र से सम्बन्धित विशेषज्ञों का छोटा-सा वर्ग होता है) के अन्तर द्वारा समझाया है।[6] शास्त्रीय विषयों पर लिखे प्रबन्धों में सिसरो ने यूनानी भाषा तथा साहित्य की अपनी जानकारी का खुल कर प्रदर्शन किया है क्योंकि इनमें वह उन लेखकों के साथ प्रतिस्पर्धा के भाव से प्रेरित था जो स्वयं को इसका ज्ञानी समझते थे। इन प्रबन्धों में उसने एक बड़ा काम यह किया कि यूनानी भाषा में शताब्दियों के विचार-विमर्श के बाद जो शब्दावली रूढ़ हो गयी थी उसके लिए लातीनी शब्दावली तैयार की। इसका क्षेत्र भी अत्यन्त व्यापक था जिसमें विज्ञान, दर्शन, शिल्पशास्त्र जैसे अनेक विषयों को उसने समेट लिया था। इसमें भाववाचक संज्ञाओं के रूप स्थिर करने जैसे जटिल कार्य पर उसे बहुत श्रम करना पड़ा। आज यूरोप की अनेक भाषाएँ लातीनी भाषा से शब्दों की व्युत्पत्ति के

लिए सिसरो की ऋणी हैं।

गद्य की अनेक विधाओं को समृद्ध करना सिसरो का एक और महत्त्वपूर्ण योगदान है। जैसे, पत्र विधा में उसने घोषणा-पत्र (मैनिफ़ैस्टो) लिये तो सरकारी कामकाज से सम्बन्धित विषय भी लिये। इनकी संरचना और शब्दावली उसने भाषणों से भिन्न रखी है। यहाँ, कभी-कभी वह बहुत औपचारिक हो जाता है जैसे, राजनीतिक दृष्टिकोण स्पष्ट करने में। किन्तु, व्यक्तिगत चर्चा में अत्यन्त सहज हो जाता है मानों, दिखावा करना उसे आता ही न हो। फिर भी, भाषा की शुद्धता, उसकी शक्ति दर्शानवाले विविध प्रयोग, अभिव्यन्जना सौन्दर्य, वाक्यांशों की सुघड़ता आदि ऐसी विशेषताएँ हैं जिनमें उसके व्यक्तित्त्व की भलक स्पष्ट है। इन सबके बारे में सिद्धान्ततः उसके क्या विचार थे उनकी चर्चा शैली के वर्ग-विभाजन के अन्तर्गत करेंगे। यहाँ लक्ष्य केवल यह दिखलाना था कि एशियाई और अत्तिकी शैली के अन्तर को वह किस रूप में समझ रहा था और उसका अपना पक्ष क्या था।

'वक्तृत्वकला वाणी का श्रेष्ठतम रूप है और वाणी सभ्यता का उत्स है' सिसरो की यह धारणा स्पष्ट कर देती है कि वक्तृत्व का उसके लिए कितना महत्त्व था।* प्रतीत होता है युवावस्था में दार्शनिकों के व्याख्यान सुनते-सुनते ही यह धारणा उसके मन में स्थिर हो गयी थी, इसका संकेत उसकी पहली पुस्तक 'द इन्विन्सियोन' में मिल जाता है। उसके मतानुसार सभ्यता की आरम्भिक स्थिति में भी मनुष्य में विमर्श-बुद्धि थी किन्तु अपनी बात दूसरों तक पहुँचाने के लिए उसके पास भाषा नहीं थी। भाषा के जन्म लेते ही जब किसी एक अत्यन्त शक्तिसम्पन्न व्यक्ति को एकाएक इसके महत्त्व का भान हुआ तो उसने सब को इकट्ठा कर यह समझाया कि कैसे वे भाषा के माध्यम से बिना हिंसा के न्यायपूर्ण जीवन जी सकते हैं। तब वे सभी बर्बर सभ्य मनुष्य बन गये और सभ्यता का विकास—नगरीकरण—शुरू हो गया।[7]

'द ओरातोरे' में इस विषय को उसने फिर उठाया है। यहाँ उसके सम्बोध्य भावी वक्ता हैं। इसकी पहली पुस्तक में ही क्रैसेस के मुख से कहलाया गया है:

---

* वक्तृत्व की शक्ति का परिचय देनेवाला एक प्रत्यक्ष उदाहरण सिसरो के सामने था। ई.पू. 155 में एथेन्स ने ब्योशा के समीपवर्ती ओर्पुस की बस्ती को लूट लिया था। इस अपराध के लिए रोम ने उस पर पाँच सौ तैलेन्त का जुर्माना ठोक दिया। तब एथेन्स ने अपने तीन दूत—कार्निदीज़, क्रितोलुस और दियोजिनीज़—रोम की सेनेट में जुर्माना माफ़ करवाने के लिए भेजे। दियोजिनीज़ ने एथेन्स के पक्ष को इतने अच्छे ढंग से रखा कि जुर्माना घटा कर सौ तैलेन्त कर दिया गया। बाद में स्वयं सिसरो ने भी अपने भाषणों में ऐसी ही प्रबल शक्ति का परिचय दिया।

"सभी स्वतन्त्र देशों में, विशेषतः जहाँ शान्ति का वातावरण रहा है, वक्तृत्वकला का सदैव विकास हुआ है; केवल विकास ही नहीं हुआ कलाओं में वह सर्वश्रेष्ठ भी मानी जाती रही है। ...बुद्धि और कानों को सर्वाधिक आनन्द देनेवाली वस्तु यदि कोई है तो वह है उत्तम विचारों को अभिव्यक्ति देनेवाली शिष्ट तथा अलंकृत वाणी। ...यदि हम दीन-दुखियों की सहायता कर सकें, दलितों का उत्थान कर सकें, उन्हें सुरक्षा दे सकें, संकट से बचा सकें, नागरिकों के अधिकार दिला सकें तो इससे महान् कार्य और कोई नहीं हो सकता।" इस सब के लिए, उसके अनुसार, हमारे पास सर्वाधिक शक्तिसम्पन्न शस्त्र है भाषा (=वक्तृत्व)। इससे हम स्वयं को बचा सकते हैं, दुष्ट का प्रतिकार कर सकते हैं। ...इस नैसर्गिक क्षमता को भला कौन अधिकाधिक विकसित नहीं करना चाहेगा, कौन इस पर पूर्ण वर्चस्व नहीं प्राप्त कर लेना चाहेगा।[8]

इसी प्रबन्ध को दूसरी पुस्तक में मैर्कस ऐंतोनियस भी इन्हीं विचारों का समर्थन करता है। उसका प्रशंसा भाव अपने पूर्व वक्ता से भी कहीं अधिक है :

"...मैं यह अवश्य कहना चाहूँगा कि सर्वगुण सम्पन्न वक्ता की तुलना संसार की किसी भी वस्तु से नहीं की जा सकती। अच्छा भाषण देने की उसकी शक्ति स्वयं आकर्षण का केन्द्र है, मनुष्य की बुद्धि और कानों के लिए इससे बड़ा सुख का स्रोत और कोई नहीं है। अत्यन्त संयमित वक्तृत्व से अधिक हर्षानेवाला क्या कोई दूसरा संगीत हो सकता है? [गद्य का] एक कलात्मक वाक्य जिस पूर्णता की अनुभूति कराता है क्या कोई कविता करा सकती है? यथार्थ जीवन का अनुकरण करनेवाला कोई अभिनेता क्या उतना आनन्द दे सकता है जितना उसी विषय को लेकर अपनी कला का प्रदर्शन करनेवाला वक्ता देता है? और सबसे बड़ी बात यह है कि दुनिया का कोई ऐसा विषय नहीं है जो इस कला की सीमा के भीतर न आ जाता हो। बस, शर्त यही है कि उसका प्रतिपादन सुरुचि के साथ प्रभावशाली ढंग से किया जाय।"[9]

प्रतीत होता है कि उन दिनों कलाओं में वक्तृत्वकला के स्थान को लेकर विवाद कुछ तीखा हो चला था। हो सकता है वक्ता और इस कला के विशेषज्ञ अपने महत्त्व को स्थापित करने के लिए ऐसी बातें करते रहे हों। किन्तु इन टिप्पणियों को कुछ विस्तृत रूप में उद्धृत करने का हमारा उद्देश्य यह दर्शाना है कि अभिजात वर्ग में यूनानियों की देखा-देखी यहाँ भी इसके प्रति रुचि बढ़ रही थी। अच्छा भाषण देने की क्षमता समाज में प्रतिष्ठा दिलानेवाला गुण माना जाने लगा था।[10] परिणामस्वरूप, इसी अनुपात में साहित्यिक रुचि का सम्मान भी बढ़ गया था। उच्च पद पर आसीन प्रत्येक अधिकारी अपनी-अपनी साहित्यिक मण्डली लिये बैठा था, हर जागीरदार किसी न किसी कवि या नाटककार को अपना मित्र बनाने के लिए उत्सुक रहने लगा था। उसे कुछ धनराशि या थोड़ी जमीन भी दे देता था और स्वयं भी कुछ न कुछ लिखने का यश भोगना चाहता था। ऐसी स्थिति में भाषाशास्त्री भी अपनी कला

को श्रेष्ठता के उच्चतम बिन्दु पर रखना चाहता हो और किसी विशिष्ट मण्डली का सदस्य होने की इच्छा रखता हो तो आश्चर्य क्या। उपर्युक्त उद्धरणों का यह एक ध्वन्यर्थ है। दूसरा, शास्त्रीय अर्थ यह है कि ये वक्तृत्वकला की व्यापक सीमा की ओर इंगित कर रहे हैं। इनके माध्यम से सिसरो की उस अवधारणा को बल मिल रहा है जिसके अनुसार वक्ता का बहुज्ञ होना इस कला की पहली अनिवार्य शर्त है। यह, उसकी इस उपपत्ति की आधारभूमि है कि वक्ता की कला में वस्तु-तत्त्व भी उतना ही महत्त्वपूर्ण है जितना रूप-तत्त्व।

विषय-वस्तु और उसकी अभिव्यक्ति के युगपत् सम्बन्ध को सिसरो ने दो दृष्टियों से देखा है। दोनों का सम्बन्ध, प्रत्यक्ष या अप्रत्यक्ष रूप से, उस समय के भाषणशास्त्रियों में प्रचलित इस धारणा से है कि विषय चाहे जो भी हो, जैसा भी हो, यदि उसे सुन्दर शब्दों में, आलंकारिक शैली में प्रस्तुत किया जाय तो वह अपने आप कलात्मक एवं प्रभावशाली बन जाएगा। ठीक ऐसी ही स्थिति का सामना आइसोक्रेतीज़ को भी करना पड़ा था। एथेन्स में, उस समय, कुछ ऐसे सोफ़िस्त वक्तृत्वकला का प्रशिक्षण दे रहे थे जिनके लिए रूप-पक्ष ही सब कुछ था। इसी के विरोध में उसने भी वस्तु और रूप की समन्विति पर बल दिया था। उसके मत से रूप-सौन्दर्य के साथ-साथ विषय का गम्भीर और उदात्त होना आवश्यक था। अब वही इतिहास रोम में एशियाई शैली के माध्यम से स्वयं को दुहरा रहा था। सिसरो आइसोक्रेतीज़ के भाषणों से परिचित था, उससे प्रभावित भी था। उसके सामने भी ऐसे वक्ता तैयार करने का लक्ष्य था जो गणराज्य की पुनर्स्थापना के उसके स्वप्न को साकार करने में सहायक हो सकें। इसका एक ही समाधान था—सबसे पहले यह समझना कि विषय-वस्तु कैसी हो?

'ओरातोर' में सिसरो ने पूर्ण (दोष रहित) वक्ता के चरित्र पर दृष्टि डाली है। ऐसा वक्ता सबसे पहले यह निश्चित करता है कि कहना क्या है? तत्पश्चात्, उसके विभिन्न पक्षों, उससे सम्बन्धित विचारों, का क्रम निश्चित करता है, और अन्त में 'कैसे कहना' का रूप निर्धारित करता है।[11] विचार क्रम में सबसे पहले विषय का आना ही उसके महत्त्व को निर्धारित करता है। यदि अभिव्यक्त की जानेवाली वस्तु ही असंगत हो, अप्रासंगिक हो, निःसार हो तो यह भाषण का सबसे बड़ा दोष बन जायगा।[12] विषय-चयन के बाद वक्ता उसका अधिकारी बनने का प्रयास करे। यहाँ उसकी बहुज्ञता सहायिका बनती है। विषय से सम्बन्धित सभी पक्षों की जानकारी उसे इकट्ठा करनी चाहिए। व्यापक तथ्यों के अभाव में या उन्हें पूरी तरह समझे बिना भाषण एक शब्दजाल और वक्ता हास्य का आस्पद बन कर रह जाता है।[13]

ऊपर हमने विषय की गम्भीरता तथा उदात्तता का उल्लेख किया है, यह कुछ स्पष्टीकरण की अपेक्षा रखता है। तत्कालीन परिस्थितियों के परिप्रेक्ष्य में यह अनुमान

लगाना कठिन नहीं है कि व्यक्तिगत या छोटे समूहों के राग-द्वेष से उत्पन्न समस्याओं से जुड़े न जाने कितने विवाद कोर्ट-कचहरियों में या सेनेट में आते होंगे और उन पर लिये गये निर्णय कुछ नये विवादों को जन्म देते होंगे। इनसे सम्बद्ध भाषणों का देश के विकास में कोई योग नहीं रहता होगा। सिसरो देख रहा था कि रोम को यदि सच्चे अर्थ में विकास करना है और वक्तृत्वकला को इसमें सहायक होना है तो यह तभी सम्भव है जब विवाद के विषय समाज के बड़े हित से जुड़े हुए हों। वस्तु-तत्त्व की गम्भीरता एवं व्यापकता को वह इसी अर्थ में ले रहा था। उसका सूत्र था—'महान् विषय—श्रेष्ठ भाषण'। दूसरे शब्दों में यह संकुचित मनोवृत्ति के स्थान पर विशाल मानवता से सम्पृक्ति का आह्वान था।

रूप तत्त्व को अधिक महत्त्व देने की मनोवृत्ति वस्तुतः इस दृष्टि से उद्भूत थी कि यह एक स्वतन्त्र इकाई है और विषय इसके अधीन है, इसके द्वारा नियमित है। इसी के विरोध में उसकी स्थापना थी कि इन दोनों का सहभाव आत्मा और शरीर की तरह है[14], दोनों मिल कर ही एक इकाई बनते हैं। 'द ओरातोरे' में क्रैसस के मुख से कहलवायी गयी टिप्पणी इस विषय का बड़ा सटीक विवेचन है:[15]

"प्रत्येक भाषण विवेच्य विषय और शब्दों का समन्वित रूप होता है, विषय से असम्बद्ध हो कर शब्द भी स्थानच्युत हो जाते हैं। इसी तरह, शब्दों से सम्बन्ध-विच्छेद हो जाने पर विषय अपनी स्पष्टता खो देता है।

"...पहले के सभी महान् विचारकों का मत था कि ऊपर-नीचे सभी दिशाओं में फैला यह विश्व एक इकाई है, प्रकृति की एक ही शक्ति, एक ही लय इसे परस्पर बाँधे हुए है; इसमें समायी हुई कोई वस्तु या वस्तुओं का समूह ऐसा नहीं है जो शेष विश्व से कट कर अस्तित्त्व में बना रह सके।

"कारण-कार्य सम्बन्ध की व्याख्या करनेवाली उपपत्ति पर जब हम गहराई से विचार करते हैं तो ज्ञात होता है कि ज्ञान की सभी शाखाओं में कितनी समानता है, कितना सामंजस्य है।

"...वक्तृत्व भी ऐसी ही एक शाखा है। इसका विषय चाहे जिस क्षेत्र से सम्बद्ध हो—प्रसंग चाहे मर्त्यलोक का हो या स्वर्गलोक का, प्रकृति का हो या देवताओं की शक्ति का; तथा भाषण का स्थान न्यायालय हो, सेनेट हो या कोई सार्वजनिक मंच; प्रयोजन चाहे श्रोताओं को प्रेरित करना हो या शिक्षा देना हो...भाषा का प्रवाह यद्यपि विभिन्न धाराओं में गतिमान होता है किन्तु उसका उत्स एक ही होता है।

"...किन्तु अर्धशिक्षित [भाषाविद] जो अपनी अक्षमता के कारण विषय को उसकी समग्रता में ग्रहण नहीं कर पाते, अपनी सुविधा के लिए विचारों और उन्हें अभिव्यक्ति देनेवाले शब्दों में भेद करते हुए (ठीक वैसे ही जैसे कोई आत्मा और शरीर के टुकड़े कर दे) बस उसके एक भाग को अपना लेते हैं।"

उपर्युक्त उद्धरण संकेत दे रहे हैं कि सोफ़िस्तों की तरह ही एकांगी दृष्टि रखनेवाले कुछ भाषणशास्त्री रोम में भी अपनी पाठशालाएँ चला रहे होंगे। उनके पास भाषिकी के कुछ रूढ़ हो गये नुसख़े रहते होंगे जिनके बारे में उनका दावा रहता होगा कि उन्हें रट लेने से कोई राह चलता भी सफल वक्ता बन सकता है। विषय की गहराई में जाना, उससे सम्बन्धित सभी प्रकार के तथ्य इकट्ठा करना, उन्हें क्रम से रखना यह सब उनके वश में था ही नहीं, इसलिए इसके प्रति उनका उपेक्षा भाव स्वाभाविक था। सिसरो इसी अक्षमता पर प्रहार कर रहा था।

भाषणशास्त्रीय (= काव्यशास्त्रीय) अवधारणाओं एवं उप्पतियों पर प्रकाश डालनेवाली प्रधान रचना 'द ओरातोरे' है। इसमें जो बातें कही गयी हैं वे ही, थोड़े-बहुत अन्तर के साथ 'ब्रूतस' और 'ओरातोर' में भी दुहरायी गयी हैं। इसके अतिरिक्त 'ब्रूतस' में अरस्तू को आधार बना कर वक्तृत्वकला का इतिहास प्रस्तुत करने के साथ-साथ लगभग दो सौ लातीनी वक्ताओं की चर्चा की गयी है।[16] 'ओरातोर' में वह आदर्श वक्ता की कल्पना को मूर्त रूप देता है। विषय को देखते हुए इन दोनों रचनाओं में उसकी भाषणशास्त्रीय मान्यताओं तथा अधिमान्यताओं की चर्चा होना स्वाभाविक था किन्तु इनका स्रोत 'द ओरातोरे' ही है। इन तीनों कृतियों में उसकी मूल्य-दृष्टि एक विशेष चरित्र लिये हुए है। एटकिन्स ने इस पर अपनी प्रतिक्रिया व्यक्त करते हुए लिखा है कि इनमें उसका मुख्य प्रयोजन इस कला के शास्त्रीय नियमों का रूढ़िवत् प्रतिपादन (चाहें तो इसे पण्डिताऊ दृष्टि भी कह सकते हैं) न हो कर कुछ सामान्य सत्यों को प्रस्तुत करना था जिससे ऐसी दृष्टि विकसित हो जो नयी व्यवस्था, नयी संस्कृति को जन्म दे सके। उसका लक्ष्य कोर्ट-कचहरीयों में होनेवाली बहसों की तैयारी तक सीमित नहीं था। वह ऐसे कलात्मक वातावरण का निर्माण करना चाहता था जिसके संस्कारों में पल-बढ़ कर इच्छुक शिक्षार्थी किसी भी विषय पर अच्छे ढंग से बोलने या लिखने में सक्षम हो सके।[17]

उपर्युक्त टिप्पणी की पृष्ठभूमि पर 'द ओरोतोरे' (इसे वक्ता की तैयारी भी कहा गया है) की स्थापनाओं को और अच्छी तरह समझा जा सकता है। इसकी संरचना में लेखक ने प्लेटो के संवादों का अनुसरण किया है। संवाद मुख्यतः क्रैसस और ऐंतोनियस के बीच चलता है, चर्चा का स्थल है रोम से कुछ दूर तस्क्युलम में क्रैसस की बाग-बगीचेवाली हवेली और काल है ई. पू. 91। पहली पुस्तक का मुख्य वक्ता क्रैसस है और उसका विषय है वक्ता के प्रशिक्षण की तैयारी। दूसरी पुस्तक में ऐन्तोनियस इसी विषय पर अपना पक्ष प्रस्तुत करता है, साथ ही भाषण में परिहास के महत्त्व को भी अन्तर्भुक्त कर लिया गया है। तीसरी और अन्तिम पुस्तक में क्रैसस फिर से मुख्य वक्ता बन जाता है किन्तु विषय है भाषण का शैली-पक्ष। लेखक ने इसकी रचना में विषयगत विचारधारा के व्यवस्थित क्रम का ध्यान नहीं

रखा है। सच पूछा जाय तो वह ऐसी किसी भी जकड़बन्दी से स्वयं को मुक्त रखना चाहता था, इसीलिए विषय-विश्लेषण में वह गहराई नहीं मिलती जिसकी अपेक्षा पाठक उससे रखता है। आगे हम इसी के सन्दर्भ में कतिपय शास्त्रीय विषयों पर विचार कर रहे हैं।

3.3.3. भाषण-हेतु

यूनानी काव्यशास्त्र के इतिहास में सोफ़िस्तों की परम्परा अभिजात्य मनोवृत्ति पर प्रहार करने के लिए प्रसिद्ध रही है। इसी के अन्तर्गत उनका यह घोषवाक्य भी आता है कि कलात्मक रचना के लिए जन्मजात प्रतिभा की आवश्यकता नहीं है, समाज के किसी भी वर्ग से आया हुआ छात्र उनके प्रशिक्षण (= व्युत्पत्ति) और अपने अभ्यास के बल पर अच्छा लिख सकता है, अच्छा बोल सकता है। किन्तु, व्यवहार के स्तर पर इसका कोई उल्लेखनीय उदाहरण मिला नहीं है। उनके सभी छात्र अभिजात वर्ग के हुआ करते थे क्योंकि उन्हीं के पास उनसे शिक्षा ग्रहण करने के लिए पर्याप्त धन हुआ करता था। दूसरे, शास्त्रीय विषयों पर लिखनेवाले भी या तो स्वयं इस वर्ग से थे अथवा इस वर्ग का समर्थन करनेवाले। फलतः, काव्य-हेतुओं में जन्मजात प्रतिभा का स्थान अक्षुण्ण बना रहा। सिसरो को यह दृष्टि विरासत में मिली थी, उसने अपनी प्रतिभा के बल पर ही अभिजात समाज में अपने लिए विशिष्ट स्थान बना लिया था। उसके द्वारा अन्य हेतुओं की तुलना में प्रतिभा पर बल देना स्वाभाविक था। इसके समर्थन में क्रैसस का कथन है:[18]

"मेरी धारणा है कि वक्तृत्वकला में विशेष योग्यता प्राप्त करने के लिए सहज प्रतिभा का होना अत्यन्त आवश्यक है। इसे, यदि कला का स्रोत भी कहें तो ग़लत न होगा। ऐन्तोनियस ने जिन लेखकों का उल्लेख किया है उनके पास इस कला के नियमों एवं पद्धति की जानकारी की कमी नहीं थी, कमी थी जो जन्मजात क्षमता की, संस्कारों की। कुछ ऊर्जावान् गतिविधियों के लिए बुद्धि और प्रतिभा दोनों की अपेक्षा होती है। भाषण देते समय कभी ऐसी स्थिति आ जाती है कि तत्काल कोई भी नयी बात कहनी पड़ जाती है, फिर उसे विभिन्न तथ्यों के प्रकाश में व्याख्यायित करना होता है और सजाना-सँवारना भी पड़ता है। इसके लिए अच्छी स्मरणशक्ति का होना भी आवश्यक है। और, यह सब तकनीकी शिक्षा से नहीं प्रकृति के वरदान से ही सम्भव हो पाता है। मैं यह नहीं कहना चाहता कि इस दिशा में शिल्पगत शिक्षा का कोई महत्त्व नहीं है, उससे प्रकृति प्रदत्त क्षमताओं का विकास अवश्य होता है, कला में चमक भी आ जाती है किन्तु वह प्रकृति से प्राप्त प्रतिभा का स्थान नहीं ले सकती। प्रकृति जब अनुग्रह करती है तो रचना ऐसा अद्‌भुत रूप ग्रहण करती है मानों इसे मनुष्य ने नहीं स्वयं देतवा ने ही गढ़ा हो।"

इन पंक्तियों में यूनानी कवियों द्वारा म्यूज़ को दिये जानेवाले श्रेय की ध्वनि मिलती है। होमर, पिंदर आदि सामाजिक के मन पर लगातार यह छाप छोड़ते चलते हैं कि वे जो कुछ भी कह रहे हैं वह म्यूज़ की प्रेरणा से, उसी के मार्गदर्शन में कह रहे हैं, या म्यूज़ ने देवभाषा में जो कहा था उसे ही लोकभाषा में रूपान्तरित कर रहे हैं। सुकरात और प्लेटो का भी यही निष्कर्ष था कि कवि जब भी रचना करते हैं म्यूज़ द्वारा आविष्ट होने की स्थिति में ही करते हैं। उनकी दूसरी स्थापना थी कि केवल अभ्यास के बल पर रचना करनेवाले म्यूज़ों के कृपापात्र कवियों की समानता कभी नहीं कर सकते। प्रतीत होता है कि रोम में भी दैवी प्रेरणा को ले कर, अपनी या यूनान से आयातित, कोई न कोई लोक-परम्परा अवश्य रही होगी, सिसरो ने उसी को अपनी अत्तिकी दृष्टि के समर्थन में शास्त्रीय रूप दे दिया।[19] इसके समर्थन में रोशियस का सन्दर्भ देते हुए उसने लिखा है कि कला में सुरुचि सम्पन्नता उसका मुख्य लक्षण है, किन्तु यह कैसे पैदा हो यह नियमों के ज्ञान अथवा प्रशिक्षण से नहीं जाना जा सकता, न इसे शिक्षक सिखला सकते हैं न मैं समझा सकता हूँ। तात्पर्य यह कि सहजात प्रतिभा द्वारा ही यह सम्भव है।

व्युत्पत्ति अर्थात् बहुज्ञता को उसने दो अर्थों में ग्रहण किया है। पहला, विषय की तह तक जाना, उससे सम्बन्धित सभी तथ्यों को एकत्र करना ताकि उसे समग्र रूप में प्रस्तुत किया सके। यह उसका प्रत्यक्ष लाभ है। दूसरा, ज्ञान की विभिन्न शाखाओं का अध्ययन इस दृष्टि से उपादेय है कि भाषण में उदाहरण देने लिए, तुलना करने के लिए, लाक्षणिक प्रयोगों के लिए अथवा विशिष्ट शब्दावली के लिए उन पर निर्भर रहा जा सकता है। सूक्ष्म विश्लेषण तथा व्यापक सन्दर्भ भाषण को मूल्यवान् बनाते हैं।

कहा जा चुका है कि वह भाषण के लिए किसी गम्भीर विषय के चयन के पक्ष में था। विषय भाषण की आत्मा है, रूप-पक्ष उससे स्वतन्त्र हो कर किसी मूल्य की स्थापना नहीं कर सकता। विषय का औचित्य अवसर विशेष पर निर्भर करता है और रूप का औचित्य विषय द्वारा नियमित होता है। भाषण की श्रेष्ठता इन तीनों की समन्विति पर निर्भर करती है। इसलिए, जब वह कहता है कि विषय के विविध पक्षों से सम्बन्धित सामग्री एकत्र की जानी चाहिए तो इसका अर्थ था भाषण सार्थक होना चाहिए शब्दजाल मात्र नहीं।[20] इसे और स्पष्ट करते हुए उसने फिर लिखा है, "[विषय से सम्बन्धित] जो भी बातें पहले हो चुकी हैं या कही जा चुकी हैं, उन सबकी जानकारी वक्ता के पास होनी चाहिए और उसे यह भी स्मरण रखना चाहिए कि इस सम्बन्ध में [नगर-राज्य के], लिखित नियम क्या हैं तथा राष्ट्रीय परम्पराएँ क्या हैं?[21]

उपर्युक्त दिशा-निर्देश उन भाषणों के लिए हैं जो न्यायालयों तथा सेनेट में दिये जाते हैं। हम समझ सकते हैं कि इन स्थानों पर जो चर्चा होती होगी वह समाज के

लिए कितनी महत्त्वपूर्ण हुआ करती होगी। न्यायमूर्तियों और सेनेट-सदस्यों को केवल शब्द-चमत्कार से प्रभावित नहीं किया जा सकता। इसलिए, श्रेष्ठ वक्ता बनने के इच्छुक छात्रों के लिए आवश्यक था कि सूक्ष्म विषय-विश्लेषण के लिए सभी स्रोतों से अधिक से अधिक तथ्य एकत्र करें, क्योंकि वक्ता शैली चाहे जो भी अपनाये उसकी सार्थकता तथ्यों के आधार पर ही मानी जाएगी।[22]

व्युत्पत्ति का एक अन्य निहितार्थ है ज्ञान के विभिन्न क्षेत्रों में परस्पर सम्बन्ध जोड़ना। ज्ञान के केन्द्र में स्वयं मनुष्य है। वह प्रमाता है और शेष विश्व प्रमेय। अतः, ऐंतोनियस जब यह कहता है कि कोई भी विषय (= प्रेमय) ऐसा नहीं है जो वक्ता का अपना न हो[23] तो इसका यह अर्थ लिया जाना चाहिए कि व्यापक मानवता से सम्बद्ध सभी विषय परस्पर भी सम्बद्ध माने जाने चाहिए। और बात केवल मानने या न मानने की नहीं है, वस्तुस्थिति यही है। नाना विषयों का ज्ञान वक्ता को पूर्ण बनाता है। क्या दार्शनिक ने अपने चिन्तन की सीमा निर्धारित की है? यदि नहीं, तो दर्शन से प्रेरणा लेनेवाली वक्तृत्वकला ऐसा कैसे कर सकती है? कैतलस क्रैसस की प्रशंसा करते हुए कहता है, "...अब मैंने अनुभव किया है कि दर्शन से जुड़े हुए विषयों को आप अधिक महत्त्व क्यों देते हैं, क्योंकि ये ही वे स्रोत हैं जिनसे वक्तृत्व को गति मिलती है।"[24] पहले कहा जा चुका है कि भाषण को रोचक बनाने के लिए उदाहरण दिये जाते हैं, तुलना की जाती है, कहीं विरोध भी दिखलाना पड़ता है, अनेक प्रमाण देने होते हैं, और यह तभी सम्भव है यदि वक्ता के पास, उसकी स्मृति में, बृहत् सन्दर्भ-कोश हो।

व्युत्पत्ति पर विचार करते हुए सिसरो ने तीसरे क्रम पर साहित्य के अध्ययन पर बल दिया है। इसका सम्बन्ध भाषण के रूप-पक्ष से है। विचार और उसकी अभिव्यक्ति यदि दोनों मिल कर इकाई बनते हैं तो स्पष्ट है कि यह कार्य सटीक शब्दावली के बिना सम्भव नहीं है। इस शब्द-सम्पदा की अधिकाधिक समृद्धि के लिए उसका आग्रह है कि वक्ता अपने से पहले के वक्ताओं के भाषणों के साथ-साथ कविताओं का अध्ययन भी अवश्य करे।[25] शब्द-चयन और शब्द-प्रयोग इनकी किंचित विस्तृत चर्चा उसने शैली के अन्तर्गत की है। यहाँ, उसका लक्ष्य मात्र यह सम्पादित करना है कि वक्ताओं को विषय पर व्यापक सन्दर्भ में विचार करना चाहिए। विशिष्टता के नाम पर संकुचित सीमा में बँध जाना उचित नहीं है। विविध क्षेत्रों से लिये गये शब्द अपने साथ नवीन सन्दर्भ लाते हैं, नवीन संकेतार्थ (डिनोटेशन) और निहितार्थ (कोनोटेशन) लाते है, उनके व्युत्पत्त्यर्थ अपने साथ एक नयी संस्कृति लाते हैं। वह यही चाहता था कि वक्तागण नियमों में न बँधे रह कर अपनी रचनाधर्मिता का संस्कार करें, उसका व्यापकतम विस्तार करें।

अभ्यास को सिसरो ने अनुकरण का एक अंग माना है। आइसोक्रेतीज़ की

चर्चा में हम देख आये हैं कि अनुकरण पर उसका इतना आग्रह था कि भाषण का चौथा हेतु वह स्वयमेव बन गया। वहीं हम यह भी कह आये हैं कि अनुकरण उसके लिए मात्र प्रतिकृति तैयार करना नहीं था। अभ्यास के आरम्भिक चरण में स्थूल अनुकरण का होना स्वाभाविक है किन्तु समय बीतने के साथ शैली की सूक्ष्मता पर भी दृष्टि जानी चाहिए। और, अन्ततः अनुकार्य की विशेषताओं को अनुभूति के स्तर पर आत्मसात् कर लेना तथा अपने व्यक्तित्त्व का अंग बना लेना ही अध्यवसायी का लक्ष्य होना चाहिए। बाद में भाषणशास्त्री उसके तर्क से इतने प्रभावित हुए कि अनुकरण पर स्वतन्त्र रूप से विचार करना नियम सा बन गया। सिसरो के लिए इस विषय पर विचार करना अनिवार्य हो गया था क्योंकि उस समय यह बहस पहले से ही छिड़ी हुई थी कि अनुकरण के लिए एशियाई प्रतिमान चुने जायँ या अत्तिकी। वह समन्वित दृष्टि रखेनवाला भाषणशास्त्री था, अरस्तू की मध्यमान की अवधारणा से भी प्रभावित था और हमें लगता है यह प्रभाव अध्ययन के आरम्भ में ही उसकी दृष्टि का अभिन्न अंग बन गया था। इसमें सन्देह नहीं कि वह एथेन्स (अत्तिका) को अपने हृदय के निकट मानता था किन्तु उसने किसी एक लेखक का अन्धानुकरण कभी नहीं किया। वह सारग्राही था, किसी भी लेखक के श्रेष्ठ गुणों को अपनाने में विश्वास रखता था। इस सम्बन्ध में उसकी पहली पुस्तक 'इन्विन्सियोन' में आया निम्न प्रसंग विचारणीय है:

चित्रकार ज़्यूक्सिस को जूनो की आकृति बनानी थी और इसके लिए उसे एक सुन्दर स्त्री की तलाश थी। किन्तु वह अनुभव कर रहा था कि सौन्दर्य के जिस प्रतिमान को वह मूर्त रूप देना चाहता है वह किसी एक स्त्री में मिलना असम्भव है क्योंकि किसी एक ही स्त्री में प्रत्येक अंग का सौन्दर्य अपनी चरम सीमा पर हो यह प्रकृति के विरूद्ध है। अरस्तू ने भी इस तथ्य की पुष्टि यह कह कर की है कि प्रकृति के अधूरे कार्य को पूरा करना कला का कार्य है। यही सोच कर ज़्यूक्सिस ने अपने साथियों को क्रोतोन की पाँच सुन्दर स्त्रियाँ ढूँढ़ लाने के लिए कहा ताकि वह उनके एक-एक सुन्दर अंग को लेकर सम्पूर्ण सुन्दर नारी-आकृति की रचना कर सके।

इस प्रसंग का नायक स्वयं सिसरो है। वक्तृत्वकला के क्षेत्र में सुधार लाने के लिए वह किसी एक लेखक पर निर्भर रहने के पक्ष में नहीं था। उसकी यह आधारभूत मान्यता थी कि जितने भी प्रसिद्ध लेखक हुए हैं उन सभी में लेखन का प्रत्येक पक्ष अपने श्रेष्ठतम रूप में नहीं मिलता। कोई एक बात को अधिक सफलतापूर्वक कह पाया है तो किसी में कोई अन्य पक्ष अधिक सुन्दर बन पड़ा है। इसलिए, किसी लेखक में कोई दोष यदि हमें आहत कर भी जाय तो यह नहीं होना चाहिए कि हम उसके सुन्दर पक्ष को भी अनदेखा कर जायँ। ऐसा करना हमारी

सबसे बड़ी मूर्खता होगी। इस निष्कर्षित तथ्य को उसने कई भाषणशास्त्रियों की विशेषताओं के उदाहरण दे कर पुष्ट भी किया है। 'द ओरातोरे' में शैली तत्त्व पर विचार करते हुए उसने लिखा है–

"आइसोक्रेतीज़ ने शैली को लालित्य प्रदान किया है, लिसियास सटीक अभिव्यक्ति का धनी है, हाईपेरिदीज़ में सूक्ष्मता है, इस्खिनीज़ में नाद-सौन्दर्य तो दिमोस्थनीज़ में ऊर्जा (फोर्स) है : ये सभी सुविख्यात वक्ता हैं और अपनी-अपनी जगह अद्वितीय हैं।"[27] फिर इसी विचारधारा का अनुसरण करते हुए 'ब्रूतस' में क्रैसस की शैली की विशेषता में कहलाया गया है:

"उसमें गरिमा है, ऐसी गरिमा जिसमें रंजकता तथा वाक्चातुर्य दोनों का पुट मिश्रित है; वाक्चातुर्य ऐसा जिसे वक्ता के पद के अनुरूप कहा जा सकता है क्योंकि उसमें न धूर्तता का भाव है न अशिष्टता का। उसकी लातीनी भाषा में शब्द बड़ी सावधानी से चुने गये होते हैं फिर भी उसमें बनावटीपन नहीं होता; उसके विषय प्रस्तुतीकरण तथा तर्क करने की शैली में जितनी स्पष्टता है उसकी जितनी बड़ाई की जाय उतनी कम है। ...जहाँ तक स्कीवोला का प्रश्न है वह सटीक शब्दों के प्रयोग में अत्यन्त कुशल है। वह अपनी बात संक्षेप में किन्तु प्रभावशाली ढंग से कहने में सक्षम है। उसका वक्तृत्त्व भरपूर प्रशंसा के योग्य है।"[28]

प्रतिष्ठित वक्ताओं पर की गयी उपर्युक्त टिप्पणियों का एक ही अर्थ निकलता है कि इनमें से कोई भी पूर्ण वक्ता नहीं है, इसलिए जो वक्ता अपनी कला का सर्वांगीण विकास करना चाहता है वह किसी एक प्रतिमान पर निर्भर रह कर प्रयोजन सिद्ध नहीं कर सकता। उसे देखना होगा कि किसमें कौन सा गुण अपनाने योग्य है। यहीं, एक महत्त्वपूर्ण प्रश्न यह भी उठता है कि क्या सभी यशस्वी लेखक सभी छात्रों के लिए अनुकरणीय हो सकते हैं, या, उनकी रुचि एवं क्षमता को देखते हुए ही अनुकार्य का चयन किया जाना चाहिए? और, क्या यह कार्य स्वयं छात्र करें या शिक्षक करें? सिसरो के लिए ये अत्यन्त गम्भीर प्रश्न हैं। उसके सामने ऐसे अनेक उदाहरण थे जिनमें छात्र ने ऐसे अनुकार्य चुन लिये थे जिनकी मामूली बातों को सरलता से आत्मसात् किया जा सकता था। या, फिर कोई अनोखा गुण देखा और अपना लिया बिना यह सोचे-समझे कि यह गुण है या दोष।[29] इसलिए, उसके विचार से यह उत्तरदायित्व शिक्षक को अपने ऊपर लेना चाहिए। वह अपने छात्रों को सुझाये कि उन्हें किसा अनुकरण करना है, साथ ही इसका भी निर्देश करे कि क्या विशेषताएँ ध्यान देने योग्य हैं। फिर, उनका इतना अभ्यास कराये कि वे शैलीगत विशेषताएँ उनकी अपनी बन जायँ। प्रकारान्तर से यह शिक्षक की योग्यता की भी परीक्षा होगी। ऐसे शिक्षकों के मार्गदर्शन के लिए उसका एक और परामर्श है। खेल-स्पर्धाओं में जैसे वही खिलाड़ी जीतता है जो स्वस्थ/रोगमुक्त होने

के साथ-साथ शक्ति-सम्पन्न भी होता है उसी तरह वक्तृत्व के श्रेत्र में सफलता के लिए उन्हीं वक्ताओं का अनुकरण किया जाना चाहिए जिनकी शैली निर्दोष होने के साथ-साथ ओजपूर्ण भी हो।[30] तात्पर्य यह कि केवल अत्तिकी वक्ता का चयन अपने आप में पर्याप्त नहीं है। इसके पहले वह कह चुका था कि काव्य की तरह वक्तृत्व की अनेक विधाएँ नहीं है। इस एक ही विधा में स्तर-भेद से कुछ सामान्य वक्ता होते है, कुछ अच्छे और कुछ बहुत अच्छे। निस्संदेह, वहाँ ऐसी शैली भी अवश्य फली-फूली जो सामान्यतः निर्दोष है किन्तु श्रेष्ठता के लिए, प्रतिमान बनने के लिए, इतना ही पर्याप्त नहीं हैं। शुद्धता उसकी पहली शर्त है किन्तु उसमें ऊर्जा भी हो तभी वह अनुकरणीय मानी जा सकती है। सभी अत्तिकी लेखकों में यह गुण नहीं पाया जाता इसलिए वे सभी अनुकरणीय नहीं है।

3.3.4 भाषण-प्रयोजन

भाषण के प्रयोजन पर विचार करते समय सिसरो की दृष्टि विचित्र प्रकार के द्वैत का परिचय देती है। कहा जा चुका है कि उसके मत से इसकी विषय-सीमा के भीतर ज्ञान-विज्ञान के समस्त सन्दर्भ समाये हुए हैं। उसने स्वयं भी अपने अध्ययन को अधिक से अधिक व्यापक बनाने का प्रयत्न किया था। सीज़र ने उसके ज्ञान-भण्डार की प्रशंसा करते हुए कहा था—"तुमने जो विजय प्राप्त की है वह किसी भी सेना नायक के बड़े विजय-अभियान से भी महान् है।" स्वयं सीज़र का लेखन रिपोर्ताज विधा में प्रमितान है इसलिए उसकी यह टिप्पणी विशेष महत्त्व रखती है। किन्तु उसका ध्यान ज्ञान की विविध शाखाओं पर अधिक था जबकि सिसरो वैविध्य के साथ-साथ गुणात्मक विकास के प्रति भी सजग था। इस सन्दर्भ में 'ब्रूतस' की दो उक्तियाँ उल्लेखनीय हैं :

(i) अत्तिकस के लेखन की प्रंशसा करते हुए सिसरो ब्रूतस से कहता है—"इसे पढ़ने से मुझे आनन्द तो मिला ही, उससे भी अधिक तन और मन में स्वस्तिभाव की अनुभूति हुई।" —अ. III, 13

(ii) इसके समर्थन में ब्रूतस अत्तिकस से कहता है—"मैं अत्यन्त मनोयोग से इसके (अत्तिकस की कृति) अध्ययन में प्रवृत्त हुआ और मैंने अनुभव किया कि यह अध्ययन कितना स्वास्थ्यकर है। तभी मेरे मन में विचार आया कि मुझे आपसे कुछ (उसका तात्पर्य शैली के अनुकरण से है) लेना है।" —अ. III, 15

ऊपर की प्रथम उक्ति में 'मन का स्वस्तिभाव' अत्यन्त विशिष्ट प्रयोग है। अंग्रेज़ी में इसके लिए साल्वेशन (= मुक्ति) शब्द का प्रयोग हुआ है। प्रतीत होता है वह आत्मा की मुक्तावस्था (= ज्ञानदशा) तथा हृदय की मुक्तावस्था (= रसदशा) दोनों को संयुक्त रूप में देख रहा था। यदि हम इसे स्वीकार कर लें तो हमें यह

मानने में भी आपत्ति नहीं होनी चाहिए कि जहाँ तक सामाजिक पर पड़नेवाले प्रभाव अथवा सामाजिक को उस दशा तक पहुँचाने के प्रयोजन का प्रश्न है वह श्रेष्ठ भाषण और महान् काव्य में कोई भेद नहीं कर रहा था। इसी तरह, सांस्कृतिक मूल्य को लेकर भी उसके मन में महाकाव्य और श्रेष्ठ भाषण में कोई अन्तर नहीं था। इसे यों भी कह सकते हैं कि होमर और दिमोस्थनीज़ को वह एक ही भूमि पर खड़े देख रहा था। ऐसा भाषणशास्त्री यदि इसके प्रयोजन को निस्सीम विस्तार प्रदान करे तो आश्चर्य क्या? इसलिए, वाणी के महत्त्व को रेखांकित करते हुए वह भावी वक्ताओं को उनके महान् लक्ष्य का बोध कराना नहीं भूलता। उसका निश्चित मत था कि दीन-दुखियों की सहायता करना, दलितों का उद्धार करना, असहायों को सुरक्षा प्रदान करना, उन्हें भय-मुक्त करना तथा नागरिकों को उनके अधिकार दिलाना[31] जैसे महान् कार्यों का उत्तरदायित्व वक्ताओं को अपने ऊपर लेना चाहिए। ये जनहित के कार्य हैं और चूँकि इन्हें वाणी की शक्ति द्वारा सम्पन्न किया जा सकता है इसलिए, उसके मतानुसार, ये सभी स्थिति-भेद से, भाषण के प्रयोजन बन सकते हैं। उसकी इच्छा थी कि वक्ता न्यायालयों तथा सेनेट में विवाद का विषय बनी समस्याओं तक ही सीमित न रहें, उनके पास जो असीम शक्ति है उससे उन्हें कुछ महान् कार्य करने चाहिए, अपने राष्ट्र के लिए, समग्र मानवता के लिए। 'द ओरातोरे' की दूसरी पुस्तक में पहली पुस्तक की विचारधारा को ही नयी दिशा देते हुए उसने लिखा :

"...उसका कर्तव्य है थके-हारे, उत्साहहीन राष्ट्र को उत्साहित करना[32], उसकी निरंकुश प्रचण्डता को संयमित करना। वक्तृत्व ऐसी शक्ति है जो छल-कपट करनेवालों का विनाश करती है और पवित्र आत्माओं को मुक्ति दिलाती है; सद्व्यवहार को प्रोत्साहित करने की सर्वाधिक शक्ति वाणी में होती है और इसी के द्वारा दीन-दुखियों को सान्त्वना मिलती है।"[33]

संक्षेप में वक्तृत्व सम्पूर्ण मानव संस्कृति का संवाहक और संरक्षक है। इस महान् लक्ष्य की दिशा में की जानेवाली सभी गतिविधियों के लिए समाज को प्रेरित करना भाषण का प्रयोजन बन जाता है। प्रयोजन की सीमा को सीमाहीन बना देना सिसरो के निजी चिन्तन का परिणाम था, भाषणशास्त्र में नियमों की सूची तैयार करना या करणीय-अकरणीय का प्रतिपादन करना उसका उद्देश्य नहीं था। ऐसी पुस्तकें तो उसके सामने अनेक रहीं होंगी और व्यवहार में वह देख भी रहा था कि नियमों के बन्धन से इस कला का ह्रास ही हुआ है, इसलिए उसने स्वयं को कुछ दिशा निर्देशों तक ही सीमित रखा है।

कला और शास्त्र के उपर्युक्त प्रयोजनों के साथ ही सिसरो ने परम्परागत दृष्टि से भी इन पर विचार किया है। वहाँ भी उसका उद्देश्य इसमें खुलापन लाना रहा है। इस सन्दर्भ में 'द ऑप्तिमो, ज़नरे ओरातोरम' रचना के कुछ सूत्र उल्लेखनीय

हैं। अँग्रेज़ी में इसका अनुवाद 'सर्वश्रेष्ठ वक्ता' के शीर्षक से हुआ है। इसमें सिसरो ने चूँकि वक्तृत्व की विधाएँ नहीं मानी हैं, इसएिल वक्ता के भी वर्ग-भेद नहीं किये हैं। उसके मत से स्थिति-भेद (न्यायालय, सेनेट, सार्वजनिक सभा) से या शैली-भेद से वक्ताओं में वर्ग-विभाजन नहीं किया जा सकता। श्रेष्ठतम वक्ता/पूर्ण वक्ता का केवल एक ही प्रकार है, हाँ, उनमें स्तर-भेद हो सकता है। विचारणीय प्रश्न यह है कि उच्चतम भूमि पर पहुँचे हुए वक्ता से हमारी क्या अपेक्षाएँ है? उत्तर है, आदर्श वक्ता की वाणी तीन प्रयोजन सिद्ध करनेवाली होनी चाहिए—(i) वह सामाजिक को शिक्षा (ज्ञान) दे, (ii) आनन्द दे, और (iii) उसके अन्तस को उद्वेलित करे। इनकी किंचित् व्याख्या करते हुए वह फिर लिखता है, "सामाजिक को शिक्षा देना उसका कर्तव्य है, आनन्द उसको दिया जानेवाला मुक्त उपहार है, और उसके अन्तस को उद्वेलित करना स्थिति की अनिवार्यता है।"[34] वैसे तो ये अपेक्षाएँ किसी भी वक्ता से हो सकती हैं किन्तु उसकी दृष्टि से देखें तो प्रत्येक वक्ता इन्हें पूरा करने के लिए बाध्य है। हाँ, जो वक्ता इन तीनों में समन्वय स्थापित करते हुए जितनी दूर तक सामाजिक की अपेक्षा/आवश्यकता को पूरा करता है वह आदर्श के उतना ही निकट होगा। इस तरह, वक्ताओं में केवल स्तर-भेद होता है वर्ग-भेद नहीं, वर्ग-भेद तब होता यदि कोई इन प्रयोजनों से भिन्न मत रखता।

सिसरो ने जहाँ कहीं भी प्रयोजन के विषय को लिया है इन तीनों को साथ-साथ रखा है। यहाँ तक कि न्यायालयों में वाद-विवाद करते समय भी विषयानुसार वक्ता (ध्यान रहे वह चाहे जिस स्थिति में हो उसकी संज्ञा केवल एक है—वक्ता) चाहे जो शैली* अपनाये प्रयोजन में कोई अन्तर नहीं आता, अन्ततः वह ज्ञान/तथ्य प्रदान करनेवाली, आनन्द देनेवाली तथा मर्मस्पर्शी होनी ही चाहिए।[35] तीनों प्रयोजनों को सदैव संयुक्त रूप से रखना यह दरशाता है कि वह इनमें एक अंतःसूत्र देख रहा था जिसका केन्द्र था सामाजिक। यूनानी काव्यशास्त्र के केन्द्र में भी सामाजिक था, वही स्थिति यहाँ भाषणशास्त्र की है। भाषण तो वैसे ही सामाजिकोन्मुखी होता है जिसका अन्तिम लक्ष्य होता है सामाजिक को किसी न किसी तरह से अपने पक्ष में कर लेना। यह कार्य तीन चरणों में सम्पन्न होता है, और ये ही तीन सिसरो के प्रयोजनत्रयी भी बन जाते हैं। वक्ता का प्रथम लक्ष्य होता है वैचारिक स्तर पर तथ्य जुटा कर अपनी बात को प्रामाणिक सिद्ध करना। इसके लिए, श्रोताओं का ध्यान लगातार अपनी ओर आकर्षित करने हेतु वह अपने विचारों को सुन्दर रूप प्रदान करता है। यही सौन्दर्य सामाजिक के आनन्द का स्रोत बनता है।[36] अतः, वक्ता का

* शैली का सम्बन्ध उसने विषय से माना है इसलिए विषयानुसार यह बदलती रहती है।

द्वितीय लक्ष्य होता है रूप-तत्त्व को रंजक बनाना। किन्तु, सामाजिक प्रस्तुतीकरण के सौन्दर्य में ही रमा न रह जाय इसलिए उसमें संयम बरतने की आवश्यकता है। रूप-सौन्दर्य अपने आप में इतना प्रबल नहीं होता कि सामाजिक कोई बड़ा कदम उठाने के लिए विवश हो जाय, यह कार्य उसके संवेगों को उद्वेलित करके ही सम्भव हो पाता है। अब, ये तीनों प्रयोजन ऐसे हैं कि उन्हें एक ही शैली से सिद्ध नहीं किया जा सकता इसलिए अलग-अलग शैलियों का उपयोग करने की आवश्यकता होती है। किन्तु, इनमें सर्वाधिक कठिन प्रयोजन है सामाजिक में संवेगों को जगाकर उसे अपने वश में करना, इस सीमा तक कि वह उसी के दिशानिर्देश पर चल पड़े। सिसरो ने इस प्रयोजन पर, सम्भवतः, इसीलिए सर्वाधिक बल दिया है।

हमारा विश्वास है कि अरस्तू के भाषणशास्त्र की दूसरी पुस्तक से सिसरो अत्यधिक प्रभावित था। इतिहास साक्षी है कि शताब्दियों तक काव्यशास्त्रियों ने इसका पाठ्य पुस्तक की तरह उपयोग किया है। कारण स्पष्ट है, यदि कोई भी शास्त्र सामाजिकोन्मुखी है तो उसके मनोविज्ञान को समझना उसकी पहली शर्त बन जाता है। सिसरो इसका अपवाद नहीं था। उसने भी संवेग जगाने की क्रिया को भाषा तथा मनोविज्ञान दोनों दृष्टियों से देखा है। 'द ओरातोरे' की तीसरी पुस्तक में रूप-पक्ष के अन्तर्गत उन घटक तत्त्वों पर विचार हुआ है जिनसे हमारे हृदय में आह्लाद तथा अन्य संवेग जागते हैं किन्तु पहली पुस्तक में यह संकेत अवश्य दे दिया गया है कि इसके लिए केवल शब्दों (भाषा) पर अधिकार प्राप्त कर लेना पर्याप्त नहीं है। यह ठीक है कि हम जो कहना चाहते हैं उसकी स्पष्ट अभिव्यक्ति के लिए शब्द-सम्पदा का होना आवश्यक है किन्तु स्पष्ट देखने के लिए ज्ञान का प्रकाश भी उतना ही आवश्यक है। अब, यदि सामाजिक के हृदय में क्रोध, घृणा, वितृष्णा आदि संवेगों को जगाने या इन्हें शान्त कर करुणा जैसे कोमल भावों को उद्बुद्ध करने में वक्ता के विशिष्ट कौशल के दर्शन होते हैं तो उसे श्रेष्ठतम रूप देने के लिए मानव चरित्र का भरपूर ज्ञान—मनुष्यों के कैसे-कैसे स्वभाव होते हैं और उन्हें लक्ष्य की ओर प्रेरित करनेवाले या उनसे विरत करनेवाले क्या कारण होते हैं—होना भी उतना ही आवश्यक है।[37] वकतृत्व सामाजिक सापेक्ष कला है इसलिए इसके विविध रूपों और उनमें व्यक्त होनेवाले कारण—कार्य सम्बन्धों पर वक्ता का अधिकार होना चाहिए। यह मनोविज्ञान का क्षेत्र है और इसका ज्ञान न होने की स्थिति में कोई भी वक्ता महान् होने का गौरव नहीं पा सकता।[38]

संवेग जगाने के प्रयोजन का महत्त्व स्थापित करने के पश्चात् दूसरे चरण में उसने सम्प्रेषण को सशक्त बनाने पर विचार किया है। इस विषय के सूत्र कहीं न कहीं एरिस्तोफ़ेनीज़ से जुड़े हुए प्रतीत होते हैं। 'कवि और स्त्रियाँ' नाटक में उसने कवि आगाथॉन को स्त्रियों की वेश-भूषा में उन्हीं के कंठस्तर में गाते हुए दिखलाया

है। इसका कारण पूछने पर उसने उत्तर दिया कि ये कपड़े मैं अपनी प्रेरणा के साथ तालमेल बैठाने के लिए पहनता हूँ। नाटककार जिस विषय का चित्रण करना चाहता है उसमें उसे अपना सम्पूर्ण व्यक्तित्त्व डुबो देना पड़ता है।[39] विषय के चित्रण से तात्पर्य है उसका इतना प्रभावशाली प्रस्तुतीकरण कि सामाजिक उसे उसी रूप में आत्मसात् कर सके जिस रूप में कवि चाहता है। इसी स्वर के साथ स्वर मिलाते हुए सिसरो का कथन है, "...यह एक महत्त्वपूर्ण तथ्य है कि रोष, घृणा, भय, करुणा आदि जिन संवेगों को वक्ता चाहता है कि श्रोता अनुभव करे तो यह आवश्यक है कि उन पर वक्ता के व्यक्तित्त्व की छाप हो अन्यथा श्रोता उनसे अछूता रह जाएगा।"[40] वैसे तो वह चाहता है कि वक्ता स्वयं भी उन संवेगों की अनुभूति करे पर ऐसा न होने पर भी श्रोता पर यह छाप पड़नी ही चाहिए कि वक्ता जो अनुभव कराना चाहता है वही स्वयं भी अनुभव कर रहा है। इसके पहले क्रैसस को सम्बोधित करते हुए ऐन्तोनियस कह चुका था–

"क्रैसस, मैं सच कहता हूँ, आप जब भी न्यायालय में तर्क करते हैं मैं काँपने लगता हूँ। आपके बोलने में जो वेग होता है, आवेश होता है, दृष्टि में जो तिरस्कारयुक्त रोष होता है, आपकी वह मुख-मुद्रा, वे भंगिमाएँ, यहाँ तक कि उँगली का हिलना भी; आपकी वाक्सरणि, प्रखर वाग्धारा; आपके द्वारा प्रकट किये गये संवेगों में इतनी यथार्थता एवं निजता होती है कि जैसे आप स्वयं भी उस ज्वाला में जल रहे हैं जिसमें न्यायमूर्ति को जला रहे हैं।"[41]

क्रैसस के प्रति सिसरो के मन में बहुत सम्मान था, बहुत कुछ उसी के अनुकरण पर सिसरो को आग उगलनेवाले वक्ता की ख्याति प्राप्त हो गयी थी। यही आदर्श वह भावी वक्ताओं के सामने भी रख रहा था। इस अवधारणा को शास्त्रीय रूप देते हुए अरस्तू ने वक्तृत्वकला को स्थिति विशेष में सामाजिक को 'फुसलाने' के सम्भव उपायों का पता लगाने की क्षमता कहा है। 'फुसलाने' के लिए अरस्तू के अनुवादकों ने 'पर्सुएड' शब्द का प्रयोग किया है, सिसरो के अनुवादकों ने 'पर्सुएड' के साथ-साथ 'विनिंग' और 'स्वे' शब्दों का भी प्रयोग किया है। किन्तु, दोनों के सन्दर्भ में इनका निहितार्थ एक ही है–सामाजिक का समर्थन प्राप्त करना, उसे अपने पक्ष में करना। इसके लिए अरस्तू ने जिन उपायों का उल्लेख किया है उनमें सबसे पहला है–भाषण में निजी चरित्र की छाप इस तरह छोड़ना कि श्रोता सहज ही उस पर विश्वास करने की मनःस्थिति में आ जाय। 'द ओरातोरे' से उद्धृत उपर्युक्त दोनों वाक्य भी यही अर्थ देते प्रतीत होते हैं कि वक्ता जिस विषय की चर्चा कर रहा है वह उसके संवेगों का भी आस्पद है। उसकी भाषा तथा भाव-भंगिमा श्रोता को विश्वास दिलाती है कि विषय सचमुच क्रोध, घृणा या वितृष्णा के योग्य है, बस

इसी विश्वास से वह उन संवेगों के प्रवाह में बह जाता है और वक्ता द्वारा सुझाये निर्णय को स्वीकार कर लेता है। यहाँ आकर भाषण का प्रयोजन पूरा हो जाता है।

3.3.5 रूप-विचार

रूप-पक्ष के अन्तर्गत सिसरो ने मुख्यतः शैली पर विचार किया है। यह विवेचन विविध सन्दर्भों में बँटा होने के कारण उसमें अरस्तू के जैसी एकसूत्रता नहीं मिलती। इसका कारण यह प्रतीत होता है कि वह अपने समय की एतद्विषयक कृतियों से कुछ हट कर अपनी बात कह रहा था। भावी वक्ताओं के सामने वह नियमावली नहीं दृष्टि रख रहा था, ऐसी दृष्टि जो परम्पराओं में बँधी हुई भी थी और नयी बात कहने के लिए मुक्त भी थी। वह कहा भी करता था, "मैं बहुत अधिक नाप-जोख के पक्ष में नहीं हूँ" इसका तात्पर्य था कि वक्ता यदि नियमों की सीमा में बँधा रह जाता है तो उसकी अभिव्यक्ति में उदात्तता नहीं आ सकती। नियमों का पालन करना अभीष्ट होने पर भी उस पर अधिक बल देने से अभिव्यक्ति कुण्ठित हो जाती है। चिन्तन की इसी दिशा का अनुसरण करते हुए यहाँ उसकी शैली सम्बन्धी अवधारणाओं को प्रस्तुत किया जा रहा है।

सबसे पहले हम उस समस्या की ओर संकेत करना चाहेंगे जो सिसरो के शैली विवेचन में पृष्ठभूमि की तरह काम कर रही थी। यह स्पष्ट है कि वह अपने समय की वक्तृत्वकला से सन्तुष्ट नहीं था। इसके निम्न स्तर के लिए वह दो कारणों को उत्तरदायी मानता था। पहला, भाषणशास्त्रियों द्वारा इसे वाक्चातुर्य का पर्यायवाची बना देना। दूसर, अत्तिकी और एशियाई शैलियों के बीच विवाद की वह स्थिति जिसके मूल में, उसके अनुसार, दोनों के समर्थकों की भ्रमित दृष्टि थी। वह स्वयं अत्तिकी शैली का समर्थक था किन्तु उस रूप में नहीं जिस रूप मतें अत्तिकीवादी उसे स्थापित करना चाहते थे। उसके प्रेरणास्रोत प्लेटो, अरस्तू, आइसोक्रेतीज़ और दिमोस्थनीज़ थे। उनका व्यापक और सारग्राही दृष्टिकोण उसका आदर्श था, वह चाहता था कि अन्य वक्ता भी उसे ठीक से समझें और आत्मसात् करें। एटकिन्स ने उसकी रचनाओं को तत्कालीन वस्तु-स्थिति पर अभिजात्य प्रतिक्रिया की भूमिका कहा है।[42] यह एक सटीक टिप्पणी है।

वक्तृत्व के शैली पक्ष पर विचार करते समय सिसरो के सामने इसके दो रूप थे। एक वह जिसमें उसका लिखित रूप प्रधान होता है, दूसरा वह जिसमें अभिभाषित रूप प्रधान होता है। यह अनुभव-सिद्ध तथ्य है कि वक्तृत्व का लिखित रूप वही रहने पर भी दो व्यक्तियों के पढ़ने-पढ़ने में अन्तर आ जाता है और उसी अनुपात में सामाजिक पर पड़नेवाले उसके प्रभाव में भी अन्तर आ जाता है। प्रभाव की दृष्टि से वक्तृतव के अभिभाषित रूप पर सूक्ष्मता से विचार करनेवाला वह पहला

भाषणशास्त्री है। शैली के इन दोनों पक्षों को सुविधा के लिए हम वैचारिक एवं व्यावहारिक पक्ष कहना चाहेंगे। सिसरो ने इस प्रकार का वर्गीकरण कहीं नहीं किया है किन्तु विवेचन के बीच-बीच में वह जिस प्रकार के सुझाव देता चलता है वह इस भेद को रेखांकित करता है। हम पहले वैचारिक पक्ष की चर्चा कर रहे हैं।

लेखक के अनुसार शैली के नियामक तत्त्व हैं–बक्ता, विषय, प्रयोजन और सामाजिक। स्मरण रहे उसने यह विश्लेषण इन्हें स्वतन्त्र महत्त्व देने के लिए नहीं किया है, जब, जैसा प्रसंग आया है उस पर अपनी छोटी-बड़ी टिप्पणी दे दी है। टिप्पणी शब्द हम जानबूझ कर प्रयुक्त कर रहे हैं क्योंकि वह अपनी कृति को शास्त्रीय नहीं साहित्यिक रूप देना चाहता था। इसलिए, कभी वह इसके वक्ता सापेक्ष रूप की चर्चा करता है तो कभी विषय सापेक्ष या प्रयोजन सापेक्ष रूप की। इन टिप्पणियों में एकसूत्रता का बस यही एकमात्र आधार है।

मूलतः लेखक आदर्श वक्तृत्वकला का रूप निर्धारित करना चाहता था किन्तु वह आदर्श वक्ता के परिप्रेक्ष्य में ही सम्भव था इसलिए वह दोनों पर साथ-साथ विचार करता चलता है। रचनाओं के शीर्षक भले ही ऐसे हैं जो किसी एक ही विषय की ओर इंगित करते हैं–जैसे, वक्ता का प्रशिक्षण, पूर्ण वक्ता आदि–किन्तु चर्चा के अन्तर्गत अन्य विषय भी बीच-बीच में आ गये हैं। एक बात और। पहले ही कहा जा चुका है कि सिसरो का चिन्तन समन्वयवादी था। इस सन्दर्भ में उसकी दृष्टि का यह गुण साफ़ झलकता है। जब वह सिद्धान्त की बात करता है तो उसका एक रूप है, व्यवहार में दूसरा। आदर्श वक्ता की कल्पना प्रस्तुत करते समय प्रतीत होता है सिसरो नहीं प्लेटो बोल रहा है। 'ओरातोर' में श्रेष्ठतम/पूर्ण वक्ता का चित्र खींचते समय उसका कथन है कि ऐसा वक्ता धरती पर कभी पैदा हुआ ही नहीं, उसकी केवल कल्पना की जा सकती है, उसकी विशेषताओं को केवल बुद्धि द्वारा ही ग्रहण किया जा सकता है। इस स्थिति की तुलना जुपिटर या मिनर्वा की मूर्ति बनानेवाले शिल्पकार से करते हुए उसने लिखा है कि जैसे उसने किसी व्यक्ति को देख कर मूर्ति नहीं बनायी थी, उसके सौन्दर्य का प्रतिमान तो उसके अन्तस में था, उसी तरह आदर्श वक्तृत्व को हम केवल अन्तस के कानों से सुन सकते हैं, बाहरी कानों से तो उसकी प्रतिकृति (कॉपी) ही ग्रहण की जा सकती है। बाह्य वस्तुओं के आदर्श मूल रूपों (प्रोटो टाइप) को उसने नित्यरूप (एटर्नल फ़ॉर्म) कहा है, उनमें कभी परिवर्तन नहीं होता।[43] इसका अर्थ यह हुआ कि जैसे आदर्श वक्तृत्व का रूप केवल एक है, उसी तरह आदर्श वक्ता का रूप भी केवल एक ही हो सकता है। अब, समस्या यह थी कि कल्पना जगत् के इस आदर्श को पकड़ पाना हर व्यक्ति के वश की बात नहीं थी, अतः, तत्काल व्यवहार के धरातल पर उतरते हुए वह सुझाव देता है कि रोमी वक्ताओं को लातीनी वक्ताओं से ही कोई प्रतिमान चुनना

चाहिए। फिर दूसरी समस्या आयी, लातीनी वक्ताओं में अनुकरणीय बनने योग्य उसे कोई दिखलायी नहीं दिया। तब, उसने यूनानी वक्ता दिमोस्थनीज़ का नाम सुझाया क्योंकि उसके मतानुसार वह आदर्श वक्ता के इतने निकट है कि उसे आदर्श मान लिया जा सकता है। यह अरस्तू के अनुकरण पर व्यावहारिक दृष्टिकोण था, फिर भी, चिन्तन के आदर्श से उसे जोड़े रखने के लिए अरस्तू की ही 'सामान्य' की अवधारणा को मुख्य गुण बना कर रेखांकित करना नहीं भूलता। इसके अनुसार प्रथम श्रेणी का वक्ता चर्चा के विषय को उसकी देश-काल की पहचान करानेवाली व्यष्टिगत विशेषताओं की संकुचित सीमा से मुक्त कर उसे मूल/वर्गगत 'सामान्य' विशेषताओं की व्यापकता प्रदान करता है। काव्य को दर्शन के निकट मानने का यही आधार है।

आदर्श वक्ता की शक्ति को परखने के लिए उसने उसे तीन कार्य सौंपे हैं :

(i) सबसे पहले उसमें ये तीन निर्णय लेने की क्षमता होनी चाहिए—क्या कहना (इनवेन्सियो) किस क्रम में कहना (दिस्पोज़िसियो) और किस पद्धति (ऐक्सियो) से एवं शैली (एलोक्यूसियो) में कहना।[44] यह वस्तुतः विषय और अभिव्यक्ति के युगपत् सम्बन्ध को समझने की क्षमता की ओर संकेत है।

(ii) उसकी दूसरी विशेषता होनी चाहिए तीनो प्रयोजनों—शिक्षा, आनन्द तथा संवेग जगाना—को एक साथ सिद्ध करने की क्षमता।[45]

(iii) तीसरे, तीनों प्रयोजनों को सिद्ध करने के लिए उसे तीनों शैलियों में सिद्धहस्त होना चाहिए। अर्थात्, अपना पक्ष सत्यापित करने के लिए (इसमें तथ्यों का ज्ञान कराना तथा शिक्षा देना दोनों समाविष्ट हैं) उसका सुगम-सुबोध (प्लेन) शैली पर अधिकार होना चाहिए; आनन्द देने के लिए वह मध्य (मिडल) शैली का उपयोग कर सकता हो; तथा, संवेग जगाने के लिए ओजस्वी (विगरस) भाषण भी दे सकता हो।

इन तीनों शैलियों के समन्वय तथा संयमन के लिए वक्ता में प्रखर प्रतिभा तथा प्रबल निर्णय-क्षमता होनी चाहिए, क्योंकि, अवसरानुकूल तत्काल कहने के लिए उसके पास सामग्री होनी चाहिए और उसके उपयुक्त शैली का उपयोग करने की क्षमता होनी चाहिए। औचित्य की ऐसी पहचान बड़ी विरल होती है।

औचित्य को उसने अन्य सभी घटकों को जोड़नेवाले अंतःसूत्र के रूप में देखा है। यह वक्ता सापेक्ष है, विषय सापेक्ष है तथा अन्य नियामक तत्त्व सापेक्ष भी है। इस सम्बन्ध में उसने एक और रोचक बात कही है जो निश्चय ही उसके अनुभव की देन थी। जीवन की विभिन्न स्थितियों में एक ही प्रकार के विचार प्रधान नहीं होते और जब विचारों की प्रकृति भिन्न होती है तो उनकी अभिव्यक्ति-शैली में भिन्नता आ जाना स्वाभाविक है। वक्तृत्व कला भी जीवन की इन्हीं स्थितियों का अनुकरण करती है। वह जिन घटक तत्त्वों द्वारा नियमित होती है वे पहले औचित्य सुनिश्चित

करते हैं फिर शैली का रूप। औचित्य और अभिव्यक्ति का अन्तर मात्र विश्लेषण के लिए है अन्यथा एक के बिना दूसरे का अस्तित्व है ही नहीं। निष्कर्ष यह कि कहने को आदर्श शैली कल्पना-लोक की वस्तु (आदर्श वक्ता की तरह) भले हो, व्यवहार के स्तर पर वह नियामक तत्त्व सापेक्ष है, इसलिए, उसका कोई एक रूप हो ही नहीं सकता। किसी अन्य कारण के अभाव में वक्ता की रुचि-अरुचि ही इसके लिए पर्याप्त कारण बन जाती है। इसका उदाहरण वह स्वयं था। एक ओर, शैली सुनिश्चित करने में प्रयोजन के नियामक तत्त्व होने की बात करता है तो दूसरी ओर, यह कहने से भी नहीं चूकता कि ओजस्वी शैली वक्ता की असली कसौटी है। वह स्वयं ओजस्वी भाषणों के लिए विख्यात था इसलिए इस ओर उसका झुकाव होना सहज था। दिमोस्थनीज़ भी इस शैली के लिए प्रसिद्ध था और वह उसका आदर्श था। इससे हम यही निष्कर्ष निकालते हैं कि उसका प्रतिमान प्लेटो का वह नित्यरूप नहीं था जिसमें व्यवहार के धरातल पर कोई परिवर्तन सम्भव ही नहीं है। सच पूछा जाय तो उसका आदर्श प्लेटो का नित्यरूप हो ही नहीं सकता था। प्लेटो के नित्य रूप का स्वतन्त्र अस्तित्त्व है जब कि सिसरो का प्रतिमान कल्पना/चिन्तन जन्य है, उसमें आवश्यकतानुसार परिवर्तन सम्भव है। इसे एक अन्य सन्दर्भ में भी देखा जा सकता है।

अनुकरण पर विचार करते समय उसने यह बल दे कर कहा है कि विद्यार्थी की रुचि तथा क्षमता को देखते हुए अध्यापक यह सुझाये कि कौन सा वक्ता उसका आदर्श बन सकता है और इस तथ्य को भी उसने स्वीकार किया है कि किसी एक वक्ता में सभी गुण एक साथ नहीं मिलते। अब, यदि छात्र की मनोवृत्ति के अनुसार अध्यापक उसके आदर्श को निश्चित करता है तो इसका अर्थ हुआ आदर्श छात्र सापेक्ष है। इस निष्कर्ष को शैली पर भी घटाया जा सकता है, सिसरो ने स्वयं यह मार्ग सुझाया है। इसी सन्दर्भ में आगे उसका कथन है कि छात्र जिस भी वक्ता को अपना प्रतिमान चुने लक्ष्य उसका यही होना चाहिए कि उसकी शैली के श्रेष्ठतम गुणों को आत्मसात् करे। सामान्यतः, देखा यह गया है कि छात्रों का ध्यान उन गुणों पर पहले जाता है जो अनुकरण के लिए सरल होते हैं। इसी क्रम में दूसरा लक्ष्य यह होना चाहिए कि जैसे यूनानी वक्ताओं की प्रत्येक पीढ़ी ने एक विशिष्ट शैली विकसित की उसी तरह वर्तमान रोमी वक्ताओं को भी अपनी स्वतन्त्र शैली विकसित करनी चाहिए। इस आग्रह के द्वारा, प्रकारान्तर से, वह स्वीकार कर रहा है कि श्रेष्ठ शैली एक ओर यदि वक्ता सापेक्ष है तो, दूसरी ओर, देश-काल सापेक्ष भी है। विचार करने पर ये दोनों स्थितियाँ एक सामान्य सत्य का उद्घाटन करती प्रतीत हो रही हैं। उसने जिस तरह से कतिपय ख्यातनाम वक्ताओं की शैलीगत विशेषताओं को उजागर किया है उससे इस स्वीकृति की ध्वनि निकलती है कि शैली

वक्ता के चरित्र की अभिव्यक्ति होती है। पर, इससे भी एक कदम आगे बढ़ कर हम यह कहना चाहते हैं कि वह व्यक्तित्त्व की अभिव्यक्ति को अभीष्ट तो मानता ही है बलपूर्वक उसकी स्थापना भी कर रहा है। क्योंकि, ऐसा होने पर ही प्रथम चरण में वक्ता की व्यक्तिगत शैली का विकास होगा और द्वितीय चरण में पूरी की पूरी पीढ़ी अपनी युगीन शैली को पहचान दे पायेगी। 'ब्रूतस' की यही वैचारिक पृष्ठभूमि है।

सामाजिक सापेक्षता को सिसरो ने कुछ अरस्तू की दृष्टि से देखा है और कुछ अपने ढंग से। परम्परया सामाजिक को तीन वर्गों में बाँटा जाता था–

(i) न्यायालयों में निर्णय देनेवाले जिनके सामने आनेवाले विवाद दो व्यक्ति या दो परिवारों तक सीमित होते थे;

(ii) सेनेट अथवा 'साधारण सभा' के सदस्य जिनके सामने आनेवाले विषय राष्ट्रीय महत्त्व के हुआ करते थे;

(iii) सत्कार-सभाओं अथवा आदरांजलि देने के लिए बुलायी गयी सार्वजनिक सभा के सदस्य।

ये तीनों प्रकार के सामाजिक भिन्न-भिन्न मानसिकता लिये हुए होते हैं, इसलिए, वक्ता इन्हें अपने पक्ष में करने के लिए, इनके संवेगों को उभारने के लिए विशिष्ट शैली अपनाता है। ऐसे सामाजिकों को प्रभावित करने के लिए कभी-कभी विषय की तुलना में प्रतिपादन पद्धति अधिक उपयोगी सिद्ध होती है।

यहाँ तक सिसरो के समसामयिक भाषणाशास्त्री उससे अवश्य सहमत रहे होंगे। किन्तु, इसी से निःसृत एक और तथ्य का भी उसने उल्लेख किया है। इसे हम उसकी दृष्टि का स्वतन्त्र चरित्र कहेंगे। 'ब्रूतस' में उसने अन्तिमाखुस के कविता पाठ का प्रसंग लिया है।[46] एक समय अन्तिमाखुस अपनी लम्बी कविता सुना रहा था। श्रोताओं में प्लेटो भी बैठा हुआ था। कविता कुछ ज़्यादा ही लम्बी थी। धीरे-धीरे प्लेटो को छोड़ कर सभी श्रोता उठ कर चल दिये। अन्तिमाखुस फिर भी यह कह कर कविता पढ़ता रहा कि उसके लिए अकेला प्लेटो एक लाख श्रोताओं के बराबर है। इससे उसने दो निष्कर्ष निकाले हैं। एक, जिस कविता/भाषण में अनेक सन्दर्भ रहस्यमय ढंग से समाविष्ट हों वह थोड़े लोगों की ही प्रशंसा पा सकती है। दूसरा, जिन्हें बड़े समूहों को सम्बोधित करने की आदत होती है वे थोड़े लोगों के बीच में नहीं बोल पाते। दोनों ही स्थितियों में भाषण सामाजिक सापेक्ष होने पर ही लक्ष्य सिद्ध कर सकता है। अर्थात्, वक्ता को इतनी समझ अवश्य होनी चाहिए कि सम्बोध्य उससे क्या आशा रखता है और उसकी क्षमता क्या है। विषय के साथ-साथ पद-योजना, अलंकार, उदाहरण, तुलना आदि का निर्धारण सामाजिक को केन्द्र में रख कर ही किया जाना चाहिए।

3.3.5.1 शैली-विचार

वक्तृत्व-शैली के विवेचन को सिसरो ने चार घटक तत्त्वों में विभाजित किया है[47] :

(i) पद-योजना (डिक्शन)—भाषा शैली का मुख्य उपादान कारण है इसलिए पद-योजना को सबसे पहले रखा गया है। इसके अन्तर्गत वक्ता का लक्ष्य होता है भाषा को विषय-वस्तु के अनुरूप रखना।

(ii) स्पष्टता (ल्यूसिडिटी)—वक्ता जो अर्थ सम्प्रेषित करना चाहता है सामाजिक उसी को ग्रहण करे। अर्थ ग्रहण करने में किसी भ्रम के लिए स्थान नहीं होना चाहिए।

(iii) रमणीयता अर्थात् आलंकारिकता, तथा

(iv) औचित्य।

चारों घटकों का उल्लेख लेखक ने एक ही वाक्य में किया है जो यह बोध कराता है कि ये चारों संग्रथित हैं और इनका नियमन भाषण का वस्तु-तत्त्व करता है। दूसरे शब्दों में, वक्ता को यह सतत ध्यान रखना चाहिए कि शैली का विचार से उचित सम्बन्ध बना रहे। अब, इसका यह अर्थ भी लिया जा सकता है कि शैली में वस्तु तत्त्व के चरित्र को उचित अभिव्यक्ति देने के लिए परिवर्तन होता रहता है/होते रहना चाहिए। अतः, उसका निष्कर्षरूप कथन है—प्रत्येक वक्ता को विषयानुरूप शैली का विकास करना चाहिए।

काव्य की भाषा से वक्तृतव की भाषा को भिन्न दर्शाने के लिए उसे विशिष्ट पहचान देते हुए सिसरो का कथन है, "वक्तृत्वकला में सबसे बड़ा दोष है दैनंदिन भाषा से दूर हटना। समाज साधरणतया जिस शब्द को जिस अर्थ में प्रयुक्त करता है और समझता है भाषण में भी उसी अर्थ में उसका उपयोग होना चाहिए।"[48] उचित अभिव्यक्ति के लिए भाषा-प्रयोग में बरती जानेवाली सावधानी का यह प्रथम चरण है। भाषा की समस्त सम्पदा हमारे उपयोगार्थ उपलब्ध है, आवश्यकता है उसे एक साँचे में ढालने की जो शब्दों की क्रम-व्यवस्था द्वारा ही सम्भव है। दोनों का उचित मेल शैली को विशिष्टता प्रदान करता है। यह स्थिति और विषय पर निर्भर करता है कि वक्ता किस शैली का उपयोग करे—गरिमापूर्ण, सहज ग्राह्य अथवा दोनों के बीच की। उसे इस परिप्रेक्ष्य में निर्णय लेना है कि उसका तात्कालिक लक्ष्य क्या है—तथ्यों का ज्ञान कराना, संवेग जगाना या आनन्द देना।[49]

उपर्युक्त टिप्पणी हमें यह अर्थ ग्रहण करने का भी संकेत दे रही है कि एक ही वक्ता अपने एक ही भाषण में विभिन्न शैलियों का प्रयोग कर सकता है। किसी एक विषय के विश्लेषण-विस्तार में ऐसी स्थितियाँ भी आ जाती हैं जब एक ही शैली उनके साथ न्याय नहीं कर पाती, देखना केवल यह होता है कि शैली विशेष का प्रयोग कहाँ तक उचित है। शैली और औचित्य के गठबन्धन से सिसरो, वस्तुतः,

उन भाषणशास्त्रियों को उत्तर दे रहा था जो अत्तिकी और एशियाई शैलियों को विवाद बना कर अपने-अपने पक्ष के समर्थन में ज़मीन-आसमान एक किये दे रहे थे। अत्तिकावादियों में भी आधुनिक कहलानेवालों का एक अलग गुट बन गया था जिनकी घोषणा थी कि अनगढ़ गँवई शैली ही एकमात्र अत्तिकी शैली है। इनकी धारणा थी कि शैली को केवल वस्तु-तत्त्व पर बल देना चाहिए। रूप-तत्त्व, जितना अनलंकृत होगा, जनसाधारण की भाषा का जितना अधिक प्रयोग होगा विचारों का सम्प्रेषण उतना ही सटीक होगा। इस भूल को सुधारने के लिए हमारे लेखक ने निर्णय दिया कि शैली विचारों का अनुगमन करती है, यदि विचारों के नाना प्रकार हो सकते हैं तो शैली के क्यों नहीं? वक्तृत्व लिखित हो या अभिभाषित, शैली भी चाहे जो हो, अनिवार्य नियम यह है कि औचित्य का उसमें निर्वाह हो।

'दैनंदिन भाषा से दूर हटना' वाक्यांश उस समय की एक और वस्तुस्थिति का भी बोध करा रहा है। कहा जा चुका है कि कुछ वक्ताओं में यूनानी शब्दों के प्रयोग की प्रवृत्ति बढ़ गयी थी। लातीनी भाषा में पारिभाषिक शब्दावली के अभाव के कारण वे निःसंकोच यूनानी शब्द प्रयोग करने लगे थे। हो सकता है ऐसा करके वे अपनी धाक भी जमाना चाहते हों। इस प्रवृत्ति से लातीनी का विकास बाधित हो रहा था इसलिए लेखक चाहता था कि जनसाधारण की भाषा का अधिकाधिक प्रयोग हो ताकि उसकी अर्थक्षमता का विकास हो सके। वह अत्तिकावादी था किन्तु शैली के सन्दर्भ में भाषा के सन्दर्भ में नहीं।

सिसरो की अत्तिकी प्रवृत्ति उसकी ओजस्वी शैली में स्पष्ट झलकती है। इसके लिए एशियावादी उस पर प्रहार भी करते होंगे, उन्हीं से बचाव के लिए 'ओरातोर' में वह इस शैली की विशेषताओं पर टिप्पणियाँ करता चलता है। जैसे–

1. [अत्तिकी शैली का वक्ता] सामान्य व्यवहार की शब्दावली का प्रयोग करता है।
2. उसकी भाषा संयमित और सुबोध होती है।
3. उसकी शैली में ताल का प्रयोग नहीं होता।
4. उसकी पद-योजना में सुचिक्कणता लाने का प्रयास नहीं किया जाता।
5. यह शैली अलंकृत न होने पर भी सुखद होती है। इसे सुन कर सामाजिक को लगता है कि इस तरह से तो वह भी बोल सकता है किन्तु यह कितना कठिन है यह बोलने का प्रयास करने पर ही पता लगता है।
6. जो वक्ता सरल, सुबोध शैली पर अधिकार कर लेता है, व्यवस्थित ढंग से कुशलतापूर्वक अपनी बात कह सकता है वह महान् है।

सिद्धान्त और व्यवहार दोनों में सिसरो मध्यममार्गी था। अत्तिकी शैली के उपर्युक्त आदर्श के साथ अलंकृत शैली के सिद्धान्त की उसने जिस तरह से संगति बैठायी है उसमें मध्यमान की अवधारणा साफ़ झलकती है। 'द ओरातोरे' की तीसरी

पुस्तक में उसने वक्तृत्व के व्यवहारिक पक्ष की विस्तार से चर्चा की है उसी का सैद्धान्तिक आधार प्रस्तुत करते हुए वह लिखता है कि सामाजिक को आनन्द देना भी वक्ता का एक प्रयोजन होता है, इसके लिए भाषा का उचित होने के साथ-साथ अलंकृत होना भी आवश्यक है। अलंकृत से तात्पर्य है अधिक से अधिक सुखदायिनी और ऐसी नपी-तुली कि श्रोताओं को बाँध कर रख ले। 'नपी-तुली' का अर्थ है कि अलंकृत भाषा का प्रयोग एक मर्यादा तक ही सीमित रहना चाहिए।[50] अलंकरण को सीमित रखने के उसने दो कारण दिये हैं। पहला यह कि अलंकरण के आधिक्य से सामाजिक उससे ऊब सकता है, दूसरा यह कि श्रोता यदि इसी में भटकता रह जायगा तो भाषण के अन्य प्रयोजनों के प्रति उदासीन भी हो सकता हैं और यह भटकाव वक्ता को भी प्रभावित कर सकता है।

'अलंकरण' के तात्पर्य को उसने अत्यन्त सावधानीपूर्वक स्पष्ट किया है। उसे भय रहा होगा कि भाषणशास्त्र के छात्र इसे केवल शब्दालंकार और अर्थालंकार तक सीमित रख कर ऐसा तत्त्व न मान लें जो शरीर पर पहने जानेवाले आभूषणों की तरह जब चाहे जोड़ लिया जब चाहे हटा लिया। इसकी किचिंत् व्याख्या करते हुए उसने लिखा है कि यह अन्य तत्त्व सापेक्ष है और सामाजिक को यह अनुभव होना चाहिए कि यह शैली की प्रकृति का ही अंग है, उसी से उद्‌भूत उसी का एक रंग है, एक गन्ध है।[51] इसलिए, जब वह इसे सामाजिक को सुख देनेवाले गुण के साथ जोड़ता है तो साथ में यह याद दिलाना नहीं भूलता कि उसमें गाम्भीर्य, पाण्डित्य, शिष्टता जैसे गुण भी होने चाहिए। अलंकृति संरचना का अभिन्न अंग होने के नाते वक्तृत्व के आरम्भ से अन्त तक दिखायी देनी चाहिए। यह केवल भाषा का ही नहीं विचारों का भी गुण है।

'विचारों का अलंकरण' कुछ भ्रम में डालनेवाला वाक्यांश बन जाता है। यदि उसने इसकी थोड़ी व्याख्या भी कर दी होती तो अच्छा था। हमारी धारणा है कि इसका सम्बन्ध कहीं न कहीं अर्थालंकारों से अवश्य है। बाद में यह उसके विवेचन का विषय बना भी है। वहाँ, उसने शब्द और विचार के आधार पर अलंकारों के दो भेद किये हैं। पहले में, शब्द प्रधान होने से उसे बदला नहीं जा सकता, पर्यायवाची शब्द रख देने से अलंकारत्व समाप्त हो जाता है। दूसरे में, शब्द परिवर्तन से अलंकारत्व प्रभावित नहीं होता।[52] इनमें से कौन सा अलंकार कहाँ प्रयुक्त हो इसका निर्णय वक्ता को ही करना है, उसका निर्देश केवल इतना है कि भाषण का श्रेष्ठतम रूप वहीं दिखायी देता है जहाँ अलंकरण के माध्यम से वस्तु-तत्त्व के महत्त्व की अभिवृद्धि हो, या, [प्रतिपक्ष द्वारा प्रतिपादित] विषय की तुच्छता व्यंजित हो।[53]

आलंकारिक शैली के विवेचन में सिसरो ने लालित्य (ग्रेस) की कुछ विस्तार से चर्चा की है। इस गुण के दो स्रोत हैं—(i) पद का स्वतन्त्र प्रयोग तथा

(ii) पद-संघटना।

(i) पद के स्वतन्त्र प्रयोग में वक्ता को सबसे पहले यह देखना चाहिए कि वे अति सामान्य या रूढ़ न हों; दूसरे, कुछ विशेष अर्थगौरव लिये हुए हों; तीसरे, वे नाद-सौन्दर्ययुक्त भी हों।[54] इस दृष्टि से जब वह शब्द-चयन की प्रक्रिया शुरू करता है तो उसके सामने तीन प्रकार के शब्द होते हैं—बहुत कम प्रयोग में आनेवाले, नये गढ़े हुए तथा लाक्षणिक। विरल शब्दों का प्रयोग करने की जितनी छूट कवि को होती है उतनी वक्ता को नहीं मिलती, किन्तु विशिष्ट अवसरों पर वह भी ऐसे काव्यात्मक शब्दों का प्रयोग करके वक्तृत्व को गरिमा प्रदान कर सकता है। यही बात नये गढ़े हुए शब्दों के बारे में भी कही जा सकती है। यहाँ बात उन शब्दों की नहीं है जो दूसरों के द्वारा गढ़े गये हैं और जिन्हें प्रचलन में आये थोड़े ही दिन हुए हैं। ये वे शब्द है जिन्हें वक्ता स्वयं गढ़ता है।* ये शब्द कभी-कभी तो पूरे ही नये होते हैं और कभी पहले से प्रचलित शब्दों के योग से नये शब्द बनाये जाते हैं। यह निश्चय कवि को ही करना पड़ता है कि नया शब्द कब और कैसे गढ़े।[55]

इस क्रम में लाक्षणिक प्रयोगों की चर्चा उसने बड़े उत्साह से की है। वह जानता था कि अत्यन्त उपयोगी होने के कारण इनका प्रयोग प्रभूत मात्रा में बहुत पहले से चला आ रहा है। अपने चमत्कारी एवं सुखद प्रभाव के कारण यह सदैव लोकप्रिय रहा है। किसी अर्थ का सम्प्रेषण जब सामान्य शब्दों (अभिधा) द्वारा सम्भव न हो तब लक्षणा का आश्रय लिया जाता है। इस सम्बन्ध में उसके द्वारा निर्धारित नियम यह है कि साम्य के आधार पर जब दो वस्तुओं को आमने-सामने लाया जाय तो यह सम्बन्ध सहज हो। दूर की कौड़ी लाने का प्रयास वितृष्णा पैदा कर सकता है, इससे शैली में अस्पष्टता भी आ सकती है तथा सौन्दर्य भी नष्ट हो सकता है।[56]

चमत्कार पैदा करनेवाले शब्दों के प्रयोग में बरती जानेवाली सावधानियों तथा करणीय-अकरणीय को बाद में फिर दुहराया गया है। वहाँ, लगभग सिद्धान्त रूप में एक बात और कही गयी है। शब्द पुराना हो या नया, या फिर लाक्षणिक हो, इसके प्रयोग से सौन्दर्य तभी पैदा हो सकता है जब सामाजिक भी इसे स्वीकार कर ले। अन्त में, उसका निर्णयात्मक वाक्य है—"चमत्कार पैदा करने और शैली को कान्तिमान् बनाने का उत्तरदायित्व लाक्षणिक प्रयोगों पर कुछ अधिक होता है।"[57]

(ii) पद-संघटना वस्तुतः वाक्य-रचना है जिसे उसने विचारार्थ दो भागों में बाँट

* लेखक की यह टिप्पणी प्रकारान्तर से स्वयं पर है। लातीनी को समृद्ध करने के लिए उसी ने अनेक शब्द गढ़े थे। उसी ने आलोचनात्मक शब्दावली भी तैयार की थी।
—डाल्टन, रोमन लिटरेरी थियरी ऐंड क्रिटसिज़्म, पृ. 202, 205

दिया है—पदों की क्रम व्यवस्था तथा ताल एवं सन्तुलन। व्यवहारतः यह एक ही क्रिया है, प्रद-क्रम इसका प्रथम चरण है और उससे उत्पन्न ताल एवं सन्तुलन दूसरा चरण है। वाक्य-रचना एक कौशल है जिसमें पदों का स्थान इस लक्ष्य से निर्धारित होता है कि स्वरों और व्यन्जनों में ऐसी मैत्री स्थापित हो जो भाषण में सुसंगति तथा सहज प्रवाह लाने में सहायक हो। इसका एक सामान्य नियम है शब्द के अन्त में आनेवाली ध्वनि का उसके बाद आनेवाले शब्द की प्रथम ध्वनि में मेल बैठाना। इस प्रक्रिया का प्रस्थान-बिन्दु है शब्द-चयन। इसी अवस्थान पर प्रत्येक शब्द के समग्र रूप में अन्तर्निहित ताल का ध्यान रखा जाना चाहिए।[58]

ताल एवं सन्तुलन का स्रोत शब्द की कर्णगोचरता है, इसी का एक और आयाम है चित्रात्मकता। अरस्तू का दृक्प्रतिमा पर बहुत बल था। यह, एक प्रकार से, उसके लिए ज्ञान का मूल आधार थी। लगभग इसी की पुष्टि करता हुआ सिसरो का मत है कि भाषण में स्पष्ट विश्लेषण का प्रभाव कुछ अलग ही होता है और यदि उसमें चित्रात्मकता का भी योग हो तो समझो सोने में सुहागा की कहावत चरितार्थ हो गयी। सामाजिक को जब यह प्रतीत होने लगता है कि घटनाएँ उसके सामने घट रही हैं तो वह उनसे अछूता नहीं रह पाता।[59] होमर का यश बहुत कुछ उसकी चित्रात्मक भाषा के कारण भी था।

श्रेष्ठ वक्तृत्व के नियमों/सिद्धान्तों के विवेचन के साथ-साथ सिसरो इस प्रश्न से भी लगातार जूझ रहा था कि उसका लिखित रूप सभी दृष्टियों से परिपूर्ण होने पर भी अभिभाषित रूप में क्या वह अभीष्ट प्रभाव डालने में समर्थ होता है? उसका अनुभव कहता था नहीं। अभिभाषण एक स्वतन्त्र कला/कौशल है जो केवल भाषा पर अधिकार कर लेने से नहीं आता। यह भी शैली का एक अंग है किन्तु इसका व्याकरण लिखित भाषण के व्याकरण से अलग होता है। अनुभवसिद्ध तथ्य है कि लिखा हुआ एक ही वाक्य दो व्यक्ति अलग-अलग ढंग से पढ़ते हैं/बोलते हैं और उसका प्रभाव भी अलग-अलग होता है। वक्तृत्व के अभिभाषित रूप में स्वर के उतार-चढ़ाव के साथ-साथ मुख-मुद्रा, पूरे शरीर की भंगिमा, बीच-बीच में हँस लेना जैसा और बहुत कुछ शामिल हो जाता है। यहाँ आकर वक्ता अभिनेता के क्षेत्र में प्रवेश कर जाता है। स्वयं सिसरो को यदि वक्ता-अभिनेता कहा जाय तो अत्युक्ति न होगी। कहा जाता है रोम के महान् अभिनेता रोशियस ने स्वयं उसे इस कला का प्रशिक्षण दिया था।[60] इसलिए वह अपने अनुभव के आधार पर भावी वक्ताओं को ऐसे नुसखे बतलाता है जिन्हें किसी नियम या वर्ग के अन्तर्गत रखना कठिन है। इनमें से हास्य विवेचन का एक स्वतन्त्र विषय बन कर उभरा है।

3.3.5.2 हास्य-विचार

सिसरो का विवेचन उसके अनुभव तथा आत्मचिन्तन पर आधारित है। मात्र पिष्टपेषण के लिए उसने कोई बात नहीं कही है। 'द ओरातोरे' की दूसरी पुस्तक इसका श्रेष्ठ उदाहरण है जिसमें भाषण को प्रभावशाली बनाने में हास्य की भूमिका पर प्रकाश डाला गया है। भाषणशास्त्र की पहले लिखी गयी पुस्तकों में हास्य को विशेष महत्त्व देनेवाली कोई चर्चा नहीं मिलती। रोमी समाज में उसके काल तक प्लॉतस और तेरेन्स की कामेदियाँ अपना स्थान बना चुकी थीं। हो सकता है रोम के अभिजात्य समाज की हास्य के प्रति धारणा बदलने में इनकी भी भूमिका रही हो। कारण जो भी रहा हो वक्तृत्वकला में हास्य के महत्त्व को वक्ता स्वीकार करने लगे थे अन्यथा उसके जैसे 'फ़ायर-ब्रैण्ड' का मन भी उसके अनुकूल न हुआ होता। हास्य का कुशलतापूर्वक उपयोग करनेवाले स्त्रैबो का वह प्रशंसक था और यह अकारण नहीं हो सकता। उसके भाषणों में हास्य के अभीष्ट परिणाम उसने अपनी आँखों से देखे होंगे। यहाँ, इतना बतला देना आवश्यक है कि सिसरो कामेदी के हास्य और वक्तृत्व के हास्य में अन्तर के प्रति सचेत था, दोनों के भिन्न प्रयोजनों से अवगत था। दोनों में कुछ मिलन-बिन्दुओं की ओर उसने संकेत अवश्य किया है किन्तु यह दोनों के एक होने का आधार नहीं बन सकता था। शास्त्रीय दृष्टि से दोनों में मुख्य अन्तर यह था कि कामेदी में हास्य का प्रयोजन काथार्सिस है, जब कि भाषण में वह रूप पक्ष को अधिक प्रभावशाली बनानेवाला उपादान कारण है।

संवाद-शैली में लिखी गयी उपर्युक्त रचना के दो मुख्य प्रतिभागी हैं क्रैसस और ऐन्तोनियस। इसकी दूसरी पुस्तक में लेखक चूँकि हास्य को विवेचन का विषय बनाना चाहता था इसलिए उसने जूलियस सीज़र स्त्रैबो को भी परिचर्चा में सम्मिलित कर लिया। इस पात्र के बारे में बहुत कम जानकारी मिलती है। लेखक उसे अच्छा त्रासदीकार मानता था किन्तु सार्वजनिक भाषणों तथा दैनंदिन व्यवहार में भी वह अपनो विनोदपूर्ण शैली के लिए लोकप्रिय रहा होगा अन्यथा 'द ओरातोरे' में उसे स्थान न मिला होता। हास्य के विवेचन की भूमिका लेखक पहली पुस्तक में ही बाँध चुका था। श्रेष्ठ वक्ता के गुणों की चर्चा के अन्तर्गत वहाँ उसकी टिप्पणी है, "हास्य एक संस्कारी व्यक्ति की पहचान है, विरोधियों के प्रहार को कुण्ठित करने में थोड़ा-सा हास्य और नपे-तुले शब्द बड़े काम आते हैं।"[61] इसी बीज-विचार को दूसरी पुस्तक में पल्लवित करते हुए वह लिखता है कि उपादान चाहे जो हो, भाषा-प्रयोग या भाव-भंगिमा, उसका अन्तिम लक्ष्य होता है विनोदपूर्ण वातावरण का निर्माण जो एक ओर सामाजिक पर उसके व्यक्तित्त्व, प्रत्युत्पन्नमति तथा वाग्विदग्धता की अमिट छाप छोड़ने का कार्य करता है तो दूसरी ओर अन्य अनेक प्रयोजनों के सन्धान में भी वक्ता का सहायक बनता है।[62] जैसे—

(i) इसके द्वारा वह सामजिक की प्रशंसा अर्जित करने में सफल होता है, और

(ii) परिणामस्वरूप, उसका मन वक्ता के अनुकूल होने लगता है। इसे सामाजिक के मन को वश में करने/अपने पक्ष में कर लेने के प्रयत्न का प्रथम चरण भी कह सकते हैं।

(iii) वातावरण में हास-परिहास की गूँज इसलिए भी आवश्यक है क्योंकि प्रतिपक्ष की भद्दी टिप्पणियों, जिन्हें तर्क द्वारा निरस्त नहीं किया जा सकता, ऐसे वातावरण में बिखर कर विलुप्त हो जाती हैं। इतना ही नहीं,

(iv) यदा-कदा इससे प्रतिपक्ष पर कठोर प्रहार भी किया जा सकता है, इतना कठोर कि वह भयभीत हो कर पीछे हट जाय। सच पूछा जाय तो परिहास दुधारी तलवार का काम करता है।

यह हास्य के समावेश का सैद्धान्तिक पक्ष है और इसका स्रोत उसका अनुभव भी रहा होगा। अनुभव, अर्थात् हास्य का व्यावहारिक रूप जिसके अन्तर्गत उसने इसके उपादान कारणों पर विचार किया है। परिस्थिति विशेष में, प्रयोजन पर दृष्टि रखते हुए, वक्ता किस उपादान का प्रयोग करे यह उसके विवेक पर निर्भर करता है, फिर भी, मार्गदर्शन हेतु वैचारिक और व्यावहारिक दोनों ही प्रकार के सुझाव वह अवश्य देता है।

(क) भाषा-आधारित हास्य के उपादान कारणों के उसने कई प्रकार माने हैं। एक वे जो तभी सफल होते हैं जब सामाजिक को भी भाषा की लक्षणा-व्यंजना शक्ति का ज्ञान हो। इसके अन्तर्गत श्लेषोक्ति, व्याजोक्ति तथा पुनरुक्ति के प्रयोग रखे जा सकते हैं। श्लेषोक्ति का तथ्यों से कोई सम्बन्ध नहीं होता। इसका प्रयोजन होता है वाक्चातुर्य का प्रदर्शन।[63] यही स्थिति व्याजोक्ति की है। पुनरुक्ति शब्द की शक्ति और आकर्षण दोनों में वृद्धि करती है। यह वाक्यांश के आरम्भ या अन्त में कहीं भी हो सकती है अथवा एकाधिक वाक्यांश भी एक ही शब्द से शुरू किये जा सकते हैं। यमक पुनरुक्ति का विशिष्ट उदाहरण है। इसी क्रम में अंत्यानुप्रास भी पुनरुक्ति का उदाहरण ठहरता है। इनके अतिरिक्त वह संयोजकों के लोप, शब्द-विपर्यय, एक ही संज्ञा के विभिन्न कारकों में प्रयोग आदि का उल्लेख करना भी वह नहीं भूलता।[64]

भाषा के ये सभी प्रयोग सामान्यतः हास्यजनक नहीं हैं किन्तु वक्ता द्वारा, स्थिति को देखते हुए इनके विशिष्ट प्रयोग हास्य उत्पन्न कर सकते हैं। उसके सामने इसके कुछ उदाहरण रहे होंगे। इनके साथ-साथ वह वे उपाय भी सुझाता है जिनके द्वारा हास्य के वातावरण का निर्माण अधिक सुनिश्चित है। जैसे, किसी बात को बढ़ा-चढ़ा कर कहना या, बहुत छोटा करके दिखलाना।[65] इसकी एक पद्धति यह भी हो सकती है कि प्रतिपक्ष द्वारा प्रयुक्त शब्द/वाक्य का लक्ष्यार्थ न लेकर केवल अभिधेयार्थ ही लिया जाय।[66] जहाँ तक चुटकुलों का प्रश्न है, उसके मत से वे हास्य

के स्थान पर आश्चर्य का भाव अधिक जगाते हैं, पर कुछ चुटकुले ऐसे अवश्य मिल सकते हैं जो अभिनेता और वक्ता दोनों के काम आ जायँ। जैसे–

"उसके भाग्य की विडम्बना के बारे में क्या कहा जाय, जब उसका अमीर बनने का समय आया तो उसकी इहलीला ही समाप्त हो गयी।"[67]

हास्य की यह चर्चा लगभग तीन अध्यायों को अपने भीतर समेटे हुए है।

(ख) भाषा-आधारित उपर्युक्त उपादानों के साथ-साथ सिसरो ने इसके अन्य उपादानों पर भी दृक्पात किया है। प्रतीत होता है वह भावी वक्ताओं के लिए इस अंश को और सार्थक बनाना चाहता था। वस्तु-तत्त्व से निःसृत हास्य की ओर इंगित करने के अतिरिक्त वह व्यंग्यात्मक व्यक्ति-चित्र (कैरिकेचर), पैन्तेलून* और स्वाँग पर भी विचार करता है। इनके सम्बन्ध में उसकी धारणा है कि कामेदियों में पैन्तेलून की स्थिति, भाव-भंगिमा तथा बातों पर लोग खूब हँसते हैं पर इसका स्थान कामेदियों में ही हो सकता है। वक्तृत्व का स्तर उसकी अपेक्षा कहीं ऊँचा होता है। यदि वक्ता उसी का अनुसरण करते हुए हास्य उत्पन्न करे तो यह उसकी गरिमा के विरुद्ध होगा। यही बात स्वाँग के विषय में भी कही जा सकती है। फिर भी, अत्यन्त विरल अवसरों पर, वक्ता चाहे तो इनका प्रयोग बड़ी सावधानी से गौण रूप में कर सकता है।[68] सावधानी से उसका तात्पर्य है हास्य की सीमाओं और औचित्य को पहचानते हुए। सभी प्रकार के हास्य सभी स्थितियों के अनुकूल नहीं होते, और कुछ अवसर तो ऐसे होते है जिनमे हास्य के लिए कोई स्थान होता ही नहीं। उदाहरणार्थ, विवाद का विषय यदि कोई भयंकर अपराध हो तो हास्य का प्रहार नहीं करना चाहिए।[69]

(ग) सिसरो द्वारा चुटकुलों को वक्ता और अभिनेता दोनों के लिए उपयोगी मानने का एक अर्थ यह भी लिया जा सकता है कि वक्तृत्वकला के अन्तर्गत व्युत्पत्ति हेतु की सीमा यदि वैचारिक पक्ष में कवियों की रचनाओं को अपने भीतर समेटे हुए है तो व्यवहार में उसकी सीमा अभिनेता की कला को भी आत्मसात् किये हुए है। इसकी उपयोगिता को देखते हुए वह सचमुच चाहता होगा कि वक्ता अभिनेता से इसकी प्रेरणा भी लें और प्रशिक्षण भी। वह स्वयं इसका जीता-जागता उदाहरण था। अभिभाषण (डिलिवरी) की शैली के सन्दर्भ में वह बड़े स्पष्ट शब्दों में कहता है, "वक्तृत्व [को सशक्त बनान] के जितने भी उपाय दिये गये हैं उनका प्रभाव इस पर निर्भर करता है कि उनका अभिभाषित रूप कैसा है। अभिभाषण वक्तृत्वकला का प्रबल घटक है, इसके बिना वक्ता वक्ता नहीं रह जाता।"[70] यह निर्णय, एक

* 'पैन्तेलून' उन दिनों की कामेदियों में एक विशिष्ट पात्र के लिये रूढ़ शब्द है। इसका अर्थ है बूढ़ा कामुक व्यापारी जो प्रेमी युगलों के षड्यन्त्र का शिकार बनता है।

प्रकार से, दिमोस्थनीज़ के इस वाक्य की पुष्टि है कि भाषण में इस घटक का पहला स्थान है, दूसरा भी और तीसरा भी। तात्पर्य यह कि अभिभाषण ही वक्तृत्वकला की पहचान है। इस रूप में देखें तो कथन-भंगिमा शैली का पाँचवाँ घटक बन जाता है।

कथन-भंगिमा को ले कर लेखक ने कुछ और व्यावहारिक सुझाव भी दिये हैं। जैसे[71],

1. दूसरे (मुख्यतः प्रतिपक्ष) के बात करने के ढंग का अनुकरण। यह हास का उपादान कारण और भाषण का अलंकरण दोनों बन सकता है। इसके अतिरिक्त सामाजिक में संवेग जगाने या शान्त करने में सहायक होता है।

2. बीच-बीच में ठठा कर हँसना या कुछ देर के लिए मौन हो जाना। हँसना वक्ता के आत्मविश्वास को व्यक्त करता है, और मौन हो जाना उसके चिन्तक होने का संकेत देता है। ये नाट्य-मुद्राएँ वक्ता के सुसंस्कृत और व्यवहार-कुशल व्यक्तित्त्व का परिचय देती हैं। वह जितनी तत्परता से दूसरों पर प्रहार करता है उतनी ही सरलता से प्रहार झेल भी लेता है। इन सबके प्रभाव से सामाजिक के लिए वह आत्मीय बन जाता है।

3. सामाजिक को आकर्षित करने की एक और पद्धति है—पहले प्रश्न करना फिर स्वयं ही उत्तर देना। या, पहले कही हुई बातों को दूसरे शब्दों में यह कह कर दुहराना कि पहले जो बात उसने कही थी वह ठीक ढंग से नहीं कह पाया था, अब वह अपनी भूल सुधार रहा है। एक ही बात अलग-अलग ढंग से इस तरह दो बार कहने पर श्रोता के मन में अच्छी तरह बैठ जाती है।

कथन-भंगिमा का एक अत्यन्त सशक्त पक्ष है स्वर-भंगिमा। इसकी सीमा में प्रवेश करते ही वक्ता अभिनेता बन जाता है, वक्तृत्व का स्थान रंगमंच बन जाता है। वक्ता की अभिनेता में परिणति अरस्तू को सिद्धान्ततः उचित नहीं प्रतीत होती थी, किन्तु व्यवहारतः ऐसा हो रहा था इसलिए उसने इसे स्वीकार कर लिया था।[72] अरस्तू भाषणशास्त्री अवश्य था किन्तु उसके सामने वे समस्याएँ नहीं थीं जो न्याय-परिषदों और सेनेट में भाषण करनेवाले सिसरो जैसे वक्ताओं के सामने थी। इसलिए, दोनों के दृष्टिकोणों में अन्तर होना स्वाभाविक था। सिसरो का यह कथन सार्वकालिक सत्य है कि, "वर्णों के उच्चारण में शिथिलता, औरतों की तरह हलका और कोमल स्वर या उसका एकदम बेसुरा हो जाना भाषण के दोष हैं... भाषा चाहे जितनी सशक्त हो, सुन्दर हो, स्वर-भंगिमा यदि उचित न हो तो वह प्रभावहीन हो जाती है।"[73] यह भाषण का ऋण पक्ष है। इसके उलट कुछ वक्ता शेर की तरह दहाड़ते हैं मानों पूरी दुनिया को सम्बोधित कर रहे हों। इस तरह अपने रोष या तिरस्कार को व्यक्त करने के लिए जब वक्ता भरपूर आवाज़ में बोलता है तो उसका प्रभाव श्रोता पर अवश्य पड़ता है, यही उसका अभीष्ट भी होता है।[74] स्वर-भंगिमा के साथ-साथ

जब वक्ता के शरीर की भंगिमा तथा मुख-मुद्रा भी एक विशेष आकार ले लेती है तो कुल मिला कर उसकी शैली को अलग पहचान मिल जाती है।[75] क्रैसस की शैली में ये सभी गुण थे इसलिए वह उसका प्रशंसक था।

3.3.6. वक्तृत्वः काव्य का नया प्रतिमान

गद्य में काव्य जैसी मोहनी शक्ति कैसे आ सकती है यह प्रश्न सोफ़िस्तों का विचारणीय विषय था। गोर्जियास का नाम इस सम्बन्ध में विशेष रूप से लिया जाता है। जैसे-जैसे गद्य का महत्त्व बढ़ता गया इस दिशा में प्रयत्न भी सघन होते गये। सभी वक्ता, चाहे वे न्यायालयों में तर्क कर रहे हों, 'साधारण सभाओं' में भाषण दे रहे हों या किसी सार्वजनिक सभा को सम्बोधित कर रहे हों, अपने-अपने ढंग से इस समस्या का समाधान ढूँढ रहे थे। आवश्यकता को देखते हुए भाषणशास्त्रियों के लिए भी यह विषय मुख्य बन गया। किसी ने इसका विवेचन वस्तु-तत्त्व और रूप-तत्त्व दोनों के सन्दर्भ में किया तो किसी ने केवल रूप-तत्त्व के अन्तर्गत। रोमी वक्ताओं एवं भाषणशास्त्रियों को यह प्रश्न यूनान से विरासत में मिला था। इसी परिप्रेक्ष्य में सिसरो ने भी 'द ओरातोरे' में शब्द-सम्पदा और ताल के सन्दर्भ में वक्ता और कवि को समान स्तर पर रखा है।[76] गद्य के क्षेत्र में वक्ता कवि का प्रतिस्थानी है। छात्रों में पद-संयोजन की क्षमता के विकास के लिए उसने पहले के अच्छे कवियों और अच्छे वक्ताओं दोनों के अध्ययन पर बल दिया है।[77] और, यह निःसंकोच कहा जा सकता है कि ऐसी धारणा रखनेवाला वह अकेला नहीं रहा होगा। वक्ता और कवि पर तुलनात्मक दृष्टि डालने का यह प्रस्थान-बिन्दु है। यह प्रक्रिया केवल यहीं तक सीमित रहती तो रोमी समीक्षाशास्त्र यूनानी काव्यशास्त्र की छाया बन कर रह जाता। रोमी काव्यचिन्तन का यह नया आयाम ही कहा जाना चाहिए कि इन वक्ता-समीक्षकों ने एक कदम आगे बढ़ कर वक्तृत्वकला को समस्त समीक्षा का प्रतिमान बना दिया। उनके लिए वक्तृत्व शब्द समस्त गद्य और पद्य साहित्य का समानार्थी बन गया।[78] यह रोमी मानसिकता की ही देन थी कि गद्य के मूल्यांकन के लिए जो आँखें कभी महान् काव्य की ओर उठा करती थीं वे अब काव्य के मूल्यांकन के लिए श्रेष्ठ भाषण की ओर उठने लगीं। प्रस्तुत हैं, यहाँ, उसके ऐतिहासिक साक्ष्य।

सिपीयो के पिता एइमिलियस पॉलस की इच्छा थी कि उसके बच्चे यूनानी संस्कृति में दीक्षित हों। वह एथेन्स से मित्रोदोरुस नाम के दार्शनिक को अपने बच्चों को शिक्षा देने के लिए ले आया और साथ में वह पूरा पुस्तकालय भी बच्चों के लिए सुरक्षित रख लिया जो वह पर्स्यूस को हरा कर अपने साथ ले आया था। बाद में पोलिबियुस भी युद्धबन्दी के रूप में रोम पहुँच गया। वह, संयोग से, सिपीयो का पक्का साथी बन गया। पोलिबियुस स्तोआई था जिससे सिपीयो ने इस दर्शन की

कतिपय अवधारणाएँ आत्मसात् कीं।

ई.पू. 155 में एथेन्स के तीन राजदूत जब दण्ड न दिये जाने की प्रार्थना करने रोम आये थे तो उनके भाषणों का रोम के अभिजात समाज पर गहरा प्रभाव पड़ा था। गेलियुस ने सिपीयो मित्र-मण्डली पर इनकी विभिन्न क्तृत्व शैलियों की विशिष्ट छाप का बड़ा रोचक वर्णन किया है। उन दिनों स्तोआई दियोजिनीज़ की अधिक चर्चा हुई थी। कहा जाता है उसी के शिष्य पैनितियुस को सिपीयो ने अपना गुरू बनाया था। ऐसा ही कुछ दूसरों ने भी किया होगा।

पैनितियुस उदारवादी स्तोआई था और प्लेटो का प्रशंसक भी था। उसने पोलिबियुस के साथ मिल कर सिपीयो तथा उसकी मित्र मण्डली की विचारधारा को नयी दिशा दी। राजनीतिक जीवन तथा व्यक्तिगत जीवन में भी मानवता के आदर्श की अवधारणा उन्हीं की देन कहें तो अत्युक्ति न होगी। इसके अन्तर्गत वे सभी बौद्धिक तथा नैतिक गुण समाविष्ट थे जो एक सम्भ्रान्त, सुसंकृत व्यक्ति में होने चाहिए। इसके लिए साहित्य, इतिहास, दर्शन तथा भाषा के गहन अध्ययन पर बल दिया जाना स्वाभाविक था। सिपीयो के मित्र लूसिलियस की तो यह घोषणा ही थी कि कोई भी वक्ता समस्त उदात्त कलाओं* में गहरी पैठ रखे बिना इस नाम से पुकारे जाने का अधिकारी नहीं है। सिसरो इसका समर्थक था। अनुमान लगाया जा सकता है कि मानविकी के अध्ययन की यह प्रवृत्ति अन्य शिष्ट मण्डलियों भी प्रवेश कर गयी होगी।

भाषा स्तोआइयों का प्रिय विषय था। उन्होंने भाषा की उत्पत्ति, प्रकृति और विकास पर अधिक ध्यान दिया। कुछ नये शब्दों को गढ़ने का श्रेय भी उन्हें दिया जाता है। सिपीयो मण्डली पर स्तोआई प्रभाव उनकी लातीनी भाषा की शुद्धता के समर्थन में देखा जा सकता है, उसी का परिणाम था कि सुगम-सुबोध लातीनी शैली का एक परिमार्जित रूप सामने आया। इसके बल पर वे सोफ़िस्तो की इस धारणा का विरोध करने में सफल हुए कि वक्तृत्व की भाषा सदैव अलंकृत होनी चाहिए क्योंकि वक्ता का लक्ष्य सामाजिक के मन को वश में करना होता है न कि सत्य का उद्घाटन करना।

'वक्ता अनिवार्यतः बहुज्ञ होता है/होना चाहिए' इस अवधारणा के दृढ़ होने के साथ-साथ कुछ भाषाशास्त्रियों के मन में यह धारणा भी आकार लेने लगी कि

---

* मध्ययुग तक भी उदात्त कलाओं की सीमा में सात विषय लिये जाते थे—व्याकरण, भाषणशास्त्र, तर्कशास्त्र, खगोलशास्त्र, गणित, रेखागणित और संगीत। साहित्य का अध्ययन व्याकरण के अन्तर्गत किया जाता था।

वक्तृत्वकला पर अधिकार कर लेने से गद्य और पद्य की सभी साहित्यिक विधाएँ भी हस्तगत हो जाती हैं। फलतः, साहित्य के इन दोनों रूपों के लिए वक्तृत्व शब्द के प्रयोग से भी अब उन्हें कोई आपत्ति नहीं होने लगी। शब्द के इस अर्थ-विस्तार पर सूक्ष्मता से विचार करें तो देखेंगे कि यह वक्तृत्व और काव्य के समीकरण में परिवर्तन का सूचक था, समीक्षा के क्षेत्र में नयी मानसिकता का जन्म था। पहले, गद्य को प्रभावशाली बनाने के लिए कवि मार्गदर्शक का कार्य करता था। वक्तृत्वकला की शिक्षा में भी काव्य के जिन पक्षों पर ध्यान दिया जाता था वे थे–

(i) विषय की व्यवस्था और स्पष्टता।

(ii) पद-संयोजन में ध्वनि तत्त्व पर ध्यान देना तथा ताल और लय को विशिष्ट रूप देना।

(iii) पद-संयोजन से निर्मित अनुप्रास जैसी ध्वनि-मैत्री संगीत का निर्माण तो करती ही है कृति की व्यंजना शक्ति में भी उससे अभिवृद्धि होती है। अरस्तू भी यह स्वीकार कर चुका था कि बात कैसे कही गयी है उससे उसके समझने-समझाने में अन्तर अवश्य आता है।[79]

(iv) अलंकारों द्वारा भाषा को सौन्दर्य तथा गरिमा दोनों की प्राप्ति होती हैं। इससे कवि की कल्पना-शक्ति और भावों को जगाने की क्षमता का भी बोध होता है। इस तथ्य को ध्यान में रखते हुए भाषणशास्त्र के पाठ्यक्रम में श्रेष्ठ कवियों को पढ़ाये जाने की परम्परा बहुत पहले शुरू हो चुकी थी। उसी के अनुकरण पर रोम में वर्जिल और ओविद पढ़ाये जाने लगे थे।[80]

वक्तृत्व को काव्य के निकट लाने का प्रयास पहले-पहल सोफ़िस्तों द्वारा किया गया था, फिर वे ही पद-संयोजना में ताल और लय के सौन्दर्य से इतने अभिभूत हो गये कि गद्य की सीमा लाँघ कर काव्य में प्रवेश कर गये।[81] सिसरो वक्ता और कवि में परस्पर निकटता के प्रति सावधान था। वे कहाँ-कहाँ अपने-अपने क्षेत्र में एक दूसरे के प्रतिस्थानी हैं इस पर वह यथास्थान उँगली रखता चलता है। किन्तु, 'द ओरातोरे' में ऐन्तोनियस के मुख से जब यह कहलवाता है कि "सर्वगुण सम्पन्न वक्ता की तुलना में..."[82] तो निस्सन्देह कहा जा सकता है कि उस समय वक्तृत्वकला का मूल्यांकन नयी दृष्टि से होने लगा था और उसका मन भी कहीं न कहीं उसे समर्थन दे रहा था। वक्ता ऊर्ध्व संचरण में कवि से आगे बढ़ गया था। परम्परया वक्तृत्व और काव्य में दो मिलन बिन्दु थे–ताल (रिद्म) की रचना और अलंकरण की प्रवृत्ति, किन्तु अपनी श्रेष्ठता सिद्ध करने की धुन में वक्ताओं द्वारा इन पर अधिक ध्यान दिया जाने लगा। कारण स्पष्ट था, सामाजिक को आनन्द देने का प्रयोजन उसे मोहित करने के लक्ष्य में परिणत हो गया था ('द ओरातोरे' का उपर्युक्त उद्धरण यही अर्थ ध्वनित कर रहा है)। भाषण के क्षेत्र में यह नयी मानसिकता थी।

इतना ही नहीं, अपने गर्भ में यह एक और मूलभूत वैचारिक परिवर्तन को धारण किये हुए थी। अब तक, वक्ता और कवि में भेद-अभेद 'प्रकार' संज्ञा की सीमा के अन्तर्गत आता था, नयी मानसिकता में इसका आधार जब रूप-तत्त्व तक सीमित रह गया तो भेद-अभेद 'कम-अधिक' विशेषणों की सीमा में प्रवेश कर गया। फलतः, गद्य और पद्य का भेद केवल शैली के सन्दर्भ में किया जाने लगा। मूल्यांकन के दृष्टिकोण में इतना बड़ा उलट-फेर समीक्षा के इतिहास में अभूतपूर्व घटना थी। व्यवहार में इसने जो रूप लिया वह तत्कालीन लातीनी साहित्य का विशिष्ट अध्याय है।

जिन साहित्यिक मण्डलियों की चर्चा कर आये हैं उनका प्रत्येक सदस्य यह प्रयास करता था कि मित्रों के मन पर अपने व्यापक ज्ञान—साहित्य, दर्शन, इतिहास आदि—तथा वाक्‌शैली की अमिट छाप छोड़ जाय। वाक्‌चातुर्य में कुशल होने के लिए भाषणशास्त्र के संस्थानों में प्रशिक्षण लेना आवश्यक था। वक्ता के व्यक्तित्व के विकास का यह प्रथम चरण था। दूसरा चरण अपेक्षाकृत जटिल था। काव्य चूँकि शैली-भेद के रूप में स्वीकृत हो चुका था इसलिए श्रेष्ठ व्यक्तित्व/बहुआयामी व्यक्तित्व के विकास में एक और आयाम—काव्य-रचना की क्षमता—जुड़ गया। तात्पर्य यह कि इस विकास-क्रम में पहले यह धारणा स्थिर हुई कि वक्तृत्वकला के अध्ययन तथा अभ्यास से शब्द की मन्त्रमुग्ध करने की शक्ति पर अधिकार प्राप्त होता है। सम्भ्रान्त शिष्ट मण्डलियों में प्रवेश पाने के लिए यह प्रमाण पत्र था। तत्पश्चात् उसे अपने व्यक्तित्त्व को ऐसा भव्य सर्वगुण सम्पन्न रूप देना था कि भावी पीढ़ियाँ भी उससे प्रभावित हों। काव्य-रचना इसी आकांक्षा का परिणाम था। सम्राटों के शासनकाल के आरम्भ में ऐसे शौकिया वक्ता-कवि खूब फले-फूले।[83] कवियों की यह बिरादरी इस तर्क से प्रेरित थी कि वक्तृत्वकला (= रूप-पक्ष) पर हमारा अधिकार सिद्धान्ततः यह सिद्ध करता है कि काव्यकला पर भी हमारा अधिकार है क्योंकि दोनों में भेद प्रकारगत (वस्तु-आधारित) नहीं शैलीगत (रूप-आधारित) है। अर्थात् उसके छन्दोबद्ध होने या न होने में है।*

इसलिए, कोई कारण नहीं है कि वक्तृत्वकला का छात्र शब्द-चयन, पद-संयोजन, अलंकारों के समुचित प्रयोग में कुशल हो जाने के बाद जब उसके कान ताल-सौन्दर्य, ध्वनि-मैत्री को पहचानने लग जाते हैं तो इन अस्त्र-शस्त्रों से सुसज्जित होकर यदि वह अच्छा भाषण दे सकता है तो अच्छी कविता न लिख सके। इस दृढ़ विश्वास

* इस दृष्टिकोण का पूर्व रूप हमें प्लेटो के 'गोर्जियास' संवाद में मिलता है। वहाँ गोर्जियास और सुकरात इसी निष्कर्ष पर पहुँचते हैं कि सार्वजनिक भाषण और काव्य की प्रकृति में कोई अन्तर नहीं है।
—यूनानी आभिजात्य चिन्तन, पृ. 281

से इन वक्ता-कवियों में होमर की परम्परा में अपना नाम लिखवा लेने के लिए छन्द रचना की होड़ लग गयी। कुछ वक्ता तर्क करने की थकान को दूर करने के लिए भी कविता लिखने लगे। पेत्रोनियस ने तो यहाँ तक कह दिया कि आलंकारिक भाषण लिखने की तुलना में कविता लिखना अधिक सरल है।[84] जूलियस सीज़र ने कविताएँ लिखीं, ब्रूतस ने लिखीं। इस स्पर्धा में सिसरो भी कहाँ पीछे रहनेवाला था। अच्छा भाषणशास्त्री होने के नाते वह वक्तृतव और काव्य के भेद को समझता था। इसके प्रमाण उसके शास्त्रीय विवेचन में लगातार मिलते हैं। फिर भी, उसके मन में यह धारणा बैठ गयी कि वह अच्छी कविताएँ लिख सकता है। हम इसे युगीन प्रभाव ही कहेंगे कि वह भी काव्य (तुकबन्दी) रचना में हाथ आज़माने से पीछे नहीं हटा। उसकी कविताओं पर रोज़ ने जो टिप्पणी की है वह उन सभी वक्ताओं पर खरी उतरती है जो भाषिकी की तलवार भाँजते हुए कविता के मैदान में जा पहुँचे थे। उसने लिखा है[85]–

"उसमें अच्छा कवि बनने की भरपूर तकनीकी योग्यता थी। उसका अध्ययन विशाल था, छन्दों का सम्यक् ज्ञान था तथा भाषा पर पूर्ण अधिकार था। उसके कानों को कविता की अचूक पहचान थी। बस, कमी थी तो उस प्रतिभा की जो एक कवि को पद्य-रचयिता से अलग करती है।"

अन्त में, निर्णय सा देते हुए उसने फिर लिखा कि सिसरो 'कविता' नाम को सार्थक करनेवाले पद्य और ओजस्वी भाषण में भेद नहीं कर पाया इसलिए उसने जो भी [तथाकथित] कविताएँ लिखीं वह शब्दाडम्बर रूप में प्रलाप मात्र था।

ऐसी निरर्थक पद्यात्मक कृतियों के लिए अकेले सिसरो को दोष देना व्यर्थ है। बहती गंगा में सभी हाथ धो लेना चाहते थे। कुछ को भाग्य से प्रसिद्धि भी मिल गयी। प्रथम सम्राट् ऑगस्तस की सिसली पर लिखी कविता खूब चर्चित हुई। कहा जाता है उसने 'एजैक्स' शीर्षक से त्रासदी भी लिखनी शुरू की थी जिसे आधा लिखकर नष्ट कर दिया। उसकी परम्परा को सम्राट् नीरो और सम्राट् ताइतस ने भी बनाये रखा। ताइतस ने तो स्वयं को आशु वक्ता और आशु कवि घोषित ही कर रखा था। कनिष्ठ प्लिनी (वह अच्छा वक्ता था और राज्यपाल भी रह चुका था) ने प्रचारित कर रखा था कि काव्य उसकी कला से सहज निःसृत होता है। इस सूची ने मीसिनास (होरेस का आश्रयदाता) और मेसाला (तिब्युलस का आश्रयदाता) के नाम भी जोड़े जा सकते हैं। कल्पना की जा सकती है कि ये प्रभावशाली व्यक्ति जब अपनी तुकबन्दियाँ पढ़ते होंगे तो इनके आश्रित उनकी प्रशंसा अवश्य करते होंगे। इन भाषणशास्त्रियों के काव्यादर्श क्या रहे होंगे इसका भी अनुमान लगाया जा सकता है। वर्जिल को ऐसी स्थिति में किन कठिनाइयों का सामना करना पड़ा डाल्टन ने इसका उल्लेख किया है।[86] भाषणशास्त्र के अध्ययन से जिनकी समीक्षा-दृष्टि

विकसित हुई हो वे वर्जिल के काव्य सौन्दर्य का भला क्या मूल्य समझते।

रोम में काव्य के प्रति भाषणशास्त्रीय दृष्टि को पुष्ट करने में इसके सार्वजनिक पाठ की प्रथा ने जो योग दिया वह अनुसन्धान का स्वतन्त्र विषय है। यह ठीक है कि काव्य के सार्वजनिक पाठ की परम्परा यूनान में बहुत पहले से चली आ रही थी। वहाँ तो इसकी स्पर्धाएँ भी हुआ करती थीं, किन्तु उन दिनों इसकी स्पर्धा में वक्तृत्वकला नहीं थी। दोनों के क्षेत्र अलग-अलग होने से सामाजिक की मानसिकता भी भिन्न हुआ करती थी। रोम की भूमि पर दोनों के उत्पादक, उत्पाद और उपभोक्ता परस्पर इतने घुलमिल गये थे कि उनको अलग से पहचानना कठिन हो गया था। सच तो यह था कि वे स्वयं अपनी संकर-पहचान बनाने के लिए उत्सुक थे। जूलियस सीज़र और ऑगस्तस ने अपना शौक पूरा करने के लिए कविताएँ लिखीं या यह सिद्ध करने के लिए कि वे अच्छा बोल भी सकते हैं और अच्छा लिख भी सकते हैं, आज यह कहना कठिन है, किन्तु, कविता को प्रकाशित करने के लिए उन्होंने कोई प्रयत्न नहीं किया (जबकि इसमें उन्हें कोई कठिनाई नहीं थी), हो सकता है इसे वे अपनी प्रतिष्ठा के विरुद्ध मानते हों। दूसरे, उनकी यह धारणा भी हो सकती है कि काव्य-पाठ स्वयं में प्रकाशन का एक रूप है। इसे प्रोत्साहन दे कर और कभी-कभी उसे नियम का रूप दे कर वे, सम्भवतः, रोम में ऐसा साहित्यिक वातावरण तैयार करना चाहते थे जिससे रोम को वही प्रसिद्धि मिले जो कभी एथेन्स की थी। यह सचमुच आश्चर्य का विषय है कि विधा चाहे जो हो—प्रबन्धकाव्य, गीतिकाव्य या नाटक—उसका सार्वजनिक पाठ कवि को करना ही पड़ता था। वर्जिल जैसा कवि भी इस नियम का अपवाद नहीं बन सकता था। समय बीतने के साथ लिखित भाषण और इतिहास भी इस नियम की सीमा के भीतर आ गये।[87] उत्पाद का यह सार्वजनिक प्रदर्शन सम्राट् के दरबार के साथ-साथ जागीरदारों के दरबार में भी होने लगा। परिणामस्वरूप उत्पादक की दृष्टि, उपभोक्ता के चरित्र को देखते हुए उत्पाद की साज-सँवार में अधिक रमने लगी। दरबारी काव्य की यह नियति अवश्यम्भावी थी। सामाजिक को लुभाने के लिए अच्छे कवि भी उलटे-सीधे हथकण्डे अपनाने लगे। रोमी साहित्य का अन्धकार-युग की ओर वह पहला कदम था।

सन्दर्भ एवं टिप्पणियाँ

1. इम्पीरियल रोम, टाइम लाइफ़ बुक्स, पृ. 13
2. एटकिन्स, लिटरेरी क्रिटिसिज़्म इन ऐंटिक्विटी, खंड-दो, पृ. 20
3. एच.जे. रोज़, ए हैण्डबुक ऑफ़ लैटिन लिटरेचर, पृ. 162
4. सिसरो, द ऑप्तिमो ज़नरे ओरातोरम, अ. III, 9; ओरातोर, अ. LVIII, 195 तथा अ. LXIX, 230

5. इस पर ए.जे. रोज़ की टिप्पणी है कि साहित्यिक लातीनी को यदि बोलचाल की भाषा के निकट रखा जाता तो वह नीरस गद्य का रूप ले लेती।
6. ए हैंडबुक ऑफ़ लैटिन लिटरेचर, पृ. 164
7. पु. I, अ. II
8. अ. VIII, 30-33
9. अ. VIII, 33
10. फ़ॉर एलोक्वेन्स इज़ वन ऑफ़ दि सुप्रीम वर्चूज़—ऑलदो ऑल दि वर्चूज़ आर ईक्वल ऐंड ऑन पार, बट नैवरदिलैस वन हैज़ मोर ब्यूटी ऐंड डिस्टिंक्शन इन आउटवर्ड अपीयरेंस दैन अनदर, ऐज़ दि केस विद दिस फेकल्टी।

— द ओरातोरे, पु. III] अ. XIV, 55
11. अ. XIV, 43
12. 'द ऑप्तिमो ज़नरे ओरातोरम', अ. III, 7
13. 'द ओरातोरे, पु. I, अ. V, 17; अ. XII, 50
14. 'ओरातोर', अ. XIV, 44
15. पु. III, अ. V, 19-24
16. एटकिन्स,. लिटरेरी क्रिटिसिज़्म इन ऐंक्टिविटी, खंड दो, पृ. 22
17. वही, पृ. 24
18. पु. I, अ. XXV, 113-14
19. वही, अ. XXIX, 132
20. वही, अ. V, 17
21. वही, वही, 18
22. पु. III, अ. XXIV, 91-92
23. पु. II, अ. VIII, 34
24. पु. III, अ. XXII, 82
25. वही, अ. X, 39
26. पु. II, अ. I-II
27. पु. III, अ. V, 28
28. अ. XXXVIII, 143, 145
29. कतिपय वक्ताओं द्वारा पुराने अत्तिकी लेखकों को चुनना किन्तु उनके दुर्बल पक्षों के अनुकरण तक ही सीमित रह जाने की प्रवृत्ति की उसने कठोर भर्त्सना की है।

—'ओरेतोर', अ. Li, 171
30. 'द ऑप्तिमो ज़नरे ओरातोरम,' अ. III, 7
31. 'द ओरातोरे', पृ. I, अ. VIII, 32
32. सिसरो के इस वाक्य की तुलना 'प्रतिवक्तव्य' में सुकरात के उस कथन से की जा सकती है जिसमें वह स्वयं को कुत्तामक्खी कहता है और वह एथेन्सरूपी सुस्त घोड़े को जगह-जगह इसलिए काट रहा है ताकि वह जाग जाय। ठीक इसी तरह सिसरो भी राष्ट्र के प्रति अपने कर्तव्य को बड़ी प्रबलता से अनुभव कर रहा था। गणराज्यीय

व्यवस्था में विश्वास रखने के कारण वह अपने सहयोगियों तथा पूरे समाज को लगातार जागरूक रखना चाहता था। उसको दिया गया मृत्युदण्ड इसी का परिणाम था। अब ऐसे प्रयोजनों—सहयोगियों को प्रेरित करना, समाज को जगाना या शान्त करना, पूरे राष्ट्र को ग़लती करने से रोकना—के लिए वक्तृत्व को जो विविध रूप अपनाने पड़ते हैं क्या उनका विश्लेषण सम्भव है? नहीं। —वही अ. XLVI, 202-3

33. वही अ. IX, 35
34. अ. V, 16
35. वही, वही; 'ब्रूतस', अ. XLX, 185
36. 'द ऑप्तिमो ज़नरे ओरातोरम', अ. II, 4-5
37. अ. XII, 53
38. वही, पु. I, अ. V, 17; अ. XV, 69; पु. II, अ. IX, 35
39. यूनानी अभिजात्य चिन्तन पृ. 176
40. 'द ओरातोरे', पु. II, अ. XLV, 189
41. वही, वही, वही, 188
42. लिटरेरी क्रिटिसिज़्म इन ऐंटिक्विटी, खण्ड-दो, पृ. 20
43. अ, II-III, 7-10
44. देखिये पा. टि. 11
45. 'द ऑप्तिमो ज़नरे ओरातोरम', अ. I, 3; 'ब्रूतस' अ. XLIX, 185
46. अ. Li, 191
47. 'द ओरातोरे', पृ. III, अ. X, 37
48. वही, पु. I, अ. III, 12
49. वही, पु. III, अ. XLV, 177
50. अ. XXV, 97
51. वही, वही
52. अ. LII, 200
53. पु. III, अ. XXVI, 104
54. वही, अ. XXXVII, 149-50
55. वही, अ. XXXVIII, 152-54
56. वही, वही, 155
57. वही, वही, अ. XLIII, 170
58. वही, वही, अ. XLV, 173
59. वही, वही, अ. LIII, 202
60. डाल्टन, रोमन लिटरेरी थियरी ऐण्ड क्रिटिसिज़्म, पृ. 147
61. अ. V, 17
62. अ. LVIII, 236
63. अ. LXII, 253
64. पु. III, अ. LIV, 206-7

65. पु. II, अ. LXVI, 267
66. वही, अ. LXIV, 259
67. वही, अ. LXVII, 274
68. पु. II, अ. LXII, 251-52
69. वही, अ. LVIII, 237
70. पु. III, अ. LVI, 213
71. पु. I, अ. V, 17; पु. III, अ. LIV, 204-8
72. 'भाषणशास्त्र', पृ. 1404अ
73. 'द ओरातोरे', पु. III, अ. XI, 41
74. वही, वही, अ. LIII, 205
75. वही, पु. I, अ. V, 17
76. पु. I, अ. XVI, 70
77. पु. III, अ. X, 39
78. डाल्टन, रोमन लिटरेरी थियरी ऐण्ड क्रिटिसिज़्म, पृ. 439
79. 'भाषणशास्त्र', पु. III, अ. I, पृ. 1404 अ
80. डाल्टन, रोमन लिटरेरी थियरी ऐण्ड क्रिटिसिज़्म, पृ. 444
81. 'भाषणशास्त्र', पु. III, पृ. 1404 अ
82. देखिये सन्दर्भ 9, पृ. 239
83. डाल्टन, रोमन लिटरेरी थियरी ऐण्ड क्रिटिसज़्म, पृ. 450
84. डाल्टन, रोमन लिटरेरी थियरी ऐण्ड क्रिटिसज़्म, पृ. 451
85. ए हैण्डबुक ऑफ़ लैटिन लिटरेचर, पृ. 143
86. रोमन लिटरेरी थियरी ऐण्ड क्रिटिसिज़्म, पृ. 456
87. वही, पृ. 458

3.4 कवि-काव्यशास्त्री होरेस

3.4.1 कवि होरेस

(ई.पू. 65-8)

3.4.1.1 जीवनवृत्त

पारम्परिक गणराज्य शासन की समाप्ति, गृहयुद्ध की विभीषिका, फिर रोमी साम्राज्य की स्थापना और रोम का नये सांस्कृतिक केन्द्र के रूप में उभरना—होरेस इस युग परिवर्तन का प्रत्यक्षदर्शी था और सौभाग्य की बात यह थी कि उसके जैसा संवेदनशील कवि इस समय-चक्र को काव्य-दर्पण में दर्शाता चल रहा था। उसकी रचनाधर्मिता ऐतिहासिक दृष्टि से प्रेरित थी। काव्य के माध्यम से अपने और अपने समाज के बारे में इतनी अधिक जानकारी देनेवाला वह पहला कवि है।

होरेस की रचनाओं के तीन वर्ग हैं—गीतिकाव्य, सैटायर* और पत्र-प्रबन्ध। इसमें सन्देह नहीं कि उसकी गीति रचनाएँ भी इतिहास-बोध कराती हैं किन्तु जीवनी लेखक को जिन तथ्यों की आवश्यकता होती है वे उसके पत्र-प्रबन्धों और उनसे भी अधिक सैटायरों में उपलब्ध है। सैटायर के लिए वह 'संवाद' शब्द अधिक उपयुक्त मानता था क्योंकि ये रचनाएँ छन्दोबद्ध अवश्य हैं फिर भी इनमें और गद्यात्मक संवादों में अधिक अन्तर नहीं है। इनका विशिष्ट गुण है खुलापन, विनोद का पुट, व्यवहार और अनुभव की बातें तथा अपने समकालीनों एवं साहित्यिक परिदृश्य पर बिना लागलपेट के बात कह जाना। इससे निष्कर्ष यह निकाला गया है कि स्वयं पर, तत्कालीन साहित्यकारों पर तथा राजनीतिक घटनाओं के सूत्रधारों पर टिप्पणी करना एवं तथ्यों का ज्ञान कराना भी उसकी कृतियों का एक लक्ष्य था। यह पद्धति उसने लूसिलियस से सीखी थी। उसके प्रति आभार व्यक्त करते हुए उसने लिखा है[1]:

---

* सैटायर के लिए हिन्दी में व्यंग्य शब्द प्रचलित है। किन्तु होरेस ने इन्हें न तो वह रूप दिया न उस अर्थ में लिखा। लातीनी में इनकी अलग ही परम्परा होने के कारण हमें इनके लिए सैटायर शब्द का प्रयोग ही उचित प्रतीत हुआ।

"लूसिलियस की तरह शब्दों को छन्दोबद्ध करना मुझे आनन्द देता है। वह बहुत पहले निजी जीवन के गोपनीय तथ्यों को अपनी रचनाओं को बता चुका था ठीक वैसे ही जैसे कोई अपने मित्रों को बताता है। जीवन में जब भी उसे कोई सुख या दुःख मिला उसे बाँटने के लिए वह और कहीं न जाकर सीधे अपनी कविताओं के पास गया। फलस्वरूप, आज उसका जीवन एक चित्र की तरह हमारे सामने है जिसे कोई भी देख सकता है।"

लातीनी साहित्य में सैटायर काव्य-रूप की ओर वह क्यों आकर्षित हुआ? जॉन मार्शल के अनुसार इसका कारण था उसके पिता की शिक्षा। जब वह छोटा था तो उसके पिता का सदैव यह प्रयास रहता था कि समाज से प्रत्यक्ष उदाहरण देकर उसे सीधी-सच्ची राह पर चलना सिखलायें। ऐसी स्थिति में उसके पास छिपाने के लिए था ही क्या। फिर वे तथ्य जिन्हें बदला नहीं जा सकता था, जो उसके जीवन का अंग थे तथा सर्वविदित थे उन्हें आत्मकथ्य बनाने में हानि भी क्या थी। अतः, उन्हें कलात्मक रूप देना उसने अपनी सर्जना का धर्म बना लिया। अपने जन्म-वर्ष की ओर उसने सम्बोधगीति[2] में इंगित किया है और महीना पत्र-प्रबन्ध[3] में दिया है। इसी तरह अलग-अलग रचनाओं से ज्ञात होता है कि ऐपेनाइन पहाड़ियों में बसा वेनूशिया उसका जन्मस्थान है। यह नगर बहुत पुराना रोमी उपनिवेश था और अनेक दृष्टियों से महत्त्वपूर्ण होने के साथ-साथ विभिन्न गतिविधियों का केन्द्र होने के कारण पर्याप्त समृद्ध था। वहाँ के मनोरम प्राकृतिक परिवेश का उसने प्रायः उल्लेख किया है।

होरेस ने बिना हिचकिचाहट के स्वीकार किया है कि उसके पिता दास थे और सम्भवतः उसके जन्म के कुछ समय पूर्व ही उस जीवन से मुक्त हुए थे। इससे एक अनुमान यह लगाया गया है कि वे मूलतः यूनानी रहे होंगे। उन दिनों रोम के सैन्य अभियानों पर जानेवाले सेना-नायकों में यह प्रथा चल पड़ी थी कि जब भी वे किसी यूनानी नगर को जीतते तो वहाँ के कुछ यूनानियों को दास बनाकर लाने के साथ-साथ यूनानी पुस्तकों एवं कलाकृतियों को भी विजय के निजी पुरस्कारस्वरूप अवश्य लेते आते थे। प्रतीत होता है उसके पिता भी इसी तरह दास बना कर लाये गये थे। पढ़े-लिखे संस्कारी होने के कारण उनकी नियुक्ति कर उगाहनेवाले के पद पर हो गयी थी। फिर, अपनी निष्ठा एवं सद्व्यवहार के पुरस्कारस्वरूप उन्हें शीघ्र ही दास-जीवन से मुक्ति भी मिल गयी होगी। सेवा-निवृत्त होने पर उनके पास इतनी धनराशि जमा हो गयी थी कि उससे कुछ ज़मीन ले कर, उस पर खेती-बारी करके दो वक्त की रोटी जुटा सकें।

लेखक ने अपने पिता की भूरि-भूरि प्रशंसा की है कि उन्होंने कैसे अपने आसपास के अच्छे-बुरे लोगों, अमीरों तथा गरीबों के उदाहरणों से समझाया था कि

सच्चरित्रता क्या होती है? फ़ज़ूलखर्ची के परिणाम कितने भयंकर हो सकते हैं? मनुष्य को अपनी पैतृक सम्पत्ति खर्च करते समय किना सोच-विचार करना चाहिए? वह स्वीकार करता है कि आज मैं इन्हीं संस्कारों के मार्गदर्शन से चतुर्दिक समाज का अवलोकन करता हूँ तथा करणीय-अकरणीय का निश्चय करता हूँ। आज अपना पथप्रदर्शक मैं स्वयं हूँ।[4]

पिता के प्रति कृतज्ञता भाव का दूसरा कारण यह भी था कि उन्होंने अत्यन्त सीमित साधन होते हुए भी उसकी शालेय शिक्षा का उचित प्रबन्ध किया। वेनूशिया के शैक्षिक वातावरण से वे सन्तुष्ट नहीं थे इसलिए होरेस को लेकर वे रोम आ गये ताकि जो शिक्षा 'सेनेटर' अथवा 'नाइट' के बच्चे पा रहे थे वही उसे भी दिला सकें। उसके कपड़ों और साथ रहनेवाले दासों को देख कर लोग यही समझते थे कि वह किसी रईस खानदान से है जबकि सच्चाई यह थी कि इन सबके लिए उसके पिता कड़ी मेहनत कर रहे थे। एक शिक्षाविद् के पास पढ़ाई पूरी होने पर वे उसे दूसरे अध्यापक के पास ले जाते। इस तरह, रोम में उच्च अध्ययन पूरा हो जाने पर आगे की पढ़ाई के लिए उन्होंने उसे एथेन्स भेज दिया। लगता है इसके लिए उन्होंने अपनी सारी जमा-पूँजी लगा दी थी। इतना बलिदान करनेवाले पिता का पुत्र होने में वह गर्व का अनुभव करता है और कामना करता है कि दूसरे जन्म में भी भगवान् उसे किसी समृद्ध या प्रसिद्ध परिवार में जन्म न दे कर इन्हीं पिता का पुत्र बनाये।[5]

एथेन्स उन दिनों सभी प्रकार के ज्ञान-विज्ञान का विश्वविद्यापीठ था। उच्च शिक्षा पाने की कामना रखनेवाले, चाहे वे यूरोप के, लघु एशिया के या अफ्रीका के उत्तरी प्रान्तों के कहीं के भी हों, वहाँ आकर अपने-अपने विषय के आचार्यों के छात्र बनने में गौरव का अनुभव करते थे। होरेस ने भी वहाँ आकर विज्ञान एवं दर्शन का अध्ययन आरम्भ कर दिया।[6] यहाँ के छात्र-जीवन की विशेषता यह थी कि रोम से आये सभी छात्र रोमवासी थे बिना किसी भेदभाव के—धनी हो या निर्धन, स्वतन्त्र हो या दास-जीवन से मुक्त। उनकी एक ही पहचान थी रोमी होना और उन सबके मन में एक ही बात रहती थी—ज्ञान के क्षेत्र में रोम को एथेन्स की प्रतिस्पर्धा में ला खड़ा करना।

जूलियस सीज़र की हत्या (ई. पू. 44) के समय होरेस एथेन्स में था। सीज़र की मृत्यु रोमी इतिहास का वह मोड़ है जहाँ शासन की गणराज्य पद्धति समाप्त होती है और साम्राज्यवादी व्यवस्था का सूत्रपात होता है। वैसे गणराज्य का पतन तो तभी हो गया था जब ई.पू. 81 में सेना-नायक सल्ला (ई.पू. 138-78) ने सेना के बल पर सत्ता पर अधिकार कर लिया था। इसके बाद कई वर्षों तक गणराज्य-समर्थकों तथा अधिनायकवादी शक्तियों के बीच रक्त-संघर्ष का क्रम चलता रहा। रक्तपात का यह क्रम कुछ समय के लिए तब रुका जब पोंपी ने राजनीतिक दूरदर्शिता का परिचय

देते हुए क्रैसस और सीज़र के साथ मिलकर ई. पू. 60 प्रथम शास्तात्रयी की स्थापना की। इस समझौते के पीछे राजनीतिक कारण थे मित्रता का भाव नहीं, इसलिए तीनों में घात-प्रतिघात का क्रम फिर भी चलता ही रहा। इसमें अन्तिम विजय सीज़र की हुई, अब, ई. पू. 48 में वह रोमी साम्राज्य का एकमात्र अधिपति था। इसमें सन्देह नहीं कि उसने अपनी शक्ति का उपयोग राज्यहित में किया, अनेक कट्टर विरोधियों को क्षमा किया, बेकारों को काम दिया, भोगविलास की प्रवृत्ति पर अंकुश लगाया और नियमों को कठोर किया। फिर भी उसकी अधिनायकवादी मनोवृत्ति स्पष्ट थी। इसके सम्भावित दुष्परिणाम पुरानी व्यवस्था के समर्थकों में भय जगाने लगे। एक योजना बनी और ई. पू. 44 की मार्च 15 को सेनेट-भवन में ही सीज़र की हत्या कर दी गयी। रोम फिर से गृहयुद्ध की आग में झुलसने लगा। चौदह वर्षों तक चले रक्त-संघर्ष का अन्त ई. पू. 31/30 में मार्क एंतोनी और क्लियोपात्रा की मृत्यु के साथ हुआ। अब, रोम की सम्पूर्ण सत्ता सीज़र के पौत्र लगनेवाले ऑक्तेवियन के हाथ में थी।

ई. पू. 27 में ऑक्तेवियन साम्राज्य के एकछत्र सत्ताधीश के रूप में रोम लौटा। वह जानता था कि किसी में उसका विरोध करने की क्षमता नहीं है, फिर भी, रूढ़िवादियों और गणराज्य के समर्थकों के मन को ठेस न लगे इसलिए, सेनेट में विनम्रतापूर्वक प्रवेश करने के साथ ही उसने घोषणा की कि उसकी जीत वस्तुतः गणराज्य की जीत है। तत्पश्चात् उसने त्यागपत्र देने का प्रस्ताव रखा। सेनेट के सदस्य वास्तविकता से परिचित थे, उन्होंने बिना किसी विरोध के उसे प्रथम नागरिक का पद दे दिया। ऑक्तेवियन ने उसे स्वीकार करते हुए 'ऑगस्तस' (= परम आदरणीय) की उपाधि स्वयं धारण कर ली। इतिहास की यह सबसे बड़ी विडम्बना मानी जानी चाहिए कि शताब्दियों तक रोमी साम्राज्य के सम्राटों की परम्परा का सूत्रपात करनेवाला स्वयं घोषित कर रहा था कि मैं गणराज्यीय शासन-व्यवस्था की पुनर्स्थापना कर रहा हूँ। इस राजनीतिक द्वैध की वास्तविकता चाहे जो भी रही हो इतना अवश्य हुआ कि उसके राज्यकाल में धर्म एवं कला-संस्कृति के क्षेत्र में सुवर्ण युग का सूत्रपात हुआ। रोमी इतिहास पर यह संक्षिप्त टिप्पणी हमारे लिए इस कारण महत्त्वपूर्ण है क्योंकि होरेस की रचनाओं में ऑगस्तस स्वयं और उसकी विभिन्न योजनाएँ पृष्ठभूमि के रूप में नहीं मुख्य विषय बन कर आयी हैं। सत्ता-परिवर्तन की दीर्घ प्रक्रिया का वह साक्षी था और एक सीमा तक भागीदार भी। एक ओर गणराज्य समर्थक थे तो दूसरी ओर नयी सत्ता के पक्षधर, इन दो ध्रुवों के बीच उसकी निष्ठा कभी एक ओर होती कभी दूसरी ओर। पर जो भी उसके विश्वास रहे कृतित्व में अवश्य प्रतिबिम्बित हुए।

एथेन्स में अध्ययनरत सभी रोमी युवा गणराज्य समर्थक थे। होरेस भी उनमें से एक था। इसी का लाभ उठाते हुए ब्रूतस (जो सीज़र की मृत्यु के बाद मुक्तिदाता के नाम से जाना जाने लगा था) ने वहाँ एक नयी मुक्तिवाहिनी की स्थापना की। वहाँ के सभी छात्र उसमें सम्मिलित हो गये। सेना की एक टुकड़ी का संचालक होरेस बना और उसे ट्रिब्यून का पद दिया गया। ट्रिब्यून, अर्थात् सामान्यजन के हितों का रक्षक, यह रक्षा उसे करनी थी उनसे जो सीज़र की हत्या का बदला लेना चाहते थे। पद मिलने पर उसे गौरव का अनुभव हुआ पर क्या वह तन और मन से युद्ध करने के योग्य था? इसका पता शीघ्र ही फ़िलिपाइ के युद्ध में (ई. पू. 42) चल गया। ऑगस्तस की सेना का सामना न कर पाने के कारण वह युद्ध के शुरू में ही भाग खड़ा हुआ। किसी तरह से बचता-बचाता, हर तरह से लाचार, अपने देश लौट तो आया पर तब तक उसके पिता की सम्पत्ति जब्त हो चुकी थी।[7] अब, उसका साथ देनेवाला न कोई मित्र था न उसकी जेब में पैसे थे। सौभाग्य से नये शासन ने, सीज़र की नीतियों का पालन करते हुए, उसे तथा उसकी तरह के और बहुत से युवकों को क्षमा कर दिया।

इस समय तक उसके पिता का देहान्त हो चुका था। दो वक्त की रोटी जुटाने के लिए उसने छोटी सी नौकरी कर ली और अतिरिक्त आय के लिए कविताएँ लिखने लगा। शुरू-शुरू के एपोद* इसी समय लिखे गये। इनमें उसने रोम में घट रहे अनेक राजीनतिक षड्यन्त्रों की ओर संकेत किया है। उसका भाग्य अच्छा था कि उन दिनों क्रय-विक्रय की वस्तुओं में कविता भी सम्मिलित कर ली गयी थी। इससे उसे धन के साथ-साथ प्रसिद्धि भी मिलने लगी। कहना न होगा काव्य-यात्रा के आरम्भ में ही उसे 'काव्यंयशसेऽर्थकृते' के सूत्र की सार्थकता का अनुभव हो गया। यह कविता ही थी जिसके माध्यम से पहले वह वर्जिल और वैरियस** जैसे श्रेष्ठ कवियों के सम्पर्क में आया और बाद में उन्हीं के प्रयासों से अपने भावी आश्रयदाता मीसिनास से परिचित हुआ। मीसिनास ऑगस्तस का राजनीतिक परामर्शदाता था इसलिए समय आने पर उसकी सम्राट् से भी निकटता हो गयी। यह भूमिका है उसके कवि से अघोषित राजकवि के रूप में स्थापित होने की। अपनी पुस्तक को सम्बोधित पत्र-प्रबन्ध में उसने अभिमानपूर्वक लिखा है कि युद्ध का समय रहा हो या शान्ति का राज्य के कर्णधारों की मुझ पर सदैव कृपा रही है।[8] दास परिवार में जन्म लेकर भी उसकी अधिकांश रचनाएँ अभिजात परिवेश की देन हैं, अतः उनमें आभिजात्य

---

* गीतिकाव्य का एक भेद जिसमें एक लम्बी पंक्ति के बाद छोटी पंक्ति आती है।

**होरेस ने इन दोनों के साथ अपनी घनिष्ठता का उल्लेख बड़ी भावुकता के साथ किया है।
—*सम्बोधगीति पु. I, 3 एवं 6*

चिन्तन का रंग आ जाना स्वाभाविक था।

मीसीनास से उसकी मित्रता का आरम्भ ई. पू. 38 में हुआ। एक उच्च पदस्थ जागीरदार का आश्रय मिलने से उसकी रोटी, कपड़ा और मकान की समस्या का समाधान हो चुका था। अब, वह निश्चिंत होकर साहित्य-साधना कर सकता था। पैतृक सम्पत्ति से वह भले ही वंचित कर दिया गया था किन्तु उदारमना मीसिनास ने उससे कहीं अधिक खेती की ज़मीन और घर रोम से कुछ ही दूरी पर सेबाइन पहाड़ियों में दे दिया था। कहा जा सकता है कि अब वह भी एक जागीरदार था।[9] अनुमान लगाया जाता है कि अपनी सम्बोधगीतियों की पहली तीनों पुस्तकें तथा पत्र-प्रबन्धों की पुस्तक उसने इसी फार्महाउस में लिखी होंगी। ये पुस्तकें मीसिनास को समर्पित हैं।

निजी जीवन में होरेस दिखावे और बनावटीपन से दूर ही रहा। समाज में विशिष्ट स्थान या कोई बड़ा पद पाने की महती आकांक्षा भी उसमें नहीं थी। वह जानता था कि उच्च पद की गरिमा के अनुरूप उसे जितना खर्च करना पड़ेगा, जितने नौकर चाकर रखने पड़ेंगे या जो और ठाट-बाट करने पड़ेंगे उन्हें उसका सरल स्वभाव झेल नहीं पायेगा।*

वह इतने में ही प्रसन्न था कि आवश्यक वस्तुओं का थैला कन्धे से लटकाया और अपने खच्चर पर चाहे जिधर जा सकता था, सरकस देख सकता था और काम पर जाने की चिन्ता न होने के कारण देर तक सोया रह सकता था।[10] यह सब सम्भव हुआ था मीसिनास की दानशीला के कारण। इस कारण से कुछ लोग उससे ईर्ष्या भी करने लगे थे। इससे उत्पन्न खिन्नता से मन को हलका करने के लिए एक सैटायर में उसने लिखा—

"हे मीसिनास, सात-आठ साल पहले की बात है जब आपने मुझे अपने मित्रों की सूची में सम्मिलित किया था। इतने बड़े होकर भी आप मुझसे हर छोटी-मोटी बात की चर्चा कर लेते हैं। पर, जैसे-जैसे दिन बीतते जा रहे हैं मेरे प्रति लोगों की ईर्ष्या बढ़ती जा रही है।"[11]

एक ओर सच्चे मित्र का प्रेम दूसरी ओर स्वार्थी वृत्ति रखेनवालों का द्वेष इन दोनों के बीच फँसा होरेस चिन्तक बन गया। दर्शन की गहराइयों में वह कभी नहीं डूबा किन्तु सुखी जीवन के सूत्रों की व्याख्या करना उसकी कविताओं का विषय बन

---

* होरेस ने पत्र-प्रबन्धों में सादे जीवन पर पर्याप्त बल दिया है, फिर भी, तत्कालीन जीवन की पृष्ठभूमि में इसे समझने की आवश्यकता है। उन दिनों उस जैसे साधारण व्यक्ति के पास भी दस दास थे जब कि संपन्न परिवारों में डेढ़ सौ-दो सौ दास रहा करते थे। उनकी तुलना में वह सचमुच ही सादा जीवन जी रहा था।

गया। रोम की भीड़-भाड़ में, लोगों की चुभनेवाली दृष्टि और उठा-पटक की राजनीति के बीच उसका दम घुटता था। उसका मन होता था कि प्रकृति के शीतल आँचल की छाया उसे कब मिले, कब हरी-ताज़ी सब्ज़ियाँ देख कर खुश हो सके और कब अपनी पसन्द के लेखक की रचनाओं में डूबे हरने का अवसर मिले या फिर इस बहस में शामिल होने का आनन्द मिले कि सुखी जीवन का आधार क्या है—सम्पत्ति या सद्गुण? लोगों में अन्तरंग सम्बन्ध स्वार्थ के कारण बनते हैं या प्रकृति के कारण? शिवम् की प्रकृति क्या है? पूर्णता किसको कहें? अनुमान लगाना कठिन नहीं है कि पिता के दिये संस्कारों ने उसे जिस साँचे में ढाल दिया था उसके अनुसार इन प्रश्नों के जो भी उत्तर अपनी रचनाओं में दिये हैं उनमें वह सचमुच विश्वास करता था। दूसरे, मित्रता को वह जीवन का सबसे बड़ा सम्बल मानता था। कहने को मीसिनास उसका आश्रयदाता था किन्तु दोनों घनिष्ठ मित्र थे, उसे वह अपना आधा अंग ही मानता था, तभी वह कह सका—हे मीसिनास, जब साथ-साथ जी रहे हैं तो मरेंगे भी साथ-साथ। जीवन की महायात्रा पर यदि आप पहले चल पड़ेंगे तो पीछे-पीछे मैं भी उस अँधियारे रास्ते के अन्तिम छोर तक पहुँच जाऊँगा।"[12] यही हुआ भी। ई.पू. 8 के वर्षारम्भ में मीसिनास का देहान्त हुआ और उसी वर्ष के पतझड़ में होरेस ने इस संसार से विदा ली।

3.4.1.2 राजनीतिक पृष्ठभूमि

जीवनवृत्त के अन्तर्गत होरेस के राजीनतिक सम्बन्धों का हलका-सा संकेत दिया जा चुका है किन्तु उसकी रचनाधर्मिता के आकलन के लिए उसकी राजनीतिक पृष्ठभूमि को कुछ विस्तार से समझने की आवश्यकता है।

मीसीनास के घर पर होनवाली बैठकों में जैसे कवि या अन्य कलाकार आते थे वैसे ही राजनीति से जुड़े हुए लोग भी आते होंगे। वह सम्राट् का परामर्शदाता था इसलिए उन बैठकों में राजनीतिक घटनाओं पर भी चर्चा होती होगी। होरेस जैसा संवेदनशील व्यक्ति इन चर्चाओं से दूर रहे यह सम्भव नहीं था। वह स्वार्थी मनोवृत्ति रखनेवाला व्यक्ति नहीं था। उसके मन में एक ओर यदि देश के प्रति समर्पण का भाव था तो साथ ही रोम के उज्जवल भविष्य के प्रति भी वह आस्थावान् था। इसलिए, रोमवासियों को आपस में लड़ते हुए देखता था तो उदास हो जाता था।[13] आपस के वैर भाव ने रोम को बूचड़खाना बना दिया था।

गृहयुद्ध की विभीषिका से जब वह बाहर आया तो उसका हृदय-परिवर्तन हो चुका था। गणराज्य के प्रति उसकी आस्था समाप्त नहीं हुई थी किन्तु साम्राज्यवादी व्यवस्था में उसका विश्वास दृढ़ होने लगा था। इसके दो मुख्य कारण थे। पहला, राज्य में सुख-शान्ति के साथ-साथ प्राचीन धार्मिक परम्पराओं की स्थापना एवं

जीर्ण-शीर्ण मन्दिरों का पुनरुद्धार; दूसरा, कवियों एवं कलाकारों को मान-सम्मान मिलना, स्वयं उसे राजाश्रय प्राप्त होना। मीसिनास के माध्यम से तब तक वह सम्राट् ऑगस्तस के निकट सम्पर्क में आ चुका था। इस निकटता को मित्रता भले ही न कहा जा सके किन्तु ऑगस्तस उसकी काव्य-प्रतिभा से प्रभावित अवश्य था। दोनों में पत्र-व्यवहार भी होने लगा था। सम्राट् उसे लगातार कविताएँ लिखने की प्रेरणा देता रहता था। ऐसे ही एक पत्र में सम्राट् ने उसे लिखा कि तुमने बहुत से लोगों पर कुछ न कुछ लिखा है, मुझी पर कुछ नहीं लिखा है। उत्तर में होरेस ने उसे सम्बोधित करते हुए एक लम्बा पत्र-प्रबन्ध लिखा (पु. II, 1)। सम्भव है सम्राट् के मन में उसके कवि होने के नाते सदाशयता का जो भाव था उस कारण से वह स्वयं को कृतज्ञ अनुभव करता हो अथवा ब्रूतस का साथ देने पर भी उसे क्षमादान मिला उसका आभार व्यक्त करने की कामना से उसने सम्बोधगीति की चौथी पुस्तक, शताब्दी-क्रीड़ा महोत्सव का 'शताब्दी-स्तुतिगान' तथा पत्र-प्रबन्धों की दूसरी पुस्तक ऑगस्तस को समर्पित कीं। इसे राजनीति से प्रेरित निर्णय के रूप में नहीं देखा जाना चाहिए क्योंकि मुखौटा लगाकर वह कोई काम नहीं करता था। एक बार सम्राट् ने उसे निजी सचिव बनाने का प्रस्ताव रखा था जिसे उसने ठुकरा दिया था। इसलिए, मान लिया जाना चाहिए कि वह हृदय से कृतज्ञता का भाव अनुभव करता था। इसे यों भी कहा जा सकता है कि ऑगस्तस की नीतियों से राज्य में जो सुख-शान्ति आयी थी, विकास हुआ था, उसके लिए किसी न किसी रूप में वह उसे साधुवाद देना चाहता था।

उपर्युक्त तथ्य को एक अन्य दृष्टिकोण से भी देखा जाना चाहिए। ऑगस्तस का होरेस से यह कहना कि किसी सैटायर या पत्र-प्रबन्ध में उसका उल्लेख कुछ विस्तार से हो वास्तव में नीति विशेष के अन्तर्गत प्रायोजित आग्रह था। संकेत यह था कि उसे विषय बना कर उसके और उसके परिवार के बारे में जनता को अधिक से अधिक जानकारी दी जाय, उसका प्रचार हो। यह वही मनोवृत्ति थी जिसकी प्रेरणा से यूनानी अभिजात वर्ग के महत्त्वाकांक्षी परिवार-प्रमुख क्रीड़ा-स्पर्धाओं में मिली विजय पर पिन्दर से गीत लिखने का आग्रह करते थे। कई बार तो उसकी मूल्य राशि भी पहले ही चुका देते थे।[14] 'काव्य मनुष्य को अमर कर देता है' यूनानियों में प्रचलित यह अवधारणा रोम में भी प्रवेश कर चुकी थी। ऑगस्तस स्वयं को अमर कर लेना चाहता था। यूनान, लघु एशिया, अफ्रीका आदि जहाँ-जहाँ भी सैन्य अभियानों में वह विजयी हुआ था उसे देवता के रूप में पूजा जाने लगा था। रोम में इसका स्वर उसने कुछ दबा कर रखा था, उसे डर था कि यहाँ का रूढ़िवादी समाज इससे कहीं अपमानित न अुनभव करे। किन्तु काव्य का क्षेत्र उसके लिए उन्मुक्त था। वर्जिल और होरेस दोनों ही उसके अघोषित दरबारी कवि थे। ई. पू. 17 में उसने जब

शताब्दी-क्रीड़ा महोत्सव आयोजित करने की योजना बनायी तो उसके दो वर्ष पूर्व ही वर्जिल का देहान्त हो चुका था। इसलिए होरेस का उत्तरदायित्व और बढ़ गया था। उसके सामने रोम के स्थापना दिवस पर महोत्सव-गीत लिखने का प्रस्ताव आया, वह मना नहीं कर सका। अनेक आवश्यक सन्दर्भों (जो काव्य के उपयुक्त भले ही न रहे हों किन्तु प्रचार की दृष्टि से महत्त्वपूर्ण थे) को समेटते हुए और शिल्प को अधिक से अधिक काव्यात्मक बनाते हुए उसने पचहत्तर पंक्तियों का गीत लिखा जिसे पर्याप्त प्रशंसा मिली। बाद में इसी शैली में उसने ऑगस्तस तथा कुछ अन्य सेना-नायकों के विजय-अभियानों को भी कतिपय गीतों का विषय बनाया। ऑगस्तस को सम्बोधित 'विजयगीति' में उसका स्वर अत्यन्त मुखर है–

"जब तक सीज़र (ऑगस्तस) का राजदण्ड पूरे विश्व को शासित कर रहा है मुझे किसी आपदा अथवा किसी के द्वारा मारे जाने का भय नहीं है।"[15]

प्रतीत होता है कि फ़िलिपाई युद्ध की गूँज को वह कहीं गहरे में अनुभव कर रहा था। जूलियस फ्लोरस को लिखे पत्र-प्रबन्ध में[16] वह ऑगस्तस के विरुद्ध लड़ने के लिए क्षमाप्रार्थी की मुद्रा में खड़ा दिखायी देता है। ऐसी रचनाओं के लिए उसकी आलोचना भी हुई। आलोचकों में नयी पीढ़ी के गीतकार अधिक उग्र थे।[17]

होरेस द्वारा पाला बदलना स्वार्थ प्रेरित था या हृदय परिवर्तन का परिणाम था? हमारे मतानुसार इसके पीछे ये दोनों ही कारण थे। उसने घोर दरिद्रता देखी थी, असहाय होने का दंश झेला था। वह कोई साधु-संन्यासी नहीं था कि घर आयी लक्ष्मी को ठुकरा दे। किन्तु इतना विवश भी नहीं था कि अपने आश्रयदाता की हर बात मान ले। ऑगस्तस द्वारा सचिव पद का प्रस्ताव ठुकराने का उदाहरण हमारे सामने है। इसी तरह की स्थिति मीसिनास के एक प्रस्ताव से भी पैदा हो गयी थी। तब उसने फ़ार्महाउस उसे लौटा देने का सन्देश भिजवा दिया था। सौभाग्य से उसके आश्रयदाताओं ने उसके स्वाभिमान को समझा और उसकी रक्षा की। इन स्थितियों में होरेस की मानसिकता का विश्लेषण करें तो पायेंगे कि वह अरस्तू के मध्यमान की अवधारणा को व्यावहारिक जीवन में उतार रहा था। एक सैटायर[18] में उसने इसे ही चर्चा का विषय बनाया है। दूसरे सैटायर[19] में उसने इस प्रकार से जीवन जीने को श्रेष्ठ माना है और स्वयं को इसके लिए बधाई दी है कि पिता के दिये संस्कारों के परिणामस्वरूप वह ऐसा जीवन जीने में समर्थ हो पाया है। इस परिप्रेक्ष्य में ऑगस्तस की योजनाओं में उसका साथ देने के प्रश्न पर विचार करें तो मानना होगा कि वह सचमुच ही उनमें निष्ठा रखता था। गृहयुद्ध के दिनों में और उसके बाद भी जो नैतिकता का पतन तथा राजनीति का अपराधीकरण हुआ था और धार्मिक आस्थाओं को जो चोट पहुँची थी वह उनका साक्षी था। ऑगस्तस अपनी रणनीति तथा शासन-व्यवस्था से रोम में नरसंहार की ज्वाला को शान्त करने में

सफल हुआ था, यह इतनी बड़ी घटना थी कि अकेले वही नहीं और भी बहुत से कवि उसके प्रशंसक बन गये थे। जहाज को राज्य का प्रतीक बनाकर उसे सम्बोधित गीति[20] में यही भाव व्यक्त हुआ है। इसी प्रकार का रूपक उसके कल्लियोपि को समर्पित गीति[21] में भी बाँधा है। इसमें वह जूपिटर (रोम का सबसे बड़ा देवता) की जीत को ऑगस्तस की जीत के रूप में देखता है। कुछ इतिहासकारों का मत है कि ऑगस्तस तथा ऐंतोनी के विरोध को वह दो व्यक्तियों के शक्ति परीक्षण के स्थान पर पूर्व और पश्चिम के बीच चल रहे संघर्ष के रूप में देखता था। स्वभावतः उसने पश्चिम का पक्ष लिया। इस सम्बन्ध में वास्तविकता जो भी हो इतना स्पष्ट है कि ऑगस्तस की योजनाओं से रोम के इतिहास में नये अध्याय का आरम्भ हुआ था। यह परिवर्तन इतना एकाएक और अभूतपूर्व था कि शुरू-शुरू में वह जहाँ उसे मुक्तिदाता के रूप में देखने लगा था अब देवता मान कर उसका पुजारी बन गया।[22] होरेस के हृदय का यह परिवर्तन भी अभूतपूर्व था। वह स्वयं अभिजात वर्ग का नहीं था किन्तु इस समाज में उठने-बैठने से, इस वर्ग की कृपादृष्टि से जीवन की सभी सुविधाओं को हस्तगत कर वह जनसाधारण से दूर चला गया था। एक सैटायर में बिना हिचकिचाहट के वह स्वीकार करता है—"किसी दुकान पर मेरी कोई पुस्तक नहीं मिलती जिसे किसी गँवार के पसीने से लथपथ हाथ गन्दा करते हों। मैं कहीं भी हर किसी के सामने नहीं केवल घनिष्ठ मित्रों के बीच कविता पढ़ता हूँ, वह भी तब जब वे आग्रह करते हैं।"[23] यहाँ, कोई भी देख सकता है कि वह स्वयं को उन कलमघसीटों से अलग कर रहा है जो जब न तब चौराहे पर भीड़ इकट्ठा कर रचनाएँ सुनाने लग जाते थे। यह उसकी दरबारी मनोवृत्ति थी जो उससे ऐसा कहलवा रही थी। उसके सामाजिक सम्राट्, मीसिनास तथा अत्यन्त विशिष्ट समाज के सदस्य थे।

ऑगस्तस द्वारा प्राचीन रोमी संस्कृति, लोक-प्रथाओं एवं धार्मिक मान्यताओं को पुनर्जीवित करने से पूरा समाज उसके पक्ष में हो गया था। होरेस जब परम्परागत कलासंस्कृति का समर्थन करता है तो वह दो लक्ष्य एक साथ सिद्ध करता है। पहला, सम्राट् द्वारा अपनायी गयी नीति का प्रचार करके उसकी योजना को सफल बनाने में सहयोग देना; दूसरा, रोम के प्रति अपनी निष्ठा का परिचय देना। पहले में वह राजकवि होने के उत्तरदायित्व का निर्वाह कर रहा था, दूसरे में अपनी देशभक्ति को अभिव्यक्ति दे रहा था। वह अनुभव कर रहा था कि पूर्व (आयोनिया, फ्रीजिया आदि) का अनुकरण करके रोमी समाज पतनशील हो रहा है।* उस पर अंकुश

* इस विषय पर प्लॉतस के 'भुतहा घर' में आया वह प्रसंग देखिये जिसमें उसने मौज-मस्ती करने के लिए 'यूनानी हो जाना' वाक्यांश का प्रयोग किया है।

लगाना आवश्यक है। एक सम्बोधगीति में उसने खेद व्यक्त किया है कि लड़कियाँ नृत्यशालाओं में कामुक मुद्राओंवाले आयोनियाई नृत्य सीखने में अधिक रुचि लेने लगी हैं।[24] युवकों से भी उसकी यही शिकायत है कि अपने देश के साहसी खेलों[25] (शिकार, घुड़सवारी, तैराकी) का अभ्यास करने के बजाय यूनानी मनोरंजनप्रधान खेलों[26] में मस्त रहने लगे हैं। ऐसी रचनाओं में कोई चाहे तो सरकारी नीति का समर्थन करना भी एक प्रयोजन मान सकता है किन्तु उसके स्वभाव को देखते हुए उसका विशवास ही इसमें अधिक झलकता है। युवा पीढ़ी का मार्गदर्शन करना उसका धर्म है यह भाव उसकी रचनाधर्मिता से उद्भूत था। वर्जिल ने भी 'इनीइड' की नवीं पुस्तक में फ्रीजिवासियों को इसी स्वर (सुख-भोगी तथा विलासी नृत्य में रुचि रखनेवाले) में सम्बोधित किया है।

3.4.1.3. दार्शनिक पृष्ठभूमि

होरेस के काव्य में किसी एक चिन्ताधारा का ऐसा व्यवस्थित रूप नहीं मिलता जिससे विश्वास हो जाय कि उसने उसका गहन अध्ययन किया था, हाँ, वह संवेदनशील अवश्य था। किसी भी क्षेत्र में घटनेवाली घटना उसे प्रभावित करती थी और वह अपनी प्रतिक्रिया व्यक्त भी करता था। प्रतिक्रिया में उसका अनुभव, स्वतन्त्र चिन्तन और स्थापित दार्शनिक मान्यताएँ सभी का मिश्रण रहता था और ये मान्यताएँ भी समय-समय पर बदलती रहीं। इसलिए, यही कहना उचित होगा कि उसमें चिन्तन के विविध रंग मिलते हैं। एक पत्र-प्रबन्ध में उसका वाक्य है—"यदि कोई मुझसे पूछे कि मैं किस गुरु या दर्शन की किस शाखा का छात्र हूँ तो कहूँगा किसी एक का नहीं, हवा का झोंका मुझे जिधर ले गया मैं चला गया।"[27] तात्पर्य यह कि उसके चिन्तन की मूल अवधारणाओं के लिए किसी एक दर्शनशाखा पर निर्भर नहीं रहा जा सकता। यहाँ, हम इन्हीं नाना स्रोतों तक पहुँचने का प्रयास कर रहे हैं।

होरेस जब एथेन्स में था उस समय टहलुआ शाखा का अत्यन्त लोकप्रिय आचार्य था क्रेतिप्पुस। उसके जैसे कुछ और आचार्य भी रहे होंगे जो पहले के मौलिक चिन्तकों (प्लेटो, अरस्तू, ज़ीनो, एपिक्यूरस) की विचारधाराओं की व्याख्या मात्र किया करते थे। ये व्याख्याएँ विभिन्न चिन्ताधाराओं से प्रभावित हुआ करती थीं। इस प्रकार का मिश्रित चिन्तन ई. पू. दूसरी शताब्दी का अन्त होते न होते एक स्थापित सत्य बन चुका था। दूसरे, दर्शन का लक्ष्य अब प्रकृति के रहस्यों के उद्घाटन के स्थान पर जीवन में सुख प्राप्ति के विभिन्न दृष्टिकोणों पर विचार करना हो गया था। इस बिन्दु पर आकर पहले की अलग-अलग दार्शनिक व्यवस्थाएँ एक हो जाती थीं। कहने

की आवश्यकता नहीं कि इस प्रकार का चिन्तन पूरी तरह व्यावहारिक दृष्टिकोण लिये हुए था। इसमें सन्देह नहीं कि होरेस को वहाँ पर यह मिश्रित विचारधारा ही सीखने को मिली होगी। इसके अन्तर्गत भी नैतिकता के प्रश्न उसे अपनी रुचि के अधिक अनुकूल लगते होंगे। उसने लिखा भी है कि वहाँ रह कर, "मैं सीधी रेखा और टेढ़ी रेखा में अन्तर करना सीख गया।"[28] इस सम्बन्ध में डाल्टन की टिप्पणी है कि सामान्य रोमी नागरिक की तत्त्वशास्त्र में बहुत कम रुचि होती थी यहाँ तक कि कोई यदि इसका विशेष अध्ययन करने लगता तो सन्देह की दृष्टि से देखा जाता था। समाज को लगता कि कहीं यह नागरिक के कर्तव्य से बचने का बहाना तो नहीं है।[29]

'स्वर्णिम मध्यमान' पर होरेस ने जिस तरह से बल दिया है उससे विश्वास होता है कि वह क्रेतिप्पुस का छात्र रहा होगा। कुछ शोधकर्ताओं की धारणा है कि अरस्तू का 'मध्यमान' थियोफ्रेस्तुस की कृति 'चरित्र' के माध्यम से कवियों और काव्यशास्त्रियों को लगातार आकर्षित करता आ रहा था। होरेस के सैटायर्स में यह मूल सिद्धान्त बनकर प्रतिपादित हुआ है। उसने अपने आसपास के समाज में ऐसे चरित्रों के उदाहरण लिये हैं जिनमें कोई मनोवृत्ति अति की सीमा तक पहुँची हुई है। फ़ूफ़ीदियस एक लालची चरित्र है जो नीचता की हद तक गिरा हुआ है।[30] जो व्यक्ति धन-दौलत को सभी रिश्तों के ऊपर स्थान देता है उसे कोई पसन्द नहीं करता।[31] इसी क्रम में वह तिगेलियस जैसे अस्थिर मनोवृत्तिवाले चरित्र को भी लेता है।[32] यह ऐसा चरित्र है जो कभी स्वयं को बड़ा जागीरदार दिखलाने के लिए दो सौ दास साथ रखता है तो कभी केवल दस। कभी राजा की तरह ठाठ-बाट दिखलाता है तो कभी सिर्फ नमक के साथ सूखी रोटी खाने की बात करता है। इनकी तुलना में वह स्वयं को 'मध्यमान' में रह कर जीवन यापन करने के लिए बधाई का पात्र मानता है।[33] पाठकों को इसका सम्यक् ज्ञान हो सके इसके लिए एक सैटायर में इसे ही विमर्श का मुख्य विषय बनाया है।[34] बाद में भी विभिन्न सम्बोधगीतियों में इस अवधारणा पर कुछ न कुछ वह सदैव कहता रहा। यहाँ तक कि 'आर्स पोएतिका' में भी उसने इसी को सफलता की कुंजी घोषित किया है।[35] इसके साथ ही 'मितव्ययिता'[36] शीर्षक से लिखे सैटायर को भी रखा जा सकता है। इन सबके निष्कर्षस्वरूप यह कहने में कोई दुविधा नहीं होनी चाहिए कि उसकी रचनाओं में टहलुआ शाखा के विचार अन्तर्धारा के रूप में निरन्तर प्रवहमान हैं।

अब, स्तोआई एवं एपिक्यूरी चिन्ताधाराओं पर संक्षेप में विचार कर लेना उचित होगा। ई. पू. पहली शताब्दी में इन दोनों शाखाओं के प्रचारक अधिक से अधिक लोगों को आकर्षित करने में लगे हुए थे। एपिक्यूरी दर्शन का धन पक्ष यह था कि

होरस से एक एक पीढ़ी पहले ही लूक्रीशस* जैसा मौलिक कवि अपनी रचनाओं के माध्यम से इसके प्रचार को विशेष गति दे चुका था। इसके प्रमाण मिलते हैं कि गणराज्य के अन्तिम वर्षों में यह रोम में खूब सराहा जाता था। माना जाता है कि जीवन के आरम्भिक वर्षों में वर्जिल भी इससे आकर्षित हुआ था। एपिक्यूरस के अनुसार विश्वव्यवस्था में देवताओं की कोई भागीदारी नहीं है। आत्मा भी अमर नहीं है। ऐसे रंग में रँगी लूक्रीशस की कविताएँ पढ़े-लिखे अभिजात समाज में विशेष सराही जा रही थीं। इसका एक कारण यह भी था कि पूर्व की अनेक रहस्यमय धार्मिक परम्पराएँ (जिनमें सिबिली देवी की पूजा विशेष थी) रोमी समाज में प्रवेश कर चुकी थीं। इनके विधि-विधान का जनमानस पर ऐसा विघटनकारी प्रभाव पड़ने लगा था कि सेनेट को अध्यादेश की घोषणा करके इन पर अंकुश लगाना पड़ा। इससे अनुमान लगाया जा सकता है कि पहले की धार्मिक मान्यताएँ क्षीण हो गयी थीं जिनके स्थान पर एपिक्यूरी जैसे नये चिन्तन का, कुछ अनुकूल होने के कारण, प्रभाव पड़ना स्वाभाविक था। होरेस इसका अपवाद कैसे हो सकता था। यह उसके जीवन का द्वैध ही कहा जायगा कि एक ओर तो वह मितव्ययी संयमपूर्ण जीवन का उपदेश देता है किन्तु व्यवहार में आनन्द से भरपूर उपभोगी प्रवृत्ति के प्रति भी उदासीन नहीं दिखायी देता। डाल्टन ने उसके सैटायरों में कई ऐसी पंक्तियों की ओर संकेत किया है[37] जो उस पर एपिक्यूरी चिन्तन का प्रभाव दर्शाती हैं, या, कम से कम उसमें गहरी रुचि का प्रमाण हैं। किन्तु, इससे एकाएक यह निष्कर्ष भी नहीं निकाल लेना चाहिए कि वह भोगवादी संस्कृति का समर्थक था क्योंकि एपिक्यूरी दर्शन में आनन्द का सम्बन्ध आत्मा से है न कि इन्द्रियबोध से और इसका प्रस्थान-बिन्दु है आत्मा को मर्त्य तथा जीवनावधि को अत्यल्प मानना।

होरेस पर एपिक्यूरी चिन्तन के प्रभाव का लूक्रीशस के अतिरिक्त एक अन्य स्रोत भी है। इस तथ्य के उल्लेख मिलते हैं कि सिकन्दरिया, पर्गामम और अन्तियोख से आये कुछ यूनानी विद्वानों ने नेपल्स में मानविकी के अध्ययन के लिए एक केन्द्र स्थापित किया था। 'उद्यान अध्ययन-केन्द्र' के नाम से प्रसिद्ध इस संस्थान में सिरो, पार्थेनियुस और फ़िलोदिमुस जैसे दार्शनिक, भाषाविद् तथा इतिहासज्ञ अपने-अपने विषयों का ज्ञान छात्रों को दिया करते थे। प्रशिक्षण के उच्च स्तर को देखते हुए वर्जिल, वैरियस जैसे कवि भी इन अध्ययन-सत्रों का लाभ उठाने के लिए वहाँ

---

* लूक्रीशस (ई. पू. 96-52) पहला लातीनी कवि है जिसने दर्शन को छन्दोबद्ध अभिव्यक्ति प्रदान की। इसके लिए उसने पारिभाषिक शब्दावली भी गढ़ी।

—डाल्टन, होरेस ऐण्ड हिज़ एज, पृ. 84

पहुँचे और जब वे लौटे तो रोम में काव्य को नयी दृष्टि से देखने की लहर सी आ गयी। उपर्युक्त आचार्यों में फ़िलोदिमुस की ख्याति कुछ अधिक थी, वह एपिक्यूरी था। होरेस तक भी उसके व्याख्यानों की चर्चा पहुँची और उसके जीवनी लेखकों ने अब यह मान लिया है कि इन व्याख्यानों को सुनने वह भी नेपल्स गया था। संयोग से एक बार जब वह हर्क्यूलेनियम में अपने मित्र लूशस पिसो सीज़ोनियस (यह वही पिसो है जिसके पुत्रों को नाट्य-रचना के नियमों का ज्ञान कराने के लिए बाद में उसने 'आर्स पोएतिका' शीर्षक से पत्र-प्रबन्ध लिखा) की हवेली में ठहरा हुआ था तो फ़िलोदिमुस भी वहाँ आया हुआ था। इस अवसर पर दोनों सज्जनों ने आमने-सामने बैठ कर टहलुआ शाखा की उपयोगितावादी दृष्टि और एपिक्यूरस की आनन्दवादी दृष्टि पर विस्तार से चर्चा भी की होगी, तुलना भी की होगी। परिणामस्वरूप, एक ओर वह फ़िलोदिमुस के आनन्दवादी चिन्तन से प्रभावित हुआ तो दूसरी ओर उसके काव्य-कला के विश्लेषण से भी। आनन्दवादी दृष्टि की झलक उसके सैटायरों और सम्बोधगीतियों में दिखायी देती है और काव्यकला पर लिखे पत्र-प्रबन्ध में विषय-विवेचन की वही पद्धति रखी गयी है जिसके संकेत फ़िलोदिमुस के खंडाशों में प्राप्त हुए हैं।

लूक्रीशस के प्रभाव में रहते हुए होरेस स्तोआई चिन्तन के विरोध में खड़ा दिखायी देता है किन्तु उसके जीवन में ऐसा समय भी आया जब वह इसी में अधिक विश्वास करने लगा। इस दर्शन में विवेक, विमर्श-बुद्धि को सर्वोपरि माना गया है। इसके अनुसार संवेग आत्मा को विकारग्रस्त बनाते हैं। स्थितप्रज्ञ का जीवन ही श्रेष्ठतम है क्योंकि वह सामान्य सुख-दुख से परे है। स्तोआइयों के लिए सर्वाधिक मूल्यवान् वस्तु है शिवम्, यही सच्चे सुख का मूल है। मनुष्य के समस्त प्रयास इसी को पाने के लिए होने चाहिए। इसका एकमात्र व्यक्त रूप सद्गुण है। अतः, जीवन में यदि कुछ प्राप्त करने योग्य वस्तु है तो सद्गुण है। दूसरी बात यह कि इसको लेकर कम या अधिक का प्रश्न नहीं उठता। यह एक अविभाज्य इकाई है, यदि है तो पूर्ण है नहीं तो बिल्कुल नहीं है। यही स्थिति दुर्गुण की भी है। परिणामस्वरूप,. सभी दोष एक स्तर पर मान लिये जाने के कारण उनके दण्ड को भी एक समान मान लिया गया। फिर, इसी से निःसृत यह तथ्य भी स्वीकार कर लिया गया कि सद्गुण और दुर्गुण के बीच किसी मध्यमान की सम्भावना नहीं है। इस वस्तु-स्थिति के परिप्रेक्ष्य में उनकी दूसरी स्थापना है कि सद्गुण की अवस्था सदैव पूर्णावस्था होती है, इससे थोड़ा भी हटने का अर्थ होता है सीमा का पूर्ण उल्लंघन। इस उपपत्ति को स्वीकार कर लेने पर अन्तिम निष्कर्ष यह निकलता है कि सुखी होने का अधिकार केवल सद्गुणी को है और चूँकि सुखी व्यक्ति को बाह्य सुख-साधनों की आवश्यकता नहीं होती इसलिए, सुखी जीवन वस्तुतः एक मानसिक स्थिति है, अन्तर्मुखी वृत्ति है।

समाज में रहते हुए वह जो कुछ भी करता है कर्तव्य भाव से करता है और समाज के हित में करता है। यह एक तापसी धर्म था।

युवावस्था में एपिक्यूरी चिन्तन से प्रभावित होना होरेस के लिए स्वाभाविक था, परिस्थितियाँ ही कुछ ऐसी थीं। किन्तु, यह ध्यान रखना भी आवश्यक है कि उस तक पहुँचनेवाला इसका रूप मूल से अवश्य भिन्न रहा होगा। इसकी आधारभूत अवधारणा थी कि सुख मनुष्य के जीवन का एक मूल्य है जो भौतिक एषणाओं की अत्यधिक सन्तुष्टि से नहीं सादा जीवन जीने से मिल सकता है। इसके अन्य स्रोत हैं जीवन के तनावों से दूर रहना। इन गिने-चुने विचारों को देख कर अनुमान लगाना कठिन नहीं है कि इन्हें तोड़ना-मरोड़ना कठिन नहीं रहा होगा और एक बड़ा वर्ग था जो इन्हें व्यावहारिक जीवन में समस्याओं को सुलझाने और कष्टों को भूलने के लिए भिन्न रूप दे रहा था। लूक्रीशस इसी वर्ग का प्रतिनिधि था।[38] सम्बोधगीतियों में हमें एपिक्यूरी होरेस के दर्शन होते हैं। सैटायरों में भी कई स्थलों पर उसने स्तोआइयों पर छींटे कसे हैं। फिर ढलती उम्र में तथा कुछ परिस्थितिवश उसका चिन्तन नया रूप लेता दिखायी देता है।

डाल्टन के अनुसार स्तोआई दर्शन के दो-एक प्रचारक उसे ऐसा रूप* देने में लगे हुए थे जो व्यवहार के धरातल पर रोमी मनोवृत्ति को सहज स्वीकार्य था। प्रतीत होता है होरेस स्तोआवाद के इस रूप से अपरिचित था। सच तो यह है कि वह दर्शन का गहन अध्येता कभी रहा ही नहीं। सामान्य चर्चा में जो विचार सर्वस्वीकार्य हुए तथा उसके निजी अनुभव से पुष्ट हुए बस उन्हीं के प्रचार में वह भी जुट गया। उधर स्तोआई चिन्तन के भी कुछ अन्तर्विरोध थे जिन्हें निशाना बना लेना सहज प्रतीत हुआ। फिर समय ने करवट[39] ली तब इसी दर्शन के कुछ गम्भीर विचार उसे सार्थक लगने लगे। पत्र-प्रबन्धों में जीवन के तीखे-कड़वे अनुभवों के प्रकाश में वह इसके आदर्शवादी पक्ष का समर्थन करता प्रतीत होता है। वह, अब, इस विचार का पक्षधर बन गया था कि समाज में व्याप्त बुराइयों पर अंकुश लगाने के लिए ऐसे ही आदर्शवादी चिन्तन की आवश्यकता है। और, यह सोच अकेले उसी की नहीं थी। इतिहास साक्षी है कि गणराज्यीय व्यवस्था के अन्तिम दिनों में सामाजिक चरित्र में

---

* मानव दुर्बलताओं को ध्यान में रख कर संवेगों को भी चिन्तन में समाहित कर लेना तथा अच्छाई-बुराई में भी तरप-तमप के भेद को स्वीकार कर लेना रोमी स्तोआवाद का चरित्र है। ये परिवर्तन पैनीशस द्वारा अत्यन्त व्यवस्थित ढंग से किये गये थे। इसलिए, जब वह रोम आया तो सिपीयोनी मण्डली ने उसका मुक्त मन से स्वागत किया।

—*होरेस ऐण्ड हिज़, पृ. 91*

आये ह्रास को देखते हुए कई जाने-माने वक्ता भी स्तोआई चिन्तन के समर्थक हो गये थे। वे न्यायपालिका तथा कार्यपालिका में न्याय के उच्च आदर्शों को बनाये रखने को लेकर चिन्तित हो उठे थे। स्तोआई दर्शन में प्राकृतिक विधान (लॉ ऑफ़ नेचर) को सभी मानवीय विधानों (ह्यूमन लॉज़) से ऊपर माना गया है। कालान्तर में यही विचारधारा रोमी धर्मशास्त्र (रोमन जूरिसप्रेडेन्स) को और अधिक व्यापकता प्रदान करने में सहायक सिद्ध हुई जिसका लाभ लोगों को साम्राज्यवादी व्यवस्था में मिला। इस दर्शन की दूसरी महत्त्वपूर्ण अवधारणा थी कि व्यक्ति-आत्मा विश्व-आत्मा का ही एक अंश है। इससे विश्वबन्धुत्व के भाव को बल मिला। जीवन के उत्तरार्ध में इन दोनों अवधारणाओं ने होरेस को आकर्षित किया। उसे विश्वास हो चला था कि इनमें निहित नैतिक शुद्धता और गरिमा श्रेष्ठ समाज-संरचना के लिए रोमवासियों को प्रेरित कर सकती है। इसलिए रोमी धर्म की प्राचीन प्रथाओं को पुनर्जीवित करने की योजना जब ऑगस्तस ने बनायी तो उसने हृदय से उसका समर्थन किया।

जीवन के उत्तरार्ध में होरेस स्तोआई प्रभाव में कैसे आया यह केवल अनुमान का विषय है फिर भी इस सम्बन्ध में डाल्टन की टिप्पणी अधिक विश्वसनीय प्रतीत होती है। उसने यह प्रभाव परोक्ष और प्रत्यक्ष दोनों प्रकार से माना है। परोक्ष प्रभाव सिसरो के माध्यम से पहुँचा। सिसरो स्वयं इस विचारधारा से प्रभावित था और होरेस के सैटायरों से संकेत मिलता है कि वह उसके लेखन (विशेषतः पत्र) से परिचित था। दूसरे, उसके पत्र-प्रबन्धों में ऐसे वाक्य आये हैं जो स्तोआई सूत्रों के अनुवाद मात्र हैं जिससे विश्वासपूर्वक कहा जा सकता है कि उसने स्वतन्त्र रूप से भी इनका अध्ययन किया होगा। इनमें उसने पुस्तक एक के पहले, दसवें और ग्यारहवें पत्र-प्रबन्ध का विशेष उल्लेख किया है।

ऐसी कल्पना नहीं की जा सकती कि उसका हृदय रातों-रात परिवर्तित हो गया होगा, और यह सोचना भी ग़लत होगा कि स्तोआई चिन्तन स्वीकार कर लेने के बाद एपिक्यूरी चिन्तन से उसने पूरी तरह पल्ला झाड़ लिया होगा। उसकी रचनाएँ इसका कोई प्रमाण नहीं देतीं। सुखवादी चिन्तन के प्रति उसका आकर्षण सदैव बनला रहा, समय-समय पर, अपने ढंग से इसकी व्याख्या भी करता ही रहा। इस सम्बन्ध में एक रोचक प्रसंग का उल्लेख आवश्यक प्रतीत हो रहा है। ऑगस्तस के जन्मदिन की पहली शाम वह तोर्कैतस को निमन्त्रण भेजता है[40]–

"आओ, छोटे पैमाने पर ही सही, पीन-पिलाने और आराम से शाम गुज़ारने का कार्यक्रम रखें। मेरे पास जो भी [थोड़ी] पूँजी है यदि मैं उसका उपयोग नहीं करता हूँ तो वह किस काम की? मैं अपना कमरा फूलों से सजाऊँगा और पीयूँगा भी, चाहे लोग मुझे बेवकूफ़ ही क्यों न कहें।"

यह प्रसंग जिस पत्र-प्रबन्ध में आया है वह उस काल का है जब वह घोषित

कर चुका था कि बढ़ती उम्र ने मेरी मौज-मस्ती छीन ली है। अतः, मान लिया जाना चाहिए कि एपिक्यूरी विचारधारा उसके चरित्र का एक अंग थी, और, यह भी कि एक प्रकार के चिन्तन को पकड़ कर बैठे रहना उसका स्वभाव नहीं था।

3.4.1.4 साहित्यिक पृष्ठभूमि

गत पृष्ठों में प्रस्तुत विषय के अनेक पक्षों पर विभिन्न सन्दर्भों में विचार हो चुका है। उन चर्चाओं में एक विशेष तथ्य यह उभर कर सामने आया कि रोमी लेखक लातीनी साहित्य को यूनानी साहित्य के समकक्ष लाने के लिए लगभग सभी विधाओं में निष्ठापूर्वक रचना कर रहे थे। इसमें साहित्यिक मण्डिलयों की महत्त्वपूर्ण भूमिका को भी स्वीकार किया जाना चाहिए। इन मण्डलियों के आश्रयदाताओं तथा बाद में ऑगस्तस द्वारा दिये गये राजाश्रय से साहित्य रचना को और गति मिली। यह ठीक है कि उसने साहित्य को प्रचार का माध्यम बनाया किन्तु इस कारण से तथा अन्य कारणों से भी इसके रूप पक्ष में जो निखार आया उसे कम करके नहीं आँका जा सकता। साथ ही सम्पूर्ण राष्ट्र को सम्बोधित होने से साहित्य के वस्तु-तत्त्व में भी अभूतपूर्व व्यापकता आयी। वर्जिल का 'इनीइड' महाकाव्य इसी युग की देन है।

साहित्यिक मण्डलियों में सर्वाधिक ख्याति वर्जिल और उसके मित्रों को मिली। इसका एक कारण था कि इसके सभी सदस्य—वैरिसय, प्रोपर्शस, होरेस आदि—श्रेष्ठ रचनाकार थे। दूसरा कारण था इसके आश्रयदाता मीसिनास के राजनीतिक सम्बन्ध। ऑगस्तस को परामर्श देने के साथ-साथ मीसिनास के कन्धों पर उसकी योजनाओं के प्रचार का उत्तरदायित्व भी था। इस कार्य में वर्जिल और होरेस दोनों ही उसके सहयोगी थे। वर्जिल के ग्रामगीत (ज्योर्जिक्स) प्रसिद्ध हैं। वे मीसिनास के आग्रह पर लिखे गये थे। इनके काव्य सौन्दर्य पर दो मत नहीं है किन्तु इस तथ्य को स्वीकार किया जाना चाहिए कि इनमें सम्राट् की योजनाओं का प्रचार भी सन्निहित है। ई. पू. 29 में ऑक्तेवियन (तब तक उसने ऑगस्तस की उपाधि धारण नहीं की थी) पूर्वी देशों के विजय अभियान को पूर्ण कर लौटा था। तब तक ग्रामगीत की चारों पुस्तकों का संशोधित संस्करण तैयार हो चुका था। कहा जाता है वर्जिल और मीसिनास ने बारी-बारी से इन गीतों को ज़ोर-ज़ोर से पढ़ कर उसे सुनाया था।[41] ये प्रमाण हैं इस तथ्य के कि होरेस की भाँति ही वर्जिल भी दरबारी कवि था किन्तु इस सत्य को भी नकारा नहीं जा सकता कि ऑगस्तस के प्रचारात्मक उपयोगिताश्रयी मूल्य को उनके काव्य में जिस सीमा तक महत्त्व मिला उसी सीमा तक रूपाश्रयी मूल्य तथा सम्बन्धश्रयी मूल्य को भी महत्त्व मिला। इन तीनों के सन्तुलन से ही उनकी रचनाओं ने भावी पीढ़ियों के लिए श्रेष्ठता का प्रतिमान स्थापित कर दिया इसे अस्वीकार नहीं किया जा सकता। ये रचनाएँ इस काल के लातीनी साहित्य के

लिए सुवर्ण युग नाम को सार्थक करती हैं। यह सब होने पर भी काव्यशास्त्र के क्षेत्र में इस युग की विशिष्ट उपलब्धियों की ओर आलोचकों का ध्यान कम गया है। यह ठीक है कि प्लेटो और अरस्तू के स्तर का मौलिक चिन्तन होरेस में नहीं मिलता किन्तु परम्परागत अवधारणाओं को भी अपने ढंग से कैसे रखा जाय इसकी समझ उसमें भरपूर थी। यह नयापन बाद में शताब्दियों तक काव्य-चिन्तन को प्रभावित करता रहा।

राज्य की ओर से प्रशंसा और अर्थ दोनों की प्राप्ति होने से रचनाकारों द्वारा काव्य और काव्यशास्त्र दोनों का द्रुतगति से विकास हुआ। इससे पहले तक रोमी मानसिकता किसी भी वस्तु को उसके उपयोगिताश्रयी मूल्य से परखती थी। दैनंदिन व्यवहार में काव्य चूँकि उपयोगी नहीं था इसलिए इसका मूल्य भी कम था। गणराज्य के समाप्त होते न होते यूनानी अवधारणाओं के प्रचार से स्थिति में परिवर्तन आने लगा जिसे राजाश्रय ने पूर्णता प्रदान की। ऑगस्तस के शासनकाल में कवियों को जितना सम्मान और आर्थिक सहयोग मिला उतना न पहले कभी मिला था न बाद में मिला। कविताओं के प्रकाशन में भी उसने स्वयं तथा अन्य अधिकारियों ने गहरी रुचि ली।*

काव्य को मिले प्रोत्साहन का एक परिणाम यह हुआ कि उसके मूल्यांकन की दृष्टि भी व्यवस्थित रूप लेने लगी। इस दिशा में नेपल्स के 'उद्यान अध्ययन-केन्द्र' के योगदान का उल्लेख हो चुका है। संयोग से इसी समय एक घटना, उतनी ही महत्त्वपूर्ण, और घटी जिसने निश्चित ही समीक्षा-दृष्टि को बहुत दूर तक प्रभावित किया। एटकिन्स के अनुसार वक्ता पोल्लियो ने यह प्रस्ताव रखा (जो तत्काल कार्यान्वित भी हुआ) कि किसी भी कवि की कृति प्रकाशित हो उसके पहले उसका सार्वजनिक पाठ अवश्य हो जिससे उस पर आलोचना हो सके।[42] यह प्रजातान्त्रिक प्रयोग था ठीक वैसा ही जैसा सुकरात ने किया था।[43] इस प्रथा से काव्य-मूल्यांकन एक प्रजातान्त्रिक अधिकार बन गया। सुकरात की भी यही धारणा थी कि कवि अपनी रचना का जो अर्थ करे वही प्रामाणिक माना जाय यह आवश्यक नहीं है। इसी तरह कोई अध्यापक या व्यक्ति विशेष जो व्याख्या करे वही एकमात्र व्याख्या हो सकती है यह मानने का भी कोई आधार नहीं है। सार्वजनिक पाठ हो जाने पर या प्रकाशित हो जाने पर कविता पाठक/श्रोता की सम्पत्ति हो जाती है, इसलिए, प्रत्येक

---

* वर्जिल अपने जीवनकाल में 'इनीइड' को प्रकाशित होते नहीं देख सका था। इसका सम्पादन व प्रकाशन उसकी मृत्यु के पश्चात् वैरिसय ने ऑगस्तस की आज्ञा से किया। होरेस के 'सैटायर' का प्रकाशन भी मीसिनास की प्रेरणा से तथा उसी की देख-रेख में हुआ।

व्यक्ति को अपने ढंग से उसकी व्याख्या करने का अधिकार है। कवि को इसका लाभ इस रूप में मिल सकता है कि इसके प्रकाश में वह कृति को सुधार सकता है और उसकी अपनी आलोचनात्मक दृष्टि भी इससे विकसित एवं पुष्ट होगी। होरेस की काव्यशास्त्रीय मान्यताओं के सन्दर्भ में हमें इस पर कुछ और विचार करने का अवसर मिलेगा।

सार्वजनिक आलोचना ने इसे स्वतन्त्र विधा का रूप दे दिया। इसके कई हानि-लाभ हुए। पहला यह कि हर कलमघसीट[44] द्वारा स्वयं को महाकवि घोषित करने की प्रवृत्ति पर रोक लगी। सिसरो पर विचार करते समय देख आये हैं कि उन दिनों व्यक्ति चाहे जिस क्षेत्र से जुड़ा हो—शासनाधिकारी, सेनानायक या वकील—कविता पर ज़ोर-आज़माइश ज़रूर कर लेता था। लगता था जैसे सभी पर काव्य-रचना का भूत सवार हो गया है। समझा जा सकता है कि इस नियम से ऐसी तुकबन्दियाँ करने पर अंकुश भले न लगा हो पर उनके प्रकाशन पर रोक अवश्य लगी होगी। यह सार्वजनिक आलोचना का धन पक्ष था। इसका ऋण पक्ष यह था कि अब राह चलता भी स्वयं को [महान्] आलोचक मान बैठा। दूसरा ऋण पक्ष यह था कि इस आलोचना का लक्ष्य सदैव वस्तुनिष्ठ दृष्टि से गुण-दोष विवेचन नहीं होता था, अपने दल का बचाव करते हुए विरोधी पर प्रहार करना भी होता था।[45] इससे साहित्य-समीक्षा का नहीं दलगत समीक्षा का दौर चल पड़ा। इस तरह की समीक्षा का, सामान्यतः, मुख्य आधार यह होता था कि नये लेखक ने किस आदर्श का अनुकरण किया है—सिकन्दरिया के कवियों का, पुराने लातीनी कवियों का या आभिजात्य युग के यूनानियों का। इसे शैलीगत विवाद का नाम भी दिया गया है। ये तीनों शैलियाँ अपने लिए पूर्ण वर्चस्व की लड़ाई लड़ रही थीं। इनमें सिकन्दरियाई शैली कुछ अधिक लोकप्रिय हो गयी थी। इसके प्रचार में, संयोग से, क्लियोपात्रा ने भी महत्त्वपूर्ण भूमिका निभायी। सीज़र की मृत्यु के पहले दो वर्ष तक वह उसकी की प्रेमिका बन कर रोम में रही थी। उसके यहाँ रहने से सिकन्दरियाई साहित्य तथा कलाकृतियों का आयात होना स्वाभाविक था। एटकिन्स के अनुसार उन दिनों वहाँ की कला रोम में फैशन बन गयी थी और इसका प्रभाव ऑगस्तस के पूरे शासनकाल में भी बना रहा।[46] इस शैली का एक सबल पक्ष था भूतकाल को आधार बनाकर (अर्थात्, पौराणिक अथवा आनुश्रुतिक कथाओं द्वारा) वर्तमान को प्रस्तुत करना या उसकी व्याख्या करना। इसके साथ-साथ सूक्तियों एवं मुक्तकों की प्रथा भी चल पड़ी। नव-कवि कहलानेवाली इस बिरादरी का कभी वर्जिल भी सदस्य रह चुका था। उसकी शुरू-शुरू की रचनाओं में इसकी झलक दिखायी भी देती है।[47] होरेस के सम्बोधगीति भी इस प्रभाव से मुक्त नहीं हैं। यहाँ, इस संक्षिप्त टिप्पणी का उद्देश्य

केवल यह जतलाना है कि वास्तव में यह काव्य रचना ही नहीं उसका मूल्यांकन करने की भी विशेष दृष्टि थी। और, यही बात अन्य शैलियों के बारे में भी कही जा सकती है। अर्थात्, उनमें भी सृजन और मूल्यांकन सम्बन्धी दोनों दृष्टियाँ एक में समाहित थीं।

सन्दर्भ एवं टिप्पणियाँ

1. सैटायर', पु. II, 1
2. सम्बोधगीत, पु. III, 21
3. पत्र-प्रबन्ध, पु. I, 20
4. सैटायर, पृ. I, 4
5. वही, वही, 6
6. पत्र-प्रबन्ध, पु. II, 2
7. वही, वही, वही
8. पु. I, 20
9. फ़ार्महाउस में रहने के सुख का वर्णन करते हुए उसने लिखा है—
   छोटी-छोटी पहाड़ियों की कतार दूर तक चली गयी है, बीच-बीच में घनी छायावाली वादियाँ है। यहाँ का जलवायु आनन्ददायी है। ओक के वृक्ष मेरे पशुओं को चारा देते हैं और मुझे छाया। लगता है तरेन्तम (दक्षिण-पूर्व इटली का यूनानी उपनिवेश) का एक टुकड़ा ही यहाँ लाकर रख दिया गया है... इसके किनारे उठने-बैठने से मैं स्वयं को स्वस्थ अनुभव करता हूँ। —वही, 16
10. सैटायर, पु. I, 6
11. वही, पु. II, 6
12. सम्बोधगीति, पु. II, 17, पं. 9-12
13. सम्बोधगीति, पु. I, 2
14. यूनानी आभिजात्य चिन्तन, पृ. 98
15. सम्बोधगीति, पु. III, 14
16. पु. II, 2
17. इम्पीरियल रोम (टाइम लाइफ़), पृ. 107
18. पु. I, 1
19. वही, 6
20. सम्बोधगीति, पु. I, 14
21. वही, पृ. III, 4
22. वही, वही, 5
23. पु. I, 4
24. पु. III, 6
25. वही, 7

26. वही, 24
27. पु. I, 1
28. पत्र-प्रबन्ध, पु. II, 2
29. होरेस ऐण्ड हिज़ एज, पृ. 79
30. पु. I, 2
31. वही, 1
32. वही, 3
33. वही, 7
34. पु. II, 3
35. पं. 30-40
36. पु. II, 2
37. होरेस ऐण्ड हिज़ एज, पृ. 85 की पा. टि.
38. एच.जे.रोज़, ए हैण्डबुक ऑफ़ लैटिन लिटरेचर, पृ. 124-26
39. "बढ़ती उम्र हमसे सब कुछ छीन लेती है : मुझसे भी उसने मेरी हँसी लूट ली है, मेरी मौज-मस्ती, खेल-खिलवाड़ सब कुछ छीन लिया है।" *—पत्र-प्रबन्ध, पु. II, 2*
40. पत्र-प्रबन्ध, पु. I, 5
41. एच. जे. रोज़, ए हैण्डबुक ऑफ़ लैटिन लिटरेचर, पृ. 247
42. लिटरेरी क्रिटिसिज़्म इन ऐटिक्विटी, खण्ड-दो, पृ. 49
43. यूनानी आभिजात्य चिन्तन, पृ. 200-1
44. होरेस, पत्र-प्रबन्ध, पु. II, 1; सैटायर, पु. I, 4
45. होरेस द्वारा मीसिनास को लिखे एक पत्र-प्रबन्ध में टिप्पणी आयी है—"क्या आप जानते हैं कुछ ऐसे कृतघ्न पाठक भी हैं जो घर पर मेरी रचनाओं का आनन्द लेते हैं और घर के बाहर उस पर रोक लगाने की बात करते हैं।" —पु. I, 19
46. लिटरेरी क्रिटिसिज़्म इन एंटिक्विटी, खण्ड-दो, पृ. 50
47. एच. जे. रोज़, ए हैंड बुक ऑफ़ लैटिन लिटरेचर, पृ. 222

3.4.2 होरेस की 'आर्स पोएतिका'

3.4.2.1 परम्परा

'आर्स पोएतिका' काव्यशास्त्री होरेस की मुख्य कृति है। कहने को यह पत्र-प्रबन्ध है क्योंकि किन्हीं पिसो बन्धुओं (पिता और पुत्र) को सम्बोधित है, किन्तु चर्चा का मुख्य विषय काव्य–प्रयोजन, नियम, कवि की तैयारी आदि–होने के कारण क्विन्तिलियन ने इसे 'आर्स पोएतिका' कह दिया और तब से यही शीर्षक इसके लिए रूढ़ हो गया। हिन्दी में इसका अनुवाद 'काव्य-कला' अथवा 'काव्य-शिल्प' हो सकता है यदि इन्हें आधुनिक अर्थ में न लिया जाय। पुरानी लातीनी में 'आर्स' का अर्थ था शिल्प, जैसे, बढ़ईगीरी, लोहारी आदि, अर्थात्, किसी भी कार्य को दक्षतापूर्वक करना। यूनानी भाषा में इसके लिए 'तेख्नी' शब्द का प्रयोग होता था। मध्य युग में इसका कुछ और अर्थ भले ही गया हो किन्तु होरेस के काल में इसका अर्थ वही था जो 'तेख्नी' का था। शिल्प-क्रिया (आर्स/तेख्नी) के उत्पाद में रूपाश्रयी मूल्य की अपेक्षा तो की जाती थी किन्तु उसे स्वायत्तता प्राप्त नहीं थी। जब तक उपयोगिताश्रयी मूल्य के साथ न जुड़े वह व्यर्थ था। सामाजिक सम्पृक्ति का यह भाव आभिजात्य कला-दृष्टि में मुख्य था, ऑगस्तस युग में यह फिर से रेखांकित किया जाने लगा। होरेस के पत्र-प्रबन्धों में यह साफ़ देखा जा सकता है। इस सम्बन्ध में ओ.सी. ब्रिंक की टिप्पणी है कि उसके लिए कविता का मूल है रचना-कौशल, किन्तु, उसका लक्ष्य है सामाजिक के सम्पूर्ण व्यक्तित्व (केवल उसके सौन्दर्यबोध को नहीं) को प्रभावित करना। कवि/कविता का सामाजिक उत्तरदायित्व प्रधान है जिसका निर्वाह उसे करना ही चाहिए।[1] यूनानी काव्य ने इस भूमिका का निर्वाह किया था, वह चाहता था कि उसकी पीढ़ी के कवि भी इसी भाव से प्रेरित हों। उनकी रचना इस लक्ष्य को कैसे सिद्ध कर सकती है प्रस्तुत प्रबन्ध में उसी का प्रतिपादन हुआ है। इस अर्थ में क्विंतियिलन का इसे 'आर्स पोएतिका' कहना स्वाभाविक था। हम भी इसका उल्लेख इसी शीर्षक से कर रहे हैं ताकि काल सापेक्ष अर्थ ग्रहण करने में कोई कठिनाई न हो।

होरेस की आभिजात्योन्मुखी दृष्टि होने के कारण यह अपेक्षा की जा सकती थी कि 'आर्स पोएतिका' की संरचना अरस्तू के काव्यशास्त्र की पद्धति पर हो पर ऐसा

हुआ नहीं किन्तु, इसका यह अर्थ भी नहीं लेना चाहिए कि अरस्तू की काव्यशास्त्रीय मान्यताओं से इसका कोई सम्बन्ध नहीं है। यह सम्बन्ध वस्तुतः परोक्ष रूप से है क्योंकि जिन परिस्थितियों में यह लिखी जा रही थी उन्हें देखते हुए 'काव्यशास्त्र' से प्रेरणा तो ली जा सकती थी, किन्तु, उसे प्रतिमान नहीं बनाया जा सकता था। ई. पू. प्रथम शताब्दी में इस विषय पर लिखनेवाले किसी व्यक्ति के लिए गत तीन शताब्दियों में काव्य-कला पर लिखी गयी कृतियों की अवहेलना करना सम्भव नहीं था। दूसरे, वह अपने समय के अनेक शास्त्रीय प्रश्नों से भी जूझ रहा था, उसे उन पर भी अपनी दृष्टि स्पष्ट करनी थी। तीसरे, उसे अपने लेखन का बचाव भी करना था, उसका मूल्य सिद्ध करना था। अन्तिम बात यह कि वह एक [काव्यात्मक] पद्य-प्रबन्ध लिख रहा था जिसमें एक ओर उसे काव्यगत रूपाश्रयी मूल्य की रक्षा करनी थी तथा दूसरी ओर काव्य के सन्दर्भ में शास्त्रीय विषयों—काव्य-हेतु, प्रयोजन, वाक्सरणि, संरचना आदि—पर अपना निर्णय देते हुए, उनकी स्थापना करते हुए एक अच्छे काव्य की रचना भी करनी थी। तात्पर्य यह कि उसे कवि और काव्यशास्त्री दोनों की भूमिकाएँ साथ-साथ निभानी थीं। 'आर्स पोएतिका' इन विविध बिन्दुओं में सामंजस्य स्थापित करने का अद्भुत प्रयास है। अब प्रश्न है कि इसे लिखते समय उसने अपने से पहले के एतद्विषयक किसी प्रबन्ध से मार्गदर्शन लिया या नहीं? यदि लिया तो किससे? इसकी शब्दावली और संरचना संकेत देती हैं कि इस प्रकार की रचनाओं की एक पुष्ट परम्परा थी। अब, देखना यह है कि इस परम्परा का अनुसरण उसने कहाँ तक किया है।

सोलहवीं शताब्दी के फ्रांसिसी आलोचक स्कालिजर की 'आर्स पोएतिका' पर टिप्पणी है—'बिना कला के लिखी गयी कला'। अर्थात्, यह प्रबन्ध यद्यपि काव्य-कला के नियमों का प्रतिपादन करने के लिए लिखा गया है किन्तु इसके लेखक ने स्वयं किसी नियम का पालन नहीं किया है। इसके बाद अनेक आलोचकों ने इसके अंशों को कुछ आगे-पीछे करके इसमें क्रम लाने का प्रयास किया है और जब वे सफल नहीं हो पाये तो यहाँ तक कह दिया गया कि होरेस का इसे प्रबन्धात्मक रूप देने का कोई विचार था ही नहीं। पत्र-प्रबन्धों में सामान्यतः सैटायर की पद्धति पर विषय को व्यवस्थित रूप देने की परम्परा है ही नहीं।[2] ये नकारात्मक प्रतिक्रियाएँ किसी गहन अध्ययन का परिचय नहीं देतीं। यह ठीक है कि एक ओर पत्र-प्रबन्ध दूसरी ओर छन्दोबद्ध होने के कारण इसमें कवि को मिलनेवाली छूट का लाभ उठाया गया है किन्तु, इसी आधार पर इसे कलाविहीन कह देना बड़ी भूल थी। आधुनिक विद्वानों ने इसके विषय-विश्लेषण पर अधिक ध्यान दिया, इससे पहले की आर्स-परम्परा की खोज-बीन की और इस प्रक्रिया के सकारात्मक परिणाम भी सामने आये। उनसे निकले निष्कर्ष ही प्रस्तुत विवेचन के आधार हैं।

ओ.सी. ब्रिंक ने इस प्रबन्ध में एक त्रिखण्डीय आधारभूत ढाँचे को चिह्नित किया है। इतना ही नहीं, मुख्य विषय आरम्भ करने से पहले उसने चालीस पंक्तियों का उपोद्‌घात भी लिखा है। फिर, 41वीं पंक्ति से लेकर 118वीं पंक्ति तक प्रथम खण्ड में क्रम एवं शैली पर विचार हुआ है। 119वीं पंक्ति से लेकर 294वीं पंक्ति तक दूसरा खण्ड है जिसे दो उपखण्डों में बाँटा गया है। पहले में यह चर्चा हुई है कि बड़े विषयों के अनुभागों को कैसे व्यवस्थित किया जाय, दूसरे में विचारणीय विषय है कि इस तरह की व्यवस्थावाली विधाएँ कौन-कौन सी हैं। अन्तिम खण्ड 295वी पंक्ति से ले कर 476वीं पंक्ति तक है, इसमें काव्यालोचन के सामान्य प्रश्नों को उठाया गया है। तीनों खण्डों को काव्यात्मक रूप देना होरेस के लिए बड़ी चुनौती थी। इस सन्दर्भ में ब्रिंक का मत है कि इसे लिखते समय उसके सामने दो पद्धतियाँ रही होंगी—सामान्य/गद्यात्मक तथा काव्यात्मक। सामान्य पद्धति में विषय को कई शीर्षकों एवं उपशीर्षकों में बाँटा जाता था और उनके क्रम का दृढ़ता से पालन किया जाता था। काव्यात्मक पद्धति ऐसे किसी भी प्रकार के शीर्षक-विभाजन के विरुद्ध थी। पहले प्रकार से लिखी जानेवाली आर्स पोएतिका की निश्चित ही लम्बी परम्परा थी जबकि दूसरी में एक-आध रचनाएँ ही रही होंगी। होरेस कवि था, उसे दूसरी पद्धति रुचिकर लगना स्वाभाविक था। यह संकेत ले कर तथा अपने गहन अध्ययन के आधार पर ब्रिंक इस निष्कर्ष पर पहुँचा कि हमारे कवि ने अपनाया तो दोनों पद्धतियों को किन्तु प्रथम को पृष्ठभूमि में रखा और द्वितीय को अग्रभूमि में।

अब, ब्रिंक ने दूसरा प्रश्न लिया। क्या किसी ऐसी आर्स पोएतिका पर उँगली रखी जा सकती है जिस पर होरेस अपेक्षाकृत अधिक निर्भर रहा हो? इस सम्बन्ध में पहली बात ध्यान देने योग्य है कि वह पाठ्यपुस्तक नहीं कविता लिख रहा था, ऐसी कविता जो काव्य के सभी मानों पर खरी उतरती हो। इसलिए, किसी भी पद्यात्मक रचना को वह अपना प्रतिमान नहीं बना सकता था। इस परिप्रेक्ष्य में उपर्युक्त प्रश्न का उत्तर पोरफ़ीरियन की टिप्पणी में मिलता है। उसकी टीका के आरम्भ में ही एक वाक्य आया है—"होरेस ने अपनी पुस्तक (आ. पो.) में पेरियम के नियोतोलेमुस* की काव्य मान्यताओं, सभी नहीं केवल कुछ, को (जो उसे महत्त्वपूर्ण लगी होंगी) समेट लिया है।" आज सभी विद्वान् यह स्वीकार

* ई. नोर्डन का मत है कि नियोतोलेमुस चूँकि ट्रोड प्रान्त के पेरियम नगर में पैदा हुआ था इसलिए वह पर्गामम चिन्तनधारा में दीक्षित था। ब्रिंक का कहना है कि उसका लेखन सिकन्दरियाई चिन्तन का द्योतक है क्योंकि इसी में काव्य और आलोचना के मिश्रित रूप की परम्परा मिलती है।

करते हैं कि नियोतोलेमुस कवि और वैयाकरण दोनों था। उसने दियोनाइसुस के पौराणिक आख्यान पर कविता लिखी थी, एक उपदेशात्मक काव्य भी लिखा था, किसी पुस्तक का विषय भूगोल से सम्बन्धित भी था तथा सुभाषित एवं चामत्कारिक उक्तियों पर भी पुस्तक तैयार की थी। वह कोशकार भी था। होमर की कृतियों का कोश तथा यूनानी-फ्रीजिया कोश उसके व्यापक अध्ययन के प्रमाण हैं। उसकी रचनाओं की विशेषताओं के आधार पर इतिहासज्ञों ने उसका कार्यकाल ई.पू. तीसरी शताब्दी का उत्तरार्ध माना है। ये वे ही विशेषताएँ है जो कल्लिमाखुस और इरेतोस्थनीज़ को अलग पहचान दिलाती हैं, अर्थात्, छन्दोबद्ध रचना में पाण्डित्य प्रदर्शन। किन्तु नियोतोलेमुस की रचना मूल रूप में प्राप्त न होने के कारण साधिकार नहीं कहा जा सकता कि वह पद्यबद्ध थी ही। अनुमान का आधार केवल यही है कि वह अच्छा कवि भी था।

सिकन्दरियाई परम्परा में काव्यशास्त्र व्याकरण के अन्तर्गत पढ़ाया जाता था, अतः पाठ्यक्रम में पढ़ाई जाने योग्य पुस्तकें भी तैयार की जाती होंगी। किन्तु, जहाँ तक नियोतोलेमुस की कृति का प्रश्न है होरेस के प्रमाण से कहा जा सकता है कि वह अरस्तू की परम्परा की वाहक थी न कि सिकंदरियाई परम्परा की। इससे समीक्षाशास्त्रियों ने अनुमान लगाया है कि अरस्तू तथा सिकंदरियाई चिंतन-पद्धति के अतिरिक्त एक तीसरी परम्परा भी थी या विकसित हो रही थी जो इन दोनों स्पर्श करते हुए भी इनसे स्वतन्त्र थी।[3] नियोतोलेमुस इसी का प्रतिनिध काव्यशास्त्री प्रतीत होता है। यह निश्चित है कि होरेस सीधे नियोतोलेमुस की आर्स पोएतिका के सम्पर्क में नहीं आया था। इन दोनों के बीच की कड़ी फ़िलोदिमुस है। जीवनी खण्ड में दोनों की भेंट होने का प्रसंग आ चुका है। हुआ यह कि फ़िलोमीलुस ने नियोतोलेमुस से कुछ उद्धरण लेकर उनकी आलोचना की थी। उन्हीं में से कुछ को चुनकर फ़िलोदिमुस ने अपनी प्रतिक्रियाएँ तैयार कीं। यह विश्वासपूर्वक नहीं कहा जा सकता कि उसने नियोतोलेमुस की पुस्तक का उपयोग किया या नहीं। फ़िलोदिमुस एपिक्यूरी था। हो सकता है फ़िलोमीलुस भी एपिक्यूरी रहा हो। इसी आधार पर अनुमान लगाया गया है कि फ़िलोदिमुस ने जिन उद्धरणों को चुना वे उसके चिन्तन को प्रत्यक्ष या परोक्ष रूप से पुष्ट करनेवाले रहे होंगे। फिर भी, उसके विश्लेषण में नियोतोलेमुस के सिद्धान्त और पारिभाषिक शब्दावली की पहचान हो जाती है। कालान्तर में ये होरेस के चिन्तन का आधार बने।

फ़िलोदिमुस की पाण्डुलिपि के केवल दो खर्रे (स्क्रोल) बचे हैं। उनमें नियोतोलेमुस अथवा अन्य किसी प्रतिपक्षी के गिने-चुने उद्धरण ही मिलते हैं। उसकी पद्धति यह रही है कि प्रतिपक्षी की स्थापनाओं में जहाँ कहीं उसे असंगति दिखायी दी उसी पर अपनी असहमति व्यक्त करते हुए टिप्पणी कर दी। इसे देखते हुए बहुत दिनों तक यही माना जाता रहा कि उसकी आलोचना नकारात्मक है, उसने केवल दोष ही

देखे हैं। परिणामस्वरूप उसकी कृति को कोई महत्त्व नहीं मिला। संयोग से बीसवीं शताब्दी के प्रथम चरण में ऑगस्तो रोस्तान्यी ने उसके रचनात्मक पक्ष पर शोध प्रारम्भ किया और वह इस निष्कर्ष पर पहुँचा कि यूनानी-रोमी विचारधारा में जिस तरह से काव्य का मूल्यांकन किया जा रहा था एपिक्यूरी विचारधारा के अनुयायी उससे गहरा मतभेद रखते थे। इस सूत्र के सहारे उसने फ़िलोदिमुस की नकारात्मक टिप्पणियों को नये सिरे से संयोजित करना शुरू किया। किन्तु इस समस्त प्रक्रिया में कोई ऐसा ठोस साक्ष्य नहीं मिला जिससे उसकी काव्यशास्त्रीय अवधारणाओं पर नया प्रकाश पड़ता हो। इसलिए, ब्रिंक की यह धारणा उचित ही है कि उसने जो भी उद्धरण दिये हैं उनसे नियोतोलेमुस की दृष्टि की अधिक जानकारी मिलती है अपेक्षाकृत उसके अपने दृष्टिकोण के।[4] ऐसा ही एक महत्त्वपूर्ण उद्धरण है :

"[उसने (नियोतोलेमुस) कहा है], कि वह (कवि) लम्बी कविता में भी सामंजस्य अथवा समन्विति स्थापित कर लेता है; (दूसरे) 'सिद्धहस्त कवि श्रोताओं को न केवल आनन्द से रोमांचित कर देता है वरन् उन्हें संस्कारित भी करता है, शिक्षा भी देता है; (तीसरे) 'होमर बहुधा आनन्द के साथ-साथ संस्कार भी देता है'; अन्त में वह (होमर) 'महत्तम कवि था।"

उपर्युक्त उद्धरण का निहितार्थ आभिजात्यवादी (हेलेनिस्टिक) युग की पृष्ठभूमि पर ही समझा जा सकता है। उसे स्पष्ट करते हुए ब्रिंक ने लिखा है कि इस काल में छोटी कविताओं में शैलीगत पूर्णता (या, त्रुटिहीनता) की अपेक्षा करना उस समय के [दरबारी] वातावरण की देन थी। कल्लिमाखुस और उसकी जैसी विचारधारा रखनेवाले (जो बहुमत में थे) कवि सिद्धान्ततः स्वीकार करते थे कि होमर के महाकाव्य प्रथम श्रेणी के हैं किन्तु व्यवहारतः वे इससे दूर ही रहे। उनके मन में कलात्मक पूर्णता की जो कल्पना थी उसमें ढल सकने की योग्यता उन्हें लम्बी कविता में नहीं दिखायी दे रही थी। हो सकता है वे यह भी अनुभव करते हों कि लम्बी कविता के रसिक अब रह ही नहीं गये हैं। ऐसी मनोवृत्ति निश्चित ही ऐतिहासिक परिस्थितियों की देन थी। एक समर्थ कल्पनाशील कवि होने के नाते नियोतोलेमुस की दृष्टि इससे मेल नहीं खा रही थी तो यह उचित ही था। उसका तर्क था कि कवि में यदि शक्ति (प्रतिभा) है तो उसे लम्बी कविता (प्रबन्ध-काव्य) लिखने का प्रयत्न करना चाहिए और उसमें सामंजस्य एवं तारतम्य (हार्मनी ऐण्ड कंटिन्युइटी) लाना भी उसके लिए बाध्यकर है। अरस्तू की स्थापना भी यही थी। इस तरह सामजस्य और तारतम्य (अथवा सामंजस्य एवं पूर्णता) कविता की संरचनागत एकता की विशेषता बन जाते हैं। बस, यही वह सूत्र है जिसे पकड़कर लेखक उपर्युक्त संयुक्त वाक्य के विश्लेषण में प्रवृत्त होता है।

'होमर बहुधा आनन्द के साथ-साथ संस्कार भी देता है' इस वाक्य का स्रोत

अरस्तू का काव्यशास्त्र है। अरस्तू चाहता था कि होमर प्लेटो द्वारा नैतिकता के आधार पर लगाये गये आरोप से मुक्त हो जाय, इसलिए, उसने नाटक से प्राप्त होनेवाले आनन्द का विश्लेषण करते हुए दोनों प्रकार के प्रभावों की चर्चा की है। एक, उसके कलात्मक (रूप) पक्ष का प्रभाव क्या है? दूसरा, हमारे भाव-जगत् पर उसका क्या प्रभाव पड़ता है? नियोतोलेमुस कलात्मक एवं नैतिक प्रभावों को लेकर किसी गहन विश्लेषण में नहीं उलझा है। एक तो अपने सिद्धान्त की पुष्टि में वह तत्काल होमर को ले आता है, दूसरे, उसकी दृष्टि दोनों पर समान रूप से है इसे साफ़ देखा जा सकता है। ये दोनों काव्य के प्रयोजन को रेखांकित कर रहे हैं।

अब अन्य उद्धरण देखें[5]–

(i) "वह (नियोतोलेमुस) उस व्यक्ति का, जिसके पास काव्य-लेखन की कला है और जो कला की उपजाति के रूप में इसका प्रयोग करने का सामर्थ्य भी रखता है, तथा पोइमा और पोईसिस का साथ-साथ उल्लेख करता है।"

(ii) "वह कौशल/कारीगरी (वर्कमैनशिप) को पोईतिके नाम देता है।"

(iii) "सब जानते हैं कि विषय-वस्तु और शैली का सम्बन्ध कवि से है।"

(iv) "विषय-वस्तु का सम्बन्ध पोईसिस से है।"

(v) "पोईमा का सम्बन्ध केवल पद-संयोजन से है न कि विचार, कार्यव्यापार या चरित्र-चित्रण से।"

उपर्युक्त उद्धरणों की आलोचना में फ़िलोदिमुस का मुख्य आरोप यह है कि उसने काव्य-कला को खण्डों में विभाजित कर दिया है जब कि वह समग्र एक इकाई है। उसकी इकाइयों को अलग-अलग करके देखने का अर्थ है उनके स्वतन्त्र अस्तित्व को स्वीकार करना जबकि वास्तव में ऐसा है नहीं। पद-संयोजन को पोईमा और विषय-वस्तु को पोईसिस कहने से यह ध्वनि निकलती है कि दोनों स्वतन्त्र इकाइयाँ हैं। फिर, दोनों मिलकर काव्य-कला (तेख्नी) बन जाती हैं जिसका उपयोग कवि करता है। लगता है जैसे काव्य-कला कोई साधन है जिसका उपयोग कवि जब चाहे कर ले और आवश्यकता न हो तो अलग रख दे। इसी तरह, प्रतीत होता है विषय-वस्तु और शैली भी स्वतन्त्र इकाइयाँ हैं जिनका कवि उपादान कारण के रूप में उपयोग करता है। सच पूछा जाय तो पोइमा, पोईसिस, तथा पोईतीज़ जैसे भेद का कोई अस्तित्व ही नहीं है।

फिलोदिमुस नियोतोलेमुस की विचारधारा को कितना समझ पाया कितना नहीं, या, नियोतोलेमुस स्वयं पोईमा आदि में सम्बन्ध स्थापित कर पाने में कितना सफल हो पाया इन विषयों पर विद्वानों में छिड़ी लम्बी बहस अन्वेषण का स्वतन्त्र विषय है। हमारी रुचि केवल पोईमा आदि की शब्दत्रयी तक सीमित है क्योंकि होरेस की 'आर्स पोएतिका' भी इन्हीं तीन पादों पर टिकी है। अतः, यह जानना अधिक

महत्त्वपूर्ण है कि नियोतोलेमुस द्वारा गढ़ी गयी इस त्रयी का स्रोत क्या हो सकता है। इन पारिभाषिक शब्दों की उसकी अवधारणाएँ क्या थीं और बाद के काव्यशास्त्रियों ने क्या इन्हें कोई नया अर्थ दिया?

इतना स्पष्ट है कि पोईमा और पोईसिस का सम्बन्ध रूप-तत्त्व और वस्तु-तत्त्व से है। काव्य एक समग्र इकाई होते हुए भी उसके घटकों पर विचार करने की दृष्टि युगीन मानसिकता से बँधी हुई होती है। आधुनिक आलोचना में काव्य-शब्द और काव्य-अर्थ में जिस प्रकार का तादात्म्य देखा जाता है यूनानी और रोमी युग में वैसा नहीं था। उनकी धारणा थी कि काव्यार्थ भिन्न शब्दों में भी व्यक्त किया जा सकता है। इस आधारभूत विचार के परिणामस्वरूप वस्तु और शैली में अन्तर किया जाने लगा। यह वास्तव में भाषणशास्त्रीय पद्धति थी। इसके सूत्र हमें अरस्तू के भाषणशास्त्र में भी मिल सकते हैं। आज हमें यह विचित्र लग सकता है, किन्तु, अरस्तू को ठीक-ठीक समझने के लिए उसे उस युग के पाठक की दृष्टि से समझना आवश्यक है। कथ्य और उसकी अभिव्यक्ति का द्वैत उसे सहज स्वीकार्य था। इसमें उसे कुछ भी अटपटा नहीं लगता था। इसलिए, भाषणशास्त्र की तीसरी पुस्तक में जब उसने लिखा, "...केवल यह जानना पर्याप्त नहीं है कि हमें क्या कहना चाहिए; वह कैसे कहा जाय यह जानना भी आवश्यक है; [सामाजिक पर] भाषण का अभीष्ट प्रभाव डालने में इससे सहायता मिलती है[6]" तो किसी ने भी इस पर आपत्ति नहीं उठायी। भाषणशास्त्र की तीन पुस्तकों में से पहली दो विषय-वस्तु को समर्पित हैं और तीसरी वाक्सरणि को। यहीं उसने वक्तृत्वकला में एक और घटक भी जोड़ा है—व्यवस्था (अरेंजमेंट)। इसी के 12वें अध्याय में अन्तिम वाक्य है—"शैली की चर्चा यहाँ समाप्त होती है...अब हमें व्यवस्था पर विचार करना है।"[7] इसके पहले तक केवल विषय और वाक्सरणि पर विचार होता था, अरस्तू द्वारा स्थापित परम्परा में तीन घटक हो गये। बाद के भाषणशास्त्रियों ने स्मृति और बोलने का ढंग भी जोड़ कर पाँच घटक बना दिये। यूनानी वक्तृत्वकला में पुरानी और नयी परम्पराओं के विवाद ने लातीनी वक्ताओं के साथ-साथ काव्यशास्त्रियों को भी प्रभावित किया। इस विवाद में अरस्तू के त्रिविध विभाजन का पलड़ा कुछ भारी रहा। नियोतोलेमुस और होरेस दोनों के सामने जब सिकन्दरियाई प्रवृत्ति का विरोध करने की समस्या आयी तो उनका अरस्तू की ओर उन्मुख होना स्वाभाविक था।[8]

इस सन्दर्भ में ब्रिंक ने एक और तथ्य की ओर भी ध्यान आकर्षित किया है। 'काव्यशास्त्र' में अरस्तू ने सभी ललित कलाओं के मूल में अनुकरण को साधारण धर्म के रूप में देखा है और इसकी व्याख्या किये बिना ही इसे मुख्यतः त्रासदी तथा गौणतः कामेदी एवं महाकाव्य पर घटा दिया है, अर्थात्, उसके सामान्य रूप को सुनिश्चित किये बिना ही उसके विशेष रूप पर आ गया है। प्रथम दृष्ट्या

यह उसकी भूल है, किन्तु 'काव्यशास्त्र' को यदि 'कवियों के सम्बन्ध में' (ऑन पोएट्स) के सन्दर्भ में देखें तो समस्या का समाधान हो जाता है। इसकी तीनों पुस्तकें 'काव्यशास्त्र' से पहले की रचना हैं। इसके जो भी खण्डित अंश प्राप्त हुए हैं उनके आधार पर कहा जा सकता है कि इसमें अनुकरण सिद्धान्त के आधार पर कवियों के व्यक्तित्त्व पर विशेष चर्चा हुई होगी। यही कारण रहा होगा कि 'काव्यशास्त्र' में अनुकरण के सामान्य पक्ष को छोड़ कर उसके विशेष (रचनाशिल्प पर केन्द्रित) पर ही उसने ध्यान केन्द्रित किया। हो सकता है नियोतोलेमुस के सामने अरस्तू की ये दोनों पुस्तकें रही हों, तब उसने अनुभव किया होगा कि काव्य-कला पर यदि कोई एक पुस्तक तैयार करनी हो तो काव्य के सामान्य सिद्धान्त और उसके विधागत विशेष रूप दोनों पर विचार होना चाहिए। होरेस को यह पद्धति अनुकूल प्रतीत हुई और उसने उसे अपना लिया।

यहाँ तक की चर्चा के सन्दर्भ में नियोतोलेमुस की काव्यशास्त्रीय दृष्टि पर विचार करें तो देखेंगे कि उसके तीन पक्ष मुख्य हैं :

(i) काव्य में कथ्य और उसकी अभिव्यक्ति पर अलग-अलग विचार हो सकता है;

(ii) कवि-कर्म के कर्ता पर भी अलग से विचार हो सकता है;

(iii) काव्य के सैद्धान्तिक (सामान्य) और व्यावहारिक (विशेष) दोनों पर विचार करने से ही चर्चा पूर्ण होती है।

होरेस की 'आर्स पोएतिका' में इनका समन्वित रूप देखा जा सकता है। अब, नियोतोलेमुस द्वारा गढ़े गये पोइमा और पोईसिस शब्दों को फिर से लें। वह इस सम्बन्ध में सावधान है कि पाठक कहीं पोईमा और शैली को तथा पोईसिस और कथ्य को एक न समझ लें। उसके द्वारा प्रयुक्त शब्दावली है—शैली का सम्बन्ध पोईमा से है और कथ्य का पोईसिस से।[9] फिलोदिमुस द्वारा इनकी आलोचना का आधार जो भी रहा हो ब्रिंक के अनुसार पोईसिस के कई अर्थ थे। वह सम्पूर्ण कविता का अर्थ भी देता था, काव्य रचना की प्रक्रिया का भी बोध कराता था, काव्य की सामान्य अवधारणा के लिए भी प्रयुक्त होता था, और कभी-कभी किसी कवि के सम्पूर्ण रचना संसार की ओर भी संकेत करता था।[10]

नियोतोलेमुस के बाद लूसिलियस पहला रोमी कवि-काव्यशास्त्री है जिसने पोईमा और पोईसिस शब्दों का प्रयोग किया है। प्रतीत होता है उसके द्वारा की गयी होमर की आलोचना को ले कर प्रतिपक्षियों ने उसका घोर विरोध किया होगा। उत्तर में, एक सैटायर में अपने पक्ष को प्रस्तुत करते हुए उसने इन दोनों शब्दों का प्रयोग किया है। उसका स्पष्टीकरण है कि विरोधियों ने पोईमा और पोईसिस के अन्तर को समझे बिना ही उसकी आलोचना की है। पोईमा [लम्बी कविता का] एक अंश

है अथवा कोई छोटी पद्य रचना, जैसे, काव्यात्मक पत्र-प्रबन्ध। पोईमा की तुलना में पोईसिस एक विशाल साहित्यिक इकाई है। इलियद विशाल होने पर भी एक इकाई है और पोईसिस का जो अर्थ हम स्थापित कर चुके हैं उस अर्थ में वह पोईसिस है। एनियस की 'ऐनल्ज़' रचना भी इसी अर्थ में पोईसिस है। लूसिलियस का काल नियोतोलेमुस के लगभग डेढ़ सौ वर्ष बाद का है। तब तक अनेक आभिजात्यवादी अवधारणाएँ लातीनी साहित्य जगत् में प्रवेश कर चुकी थीं। उन्हीं में से एक यह भी थी कि पद्यात्मक खंडांश और विस्तृत काव्य-रचना में भेद दरशाने के लिए उन्हें अलग-अलग नामों से पुकारा जाना चाहिए। इसके लिए उन्हें पोईमा और पोईसिस शब्द सर्वाधिक उपयुक्त प्रतीत हुए। लूसिलियस ने इन्हें अपनाया अवश्य किन्तु एक शर्त के साथ कि रचना विस्तृत हो और एक इकाई हो। हम स्मरण करें फ़िलोदिमुस द्वारा उद्धृत नियोतोलेमुस की पंक्ति को—वह (कवि) लम्बी कविता में भी सामंजस्य अथवा समन्विति स्थापित कर लेता है। इस पंक्ति की अनुगूँज लूसिलियस में साफ़ सुनायी पड़ती है। आकार और गुण के दोनों मानदण्डों पर खरी उतरने के बाद ही कोई रचना पोईसिस कहला सकती है।

पोसिदोनियस का काल ई. पू. प्रथम शताब्दी है। शैली की मुख्य चर्चा शुरू करने से ठीक पहले उसकी स्थापना है[11]—

"वाणी का छन्दोबद्ध, तथा विस्तृत रूप पोईमा है, [ताल और छन्द के कारण] वह गद्य की सीमा को पार कर जाता है। पोईसिस ऐसी पोईमा है जिसमें दैवी और मानवीय वस्तुओं (सम्भवतः कार्यव्यापार) का अनुकरण होता है और जो विशिष्ट अर्थ (सम्भवतः सन्देश) भी सम्प्रेषित करती है।"

यह व्याख्या एक पाठ्यपुस्तक में आयी है न कि किसी साहित्यिक कृति में। इसमें पोईसिस के गुण-धर्मों को प्रतिपादित करने के साथ-साथ यह भी घोषित कर दिया गया है कि इन विशेषताओं को धारण कर लेने के बाद पोईमा ही पोईसिस बन जाती है। इसका अर्थ यह हुआ कि पोईमा का तो स्वतन्त्र अस्तित्व है, पोईसिस का नहीं। लेखक ने पोईमा का भेद गद्य से दरशाया है पोईसिस से नहीं। इसका विश्लेषण करने पर निष्कर्ष यह निकलता है कि पोईसिस का विकास दो चरणों में होता है और यह विकास की अन्तिम परिणति है। वाणी पहले छन्द और ताल में बँध कर और विस्तार पा कर गद्य की सीमा का उल्लंघन करती है। यह विकास का प्रथम चरण है जो उसका पोईमा रूप है। पोईमा की परिभाषा में विस्तार का भेदक (डिफ़रेंशिया) पहले से ही समाहित है इसलिए मान लिया जाना चाहिए कि पोईसिस एक विस्तृत आकारवाली रचना है। अतः जहाँ तक छन्द, ताल और आकार का सम्बन्ध है दोनों स्थितियों (या चरणों) में कोई अन्तर नहीं है। अन्तर तब आता है जब पोईमा अनुकरण के सिद्धान्त का पालन करते हुए किसी स्वयंपूर्ण, एक

इकाई-रूप, अर्थ के सम्प्रेषण को भी अपना लक्ष्य बनाती है। इसी से सम्बद्ध एक और पक्ष है कि अनुकरण किसी साधारण वस्तु का नहीं दैवी और मानवीय व्यापारों का होना चाहिए।* दूसरे शब्दों में, पोईमा किसी महत्त्वपूर्ण, व्यापक विषय को ले तभी वह पोईसिस बन सकती है। पोईसिस का उसने कोई उदाहरण नहीं दिया है फिर भी कहा जा सकता है कि लूसिलियस द्वारा उल्लिखित आकार की विशालता को यदि उसने स्वीकार किया है तो केवल इसीलिए क्योंकि उसी में गम्भीर एवं व्यापक कथ्य का निर्वाह हो सकता है।

इस क्रम में वैरो तीसरा काव्यशास्त्री है जिसने इन शब्दों के माध्यम से अपनी बात कही है। उसने पोईमा की परिभाषा में ताल और शैलीगत रीति (पैटर्न) को लिया छन्द को छोड़ दिया। रोचक तथ्य यह है कि उदाहरण देते समय उसने परिभाषा और गुण दोनों पर अपनी दृष्टि रखी है। पोईमा के उदाहरण देते समय उसने शोकगीति की द्विपदियाँ ली हैं जिनसे लूसिलियस के छोटे काव्यात्मक पत्र-प्रबन्ध का स्मरण हो आता है। पोईसिस के उदाहरण में भी इसी नियम का पालन किया गया है। होमर का इलियद विस्तृत आकार का है और उसमें प्रबन्धात्मक एकता भी है। ये ही गुण एनियस के 'ऐनल्ज़' में भी हैं। समन्विति और एकता पोईसिस का विशिष्ट लक्षण है इन्हीं को ध्यान में रखकर इसकी परिभाषा में वह अखण्ड वर्णनात्मकता एवं ताल का समाहार करता है। ताल कह देने से प्रतीत होता है कि रचना को वह पहले से ही छन्दोबद्ध माने ले रहा है। अन्त में, वह काव्य को पोईमा और पोईसिस के समन्वित रूप में देखता है। दोनों का युगपत् सम्बन्ध ही काव्य का विशिष्ट लक्षण है। परिभाषा में दोनों का समाहार करके वह निश्चित ही नियोतोलेमुस की परम्परा को आगे बढ़ा रहा था। फ़िलोदिमुस ने आलोचना के लिए जो बिन्दु लिये थे उनमें एक यह भी था कि उसके अनुसार कवि अपनी कला का उपयोग करते समय पोईमा और पोईसिस दोनों का उपयोग करता है, इस स्थापना से काव्य का पूर्ण रूप दोनों के समन्वय में ही उभरता है।

होरेस से पहले तक इन शब्दों पर विचार करनेवाला और अन्तिम काव्यशास्त्री फ़िलोदिमुस है। वह नियोतोलेमुस के पोईमा-पोईसिस के वर्ग विभाजन से सहमत नहीं था। इनके विशिष्ट लक्षणों को भी उसने नकार दिया था। उसका तर्क था कि दोनों में अंगांगी सम्बन्ध है। इलियद जैसी लम्बी कविता का यदि एक अंश लें, उदाहरण के लिए पहली 30 पंक्तियाँ, तो वे पोईमा कही जा सकती हैं, किन्तु

---

* दैवी और मानवीय विषयों का उल्लेख पोसिदोनियस पर स्तोआई चिन्तन का संकेत देता है, वे विश्व का वर्णन इसी शब्दावली में किया करते थे।

पोईसिस कहना हो तो पूरी रचना को ही कहा जा सकता है। इस तरह देखा जाय तो दोनों का भेदक व्यापकता है। वह स्वीकार करता है कि पूरे इलियद के लिए पोईमा या पोईसिस में से किसी एक शब्द का प्रयोग किया जा सकता है किन्तु पहली तीस पंक्तियों को पोईसिस नहीं कहा सकता।

यह व्याख्या परिमाण को आधार बना कर की गयी है, फ़िलोदिमुस का इस पर बल भी है, फिर भी ब्रिंक ने इसमें गुणात्मक अन्तर की झलक देखी है।[12] उसका तर्क है कि इयिलद की पहली तीस पंक्तियाँ पूरी रचना की तुलना में विस्तार में छोटी अवश्य हैं किन्तु लक्षण के आधार पर वे लम्बी कविता का एक टुकड़ा हैं और पूर्ण कविता का एक अंश होने के नाते उनकी पूर्णता भी खण्डित मानी जायगी। इन शब्दों में फ़िलोदिमुस यहाँ आकार और पूर्णता में अन्योन्याश्रित सम्बन्ध देख रहा है। इसी को ब्रिंक ने गुणात्मक अन्तर कहा है। किन्तु हम इसे पद्य और काव्य का अन्तर कहना चाहेंगे। इलियद की पहली तीस पंक्तियों को पद्य का उदाहरण तो कहा जा सकता है काव्य का नहीं। इस भेद को थोड़ा और आगे बढ़ायें तो पद्य की तीस पंक्तियों के स्थान पर तीन सौ पंक्तियाँ भी ली जा सकती हैं किन्तु उनमें यदि पूर्णता नहीं आ पाती है तो वे पद्य का उदाहरण बन कर ही रह जायेंगी। इस भेद-दर्शन में फ़िलोदिमुस का उद्देश्य जो भी रहा हो इतना निश्चित है कि काव्य-मानों को निर्धारित करते समय इन दोनों काव्यशास्त्रियों के मानस-पटल पर आभिजात्ययुगीन छोटी कविताएँ अवश्य थीं। वे उसके कितने पक्ष में थे कितने विरोध में यह अलग विषय है।

उपर्युक्त पाँचों काव्यशास्त्रियों की व्याख्याओं का तुलनात्मक अध्ययन करने से यह तथ्य सामने आता है कि काव्य के सामन्य लक्षणों पर नियोतोलेमुस ने ही ध्यान दिया है शेष चारों का बल आकार पर अधिक है। लूसिलियस और वैरो ने यद्यपि पोईसिस के गुण-धर्मों को भी चर्चा में सम्मिलित किया है किन्तु इतनी प्रमुखता से नहीं कि उन्हें काव्य का साधारण धर्म मान लिया लाय। उधर नियोतोलेमुस ने कहीं भी आकार को लक्षण के रूप में रेखांकित नहीं किया है। वह जब कहता है कि अच्छा कवि [छोटी कविता की रीति के अनुसार ही] बड़ी कविता में भी संगति और समन्विति स्थापित कर लेता है तो उसका प्रयोजन पोईमा और पोईसिस में आकारगत भेद करना नहीं है वरन् श्रेष्ठ कवि के सामर्थ्य को दरशाना है। तीस-चालीस या पचास पंक्तियों में संगति बैठा लेना कोई बड़ी उपलब्धि नहीं है। कवि-कर्म की कुशलता के दर्शन लम्बी कविता में ही होते हैं। इस एक वाक्य से उसने दो निशाने साधे हैं। एक, कवि-कर्म को उच्चतर भूमि पर परखा है; दूसरा, काव्य के साधारण धर्म (= सामान्य लक्षण = ऐब्सट्रैक्ट क्वालिटी) को भी स्थापित किया है। ऐसा करते हुए वह शेष चारों की पंक्ति से अलग खड़ा है।

अन्य काव्यशास्त्रियों से अलग पहचान रखनेवाली उसकी एक और स्थापना है—पोईमा और पोईसिस का भाषणशास्त्रीय भेद। 'विषय-वस्तु का सम्बन्ध पोईसिस से है' और 'पोईमा का सम्बन्ध केवल पद-संयोजन से है न कि विचार, कार्यव्यापार या चरित्र-चित्रण से' यह भेद वस्तुतः भाषणशास्त्रीय विचारधारा की देन है किन्तु काव्य के विश्लेषण में भी इसकी सहायता ली जा सकती है। यह जानते हुए भी कि काव्य को इस तरह खण्डों में विभाजित नहीं किया जा सकता उसका तर्क है कि काव्य के दोनों पक्ष—वस्तु-तत्त्व और रूप-तत्त्व—कवि-कर्म की दो अलग-अलग क्रियाओं द्वारा सम्पादित होते हैं। यह सम्भव है, कोई कवि विषय तो अच्छा चुन ले किन्तु उसका निर्वाह सफलतापूर्वक न कर पाये। या, सम्भव है, किसी रचना का रूप-पक्ष तो निखरा हुआ हो, अच्छी तरह सजा-सँवरा हुआ हो किन्तु विषय अति सामान्य हो। हम अरस्तू की त्रासदी की परिभाषा स्मरण करें। उसने अनुकरणीय कार्यव्यापार के लिए तीन विशेषण प्रयुक्त किये हैं—गम्भीर, पूर्ण तथा विस्तृत। हमारा अनुमान है कि आकार पर बल देनेवाले काव्शास्त्रियों के मन में विषय की व्यापकता एवं गम्भीरता का भाव भी अवश्य रहा होगा किन्तु न तो वे इसे स्पष्ट शब्दों में कह पाये और न पोईमा-पोईसिस शब्दों को काव्य के सामान्य लक्षण के रूप में देख पाये। यह उस युग की सीमा थी कि नियोतोलेमुस समग्र कवि-कर्म को दो मूल क्रियाओं में विभक्त करके देख रहा था, एक का सम्बन्ध कथ्य से था दूसरी का शैली से। ब्रिंक ने इस पर टिप्पणी करते हुए ठीक ही लिखा है कि वह निश्चित ही व्यापक विषय को व्यवस्थित रूप देने के सामर्थ्य को कवि की उस शक्ति से भिन्न मान रहा था जिससे वह अभिव्यक्ति को सुन्दर रूप, शैली, दे पाता है। उसने स्वयं इस सम्बन्ध में कोई संकेत नहीं दिया है किन्तु अनुमान लगाया जा सकता है कि शैली को सजाने-सँवारने से उसका तात्पर्य रहा होगा पद्य-रचना अथवा छोटी कविताएँ लिखने की क्षमता और विषय-वस्तु के प्रतिपादन में क्रम-व्यवस्था स्थापित करना अर्थात् व्यापक विषय (कोई आख्यान जिसका कार्यव्यापार विस्तृत हो, जिसमें अनेक पात्र हों) को सँभालने की शक्ति। इस सन्दर्भ में नियोतोलेमुस का यह वाक्य 'उस व्यक्ति को, जिसके पास काव्य-लेखन की कला है और जो कला की उपजाति के रूप में इसका उपयोग करने का सामर्थ्य भी रखता है' यदि हम स्मरण करें तो उपर्युक्त टिप्पणी की सार्थकता स्पष्ट हो जाती है। यह द्वैध वस्तुतः छोटी और बड़ी कविता का ही था। द्विपदियों, सूक्ति या शोकगीतियों में विषय-विस्तार का प्रश्न ही नहीं उठता जब कि प्रबन्ध-काव्य में विषय उसका महत्त्वपूर्ण घटक है। प्रथम में कथन-भंगिमा चमत्कृत करती है, द्वितीय में कार्यव्यापार और चरित्र-चित्रण मन को रमानेवाले और सन्देश देनेवाले होते हैं। इस पृष्ठभूमि में हमारा निष्कर्ष है कि उसकी दृष्टि मूलतः कवि की कल्पना-शक्ति, प्रतिभा, व्युत्पत्ति, अभ्यास पर थी उसी

का व्यक्त रूप द्वैत भाव लिये हुए था–पोईमा और पोईसिस। ये कवि की शक्तियाँ थीं, जन्मगत या अर्जित, कवि उनका अधिष्ठाता था। इसे यदि सूत्रबद्ध करना हो तो उसका रूप होगा–

कवि → कवि-कर्म– [पोईमा / पोईसिस] = काव्य

इस सूत्र के अनुसार कवि-कर्म दो क्रियाओं में विभक्त था, एक का प्रतिफल था पोईमा दूसरी का पोईसिस। अब, किसी को काव्य-कला का विश्लेषण करना हो तो उसका त्रिवर्गीय स्वरूप सामने था–पोईसिस, पोईमा और पोईता। अथवा, कथ्य, पद-संयोजन/शैली तथा कवि/प्रतिभा, प्रयोजन।

उपर्युक्त सूत्र में उसकी काव्यशास्त्रीय दृष्टि का द्विविध रूप स्पष्ट है। यह उस युग का चरित्र भी कहा जा सकता है। इसमें एक ओर अरस्तू की आभिजात्य दृष्टि थी तो दूसरी ओर सिकन्दरिया की पण्डिताऊ, टीकावादी, वैयाकारण दृष्टि। दोनों में सन्तुलन स्थापित करते हुए नियोतोलेमुस ने काव्य में (छोटे-बड़े का भेद किये बिना) एक ओर यदि शैलीगत संस्कार पर बल दिया तो दूसरी ओर यह भी कहा कि कवि को अपनी शक्ति का परिचय व्यापक विषय लेकर और उसमें समन्विति एवं एकता स्थापित करके देना चाहिए। यह मध्यम मार्ग था जिसमें परम्परा और समसामयिकता दोनों मिलकर हो गयी थीं।

3.4.2.2 संरचना

यह सिद्ध हो जाने पर कि होरेस ने नियोतोलेमुस की आर्स पोएतिका का अनुसरण करते हुए अपना पत्र-प्रबन्ध लिखा एटकिन्स ने उसमें पोईसिस-पोईमा वर्गों के अन्तर्गत निम्न प्रकार से विषय-विभाजन किया है[13]

पोईसिस–पं. सं. 1 से 41; पोईमा–पं. सं. 42 से 294;

पोईता (कवि)–पं. सं. 295 से 476

प्रथम वर्ग में विषय चयन तथा उसमें जैव एकता जैसी समन्विति लाने पर विचार हुआ है। द्वितीय का क्षेत्र, शिल्प-विचार, अधिक विस्तृत है। लेखक का मन इसी में सर्वाधिक रगा है। रावसे पहले विषय सामग्री की व्यवस्था, शैली एवं पद-संयोजन, छन्द से सम्बन्धित पद-क्रम तथा विभिनन नाट्य-रूपों के लिए उपयुक्त शैली की चर्चा है। फिर कथानक एवं चरित्र-चित्रण पर दृष्टिपात करते हुए नाट्यकला से सम्बन्धित सामान्य नियमों पर विचार किया गया है। अन्त में सैटिर विधा पर टिप्पणी करते हुए यूनानी तथा रोमी नाटककारों का विवरण प्रस्तुत किया गया है। कवि से सम्बन्धित अंश में भी उसने गहरी रुचि दिखलायी है। इसके अन्तर्गत कवि

की तैयारी, काव्य-प्रयोजन तथा आदर्श कवि पर तो विचार हुआ ही है साथ में रोमी कवियों की रूप-पक्ष के प्रति असावधानी तथा अक्षम कवियों पर कटाक्ष करना भी वह नहीं भूला है। इस क्रम को दिखला कर एटकिन्स ने यह सिद्ध करने का प्रयास किया है कि 'आर्स पोएतिका' पद्यपद्ध अवश्य है, काव्य-सौन्दर्य का इसमें ध्यान रखा गया है फिर भी इसकी विषय-व्यवस्था जिस तरह की योजना का परिचय देती है उससे अनुमान लगाना कठिन नहीं है कि नियोतोलेमुस की आर्स पोएतिका इसी तरह की या इससे भी अधिक व्यवस्थित रचना रही होगी।

पूर्व चर्चा में ब्रिंक के उल्लेख से हम इस तथ्य पर पहुँच चुके हैं कि होरेस काव्यशास्त्रीय अवधारणाओं के लिए ही नहीं विषय व्यवस्था के लिए भी अरस्तू का ऋणी है। 'आर्स पोएतिका' की संरचना के सूत्र प्रत्यक्षतः नियोतोलेमुस तथा परोक्षतः अरस्तू के 'भाषणशास्त्र', 'काव्यशास्त्र' एवं 'कवियों के सम्बन्ध' में (द पोईतिस) से जुड़े हुए हैं। इस सम्बन्ध-सूत्र को ब्रिंक ने निम्न प्रकार से दर्शाया है[14]:

1. नियोतोलेमुस	–	पोईमा	पोईसिस	पोईतिस
2. अरस्तू	काव्यशास्त्र	भाषणशास्त्र	काव्यशास्त्र	द पोईतिस
	अ. 7-8	पु. III	+ भाषणशास्त्र,	
			पु. II, अ. 12-14	
3. होरेस	पं. सं.	पं. सं.	पं. सं.	पं. सं.
(आ.पो.)	1-40	41-118	119-294	295-476

इस स्थूल विभाजन में ही नहीं विषय के विस्तार में भी होरेस ने अधिकांशतः उसी क्रम को अपनाया है जो अरस्तू की रचनाओं में है। ऊपर पोईमा खण्ड में भाषणशास्त्र की तीसरी पुस्तक तथा 'आर्स पोएतिका' की 41-118 पंक्तियों को एक साथ रखा गया है। इसमें विषय के विस्तृत क्रम को प्रस्तुत करते हुए ब्रिंक ने लिखा है[15]:

"होरेस के टीकाकार 'भाषणशास्त्र' की तीसरी पुस्तक और 'आर्स पोएतिका' के शैली खण्ड में परस्पर साम्य पर बहुत दिनों से बल देते चले आ रहे हैं। इस साम्य पर गहराई से विचार करने पर हम पाते हैं कि इधर पं. सं. 45-72 में शब्द-चयन और शब्द-संयोजन को विश्लेषण का विषय बनाया गया है, उधर अरस्तू ने 2-6 अध्यायों में इनकी चर्चा की है। इसके बाद पं.सं. 73-85 में छन्द-योजना और काव्य-रूपों पर संक्षिप्त टिप्पणी है तो उधर अध्याय आठ में गद्य की ताल पर विचार हुआ है। इससे आगे पं. सं. 86-118 में स्थिति विशेष और काव्य-रूप, भाव और चरित्रों की विविधता पर कवि ने अपना मत रखा है तो अध्याय सात में इन्हीं विषयों पर अरस्तू ने अपनी स्थिति स्पष्ट की है।"

इस तुलनात्मक अध्ययन पर और विचार करते समय यह अवश्य स्मरण रखना

चाहिए कि विषयों के प्रस्तुतीकरण में जो अन्तर दिखायी देता है वह इसलिए क्योंकि नियोतोलेमुस (और होरेस भी) इन विषयों से सम्बन्धित उपपत्तियों को भाषण के स्थान पर काव्य पर घटा रहा था। इसका दूसरा कारण दोनों के बीच काल का अन्तराल भी था।

स्रोत के रूप में 'भाषणशास्त्र' के स्थान पर जब हम 'काव्यशास्त्र' पर विचार करते हैं तो वहाँ भी उसमें और 'आर्स पोएतिका' के बीच दिखायी देनेवाला साम्य आश्चर्यचकित कर देता है। अरस्तू को 'काव्यशास्त्र' भिन्न परिस्थितियों में लिखना पड़ा था। उसे प्लेटो द्वारा काव्य पर लगाये गये आरोपों का निराकरण करना था। दूसरे, उसे काव्य की विशेष विधाओं के सन्दर्भ में अपनी बात कहनी थी। नियोतोलेमुस/होरेस के सामने काव्य समग्रतः एक विधा थी इसलिए उन्होंने यहाँ भी विशेष को सामान्य में रूपान्तरित करने की नीति का पालन किया। उदाहरणार्थ, 'काव्यशास्त्र' में पूर्णता का नियम [त्रासदी की परिभाषा के अन्तर्गत] कार्यव्यापार/कथानक की एकता के सन्दर्भ में प्रतिपादित है किन्तु 'आर्स पोएतिका' की पंक्ति 23 में ऐसा कोई सन्दर्भ नहीं है, बस एक सामान्य नियम है। कविता छोटी हो, बड़ी हो, नाटक हो, प्रबन्ध-काव्य हो, शोकगीति या सम्बोधगीति हो, नियम नियम है और उसका पालन होना ही चाहिए। इसी तरह, यह वाक्य कि 'रचना सरल और एकरूप होनी चाहिए' भले ही उपोद्घात में आया हो किन्तु नियम के रूप में वह लगातार उसके मन में है। पं. 119 में जब वह विषय-वस्तु की चर्चा करता है तो उसके तत्काल बाद संगति के माध्यम से फिर इस एकता पर आ जाता है ठीक वैसे ही जैसे अरस्तू त्रासदी के विभिन्न अंगों को गिनाने के बाद सबसे पहले कथानक और उसकी एकता पर विचार करता है। अध्याय 7 और 8 लगभग इसी को समर्पित हैं। और, जैसे अरस्तू पहले से ज्ञात तथा कल्पना प्रसूत दोनों प्रकार के कथानकों को लेता है उसी तरह होरेस भी दोनों प्रकार के कथानकों में इस नियम के पालन पर बल देता है। कथानक का विषय विभिन्न रूपों में पं. 119-152 तक विवेचित है।

कार्यव्यापार के बाद दूसरे क्रम पर अरस्तू ने चरित्र-चित्रण पर विचार किया है। चरित्र पर अलग से विचार भले ही 15वें अध्याय में हुआ हो किन्तु इसकी भूमिका वह 13वें अध्याय से ही बाँधना शुरू कर देता है। इन दोनों (कथानक और चरित्र) के बीच की कड़ी है मनोवैज्ञानिक प्रभाव जिसमें दोनों के परस्पर सम्बन्ध पर विचार हुआ है। 'आर्स पोएतिका' में भी इसी के अनुकरण पर पं. 153-178 तक मानव व्यवहार का विश्लेषण हुआ है, इसका आधार है मनुष्य की विभिन्न अवस्थाएँ, बचपन से ले कर बुढ़ापे तक, और जितने विस्तार से इसकी चर्चा हुई है वह एक सीमा तक विस्मयकारी है। इसका कारण सम्भवतः यह रहा होगा कि अरस्तू के समय से ही नाटककार चरित्र की अपेक्षा कथानक पर अधिक ध्यान देने लगे थे।

उसने इसकी शिकायत सी करते हुए लिखा भी था, "आधुनिक लेखकों की अधिकांश त्रासदियाँ चरित्र रहित हैं।"[16] इस वाक्य का विशिष्ट अर्थ चाहे जो हो पर इतना अवश्य स्वीकार कर लिया जाना चाहिए कि वह त्रासदियों के चरित्र को जितने उदात्त रूप में देखना चाहता था वैसे पात्रों की निर्मिति हो नहीं रही थी। नियोतोलेमुस के समय तक आते-आते स्थिति और बिगड़ी होगी। इसी कारण से इस विषय की कुछ विस्तार से चर्चा करना उसे (और होरेस को भी) आवश्यक प्रतीत हुआ होगा। दूसरी बात यह कि यहाँ भी पात्रों के व्यवहार में आवश्यकता और सम्भावना को आधार बनाया गया है। इन सबसे यह तथ्य पुष्ट होता है कि अरस्तू तथा होरेस की विवेचन पद्धति में जो अन्तर दिखायी देता है (जैसे, अरस्तू का विवेचन तार्किक है, होरेस का वर्णनात्मक) वह केवल बाह्य है, मूल में एक ही नियम काम कर रहा है।

अनुकरण का यह क्रम यहीं समाप्त नहीं होता। 'काव्यशास्त्र' के छः अंगों में जो क्रम रखा गया था उसके अनुसार चरित्र के बाद विचार या वाक्सरणि पर विचार करना चाहिए था किन्तु वह उन दोनों की उपेक्षा करके नाट्य-रचना के कुछ और नियमों की चर्चा करने लग जाता है जिन्हें वह चाहता तो नाट्य-मंचन के साथ भी रख सकता था। यह क्रम विषय सामग्री की व्यवस्था की दृष्टि से अत्यन्त आवश्यक नहीं प्रतीत होता है। अब, इसी का अनुसरण करते हुए 'आर्स पोएतिका' में जिन विविध विषयों को पं.सं. 179 से 219 तक लिया गया है वे नाटक से सम्बन्धित अवश्य हैं किन्तु इनमें कोई तार्किक क्रम नहीं दिखलायी पड़ता। आश्चर्य इस बात का भी है कि इन सभी का उल्लेख 'काव्यशास्त्र' में नहीं हुआ है। यदि ये टहलुआ शाखा में बाद में स्वीकृत कर लिये गये हों तो अलग बात है। हमारा उद्देश्य केवल यह दरशाना है कि नियोतोलेमुस/होरेस ने विषय प्रतिपादन में चाहे जितनी छूट ली हो किन्तु विषयानुक्रम का अंतः सूत्र कहीं न कहीं अरस्तू से अवश्य जुड़ा है ठीक वैसे ही जैसे उनकी काव्यगत अवधारणाएँ उससे जुड़ी हैं। ब्रिंक ने इसका भी विशेष उदाहरण प्रस्तुत किया है।

'आर्स पोएतिका' में पं.सं. 202 से 219 तक नाट्य-संगीत की चर्चा हुई है और इसमें उसकी ऐतिहासिक पृष्ठभूमि भी प्रस्तुत की गयी है। इसके पहले आये वृन्दगान से इसका सम्बन्ध यद्यपि तर्क के सहारे जोड़ने का प्रयास किया गया है फिर भी इतना बड़ा पद्यांश इसी को समर्पित कर देना कुछ अटपटा लगता है। 'काव्यशास्त्र' में भी इसे इतना महत्त्व नहीं मिला है। वस्तुतः, यह स्वतन्त्र विषय था जिस पर अरस्तू ने 'राजनीतिशास्त्र' में पु. VIII के 6ठे और 7वें अध्याय में विस्तार से विचार किया है। वहाँ, नागरिकों के चरित्रों पर इसके प्रभाव/दुष्प्रभाव को उसने स्वतन्त्र विषय के रूप में लिया है। वहीं से प्रेरणा लेकर होरेस ने भी इसे स्वतन्त्र चर्चा के लिए अपना लिया, कारण, वह भी इसे नैतिक आचरण से सम्बद्ध रूप में देख रहा

था। और, यदि उसने इसे विस्तार दिया है तो केवल इसके महत्त्व के कारण।

'आर्स पोएतिका' में कवि से सम्बन्धित खण्ड को ब्रिंक ने 'कवियों के सम्बन्ध में' से प्रेरित माना है। दुर्भाग्य से इसके इतने कम अंश उपलब्ध हैं कि उनके विस्तार में जाना सम्भव नहीं है और सच पूछा जाय तो उपर्युक्त साक्ष्यों के रहते हुए हमें इसकी आवश्यकता भी प्रतीत नहीं हो रही है। हम केवल यह जतलाना चाहते थे कि होरेस समसामयिक उभरते हुए कवियों के मार्गदर्शन के लिए पाठ्यपुस्तक से हट कर एक काव्य-कृति प्रस्तुत करना चाहता था, विशेषतः उनके लिए जो केवल सूक्तियों अथवा द्विपदियों तक सीमित थे। वह स्वयं जिस परम्परा से प्रेरित था उसी के नियमों-उपनियमों को एक व्यवस्थित (नियमों में जकड़ा हुआ नहीं) रूप देना उसका प्रयोजन था। संयोग से वह उसे नियोतोलेमुस की रचना में मिल गया। दोनों ही समान काव्य-मूल्यों (जिनके सूत्र अरस्तू की रचनाओं से जुड़े थे) के प्रति आस्थावान् थे। फलतः, वह स्वयं किसी रास्ते की खोज करने के स्थान पर बनी-बनायी पगडण्डी पर चल पड़ा।

सन्दर्भ एवं टिप्पणियाँ

1. होरेस ऑन पोएट्री, पृ. 225
2. एटकिन्स, लिटरेरी क्रिटिसिज़्म इन ऐंटिक्विटी, खण्ड-दो, पृ. 70
3. ओ.सी. ब्रिंक, होरेस ऑन पोएट्री, पृ. 46
4. वही, पृ. 56
5. वही, पृ. 58-9
6. अ. I, पृ. 1403[ब]
7. पृ. 144[अ]
8. ओ. सी. ब्रिंक, होरेस ऑन पोएट्री, पृ. 84
9. 'स्टाइल बिलौंग्स टु पोईमा ऐण्ड कंटेंट बिलौंग्स टु पोईसिस।' —वही, पृ. 61
10. वही, पृ. 62
11. वही, पृ. 65
12. होरेस ऑन पोएट्री, पृ. 68
13. लिटरेरी क्रिटिसिज़्म इन ऐंटिक्विटी, खण्ड-दो, पृ. 73
14. होरेस ऑन पोएट्री, पृ. 138
15. वही, पृ. 94
16. 'काव्यशास्त्र' पृ. 1450[अ], पं. 25

3.4.3 काव्यशास्त्री होरेस

3.4.3.1 समीक्षा-दृष्टि

होरेस की काव्यशास्त्रीय स्थापनाओं पर विचार करने से पहले भूमिकास्वरूप यह कहना आवश्यक प्रतीत हो रहा है कि नियोतोलेमुस के माध्यम से वह भले ही अरस्तू से प्रभावित हुआ हो और प्रमुख रूप से उसकी अवधारणाओं का वाहक भी रहा हो किन्तु कवि होने के नाते और शास्त्रीय विचारों को काव्य-विधा (पद्य शब्द को हम जानबूझकर नहीं रख रहे हैं) में प्रस्तुत करने के कारण उसमें अरस्तू जैसी तटस्थता एवं व्यवस्था नहीं मिलती। यूनानी समाज की यह दृढ़ मान्यता थी कि कविता जिस सामाजिक के लिए लिखी जा रही है वही उसके काव्य-मूल्य को निर्धारित करने का अधिकारी है, वह भी इस आधार पर कि काव्य से उसे क्या मिला–ज्ञान/शिक्षा के रूप में तथा मन पर पड़नेवाले प्रभाव, आनन्द या काथार्सिस, के रूप में। शिल्प की समझ चाहे उसमें न रही हो किन्तु उपयोगिताश्रयी मूल्य के सम्बन्ध में वह स्थिरमति था। अरस्तू ऐसे सामाजिक का प्रतिनिधि था। होरेस कवि-काव्यशास्त्री था। कवि के लिए यह स्वाभाविक है कि वह उन कवियों की प्रशंसा करे जिन्होंने उसे प्रेरित किया। शिल्प सम्बन्धी उसकी समझ चाहे जितनी पूर्ण हो मूल्यांकन करते समय उसकी दृष्टि में आत्मनिष्ठता का प्रवेश सहज है। होरेस इस दुर्बलता से स्वयं को बचा नहीं पाया है फिर भी अरस्तू का मार्गदर्शन होने के कारण वह अधिक भटकने से बच गया। प्रयोजन में 'आर्स पोएतिका' शास्त्रीय रचना है जिसमें वह स्थापित करना चाहता है कि श्रेष्ठ काव्य की तुला क्या है, उसके विविध पक्ष क्या हैं। किन्तु, यहाँ उसने जो भी स्थापित किया है वह उससे भिन्न नहीं है जो इससे पहले सैटायरों और पत्र-प्रबन्धों में वह कह आया था। तात्पर्य यह कि उसके पास शुरू से ही एक आलोचनात्मक दृष्टि थी और वह लगातार दो लक्ष्य सिद्ध करती आ रही थी। पहला, काव्य के सामान्य मान निर्धारित करना तथा दूसरा, उस विधा का प्रतिभान स्थापित करना जिसमें वह लिख रहा है। दूसरे लक्ष्य को उसने व्यावहारिक आलोचना से भी सिद्ध किया है। अपने लेखन में वह उन कवियों की त्रुटियों को उजागर करता चलता है जो उस विधा में पहले लेखन कर चुके थे। इसका धन पक्ष यह है कि उसकी आलोचनात्मक दृष्टि का आकलन करने के लिए उसकी अन्य रचनाओं से भी सहायता मिलती है। यहाँ, पूर्वाभास के रूप में केवल उन रचनाओं को लिया जा रहा है जिनमें शास्त्रीय अवधारणाओं का रूप कुछ अधिक निखरा हुआ है। इस सम्बन्ध में एक रोचक टिप्पणी हमारी मार्गदर्शिका है[1]–"होरेस की समग्र रचनाएँ एक प्रतिक्रिया का भाव लिये हुए हैं।" ये प्रतिक्रियाएँ जहाँ साहित्य की सीमा में प्रवेश कर गयी हैं वे साहित्य-समीक्षा बन गयी हैं। यहाँ, केवल सैटायरों के आधार पर

उसकी समीक्षा-दृष्टि का आकलन किया जा रहा है केवल यह दरशाने के लिए कि कवि-जीवन के आरम्भ से ही उसमें आत्मालोचन का भाव था (जिसे बाद में उसने नियम बना दिया), उसके पास श्रेष्ठ लेखन की कसौटी थी जिस पर वह लगातार अपनी और दूसरों की रचनाएँ कसता रहता था।

सैटायरों का काल ई. पू. 30 से पहले का है। इनमें से पहली पुस्तक के 4थे एवं 10वें तथा दूसरी पुस्तक के पहले सैटायर के कुछ अंश उसकी समीक्षा-दृष्टि का परिचय देते हैं। 4थे सैटायर में उसने स्वयं को केवल इस विधा की प्रकृति के विवेचन तक सीमित रखा है, फिर भी, कुछ प्रश्न ऐसे अवश्य उठाये हैं जिन्हें व्यापक सन्दर्भ में भी देखा जा सकता है। इनमें मुख्य प्रश्न दो हैं—अच्छी कविता किसे कहें? और, पहले के तथा समसामयिक कवियों ने इसका क्या उत्तर दिया है? ब्रिंक ने इसकी पृष्ठभूमि पर टिप्पणी करते हुए लिखा है कि इससे पहले लिखे गये सैटायरों के वस्तु और रूप को ले कर उसकी आलोचना अवश्य हुई होगी। उसे उनका उत्तर भी देना था और श्रेष्ठ सैटायर को परिभाषित भी करना था। रोमी सैटायर का इतिहास लूसिलियस से आरम्भ होता है जिसने पुरानी अत्तिकी कामेदी को छन्द बदल कर रोमी बाना पहना दिया था, रूप और प्रयोजन वही रखा—हँसी-हँसी में कटाक्ष करना। कटाक्ष यदि मर्यादा में रह कर किया जाय तो उसे उसने काव्य-दोष नहीं माना किन्तु व्यक्ति विशेष पर उँगली उठाना उसे अनुचित प्रतीत हुआ।

लूसिलियस की आलोचना करते समय उसने कथ्य और शैली दोनों को आधार बनाया है। लूसिलियस सैटायर विधा का संस्थापक कवि था, पुराना भी था किन्तु केवल इसी आधार पर उसकी रचनाएँ इस विधा की प्रतिमान मान ली जायँ (कुछ कवियों के लिए मूल्यांकन का यही मानदण्ड था) इससे होरेस सहमत नहीं था। सम्भव है उसे आदर्श माननेवाले उसी की रचनाओं की कसौटी पर होरेस के सैटायरों को भी परख रहे हों। ऐसे आलोचकों को उसका उत्तर था कि लूसिलियस ने जिन कामेदी लेखकों का अनुकरण किया है शैली के निखार में वह उनकी समता नहीं कर पाया है। उसका रूप-पक्ष अत्यन्त शिथिल है। और, बात यदि उसके कथ्य (कटाक्ष/व्यंग्य) की करें तो व्यक्ति के स्तर किसी पर आरोप लगाने में उसकी कोई रुचि नहीं है। वह प्रकाशन के लिए नहीं अपने सन्तोष के लिए लिखता है और मानता है कि समाज को [दोष-दर्शन द्वारा] शिक्षित करना, सुधारना, कवि का कर्तव्य एवं अधिकार दोनों है किन्तु अभी वह स्वयं को इससे दूर रख रहा है।

प्रश्न किया होगा/किया जा सकता है कि शिक्षक के कर्तव्य का निर्वाह वह क्यों नहीं करना चाहता? इसके लिए वह विधा की सीमा को उत्तरदायी मानता है। सैटायर के लिए संवाद नाम उसे अधिक उपयुक्त प्रतीत होता है। यह पद्यात्मक अवश्य होता है किन्तु इसी आधार पर वह [महान्] काव्य मान लिया जाय यह उचित

नहीं है। सच्चे अर्थ में कविता वही कर सकता है जो असाधारण प्रतिभासम्पन्न हो, ऊर्जित चित्तयुक्त हो, श्रेष्ठ अभिव्यक्ति की क्षमता रखनेवाला हो, दिव्यात्मा हो। इनमें से किसी भी गुण को वह स्वयं में नहीं देख पा रहा था इसलिए अपनी रचना को 'काव्य' संज्ञा देने में हिचकिचा रहा है। काव्य यदि नैतिक मूल्यों की स्थापना न कर पाये तो वह काव्य ही क्या? प्रकारान्तर से सैटायर में काव्य के उच्चतर लक्ष्य का निर्वाह न कर सकने की यह पृष्ठभूमि है। कुछ विद्वानों ने इस प्रतिवेदन में उन रोमी कवियों पर प्रच्छन्न प्रहार देखा है जो सिकन्दरियाई शैली का अनुसरण करते हुए केवल शब्द-क्रीड़ा को महान् काव्य समझने की भूल कर रहे थे। एक ओर वह लूसिलियस की रूप-पक्ष, वाक्सरणि, के प्रति पर्याप्त सजग न रहने के लिए आलोचना करता है तो दूसरी ओर वाक्चातुर्य को ही काव्य मान लेनेवालों को भी सावधान कर रहा है। इस तरह, यदि विधा विशेष की सीमाओं को वह परिभाषित कर रहा है तो साथ ही काव्य के सामान्य लक्षणों को भी निर्धारित कर रहा है। विशेष और सामान्य का एक साथ निर्वाह करना उसकी शैली की विशेषता है। अब यह देखें कि दसवाँ सैटायर इस सीमा का और विस्तार कैसे करता है।

इस सैटायर में शिल्पगत साज-सँवार को कुछ और स्पष्ट किया गया है। वह स्वीकार करता है कि पुराने अत्तिकी कामेदी लेखकों का अनुकरण करने वाले कवियशें में लूसिलियस का रूप-पक्ष अधिक आकर्षक है पर उसको प्रतिमान माननेवालों का अध्ययन केवल कैतलस एवं कैलवस तक सीमित है। यदि उन्होंने मूल यूनानी नाटककारों को पढ़ा होता तो उन्हें लूसिलियस की सीमाओं की पहचान हो सकती थी। यहाँ वह शैली के विविध पक्षों पर प्रकाश डालते हुए लूसिलियस के दोषों को रेखांकित करता है और विश्वास व्यक्त करता है कि यदि वह आज के युग में कविता कर रहा होता तो शिल्प को निखारने के लिए बहुत सी पंक्तियों को निकाल देता। परोक्षतः, यह वर्जिल जैसे समसामयिक कवियों पर प्रशंसात्मक टिप्पणी भी है जिनका शिल्पविधान पुराने कवियों की तुलना में कहीं अधिक श्रेष्ठ था। अन्त में वह संकेत दे देता है कि जिस विधा का आरम्भ लूसिलियस ने किया था उसको पूर्णता प्रदान करनेवाला वह (होरेस) है।

काव्य के व्यापक सन्दर्भ में यहाँ एक और महत्त्वपूर्ण प्रश्न उठाया गया है। क्या साधारण और अच्छे कवि का भेदक वे सामाजिक हो सकते हैं जो उनके सम्बोध्य होते हैं? होरेस का उत्तर है 'हाँ'। यदि कोई लेखक चाहता है कि उसकी रचना बार-बार पढ़ी जाय तो उसे भीड़ को खुश करने का प्रयास नहीं करना चाहिए, थोड़े से समझदार पाठकों से ही सन्तुष्ट रहना चाहिए। इस सम्बन्ध में अपना उदाहरण लेते हुए उसने लिखा है—"मेरी ऐसी कोई इच्छा नहीं है कि मेरी कविताएँ छोटे-छोटे स्कूलों में पढायी जायँ। यदि नाइट (मीसिनास) मेरी प्रशंसा करता है तो पर्याप्त

है।" तात्पर्य यह कि जिन प्रबुद्ध सामाजिकों के लिए वह लिखता है उनके द्वारा किया गया उचित मूल्यांकन उसके लिए अधिक महत्त्वपूर्ण है। ब्रिंक ने इस प्रसंग को उठाते हुए लूसिलियस के साथ उसकी तुलना की है। लूसिलियस ने लिखा है कि मेरे सामाजिक न एकदम गँवार हों न बहुत मीन-मेख निकालनेवाले। इसका अर्थ हुआ कि वह ऐसे समाज के लिए लिख रहा था जिसमें बाहरी प्रान्तों से आये हुए लोग भी सम्मिलित थे। ये नागरिक बोलचाल की लातीनी तो सम्भवतः अच्छी तरह समझ लेते थे किन्तु भाषा की बारीकियों से, उसके गूढ़ प्रयोगों से परिचित नहीं थे। इसकी तुलना यदि होरेस के इस वाक्य से करें कि मेरी कविताएँ किसी मन्दिर में प्रतिस्पर्धा के लिए नहीं पढ़ी जातीं (क्योंकि वह इसके लिए लिखता ही नहीं है) तो साफ़ हो जाता कि वह केवल शिष्ट साहित्यिक मण्डलियों के लिए ही लिखता है। ऐसे सामाजिकों को लूसिलियस ने अत्यधिक आलोचना करनेवाला कहा है और वह उनसे दूर ही रहना चाहता है। यह सम्पूर्ण चर्चा क्या यह ध्वनि नहीं देती कि होरेस का प्रशिक्षित समाजिक परोक्षतः उसे रूप-पक्ष को पूर्ण से पूर्णतम बनाने के लिए बाध्य करता है। लूसिलियस के सामने ऐसी कोई चुनौती नहीं थी इसलिए वह रूप-पक्ष के प्रति अधिक सावधान नहीं रहा। ब्रिंक ने इससे एक और निष्कर्ष यह भी निकाला कि रूपाश्रयी मूल्य पर अधिक से अधिक बल देने के कारण होरेस किसी बड़े कथ्य को लेने से भी हिचकिचाता रहा। ऑगस्तस का आग्रह होने पर भी 'इनीइड' जैसे विषय पर कोई कृति तैयार करने से उसने मना कर ही दिया था।

दूसरी पुस्तक के पहले सैटायर में उसने फिर से विधागत सीमा और उसके कला-रूप पर अपना पक्ष रखा है। इससे पहले वह कुछ लातीनी कवियों की शैली की शिथिलता के लिए आलोचना कर चुका था। प्रतीत होता है इस विषय को लेकर कुछ कवि-आलोचकों ने उस पर दृढ़तापूर्वक प्रहार किये होंगे। हो सकता है किसी ने यहाँ तक कह दिया हो कि उसे लिखना ही बन्द कर देना चाहिए, कुछ ने उसे प्रबन्ध-काव्य लिखने का सुझाव भी दिया होगा। प्रत्युत्तर में उसने सैटायर विधा की कतिपय विशेषताओं को पुनः परिभाषित किया। इस सन्दर्भ में उसने दो बिन्दुओं को स्पर्श किया है :

(i) "लूसिलियस का अनुसरण करते हुए छन्द और शब्दों का मेल करना मुझे आनन्द देता है। उसने बहुत पहले अपने मन के रहस्यों को इन रचनाओं में सँजो कर रख दिया था, ठीक उसी तरह जैसे कोई मित्र के सामने अपने भेद खोलता है।" लेखन का प्रयोजन स्वयं को सुख देना है यह व्यष्टिवादी मनोवृत्ति है।

(ii) "मेरी लेखनी किसी भी जिवित (समसामयिक) व्यक्ति पर हठपूर्वक प्रहार नहीं करेगी...जब तक कोई दुष्ट मुझ पर प्रहार नहीं करता मुझे अपनी [लखेनी-रूपी] तलवार को म्यान से निकालने की क्या आवश्यकता है।"

दूसरा उद्धरण सैटायर विधा की मर्यादा बाँध रहा है, अर्थात् अकारण किसी व्यक्ति विशेष पर प्रहार नहीं करना चाहिए, हाँ, दुष्ट को उसकी दुष्टता का दण्ड मिलना ही चाहिए। यह कवि का समाज सुधारक रूप है। फिर भी लेखक कहीं यह संकेत नहीं दे रहा कि सैटायर श्रेष्ठ काव्य की भूमिका निभा सकता है। उपर्युक्त वाक्य सैटायर की प्रकृति की संक्षिप्त व्याख्या करते हुए समाज में मात्र उसकी उपयोगिता रेखांकित कर रहे हैं।

ब्रिंक इसमें एक तीसरे बिन्दु की भी झलक देख रहा है।[2] यह काव्यशास्त्र का भाषणशास्त्रीय रूप है। वह लगातार शैली में सुधार की बात करता चला आ रहा है। जैसे किसी के आचरण में नैतिक दोष देख कर उसे सुधारने के लिए दोष को सार्वजनिक कर दिया जाता है उसी तरह सैटायर लेखकों के रूप-पक्ष के दोष दिखला कर उसके सुष्ठु रूप को प्रस्तुत करना भी इसका प्रयोजन है। अब, यदि वह रूप-पक्ष को सुधारने की बात भी कर रहा है और अपने लेखन द्वारा उसका प्रतिमान भी प्रस्तुत कर रहा है तो दूसरे शब्दों में वह कथ्य और शैली को अलग-अलग इकाइयाँ मान रहा है। यह काव्य को भाषणशास्त्र के कोण से देखने का परिणाम था। यही भेद अरस्तू के अनुयायी, स्तोआई तथा वैयाकरण भी करते आ रहे थे। दूसरी तरफ़ इसका विरोध भी हो रहा था। फ़िलोदिमुस उसके सामने ही था। इस विरोध को ध्यान में रखते हुए तथा इसका उत्तर देते हुए 'आर्स पोएतिका' में उसकी शास्त्रीय मान्यताओं ने क्या रूप लिया आगे के पृष्ठों में उन्हें ही चर्चा का विषय बनाया गया है।

3.4.3.2 वस्तु एवं रूप का सहभाव

ऑगस्तस युग से पहले तक छिटपुट काव्यशास्त्रीय चर्चाएँ अवश्य होती आ रही थीं किन्तु उनमें एकरूपता का अभाव था जिससे इस विषय का सामान्य छात्र स्वयं को असमंजस में अनुभव करता होगा। नेपल्स के 'उद्यान अध्ययन-केन्द्र' में व्याख्यान सत्रों से लाभान्वित हो कर जो कवि रोम लौटे थे उनकी दृष्टि अपेक्षाकृत अधिक स्वच्छ थी और कहा जा सकता है कि उनकी साहित्यिक मण्डलियों में होनेवाले विचार-विमर्श से अस्पष्टता के बादल छँटने लगे होंगे। होरेस के इस क्षेत्र में आने से स्थिति और सँभली। उसकी सम्बोधगीतियों ने काव्य प्रेमियों का ध्यान पहले आभिजात्य साहित्य की ओर आकर्षित किया फिर उसके पत्र-प्रबन्धों में उन्हें स्थिर समीक्षा-दृष्टि भी मिली। उसने काव्य-मूल्य सम्बन्धी अपनी अवधारणाओं को रचनाधर्मिता का एक अंग बनाकर जो सुष्ठु रूप दिया वह निराला था। उसके पाठकों में चर्चा इस विषय पर कम होती थी कि उसने क्या कहा, अधिक महत्त्वपूर्ण यह था कि कैसे कहा। उसकी रचनाओं के प्रबल रूप-पक्ष के आवरण में शास्त्रीय मान्यताएँ उन्हें इतनी नयी लगीं कि उसके आगे प्लेटो और अरस्तू भी फीके पड़ गये।

'आर्स पोएतिका' में विवेचन का प्रधान विषय नाटक है किन्तु उसकी व्यापक चर्चा के मार्ग में पिसो की क्षमता बड़ी बाधा थी। वह जानता था कि नाटक के विभिन्न अंगों को सँभालना उसके लिए कठिन है। उसके रूप-पक्ष में साज-सज्जा का जो आकर्षण होना चाहिए, अभिव्यक्ति कौशल में जितनी पूर्णता होनी चाहिए वह उसके वश की बात नहीं थी। इसलिए, उसका परामर्श है कि नाटक में सार्थक विषय-वस्तु का भी महत्त्व है। उससे सम्बद्ध छोटी-छोटी घटनाएँ और उनमें व्यक्त चरित्रों की जीवन्तता दर्शकों को आसनों से बाँधे रखने में समर्थ होती हैं।[3]

रचना-प्रक्रिया के आरम्भ में ही विषय-चयन एक महत्त्वपूर्ण पड़ाव है। इस सम्बन्ध में उसने पिसो को जो परामर्श दिया है उसकी पृष्ठभूमि पर विचार करते हुए एटकिन्स ने लिखा है कि उस समय लातीनी नाटककार या आख्यानक काव्य की रचना करनेवाले नव-कवि यूनानी कथाओं को विषय बना रहे थे। उनके भावपूर्ण स्थलों को नवीन वर्णनात्मक रूप देने के उत्साह में कथानक का रूप-पक्ष बिखर जाता था। वह देख रहा था कि ये कवि चूँकि अध्ययन नहीं करते हैं इसलिए उन्हें पता ही नहीं चलता कि वे जो विषय ले रहे हैं उसका उचित निर्वाह भी कर पायेंगे या नहीं। स्थिति को देखते हुए उसका आदेशात्मक परामर्श है:[4]

"हे लेखको, ऐसा विषय चुनो जो तुम्हारे सामर्थ्य के भीतर हो। बहुत सोच-विचार के बाद निश्चित करो कि तुम्हारे कन्धे कितना बोझ उठा सकते हैं। जिस विषय पर तुम्हारा अधिकार होगा उसी को तुम स्पष्ट अभिव्यक्ति भी दे पाओगे।"

इस आदेश की सीमा कुछ विस्तृत है। इसके एक छोर पर उत्पादक/कवि है और दूसरे छोर पर उपभोक्ता/सामाजिक। विषय चयन की चर्चा में लेखक की दृष्टि दोनों पर है। कवि की दृष्टि से विषय का चुनाव इस बात पर निर्भर करता है कि उसकी तैयारी (व्युत्पत्ति + अभ्यास) कितनी है। उचित विषय का सीधा सम्बन्ध कवि की सोच से है। श्रेष्ठ लेखन का यही प्रस्थान-बिन्दु है। यह तभी सम्भव है जब कवि का अध्ययन व्यापक हो, वह दार्शनिक चिन्तन में प्रशिक्षित हो, सामान्य सत्यों (यूनिवर्सल ट्रूथ) का उसे ज्ञान हो।[5] इन शब्दों का निहितार्थ है कि दर्शन की विभिन्न चिन्ताधाराओं का अध्ययन करने से ही यह क्षमता आती है कि विषय के सभी पक्षों पर गहराई से विचार किया जा सके। प्रतीत होता है कि प्लेटो और अरस्तू की विचारधाराओं के साथ-साथ यहाँ वह स्तोआई दर्शन का भी पक्ष ले रहा है। हम देख आये हैं कि जीवन के अन्तिम वर्षों में वह स्तोआई चिन्तन में अधिक रुचि लेने लगा था।

सामाजिक की दृष्टि से विचार करते समय उसके सामने रचना का उपयोगिताश्रयी मूल्य था। कहा जा चुका है कि ऑगस्तस युग में देशभक्ति, राष्ट्रीय स्वाभिमान, रोम

की शक्ति तथा महत्ता में विश्वास काव्य के मुख्य विषय बन गये थे। वर्जिल और होरेस दोनों की ही इनमें गहन आस्था थी और अन्य कवियों से भी उनका यही आग्रह था।[6] पिसो को उसका सुझाव है कि वह देश के प्रति, समाज के प्रति अपने कर्तव्य को समझे, अपने आसपास क्या हो रहा है उसे खुली आँखों से देखे तभी उसके पात्रों में जीवन्तता आ सकेगी। यह सुझाव वह दे तो रहा था नाटक के सन्दर्भ में किन्तु इसका सम्बन्ध अन्य विधाओं से भी है इसमें दो मत नहीं। सामाजिक को शिक्षित करना यदि काव्य का प्रयोजन है तो कवि को अनिवार्यतः ऐसे विषय लेने होंगे जो देश-कालानुसार उसकी समस्याओं से जुड़े हुए हों, उसके लिए उपयोगी हों। उसकी अपनी रचनाएँ ऐसी ही थीं।

सिद्धान्ततः उसका परामर्श उचित है किन्तु हमें लगता है कि इसके पीछे एक और कारण भी था। कई स्थलों पर वह संकेत देता है कि रोमी मनोवृत्ति अधिक व्यवहारवादी (प्रैक्टिकल) है। वह अंकों के जोड़-घटाव में अधिक कुशल है।[7] सम्पत्ति को कैसे बढ़ाया जाय इसमें वह अधिक रुचि लेती है। ऐसी दृष्टि काव्य के रूप-पक्ष से इतनी प्रभावित नहीं होती जितनी कथानक के उपयोगिताश्रयी मूल्य से। यदि होरेस के सम्पूर्ण रचना संसार पर दृष्टि डालें तो वहाँ लगातार यह मूल्य रेखांकित किया जाता मिलेगा। पत्र-प्रबन्धों की बात छोड़ भी दें (क्योंकि ये उसके जीवन की उत्तरावस्था की देन हैं) केवल सैटायर और सम्बोधगीतियाँ लें तो वहाँ भी उसके पास कोई न कोई सार्थक बात कहने के लिए है। वह सदैव अपने समय की समस्याओं से जूझता रहा था। हो सकता है इसके माध्यम से वह सिकन्दरियाई शैली का अनुकरण करनेवाले नव-कवियों को सन्देश देना चाहता हो कि काल्पनिक विषय ले कर रूप-पक्ष को सजाने-सँवारने से ही काव्य मूल्यवान् नहीं बन जाता, यदि सामयिक विषय का ठीक ढंग से निर्वाह हो तो उससे भी श्रेष्ठता में अभिवृद्धि होती है।

सार्थक विषय को प्रतिपादन में सर्वप्रथम स्थान देने से यह निष्कर्ष नहीं निकाला जा सकता कि रूप-तत्त्व उसकी दृष्टि में गौण है, मूल्य में यह उससे एक अंश भी कम नहीं है। प्रतीत होता है यहाँ वह एशियाई शैली से प्रेरित है। कल्लिमाखुस आदि कवियों ने रूप-पक्ष को इतना निखारा था कि वह अपने आप में काव्य का प्रतिमान बन गया। रोम के अन्य कवियों की भाँति वह स्वयं भी उनसे प्रभावित था और अभिव्यक्ति पक्ष को पूर्णतम बनाने के प्रति सजग था। एक सम्बोधगीति में उसने अपनी तुलना मुधमस्खी से की है जो अथक परिश्रम से अपने उत्पाद को माधुर्य प्रदान करती है।[8] अपनी व्यावहारिक समीक्षा में भी उसने पुराने कवियों की इस बात के लिए आलोचना की है कि रूप-तत्त्व पर उन्होंने पर्याप्त ध्यान नहीं दिया है। सैटायर विधा में वह लूसिलियस का अनुसरण कर रहा था पर साथ-साथ उस पर प्रहार भी किये जा रहा था। उस पर उसकी एक बड़ी निर्मम टिप्पणी है—उसकी

रचना बड़ी अनगढ़ है, होनी ही है क्योंकि सटीक लेखन के श्रम से वह बचता रहा है। एक घण्टे में जो दो सौ पंक्तियाँ लिखवाता हो उसके प्रवाह में गन्दलापन तो होगा ही।[9] आगे, काव्य-हेतुओं के अन्तर्गत हम देखेंगे कि अनुकरणीय रचनाओं पर दिन-रात मेहनत करने के साथ-साथ उसने यह परामर्श भी दिया है कि कुछ लिख लेने के बाद उसे प्रकाशित करने से पहले वर्षों तक सँवारते रहना चाहिए।

रूप-पक्ष को पूर्णतम बनाने के आग्रह के पीछे जॉन मार्शल ने एक और कारण की ओर संकेत किया है।[10] यूनानी सौन्दर्य-दृष्टि ने रोमवासियों को पहले आकर्षित किया फिर उतनी ही सुन्दर कलाकृतियों के निर्माण की प्रेरणा दी। प्लॉतस और तेरेन्स के माध्यम से यूनानी कामेदियों के छायानुवाद रोम में खूब सराहे गये। सैटायर, सम्बोधगीति तथा पत्र-प्रबन्ध जैसी विधाओं में जो न्यूनताएँ थी उन्हें होरेस ने पूरा कर दिया था। फिर भी वह देख रहा था कि काव्यशास्त्री इन विधाओं को आधे मन से ही काव्य की सीमा में प्रवेश दे रहे थे। इसका वास्तविक कारण था इनका शिथिल रूप-पक्ष। उसकी अपनी टिप्पणी भी यही थी कि केवल छन्दोबद्ध हो जाने से कोई रचना काव्य कहलाने के योग्य नहीं हो जाती।[11] इसलिए, उसका मत था कि हाशिये पर धकेल दी गयी इन विधाओं को केवल श्रेष्ठ रूप-पक्ष की शर्त पर ही प्रतिष्ठा मिल सकती है। सम्बोधगीति की रचनाएँ उसके मत ही नहीं विश्वास का भी प्रत्यक्ष प्रमाण हैं। उसने सिद्ध कर दिया कि एक शब्द का भी सम्यक् ज्ञान और सुप्रयोग कामधेनु के समान कामनाएँ पूर्ण करनेवाला होता है।

वस्तु-तत्त्व एवं रूप-तत्त्व की अनुरूपता पर विचार करने का उसने एक अन्य कोण भी प्रस्तुत किया है। इसकी पृष्ठभूमि में वह परम्परा थी जिसके अनुसार विषय और विधा तथा विधा एवं छन्द के बीच सम्बन्ध रूढ़ हो गया था। अरस्तू ने केवल तीन मुख्य विधाएँ मानी थीं—महाकाव्य, त्रासदी और कामेदी। इनके विषय और छन्द स्थिर थे। किन्तु होरेस के काल तक आते-आते यह संख्या कहीं अधिक बढ़ गयी थी। इस सूची में अब गीतिकाव्य (जो पहले भी था), ग्रामगीत, चरवाहों के गीत, शोकगीति, व्यंग्य, लघु कविताएँ तथा सूक्तियाँ सब आ गयी थीं। इनके नामों से ही विषय का बोध भी हो जाता है और यह नियम भी स्थिर हो गया था कि किस विषय के लिए कौन सा छन्द उपयुक्त है। जैसे, क्रोध आइऐंब छन्द में व्यक्त होना चाहिए, देवताओं के व्यवहार, प्रेम प्रसंग अथवा क्रीड़ा आदि के लिए गीति छन्द तथा शोक के लिए छोटी-बड़ी पंक्तियोंवाली द्विपदियों का प्रयोग होना चाहिए।[12] होरेस स्वयं भी विषय, विधा और छन्द के बीच आन्तरिक सम्बन्ध देखता था और इस पर उसने बल भी दिया है।[13] यह बात अलग है कि कवि स्वातन्त्र्य के नाम पर उसने इसका उल्लंघन भी किया किन्तु यहाँ हमारा विवेच्य उसका सिद्धान्त है।

वस्तु एवं रूप में अनुरूपता देखने की परम्परा अनेक मोड़ लेते हुए आगे बढ़ी थी। स्वयं वस्तु को ही अनेक दृष्टियों से देखा जाता रहा था। प्लेटो ने नित्यरूपों की चर्चा की, कोई भी शिल्पी या तो उनका अनुकरण करता है या उनके अनुकरण का अनुकरण। अरस्तू ने नित्यरूप की स्वतन्त्र सत्ता नहीं स्वीकार की। ये सामान्य विशेष में ही अस्तित्त्वमान हैं। जहाँ तक कला का प्रश्न है उसका जन्म ही अनुकरण से होता है, वही उसका भेदक है। सिसरो तक आते-आते अभिजात्यकालीन श्रेष्ठ कृतियाँ भी अनुकरणीय हो गयी थीं। यहाँ विद्वानों ने एक प्रश्न उठाया है। परम्परया यदि विषय तथा उसके व्यक्त रूप, विधा, में कोई सम्बन्ध है तो उसका आधार केवल औचित्य हो सकता है? होरेस का उत्तर हाँ है और इस पर वह बल भी देता है। प्रश्न है कि इस सन्दर्भ में जब वह औचित्य की चर्चा कर रहा होता है तो क्या उसका संकेत वस्तु के अन्तर्निहित स्वभाव की ओर होता है या मानव द्वारा स्थापित प्रथा की ओर? इसी के साथ दूसरा प्रश्न उठता है कि प्रकृति और प्रथा के बीच क्या सम्बन्ध है? होरेस ने स्वयं इसका कोई सीधा उत्तर नहीं दिया है किन्तु उसकी समीक्षात्मक टिप्पणियाँ इन दोनों के समन्वय का अच्छा उदाहरण है।[14] फिर भी, उसके द्वारा निर्देशित नियमों में, उनकी अर्थव्यंजना में यदि इसका उत्तर ढूँढ़ा जाय तो हम कहेंगे कि वह वस्तु के अन्तर्निहित स्वभाव और उसके रूप में सीधा सम्बन्ध देखता था। इसी आधार पर उसका विश्वास था कि विषय और उसकी अभिव्यक्ति में नित्य सम्बन्ध है, वही सम्बन्ध श्रेष्ठ है। कवि को उसी की खोज करनी चाहिए। इसके लिए दोनों रास्ते अपनाने की आवश्यकता है। एक, विषय पर पूरी पकड़, उसे गहराई से समझना; दूसरा, उसके रूप पक्ष का परिष्कार, उसे तब तक सुधारते रहना जब तक विषय के साथ उसका पूरा तालमेल न बैठ जाय। इस अभ्यास से एक समय ऐसा आयेगा जब विषय स्वतः शब्दों में व्यक्त होने लगेगा।[15] यह रूप उसका नित्य या श्रेष्ठतम रूप बन जायगा। इस सन्दर्भ में जॉन मार्शल की टिप्पणी है कि वस्तु एवं रूप के सहभाव की उसकी जो भी कल्पना रही होगी उसके प्रत्यक्ष दर्शन 'सम्बोधगीति' की प्रथम तीनों पुस्तकों में हो जाते हैं।[16]

वस्तु और रूप के सहभाव—दोनों का अन्योन्याश्रय सम्बन्ध से पूर्णता को प्राप्त होना—को होरेस ने जैव एकता के रूपक द्वारा समझाने का प्रयास किया है। यह अवधारणा मूलतः अरस्तू की है। वह त्रासदी के कथानक पर विचार कर रहा था, यहाँ, होरेस पिसो बन्धुओं को नाट्य लेखन के सिद्धान्त समझा रहा है। पत्र-प्रबन्ध का आरम्भ ही वह अंगांगी सम्बन्ध के विश्लेषण से करता है—

"कल्पना कीजिए ऐसे चित्र की जिसमें घोड़े की गर्दन पर मनुष्य का सिर बनाया गया हो, अंगों को कई तरह के पंखों से ढँका गया हो, या [ऐसा चित्र] जिसकी शुरुआत एक सुन्दर स्त्री से हुई हो पर अन्त होते-हाते वह भद्दी मछली बन गया

हो, तो उसे देखकर क्या तुम्हें हँसी नहीं आयेगी। यदि एक नाटक के विभिन्न अंगों में, बीमार आदमी के स्वप्नों की तरह, परस्पर सम्बन्ध न हो, एकता न हो तो वह उल्लिखित चित्र की तरह उपहास का विषय बन जायगा।"[17]

वह स्वीकार करता है कि चित्रकारों और कवियों को कुछ नया करने की छूट मिली हुई होती है किन्तु इसका यह अर्थ नहीं है कि इसकी आड़ में परस्पर विरोधी इकाइयों में सहभाव दरशाया जाय। हिन्दी कवि केशवदास ने ऐसे ही प्रयासों को अनरस की संज्ञा दी है। कवि कथानक का अपने ढंग से विस्तार करने के लिए स्वतन्त्र है किन्तु उसमें एकता होना अनिवार्य है। इसलिए, अपने सम्बोध्य को उसकी मन्त्रणा है कि तुम चाहे जो लिखो, बस इतना ध्यान रखो कि वह सरल हो और उसकी विभिन्न इकाइयाँ परस्पर सम्बद्ध हों।*

ऊपर कहा जा चुका है कि नव-कवियों के आख्यानक-काव्यों में, उनकी अक्षमता के कारण, ऐसी जैव एकता नहीं आ पाती थी और उस दोष को ढँकने के लिए वे अलग-अलग प्रसंगों में पच्चीकारी करते थे या भावपूर्ण वर्णन का आश्रय लेते थे। किन्तु, एकता का न होना इतना बड़ा दोष है कि किसी उपाय से दूर नहीं हो सकता। विषय की ठीक समझ न होने का यही परिणाम होता है, लेखक करना कुछ चाहता है हो जाता है कुछ और।[18]

3.4.3.3. काव्य-हेतु

काव्य-रचना में प्रतिभा, जन्मजात संस्कार, का योग अधिक है या व्युत्पत्ति का यह प्रश्न कोई नया नहीं था। दिमोक्रितुस का नाम ले कर होरेस वस्तुतः उस वर्ग विशेष की ओर संकेत कर रहा है जो यह मानता था कि काव्य कहलाने योग्य श्रेष्ठ रचना म्यूज़ की कृपा से ही सम्भव है। शिल्प का अध्ययन (व्युत्पत्ति) करके कविता लिखनेवालों पर देवी की कृपा नहीं होती। इस वर्ग के सदस्य यह दिखलाने के लिए कि उन पर देवी की कृपा है एक अलग जीवन शैली अपनाये हुए थे। जैसे, सिर के बाल न कटवाना, दाढ़ी न छँटवाना, नाखून बढ़ाये रखना, नहाने से भी परहेज़ करना और एकान्त में रहना।[19] कवि होने का दिखावा करना और यथार्थ में कवि होना इस भेद

---

* (i) सरलता से तात्पर्य है अतिशयोक्तिपूर्ण न होना। प्रतीत होता है उसके समकालीनों में यह प्रवृत्ति रही होगी कि प्रभाव डालने के लिए विषय तो गम्भीर ले लेते होंगे किन्तु निर्वाह न कर पाने के कारण अतिशयोक्तिपूर्ण वर्णन का सहारा ले कर सामाजिक पर अपनी बहुज्ञता की छाप छोड़ने का प्रयास करते होंगे। अन्त में यही उनका दोष बन जाता था।

(ii) परस्पर सम्बद्धता का अर्थ है अंगांगी सम्बन्ध, जैव एकता, होना।

को उसने समझा था। ऐसे सनकी कवियों पर कठोर टिप्पणी के बाद निर्भ्रान्त शब्दों में उसकी स्थापना है कि उचित विषय के चयन के लिए तथा उसके उचित निर्वाह के लिए जिस ज्ञान की आवश्यकता है वह दर्शन के अध्ययन (व्युत्पत्ति) से ही सम्भव है।[20] किन्तु इससे यह निष्कर्ष नहीं निकालना चाहिए कि वह प्रतिभा के योग को कम करके आंक रहा है, यह निर्देश वस्तुतः सनकी कवियों के लिए था।

दार्शनिक अध्ययन के विशेष उल्लेख की पृष्ठभूमि में कोई सामयिक स्थिति हो सकती है। हमारी धारणा है कि एशियाई शैली के प्रभाव में आकर कुछ कवि छोटी-छोटी चामत्कारिक उक्तियों को ही कविता की सीमा मानने लग गये होंगे, गम्भीर चिन्तन करके लिखी जानेवाली रचना उने लिए असम्भव भी रही होगी। इसीलिए, वह पिसो को अपने देश और समाज के प्रति उत्तरदायित्व का स्मरण कराना नहीं भूलता।[21] किन्तु, यह भी नहीं मान लिया जाना चाहिए कि उसके लिए व्युत्पत्ति की सीमा बस यहीं तक थी। इसके अन्तर्गत आनेवाले और भी क्षेत्र हैं, जैसे, काव्य-विधाओं और छन्दशास्त्र का ज्ञान। वह पहले ही यह स्वीकार कर चुका है कि छन्द का प्रयोग विधा के अनुरूप ही होना चाहिए, परम्परा और प्रकृति दोनों ही इसका समर्थन करते हैं। इस शास्त्र का ज्ञान न रखेनवाले को कवि कहलाने का कोई अधिकार नहीं है। प्रत्येक विधा और छन्द का अपना-अपना औचित्य है और उसका पालन होना चाहिए।[22]

प्रयोजन के अन्तर्गत हम देखेंगे कि यूनानी परम्परा का अनुसरण करते हुए रोमी कवि-काव्यशास्त्री सामाजिक में भाव जगाने को पर्याप्त महत्त्व देने लगे थे। यह वस्तुतः नाट्य परम्परा की देन थी। भाषणशास्त्र ने इसका स्वागत भी किया और पुष्टि भी की। 'आर्स पोएतिका' का सम्बोध्य नाटककार बनने का इच्छुक है। सामाजिक में भाव जगाना उसका मुख्य उद्देश्य है। इसके लिए आवश्यक है कि संवादों की भाषा पात्रानुकूल हो और अवसरानुकूल भी। क्या पात्र शोकग्रस्त है, रोष में है या फिर हँसी-मज़ाक कर रहा है?[23] उसकी वाक्सरणि इन्हीं भावों तथा स्थितियों के अनुकूल होनी चाहिए और इसके लिए उसे समाज का खुली आँखों से अध्ययन करना चाहिए। यह व्युत्पत्ति का दूसरा क्षेत्र है। प्रतीत होता है लेखक ने इसके अन्तर्गत नाटककार और अभिनेता दोनों को समेट लिया है। यहाँ उसका शब्द है 'कुशल अनुकर्ता'। नाटककार को वह परामर्श दे चुका होता है कि उसमें सबसे पहले देश के प्रति कर्तव्यबोध होना चाहिए, मित्रों के प्रति उत्तरदायित्व का ज्ञान होना चाहिए, माता-पिता, भाई और अतिथि के लिए प्रेम होना चाहिए। उसे यह भी जानना चाहिए कि सेनेट-सदस्य, न्यायमूर्ति अथवा युद्ध भूमि में जानेवाले सेना-नायक के विशिष्ट उत्तरदायित्व क्या हैं। इन सबके द्वारा वह जिस विशेष बिन्दु पर बल दे रहा है वह है अनुभवजन्य ज्ञान। नाटककार

केवल पुस्तकीय ज्ञान पर निर्भर नहीं रह सकता। उसका उठना-बैठना बृहत्तर समाज में होना चाहिए, उसकी जीवन शैली, बोलचाल का ढंग एवं आचरण इन सब पर उसकी दृष्टि होनी चाहिए।[24] अब नाटककार भले ही इन सब बातों का ध्यान रखते हुए पात्र-रचना करे, संवाद लिखे किन्तु मंच पर उसे प्रस्तुत करना अभिनेता के कौशल पर निर्भर करता है। सच पूछा जाय तो नाटक एक मिश्र कला (कोम्पोज़िट आर्ट) है जिसमें लेखक और अभिनेता दोनों सहभागी बनते हैं। लेखक यदि स्वयं पात्र को नहीं जीता तो रचना में पात्र स्वीय रूप नहीं पा सकता और उसी सीमा तक चरित्र का विकास पूर्णता के बिन्दु के नीचे रह जायगा। यह त्रुटि उसके मंचित रूप में भी रह जानी स्वाभाविक है। हमें लगता है, होरेस 'कुशल अनुकर्ता' शब्दों के प्रयोग से यह सन्देश दे रहा है कि नाटककार की ओर से यदि कोई त्रुटि रह जाय तो अभिनेता उसका परिहार कर ले। मंचित नाटक की सफलता वस्तुतः दोनों के कुशल अनुकर्ता होने पर निर्भर करती है।

व्युत्पत्ति के अन्तर्गत सामाजिक सम्पृक्ति का भाव एक अन्य दृष्टि से भी महत्त्वपूर्ण है। ऊपर उसने सबसे पहले देश के प्रति कर्तव्यबोध की बात कही है। इसके माध्यम से वह सिकन्दरियाई शैली का अनुसरण करनेवालों को सन्देश दे रहा है कि केवल कल्पनालोक में विचरण करने से तुम्हारी कृति मूल्यवान् नहीं बन सकती। आवश्यकता है राजनीतिक घटना-चक्र को समझने की, समाज की समस्याओं को जानने, उसकी आशाओं-आकांक्षाओं से परिचित होने की, उसकी लड़ाई को अपनी लड़ाई मानने की। ऐसा होने पर ही वह उपयोगिताश्रयी मूल्यवाले गम्भीर विषयों को ले पायेगा। परोक्षतः, यह उन एकान्तवासी प्रेरणाविदयों पर प्रहार था जो समाज से अलग-थलग रह कर भी यह अपेक्षा रखते थे कि चूँकि उन पर म्यूज़ की कृपा है, वे जो भी लिखते हैं दैवाविष्ट स्थिति में लिखते हैं, इसलिए उन्हें प्रतिष्ठा मिलनी चाहिए। इसके विपरीत उसकी धारणा है कि सामाजिक सम्पृक्ति से ही काव्य मूल्यवान् हो सकता है।

आभिजात्ययुगीन यूनानी काव्य के अध्ययन को होरेस ने व्युत्पत्ति के तीसरे क्षेत्र के रूप में लिया है। काव्यशास्त्र की पृष्ठभूमि के अन्तर्गत हम देख आये हैं कि उस समय प्रतिमान के स्रोतों के सन्दर्भ में वैचारिक संघर्ष चल रहा था। एक ओर एशियावादी थे तो दूसरी ओर प्रत्यावर्तनवादी थे। उसकी दृष्टि में ऑगस्तस युग की अपेक्षाओं को देखते हुए ये दोनों विचारधाराएँ लक्ष्य से भटक रही थीं। एशियावादी केवल रूप-पक्ष पर ध्यान केन्द्रित किये हुए थे तो पुरातनपन्थी इसके प्रति असावधान थे। वस्तु और रूप के सहभाव की जो कसौटी उसके मन में थी उस पर यूनानी अभिजात्य काव्य ही खरा उतरता था। प्रतिमान के अनुकरण को कुछ भाषणशास्त्री (आइसोक्रेतीज़ तथा सिसरो) चौथा हेतु मान चुके थे, किन्तु, उसके काव्यशास्त्र

में कोई ऐसा वाक्य नहीं है जिसका अभिधेयार्थ या लक्ष्यार्थ अनुकरण को स्वतन्त्र काव्य-हेतु मानने का संकेत देता हो। 'आर्स पोएतिका' में एक वाक्य है—"यूनानी प्रतिमानों को दिन में पढ़ो रात में उन पर चिन्तन करो।"[25] एटकिन्स ने इसका जो अर्थ किया है वह ध्यान देने योग्य है :

"आभिजात्य यूनानी कला की श्रेष्ठता की घोषणा करके होरेस ने [रोमी] समीक्षा के इतिहास में नये अध्याय का आरम्भ किया किन्तु इन प्रतिमानों का अनुकरण कैसे किया जाय इस सम्बन्ध में उसकी दृष्टि विशेष अर्थगर्भ है। इसका वास्तविक अर्थ है पुनर्रचना, पुराने में से नये का विकास।[26] दूसरे शब्दों में, यह यूनानी मूल्यों को रोमी काव्य में ढालने की प्रक्रिया है।[27] इसे अन्धानुकरण समझने की भूल किसी को नहीं करनी चाहिए।"[28] यह अलग बात है कि बाद में कवि और काव्यशास्त्री इसी अर्थ में उलझ कर रह गये।

होरेस एकमात्र ऐसा काव्यशास्त्री है जिसने अभ्यास पर उतना ही बल दिया है जितना व्युत्पत्ति पर। 'पिन्दर सम्बोधगीति' में एक वाक्य है—"मेरे गीत श्रमशील शैली के उत्पाद है।" इसका रचना काल ई. पू. 10 माना गया है। इसी समय वह आर्स पोएतिका को भी पूरा करने में जुटा हुआ था। तब तक काव्यशास्त्र के सभी पक्षों पर उसकी अवधारणाएँ स्थिर हो चुकी थीं। रचना को लगातार सुधारते रहने के नियम (अभ्यास) पर वह अडिग था। इस सम्बन्ध में पिसो को दिया गया परामर्श उल्लेखनीय है[29]:

"...यदि तुम कभी कुछ लिखो तो उसे मीसियस या अपने पिता या मुझे अवश्य सुना दो, फिर अपनी अन्य नोटबुकों के साथ आठ सालों के लिए घर पर रख दो। [अर्थात्, तत्काल प्रकाशन की बात मत सोचो] क्योंकि जो रचना अभी तक प्रकाशित नहीं हुई है उसमें से [अनावश्यक] अंश हटाये जा सकते हैं। एक बार मुँह से निकले हुए शब्द (सार्वजनिक पाठ किये हुए या प्रकाशित) वापस नहीं लौटते।"

आठ साल तक उसे प्रकाशित न करवाने का निर्देश यह संकते नहीं देता कि उसे यों ही रहने दो बल्कि उसे बार-बार पढ़ते रहो, सुधारते रहो। इसे और स्पष्ट करने के लिए वह अपना उदाहरण देता है। "मेरी कविताओं में सब कुछ जाना-पहचाना होता है और पढ़नेवाले को लग सकता है कि ऐसा तो वह भी लिख सकता है किन्तु जब वह लिखने बैठेगा तो उसे पसनी छूटेंगे।"[30] यह वाक्य केवल इतना ही नहीं दर्शाता कि काव्य के रूप-पक्ष को सँवारने में उसने कितना श्रम किया है बल्कि यह अर्थ भी देता है कि बार-बार के अभ्यास से ही रचना में प्रांजलता आती है। रचना कृत्रिमता का आभास दे तो यह दोष है। सामाजिक को ऐसा प्रतीत होना चाहिए कि कवि के हृदय से वाक्सरणि का स्रोत सहज ही फूटा है।

अब, महत्त्वपूर्ण प्रश्न यह है कि क्या वह काव्य-हेतुओं में से किसी एक को

अधिमान्यता देता है? अथवा, क्या इनमें से किसी एक के अभाव में भी काव्य-रचना सम्भव मानता है? उसकी कृतियों में इनके उत्तर सिद्धान्त और व्यवहार दोनों स्तरों पर मिलते हैं। सिद्धान्ततः, श्रेष्ठ काव्य को वह सभी हेतुओं की संयुक्त देन मानता है। अच्छी कविता प्रकृति (प्रतिभा/जन्मजात संस्कार) की देन है या कला (शिल्प/व्युत्पत्ति + अभ्यास) की इस प्रश्न को स्वयं उठाते हुए उसने उत्तर दिया है, "मेरे विचार से प्रवृद्ध प्रतिभा के बिना अकेले व्युत्पत्ति कुछ अधिक नहीं कर सकती, इसी तरह बिना प्रशिक्षण के प्रतिभा से भी विशेष उपलब्धि नहीं हो सकती। इन दोनों को मैत्रीभाव से परस्पर सहायक होना चाहिए।"[31] सिद्धान्त के रूप में कही गयी इस बात को प्रमाणित करने के लिए वह दौड़ में भाग लेनेवाले और शहनाई बजानेवाले का उदाहरण लेता है। इसके बाद वह उन लोगों पर कटाक्ष करता है जो काव्य-लेखन का क ख ग भी नहीं जानते फिर भी धड़ल्ले से लिखते जा रहे हैं और प्रचार करते हैं कि हम भी किसी से कम नहीं है।

व्यवहारतः उसके सामने (तुकबन्दियों को छोड़ कर) ऐसी रचनाएँ थीं जिनमें व्युत्पत्ति और अभ्यास के बल पर कुछ कवि समाज में अपनी जगह बनाने में सफल हुए थे। सिकन्दरिया का इतिहास देखें तो वहाँ वैयाकरणों ओर भाषाविदों के हाथ में समीक्षा भी थी और रचनाधर्मिता भी।[32] ये शुद्ध व्युत्पत्ति और अभ्यास के बल पर कवि के आसन पर जमे हुए थे। उन्हीं की देखा-देखी रोम में भी ऐसा वर्ग पैदा हो गया था और उनकी रचनाएँ यदि उसकी मध्यमान की सीमा में आती होंगी तो उन पर विचार करना उसका धर्म था, उसी का निर्वाह करते हुए उसने लिखा है:[33]

"[हे पिसो, मुझे विश्वास है कि] तुम ऐसा कुछ नहीं कहोगे या करोगे जिसकी अनुमति तुम्हें मिनर्वा (रोमी संस्कृति में मिनर्वा बुद्धि की देवी है जिसे यूनान की अथीना के समकक्ष रखा गया है) ने न दी हो। तुम्हारी अभिरुचि और बुद्धिमता पर मुझे पूरा भरोसा है। फिर भी यदि तुम कुछ लिखो तो उसे मीसियस, या अपने पिता या मुझे अवश्य सुना दो...।"

इस उद्धरण का उत्तरांश एक आदेश है। जो भी लिखो उस पर विशेषज्ञों की प्रतिक्रिया अवश्य जान लो ताकि उसे सुधारा जा सके। दोष-परिहार का सर्वोत्तम उपाय है समीक्षा। किन्तु इसका पूर्वांश विशेष अर्थगर्भ है जो होरेस को सीधे प्लेटो की परम्परा से जोड़ रहा है। "तुम ऐसा...मिनर्वा न न दी हो" इस वाक्य में वह मिनर्वा को म्यूज़/जन्मजात संस्कार/अन्तः प्रेरणा के अर्थ में ले रहा है। 'कहना या करना' का समन्वित अर्थ है काव्य-रचना। मिनर्वा की अनुमति का एक अर्थ यह भी लिया जा सकता है कि वह कवि की प्रकृति और काव्य-रूप में सीधा सम्बन्ध देख रहा है। यह आवश्यक नहीं है कि प्रत्येक कवि सभी प्रकार की विधाओं में रचना कर सके। प्लेटो बहुत पहले कह चुका था कि प्रकृति हमें सम्भावित लोहार, बढ़ई,

चित्रकार आदि देती है। व्यक्ति का परिवार विशेष में जन्म लेना अपने आप में उसकी प्रकृति/प्रवृत्ति को सुनिश्चित करनेवाला महत्त्वपूर्ण घटक है। इस प्रकृति को विकसित करने, इसमें निखार लाने का कार्य प्रशिक्षण करता है। अतः, रचनाकार को यह निश्चित करना ही चाहिए कि कौन-सी विधा उसकी प्रकृति के अनुकूल है। उसका अपना उदाहरण लोगों के सामने था। प्रबन्ध-काव्य लिखने का प्रस्ताव उसने इसी आधार पर स्वीकार नहीं किया था।

इसका दूसरा अर्थ (जिसे प्रथम की सीमा के भीतर रख कर ही देखा जा सकता है) है कि जो विषय तुम्हारी प्रकृति के अनुकूल न हो, जिसमें तुम्हारी पैठ न हो, उसे काव्य का विषय मत बनाओ। इस सन्दर्भ में मिनर्वा की अनुमति न होने का अर्थ होगा विषय का क्षमता के बाहर होना। 'प्रकृति के अनुकूल न होना' और 'क्षमता के बाहर होना' इन दोनों के बीच की विभाजन रेखा अत्यन्त सूक्ष्म है किन्तु भेद मूलभूत है और इस कारण से महत्त्वपूर्ण भी है।

अब, इन दोनों अर्थों के प्रकाश में इस वाक्यांश को लें—'फिर भी यदि तुम कुछ लिखो।' प्रथम दृष्ट्या यह वदतोव्याघात है। मिनर्वा की इच्छा के विरूद्ध यदि कोई कुछ लिखता भी है तो उसका भला क्या मूल्य होगा। हमारे मत से इसका अर्थ व्युत्पत्ति के परिप्रेक्ष्य में लिया जाना चाहिए। हम देख आये है कि उसके लिए व्युत्पत्ति की शक्ति प्रतिभा की तुलना में एक अंश भी कम नहीं है। बिना व्युत्पत्ति और अभ्यास के प्रतिभा पंगु है। अतः, इसका यह अर्थ लिया जाना चाहिए कि व्युत्पत्ति और अभ्यास के बल पर यदि कोई रचना करने के योग्य हो भी जाता है तो उसमें निखार लाने के लिए, उसे स्तरीय बनाने के लिए आलोचना को आमन्त्रित करना चाहिए। इसका यह अर्थ नहीं है कि प्रतिभाजन्य कविता को आलोचना की सीमा में नहीं लया जा सकता। दोष तो किसी भी रचना में हो सकते हैं, उनका निवारण मात्र आलोचना (अन्य किसी की या स्वयं की) द्वारा ही सम्भव है।

प्रसंग के समझौतावादी स्वर से प्रतीत होता है कि वह व्युत्पत्तिजन्य कविता को आधे मन से ही स्वीकार कर रहा है। श्रेष्ठ कविता तो वही हो सकती है जो अन्य हेतुओं द्वारा पुष्ट म्यूज़ की प्रेरणा से जन्म लेती है। उसकी तीन सम्बोधगीतियाँ म्यूज़ को समर्पित हैं। म्यूज़ अपार शक्तिसम्पन्न देवियाँ हैं। वह भाग्यशाली है कि उस पर उनकी कृपा है। इनमें कुछ ऐसी पंक्तियाँ भी हैं जिनसे आभास होता है मानों वह यह विश्वास भी रखता है कि व्युत्पत्ति का वरदान भी म्यूज़ से ही मिलता है और यह भ्रम होने लगता है कि इस वाक्य को—'जब व्यक्ति ऐसा विषय चुनता है, जिस पर उसका पूर्ण अधिकार हो, तो उसकी वाक्सरणि में सुबोध पद-क्रम अपने आप आ जाता है'[34]—कहीं वह शुद्ध अभिधा में तो नहीं ले रहा है। यूनानी कवियों की समीक्षा-दृष्टि का यह सबल पक्ष रहा है जिसमें वे सामाजिक पर लगातार यह छाप

छोड़ते चलते हैं कि वे म्यूज़ के कृपापात्र हैं और वे जो कुछ भी कह रहे हैं, जिस तरह से भी कह रहे हैं वह म्यूज़ ही उनसे बुलवा रही है। यहाँ, वह भी पिसो से मिनर्वा के विरुद्ध न जाने का आग्रह कर रहा है क्योंकि इसी में उसका कल्याण है। ऊपर जिन सम्बोधगीतियों की बात हमने की है उनका मुख्य विषय यही है कि आज वह जो कुछ भी है म्यूज़ के वरदानस्वरूप है। इनमें पहली गीति वीरकाव्य की म्यूज़ कल्लियोपि को सम्बोधित है।[35] उसका विश्वास है कि उसी ने कृपा करके फ़िलिपाइ युद्ध में उसे मारे जाने से बचाया, फ़ार्महाउस में पेड़ के नीचे दब जाने से बचाया क्योंकि वह उससे कुछ महान् कार्य करवाना चाहती थी। तात्पर्य यह कि कवि-कर्म एक गुरु उत्तरदायित्व है।

दूसरी गीति त्रासदी की म्यूज़ मेलपोमिनी की प्रशंसा में लिखी गयी है।[36] इसमें उसकी स्थापना है कि गीत-संगीत के संसार में पाइईरियाई म्यूज़ ही शासन करती हैं। यदि वह किसी के जन्म पर मुसकुरा कर देख ले तो उसका कवि बन जाना निश्चित है। म्यूज़, यदि उचित समझे तो मूक मछली से भी हंस की तरह गीत गवा सकती है। मेरे गीत जिनके कारण मैं 'रोम का कवि' कहलाता हूँ वस्तुतः उसी की दी हुई भेंट है। इन पंक्तियों में हमें हीसियोद की देववंशावली की अनुगूँज सुनायी दे रही है। हीसियोद एक गडरिया था, म्यूज़ ने उसमें पात्रता देखी और उसे महाकवि बनने का वरदान दे दिया।[37] इस वरदान के अन्तर्गत विषय-वस्तु का चयन, उसके अनुरूप विधा सुनिश्चित करना तथा उपयुक्त पद-संयोजन सब कुछ समाहित है क्योंकि ये एक ही इकाई के विभिन्न पक्ष हैं। यहाँ, कुछ गहराई से विचार करें तो देखेंगे कि होरेस कला के एक मूलभूत सिद्धान्त की ओर संकेत कर रहा है। म्यूज़ यदि किसी पर कृपा करती है तो ऐसा नहीं हो सकता कि उससे प्राप्त शक्ति केवल विषय-चयन तक सीमित हो कर रह जाय, विधा तथा पद-संयोजन के लिए वह उसे व्युत्पत्ति के भरोसे छोड़ दे। काव्य-रचना एक समन्वित प्रक्रिया है और ये तीनों घटक उसके अभिन्न अंग हैं। परस्पर सम्बद्ध होने पर ही ये सार्थक होते हैं, सार्थक होना अर्थात् कविता का अस्तित्व में आना। यदि इस निष्कर्ष को हम स्वीकार कर लें तो हमें यह भी स्वीकार करना होगा कि होरेस के काव्यशास्त्र में म्यूज़/अंतः प्रेरणा/जन्मजात संस्कार प्रमुख काव्य-हेतु है।

तीसरी गीति का विषय उसकी अपनी कविताएँ ही हैं।[38] इनमें उसने अपनी म्यूज़ को मूर्तिमान् रूप में देखा है। उसे गर्व है कि मेलपोमिनी ने उसे उपयुक्त पात्र समझकर उसके सिर पर विजय का मुकुट रखा है (अर्थात् कवियों में श्रेष्ठ स्थान दिया है)। कविताओं ने उसे अमर बना दिया है। ये उसका ऐसा स्मारक हैं जो राजाओं के लिए खड़े किये गये ऊँचे-ऊँचे पिरामिडों से भी कहीं अधिक स्थायी है। अन्य समाधि-स्थल नष्ट हो जाते हैं किन्तु उसकी कविताएँ, जब तक दुनिया रहेगी,

सदैव उत्साह के साथ पढ़ी जायेंगी। सबसे बड़ी बात यह कि एक साधारण परिवार में जन्म लेकर भी वह जिस ऊँचाई पर पहुँचा है वह वस्तुतः म्यूज़ का पुरस्कार है। इस पूरी गीति में कहीं भी ऐसा संकेत नहीं मिलता कि म्यूज़ ने उसे केवल अंतः प्रेरणा दी शेष उसकी व्युत्पत्ति और अभ्यास की देन है। इन काव्य-हेतुओं पर बल देनेवाला काव्यशास्त्री इस विषय पर यहाँ एकदम मौन है। इससे यही अर्थ निकलता है कि व्यापक अध्ययन और वर्षों तक रचना को सुधारते जाने की प्रेरणा एवं शक्ति भी म्यूज़ की देन हैं।

3.4.3.4 काव्य-प्रयोजन

'आर्स पोएतिका' लिखते समय होरेस के सामने काव्य के दोनों—सामान्य और विधागत विशिष्ट—रूप थे इसलिए उसके प्रयोजनों का विस्तार पर्याप्त व्यापक है। यद्यपि उसने परम्परा से हट कर कुछ नहीं कहा है किन्तु कहने का ढंग अवश्य नया है। और, अभिव्यक्ति का यह रूप-पक्ष ही है जिसने शताब्दियों तक उसकी लोकप्रियता को अक्षुण्ण रखा। इस प्रबन्ध के आरम्भ में ही उसने कवियों को रूप-पक्ष के प्रति सावधान रहने का परामर्श दिया है। यदि शिल्प के ज्ञान में त्रुटि है तो कवि दोषों से जितना बचना चाहता है उतना ही उनमें उलझता जाता है। रूप आनन्द का मुख्य स्रोत है। इसलिए प्रयोजन के अन्तर्गत उसने सबसे पहले आनन्द पर ही विचार किया है।

उसके चिन्तन की दिशा को देखते हुए कहा जा सकता है कि उसके मत से काव्य का रूप यदि सुन्दर नहीं है तो वह तुकबन्दी है। इस विषय पर उसने दो सैटायरों में अपनी दृष्टि स्पष्ट की है :

(i) छन्द में अपनी बात कह देने मात्र से कोई कवि नहीं बन जाता, संवाद शैली में लिखनेवाले मेरे जैसे लेखक को कवि नहीं कहा जा सकता।[39]

(ii) मैं नगर छोड़ कर पहाड़ों में बनी अपनी इस गढ़ी में क्यों आया हूँ? (क्या मैं अपने सैटायर और गद्य की म्यूज़ को कुछ और सुधार सकता हूँ?)[40]

लूसिलियस के सैटायरों का रूप बहुत अनगढ़पन लिये हुए था। होरेस ने उसे सुधार कर पूर्णता प्रदान की। इस ऐतिहासिक सत्य से परिचित होने पर भी (क्योंकि इसमें मुख्य भूमिका उसी की थी) वह सैटायर/संवाद को, उसके छन्दोमय रूप के बल-बूते पर, काव्य मानने से इनकार कर रहा है। या कहें, उसे पूर्ण कविता कहना उसे स्वीकार नहीं है। दूसरे उद्धरण में वह उसे साफ़-साफ़ गद्य कह रहा है। इसलिए, जब वह लिखता है कि कविता के लिए सुन्दर होना पर्याप्त नहीं है; वह आनन्ददायिनी भी होनी चाहिए और अपनी इच्छानुसार सामाजिक के मन को दिशा विशेष में बहा ले जाने में समर्थ भी होनी चाहिए[41] तो इसमें दो मत नहीं रह जाते

कि वह रूप-सौन्दर्य और काव्य-सौन्दर्य में अन्तर कर रहा है। इस सांकेतिक अन्तर के प्रकाश में सैटायर के उद्धरण पर पुनर्विचार करें तो स्पष्ट हो जायगा कि वह क्या कहना चाहता है।

सैटायरों का रूप छन्दोबद्ध है और छन्द त्रुटिहीन हों इसका उसने ध्यान रखा था। इनके लिए संवाद नाम उसे अधिक सार्थक भी लगता था। उसका यह संवाद किसी मित्र के साथ न हो कर अपने आप से है। बातचीत में कभी गम्भीर विषय लिये अवश्य जाते हैं किन्तु उनकी गहराई में न जाने से विश्लेषण का प्रायः अभाव रहता है। हो सकता है इसी तथ्य को रेखांकित करने के लिए वह इन्हें संवाद कहना अधिक उपयुक्त समझतो हो। दूसरी बात यह कि इसमें विरोधी को अपने पक्ष में करने का प्रयास नहीं होता, उसमें राग-द्वेष जगाने का लक्ष्य भी नहीं होता। वस्तुतः, इसी कारण से वह इन्हें काव्य की सीमा में प्रवेश देने से हिचकिचा रहा है। 'आर्स पोएतिका' में चूँकि वह काव्य पर विचार कर रहा है, काव्य के विशिष्ट लक्षणों का प्रतिपादन कर रहा है इसलिए सैटायर में कही गयी बात का यहाँ फिर से उठना स्वाभाविक है।

'कविता के लिए सुन्दर होना पर्याप्त नहीं है' अर्थात्, छन्द दोषरहित हो, शब्द माधुर्य भी हो और थोड़े-बहुत अलंकार भी हों तो क्या कहा जा सकता है कि कविता श्रेष्ठ है? नहीं। ये सब कविता की पहली शर्त हैं। इनसे काव्य-सौन्दर्य में अभिवृद्धि होती है किन्तु इन्हें सम्पूर्ण काव्य-सौन्दर्य नहीं माना जा सकता। इसलिए, उसने इसके बाद की शर्त रखी आनन्द प्रदान करने का गुण। प्रश्न उठता है कि क्या अलंकारादि में व्यक्त रूप-सौन्दर्य आनन्द नहीं देता? उसकी दृष्टि में नहीं, यह सौन्दर्य चित्त-विस्फार अवश्य करता है, आनन्द नहीं देता, वैसा आनन्द जिसमें सामाजिक का चित्त डूब जाय और कवि पर विश्वास करके वह जिधर ले जाना चाहे चला जाय। इसके लिए विषय की गम्भीरता और उसका सम्यक् निर्वाह आवश्यक है। वस्तु और रूप के सहभाव के अन्तर्गत हम देख आये हैं कि इनमें से किसी एक के प्रति भी कवि का प्रमाद उसी अंश तक कविता को उसके शीर्ष स्थान से नीचे ले आता है। हमें प्रतीत होता है कि वह मनोरंजन और आनन्द में अन्तर करते हुए यह स्थापित कर रहा है कि मात्र शब्द-क्रीड़ा सामाजिक को वह आनन्द नहीं दे सकती जो कवि का लक्ष्य होता है। सिसरो की चर्चा के अन्तर्गत हम देख आये हैं कि उसने आनन्द देना और अन्तस को उद्वेलित करना इन दोनों को अलग-अलग रखा है। उसके अनुसार सुन्दर रूप और आकर्षक शैली आनन्द के स्रोत हैं किन्तु बात जब भाषण के अन्तिम लक्ष्य को प्राप्त करने की हो, अर्थात् किसी समस्या पर निर्णय लेना हो, तो रूप-पक्ष पर्याप्त प्रबल सिद्ध नहीं होता। उसने तो यहाँ तक कह दिया कि सामाजिक प्रस्तुतीकरण के सौन्दर्य में ही रमा न रह जाय इसलिए आनन्द

की मात्रा सीमित होनी चाहिए। इससे स्पष्ट है कि अन्तस को उद्वेलित करने की शक्ति का स्रोत रूप-तत्त्व नहीं हो सकता। हमारा विश्वास है कि होरेस भी सिसरो से सहमत होते हुए केवल रूप-सौन्दर्य से उद्भूत आनन्द और वस्तु एवं रूप की समन्विति से उद्भूत आनन्द में भेद कर रहा है। वह दूसरे प्रकार के आनन्द को ही काव्य-सौन्दर्य का विशिष्ट आनन्द मानता है, इसी में वह शक्ति होती है जो सामाजिक को अपने वश में करके उसे दिशा प्रदान करती है।

दिशा प्रदान करने से तात्पर्य है सामाजिक की मानसिकताा को एक साँचे में ढालना। सिसरो के शब्दों में श्रोता में संवेग जगा कर उसे ऐसी मनः स्थिति में ले आना कि वह वक्ता द्वारा लिये गये निर्णय का समर्थन करने लग जाय। होरेस के सन्दर्भ में (या नाटक के सन्दर्भ में) इसका अर्थ होगा दर्शक के हृदय में राग-द्वेष आदि भावों को उभार कर, काथार्सिस प्रक्रिया को निष्पन्न कर, उसके भावलोक को ऐसा चरित्र प्रदान करना कि वह जिससे प्रेम करना चाहिए उससे प्रेम करने लग जाय और जिससे द्वेष करना चाहिए उससे द्वेष करने लग जाय। सामाजिक के भावलोक को प्रभावित कर उसे स्वस्थ मानसिकता प्रदान करना यह प्रयोजन निश्चित ही अरस्तू की काथार्सिस की अवधारणा से प्रेरित है। इसमें दो मत नहीं कि जीवन और साहित्य में स्वर्णिम मध्यमान (गोल्डन मीन) के लिए वह अरस्तू का ऋणी था। इसी को उसने साहित्य पर भी घटाया। उपर्युक्त वाक्य का उत्तरांश, 'वह आनन्ददायिनी भी होनी चाहिए', उसी का संकेत दे रहा है। यहाँ, अंग्रेजी में प्रयुक्त प्लीज़िग शब्द रस के निकट है न कि 'कांतासम्मित' के।

इस प्रतिपत्ति के बाद कि नाटक के सन्दर्भ में विशेषतः तथा अन्य विधाओं में सामान्यतः सामाजिक में भावोद्बोधन कवि का दूसरा प्रयोजन है वह उसकी सम्प्रेषण प्रक्रिया पर ध्यान देता है और इसके सूत्र एरिस्तोफ़ेनीज़ से जुड़े हुए हैं। सिसरो का स्रोत भी वही था। इसका सूत्र है—दर्शक/श्रोता/पाठक के मन में भाव जागें इसके लिए आवश्यक है कि कवि पहले स्वयं उनका अनुभव करे, तभी उसकी कृति में वह शक्ति आयेगी जिससे सामाजिक उसके वश में हो सकता है। सूत्र की व्याख्या करते हुए उसने लिखा है[42] :

"मनुष्य दूसरे को मुसकराता हुआ देख कर मुसकराने लगता है और रोते हुए देख कर [हृदय द्रवित होने से] उसकी सहायता के लिए आगे बढ़ता है। यदि तुम चाहते हो कि मैं (होरेस स्वयं को सामाजिक मान कर यह कह रहा है) रोऊँ तो पहले तुम स्वयं शोक का अनुभव करो; तभी तुम्हारा दुर्भाग्य मेरे हृदय पर चोट करेगा।" यह व्याख्या का पूर्वांश है। उत्तरांश में कवि की अनुभूति का प्रभाव और उसके माध्यम से सामाजिक तक कवि की अनुभति के सम्प्रेक्षण का विवेचन है। कहा जा चुका है कि इस प्रक्रिया का सम्बन्ध नाट्येतर विधाओं से भी है। उन दिनों सम्बोधगीति और

शोकगीति बहुप्रचलित काव्य-रूप थे। यहाँ होरेस की स्थापना है कि इन्हें लिखनेवालों का प्रयोजन होता है भाव विशेष को श्रोता/पाठक में जगाना किन्तु यह तभी सम्भव है जब वह स्वयं इसमें आकण्ठ मग्न हो। इससे पहले वह स्थापित कर आया था कि विषय पर अधिकार होने के बाद अभिव्यक्ति पक्ष–विषय-व्यवस्था एवं पद-संयोजन–स्वमेव सुनिश्चित हो जाता है। हमें स्वीकार करना होगा कि विषय की सीमा यहाँ व्यापक है। व्यावहारिक ज्ञान देनेवाले विषयों के साथ-साथ भावजगत् भी इसमें समाहित है। इसका संकेत देनेवाला एक महत्त्वपूर्ण वाक्य उपर्युक्त व्याख्या के उत्तरांश में भी आया है[43] :

"किसी भी स्थिति के लिए प्रकृति पहले हमारे अन्तस को ढालती है–हमें आनन्द, क्रोध या पीड़ाकर शोक से भर देती है–और तब हमारे संवेगों को वाणी के माध्यम से अभिव्यक्ति देती है।"

अब, भावजगत् और उसकी शब्दाभिव्यक्ति में अनुरूपता का जो नियम प्रकृति सामान्य जीवन में अपनाती है काव्य-जगत् में भला उसका उल्लंघन कैसे हो सकता है। सम्बोधगीतियों और शोकगीतियों में इसका पालन करना जितना आवश्यक है उससे कहीं अधिक कठोरता से इसका पालन नाटक में होना चाहिए। यदि पात्र के शब्द उसके चरित्र और मनोदशा के अनुरूप नहीं होंगे तो दर्शक या तो सो जायेंगे या [लेखक की मूर्खता पर] हँसने लगेंगे।

'आर्स पोएतिका' के अनेंक स्थल नाटककार/कवि की तैयारी से सम्बन्धित हैं। लेखक चूँकि पिसो बन्धुओं का मार्गदर्शन कर रहा है इसलिए दर्शक के हृदय को उद्वेलित करने के लिए उन्हें क्या-क्या तैयारी करनी है इसकी भूमिकास्वरूप उसने 'मनुष्य दूसरे को...।" की बात कही है। इस अंश के निहितार्थ को हम दो चरणों में समझ सकते है। पहला यह कि नाटककार इतना संवेदनशील अवश्य होना चाहिए कि समाज के सुख-दुःख को अपना सुख-दुःख बना सके। सामाजिक संपृक्ति की प्रवृत्ति लेखक में सहज होनी चाहिए। किन्तु इस सत्य को भी नकारा नहीं जा सकता कि नाटककार के लिए अपने सभी पात्रों के साथ तादात्म्य स्थापित करना सम्भव नहीं हो सकता। यह निहितार्थ का दूसरा चरण है और इसका स्रोत भी एरिस्तोफ़ेनीज़ में देखा जा सकता है। 'कवि और स्त्रियाँ' नाटक में उसने आगाथॉन को स्त्रियों की वेशभूषा में तथा उन्हीं के कण्ठस्वर में गाते हुए दिखलाया है। इस सम्बन्ध में प्रश्न किये जाने पर उसका उत्तर था, "मैं ये कपड़े अपनी प्रेरणा के साथ तालमेल बैठाने के लिए पहनता हूँ। नाटककार जिस [विषय] का चित्रण करना चाहता है उसमें उसे अपना सम्पूर्ण व्यक्तित्व डुबो देना पड़ता है।"[44] इससे ध्वनि यह निकल रही है कि प्रयोजन सिद्धि के लिए नाटककार में यदि जन्मजात संस्कार न हों तो व्युत्पत्ति एवं अभ्यास से भी वह लक्ष्य सिद्ध कर सकता है। अन्य स्थलों पर भी

वह इन दोनों हेतुओं पर बल देता रहा है और स्वीकार किया है कि रूप-पक्ष को निखारने में, त्रुटिहीन बनाने में, इनका विशेष योगदान है। नाटक में यदि यथार्थ का पुट देना है तो देखना होगा कि समाज के विभिन्न वर्गों से आये पात्र कैसी भाषा बोलते हैं, कैसा व्यवहार करते है, यह व्युत्पत्ति है और इन पात्रों की मानसिकता में प्रवेश करना अभ्यास है।[45] इस तरह, दोनों ही अपने-अपने ढंग से प्रयोजन सिद्धि में सहायता करते हैं।

काव्य का तीसरा प्रयोजन है शिक्षा। शायद इसे व्यावहारिक शिक्षा कहना अधिक उचित होगा और विचार करने के लिए इससे पहले जैसे उसने आनन्द और भावोद्बोधन का युग्मक बनाया था उसी तरह शिक्षा और आनन्द का भी बनाया है। ध्यान रहे यह विषय उसने 'आर्स पोएतिका' के उस अंश में लिया है जो कवि की तैयारी या उसके उत्तरदायित्व से सम्बन्धित है। यहाँ, वह शुद्ध परम्परा की बात कर रहा है कि कवियों का लक्ष्य या तो सामाजिक को व्यावहारिक ज्ञान प्रदान करना होता है या आनन्द देना अथवा मिश्रित रूप में दोनों ही, अर्थात् आनन्द के आवरण में काम आनेवाली शिक्षा। यह काव्य का उपयोगिताश्रयी मूल्य है। इसके साथ उसका एक सुझाव और है कि ज्ञान की जो भी बात कहनी हो संक्षेप में कहो ताकि सामाजिक उसे सुगमता से ग्रहण कर सके।[46] प्रसंग के अन्त में उसने यह निष्कर्ष भी निकाला है कि कान्तासम्मित उपदेश देनेवाला ही सबसे अधिक लोकप्रिय होता है। उसकी रचना उसे अर्थ की प्राप्ति भी करवाती है और दूर-दूर तक, समुद्र पार भी, उसके लिए ख्याति अर्जित करती है।[47] 'काव्यं यशसेऽर्थकृते' का सूत्र उसके निजी अनुभव की देन थी।

व्यावहारिक ज्ञान/शिक्षा का जितना व्यापक रूप हमें होरेस में मिलता है उतना किसी अन्य में नहीं मिलता। दूसरे, इसे उसने सिद्धान्ततः ही प्रतिपादित नहीं किया है वरन् सैटायर, सम्बोधगीति और पत्र-प्रबन्धों में इसे व्यावहारिक रूप भी दिया है। हमारी धारणा है कि उसके लिए काव्य का यह उपयोगिताश्रयी मूल्य अन्य मूल्यों से अधिक महत्त्वपूर्ण है। पहले हम उन स्थलों को ले रहे हैं जिनमें उसकी विचारधारा परम्परासम्मत सैद्धान्तिक आधार लिए हुए है।

काव्य के प्रयोजन और सामर्थ्य को ले कर यूनानी साहित्य में अनेक सन्दर्भ मिलते हैं।[48] काव्य देवताओं की देन है इस धारणा से उसमें दो विशेषताएँ अपने आप स्वीकृत हो गयीं। पहली यह कि वह समाज का हित करता है, दूसरी यह कि उसमें बड़े से बड़ा काम करने की शक्ति होती है। प्रथम के अन्तर्गत ओर्फ़ीउस का उदाहरण लिया जा सकता है। उसकी संगीत की शक्ति से बर्बर मनुष्यों और जंगली जानवरों ने हिंसक वृत्ति त्याग दी थी। यह सभ्यता के विकास में कविता की भूमिका का प्रतिपादन है। इसी तरह ऐंफ़ियन के बारे में कहा गया है कि उसने

अपनी कविता से पत्थरों को मोहित कर थीब्ज़ नगर का परकोटा खड़ा कर दिया था। तात्पर्य यह कि कविता यदि पत्थरों को भी वश में करके सर्वहितकारी योजना में लगा सकती है तो क्या मनुष्य को [उसके अ़न्तस को वश में करके] उचित दिशा नहीं दे सकती। होरेस में सामाजिक के अन्तस को उद्वेलित करने का प्रयोजन इसी स्रोत से आया है। तात्पर्य यह कि उसने इन कथाओं को ज्यों का त्यों स्वीकार कर लिया था। इनका सन्दर्भ देते हुए हुए लिखता है[49] :

"ओर्फ़ीउस एक पवित्र आत्मा था और देवताओं की इच्छा का व्याख्याता था। उसने वनों में रहनेवाले मनुष्यों को हिंसा और दूषित भोजन करने से रोका। इसीलिए, कहा जाता है कि उसने शेर-चीतों को भी पालूत (सभ्य) बना लिया था। ऐंफ़ियन ने थीब्ज़ नगर बसाया था, लायर की धुन और अपनी प्रार्थनाओं से पत्थरों को भी यथास्थान जाने के लिए प्रेरित किया था। प्राचीन काल में निजी और सार्वजनिक सम्पत्ति के विभाजन,•दैवी और भौतिक में अन्तर करने तथा अनेक पुरुष/स्त्रियों से सम्बन्ध रखने पर अंकुश लगाने जैसे समझदारी के काम हुए थे। नगर बने थे और समाज संचालन के अनेक नियम बने थे। (इन सब में काव्य-संगीत की विशिष्ट भूमिका थी) इसलिए, दैवी इच्छाओं के व्याख्याता कवियों और उनकी कविताओं को इतना सम्मान मिला और ख्याति भी मिली। फिर होमर और तर्तिउस ने अपनी छन्दोबद्ध रचनाओं से वीरों को युद्ध के लिए उत्साहित किया, लोगों को जीवन का मार्गदर्शन कविताओं से मिला। राजाओं की कृपा काव्य-पाठ से प्राप्त की जाती रही और श्रम के बाद विश्राम का सुख भी काव्य में मिलता रहा।"

इन पंक्तियों में कविता को जीवन की मूल प्रेरणा शक्ति के रूप में प्रस्तुत किया गया है। यह मनुष्य का सहज़ गुण है, उसके स्वभाव से उद्भूत है। कोई ऐसा क्षेत्र नहीं है जिसमें कविता का योगदान न रहा हो। समाज की कोई ऐसी समस्या नहीं है जिससे कवि स्वयं को अलग रख सकता हो। भटके हुए समाज को सच्ची राह पर यदि कोई ला सकता है तो केवल कवि। बचपन से ले कर वृद्धावस्था तक वह कवि से शिक्षा लेता रहे तो उसका पतन हो ही नहीं सकता। ऑगस्तस को लिखे पत्र में कवि/कविता के उत्तरदायित्व तथा उपयोगिता को रेखांकित करते हुए उसने आग्रह किया है कि उसे सदैव राजाश्रय प्राप्त होना चाहिए, इसी में राज्य का हित है :[50]

"कवि प्रकृत्या धन-लोलुप नहीं होता। छन्द-रचना उसका स्वभाव है...वह किसी के विरुद्ध षड्यन्त्र नहीं करता, बस दाल-रोटी से काम चला लेता है। वह अच्छा सिपाही नहीं होता (यह टिप्पणी उसने अपने ऊपर की है) फिर भी नगर के लिए वह अनेक प्रकार से उपयोगी होता है। उसके छोटे-छोटे प्रयास (कविताएँ) बड़ा काम करते हैं। बालक के तुतलाते होठों को सम्यक् वाणी कवि देता है, उस छोटी

अवस्था में भी वह उसके कानों को अश्लीलता से विरत करता है। फिर, शीघ्र ही अपने कान्तासम्मित उपदेशों से क्रूरता, ईर्ष्या तथा क्रोध जैसे आवेगों को शान्त कर उसके चरित्र का निर्माण करता है। श्रेष्ठ कर्मों का आख्यान कर वह युवा वर्ग का ज्ञानवर्धन करता है और पीड़ितों तथा निर्धनों को सान्त्वना देता है। यदि म्यूज़ ने समाज को कवि न दिये होते तो धार्मिक स्वभाववाले किशोर-किशोरियों को प्रार्थनाएँ (स्तोत्र) कहाँ से मिलतीं। मन्दिरों में गायक-मण्डलियाँ [समाज के लिए] सहायता की प्रार्थनाएँ करती हैं (ये प्रार्थनाएँ कवि द्वारा रचित ही होती है) तथा देवता के अस्तित्व की साक्षात् अनुभूति भी करती हैं। उनकी प्रार्थना पर देवलोक वर्षा करता है, बीमारियों तथा अन्य संकटों को दूर रखता है, शान्ति बनाए रखता है और धन-धान्य प्रदान करता है। यह कविता ही है जो देवलोक ओर प्रेतलोक को प्रसन्न तथा शान्त रखती है।"

उपर्युक्त दोनों उद्धरण हमने लगभग पूरे के पूरे रखे हैं जिससे उसकी वैचारिक भूमि का सम्यक् आकलन हो सके। इनमें उसने काव्य के उपयोगिताश्रयी मूल्य पर विभिन्न कोणों से विचार किया है। इसकी भूमिकास्वरूप उसकी स्थापना है कि कवि स्वार्थवश रचना नहीं करता, यह [देवताओं द्वारा प्रदत्त] उसका स्वभाव है इसलिए, वह इसका उपयोग सदैव परहित में करता है। परहित के जितने भी क्षेत्र हैं उन सब में उसकी विशिष्ट भूमिकाएँ होती हैं। विचारार्थ हम इनके चार वर्ग कर सकते हैं:

(अ) (i) ओर्फ़ीउस एक पवित्र आत्मा था...। —*आर्स पोएतिका*

(ii) मन्दिरों की गायक-मण्डलियाँ देवताओं...।—*ऑगस्तस को लिखा पत्र-प्रबन्ध*

कवि देवताओं और मनुष्यों के बीच की कड़ी है। इस अवधारणा का स्रोत सभ्यता की वह आदिम स्थिति है जब कवि मान्त्रिक पुजारी था, उसके रूप में समाज देवता की प्रत्यक्ष अनुभूति कर लेता था। समाज के सभी सदस्य अपनी-अपनी समस्याओं के समाधान के लिए उसके पास जाते थे। यहाँ तक कि दैहिक एवं मानसिक रोग का निदान भी उसके पास होता था* और, दैवाविष्ट होने की स्थिति में जब वह कुछ कहता था तो वह दैवाज्ञा हुआ करती थी। देवता उसी के माध्यम

---

* काव्य के इस प्रभाव का उल्लेख करते हुए होरेस लिखता है :

(i) क्या तुम्हारा हृदय धन की लालसा से, अधिक से अधिक पाने के लोभ से, जल रहा है? ऐसे मन्त्र (= कविता) हैं जिनके उच्चारण से तुम्हारी पीड़ा कम हो सकती है और एक सीमा तक रोग का निदान भी हो सकता है।—*मीसिनास को सम्बोधित पत्र-प्रबन्ध—पु. I*, 1

(ii) ध्यान रहे धन की लालसा अतिवादी मनोवृत्ति है और उसके अनुसार एक मानसिक रोग है। बुद्धि से काम न लेना, बिना सोचे-समझे खर्च करना, इसे वह पागलपन कहा करता था। —*सैटायर, पु. II, 3*

से कभी चेतावनी देते थे तो कभी भविष्यवाणी करते थे। यह एक मार्गदर्शक की भूमिका थी। कालान्तर में, मन्त्रों के जादूई प्रभाव में विश्वास न रह जाने के कारण, यह भूमिका इस मान्यता में परिणत हो गयी कि कवि उसी की प्रेरणा से उसी के द्वारा प्रदत्त सन्देश की कविता में व्याख्या करता है। इस व्याख्या में मानव सभ्यता के विकास की प्रक्रिया निहित थी। तात्पर्य यह कि सभ्यता का विकास (हिंसक वृत्ति का त्याग, उसके स्थान पर दया, ममता, करुणा आदि उच्चतर मानवीय गुणों की पुष्टि) वस्तुतः कवि की देख-रेख में, उसकी कविताओं का अनुसरण करते हुए, दैवाज्ञा से हुआ। एक शब्द में कहें तो वह देवदूत था।

(आ) ऐंफ़ियन ने थीब्ज़ नगर...। —*आर्स पोएतिका*

यह वाक्य प्राकृतिक संसाधनों के उचित उपयोग तथा भौतिक समृद्धि की ओर इंगित कर रहा है। कवि अपनी सूक्ष्म दृष्टि से प्रकृति के रहस्यों को जान लेता है, फिर यही ज्ञान वह समाज के अन्य सदस्यों को देता है। तब, समाज प्रकृति का अपने हित में उपयोग करने में सक्षम हो जाता है। इस रूप में कवि प्रकृति—उसके गुण, नियम आदि—का ज्ञान करानेवाला वैज्ञानिक है।

(इ) (i) प्राचीन काल में निजी और सार्वजनिक...। —*आर्स पोएतिका*

(ii) उसकी छोटी अवस्था में भी...। —*ऑगस्तस को लिखा पत्र-प्रबन्ध*

यह नगर-सभ्यता—राजनीतिक, सामाजिक तथा धार्मिक पक्षों में उचित तालमेल—पर की गयी टिप्पणी है। शासन-व्यवस्था उसका राजनीतिक पक्ष है। विभिन्न पदों पर आसीन अधिकारियों के कर्तव्यों एवं अधिकारों के नियमों का विधान, संविधान, कवि की देन है। विवाह आदि प्रथाएँ, पारिवारिक सम्बन्धों में विधि-निषेध तथा समाज का देवताओं के प्रति कर्तव्य, अर्थात् सामाजिक जीवन में करणीय-अकरणीय का बोध कविता से ही होता है। यहाँ कवि शास्त्रकार, शास्त्रदर्शी और शास्त्र-आख्याता तीनों की भूमिका साथ-साथ निभा रहा है। दूसरे शब्दों में, यह शिक्षक की व्यापक भूमिका है। एक शिक्षक की दृष्टि बच्चे से लेकर बूढ़े तक, राजा से लेकर रंक तक सभी पर पड़ती है। वह अलग-अलग ढंग से उनके चरित्र का, या कहें पूरे समाज के चरित्र का, निर्माता है। यह ऋषि-मुनियों की भूमिका है।

(ई) होमर और तर्तिउस की रचनाओं में कवि उद्‌बोधनकार के रूप में आ खड़ा होता है। किन्हीं कारणों से समाज यदि पतन की ओर जा रहा हो, हतोत्साह हो गया हो या नगर पर आक्रमण की स्थिति हो तो कविता उसका उत्साह बढ़ा कर उसे प्राणदान देती है। संकट की घड़ी में आत्मिक शक्ति प्रदान कर रक्षा करना यह कवि का जाति-रक्षक रूप है। निष्कर्ष यह कि जीवन का कोई ऐसा क्षेत्र नहीं है जिसमें कवि/कविता की उपयोगिता न हो।

उपर्युक्त उद्धरणों में उसके सैद्धान्तिक विमर्ष को अभिव्यक्ति मिली है। इसमें वह

परम्परागत दृष्टि का समर्थन कर रहा है। ऑगस्तस और पिसो को लिखे पत्र-प्रबन्ध जीवन के अन्तिम चार-पाँच वर्षों में तैयार किये गये थे इसलिए इनमें जीवन भर के चिन्तन का सार आना स्वाभाविक था। महत्त्व की बात यह है कि यह चिन्तन उसके उत्कृष्ट काव्य-रूप में व्यक्त हुआ है। बाद की शताब्दियों में 'आर्स पोएतिका' की लोकप्रियता का यही आधार बना। इसमें इतना हम और जोड़ना चाहते हैं कि उसने उन्हीं परम्परागत अवधारणाओं की पुष्टि की है जिनमें उसकी आस्था थी। जीवन में उसने जो कुछ भी अनुभव किया अथवा जिसका औचित्य उसे बुद्धिसम्मत प्रतीत हुआ केवल उसी को उसने सिद्धान्ततः भी प्रतिपादित किया। सैटायर, सम्बोधगीति और पत्र-प्रबन्धों में वह बहुत पहले से अपने सैद्धान्तिक विवचेन को व्यावहारिक रूप देता आ रहा था।

ई. पू. 19 तक सम्बोधगीतियों की तीनों पुस्तकें प्रकाशित हो चुकी थीं। उनकी ख्याति को देखते हुए हो सकता है मीसिनास ने इसी विधा में कुछ और लिखने का उसे परामर्श दिया हो। उसी की ओर इंगित करते हुए पहले ही पत्र-प्रबन्ध में उसने घोषणा कर दी कि अब तक जिस विनोदी शैली में तथा लीलाभाव से मैं रचना करता चला आ रहा था (उसका तात्पर्य सैटायर और सम्बोधगीति दोनों से है) उसका परित्याग करता हूँ और दर्शन के उस पक्ष की ओर उन्मुख होता हूँ जो इच्छाओं, आकांक्षाओं पर संयम रखना सिखलाता है और साथ ही सद्गुण पर आधारित चरित्र निर्माण को अन्य सभी गतिविधियों की तुलना में सर्वोपरि स्थान देने की दृष्टि भी देता है।[51] यह बात औपचारिक रूप से पत्र-प्रबन्ध में भले ही अब आयी हो किन्तु जीवन में इस विचार को वह बहुत पहले अपना चुका था, कुछ अपने पिता की शिक्षा के कारण और कुछ एथेन्स में रहते हुए टहलुआ दर्शन के सम्पर्क में आने के कारण। सैटायर की पहली पुस्तक उसके लेखक-जीवन का प्रथम चरण है। उसमें तीन सैटायर—पहला, दूसरा और छठा—ऐसे हैं जिनका विषय अरस्तू का स्वर्णिम मध्यमान है। इसी क्रम में सैटायर की दूसरी पुस्तक में वह ओफीलस जैसे साधारण किसान की जीवन-दृष्टि का आदर्श प्रस्तुत करता है। रोमी संस्कृति मूलतः कृषि संस्कृति थी। रोमवासियों के पुरुखों को अपने किसान होने पर गर्व था। वे कृषि कार्य यूनानियों की तरह दासों से नहीं करवाते थे। लेखक ने सैटायर और सम्बोधगीतियों में यह आदर्श रखा है इस प्रयोजन से कि उसके पाठक अपने पूर्वजों के चरित्र को पहचाने, उसका अनुसरण करें, क्योंकि यही रोम के पतन को रोक सकता है। इस तरह, इनमें वह अपने शिक्षक, गुरु होने का दायित्व निभा रहा था। इसकी स्पष्ट अनुगूँज हमें 'रोम और जीवन' गीति में सुनायी पड़ती है:[52]

"मैं, म्यूज़ों का पुजारी/हे युवतियो और युवाओ तुम्हारे कंठस्थ करने के लिए/एक नया गीत गा रहा हूँ।"

इसके बाद गीति रोमी गुणों को समर्पित है, जैसे, अपने भीतर सशक्त योद्धा तैयार करो, कष्ट सहने का सामर्थ्य पैदा करो, ईर्ष्या भाव से दूर रहो, देशाभिमानी बनो आदि।

देशाभिमान ऐसा विषय था जिसे उसने कई स्तरों पर जीया था। इसी की प्रेरणा से वह ब्रूतस की सेना में भर्ती हुआ था। मीसिनास और ऑगस्तस का साथ देने का निर्णय भी इसी की प्रेरणा का परिणाम था। बाद में भी जब वह उनकी नीतियों और योजनाओं का प्रचारक बना तो इस कारण से कि उनमें उसकी आस्था थी, उनमें वह रोम का हित देख रहा था। उनमें उसका प्रिय क्षेत्र था प्राचीन रोमी संकृति पर आधारित चरित्र का निर्माण। यद्यपि, प्रेम, मित्रता जैसे विषयों पर भी उसने बहुत कुछ लिखा किन्तु बल उसका गम्भीर विषयों पर ही है। इनके अन्तर्गत रेग्युलस* जैसे सेनापतियों का उदाहरण प्रस्तुत कर उसने अपने शिक्षक होने का परिचय दिया है।

सांस्कृतिक प्रत्यावर्तन का दूसरा आयाम था ध्वस्त मन्दिरों का पुनर्निर्माण तथा धार्मिक परम्पराओं—विशेष पूजाओं के विधि-विधान—को पुनर्जीवित करना। ऑगस्तस की इस योजना को होरेस का पूरा समर्थन मिला क्योंकि उसके मत से रोमवासियों के चारित्रिक ह्रास का मुख्य कारण था धार्मिक संस्थाओं में विश्वास न होना। पुरानी और नयी जीवन-शैली की तुलना[53] करते हुए उसने दरशाया है कि पहले लोगों के घर सादे हुआ करते थे पर मन्दिरों की सजावट में वे कोई कमी नहीं रहने देते थे। इसके विपरीत अब लोगों के घर महल बन गये हैं और मन्दिर टूट-फूट गये हैं। सादे जीवन पर बल देकर वह वस्तुतः देशभक्ति का परिचय दे रहा था। इस सम्बन्ध में वह इस विश्वास से प्रेरित था कि देश का विकास आत्मिक उत्थान से होता है न कि धन बटोरने से। धन आत्मा के पतन को रोक नहीं सकता। उसके मतानुसार—सुवर्ण सभी प्रकार के पापों का प्रथम और अन्तिम कारण है।[54] धनाधिक्य ने युवकों को जुआरी बना दिया है, पति शराब में डूबे रहने लगे हैं और पत्नियाँ अन्य पुरुषों से सम्बन्ध रखने में लज्जा का अनुभव नहीं करती।[55]

सांस्कृतिक उत्थान का एक पक्ष चारित्रिक विकास है और सांस्कृतिक उत्थान देशभक्ति का मूल भाव है इस तर्क को अपना कर होरेस ने देशभक्ति पर सर्वाधिक

---

* रेग्युलस रोमी सेनापति था जिसे कार्थीजिया की सेना ने बन्दी बना लिया था। फिर उसके सामने शर्त रखी गयी कि यदि वह रोम को कार्थिज की शर्तो पर समझौते के लिए मना लेगा तो उसे प्राणदान मिल जाएगा। रेग्युलस ने यह शर्त ठुकरा दी और प्राणदण्ड स्वीकार कर लिया।

बल दिया है। उसकी रचनाओं में इस विषय के कई आयाम हैं। एक है ऑगस्तस तथा मीसिनास जैसे समर्पित व्यक्तियों की प्रशंसा, दूसरा है रोम के उज्जवल भविष्य ओर उसके विश्व-नेतृत्व में विश्वास, तीसरा वे युद्ध जिनमें रोमी साम्राज्य ने निर्णायक मोड़ लिया, चौथा आंचलिक जीवन की श्रेष्ठता* में आस्था। इन सबका उसके लिए एक ही मूल्य था–युवा पीढ़ी के मन में देशप्रेम जगाना। इन सबमें उसका उद्बोधनकार का रूप स्पष्ट उभरा है।

इस विषय को समाप्त करने से पहले हम होरेस के उस रूप पर भी दृष्टि डाल लेना चाहेंगे जिसमें वह सच्चा समाज सचेतक बन कर हमारे सामने खड़ा है। इस रूप में उसने समाज की अनेक समस्याओं के साथ-साथ किसानों के भू-स्वामित्व के ज्वलन्त प्रश्न को भी लिया है। गृहयुद्ध के समय से ही किसान वर्ग असुरक्षित हो गया था। इसके कई कारण थे। जैसे, किसी युद्ध में जीत जाने के बाद उस प्रदेश की सारी ज़मीन का रोमवासियों की जागीर बन जाना, इसके साथ-साथ वहाँ के किसानों का दास बन कर रोम आ जाना या किसी रोमी सेनापति की सेवा में आ जाना। उन दिनों सेनानायकों के बीच एक नयी प्रथा ने जन्म ले लिया था। जो भी जीतता वह अपने सैनिकों के बीच जीते गये प्रदेश की भूमि बाँट देता। यह उनके लिए पुरस्कार था। ये प्रदेश बहुधा इटली के प्रान्त ही होते थे। इन सैनिकों की कृषि में कोई रुचि नहीं होती थी इसलिए पुराने स्वामियों को ही यह भूमि बँटाई पर मिल जाती थी या किसी और को वे अपना अधिकार दे देते थे। इस तरह भू-स्वामित्व जो पहले निश्चित था अब अनिश्चित हो गया। उन्हीं दिनों किसान की बेदखली का एक और कारण भी जड़ें जमाने लगा था। कुछ जागीरदार अपनी जागीर और बढ़ाने के उद्देश्य से अपने साथ लगती ज़मीन को या तो किसान से खरीद लेते थे (अधिकतर किसान ज़मीन बेचने के लिए विवश ही किये जाते थे) या फिर ज़बरदस्ती उन्हें बेदखल कर देते थे। और, इस तरह अधिकार में आयी भूमि पर वे खेती नहीं करवाते थे, प्रमोद-उद्यान बनवाते थे। इसके दुष्परिणामस्वरूप रोम

---

* कुछ समीक्षकों ने इसमें उसकी दरबारी मनोवृत्ति देखी है। ग्रामीणक्षेत्रों के लिए ऑगस्तस ने अनेक योजनाएँ शुरू की थीं। इनसे ग्रामीण जीवन कितना सुन्दर हो गया है इसकी झलक वर्जिल के ग्रामगीतों में मिलती है। ये समीक्षक उन्हीं के समकक्ष होरेस की ऐसी रचनाओं को भी रखते हैं। हमारे मत से उसकी इन रचनाओं में प्रचार का लक्ष्य अवश्य है किन्तु उसके सम्बन्ध में यह भी स्वीकार करना होगा कि वह अपने फ़ार्महाउस में सचमुच सुख का अनुभव करता था और इसके लिए कुछ भी त्याग सकता था।

–सम्बोधगीति, पु. III, 3

में अनाज की कमी पड़ने लगी और वह सिसली या मिस्र से अनाज मँगवाने के लिए विवश हो गया।

कृषि क्षेत्र में आयी इस उथल-पुथल से होरेस दुखी था। इसका कारण सम्भवतः उसका भुक्तभोगी होना रहा होगा। उसकी अपनी, वर्जिल तथा अन्य मित्रों की ज़मीन की बेदखली की पीड़ा वह झेल चुका था। वह चाहता था कि प्रशासनाधिकारी बृहत्तर समाज की इस पीड़ा को समझें और इस समस्या का कोई समाधान ढूँढ़े। इस समस्या के विविध आयाम उसकी रचनाओं में दिखायी देते हैं। कभी तो लगता है जैसे किसी मंच पर खड़े होकर सबको सचेत कर रहा है कि यदि तुमने शीघ्र इस ओर ध्यान नहीं दिया तो तुम्हें इसके भयंकर परिणाम भुगतने पड़ सकते हैं। 'कंजूस' शीर्षक सम्बोधगीति में आया निम्न कारुणिक दृश्य देखिये[56]:

पति-पत्नी इधर-उधर भटक रहे हैं/पत्नी ने देव-प्रतिमाओं को छाती से
चिपका रखा है/पति अपने बच्चों को छाती से लगाये हुए है।
फिर यह देखिये कि इस तरह से हथियाई गयी ज़मीन का होगा क्या—
पुराना मालिक यहाँ जैतून की खेती करता था/
वहाँ एक बड़ा सा प्रमोद-उद्यान होगा, दूर-दूर से नयी-नयी/
किस्म के फूलों की खुशबू फैलेगी।

इन चित्रों के आधार पर कहा जा सकता है कि आंचलिक विषयों को उसने केवल योजनाओं के प्रचार के लिए ही नहीं लिया सम्भवतः वह ऑगस्तस और अन्य शासनाधिकारियों का ध्यान इस ओर भी खींचना चाहता था कि कृषि सम्बन्धी अनेक प्रश्नों के उत्तर ढूँढ़े जाने शेष हैं।

सैटायर की दूसरी पुस्तक ई.पू. 30 में प्रकाशित हुई. तब वह प्रचार-कवि नहीं बना था। उसी की दूसरी रचना है 'मितव्ययिता'। यह ओफ़ेलस किसान को समर्पित है। प्रतीत होता है उसे भी बेदखल कर दिया गया था। इसमें उसने बड़े जागीरदारों को आड़े हाथों लिया है और अन्त में भू-स्वामित्व का प्रश्न भी उठाया है। इससे सिद्ध होता है कि बहुत पहले से वह इस विश्वास से प्रेरित था कि कवि का समाज से जुड़े रहना, उसकी समस्याओं को अपना समझना उसका कर्तव्य है तथा समाधान के लिए उन्हें अधिकारियों के सामने रखना उसकी रचनाधर्मिता का प्रयोजन होना चाहिए। उसकी दृष्टि में काव्य का उपयोगिताश्रयी मूल्य कवि-कर्म का अवश्यंभावी परिणाम था। कवि-कर्म की न्यूनता इस मूल्य को भी प्रभावित करती है। सैटायर की प्रथम पुस्तक ई. पू. 35 में प्रकाशित हुई थी। इसकी तीसरी रचना में भी वह समाज, न्याय और नियम का जन्म उपयोगितावाद में ढूँढ़ रहा था। परोक्षतः, यह कला में उपयोगिताश्रयी मूल्य की सैद्धान्तिक स्वीकृति है, शिक्षा का प्रयोजन व्यवहार में उसका पूरक है।

3.4.3.5 शिल्प-विचार

इस विषय के अन्तर्गत होरेस का विमर्श दो दिशाएँ ग्रहण करता है, यद्यपि पत्र-प्रबन्ध के काव्यात्मक स्वरूप के निर्वाह के लिए उन्हें अलग-अलग अनुभागों में बाँटना उसके लिए सम्भव नहीं हो पाया है। उसके सामने समस्या यह थी कि एक ओर उसे पिसो को नाट्य-रचना का विशेष ज्ञान कराना था तो दूसरी ओर अन्य पाठकों के ज्ञानार्थ काव्य की परम्परागत तथा निजी अवधारणाओं का प्रतिपादन भी करना था। इसके समाधान के लिए उसने इन्हें परस्पर सम्बद्ध रूप में रखना ही उचित समझा। यहाँ, हम पहले उसके नाट्य-विमर्श को ले रहे हैं। आश्चर्य यह है कि जिसने स्वयं कभी नाटक लिखने का प्रयत्न नहीं किया वह इसके शिल्प के विशेष नियमों की चर्चा कर रहा है। अनुमान लगाया जा सकता है कि वह इस दिशा में पुस्तकीय ज्ञान के सहारे ही आगे बढ़ रहा था। इसलिए, उसने नियमों को सूत्र रूप में प्रतिपादित करने तक ही स्वयं को सीमित रखा है, उनके कारणों और प्रभाव की चर्चा में वह नहीं उलझा है।

कथानक

नाटक का प्रथम अंग कथानक है। इस पर विचार करते समय होरेस के सामने इसके दोनों रूप थे—एक वह जो कलाकृति के रूप में कवि की देन है, दूसरा वह जो उसका मंचित रूप है जिसमें अभिनेता भी सहभागी बनते हैं। इसके प्रथम रूप पर विचार करते समय उसके मन में दो प्रश्न थे। नाटक का प्रकृति/प्रत्यक्ष जीवन से क्या सम्बन्ध है? और, सामाजिक पर उसके प्रभाव को देखते हुए उसकी मूल विशेषता क्या है?

जहाँ तक कथावस्तु का सम्बन्ध है उस समय इसके दोनों स्रोत उपयोग में लाये जा रहे थे। अर्थात्, ऐतिहासिक और पौराणिक आख्यानों पर आधारित नाटक भी लिखे जा रहे थे तथा काल्पनिक कथानक भी गढ़े जा रहे थे।[57] ऐतिहासिक और पौराणिक कथाओं का स्वरूप निश्चित था, उसमें परिवर्तन के लिए अधिक स्थान नहीं था। पर काल्पनिक कथा गढ़नेवालों के लिए उसने अवश्य आदेश दिया:[58]
"दर्शकों को आनन्द देने के लिए तुम जो भी नया करो (अर्थात् नयी कहानी गढ़ो) वह सत्य/यथार्थ के निकट होनी चाहिए। उसमें आनन्द देने का गुण, अर्थात्, रूपाश्रयी मूल्य अवश्य होना चाहिए अन्यथा दर्शक-दीर्घा में बैठा युवा वर्ग उसे स्वीकार नहीं करेगा और कथा यदि यथार्थ से दूर होगी तो बड़ी उम्र के दर्शक अभिनेताओं को मंच से भगा देंगे।"

'नाटक में यथार्थ कर पुट होना चाहिए' इस आदेश के सूत्र अरस्तू के 'काव्यशास्त्र' से जुड़े हुए है। वह कह चुका था कि कवि तथा अन्य कलाकार

जो भी रचना करते हैं वह मूलतः अनुकरणात्मक होती है, इसलिए प्रकृति और कला का सम्बन्ध अनुकार्य और अनुकृति का है। यह सम्बन्ध ऐतिहासिक और पौराणिक आख्यानोंवाले नाटकों में अधिक स्पष्ट है क्योंकि दर्शक उनसे पूर्वपरिचित होते हैं। अतः मंच पर उन घटनाओं की पुनरावृत्ति तथा पात्रों को देख कर उसे आनन्द मिलता है। अरस्तू के अनुसार ऐसी स्थिति में 'सामान्य'[59] वह यथार्थ है जिसका कवि अनुकरण करता है और दर्शक उसे पहचान कर प्रसन्न होते हैं। फिर, 'सामान्य' की व्याख्या करते हुए उसने लिखा है—'कोई पात्र परिस्थिति विशेष में आवश्यकता और सम्भावना के नियम के अनुसार किस प्रकार का व्यवहार करेगा या क्या कुछ कहेगा।' दूसरे शब्दों में, कलाकृति प्रकृति के बाह्य रूप का अनुकरण नहीं करती, उसमें अन्तर्निहित नियम या [विकास के] सिद्धान्त का अनुकरण करती है। होरेस ने आवश्यकता और संभावना का अन्तर्भाव औचित्य सिद्धान्त में कर लिया है। उसके लिए यथार्थ से दूर होने का अर्थ है औचित्य का अभाव। परम्परा (इतिहास तथा पुराण) से कथानक चुनने में सुविधा यह रहती है कि दर्शक उसमें आवश्यकता और सम्भावना को ले कर कोई प्रश्नचिह्न नहीं लगाता। किन्तु, जब कोई काल्पनिक तानाबाना बुना जा रहा हो तो वहाँ आवश्यकता तथा सम्भावना के नियमों का पालन करते हुए घटनाओं में परस्पर कारण-कार्य सम्बन्ध बहुत महत्त्वपूर्ण हो जाता है। इसी की ओर संकेत करते हुए उसने लिखा—"परम्परा का अनुसरण करो या संगतिपूर्ण कथासूत्र गढ़ो।"[60] संगतिपूर्ण का सामान्य अर्थ लें तो कहा जाएगा 'जिसे दर्शक की विमर्शबुद्धि सहज स्वीकार कर ले।' अब, यदि हम स्वयं को इस सामान्य अर्थ तक ही सीमित रखें तो तब इसके बाद आये इस वाक्य की क्या आवश्यकता रह जाती है कि "यदि मंच पर तुम कोई प्रयोग पहली बार करने जा रहे हो, चरित्र को नये साँचे में ढालने जा रहे हो तो ध्यान रखो कि उसकी यह विशेषता आरम्भ से अन्त तक बनी रहनी चाहिए, उसकी अपने प्रति सच्चाई व्यक्त होनी चाहिए।"[61] क्या यह भ्रम में डाल देनेवाला वाक्य नहीं है? इसलिए, हमें प्रतीत हो रहा है कि वह 'संगति' शब्द को नया आयाम दे रहा है।

अरस्तू के सन्दर्भ में यह निश्चिन्त होकर कहा जा सकता है कि उसके लिए काव्य का यथार्थ इतिहास का 'विशेष' नहीं है वरन् आवश्यकता और सँभावना के नियमों का पालन करनेवाला 'सामान्य' है। कथासूत्र की कल्पना में इसका कितना महत्त्व है इसका प्रमाण है उसका यह वाक्य—"कवि को असंभाव्य सम्भव के स्थान पर संभाव्य असम्भव को अधिमान्यता देनी चाहिए।"[62] इसी आधार पर उसकी स्थापना है कि एक बार तर्कहीनता को संभाव्य की सीमा के भीतर ले आने पर उसके बेतुके होने पर भी उसे स्वीकार कर लिया जाता है।[63] हमारी धारणा है कि होरेस संगति को इसी अर्थ में प्रयुक्त कर रहा है। जो भी सम्भाव्य है वह यथार्थ है,

कवि को उसी का अनुकरण करना चाहिए। यही है कवि की कला जिसे देखते हुए अरस्तू ने लिखा था—कवि शिल्पी (रचयिता) है किन्तु यह नाम उसे कथावस्तु के विधान द्वारा सार्थक करना चाहिए न कि छन्द के विधान द्वारा।[64]

कथानक के अन्तर्गत एक आनुषांगिक विषय है 'दूयुस एक्स माकिना'। नाटक में किसी समस्या के समाधान के लिए जब कोई उपाय नहीं रह जाता था तब किसी दैवी शक्ति को इसका माध्यम बनाया जाता था। अरस्तू को यह पद्धति उचित नहीं प्रतीत होती थी। वह इस नियम पर अडिग था कि समस्या के समाधान या उसे और उलझाने में रचना का विधान कारण बनना चाहिए न कि कोई अविमर्शी तत्त्व।[65] इसी का अनुसरण करते हुए होरेस भी स्पष्ट निर्देश देता है कि जब तक रचना-विधान इसकी अनुमति न दे देवता को हस्तक्षेप नहीं करना चाहिए।[66] सम्पूर्ण कथानक में विभिन्न घटनाओं/प्रसंगों में तर्कसम्मत सम्बन्ध होना चाहिए यह उसका अन्तिम निर्णय है।

'नाट्यकला यथार्थ का अनुकरण है' इस पर अपनी स्थिति स्पष्ट करने के बाद वह दूसरा प्रश्न लेता है कि प्रभाव की दृष्टि से उसका विशिष्ट गुण क्या है? इसके सूत्र भी अरस्तू के वस्तु-विधान की अवधारणा से जुड़े हुए हैं। त्रासदी की परिभाषा के अनुसार अनुकृत कार्यव्यापार कुछ विस्तृत अवश्य होना चाहिए किन्तु महत्त्व इसके स्वयं में पूर्ण होने का है। वह एक समग्र इकाई होनी चाहिए और समग्रता का अर्थ है उसके आरम्भ, मध्य और अन्त इन तीनों का एक इकाई की तरह सुसम्बद्ध होना।[67] इसी शब्दावली का प्रयोग होरेस ने भी किया है :[68]

"...वह (नाटककार) अन्त की ओर तीव्र गति से बढ़ता है (अर्थात कथासूत्र का प्रत्येक अंश उसे अन्त की ओर तीव्रता से बढ़ानेवाला होना चाहिए)। ...जिस [भी प्रसंग] को वह देखता है कि उचित रूप नहीं दिया जा सकता उसे वह छोड़ देता है, और अपनी कहानियों में सत्य एवं मिथ्या का मिश्रण इस तरह करता है कि कथानक का मध्य आरम्भ से और अन्त मध्य से जुड़ जाता है।" दूसरे शब्दों में आरम्भ स्वयं किसी कारण की अपेक्षा नहीं रखता किन्तु मध्य का कारण वह अवश्य बनता है और मध्य आरम्भ का कार्य। इसी तरह मध्य अन्त का कारण बनता है और अन्त मध्य का कार्य, किन्तु अन्त स्वयं कारण बनने की अपेक्षा नहीं रखता, या, यों कहें कि अन्त के बाद किसी और प्रसंग की आवश्यकता नहीं रह जाती। कारण-कार्य सम्बन्ध के इस क्रम में सम्बद्ध हो कर समग्र कथानक एक पूर्ण इकाई बन जाता है। इकाई आदर्श रूप धारण कर सके इसके लिए यथार्थ और कल्पना, सत्य और मिथ्या एक दूसरे को पुष्ट करते हुए आगे बढ़ते हैं। हम स्मरण करें कि 'आर्स पोएतिका' के आरम्भ में ही होरेस ने चित्र के माध्यम से यह दरशाने का प्रयास किया था जिस कृति के विभिन्न अंग एक इकाई की तरह परस्पर सम्बद्ध

नहीं होते वह उपहास का विषय बनता है। काव्य की अवधारणाओं को समझाने के लिए चित्रकला से उदारहण लेना आभिजात्य परम्परा रही है। होरेस ने उसी परम्परा को आगे बढ़ाया है।

पात्र

नाटक का दूसरा महत्त्वपूर्ण अंग पात्र है। पात्रों के चरित्र-चित्रण पर व्युत्पत्ति के अन्तर्गत संक्षिप्त चर्चा हो चुकी है। हमारा लेखक इस सम्बन्ध में अत्यन्त सावधान है कि पात्र की अवस्था क्या है और वह किस वर्ग का प्रतिनिधित्व कर रहा है। कृति में यथार्थ प्रतिबिंबित हो इसके लिए आवश्यक है कि पात्र अपने स्वभावानुसार व्यवहार करे। स्वभाव को निश्चित करनेवाला प्रथम हेतु है उसकी अवस्था। 'आर्स पोएतिका' में उसने कई उदारहण इसकी पुष्टि में दिये हैं। जैसे, छोटे बच्चे (जिन्होंने अभी चलना शुरू किया है) कैसे जरा-जरा सी बात पर हँसते-रोते हैं, या, अपनी उम्र के बच्चों के साथ खेलने के लिए मचलते हैं; बिना दाढ़ी-मूँछवाला किशोर हमेशा अपने घोड़े और कुत्ते का साथ पसन्द करता है और जब वह बिगड़ जाता है तो कैसे उड़ाऊ स्वभाव का हो जाता है; फिर उम्र बढ़ने के साथ उसे धन बटोरने या प्रतिष्ठा की चिन्ता होने लगती है। अन्त में उसका परामर्श है—स्मरण रहे पात्र अपनी अवस्था के प्रति निष्ठावान् होना चाहिए।[69]

स्वभाव का द्वितीय हेतु उसका व्यवसाय हो सकता है। कोई नर्स है, मेट्रन है, या, व्यापारी, किसान अथवा योद्धा है, इन सभी का काम करने और सोचने-समझने का ढंग अलग होगा। अन्तिम हेतु वह प्रदेश है जहाँ का पात्र रहनेवाला है। थीब्ज़ और आर्गोस के रहनेवालों का पहनावा और बोलने का ढंग एक जैसा नहीं हो सकता। नाटककार को यह अन्तर रेखांकित करना चाहिए।[70]

अब तक जिन पात्रों की चर्चा हुई है वे वर्गगत (टाइप) हैं। समाज को सूक्ष्म दृष्टि से देखेनवाले होरेस जैसे काव्यशास्त्री का ध्यान अपवादों पर न जाता तो आश्चर्य होता। व्यष्टिवाद के अंकुर आभिजात्य युग में ही फूटने लगे थे। इस काल तक आते-आते यह प्रवृत्ति पर्याप्त पुष्ट हो चुकी थी। सच पूछा जाय तो सीज़र, ऑगस्तस, सिसरो, वर्जिल और वह स्वयं इस मनोवृत्ति के अच्छे उदाहरण हैं। इसी की प्रेरणा से उसने ऐसे पात्रों पर भी दृष्टि डाली है जिन्हें किसी वर्ग के अन्तर्गत नहीं रखा जा सकता। उनमें किसी एक गुण-दोष का सीमोल्लंघन करना ही उनकी पहचान बन गया है। जैसे, ज़रा सी बात पर भड़क उठनेवाला और फिर शान्त होने का नाम ही न लेनेवाला अखिलीज़, अहंकारी और अदम्य मिदीआ और अति चंचल आयो। यदि नाटककार को किसी ऐसे पात्र की रचना करनी ही हो तो उसका एक ही निर्देश है, आरम्भ से अन्त तक उसका स्वभाव एक जैसा ही दर्शाया जाना चाहिए

तभी वह विश्वसनीय बन पायेगा।[71] पात्र अपने स्वभावानुसार व्यवहार करे यह प्रवृत्ति उसे जीवन, यथार्थ, के निकट लाती है। दर्शक इसी पर विश्वास कर सकता है और दर्शक का विश्वास अर्जित करना कवि का लक्ष्य होता है, ठीक वैसे ही जैसे वक्ता श्रोताओं का विश्वास अर्जित करने के लक्ष्य से प्रेरित होता है।

वृन्दगान पर विचार करते समय लेखक की आभिजात्यवादी दृष्टि अधिक खुली है। इस सम्बन्ध में उसके सामने आभिजात्य नाट्य-परम्परा और अरस्तू की मान्यताएँ दोनों थीं और तुलना के लिए बाद के नाटक भी थे। इस विषय पर पहले हम यह देखें कि उसकी स्थापनाएँ क्या हैं? संक्षेप में ये हैं :[72]

(i) वृन्दगान के गायकों को एक अभिनेता की भूमिका निभानी चाहिए;

(ii) उन्हें दो अंकों के बीच में ऐसा कुछ नहीं गाना चाहिए जिसका सीधा सम्बन्ध कथानक से या उसमें सुसम्बद्धता लाने से न हो;

(iii) सत्पात्रों का साथ देना चाहिए और उन्हें सत्परामर्श देना चाहिए, क्रोध करनेवालों को मर्यादा में रखने का प्रयास करना चाहिए तथा नैतिक संकोच रखनेवालों का पक्ष लेना चाहिए;

(iv) सादे जीवन, न्याय, नियम तथा शान्ति की प्रशंसा करनी चाहिए;

(v) रहस्यों को स्वयं तक सीमित रखना चाहिए; और,

(vi) देवताओं से प्रार्थना करनी चाहिए कि वे शोकसंतप्तो पर कृपा करें तथा अहंकारियों से नाता तोड़ लें।

इन निर्देशों के स्रोतों पर विचार करें तो देखेंगे कि इनमें से कुछ 'काव्यशास्त्र' से सीधे, ज्यों के त्यों उठा कर रख दिये गये है। इसके अठारहवें अध्याय में अरस्तू ने वृन्दगान के उत्तरदायित्वों की समीक्षा की है। उसके सामने सोफ़ोक्लीज़ और युरिपिदीज़ दोनों के नाटक थे। सोफ़ोक्लीज़ की पद्धति को उचित मानते हुए उसने निर्देश दिया—"वृन्दगान को पात्र की श्रेणी में रखा जाना चाहिए; वह समग्र नाट्य-विधान का अभिन्न अंग है और उसे कार्यव्यापार में सहभागी बनना चाहिए।[73] इसी पर टिप्पणी करते हुए उसने फिर लिखा कि [युरिपिदीज़ जैसे] बाद के कवियों में वृन्दगान का विषय से बहुत कम सम्बन्ध दिखायी देता है, दो अंकों के बीच में गाये जानेवाले [कथानक निरपेक्ष] गीत भर हैं। उसके मतानुसार यह प्रवृत्ति आगाथॉन से शुरू हुई थी और धीरे-धीरे बढ़ती गयी। होरेस के सामने, अब, समस्या यह थी कि एक ओर कृति में वह ऐसी एकता की अपेक्षा रखता था जिसमें कुछ भी अनावश्यक न हो[74] और दूसरी ओर था यह अलग-थलग पड़ा वृन्दगान, इन दोनों में तालमेल केसे बठाया जाय? अरस्तू ने त्रासदी के अंगों की चर्चा में 'गीत' को अलंकरण भी माना है और अनुकरण का माध्यम भी। अनुकरण के विषय हैं कथानक, चरित्र और विचार। इससे निष्कर्ष यह निकलता है कि गीत यदि कथानक, चरित्र तथा विचार

में से किसी को भी अनुकरण का विषय नहीं बनाता तो उसे नाटक का अंग मानने का औचित्य कहाँ रह जाता है। इसलिए, यह आवश्यक है कि वह कथानक और चरित्र-माध्यम से व्यक्त के नाटक के विचार (सन्देश) को सामाजिक तक सम्प्रेषित करने में सहायक हो। यह आभिजात्य दृष्टि की पुनर्स्थापना है।

नाटक के मंचित रूप को सामाजिक के लिए आकर्षक बनाने की दिशा में लेखक का ध्यान उस समय अपनायी जानेवाली प्रथाओं तक सीमित होकर रह गया है। उनकी गहराई में जाने की उसने आवश्यकता ही अनुभव नहीं की। जैसे, उसका यह कहना कि वे नाटक अधिक लोकप्रिय होते हैं जिनमें अंकों की संख्या पाँच होती है, न कम न अधिक।* अथवा, यह कहना कि मंच पर भले ही पात्र अधिक हों किन्तु संवाद बोलने का कार्य केवल तीन पात्रों को सौंपा जाना चाहिए। इसी तरह वंशीवादन के इतिहास पर की गयी टिप्पणी का औचित्य भी स्पष्ट नहीं है। यह ठीक है कि इसका सीधा सम्बन्ध सामाजिक के मनोरंजन से है किन्तु इसके तथा लायर के विषय में उसका कोई ऐसा सुझाव नहीं है जो नाटक की श्रेष्ठता सुनिश्चित करता हो। उस समय जिस प्रकार के दर्शक दीर्घा में आते थे (इनके लिए ग्रामीण और नागर, निष्ठावान् एवं धूर्त जैसे विशेषणों का प्रयोग हुआ है) उन्हें देखते हुए वह शायद इससे कुछ अधिक कहने की स्थिति में था भी नहीं। हाँ, कथानक के दृश्य तथा सूच्य प्रसंगों पर अवश्य उसने सार्थक टिप्पणी की है।[75]

भयंकर एवं बीभत्स दृश्यों को मंच पर न दिखलाने की परम्परा बहुत पहले से चली आ रही थी, किसी प्रत्यक्षदर्शी द्वारा उनकी केवल सूचना दी जाती थी। पिसो से उसका आग्रह है कि इस नियम का वह अक्षरशः पालन करे, साथ ही इसके कारण की जानकारी भी उसने दी है। उसका कथन है—"कानों के माध्यम से जो बात हम तक पहुँचती है उसका प्रभाव हमारे अन्तस पर उतना गहरा नहीं पड़ता जितना तब पड़ता है जब उसे हम आँखों के सामने घटते हुए देखते हैं। मनोविज्ञान की दृष्टि से सामान्य नियम यह है कि हम जो देखते हैं उसकी यथार्थता पर विश्वास कर लेते हैं और जो सुनते हैं उसकी सत्यता पर शंका बनी रह सकती है। इस प्राकृतिक नियम के अनुसार यथार्थ पर विश्वास यदि नाट्यजनित भावों का आधार है तो यह देखना आवश्यक है कि मंच पर दिखलायी जानेवाली घटना इस सीमा तक आहत कर देनेवाली न हो कि भाव संवेग में बदल जाय। मिदीआ द्वारा बच्चों की हत्या

* अरस्तू ने ऐसी व्यवस्था कहीं नहीं दी है और ई. पू. 5वीं शताब्दी में भी किसी ऐसी निश्चित संख्या का पालन नहीं हुआ है। इसका स्रोत केवल मीनांदर हो सकता है। उसके नाटकों की लोकप्रियता सर्वविदित थी, सम्भवतः, होरेस की व्यवस्था का यही आधार था।

जैसे उदाहरण लेते हुए उसने निष्कर्ष निकाला है कि इन्हें दृश्य रूप में प्रस्तुत करने से दर्शकों में [संवेग रूप] जुगुप्सा जागेगी जिसके परणिामस्वरूप वे उस पर विश्वास नहीं अविश्वास करने लगेंगे। यह कला की हत्या होगी।

शब्द-विचार

गीत के अतिरिक्त अनुकरण का दूसरा माध्यम है शब्द-प्रयोग। प्रबन्ध के दूसरे अनुभाग, पोईमा, के शुरू में ही होरेस ने इस पर विचार किया है। विचारणा के तीन चरण हैं। पहले का विषय है शब्दों का ऐसा चातर्युपूर्ण (लाक्षणिक) प्रयोग कि वे नये लगने लगें। शैली में विशिष्टता/उत्कृष्टता इन्हीं प्रयोगों से आती है। दूसरे चरण में किसी गूढ़ अर्थ का बोध कराने के लिए नये प्रतीक (शब्द) की आवश्यकता आ ही पड़े तो कवि को नये शब्द गढ़ने की छूट का उपयोग करना चाहिए किन्तु यह ध्यान रखना होगा कि इस छूट का दुरुपयोग न हो। अर्थात्, अत्यधिक आवश्यकता होने पर ही नये शब्द गढ़ने चाहिए। दूसरे, उनका स्रोत यूनानी भाषा हो तभी पाठक उसे सहर्ष स्वीकार करेंगे। इस परामर्श के पीछे चिन्तन यह था कि सभ्यता-संस्कृति के विकास में नयी-नयी परिस्थितियाँ भी जन्म लेती जिनके कारण नये शब्दों की आवश्यकता अनुभव होने लगती हैं। इस स्थिति में नये शब्द गढ़ना कवि का अधिकार है। कैतो और एनियस ने इसी तरह अपनी शब्द सम्पदा बढ़ायी और यही कार्य अब इस काल के कवियों को करना है। बस, इतना और स्मरण रहे कि नये शब्द का रूप प्रचलित भाषा की प्रकृति के अनुरूप हो।[76] तात्पर्य यह कि किसी भी शब्द की शक्ति की अन्तिम कसौटी प्रचलन है।

अन्तिम चरण का विषय है मर गये (प्रचलन से बाहर हो गये) शब्दों को पुनर्जीवित करना। मनुष्य और उसके द्वारा बनायी गयी वस्तुएँ मरणशील हैं। जैसे वृक्षों के पत्ते पीले पड़ कर झर जाते हैं उसी तरह शब्दों की आभा भी फीकी पड़ जाती है और वे प्रचलन से बाहर हो जाते हैं। यह कवि की सूझ-बूझ और प्रयोग-शक्ति पर निर्भर करता है कि ऐसे पुराने शब्दों में से किसे वह फिर से प्रचलन में ले आता है। अर्थात्, किसी पुराने शब्द को कवि नया रूप भले दे दे किन्तु यह शब्द की प्रकृति पर निर्भर करेगा कि वह कितना प्रचलन में आयेगा। कवि द्वारा किये गये प्रयोगों की सफलता अन्ततः समाज की स्वीकृति पर निर्भर करती है।[77] हमारे मत से प्रचलन को शब्द की अन्तिम कसौटी मान लेने से वह नाट्य-रचना के इस नियम की पुष्टि कर रहा था कि कृति में यथार्थ का अनुकरण यदि उसका विशिष्ट गुण है तो उसकी एक शर्त यह भी है कि उसमें दैनंदिन शब्दावली का प्रयोग हो। शब्द लाक्षणिक हो, नया गढ़ा गया हो या पुनर्जीति किया गया हो इस मर्यादा का उल्लंघन नहीं कर सकता।

3.4.3.6 समीक्षक होरेस

'लिटरेरी क्रिटिसिज़्म, ए शॉर्ट हिस्ट्री' में लेखक द्वय की एक टिप्पणी है—"होरेस की समग्र रचनाधर्मिता ऑगस्तस युग की उस राष्ट्रीय चेतना का एक अंग थी जो एक ओर सौन्दर्य-मूल्य तक सीमित सिकन्दरियाई मनोवृत्ति के ठीक सामने खड़ी थी तो दूसरी ओर अभिजात समाज की संकुचित पश्चगामी दृष्टि का भी विरोध कर रही थी।"[78] इस राष्ट्रीय चेतना की प्रकृति एक सीमा तक ऑगस्तस की नीतियों की देन थी, होरेस उसका प्रवक्ता था जिसका परिणाम यह हुआ कि उस समय जो कुछ भी उस विशिष्ट राष्ट्रधर्म के अनुसार नहीं हो रहा था वह उसके साहित्य में आलोचना का विषय बना। यही कारण है कि उसकी रचनाओं में बहुधा एक प्रकार से प्रतिक्रिया का भाव झाँकता है (दे. सन्दर्भ संख्या एक)। कोई चाहे तो इन्हें आलोचनात्मक टिप्पणियाँ भी कह सकता है। उनमें से, यहाँ, हम केवल उन्हीं अंशों को ले रहे हैं जिन्हें साहित्यिक समीक्षा की संज्ञा दी जा सकती है। इनमें विश्लेषण की गहराई अवश्य कुछ कम है किन्तु दृष्टि स्वच्छ है।

कवि-समीक्षक होरेस अन्य कवि-समीक्षकों से किंचित भिन्न केवल इस कारण से है कि उसने समीक्षा-कर्म को कवि-कर्म से अलग करके नहीं देखा है। उसका अपना मत था कि प्रत्येक कवि को समीक्षक होना ही चाहिए। व्युत्पत्ति का जो महत्त्व काव्य-रचना के लिए है वही समीक्षा के लिए भी है। इसकी पृष्ठभूमि में वे आलोचक रहे होंगे जो काव्यशास्त्र की कोई जानकारी न रखते हुए भी महान् समीक्षक होने का भ्रम पाले हुए थे। दूसरी बात यह कि जो कवि स्वयं अपनी कृति को समीक्षक की दृष्टि से देखता है वही अपनी रचनाओं को श्रेष्ठतर बनाने का प्रयास भी करता है। "एक बुद्धिमान् और अच्छा आदमी (= समीक्षक) शिथिल पंक्तियों पर आपत्ति उठाता है, अटपटी पंक्तियों की त्रुटि उजागर करता है, अशिष्ट पंक्तियों को काली रेखा से चिह्नित करता है, आडम्बरपूर्ण अलंकरणों को हटा देता है, अस्पष्ट अंशों के लिए [कवि को] दोषी ठहराता है और उन्हें स्पष्ट करने के लिए विवश करता है तथा बदली जानेवाली पंक्तियों को रेखांकित करता है।"[79] इन पंक्तियों में एक अच्छे समीक्षक के धर्म की व्याख्या की गयी है और उसका आधारभूत धर्म है कि वह अपने उत्तरदायित्व का निर्वाह करे न कि मित्रता का।

इन पंक्तियों के निहितार्थ में उस समय की साहित्यिक मण्डलियों में प्रचलित निम्नस्तरीय आलोचना की अनुगूँज है। काव्य के सार्वजनिक पाठ की परम्परा का उल्लेख पहले हो चुका है, इसका आरम्भ इस उद्देश्य से हुआ था कि कवि को अपनी रचना के दोषों का भान हो जाय और वह उन्हे सुधार सके। किन्तु इसका ऋण पक्ष यह सामने आया कि अनधिकारी आलोचकों की भरमार हो गयी। इनमें से अनेक चापलूस भी रहे होंगे जो अपने आश्रयदाता कवि की हर पंक्ति पर वाह-वाह करते

होंगे। इनके अतिरिक्त अनेक स्थापित आलोचकों को भी छन्दशास्त्र का ज्ञान नहीं था ओर उन्हीं के अज्ञान का लाभ उठा कर कवि भी छन्द की शुद्धता पर ध्यान नहीं दे रहे थे। किन्तु क्या यह उचित है कि यदि तथाकथित आलोचक समीक्षा कर्म के प्रति उदासीन हो तो कवि भी अपने कर्म (छन्द का सम्यक् ज्ञान) के प्रति असावधान हो जाय।[80]

यह स्थिति का एक पक्ष था। दूसरा पक्ष यह था कि समीक्षकों (कवि-समीक्षकों) के अपने-अपने गुट बन गये थे। विरोधी गुट के कवियों की आलोचना करना उनका लक्ष्य बन गया था। ऊपर की पंक्तियों में समीक्षकों के लिए दो विशेषणों का प्रयोग किया गया है—बुद्धिमान् और अच्छा। 'बुद्धिमान्' से तात्पर्य है काव्य के गुण-दोषों की समझ रखनेवाला, काव्यशास्त्र का ज्ञाता। और, 'अच्छे' से तात्पर्य है जो कर्तव्य में निष्ठाभाव रखता हो। ऑगस्तस को लिखे पत्र में उसने पक्षपातपूर्ण दृष्टि रखनेवाले ग्रन्थिग्रस्त आलोचकों पर कठारे प्रहार किया है। गत पृष्ठों में रूढ़िगस्त प्रत्यावर्तनवादियों की चर्चा की जा चुकी है। इनमें से कुछ पुरानी रचनाओं का ही आन्नद ले पाते थे, नव-कवियों में उनकी कोई रुचि नहीं थी। इनसे होरेस को उतनी शिकायत नहीं थी जितनी उन ढोंगियों से हो हृदय से पुराने कवियों के प्रशंसक नहीं थे, शायद उनको अधिक समझ भी नहीं पाते थे फिर भी उनके रसिक होने का दिखावा अवश्य करते थे। उनका वास्तविक लक्ष्य पुरानों की आड़ लेकर नये कवियों पर प्रहार करना हुआ करता था जिसमें साहित्यिक समझ के स्थान पर केवल ईर्ष्याभाव हुआ करता था।[81] इस पृष्ठभूमि पर देखें तो दो पत्र-प्रबन्धों (ऑगस्तस तथा फ्लोरस को लिखे पत्र) में उसकी व्यावहारिक समीक्षा दो रूप ग्रहण करती है—एक में अपना बचाव करती है, दूसरे में उस बचाव का औचित्य सिद्ध करने के लिए प्रतिपक्ष के दोषों पर प्रहार करती है। कवि और आलोचक की दुहरी भूमिका निभाना उसके लिए अनिवार्य हो गया था क्योंकि सम्राट् और मीसिनास का कृपापात्र होने के कारण वह कितने लोगों की आँख का काँटा बन गया था इसकी केवल कल्पना की जा सकती है। पर उसने जब भी कोई बात कही ठोस आधार पर कही। समीक्षा के क्षेत्र में आनेवाले अन्य कवियों से भी उसकी यही अपेक्षा थी कि वे पहले उन कवियों का अध्ययन करें जिन्होंने प्रतिमान स्थापित किये हैं। इन प्रतिमानों को आत्मसात् करना कवियों और समीक्षकों दोनों के लिए सत्परामर्श था। इसी का अनुसरण करते हुए 'एक बुद्धिमान् और अच्छा आदमी...' उद्धरण को कवियों पर भी घटाया जा सकता है। उसका दृढ़ मत था कि स्वयं कवि में भी अपनी रचनाओं पर निष्पक्ष आलोचनात्मक दृष्टि डालने की क्षमता होनी चाहिए। पिसो बन्धुओं के सन्दर्भ में रचना को बार-बार दुहराने की बात कही जा चुकी है। तात्पर्य यह कि यह समीक्षा-दृष्टि ही है जिसकी सहायता से कवि अपनी रचना को पूर्ण से पूर्णतर और फिर पूर्णतम बना सकता है।

समीक्षक में व्यापक अध्ययन पर बल देने के पीछे एक ही कारण था कि वह अभिव्यक्ति पक्ष की सूक्ष्मताओं, उसके सौन्दर्य को समझ सके। उसकी इधर-उधर बिखरी आलोचनात्मक टिप्पणियों में अधिकतर रूप-पक्ष को ही आधार बनाया गया है इसी से समझा जा सकता है कि यह उसके लिए कितना महत्त्वपूर्ण था। एनियस ओर ऐक्कियस द्वारा प्रयुक्त ट्राइमीटर छन्द-योजना और यूनानी ट्राइमीटर छन्दों की तुलना करके उसने निष्कर्ष निकाला है कि वे या तो श्रम करना नहीं चाहते थे या इस विषय में अज्ञानी थे।[82] दोनों ही स्थितियों में वे दोषी हैं। लगभग यही स्थिति रोमी नाटककारों की भी थी। उन्होंने सभी प्रकार के प्रयोग किये जिसकी सराहना होनी चाहिए किन्तु नाटकों के रूप पक्ष को सँवारने में यदि उन्होंने पर्याप्त श्रम किया होता तो आज लेशियम (रोमवासियों का मूल क्षेत्र) साहित्य के लिए भी उतना ही प्रसिद्ध हुआ होता जितना अपनी वीरता के लिए है। इसलिए, रोम के रसिकजनों से उसका आग्रह है जिस काव्य को पर्याप्त श्रम करके सुधारा न गया हो, जो काव्यानुशासन की कसौटी पर खरा न उतरता हो उसे नकार दें।[83]

होरेस ने निम्न स्तर के नाटककारों के साथ-साथ घटिया रुचि रखनेवाले दर्शकों को भी आड़े हाथों लिया है। कामेदी लेखकों में प्लॉतस उसके खास निशाने पर था। विषय-चयन के लिए कामेदी लेखक को अधिक श्रम नहीं करना पड़ता है क्योंकि वे दैनंदिन जीवन से लिये जाते हैं। किन्तु, इसका ऋण पक्ष यह है कि ये हलके-फुलके होने के कारण त्रासदी के कथानक जितना सम्मान नहीं पाते थे। यह देखते हुए नाटककारों को इसके रूप-सौन्दर्य पर अधिक ध्यान देने की आवश्यकता थी पर हुआ इसका उलटा। प्लॉतस चरित्र-चित्रण के प्रति असावधान है। उसके सभी पात्र—प्रेमी युवा, कंजूस पिता, धोखोबाज़ दलाल—बड़े असमर्थ तथा मूढ़ से लगते हैं।... लगता है जैसे लेखक को अपनी जेब भरने से मतलब है, नाटक की सफलता-असफलता की उसे कोई चिन्ता नहीं है।[84]

उपर्युक्त टिप्पणी व्यावहारिक समीक्षा का अच्छा उदाहरण है जो ऐतिहासिक सन्दर्भ के कारण और भी महत्त्वपूर्ण हो गया है। प्लॉतस प्रत्यावर्तनवादियों के बीच, पुराने नाटककारों में सर्वाधिक समर्थ होने के कारण, निश्चित ही प्रशंसनीय रहा होगा किन्तु शिल्प के प्रति सजग न रहने के कारण हमारा लेखक उसकी आलोचना करने से नहीं हिचकिचाया। हमारे लिए यह टिप्पणी इसलिए विशेष है क्योंकि इसके बाद वस्तुस्थिति को उसने इतिहास के परिप्रेक्ष्य में भी परखा है। नाटककार प्रशंसा बटोरने के उद्देश्य से कृति को मंच पर प्रस्तुत करता है। वहाँ, थोड़े से समझदार सामाजिक उसे प्रोत्साहित करते हैं किन्तु उचित मूल्यांकन न कर सकनेवालों की संख्या अधिक होती है। उनकी प्रतिक्रिया से लेखक के सारे उत्साह पर पानी फिर जाता है। और तब, मंच व्यवस्था करनेवालों को नाटक रोक कर भालुओं और मुष्टि-योद्धाओं का

कार्यक्रम शुरू करना पड़ता है। पहले तो यह स्थिति साधारणजन की ही थी, अब तो अभिजात वर्ग भी श्रव्यकला की अपेक्षा दृश्यकला में अधिक रुचि लेने लगा है, अर्थात्, नाटक के स्थान पर खेल-तमाशों की ओर आकर्षित हो रहा है।[85]

नाट्य-विधा को इतिहास की पृष्ठभूमि पर परखने की उसकी स्वतन्त्र दृष्टि थी। सम्भवतः वह यही जतलाना चाहता था कि परिस्थितियों के बदल जाने से काव्य के स्वरूप में परिवर्तन आना स्वाभाविक है क्योंकि वह समसामयिक समाज की आवश्यकताओं एवं अपेक्षाओं की उपेक्षा नहीं कर सकता। रोमी नाटक, विशेषतः कामेदी को वह आरम्भिक स्थितियों में कृषि जीवन की सहज अभिव्यक्ति के रूप में देखता था। "मेहनत से उगायी गयी फसल के घर आ जाने पर किसान कुछ दिन अपने परिवार के साथ मौज-मस्ती में बिताते थे। उस वातावरण को देखते हुए कुछ अश्लील गीत भी अस्तित्त्व में आ गये। फिर, उनमें कुछ छन्दोबद्ध संवाद ऐसे जुड़ गये जिनमें एक दूसरे पर छींटाकशी हुआ करती थी। यह हास-परिहास जब अमर्यादित हो गया तो उस पर प्रतिबन्ध लगा दिया गया। परिणामस्वरूप, कवियों को हास्य की ऐसी विधा ढूँढ़नी पड़ी जो किसी को आहत न करती हो। सौभाग्य से उन्हीं दिनों रोमवासी यूनानी कला-साहित्य के सम्पर्क में आये ओर नाटककार यह सोचने लगे कि क्या लातीनी में एस्खिलुस और सोफ़ोक्लीज़ के नाटकों का उपयोग किया जा सकता है। कुछ लेखकों के प्रयास से उनके अनुवाद/छायानुवाद हुए, परिणाम अच्छे थे पर पता नहीं क्यों कवियों को इसमें हिचकिचाहट होने लगी।"[86] त्रासदी विधा में हुए प्रयोगों पर आ कर टिप्पणी समाप्त हो जाती है किन्तु हमें समझ लेना चाहिए कि कुछ कवियों की दृष्टि कामेदी विधा पर भी पड़ी होगी क्योंकि इसके बाद वह प्लॉतस को विचारार्थ ले लेता है। टिप्पणी समाप्त करने के बाद वह खेद व्यक्त करता है कि यूनानी नाटककारों से लातीनी नाटककारों को जितना लेना चाहिए था उतना उन्होंने लिया नहीं, रोमी नाट्य साहित्य की दुर्दशा का यही कारण है। अपनी अक्षमाताओं के कारण वे न प्रबुद्ध सामाजिक को सन्तुष्ट कर सके न जनसाधारण को। नाट्य-साहित्य के इतिहास की पृष्ठभूमि में लेखक का पिसो से आग्रह है कि प्राचीन लातीनी कवियों का मोह छोड़ कर वह यूनानी प्रतिमानों का मन लगा कर अध्ययन करे, उन्हीं के मार्गदर्शन से वह अच्छा नाटक लिखना सीख सकता है।

अन्त में दो शब्द उसकी समीक्षा-दृष्टि के विकास पर। पुस्तक-दो के प्रथम सैटायर में विधागत विशेषता को रेखांकित करते हुए उसने लिखा था, "वह (लूसिलियस) बहुत पहले निजी जीवन के गोपनयी तथ्यों को अपनी रचनाओं को बता चुका था...।" होरेस ने सैटायरों में उसी का अनुकरण किया है जिसका अर्थ यह हुआ कि सैटायर वह आत्मसन्तोष के लिए लिख रहा था। दूसरे शब्दों में यह भी कहा जा सकता है

कि उस समय लेखन उसके लिए निजी व्यापार था। इस भाव को उसने एक अन्य सैटायर में भी व्यक्त किया है—"मैं कहीं भी हर किसी के सामने नहीं केवल घनिष्ठ मित्रों के बीच कविता पढ़ता हूँ, वह भी तब जब वे आग्रह करते हैं।"[87] इसी का काव्यशास्त्रीय रूप उसने ऑगस्तस को लिखे पत्र में रखा है—"छन्द रचना कवि की रुचि का विषय है—उसका एक शौक है।" यह एपिक्यूरी मनोवृत्ति है क्योंकि इसके अनुसार आनन्द काव्य का मुख्य प्रयोजन है। शास्त्रीय भाषा में इसे स्वच्छन्दतावादी मनोवृत्ति कहेंगे। व्यष्टिवादी मनोवृत्ति के विकास के साथ-साथ कवि में यह धारणा घर कर जाती है कि मैं जो भी लिखूँ स्वांतः सुखाय लिखूँ। इस मानसिकता में निजता एक विशिष्ट गुण बन कर उभरती है। 'मैं जो व्यक्त रहा हूँ वह निजी अनुभूति है, मुझसे सम्बन्धित होना ही इसके मूल्य का आधार है'। यह सम्बन्धाश्रयी मूल्य (एसोसियेशनलन वैल्यू) इसका एक पक्ष है। दूसरा पक्ष है शैली को ऐसा रूप प्रदान करना जो शिल्प की दृष्टि से पूर्ण हो और जिस पर रचयिता के व्यक्तित्त्व की छाप हो। यह उसका रूपाश्रयी मूल्य (फॉर्मल वैल्यू) है। सम्बोधगीतियों में इन दोनों दृष्टियों का सुखद मिश्रण हुआ है। होरेस की ख्याति का यही मूल आधार है। सैटायरों में स्थापित समीक्षा-दृष्टि यहाँ आ कर और स्फीत हुई है। 'लिटरेरी क्रिटिसिज़्म, ए शॉर्ट हिस्ट्री' के लेखकों ने उसकी दृष्टि के द्वैध की ओर संकेत करते हुए लिखा है कि उसने जिस तरह की सम्बोधगीतियाँ लिखी हैं उसके बारे में 'आर्स-पोएतिका' में कुछ नहीं कहा है। कथनी और करनी का यह भेद साहित्य के विद्यार्थी को असमंजस में डाल देता है।[88] इसका निराकरण दो प्रकार से हो सकता है। पहला यह कि इस प्रबन्ध के लेखन-काल तक आते-आते उसकी विचारधारा में परिवर्तन आ चुका था। दूसरा यह कि सम्बोधगीतियों में उसका लक्ष्य इयोलियाई छन्द को लातीनी भाषा के अनुरूप पूर्णता के साँचे में ढाल कर निजता प्रदान करना था। यह तभी सम्भव था जब उन्हें नियमों की जकड़ से कुछ मुक्त रखा जाय।

विकास के लिए नियमों से मुक्ति आवश्यक है किन्तु किसी भी नियम का पालन न हो यह रचना-धर्म के विरूद्ध है। सम्बोधगीतियाँ लिखते समय ही होरेस को अपने सामाजिक उत्तरदायित्व का भान हो गया था। समय बीतने के साथ यह बोध और गहरा होता गया। सभ्यता के विकास में कवियों का योगदान उसके सामने था। कवि यदि स्वांतः सुखाय ही रचना करता रह जाय तो समाज को शिक्षित करने का भार कौन उठायेगा? इस चेतना ने उसकी समीक्षा दृष्टि को नया आयाम दिया। उसने सम्बन्धाश्रयी मूल्य को नया अर्थ दिया—कवि को समाज से सम्बन्धित समस्याओं को अपनी रचना का कथ्य बनाना चाहिए, उसके सुख-दुःख से तादात्म्य सम्बन्ध स्थापित करना चाहिए। फलतः, रूपाश्रयी मूल्य की प्रभुसत्ता को बनाये रख कर भी, उपयोगिताश्रयी मूल्य, अपने लिए नहीं समाज के लिए, प्रधान हो गया।

पहले 'कैसे कहना' मुख्य था, अब 'क्या कहना' भी उतना ही महत्त्वपूर्ण हो गया। हम जानते हैं कि काव्यशास्त्रीय अवधारणाओं में उसने कोई नयी बात नहीं कही है, नवीनता है उन्हें प्रस्तुत करने में। इस बिन्दु पर आकर उसके सिद्धान्त और व्यवहार दोनों एक हो जाते हैं।

सन्दर्भ एवं टिप्पणियाँ

1. लिटरेरी क्रिटिसिज़्म, ए शॉर्ट हिस्ट्री, पृ. 79
2. होरेस ऑन पोएट्री, पृ. 175
3. पृ. सं. 320-24
4. पृ. सं. 38-41
5. पृ. सं. 309-11
6. पृ. सं. 312-19
7. पृ. सं. 325-26
8. पु. IV, 2
9. पु. I, 4
10. दि कम्पलीट वर्क्स ऑफ़ होरेस, भूमिका, पृ. XX-XXI
11. सैटायर, पु. I, 4
12. लिटरेरी क्रिटिसिज़्म : ए शॉर्ट हिस्ट्री, पृ. 84
13. 'आर्स पोएतिका', पं. सं. 73-5
14. लिटरेरी क्रिटिसिज़्म : ए शॉर्ट हिस्ट्री, पृ. 83
15. 'आर्स पोएतिका', पं. सं. 40-41
16. दि कम्प्लीट वर्क्स ऑफ़ होरेस, भूमिका, पृ. XXI
17. पृ. सं. 1-9
18. 'आर्स पोएतिका', पृ. सं. 25-30
19. पृ. सं. 295-97, 453-69
20. पृ. सं. 309-11
21. पृ. सं. 312-15
22. पृ. सं. 85-92
23. पृ. सं. 99-112
24. पृ. सं. 309-17
25. पृ. सं. 294
26. होरेस ने नयेपन के इस अर्थ को शब्द प्रयोगों के सन्दर्भ में भी लिया है। उसका विश्वास था कि शब्दों की क्रम-व्यवस्था में परिवर्तन करके, उनमें नये सम्बन्ध स्थापित करके (= लाक्षणिक प्रयोग) पुराने शब्दों में भी नयी शक्ति और रचना में आभा आ जाती है। —आर्स पोएतिका, पृ. सं. 47, 242-43
27. पत्र-प्रबन्ध, पु. I, 3

28. लिटरेरी क्रिटिसिज़्म इन ऐंटिक्विटी, खण्ड दो, पृ. 100
29. आर्स पोएतिका, पृ. सं. 387-91
30. पृ. सं. 240-42
31. पृ. सं. 408-11
32. लिटरेरी क्रिटिसिज़्म, ए शॉर्ट हिस्ट्री, पृ. 78
33. आर्स पोएतिका, पृ. सं. 386-89
34. 'आर्स पोएतिका', पृ. सं. 40-41
35. पु. III, 4
36. पु. IV, 3
37. यूनानी आभिजात्य चिन्तन, पृ. 66-69
38. पु. III, 30
39. पु. I, 4
40. पु. II, 6
41. आर्स पोएतिका, पृ. सं. 99-100
42. पृ. सं. 101-3
43. पृ. सं. 109-12
44. यूनानी आभिजात्य चिन्तन, पृ. 176
45. 'आर्स पोएतिका', पृ. सं. 114-18, 312-16
46. पृ. सं. 333-36
47. पृ. सं. 343-46
48. एटकिन्स, लिटरेरी क्रिटिसिज़्म इन ऐंटिक्विटी, खण्ड-एक, पृ. 13
49. पृ. सं. 392-405
50. पत्र-प्रबन्ध, पु. II, पृ. सं. 120-36
51. पु. I, मीसिनास को संबोधित पत्र-प्रबन्ध
52. सम्बोधगीति, पु. III, 1
53. सम्बोधगीति, पु. II, 15
54. वही, पु. III, 24
55. वही, वही, 6
56. पु. II, 18
57. 'आर्स पोएितका', पृ. सं. 119
58. वही, पृ. सं. 338-42
59. 'काव्यशास्त्र', 1451ब, पृ. 5-6
60. 'आर्स पोएतिका', पृ. सं. 119
61. वही, पृ. सं. 124-27
62. 'काव्यशास्त्र', पृ. 1460 अ. प. 26
63. वही, वही, पृ. 34-35
64. वही, पृ. 1451ब, पृ. 27

65. वही, पृ. 1454ब, पृ. 1;, 1460अ, पृ. 28-30; 1461ब, पृ. 19
66. 'आर्स पोएतिका', पृ. सं. 192
67. 'काव्यशास्त्र', पृ. 1450ब, पृ. 26
68. 'आर्स पोएतिका', पं. सं. 147-52
69. वही, पृ. सं. 153-78
70. वही, पृ. सं. 114-18
71. वही, पृ. सं. 119-28
72. वही, पृ. सं. 194-201
73. पृ. 1456अ, पं. 25
74. 'आर्स पोएतिका' पृ. सं. 43-45
75. 'आर्स पोएतिका', पृ. सं. 179-89
76. 46-58
77. 'आर्स पोएतिका' पृ. सं. 60-72
78. पृ. 79
79. 'आर्स पोएतिका', पृ. सं. 444-49
80. पृ. सं. 263-65
81. पृ. सं. 87-89
82. 'आर्स पोएतिका', प. सं. 259-62
83. पृ. सं. 284-93
84. ऑगस्तस को लिखा पत्र-प्रबन्ध, पृ. सं. 169-76
85. वही, पं. सं0 180-89—इस टिप्पणी में तेरेन्स की 'सासू माँ' नाटक का प्रयोग लिया जा सकता है जिसे दर्शकों की माँग पर आधे में ही रोक देना पड़ा था।
86. वही, पृ. सं. 137-68
87. वही, पृ. I, 4
88. पृ. 84

3.5 काव्यशास्त्र का त्रासदीय सन्दर्भ

3.5.1 रोमी त्रासदी–विकास के चरण

नाट्य-प्रस्तुतियों के आरम्भि रूप का परिचय रोमी साहित्य की पृष्ठभूमि के अन्तर्गत दिया जा चुका है। यहाँ, हम त्रासदी के जिस रूप की चर्चा कर रहे हैं वह लूदी सीनिची की संज्ञा से अभिहित परदों के साथ खेला जाता था। बहुसंख्यक समाज के लिए इसका प्रथम प्रयोजन मनोरंजन होना स्वाभाविक था किन्तु संयोजकों के लिए इसमें सन्निहित धार्मिक भाव भी महत्त्वपूर्ण था। इसके राज्यस्तरीय कार्यक्रम जुपिटर, अपोलो आदि को समर्पित वार्षिक देव-पूजाओं के अवसरों पर हुआ करते थे। इसके मंचन के समय धार्मिक विधि* का निष्ठापूर्वक पालन होता था। पहले मन्दिर में जाकर बलि दी जाती थी, फिर लोग जुलूस बना कर रंगशाला तक आते थे। वहाँ, देवता के लिए विशेष आसन रखा जाता था जहाँ से वह नाट्य-प्रस्तुति देख सकता था।

नाट्य-मंचन की प्रथम ज्ञात तिथि ई. पू. 240 स्वीकार कर ली गयी है। विद्वानों का मत है कि लिवियस की यह कृति त्रासदी ही रही होगी। कार्थिज पर पूर्ण विजय के उपलक्ष्य में जो उत्सव मनाया जा रहा था लिवियस का नाटक उसी का एक अंग था और वह त्रासदी ही रहा होगा। इसकी व्याख्या में कहा गया है कि सिसरो ने इसके लिए 'फैब्युला' शब्द का प्रयोग किया है और यह अधिकतर त्रासदी के अर्थ में प्रयुक्त होता था।[1]

देव-पूजा का भाव समाहित होने के कारण त्रासदी रोमी जीवन में प्रतिष्ठित तो हो गयी थी किन्तु लेखक और नाटक-मण्डलियों को प्रतिष्ठा मिलना अभी शेष था। इसमें सबसे बड़ी बाधा थी उनका दास होना या नागरिक अधिकारों से वंचित होना।

---

* इस सन्दर्भ में स्मरणीय तथ्य यह है कि इन धार्मिक विधियों का रूप यूनानी पद्धति लिये हुए था–(रोमन ट्रेजडी, पा. टि., पृ. 242)। रोमी कला-संस्कृति पर यूनानी प्रभाव का यह एक और पुष्ट प्रमाण है।

इसके अतिरिक्त एक और बाधा भी थी। उन दिनों यह विचित्र प्रथा थी कि नाटक की सफलता-असफलता के लिए आयोजक उत्तरदायी होता था न कि लेखक या अभिनय करनेवाले। धनराशि भी उसी को मिलती थी, शेष सभी वेतनभोगी हुआ करते थे। नाटक सफल होता तो उन्हें पैसे मिल जाते थे नहीं तो आधे पेट गुज़ारा कर लेते थे। अपना शोषण रोकने के लिए लेखकों और अभिनय करनेवालों ने ई. पू. 207 में स्वतन्त्र संगठन बना लिया। धीरे-धीरे लेखकों की ख्याति दक्षिण इटली के नगरों तक पहुँचने लगी जहाँ उनके नाटकों की पुनः प्रस्तुति के उल्लेख मिलते हैं। ई. पू. दूसरी शताब्दी के उत्तरार्ध में नाटक की सफलता-असफलता के लिए लेखक को उत्तरदायी ठहराया जाने लगा।[2] सामाजिक की दृष्टि में आया यह परिवर्तन एक ओर लेखक की आर्थिक एवं सामजिक स्थिति में सुधार का आधार बना तो दूसरी ओर वह इसकी प्रेरणा से और जागरूक रहने लगा। रोमी जीवन-मूल्यों को [त्रासदीय] नाट्य-मूल्यों के आवरण में प्रस्तुत करने से नाटकों के प्रभाव में विशेष वृद्धि हुई।

समाज पर नाटकों के प्रभाव (इसमें राजनीतिक प्रभाव भी अन्तर्भुक्त है) को देखते हुए नाटक-लेखन ख्याति प्राप्ति का सशक्त माध्यम बन गया जिससे प्रेरित हो कर हर कोई इस विधा में हाथ आज़माने लगा। नाटक के प्रथम ज्ञात प्रयोग से लेकर सेनेका के लेखनकाल तक के तीन सौ वर्षों के अन्तराल में कई ऐसे नाम मिलते है जो अभिजात वर्ग से थे, प्रतिष्ठित राजीनति में हुए किन्तु प्रसिद्धि के लिए जिन्होंने नाटक भी लिखे।* लिवियस और एनियस के नाटक उनका मार्गदर्शन कर ही रहे थे।

लातीनी साहित्य के सन्दर्भ में इसे भाग्य की विडम्बना ही कहना चाहिए कि उसका प्रथम त्रासदीकार ऐन्ड्रोनिकुस (ई. पू. 290? - 203?) तरेन्तमवासी एक यूनानी था। उसे ई. पू. 272 के आसपास पाइर्‌होस के साथ हुए युद्ध में दास बना कर लाया गया था। प्रतीत होता है वह पहले से ही अच्छा पढ़ा-लिखा था इसलिए उसके स्वामी लिविआई ने अपने बच्चों की पढ़ाई का उत्तरदायित्व उसको सौंप दिया। बाद में उसकी सेवाओं से प्रसन्न होकर उसे मुक्त भी कर दिया। स्वतन्त्र होने पर वह लिवियस ऐन्ड्रोनिकुस कलाने लगा। इस बीच उसने लातीनी पर भी अच्छा अधिकार प्राप्त कर लिया था और रोमी बालकों को पढ़ाने भी लग गया था। उनके लिए उसने पाठ्यपुस्तक के रूप में, परम्परागत लातीनी छन्द 'सैटर्नियम' में, ओदिसी का

* ये सभी नाटक मंच के लिए नहीं लिखे जाते थे, हाँ, मित्र-मंडली में वितरित किये जाते थे और पढ़े भी जाते थे। पाठ्य होने के कारण इनका रूप किंचित भिन्न अवश्य रहा होगा।

पद्यानुवाद भी तैयार किया। रोम में यह अनुवाद इतना प्रसिद्ध हुआ कि ईसवी सन् के शुरू होने तक भी इसे पाठ्य पुस्तक की तरह पढ़ाया जाता रहा था। इतना ही नहीं, इसकी शैली बाद के अनुवादों के लिए मानक बन गयी।

लिवियस की लोकप्रियता का दूसरा आधार उसका नाट्य-साहित्य (त्रासदी और कामेदी दोनों) है। इसी क्रम में एक और रचना का भी उल्लेख किया जाता है। ई. पू. 207 में उससे एक स्तुतिगान लिखने का आग्रह किया गया, उसने वह लिखा और उसे राजकीय सम्मान के साथ अपना भी लिया गया। इन विविध रचनाओं के प्रकाश में, यदि उसकी समीक्षा-दृष्टि को पहचानने का प्रयास करें तो देखेंगे कि उसके सामने अनेक लक्ष्य थे। यूनानी आभिजात्य साहित्य से परिचित होने के कारण उसके पास श्रेष्ठ प्रबन्ध-काव्य तथा नाटक की एक तुला थी। उसके सामने होमर के साथ-साथ सोफ़ोक्लीज़ तथा युरिपिदीज़ जैसे महान् नाटककार भी थे। अतः, एक लक्ष्य उसके सामने यह था कि रोमी लेखकों तथा सामाजिक के सामने अच्छी रचना का प्रतिमान रखे। दूसरा लक्ष्य, विशेषतः त्रासदी के सन्दर्भ में, यह भी रहा होगा कि रोमी समाज यूनानी इतिहास, मिथकों आदि से परिचित हो। यदि हम इस उपपत्ति को स्वीकार कर लें तो कहना होगा कि उसका काव्य-प्रयोजन आनन्द और ज्ञान/शिक्षा का समन्वित रूप था।

इस तथ्य के स्पष्ट प्रमाण हैं कि नाट्य-विधा के नाम पर जो कुछ भी मंचित किया जाता था दर्शक उसे केवल मनोरंजक दृश्यविधान मान कर देखने जाता था और इस आधार पर त्रासदी और कामेदी की तुलना की जाय तो जनसाधारण की त्रासदी में विशेष रुचि नहीं रही होगी।[3] बहुसंख्यक समाज की यह उदासीनता त्रासदी के लिए उत्साहवर्धक नहीं थी फिर भी त्रासदियाँ लिखी जाती रहीं और मंचित भी होती रहीं। अधिकतर इसका मंचन उच्च वर्ग में अन्तिम संस्कार के अवसरों पर हुआ करता था। इसी वर्ग में एक और विशिष्ट वर्ग भी उभर रहा था जो कला-संस्कृति के क्षेत्र में श्रेष्ठ उदाहरण प्रस्तुत करने का पक्षधर था। इसी की प्रेरणा से अनेक बाधाओं के रहते हुए भी त्रासदियों की परम्परा लड़खड़ाती-लड़खड़ाती चलती ही रही।

नाट्य-परम्परा के विकास में एक बड़ी बाधा थी किसी स्थायी नाट्यगृह का न होना और इसके पीछे मुख्य कारण था सेनेट के सदस्यों का विरोध। वे नाटक और नाट्यगृह दोनों को शंका की दृष्टि से देखते थे। रोम का पहला स्थायी नाट्यगृह ई. पू. 55 में पोंपी ने बनवाया था। इससे पहले तक लकड़ी के अस्थायी मंच ही हुआ करते थे। स्थायी मंच के निर्माण का पहला प्रयास ई. पू. 179 में हुआ था। उसके असफल होने के कारणों का कोई उल्लेख नहीं मिलता। इसके पाँच साल बाद जब फिर से यह प्रयास किया गया तो सेनेट के आदेश पर उसे गिरा दिया गया। कारण यह घोषित किया गया कि इससे जनता के नैतिक आचरण पर विपरीत प्रभाव

पड़ने की सम्भावना है। अघोषित कारण यह था कि नाटकों में उच्च वर्ग पर किये जानेवाले व्यंग्य शासनाधिकारियों को रास नहीं आ रहे थे।[4] पर, घोषित कारण को भी यदि स्वीकार कर लें तो सिद्ध हो जाता है कि उच्च वर्ग (प्रशासक वर्ग) इसे जातीय संस्कारों के विरुद्ध समझ रहा था। इस मानसिकता के ऐतिहासिक प्रमाण हैं। रोम का विधान उस समय तक पेशेवर रंगकर्मियों को पूर्ण नागरिकता प्रदान करने के पक्ष में नहीं था। कारण यह दिया जाता था कि इनके पूर्वज बाहर से आये थे जिससे रोमवासी इस पेशे में उनके सहयोगी बनना अपनी प्रतिष्ठा के विरुद्ध समझते थे। इसी से जुड़ी हुई दूसरी धारणा यह भी थी कि अपने शरीर को आय का साधन बनाना क्या हेय कर्म नहीं है। यही धारणा संगीत के सन्दर्भ में प्लेटो भी व्यक्त कर चुका था। उसके गणराज्य में संगीत सिखलानेवालों को बाहर से बुलाये जाने की व्यवस्था थी, यूनानी अभिजात युवा इसे सीख सकते थे किन्तु आय का साधन नहीं बना सकते थे। प्रतीत होता है जैसे-जैसे नाट्य-प्रस्तुतियाँ लोकप्रिय होती जा रही थीं सम्भ्रान्त रोमी समाज स्वयं को चारित्रिक संकट में अनुभव करने लगा था। इसके कुछ कारण और भी रहे होंगे पर गाज घूम-फिर कर नाटकों पर ही गिरती थी। कार्थिज पर विजय के बाद रोम के सामने कोई बड़ी चुनौती नहीं रह गयी थी। पूर्व के अनेक नगर पहले ही रोमी साम्राज्य का अंग बन गये थे। परिणामस्वरूप, वहाँ के दासों तथा धनराशि के साथ-साथ वहाँ की कलाकृतियों तथा विचारधाराओं का भी रोम में अव्याहत प्रवेश होने लगा था। नगर में नये-नये चेहरे अधिक दिखायी देने लगे थे, धार्मिक अनुष्ठानों में नयी-नयी प्रथाएँ जुड़ने लगी थीं, अभिजात युवा वर्ग की जीवन शैली बदलने लगी थी। इससे गद्दी पर बैठा उच्च वर्ग असहज हो उठा था। बाहरी प्रभाव पर अंकुश लगाना, अब, उसके लिए आवश्यक हो गया। ई. पू. 186 में बाक्खस की पूजा पर प्रतिबन्ध लगा, ई. पू. 161 में दार्शनिकों तथा भाषणशास्त्रियों को नगर छोड़ देने की घोषणा इसके उदाहरण हैं।[5] हमारे मतानुसार रंगशाला के विध्वंस को भी इसी क्रम में देखा जाना चाहिए। जीवन-मूल्यों की आड़ में यह वस्तुतः वर्चस्व की लड़ाई थी। इसका एक उदाहरण दर्शक-दीर्घा में लाये गये परिवर्तन में भी देखा जा सकता है। ई. पू. तीसरी शताब्दी के अन्त तक सभी प्रेक्षक बिना किसी भेदभाव के साथ-साथ बैठा करते थे किन्तु ई. पू. 194 में 'लूदी रोमानी' के उत्सव में सेनेट सदस्यों के बैठने की विशेष व्यवस्था की गयी। इससे अनुमान लगाया जा सकता है कि यह वर्ग अपने अधिकारों तथा सामाजिक प्रतिष्ठा के भविष्य को ले कर कितना चिन्तित हो उठा था।

राज्य द्वारा रोमी त्रासदी के अधिग्रहण का यह आरम्भिक चरण था—पहले प्रेक्षागृह फिर मंच-प्रस्तुति का अधिग्रहण। प्रेक्षागृह में पहले मंच और प्रेक्षकों के बीच वृन्दगान के लिए खुली जगह रखी जाती थी, वहीं, अब सेनेट सदस्यों के लिए आसन रख

दिये गये यह दरशाने के लिए कि वे सबसे अलग हैं। यह विभाजन, क्रमशः, और उपविभाजनों को जन्म देता गया। ऑगस्तस द्वारा ई. पू. 17 में पूरा किया गया मार्सिलस नाट्यगृह इसके लिए विशेष प्रसिद्ध हुआ। इसमें सेनेट सदस्य, सम्भ्रान्त पुरुष समाज, घुड़सवार वर्ग, विदेशों से आये उच्च अधिकारी आदि के लिए पहली चौदह पंक्तियाँ आरक्षित थीं। इसी तरह सैनिकों, दासों तथा मुक्त हुए दासों के लिए भी अलग-अलग व्यवस्था थी। सबसे पीछे महिलाओं की पंक्ति थी ताकि वे पुरुष वर्ग का ध्यान न भटका सकें। वर्ग-विभाजन यहीं समाप्त नहीं हुआ। सबके लिए परिधान का रंग भी निश्चित किया गया। जैसे, सेनेट सदस्यों के लिए चौड़ी बैंगनी पट्टीवाला लबादा, साधारण जनता में से एक वर्ग के लिए सफ़ेद लबादा, दूसरे के लिए गहरे रंग का और रूपाजीवाओं के लिए लाल परिधान आदि, आदि।[6] यह व्यवस्था शासन द्वारा आरोपित थी केवल यह सन्देश देने के लिए कि सेनेट सदस्यों के अधिकार सर्वोपरि हैं, पूरा राज्य उनकी जागीर है, प्रत्येक नागरिक के तन-प्राण उनकी मुट्ठी में है। परिणामस्वरूप, त्रासदियों में वे ही मूल्य स्थापित हुए जिन्हें अभिजात वर्ग जीवन-मूल्यों के रूप में देखता था और भावी पीढ़ी के प्रशिक्षणार्थ त्रासदियों में व्यक्त होता हुआ देखना चाहता था। दुर्भाग्य से आज इनके खंडांश ही प्राप्त हैं और इतिहासकारों को बहुत कुछ अनुमान के सहारे आगे बढ़ना पड़ा है।

लिवियस के बाद दूसरा महत्त्वपूर्ण त्रासदीकार क्विन्तस एनियस (ई. पू. 239-169) है। इटली के सुदूर दक्षिण-पूर्व में पला-बड़ा होने के कारण उसके संस्कार यूनानी थे। सारदीनिया के युद्ध में वह रोम की ओर से लड़ा था। युद्ध के पश्चात उसका परिचय कैतो से हुआ। वह उसे रोम ले आया और वहाँ की नागरिकता भी उसे दिलवा दी। उसने अनेक यूनानी नाटकों का अनुवाद किया और अनेक को रोमी परिवेश में ढाल कर नया रूप भी दिया। युरिपिदीज़ उसका आदर्श नाटककार था। नाटकों के साथ-साथ उसकी अन्य रचनाओं, जैसे रोम का पद्यबद्ध इतिहास, पर विचार करें तो कहा जा सकता है कि वह लिवियस की परम्परा को आगे बढ़ा रहा था। उसका मुख्य प्रयोजन सामाजिक को ज्ञान प्रदान करना था और नाटक के सन्दर्भ में हम इसे आनन्दयुक्त ज्ञान की संज्ञा दे सकते हैं। काव्य-मूल्य का यह एक पक्ष है। दूसरे का सम्बन्ध प्रतिभा आदि काव्य-हेतुओं से है। इन पर विचार करते समय वह पहले और बाद के कवियों से अलग खड़ा दिखायी देता है। रोम का इतिहास महाकाव्यात्मक प्रबन्ध है। कथा के आरम्भ में ही सामाजिक पर कुछ ऐसी छाप पड़ती है मानों वह कोई सामान्य तुकबन्दी करनेवाला नहीं है। वह उसकी रचना को हलक-फुलके ढंग से केवल मनोरंजन की दृष्टि से न पढ़े। इसके लिए वह दृश्याभास (विज़न) का सहारा लेता है। उसे होमर की प्रेतछाया दिखलायी पड़ती है और ऐसी अनुभूति होती है मानों वह होमर का रोमी अवतार है। यूनान में होमर के लिए 'दिव्य' विशेषण

रूढ़ हो गया था। स्वयं को उसका अवतार घोषित करनेवाला एनियस निश्चित ही स्वयं को उस ऊँचाई पर देख रहा था जहाँ से वह जो कुछ कह रहा है सामाजिक को उसे बिना कोई प्रश्नचिह्न लगाये नतमस्तक होकर स्वीकार कर लेना चाहिए। तात्पर्य यह कि काव्य दैवी कृपा (अन्तः प्रेरणा या जन्मजात प्रतिभा) की देन है इस सत्य को रेखांकित कर उसने रोमी समीक्षा को नयी दिशा दी।

एनियस की त्रासदियों के केवल खंडांश ही प्राप्त हैं, फिर भी, उनमें रोमी अभिजात समाज को उनके परम्परागत मूल्यों की शिक्षा देने का स्वर सुना जा सकता है :

(i) सामान्य व्यक्ति रो सकता है, राजा नहीं...।

(ii) सच्चा मित्र तभी दिखायी देता है जब परिस्थितियाँ अनुकूल नहीं होतीं।

(iii) पुरुष के लिए उचित है कि अपने शत्रुओं का साहस के साथ, बिना अपराध बोध के, सामना करे।

इन्हीं आदर्शों को, एक पीढ़ी बाद, और पुष्ट किया लूशियस ऐक्कियस (ई. पू. 170–85/80) ने। वह विस्फोट के युग में जी रहा था। राजनीतिक संकट गहरा रहा था, सेनेट शासित गणराज्यीय पद्धति अधिनायक तन्त्र में परिणत हो रही थी। शीघ्र ही सेनानायक सल्ला के एक अधिनायक, साम्राज्य का अधिपति, होने की घोषणा होने वाली थी (ई. पू. 81 में सल्ला रोम का अधिनायक बना था)। ऐक्कियस की त्रासदियों में इस क्रान्ति की झलक मिलती है।

उसके जीवन के बारे में बहुत कम तथ्य ज्ञात हुए हैं, इतना निश्चित है कि उसका परिवार कभी दास था फिर भी अपनी योग्यता के बल पर उसने अभिजात वर्ग में अनेक मित्र बना लिये थे। संक्रांतिकाल में उन्हीं के भाग्य की उठा-पटक को उसने अपनी त्रासदियों का विषय बनाया किन्तु उन्हें व्यक्त किया यूनानी कथानकों के माध्यम से। शैली के लिए वह सिकन्दरिया की ओर उन्मुख हुआ और अत्यधिक आलंकारिकता उसकी विशेषता बन गयी। इन त्रासदियों पर विस्तार से चर्चा तभी सम्भव थी यदि इनके कुछ और अंश प्राप्त होते, अतः, हम गिने-चुने उन्हीं खण्डांशों तक स्वयं को सीमित रख रहे हैं जिनमें अभिजातवर्गीय अवधारणाएँ तथा परम्परागत मूल्य अभिव्यक्त हुए हैं :[7]

(i) उसे भीतर ले आओ, उसकी दृष्टि की उच्च कुलीनता मेरे हृदय को करुणाविगलित कर रही है।

(ii) मुसकराते हुए संकटों का समाना करना पौरुष्य का प्रतीक है।

(iii) संयोग अधिपति है; जब तक हम जीवित हैं जीवन हमारे हाथ में नहीं है।

(iv) तारों का राजकुमार दायीं और जाते-जाते यह भविष्यवाणी कर गया कि रोमी साझा-सरकार का शासन सर्वोपरि होगा।

ऊपर के पहले दो उद्धरण रोमी चरित्र को अभिव्यक्ति दे रहे हैं, तीसरा एक चिन्तक की शिक्षा/उपदेश है और चौथा शासनतन्त्र का घोष वाक्य है। अन्तिम को चाहे तो राजनीतिज्ञ का साहित्य में प्रवेश कहें चाहे साहित्य का राजनीति में प्रवेश कहें, सत्य यही रहेगा कि दोनों एक दूसरे के साथ गलबहियाँ डाले चल रहे थे। फिर, स्थिति धीरे-धीरे बदलने लगी। राजनेता अधिक शक्तिसम्पन्न था जिसकी परिणति इस रूप में हुई कि वह साहित्यकार (नाटककार = त्रासदीकार) बन बैठा। ऊपर हम राजनेताओं द्वारा त्रासदी लेखन का उल्लेख कर आये हैं वह इसी संक्रमण की प्रक्रिया को दरशाता है।

गणराज्य के अन्तिम वर्षों में त्रासदी राजनीति का शस्त्र बन गयी थी। जिस अनुपात में इसका सामाजिक मूल्य बढ़ा उसी अनुपात में लेखकों का मान भी बढ़ा। लूशियस ऐक्कियस इसका ज्वलन्त उदाहरण है। यह ई. पू. 90 की घटना है। अभिभावक वर्ग से आया जूलियस सीज़र स्त्रैबो कवियों के संगठन की किसी सभा में सम्मिलित होने के लिए सभा-कक्ष में प्रविष्ट हुआ तो ऐक्कियस उसके सम्मान में खड़ा नहीं हुआ केवल यह दिखलाने के लिए उसका परिवार कभी दास भले रहा हो किन्तु कवि के रूप में वह उससे कहीं बड़ा है। स्थिति कितनी बदल गयी थी यह उसी का प्रमाण है। कवि के साथ-साथ अभिनय करनेवालों और वृन्दगान के सदस्यों को भी मान मिलने लगा था। मुख्य भूमिका निभानेवाले की प्रसिद्धि दूर-दूर तक फैल रह थी।[8] लेखक उनकी तुलना में और भी उच्च भूमि पर प्रतिष्ठित हो गया था। इसी से प्रेरित होकर अभिजात समाज के सदस्य भी, जैसे वक्तृत्वकला में पारंगत होना गौरव की बात समझते थे उसी तरह, अब त्रासदी लिखना भी गर्व का विषय मानने लगे। या, यों कहें कि त्रासदीकार होना समाज में विशिष्ट स्थान की पहचान बन गया था। स्त्रैबो का उदाहरण विरल नहीं है। ऐसिनियस पोलियो, कैसियस पैरमैन्सिस (जो बाद में सीज़र का हत्यारा होने के कारण उस रूप में अधिक प्रसिद्ध हुआ), कोर्नेलियस बैलबस जैसे उच्च वर्ग से आये अन्य लेखक भी इस पंक्ति में खड़े थे। यह क्रम और आगे बढ़ते-बढ़ते सिसरो, उसके भाई क्विन्तस, जूलियस सीज़र और ऑक्तेवियन/ऑगस्तस तक पहुँच जाता है। सिसरो और क्विन्तस एक विभिन्न विधा का आनन्द लेने के लिए त्रासदी लेखन से जुड़े थे। सिसरो ने एस्खिलुस के नाटक का अनुवाद भी किया। इस सम्बन्ध में इतना और स्मरण रखना आवश्यक है कि ये तथाकथित त्रासदीकार मंच प्रस्तुति के लिए नहीं लिख रहे थे। इनकी कृतियाँ कभी मंचित नहीं हुईं, यह केवल साहित्यिक अभ्यास था। हाँ, आमन्त्रित श्रोताओं, अर्थात्, मित्र मण्डली, के बीच इनके पाठ किये जाने के उल्लेख अवश्य मिलते हैं। शोधार्थियों ने यह भी खोज की है हर्क्युलीज़ मुसारम के मन्दिर में लेखक-संगठन की बैठकें हुआ करती थीं और नाटकों के पाठ की स्पर्धाएँ भी हुआ करती थीं। हो

सकता है जूलियस सीज़र ने अपना 'ईदिपुस' और ऑक्तेवियन ने अपना 'एजैक्स' नाटक ऐसी ही किसी बैठक में पढ़ा हो। इन तथ्यों से यह निष्कर्ष निकलता है कि उक्त वर्ग विशेष के लिए त्रासदी मात्र मनोरंजन का साधन नहीं थी। उनकी दृष्टि में इससे जीवन के कुछ अन्य पक्ष भी पुष्ट होते हैं। बिना इस विश्वास के त्रासदी की भूमिका इतनी महत्त्वपूर्ण बन ही नहीं सकती थी।

उस युग में वक्तृत्वकला और नाट्यकला (= त्रासदी) में युगपत् सम्बन्ध साहित्य के इतिहास की विशिष्ट घटना है। इसके लिए तत्कालीन राजनीतिक परिस्थितियाँ ही पूरी तरह उत्तरदायी थीं। राजनीति के क्षेत्र में सफल होने के लिए शालेय शिक्षा में वक्तृत्वकला सर्वाधिक महत्त्वपूर्ण विषय बन गयी थी। इसे निखारने में अभिनय उसका सहयोगी/पोषक तत्त्व बन कर साथ आ खड़ा हुआ। भाषण-मंच पर खड़े वक्ता के लिए भाषण का विषय जितना महत्त्वपूर्ण था उतना ही उसका रूप पक्ष भी महत्त्वपूर्ण था। अभिव्यंजना कौशल (केवल भाषा-शैली नहीं उसका प्रस्तुतीकरण भी) उसका विशिष्ट घटक है। यहीं, अभिनय की मर्मज्ञता उसकी सहायिका बनती है। व्यवहारतः वक्ता के मंच और अभिनेता के रंगमंच में कोई अन्तर नहीं है। उसकी मुद्राएँ, स्वर का उतार-चढ़ाव, अंग-प्रत्यंग की संचाल-विधि, हलके से उठती हुई एक उँगली भी भाषण के समग्र प्रभाव को विशिष्टता प्रदान करती है, और ये भंगिमाएँ रंगमंच पर अभिनय के प्रभाव को सुनिश्चित करती हैं। इस तरह दोनों का एक दूसरे के लिए प्रेरणा-स्रोत बनना उस काल की अनोखी प्रवृत्ति बन गयी। कहा जाता है अभिनेता ईसोपस ने संवाद अभिभाषण के लिए होर्तेन्सियस से प्रशिक्षण लिया था और सिसरो ने अच्छा वक्ता बनने के लिए ईसोपस से नाट्यशाला में ही प्रशिक्षण ग्रहण किया था। दोनों कलाओं के परस्पर इतने निकट आने का कारण था एक ही लक्ष्य—दर्शक/श्रोताओं को प्रभावित ही नहीं सम्मोहित करना—से प्रेरित होना। दोनों की आत्मा एक थी—प्रस्तुतीकरण, तालबद्ध भाषा, स्वर-भंगिमा, मुद्राएँ आदि। वक्ता-नेता द्वारा त्रासदी लेखक बनने का यही रहस्य है।

अभिजात समाज के वक्ता के लिए, वर्गीय संस्कारों के कारण, अभिनेता की सीमा में प्रवेश करना सरल नहीं था। मंच पर नाटकयी मुद्राओं सहित भाषण देने के लिए होर्तेन्सियस की यह कह कर आलोचना होने लगी थी कि कुलीन समाज के व्यक्ति को यह शोभा नहीं देता किन्तु लक्ष्य सिद्ध करने की दृष्टि से यह अनिवार्य होता जा रहा था। फलतः, उनके बीच की विभाजक रेखा दिन प्रतिदिन धुँधली होती जा रही थी, अभिनेता रोशियस को सल्ला ने विशेष पद से सम्मानित किया था और सिसरो उसे अपना मित्र मानता था। निष्कर्ष यह कि रोम के सांस्कृतिक और सामाजिक जीवन में त्रासदी समय के साथ-साथ और मूल्यवान् होती जा रही थी। रंगशाला का दृश्यमान पक्ष सम्भ्रान्त रोमी परिवारों के निजी जीवन में भी प्रवेश करता

जा रहा था। मंच के परदों पर की चित्रकारी, उसके सामने की सजावट, विशिष्ट भाव व्यक्त करनेवाले मुखौटे घरों की दीवारों पर भी चित्रित होने लगे थे। इसका एक कारण, स्यात् यह रहा हों कि त्रासदी के कथानक भले ही यूनानी पौराणिक गाथाओं अथवा आनुश्रुत्रिक कथाओं पर आधारित रहे हो किन्तु उनका प्रस्तुतीकरण अधिकाधिक यथार्थवादी, अर्थात्, रोमी जीवन के निकट, होने लगा था। प्रतिरूपण सत्य के कितना निकट होने लगा था यह इस जनप्रवाद से जाना जा सकता है कि ई. पू. 99 में ऐप्पियस क्लोदियस द्वारा तैयार करवाये गये मंच के सामने के भाग पर चित्रित छत की टाइलों से धोखा खाकर कौवे बैठने के लिए आ जाते थे। रंगशाला को और अधिक सुसज्जित करने तथा सुविधापूर्ण बनाने का क्रम यहाँ से आरम्भ हो जाता है। साठ और पचास के दशकों में रंगशाला नाट्यगृह में परिणत हो गयी। नाट्यगृह का प्रयोग हम इसलिए कह रहे हैं क्योंकि मंच पर छत बनायी जाने लगी थी और दर्शकों को धूप से बचने के लिए तम्बू तान दिये जाते थे। तम्बुओं के चटख रंग के कपड़ों के हिलने-डुलने से देशगत आयाम (डाइमेन्शन ऑफ़ स्पेस) में होनेवाली सौन्दर्यवृद्धि से वहाँ बैठ कर नाटक देखना और भी आनन्ददायक हो जाता रहा होगा।

अब, नाट्यगृहों को रोम की समृद्धि, वैभव और शक्ति का प्रतीक समझा जाने लगा था। ई. पू. 58 में बना स्कॉरस नाट्यगृह इसका विशिष्ट एवं श्रेष्ठ उदाहरण है। इसका प्रवेश द्वार तीन स्तरों में खड़े किये 360 स्तम्भों से बनाया गया था। सबसे नीचे के संगमरमर से बने स्तम्भ 38 फुट ऊँचे थे। दूसरी मंज़िल के स्तम्भ काँच के थे और तीसरी मन्ज़िल के लकड़ी के स्तम्भों पर सुनहरी पर्त चढ़ी हुई थी। स्तम्भों के बीच-बीच में लगभग तीन हज़ार कांस्य प्रतिमाएँ सजायी गयी थीं। इस नाट्यगृह मे पच्चीस हज़ार से कुछ ऊपर दर्शक बैठ सकते थे। उच्चवर्गीय परिवारों को नाट्यगृह का निर्माण ऐसा क्षेत्र मिल गया था जिसमें वे अपने परिवारों की समृद्धि की झाँकी दिखला सकते थे। ई. पू. 55 में बना पोंपी का नाट्यगृह इसका एक अनोखा उदाहरण है। इसकी ख्याति शताब्दियों तक बनी रही।

पोंपी (ई. पू. 106-48) द्वारा बनवाये गये नाट्यगृह से रोमी त्रासदी के विकास का अन्तिम चरण आरम्भ होता है। इससे पहले लगभग एक दशक तक वह अनेक सैन्य अभियानों में व्यस्त रहा था, अब वह रोम में अपनी राजनीतिक स्थिति सुदृढ़ करना चाहता था। नाट्यगृह का निर्माण उसी दिशा में उठाया गया पहला कदम था। इसके उद्घाटन के अवसर पर वह पूरे रोम के सामने अपनी सफलता (प्रकारान्तर से सर्वश्रेष्ठ सेना-नायक तथा रोम के एकमात्र अधिपति होने के योग्य) का प्रदर्शन करना चाहता था। इसमें मंच-प्रस्तुति के लिए दो त्रासदियाँ चुनी गयीं—ऐक्कियस की 'क्लुतीमेस्त्रा' और नीवियस की 'ट्रॉय का घोड़ा'। पहली प्रस्तुति के अन्तर्गत एगामैमनन के मंच पर प्रवेश करने से पहले छः सौ खच्चरों की पंक्ति मंच पर से

गुज़री थी। दूसरे में ट्रॉय से लूट कर लाये गये तीन हज़ार कांस्य-पात्र प्रदर्शित किये गये थे। इन दो के अतिरिक्त तीसरा नाटक इसी अवसर के लिए, उसकी सैन्य सफलतओं के गीर्तिगान के रूप में, ऐतिहासिक पृष्ठभूमि पर लिखा और खेला गया था। इन तीनों का एक ही प्रयोजन था–दर्शकों में पोंपी के महान् होने का भाव जगाना।

उपर्युक्त महोत्सव में त्रासिदयों की मंचन-पद्धति से कुछ ऐसे निष्कर्ष निकलते हैं जो काव्य मूल्य के प्रति अभिजात वर्ग की दृष्टि में आये परिवर्तन को स्पष्ट कर देते हैं। उस समय तक त्रासदी, चाहे किसी पौराणिक कथा पर आधारित हो चाहे ऐतिहासिक घटना पर, प्रतीक रूप में ग्रहण की जाती थी। उसकी घटनाओं का विस्तार, संवाद तथा वृन्दगान आदि उसमें निहित प्रयोजन–शैक्षिक विचार, नैतिक मूल्य या अन्य कोई सन्देश–व्यक्त करते थे। पात्र किन्हीं चारित्रिक विशेषताओं के प्रतीक होते थे। मंच का स्वतन्त्र अवधारणा मूलक देश (इंडिपेंडेंट कन्सैप्चुअल स्पेस) और दर्शक-दीर्घा समेत रंगशाला का घेरा कला-जगत् और व्यवहार-जगत के बीच की विभाजक रेखा बन जाता या मान लिया जाता था। आज भी कलाकार और सामाजिक दोनों के अन्तस में इस अभिस्वीकृति (फण्डामेन्टल एज़म्प्शन) का होना आवश्यक है। इसके अभाव मे न कला की प्रतीकात्मकता रह पाती है न उससे सम्प्रेषित ज्ञान अथवा उससे उद्‌बुद्ध अनुभूति की कलात्मकता। ऐसी स्थिति में संवेग भाव में परिणत नहीं हो पाते। कला-जगत् और वस्तु-जगत् के बीच की दूरी को सौन्दर्यशास्त्र की भाषा में मानसी अन्तराल की संज्ञा से अभिहित किया गया है। अब, इस परिप्रेक्ष्य में उपर्युक्त नाट्य प्रस्तुतियों की पद्धति पर पुनर्विचार करें। ई. पू. 61 में पूर्वी प्रान्तों से जीत कर लौटने के बाद पोंपी के नगर-प्रवेश के अवसर पर उसकी शोभा-यात्रा निकाली गयी थी। उस अवसर पर उसने सिकन्दर के जैसा लबादा ओढ़ रखा था जिसका अर्थ था–वह सिकन्दर जितना ही महान् है। यह शोभा-यात्रा वास्तविक थी किसी अन्य यात्रा की कला-प्रतीक नहीं। किन्तु, अपने इन विजय-अभियानों को जब नाट्यगृह में 'क्लुतीमेस्त्रा' और 'ट्रॉय का घोड़ा' त्रासदियों के माध्यम से, अर्थात्, कला-प्रतीकों द्वारा, पुनः प्रस्तुत करवाया तो वे कलाकृति का रूप न ग्रहण कर वास्तविक घटनाओं की पुनरावृत्ति में परिणत हो गये। त्रासदी को यह रूप देने की योजना चाहे जिसकी रही हो सत्य यही था इसमें भाग लेनेवाले कलाकार एगामैमनन की अपने नगर माइसीनी में प्रवेश करने के प्रसंग की कलात्मक प्रस्तुति नहीं दे रहे थे वरन् छः वर्ष पहले पोंपी की रोम नगर में प्रवेश करने की शोभा-यात्रा को दुहरा रहे थे। दूसरे शब्दों में यह 'रियेलिटी शो' बन गया था जिसका प्रयोजन कोई कला-सन्देश देना नहीं था, सामाजिक के मन में कलानुभूति जगाना नहीं था, उसके मन में भय और करुणा की निष्पत्ति (काथार्सिस) करना भी नहीं था वरन् उसके

मन पर पोंपी की धाक जमाना था, उसके महान् होने के यथार्थ की मुहर लगाना था। नाट्यगृह का शिल्पविधान तथा साज-सज्जा पोंपी की जीत के स्मारक होने की घोषणा कर रहे थे। इसी की पुष्टि में बाहर की ओर उन चौदह राष्ट्रों/जातियों की मूर्तियाँ स्थापित गयी थीं जिन्हें पोंपी ने जीता था। इस रूप में नाट्यगृह त्रासदी की कलात्मक मंचस्थली नहीं रह गया था, यथार्थ का विस्तारित अंश बन गया था, वहाँ जो कुछ भी था यथार्थ की प्रतिमूर्ति (डुप्लिकेट) था न कि कलात्मक प्रतीक। इस तरह त्रासदी वास्तविकता में रूपान्तरित होने लगी थी, मानसी अन्तराल लुप्त हो चुका था, दर्शक त्रासदी का विशिष्ट आनन्द नहीं उठा रहे थे पोंपी की महत्ता के आगे नतमस्तक थे। कहने को ये नाट्य-प्रस्तुतियाँ अवश्य थीं किन्तु वास्तविकता यह थी कि राजनीति ने त्रासदी को, उसके कला-रूप को, अपने अधिकार में कर लिया था, उसे राजनीति का अंग बना लिया था। इतिहास साक्षी है पोंपी नाट्यगृह त्रासदी की प्रतीकात्मक प्रस्तुति का मंच होने के साथ-साथ यथार्थ त्रासदी का स्थल भी बना। ई. पू. 44 में यहीं पोंपी की प्रतिमा के पाँव तले सीज़र की हत्या हुई थी।

3.5.2 त्रासदी : एक जीवन्त यथार्थ

मंच पर नाट्य-प्रस्तुति का यथार्थ की अनुकृति न होकर स्वयं यथार्थ में ढल जाना उसके मूल्य में आया एक बहुत बड़ा परिवर्तन था। इसका मूल कारण था प्रयोजन का बदल जाना फिर भी, चूँकि सब कुछ मंच पर दिखलाया जाता था इसलिए कला और यथार्थ की विभाजक रेखा बहुत हलकी होते हुए भी विद्यमान थी। साभाजिक कहीं न कहीं यह अवश्य अनुभव करता था कि वह नाटक (त्रासदी) देख रहा है। नाट्यगृह की सीमा रेखा इस प्रतीति के लिए उसे विवश करती थी। सीज़र की मृत्यु के बाद परिवर्तन का दूसरा चरण अपने साथ नाट्य-मंच के विस्तार की दृष्टि ले कर आया। नाट्यव्यापार केवल नाट्यगृह की सीमा में बन्दी बन कर क्यों रहे? क्या त्रासदीय मूल्यों को जीवन में ढाल कर उसकी समस्य गतिविधियों को ही कला-रूप में परिणत नहीं किया जा सकता? यदि एक नाटक प्रतिमान बन कर अनुकरणीय हो सकता है तो क्या उसी पद्धति पर स्वयं जीवन को अनुकरणीय नहीं बनाया जा सकता? क्या पूरी धरती मंच के परिणत नहीं हो सकती। स्वितोनियस ने ऑगस्तस के सम्बन्ध में लिखा है कि उसके लिए पूरा जीवन ही नाट्य-प्रस्तुति था।[9] उसके अनुसार कला-मंच पर किसी अन्य का जीवन दरशाया जाता है और जीवन-मंच पर व्यक्ति अपने यथार्थ की प्रस्तुति देता है। दोनों में कोई मूल्य-भेद नहीं है। मंच पर जो कुछ घटता दिखलाया जाता है वही एक व्यक्ति जीवन-मंच पर घटाते हुए जी सकता है। आवश्यकता है उसे ऐसा कलात्मक रूप देने की कि वह दूसरों के लिए अनुकरणीय बन जाय। यहाँ, हम प्लेटो के 'संविधान' का एक प्रसंग स्मरण करें।

अपने आदर्श नगर-जीवन के सन्दर्भ में एथेन्सवासी की उक्ति है–

"यदि गम्भीर रचना करेनवाला कोई कवि, जैसे त्रासदीकार, हमसे आकर कहे कि हे अपरिचित महानुभावो, क्या हम आपके नगर में प्रवेश कर सकते हैं और क्या हम अपनी कविता भी साथ ले जा सकते हैं? तो हम कहेंगे कि हे साधु पुरुषो, अपने सामर्थ्यानुसार हम स्वयं ही त्रासदीकार हैं और हमारी त्रासदी सर्वश्रेष्ठ है क्योंकि हमारा पूरा नगर-राज्य ही सर्वश्रेष्ठ जीवन (प्लेटो के अनुसार त्रासदी का नित्यरूप) का अनुकरण है, यही त्रासदी का सत्य है।"[10]

यह कहना सम्भव नहीं है कि ऑगस्तस का प्रेरणास्रोत प्लेटो था या कोई और किन्तु इस तथ्य को नकारा नहीं जा सकता कि उसने अपना पूरा जीवन नाट्य (= त्रासदी) में परिणत कर दिया था। इसकी अनुगूँज पाँचवे सम्राट् नीरो के अन्तिम वाक्य में सुनायी देती है। सेनेट ने उसे मृत्युदण्ड देने का निर्णय ले लिया था, घोषणा हो चुकी थी। तब, त्रासदी के महान् नायक की भाँति उसने स्वयं मृत्यु का वरण करने का निश्चय किया। कहनेवालों ने इसे आत्महत्या कहा पर उसके लिए यह महान् त्रासदी का महान् अन्त था जिसे वह स्वयं निश्चित करना चाहता था और वही उसने किया भी। उसके अन्तिम शब्द थे–"संसार एक महान् कलाकार से वंचित हो रहा है।"

ऑगस्तस अपने सम्पूर्ण जीवन और शासन-व्यवस्था को त्रासदी का कलात्मक रूप देने के लिए प्रयत्नशील था। ई. पू. 29 में तीन-तीन युद्धों में प्राप्त विजय के उपलक्ष्य में उसने तीन दिनों तक चलनेवाले समारोह का आयोजन किया। इस अवसर पर खेले जाने के लिए वर्जिल के मित्र वैरियस रूफ़स ने 'थाइस्तीज़' शीर्षक से त्रासदी लिखी। इसकी प्रशंसा में कहा गया था कि श्रेष्ठता में यह किसी भी यूनानी त्रासदी से कम नहीं है। दुर्योग से आज उसके छः शब्द ही बचे हैं–

अब मैं जो झेल रहा हूँ उसकी अभिव्यक्ति अशक्य है,
अब मुझे यह भूमिका निभानी ही होगी।

(मूल में ये दोनों पंक्तियाँ तीन-तीन शब्दों की हैं। 'रोमन ट्रैजेडी' के पृ. 161 पर उद्धृत)

इन शब्दों में ऑगस्तस के जीवन का सार आ गया है। जीवन में हम दुःख भोगने को विवश हैं किन्तु भोगने की प्रक्रिया को कलात्मक रूप देने के लिए स्वतन्त्र हैं, तो क्यों न उसे वह रूप दिया जाय। यह विचार उस समय के अभिजात समाज के लिए जीवन का मूल मन्त्र बन गया। इस सन्दर्भ में यह समझ लेना चाहिए कि रोमी त्रासदियों के कथानक स्रोत यूनानी पौराणिक आख्यान अवश्य थे किन्तु उनका विस्तार एवं संवाद समसामयिक परिस्थितियों के अनुकूल होते थे। इसी कारण से एक ही मूल नाटक के अनेक लातीनी संस्करण तैयार हुए और उनसे दिया जानेवाला सन्देश भी भिन्न-भिन्न अर्थ लिये हुए था।

ऑगस्तस द्वारा एक ओर निजी जीवन एवं नगर-राज्य को त्रासदीय मूल्यों के अनुरूप

ढालने का प्रयास तथा दूसरी ओर दर्शक-दीर्घा में विभिन्न वर्गों के अलग बैठने की व्यवस्था और ई. पू. 22 में सेनेट के सदस्यों, उनके पुत्र-पौत्रों का मंच पर आ कर अभिनय करने को प्रतिबन्धित करना उसके वैचारिक द्वैध को उजागर करता है। हम इसे आभिजात्य के स्थान पर आभिजात्यवादी चिन्तन कहना अधिक उचित समझते हैं। सम्राट् ताइबीरियस (शासनकाल ई. सन् 14-37) ने इस दिशा में और भी कठोर कदम उठाये। उसने नाटकों के लिखने और खेलने पर ही रोक लगा दी। यहाँ तक कि ई. सन् 23 में अभिनेताओं को रोम से ही निष्कासित कर दिया। उनका लौटना उसकी मृत्यु के बाद ही सम्भव हो पाया। सम्राट् कैलिग्युला (शासनकाल, ई. सन् 37-41) की नाटकों में विशेष रुचि थी। कभी-कभी गिने-चुने आमन्त्रितों के बीच वह देवताओं और स्त्रियों का अभिनय भी कर लिया करता था। पर, नाटक में रुचि होना और उसे प्रोत्साहन देना इन दोनों के बीच वह तालमेल नहीं बैठा पाया। पैंटोमाइम उसका प्रिय कार्यक्रम हुआ करता था, उसके बीच कोई दर्शक यदि ज़रा भी आवाज़ करता तो उसे वहीं सबके सामने पिटवाया जाता था। ये प्रमाण हैं इस तथ्य के कि शासनतन्त्र ने किस नाट्य-प्रस्तुतियों को अपने अधिकार में कर रखा था। नाट्यगृह अब कला-मंच नहीं राजनीति का अखाड़ा बन गया था। कभी दर्शक उसके माध्यम से सम्राट् की नीतियों का विरोध करते थे (जैसे, नये करों का बिरोध करना) तो कभी सम्राट् उसके माध्यम से अपना शक्ति प्रदर्शन करता। ऐसे वातावरण में नयी त्रासदी का लिखा जाना बन्द हो गया और पुरानी त्रासदियों का मंचन इस प्रयोज़न से होता था कि उसकी कुछ पंक्तियों का राजनीतिक अर्थ निकाला जा सके और लाभ उठाया जा सके। जैसे, ऐक्कियस द्वारा लिखित 'एत्र्यूस' की एक पंक्ति है—"यदि वे [मुझसे] डरते हैं तो उनकी घृणा की मुझे चिन्ता नहीं है।" कैलिग्युला ने इसे अपनी राजनीति का घोषवाक्य बना लिया था। इसकी व्याख्या करते हुए उसने शासनतन्त्र को ही त्रासदी (= जो जनसाधारण में डर पैदा करे) का व्यावहारिक रूप दे दिया था जिसका लेखक, निर्देशक और नायक वह स्वयं था। ई. सन् 41 की जनवरी 22 को वह एक त्रासदी में अभिनय करने की तैयारी कर रहा था पर उस दिन की त्रासदी का लेखक कोई और था।[11] रोम के इतिहास में यह ऐसा युग था जब पता ही नहीं लगता था कि त्रासदी कब कलाकृति न रह कर यथार्थ में परिणत हो गयी और कब यथार्थ त्रासदीय मूल्य में परिणत हो गया।* नीरो (शासनकाल ई. सन् 54-68) त्रासदियों में अलग-अलग मुखौटे

---

* नीरो ने अपनी माँ ऐग्रिप्पिना के मृत्युदण्ड की घोषणा कर दी थी। वधिक उसके सामने तलवार लिये खड़ा था। तलवार की नोक सीधी उसकी ओर थी। इस घड़ी को त्रासदी के महान् अन्त में परिणत करते हुए उसके शब्द थे—"[इस तलवार को] कर दो मेरे पेट के आर-पार", ऐसा कहते हुए उसने अपना पेट आगे बढ़ा दिया। इस तरह उसने यथार्थ को त्रासदीय अन्त का कलात्मक रूप दे दिया।

लगाकर अभिनय किया करता था। ये मुखौटे कभी उसकी शक्ल के होते थे कभी उसकी प्रेमिकाओं के। यह ऐसा उदाहरण है जिसमें तत्कालीन रोम की समस्त नाट्य-संस्कृति को यथार्थ और [कल्पना आधारित] भ्रम के मिश्रित रूप में देखा जा सकता है। इसमें हम इतना और जोड़ देना चाहते हैं कि राजपरिवार यथार्थरूपी त्रासदी को अपनी शर्तों पर नये साँचे में ढालना चाहता था, यह वस्तुतः त्रासदी का अवमूल्यन था। इसमें त्रासदी के रूप, मंच-प्रस्तुति, के अनुकरण पर बल था न कि उसके मूल्यों को आत्मसात् करने पर। उसे पुनः आभिजात्य आदर्श की उच्च भूमि पर प्रतिष्ठित करने के लिए सेनेका ने स्तोआई दर्शन को आधार बनाया। वह पहले उसके अनुरूप यथार्थ को बदलना चाहता था, जीवन बदल जाय तो कला का बदलना सुनिश्चित है। यथार्थ और आदर्श के संघर्ष में स्वयं उसी का जीवन त्रासदी का जीवन्त उदाहरण बन गया।

3.5.3 त्रासदीय मूल्यों का संस्थापक–सेनेका

3.5.3.1 जीवनवृत्त

लूशियस ऐनियस सेनेका का जन्म स्पेन के प्रसिद्ध नगर कोर्दोबा में हुआ था। उसकी जन्म तिथि के सम्बन्ध में शोधकर्ता एक मत नहीं है फिर भी बहुमत से यह ई. पू. 5/4 स्वीकार कर ली गयी है। उसके पिता, मार्कस ऐनीयस सेनेका, पढ़ने के लिए रोम आये थे, फिर वक्ता के रूप में यहीं के स्थायी निवासी हो गये। उन्होंने रोम का इतिहास लिखा किन्तु अधिक प्रसिद्धि उन्हें संस्मरणों से मिली जो उन्होंने अपने बच्चों के लिए लिखे थे। रोम में वे भाषणशास्त्री के रूप में ख्यात हुए।

सेनेका को बड़ी छोटी अवस्था में ही पढ़ने-लिखने के लिए रोम ले आया गया था। उन दिनों पाठ्यक्रम में भाषणशास्त्र का अध्ययन अनिवार्य था। यही शिक्षा सेनेका को भी मिली। अभी वह किशोरावस्था में ही था कि स्तोआई-पाइथागोरी दर्शन के स्थानीय मिले-जुले रूप ने उसे आकर्षित किया और तभी से दर्शन (मुख्यतः स्तोआई) उसके चिन्तन का प्रधान विषय बन गया, साहित्य एवं विज्ञान उसके आनुषंगिक विषय थे।

विद्यार्थी जीवन समाप्त होते न होते उसे मिस्र भेज दिया गया, वहाँ उसके मौसा सम्राट् ताइबीरियस के वाइसरॉय थे। उनके पास रहकर जहाँ उसने वित्त-व्यवस्था तथा प्रशासनिक कार्यों का व्यावहारिक ज्ञान प्राप्त किया वहीं मिस्र और भारत के भूगोल तथा इतिहास जैसे विषयों का भी भरपूर अध्ययन किया। प्लिनी के अनुसार उसे समुद्री जीव-जन्तुओं तथा अन्तरिक्षशास्त्र (मीटियरॉलॉजी) की अच्छी जानकारी थी। रोम लौटने पर उसने अधिवक्ता का प्रशिक्षण प्राप्त कर सार्वजनिक जीवन में प्रवेश किया। ई. सन् 37 में कैलिग्युला के सम्राट् बनने के समय वह सेनेट में प्रखर वक्ता के रूप में प्रसिद्ध हुआ। यह प्रसिद्धि ही

उसके घोर संकट का कारण बन गयी, सम्राट् ने ईर्ष्यावश उसके मृत्युदण्ड की घोषणा कर दी। सौभाग्य से एक सम्भ्रान्त महिला (जिसका सम्राट् से अच्छा परिचय था) ने तर्क दिया कि वह तो पहले से ही क्षयरोग से ग्रस्त है, कुछ ही दिनों का मेहमान है। जो कार्य स्वयं हो जानेवाला है उसके लिए सम्राट् को कारण बनने की क्या आवश्यकता है। सेनेका के प्राण बच गये और उसने राजनीतिक जीवन से संन्यास ले लिया।

ई. सन् 41 में क्लोदियस सम्राट् बना और सेनेका पुनः विपद्ग्रस्त स्थिति में आ गया। इस बार आरोप भी गम्भीर था। माना जाता है कि रानी मेसालिना किसी कारणवश उससे आशंकित थी, अतः उसने पूर्व सम्राट् की बहन जूलिया लिविला और उसके प्रेम-सम्बन्ध की बात फैला दी। एक बार फिर उसके मृत्युदण्ड की घोषणा कर दी गयी जो बाद में देशनिकाले में बदल दी गयी। उसे कोर्सिका द्वीप भेज दिया गया। इस एकान्त जीवन को उसने साहित्य-साधना को समर्पित कर दिया। वह लगातार कविताएँ, निबन्ध, त्रासदियाँ लिखता रहा जिनकी उसके मित्रों ने सभी दृष्टियों से सराहना की। निर्वासित जीवन जीते-जीते आठ वर्ष होने को आये थे। इस बीच मेसालिना को फाँसी हो चुकी थी और नयी रानी ऐग्रिप्पिना की कूटनीति से उसका निर्वास काल समाप्त हुआ। साथ ही उसकी योग्यता को देखते हुए उसकी नियुक्ति न्यायिक अधिकारी के पद पर कर दी गयी तथा बारह वर्षीय भावी सम्राट् नीरो की शिक्षा का कार्यभार भी उसी को सौंप दिया गया।

ई. सन् 54 में कुछ षड्यन्त्रकारियों ने क्लोदियस को विष दे दिया। उसकी मृत्यु के पश्चात् सत्रह वर्षीय नीरो गद्दी पर बैठा। सम्राट् बनते ही उसने जो भाषण दिये वे सेनेका के लिखे हुए थे। समीक्षकों को उनमें उस काल के श्रेष्ठतम भाषणों के दर्शन होते हैं। इसके बाद लगभग पाँच वर्षों तक सेनेका ही, परोक्षतः, रोमी साम्राज्य का शास्ता था। साम्राज्यवादी रोम के इतिहास का वह सुवर्ण काल माना जाता है। नीरो कलात्मक रुचि का युवा था, अपने शौक में ही मस्त रहना चाहता था। इतिहासज्ञों के अनुसार सेनेका और उसके सहयोगी बुरस ने न्यायिक और वित्तीय विभागों में अनेक सुधार किये, परोक्ष कर कम किये और कुछ ऐसे कदम उठाये जिससे घूसखोरी रोकी जा सके। ऐसे सुधार भला सबको कैसे रास आ सकते थे।

अपने उच्च पद तथा राजपरिवार के सम्बन्धों के कारण सेनेका ने विशाल सम्पत्ति अर्जित कर ली थी। इतिहासज्ञों ने उसकी लम्बी-चौड़ी जागीर तथा अकूत धनराशि को जिस तरह से अभिलेखित किया है वह विस्मयकारी है। उनके अनुसार उसकी सम्पत्ति सम्राट् से भी अधिक थी। ई. सन् 62 से कुछ विरोधियों ने नीरो के कान भरने शुरू कर दिये। इसकी सूचना मिलते ही उसने सम्राट् से अवकाश ग्रहण की अनुमति माँगी,

वह मिल गयी। तब से ले कर मृत्यु पर्यन्त (ई. सन 65) वह रोम से बाहर रहा, यात्राएँ करता रहा, लिखता रहा। अपने मित्र लूसिलियस को लिखे लगभग एक सौ चौबीस पत्र इसी काल की देन हैं। कहने को ये नीतिविषयक पत्र-प्रबन्ध हैं पर फ्रैंसिस बेकन ने इन्हें निबन्ध ही कहा है जो उस समय के लिए नयी साहित्यिक विधा थी। बेकन ने अपने निबन्धों के स्पष्टीकरण में लिखा है, "यह नाम नया अवश्य है किन्तु विधा के रूप में ये बहुत पहले अस्तित्व में आ चुके थे।"

इन निबन्धों में लेखक के स्तोआई चिन्तन को पूर्ण अभिव्यक्ति मिली है और इसी रूप में इनका मूल्यांकन भी हुआ है। उसके विरोधियों ने उसे पाखण्डी घोषित कर रखा था कि बात करता है वह सादे जीवन की किन्तु चार वर्षों में उसने जितनी ज़मीन-जायदाद और धन-दौलत जोड़ी है वह उसकी कथनी से मेल नहीं खाती। इसका उत्तर उसके 'सुखी जीवन' पर लिखे पत्र में मिल जाता है। यहाँ, उसका वाक्य है, "महत्त्व व्यक्ति की सम्पत्ति का नहीं है उसकी दृष्टि का है, ज्ञानी उस पर शासन करता है और अज्ञानी पर उसकी सम्पत्ति शासन करती है।" सम्राट् की शंका दूर करने के लिए उसने अपनी समस्त सम्पत्ति उसके नाम कर दी थी और आजीवन रोम से बाहर रहने का निर्णय ले लिया था। पत्र संख्या 108 में उसने अपने सादे जीवन का वर्णन किया है—"शाकाहारी भोजन, कभी शराब न पीना, इत्र-फुलेल का उपयोग न करना, हमेशा ठण्डे पानी से नहाना आदि, आदि।" इतने पर भी उसकी लोकप्रियता से भयभीत विरोधियों को सन्तोष नहीं हुआ और नीरो को भ्रमित कर ई. सन् 65 में उसके लिए मृत्युदण्ड की घोषणा करवा ही दी। कुछ इहिसकारों के मत से वह सचमुच किसी षड्यन्त्र में सम्मिलित था। वास्तविकता चाहे जो हो, यहाँ हमारे लिए यह तथ्य अधिक महत्त्वपूर्ण है कि सच्चे दार्शनिक के रूप में उसने मृत्यु का वरण जिस ढंग से किया वह उसे सुकरात तथा सिसरो की पंक्ति में ला बैठाता है। रोमी इतिहासकार तैसितस (ई. सन् 55-120) ने इसका विवरण देते हुए लिखा है :[12]

"[मृत्युदण्ड का समाचार मिलने पर] सेनेका विचलित नहीं हुआ। उसने अपनी वसीयत करने की अनुमति माँगी, वह मिली नहीं। तब अपने मित्रों को सम्बोधित करते हुए कहा, 'मुझ पर प्रतिबन्ध लगा दिया गया है। आप लोगों ने मेरे लिए जो कुछ भी किया उसके लिए मैं आपका कृतज्ञ हूँ, उसी का ज्ञापन करते हुए मैं अपनी सर्वोत्तम वस्तु आपके लिए छोड़े जा रहा हूँ, वह है अपना जीवन जीने की पद्धति। यदि आप उसे स्मरण रखेंगे तो आपको पुरस्कारस्वरूप उत्तमोत्तम जीवन प्राप्त होगा।'

"इसके बाद उसने अत्यन्त भावुक हो कर अपनी पत्नी का आलिंगन किया और समझाया कि किस तरह उसके जीवन से प्रेरणा ले कर वह अपने दुःखद जीवन को भी शान्तिपूर्वक बिता सकती है। पत्नी ने उसके साथ ही स्वयं भी मर जाने की

इच्छा प्रकट की। उसने विरोध नहीं किया, उसका कहना था—'मैं तुम्हें सान्त्वना देना चाहता था, यदि तुम गौरवपूर्ण मृत्यु का वरण करना ही चाहती हो तो ऐसा सुन्दर उदाहरण प्रस्तुत करने के मार्ग में मैं बाधक नहीं बनूँगा। हम दोनों ही दृढ़तापूर्वक मृत्यु को गले लगा सकते हैं किन्तु तुम्हारी मृत्यु निश्चित ही अधिक गरिमामय होगी।'

"तब, दोनों ने तेज धारवाले [चाकू से] अपनी-अपनी बांहों [की नसों] को काट लिया। सेनेका बूढ़ा था, रक्त धीरे-धीरे बह रहा था इसलिए उसने टखनों के पीछे का भाग भी काट लिया। अपनी पत्नी की पीड़ा को देखते हुए उसने अनुभव किया कि सम्भवतः वह आत्मसंयम न खो बैठे, अतः, उसे उसने दूसरे कमरे में चले जाने को कहा और अपने सचिवों को बुला कर एक निबन्ध लिखवाया। उस समय भी उसकी वाग्मिता पूर्ववत् थी।

"प्रथानुसार विष पहले से तैयार था। मृत्युक्षण को और पास लाने के लिए उसने अपने चिकित्सक को वह ले आने के लिए कहा। विष लाया गया, उसने पी भी लिया किन्तु रक्त कम होने के कारण उसका कोई प्रभाव नहीं हुआ। उसके अंग-प्रत्यंग पहले से ही ठण्डे और सुन्न हो चले थे। तब उसे गर्म पानी के टब में रखा गया, वाष्प-स्नान दिया गया जहाँ दम घुटने से उसका प्राणान्त हो गया। उसके अन्तिम संस्कार में, उसकी इच्छानुसार, कोई सार्वजनिक औपचारिकता (जैसे, धार्मिक अनुष्ठान, या भाषण आदि) नहीं बरती गयी।"

हम स्मरण करें, सुकरात ने भी इसी तरह विष मँगा कर बड़े शान्त भाव से पी लिया था। वह भी अपनी आत्मा को शरीर के बन्धन से मुक्त कर देना चाहता था। इस उच्चतर लक्ष्य के लिए मृत्युदण्ड को उसने साधन बना लिया। सिसरो ने भी इच्छामृत्यु का वरण किया। मृत्युदण्ड से बचने के लिए वह पोत में बैठा भी, फिर दृढ़तापूर्वक लौट आया और अपनी घोड़ागाड़ी में तब तक बैठा रहा जब तक ऐंतोनी के वधिकों ने आकर उसका सिर धड़ से अलग नहीं कर दिया। इन तीनों घटनाओं को साथ रख कर देखने से स्पष्ट हो जाता है कि इन तीनों चरित्रों ने जो जीवन-मूल्य निर्धारित कि वे सिद्धान्त तक सीमित नहीं थे, उन्हें अपने जीवन भी उतारा। या, यों भी कहा जा सकता है कि उन्होंने अपना जीवन उन्हीं सिद्धान्तों के साँचे में ढाल लिया था इसलिए मृत्यु के भय से उन्हें छोड़ देने का प्रश्न ही उठता था। जीवन के अन्तिम घटना-चक्र का यह एक पक्ष है। किन्तु, इस क्षण को महान् बना देनेवाला दूसरा पक्ष है इन तीनों चिन्तकों का स्वयं आगे बढ़ कर उस क्षण को पास ले आने के लिए प्रयत्नशील होना। यह आभिजात्य आदर्श था। यूनानी त्रासदियों के महानायकों ने कभी भी मृत्यु से भागने का प्रयत्न नहीं किया। सुकरात इस विश्वास से प्रेरित था कि आत्मा अमर है, उसे शरीर से एक न एक दिन मुक्त होना ही है और यदि वह स्वयं

इसमें सहायक होना चाहता है तो इसके लिए उसे प्रयत्नशील होना चाहिए। सिसरो भी आदर्शों की लड़ाई लड़ रहा था। परिस्थितियों ने उसे धर्मक्षेत्र में अकेला कर दिया था तो क्या भाग खड़ा होता? वह प्रमाणित करना चाहता था कि वह स्वार्थ की लड़ाई नहीं लड़ रहा है। सेनेका त्रासदीकार था। त्रासदी का अन्त लेखक को ही लिखना पड़ता है। अब, यदि पूरा जीवन ही त्रासदी नाटक बन जाय और वह स्वयं उसका नायक हो तो उसका अन्त स्वयं घटित करके ही वह सिद्ध कर सकता था कि वह सचमुच ही जीवनरूपी त्रासदी का लेखक भी है और नायक भी है। मित्रों से उसका यह कहना कि अपने जीने की पद्धति वह विरासत में छोड़े जा रहा है विशिष्ट अर्थगर्भ है। अर्थात्, यदि वे उस पद्धति को अपनायेंगे तो वे भी श्रेष्ठ जीवन जीने का यश भोगेंगे। मरण को अमरण में, शाश्वत जीवन में रूपान्तरित करने की [अन्तिम] प्रक्रिया को जितना भव्य बनाया जाय वह उतना ही प्रभावशाली होगा। एजैक्स (सोफ़ोक्लीज़ का इसी शीर्षक से लिखा गया नाटक) का तलवार को गाड़कर उसकी नोक पर झूल ज़ाना एक नाटकीय घटना थी जिसे सेनेका ने प्रत्यक्ष कर दिखाया। यहाँ त्रासदी के आदर्शों में ढले जीवन का यथार्थ और त्रासदी कहलानेवाली कलाकृति दोनों मिल कर एक हो गये हैं।

कल्पना एवं यथार्थ का उपर्युक्त तादात्मय एक और सन्देश भी देता है। अनजाने में हुई भूल अपराध की श्रेणी में नहीं आती फिर भी त्रासदी का नायक उसका बड़े से बड़ा मूल्य चुकाता है। इसी प्रकार निर्दोष होने पर परिस्थितिवश यदि सत्कर्मा अपराधी घोषित कर दिया जाता है तो भी वह दण्ड सहर्ष स्वीकार कर लेता है। सुकरात को इस आधार पर दोषी ठहराया गया था कि वह युवा वर्ग को पथ-भ्रष्ट कर रहा है। सिसरो का दोष यह था कि वह अधिकनायकतन्त्र के स्थान पर गणराज्यीय पद्धति का समर्थक था। सेनेका पर आरोप था कि वह षड्यन्त्र रच कर स्वयं सम्राट् बनना चाहता था। वास्तविकता क्या थी इससे आज हम परिचित नहीं है, इतना अवश्य कहा जा सकता है कि वह भावी पीढ़ियों की स्मृति में अपना स्थान सुरक्षित कर लेना चाहता था अपने विचारों के माध्यम से। आठवें पत्र में उसने लिखा है, "मैं कुछ बातें लिपिबद्ध कर रहा हूँ ताकि उनके (भावी पीढ़ी) वे काम आ सकें।" विरासत में अपनी जीवन पद्धति छोड़ जाने का यही अर्थ लिया जाना चाहिए अर्थात्, वे विचार जिनके लिए वह जीया और मरा।

3.5.3.2 समीक्षा-दृष्टि

स्तोआई-पाइथागोरी दर्शन के मिश्रित रूप को सेनाका किशोरावस्था में ही अपना चुका था। इसे सामान्यतः इस अर्थ में ग्रहण किया जाना चाहिए कि उसके चिन्तन में स्तोआइयों का घोर तापसी रूप व्यावहारिक जीवन में समाहित कर लेने के कारण

उतना कठोर नहीं रह गया था। साथ ही, वह अन्य चिन्तन पद्धतियों से उपयोगी अवधारणाएँ ग्रहण करने के विरुद्ध भी नहीं था। वस्तुतः, उसका प्रयोजन आचरण सम्बन्धी उन सिद्धान्तों का प्रतिपादन था जिनसे व्यष्टि और समष्टि का जीवन मूल्यवान् बनता है। दर्शन के शुष्क चिन्तनप्रधान पक्ष में उसकी कोई रुचि नहीं थी। उसके अध्ययन का विशेष क्षेत्र नीतिशास्त्र था। त्रासदी तथा साहित्य की अन्य विधाएँ उसके लिए उतनी ही सीमा तक महत्त्वूपर्ण थीं जहाँ तक वे मानव जीवन को श्रेष्ठ बनाने में सहायक हो सकती हैं। किन्तु आश्चर्य है साहित्य उसके चिन्तन की मुख्य भूमिका में न होते हुए भी उसकी साहित्यिक शैली स्पष्टता एवं ऊर्जा में तथा कलात्मक प्रभाव की दृष्टि से उस काल की श्रेष्ठतम शैली बन गयी। उसके भाषण इतने ओजपूर्ण थे कि विरोधी भी उससे ईर्ष्या करने लग गये।

रोमी साहित्य के इतिहासज्ञों ने उसकी रचनाओं को चार वर्गों में बाँटा है।[13] पहले वर्ग में 'संवाद' शीर्षक से लिखे गये प्रबन्धों की बारह पुस्तकें रखी गयी हैं। यह शीर्षक सेनेका द्वारा दिया हुआ प्रतीत नहीं होता है क्योंकि ये संवाद रूप में नहीं लिखे गये हैं। दूसरे वर्ग में विविध रचनाएँ हैं जैसे, मृत सम्राट् क्लोदियस पर लिखा एक व्यंग्य, तथा शासन करते समय नीरो को दया भाव रखने की मन्त्रणा आदि। इसी के अन्तर्गत हितकारी कार्य तथा भौतिक विज्ञान जैसे विषय की भी चर्चा है। श्रेष्ठ आचरण पर लिखे गये प्रबन्धों (लूसिलियस को लिखे पत्र) को इन सबसे स्वतन्त्र रखा गया है। यह तीसरा वर्ग है। चौथे वर्ग में उसकी काव्य रचनाएँ अर्थात् त्रासदियाँ रखी गयी हैं।

रोमी साहित्य के इतिहास में सेनेका की त्रासदियाँ ही काल का ग्रास बनने से बच पायी हैं, शेष सभी खण्डांशों में ही उपलब्ध हैं। इनका इस दृष्टि से भी महत्त्व है कि ये त्रासदी की कई सौ वर्षों की परम्परा की एकमात्र प्रतिनिधि हैं। इसमें सन्देह नहीं कि पहले के त्रासदी लेखकों की भाँति सेनेका के प्रेरणा स्रोत भी यूनानी लेखक ही हैं।* किन्तु, उनका अनुकरण करते हुए भी उसकी त्रासदियाँ अपेक्षाकृत अधिक स्वतन्त्र हैं। अपनी स्वतन्त्र दृष्टि को उसने दो प्रकार से सिद्ध किया है—कुछ नयी सामग्री जोड़ कर तथा पुरानी सामग्री को नये ढंग से प्रस्तुत कर। समीक्षकों ने इन त्रासदियों की भाषा-शैली और नाट्य-शिल्प पर प्रश्नचिह्न लगाया है पर वे भूल

---

* यूनान के तीनों महान् त्रासदीकार सेनेका के प्रेरणास्रोत थे (जैसे एगामैमनन में एस्खिलुस और ईदिपुस में सोफ़ोक्लीज़ की झलक मिलती है) फिर भी कहा जा सकता है कि युरिपिदीज़ उसका प्रिय नाटककार था। अधिकांश रचनाओं की सामग्री उसी की त्रासदियों से ली गयी है।

जाते हैं कि उस काल में वक्तृत्वकला का वर्चस्व था। वह स्वयं एक प्रखर वक्ता था, इसलिए उसके नाटकों में भाषणशास्त्रीय शैली का आ जाना स्वाभाविक था और यह निश्चित रूप से कहा जा सकता है कि इनमें आये कुछ वाक्य विचार एवं शब्द-सौष्ठव के कारण उसके जीवनकाल में ही कहावतों की तरह प्रिय हो गये होंगे। जैसे—

(i) कष्ट यदि आँसुओं तक सीमित रह जाय तो मान लेना चाहिए कि वह बहुत छोटा है। —त्रोएदीज़

(ii) उम्मीद खत्म हो जाने पर डर बहुत दर्दभरा हो जाता है। —वही

(iii) क्रोध छिपाने पर डस लेता है। —मिदीआ

(iv) भाग्य वीरों से डरता है, कायरों को नष्ट कर देता है। —वही

उसकी भाषा-शैली के सम्बन्ध में एटकिन्स की उपपत्ति भी विचारणीय है।[14] उसके मत से तब तक रोमी साम्राज्य पूर्व और पश्चिम में दूर-दू तक फैल चुका था जिससे रोमी संस्कृति में सार्वभौमिकता का भाव प्रवेश कर चुका था। उसी के कारण यहाँ के साहित्यकारों द्वारा अनेक विदेशी प्रतिमान तथा अवधारणाएँ सहज स्वीकृत हो चुके थे। उदाहरण के लिए स्वयं सेनेका तथा उसके भतीजे लूकन को ही लिया जा सकता है जो मूलतः स्पेन के थे। जो नयी अवधारणाएँ स्वीकार कर ली गयी थीं उनकी अभिव्यक्ति के लिए भाषा-प्रयोग में कुछ नवीनता आ जाना स्वाभाविक था। इसी से सम्बद्ध दूसरा तथ्य यह है कि उन दिनों साहित्यकार कहलाना भी फैशन बन गया था और अनुकरण (विशेषतः यूनानी प्रतिमानों का) दोष नहीं माना जाता था। परम्परा बन जाने के कारण अनुकरण दोष-मुक्त हो गया था। ऐसी स्थिति में शैली को आकर्षक बनाने के लिए भाषा में विरल तथा नये प्रयोग करना या अन्य किसी प्रकार से निजी छाप छोड़ना एक प्रवृत्ति बन गया था। फिर भी यह स्वीकार किया जाना चाहिए कि उसकी शैली अन्य अनेक दोषों से मुक्त है।

जहाँ तक त्रासदियों को मंच पर प्रस्तुत करने में आनेवाली कठिनाइयों, त्रुटियों का प्रश्न है तो यह कहना पर्याप्त होगा कि ये किसी सार्वजनिक या निजी मंच पर खेले जाने के लिए लिखी ही नहीं गयी थीं। आज तक कोई ऐसा प्रमाण नहीं मिला जिससे कहा जा सके कि उसके जीवन काल में इनका कहीं मंचन हुआ था। ये केवल मित्र-मण्डली में पढ़ी जाती थीं। हम कह आये हैं कि ओजस्वी वक्ता होने के साथ-साथ वह नीरो का शिक्षक भी था। नीरो के सम्राट् बनते ही समस्त प्रशासनिक अधिकार उसके हाथ में आ गये थे। कल्पना करें कि अभिजात समाज में उसका कितना मान बढ़ गया होगा और अन्य जागीरदारों की भाँति उसकी भी स्वतन्त्र साहित्यिक मित्र-मण्डली बन गयी होगी। बस, उसी में पढ़े जाने के लिए काव्य की अन्य विधाओं के साथ-साथ वह त्रासदियाँ भी लिखा करता था। उनके माध्यम से

वह निश्चित ही अपनी वैचारिक दृष्टि का प्रचार-प्रसार करना चाहता था, अभिजात वर्ग की शैली को सुधारनने के लिए या फिर बृहत्तर समाज के उत्थान के लिए।

कुछ युगीन परिस्थितिवश तथा कुछ किशोरावस्था में ही स्तोआई-पाइथागोरी दर्शन के प्रभाव के कारण उसके चिन्तन के विषय सदैव जीवन के गम्भीर व जटिल प्रश्न रहे। इनसे सम्बन्धित उसकी जो भी अवधारणाएँ बनीं वे नाटकों के ताने-बाने में संग्रथित हैं और इसी में त्रासदी के प्रति वह युगीन दृष्टि भी झाँकती दिखायी देती है जिसके बारे में हम कह आये हैं कि उसमें कल्पना और यथार्थ का अन्तर धुँधला गया था। कला सम्बन्धी उसकी स्वतन्त्र दृष्टि के दर्शन हमें उसके पत्रों में होते हैं। जीवन के अन्तिम तीन वर्षों में लिखे गये ये पत्र मूलतः दार्शनिक विचारों को प्रतिपादित करते हैं। अभिजात समाज के सुखभोगी जीवन पर प्रहार करना तथा सदाचरण की श्रेष्ठता को रेखांकित करना इनका मुख्य लक्ष्य है। इसी चर्चा में कहीं-कहीं कला सम्बन्धी मान्यताओं को भी अभिव्यक्ति मिली है। ये स्थल अत्यन्त विरल हैं फिर भी काव्य के विविध पक्षों पर जो बात उसने सीधे-सीधे कही है वह इन्हीं तक सीमित है इसलिए उसकी समीक्षा-दृष्टि को समझने के लिए हम इन्हीं का आश्रय ले रहे हैं तथा कुछ परोक्षतः निकलनेवाले निष्कर्षों पर भी विचार कर रहे हैं। एक बात और, पर्याप्त खोज-बीन के पश्चात् आलोचक इस निष्कर्ष पर पहुँचे हैं कि इन्हें उसने पहले से ही प्रकाशनार्थ तैयार किया था।* इस खोज के प्रकाश में हमें स्वीकार कर लेना चाहिए कि साहित्य को उसने भले ही गौण विषय माना हो किन्तु इस सम्बन्ध में उसने चिन्तन अवश्य किया था और उसकी मान्यताएँ निश्चित थीं।

3.5.3.2.1 काव्य-हेतु

काव्य-हेतुओं के अन्तर्गत सर्वाधिक चर्चा इस प्रश्न पर होती आयी है कि प्रतिभा कितनी जन्मजात है, कितनी अर्जित है? यूनानी काव्यशास्त्र में इसका लम्बा इतिहास रहा है। सिसरो और होरेस ने उन्हीं के विचारों को दुहराया है। एटकिन्स के अनुसार इस विषय पर सेनेका प्लेटो का समर्थक है।[15] उसका मत था कि कोई दिव्य शक्ति कवि के अन्तस को सामान्य भूमि से कर्षित कर उच्च भूमि पर अवस्थित कर देती है तभी वह असाधारण वाणी का प्रयोग कर पाता है। अब यह कहना कठिन है

* इन पत्रों में लूसिलियस सम्बोधन लगातार आया है। यह एक कर्तव्यनिष्ठ प्रशासन अधिकारी था। साहित्य एवं दर्शन में उसकी विशेष रुचि थी। सम्भवतः उसी के मार्गदर्शन के लिए सेनका बीच-बीच में साहित्य विषयक टिप्पणियाँ करता चला है।

कि क्या सेनेका भी इस तथ्य में विश्वास करता था कि म्यूज़ कवि के अन्तस को वश में कर लेती है और काव्य रचना की प्रक्रिया में वह केवल माध्यम मात्र होता है। इतना उसने अवश्य कहा है कि सभी मनुष्यों में सद्गुण बीज-रूप में प्रकृत्या विद्यमान रहते हैं, अर्थात जन्मजात होते हैं, आवश्यकता होती है उन्हें जाग्रत करने की, सक्रिय करने की। इसका उदाहरण वह नाट्यगृह से लेता है। कोई अभिनेता जब ऐसी बात कहता है जिसकी सत्यता पर पहले से ही सर्वसहमति होती है तो पूरा प्रेक्षक समूह उसके साथ अपनी सहमति जताने लगता है। प्रत्येक श्रोता के मन में कुछ सम्मानजनक सुनने की आकांक्षा होती है और उसे जगाना कठिन कार्य नहीं है।[16] इसके पहले वह दार्शनिक वक्ता की प्रशंसा में कह आया है कि उसके श्रोताओं में कुछ अवश्य ऐसे होते हैं जिनका अन्तस उसके महान् विचारों से आलोड़ित हो उठता है और वे वक्ता के संवेग में बहते हुए उसी प्रकार के हर्षोन्माद का अनुभव करते हैं जिस तरह का अनुभव पुजारियों को फ्रीजियाई वंशी की धुन सुन कर होता है। वक्ता की फ्रीजियाई वंशी से और श्रोताओं की पुजारियों से तुलना करके वह वक्ता और श्रोता दोनों में दिव्य अंश की स्वीकृति दे रहा है। अन्तस का अन्तस से यह सम्बन्ध स्थूल भौतिकता से परे है इसकी पुष्टि बाद का वाक्य कर रहा है जिसमें वह स्पष्ट कहता है कि सामाजिक के सम्मोहन का मूल कारण शब्द नहीं वस्तु-तत्त्व होता है और वस्तु-तत्त्व उसकी दृष्टि में चरित्र का मूर्त रूप है।

वंशी-पुजारी के साथ वक्ता-श्रोता की तुलना को हमारे विचार से 'आयन' संवाद में प्रतिपादित म्यूज़ की शक्ति के परिप्रेक्ष्य में देखना उचित नहीं है। कला और दिव्य शक्ति के बीच उस प्रकार का सम्बन्ध सेनेका ने नहीं देखा है। हाँ, रचनात्मक विमर्श-बुद्धि (क्रियेटिव रीज़न) को उसने भगवान् अवश्य कहा है, वही समस्त रचना-विधान का मूल कारण है। इस दृष्टि से देखें तो वक्ता और कवि में कोई अन्तर नहीं रह जाता। कवि के पक्ष में यह बात कही जा सकती है कि समाज में कुछ ऐसी परिस्थितियाँ घटती हैं जिनके कारण वह किसी उदात्त लक्ष्य से प्रेरित हो उठता है, यही प्रेरणा उसके मुख से उदात्त शब्दों के उच्चरित होने का कारण बनती है। चाहें तो इसी को रचनात्मक विमर्श-बुद्धि का परिणाम, या भगवान् की प्रेरणा कह सकते हैं।

काव्य-हेतुओं में व्युत्पत्ति पर उसके विचार अधिक स्पष्ट हैं। इसके महत्त्व को उसने कई तरह से प्रतिपादित किया है। व्यापक अध्ययन को वह दो लक्ष्यों से प्रेरित मानता है। पहला है आत्मोन्नयन जो इस धारणा पर आधारित है कि अध्ययन अपने आपमें एक उपलब्धि है। इस धारणा से असहमत नहीं हुआ जा सकता फिर भी यह प्रश्न तो उठता ही है कि कोई समय बिताने के लिए यों ही कुछ पढ़ रहा है या इसके पीछे विशिष्ट प्रयोजन भी है? हम क्या पढ़ें? इसके उत्तर में उसने उस ज्ञान को प्राथमिकता दी है जो व्यक्ति को निर्धनता से, मृत्यु से तथा समाज की दूसरी

बुराइयों से लड़ने की शक्ति प्रदान करता है। चयन किये बिना ढेर सारी पुस्तकें पढ़ते जाना उचित अध्ययन में बाधक बन जाता है।[17] कोई भी अध्ययन यदि मनुष्य के आचरण का परिष्कार नहीं करता, या किसी अन्य प्रकार से सहायक नहीं बनता तो व्यर्थ है। उदात्त कलाओं पर अपना दृष्टिकोण प्रस्तुत करते समय उसने फिर से अध्ययन और आचरण के घनिष्ठ सम्बन्ध को रेखांकित किया है। उदात्त (लिबरल) के अर्थ को नयी दिशा देते हुए उसने लिखा है :[18]

"मेरा मत है कि कोई भी अध्ययन यदि धन अर्जित करने की दृष्टि से किया जाता है तो वह आदर के योग्य नहीं है। यह ऐसा ही है मानों अपने कौशल को हम किराये पर दे रहे हैं। यह स्पष्ट है कि इन्हें उदात्त क्यों कहा गया है, क्योंकि ये स्वतन्त्र नागरिक के लिए उचित हैं। किन्तु, सच पूछा जाय तो एक ही विषय ऐसा है जिसे यह नाम दिया जाना चाहिए, वह है सच्चा ज्ञान (विज़डम) क्योंकि व्यक्ति इसी से [लोभ, मोह आदि से] स्वतन्त्र हो जाता है।"

उपर्युक्त उद्धरण के प्रकाश में यह समझना कठिन नहीं है कि साहित्य को वह गौण विषय क्यों मानता था। इसका एक कारण सम्भवतः यह भी रहा होगा कि शालेय पाठ्यक्रम में इसका अध्ययन-अध्यापन वैयाकरणों के हाथ में था और उसके बाहर समीक्षा पर भी वे ही अधिकार जमाये बैठे थे, इसलिए एक सीमा तक पूरे समाज की दृष्टि भी इन्हीं का अनुगमन कर रही थी। इस स्थिति पर उसकी टिप्पणी है:[19]

"बहुधा प्रश्न किया जाता है कि ये विषय (उदात्त कलाएँ) क्या सचमुच मनुष्य को गुणसम्पन्न बनाते हैं? आश्चर्य यह है कि इनमें से कोई भी विषय इस प्रकार के ज्ञान को लक्ष्य में रख कर नहीं सिखलाया जाता। साहित्य का ज्ञान भाषिक अध्ययन से सम्बद्ध है। इसका और व्यापक अर्थ लें तो इतिहास और काव्य को भी इसी के अन्तर्गत ले सकते है। क्या इनमें से एक भी विषय का लक्ष्य व्यक्ति को सदगुणी बनाना है?"

व्युत्पत्ति का यह एक अर्थ है जिसके अनुसार उसने दर्शन, उसमें भी केवल नीतिशास्त्र को अध्ययन करने के योग्य माना है। इसका दूसरा अर्थ व्यवहार के धरातल से सम्बद्ध है। इस धरातल का सत्य यह है कि समस्त समाज केवल दर्शन तक स्वयं को सीमित नहीं रख सकता। समाज की आवश्यकता को देखते हुए अन्ततः उसने भी त्रासदियाँ लिखीं। प्रश्न है कि उन्हें किस तरह मूल्यवान् बनाया जा सकता है? होरेस आदि की तरह वह भी विद्यालयों में अपनायी जा रही साहित्यिक अध्ययन-अध्यापन की पद्धति से प्रसन्न नहीं था। वैयाकरणों पर इसी दृष्टि से टिप्पणी करते हुए उसने लिखा था:[20]

"शब्दों पर ध्यान देना, उनके अक्षरों का विश्लेषण करना, छन्दशास्त्र के नियमों

का बोध अथवा पौराणिक आख्यानों का ज्ञान इन सबसे क्या व्यक्ति निर्भीक बनता है? इच्छाओं को मार पाता है? मनोविकारों को संयमित कर पाता है?...अतः हमारे सामने सबसे पहला प्रश्न यह होना चाहिए इन विषयों को सिखलानेवाला पण्डित क्या सद्गुण की शिक्षा भी दे रहा है?"

इस उद्धरण के अन्तिम वाक्य में काव्य का प्रयोजन प्रतिपादित है अर्थात् सद्गुण की शिक्षा। इसका निहितार्थ है कि ये पण्डित शब्द तथा छन्द (काव्य का रूप-पक्ष) का ज्ञान तो कराते हैं वस्तु-तत्त्व का नहीं। वस्तु-तत्त्व का स्रोत है सद्गुण, अब, यदि सद्गुण का ज्ञान नहीं कराया जा रहा है तो कहा जा सकता है कि उन्हें वस्तु-तत्त्व का ज्ञान नहीं दिया जा रहा है। अन्तिम वाक्य का यह अर्थ लेने से स्पष्ट हो जाता है कि दूसरे अर्थ में व्युत्पत्ति उसके लिए वस्तु-तत्त्व तक सीमित है। शब्दों एवं छन्दों का ज्ञान एक दो पुस्तकों से हो जाता है शेष अभ्यास पर निर्भर करता है, किन्तु, यह काव्य का रूप-पक्ष है जिसके माध्यम से दिया जानेवाला केवल वही ज्ञान मूल्यवान् है जो पाठक/श्रोता को सदाचरण की शिक्षा दे। इस प्रकार से काव्य के वैचारिक पक्ष को सुनिश्चित कर लेने के बाद, इसे पुष्ट करने के लिए व्युत्पत्ति का जो रूप उसने स्थिर किया वह अन्य समीक्षकों से अलग है।

व्युत्पत्ति का यह अर्थ उसने कभी नहीं लिया कि जो पुस्तक सामने दिखी वही पढ़ने लगा जाना। हर दिशा में जाने का अर्थ है कहीं नहीं जाना। लेखन शक्ति को विकसित करने की दिशा में पहला चरण है उन लेखकों को चुनना जिनकी प्रतिभा स्थापित हो चुकी है। अपने सम्बोध्य को उसकी मन्त्रणा है कि मन-मस्तिष्क में सदैव के लिए स्थान बना लेनेवाला ज्ञान इन्हीं के अध्ययन से मिल सकता है। हमारे विचार से उसका यह सुझाव यूनानी साहित्यकारों (मुख्यतः त्रासदी लेखक) की ओर संकेत कर रहा है। रोम के सभी अच्छे लेखक उन्हें प्रतिमान मानने के पक्ष में थे और वह स्वयं भी उनका ऋणी था। इसीलिए, वह चाहता था कि उभरते हुए रोमी लेखक इधर-उधर की निम्नस्तरीय रचनाएँ पढ़ने के स्थान पर इन्हीं कृतियों को बार-बार पढ़ें। इस सम्बन्ध में उसका प्रसिद्ध वाक्य है—"सदैव प्रामाणिक लेखकों को पढ़ो, यदि कुछ अलग पढ़ने की इच्छा हो तो पहले पढ़े गये लेखकों को फिर से पढ़ने लग जाओ।"[21]

महान् लेखकों की कृतियों को क्या एक बार पढ़ लेना पर्याप्त नहीं है? यदि किसी के मन में यह प्रश्न हो तो उसका उत्तर है, "यह मत समझो कि श्रेष्ठतम लेखकों की प्रतिभा का आकलन तुम सरसरी तौर पर पन्ने पलटने से कर लोगे।"[22] हमारी धारणा है कि यह वाक्य उन लोगों को सम्बोधित है जो शीघ्र प्रसिद्ध होने की कामना रखते हैं पर उतना श्रम नहीं करना चाहते। वे अपना लेखन सुधारने के लिए अच्छी रचनाएँ पढ़ते अवश्य हैं किन्तु उसकी गहराई में जाने या चिन्तन मनन

करके उसे आत्मसात् करने के स्थान पर उसी के अनुकरण पर कुछ न कुछ लिखने बैठ जाते हैं। इस ऊपरी अनुकरण से किसी की क्षमता का विकास कैसे सम्भव है, उलटे इसके दुष्परिणाम ही निकल सकते हैं। इसका एक रोचक उदाहरण देते हुए उसने लिखा कि एक महोदय को पढ़ते-पढ़ते 'उपार्जन (प्रोक्योर) शब्द मिल गया और वह उन्हें इतना अच्छा लगा कि चाहे जो प्रसंग हो इसका प्रयोग किये बिना वह रह नहीं पाते थे। ऐसी हास्यास्पद स्थिति से बचने के लिए ही वह चयनित रचनाओं को बार-बार पढ़ने का सुझाव दे रहा था।

अभ्यास पर विचार करते समय सेनेका के सामने नाटक नहीं वक्तृतवकला थी। हम देख आये हैं कि उस काल के समीक्षकों में हमें भाषणशास्त्री और काव्यशास्त्री दोनों का मिलाजुला रूप मिलता है। त्रासदी स्वयं ऐसी विधा थी जहाँ पात्र के माध्यम से नाटककार को अपनी वक्तृत्वकला का परिचय देने का अवसर मिलता था। सेनेका ने भी इसका लाभ उठाया है। इसका मानक स्वरूप क्या हो इस पर उसने चिन्तक सेरापियो के सन्दर्भ में विचार किया है। कुछ श्रोता उसकी धुआँधार वाग्मिता से बहुत प्रभावित थे। उसी का विश्लेषण करते हुए उसने निष्कर्ष निकाला :[23]

"भाषण की गति वस्तुतः ऐसी होनी चाहिए जिसमें वक्ता निरन्तर वस्तु-तत्त्व से रूप-तत्त्व पर ध्यान देता चल सके। एक ज्ञानी को संयमित गति से बोलना ही शोभा देता है और यह नित्यप्रति के अभ्यास से ही सम्भव है।"

'संयमित वाणी' का सूत्र काव्यकला पर भी घटाया जा सकता है। उसने स्वयं इसका सूत्र दिया है—"रोमी लेखन जिस तरह विरामचिह्नों से व्यवस्थित किया जाता है उसी तरह भाषण में भी ठहराववाला प्रवाह होना चाहिए।" विचारपूर्वक बोलना और लिखना दोनों क्रियाएँ एक ही हैं अन्तर केवल सन्दर्भ का है। जो आरोप सेनेका ने सेरापियो पर लगाया वही होरेस सैटायर लेखक लूसिलियस पर लगा चुका था।[24] वह भी एक ही जगह खड़े-खड़े दो सौ छन्द एक घंटे में लिखवा देता था। ऐसा लेखन पहाड़ी नाले की तरह वेग से बहता जाता है और अपने साथ कूड़ा-कर्कट भी लेता चलता है। इसीलिए वह संयम बरतने का सुझाव दे रहा है ताकि जो कहा/लिखा जाय वह उपयोगी हो सके। इसी के साथ उसने दूसरा सूत्र भी जोड़ा है—वस्तु-तत्त्व से रूप-तत्त्व पर ध्यान देते चलना। इस क्रिया के दोनों पक्ष महत्त्वपूर्ण है। पहले, औचित्य की कसौटी पर कस कर यह पता लगाना कि क्या कहना है क्या नहीं? फिर किन शब्दों में उसे व्यक्त करना और यह सुनिश्चित करना कि क्या उसे उचित अभिव्यक्ति मिल पायी है? पूर्व पक्ष और उत्तर पक्ष दोनों मे सामंजस्य स्थापित करने के लिए चिन्तन की आवश्यकता है, 'संयम बरतने' का यही तात्पर्य है और यह नित्यप्रति के अभ्यास से ही सम्भव है।

3.5.3.2.2 काव्य-प्रयोजन

जीवन के आरम्भिक वर्षों में ही स्तोआई चिन्तन के प्रभाव में आ जाने के कारण सेनेका ने अपने समग्र साहित्य में इसी के अनुरूप जीवन जीने का समर्थन किया है। त्रासदियाँ इसका अपवाद नहीं हैं। किन्तु, इनमें उसका चिन्तन दर्शन की सीमाओं में बँधा हुआ नहीं है। स्तोआई दर्शन से वे इस सूत्र से जुड़ी हैं जिन राजपरिवारों के जीवन को त्रासदियों का कथानक बनाया गया है उनमें घटनेवाली अधिकांश घटनाएँ राजपद के इर्द-गिर्द घूमती हैं, इसी की लालसा उन्हें जन्म भी देती है। किन्तु, सभी घटनाओं को एक इसी लालसा से जोड़ कर नहीं देखा जा सकता। इसलिए, हमारे मत से वैचारिक धरातल पर काव्य-प्रयोजन के दो वर्ग किये जा सकते हैं—स्तोआई चिन्तन से प्रभावित और उससे स्वतन्त्र। परम्परागत दृष्टि के अनुसार इन्हें 'शिक्षा' प्रयोजन के अन्तर्गत रखा जा सकता है और यही उसकी रचनाओं में मुखरता से व्यक्त हुआ है। किन्तु उसके पहले आनन्द प्रयोजन पर दृष्टिपात कर लेना उचित होगा।

पत्र संख्या 44 में उसने आनन्द पर विचार किया है। सामान्यतः, रचना के रूप-पक्ष/शैली को इसका स्रोत माना जाता है। प्रथम दृष्ट्या यही सामाजिक को पढ़ने-देखने के लिए आमन्त्रित करता है, केवल आमन्त्रित ही नहीं करता आरम्भ से अन्त तक बाँधे भी रखता है मानों एक प्रकार से बाध्य कर रहा हो। इस प्रयोजन को सिद्ध करने के लिए लेखक की शैली एक जैसी होनी चाहिए (यह वाक्य उन लेखकों को सम्बोधित है जिनकी रचना कहीं-कहीं ही रोचक हो पाती थी), उसमें शुद्धता, गरिमा एवं ओजस्विता का गुण लगातार मिलना चाहिए। अपने मित्र की ऐसी ही एक कृति पर उसकी प्रतिक्रिया थी—"इसे पढ़ कर प्रसन्नता नहीं आनन्द की प्राप्ति हुई।" इस वाक्य पर कुछ गहराई से विचार करें तो देखेंगे कि आनन्द का भाव उसके लिए जटिल अनुभूति है। इसके कोटिक्रम में प्रथम सोपान पर प्रसन्नता है और अन्तिम सोपान पर आनन्द। इस परिप्रेक्ष्य में देखें तो कहा जा सकता है कि कुछ रचनाएँ केवल प्रसन्नता दे पाती हैं आनन्द नहीं। सम्भव है आनन्द को वह अनुभूति की चरम सीमा मानता हो जिसमें सामाजिक का पूरा व्यक्तित्व डूब जाता है। इससे पहले उसने एक विचित्र अनुभूति का वर्णन किया है—

"इसको पढ़ते समय धूप मुझे बाहर बुलाती रही, भूख कुछ खाने के लिए उकसाती रही, बिगड़ा हुआ मौसम मुझे डराता रहा किन्तु मैं इसे एक ही बैठक में पूरा पढ़ कर ही उठा" व्यक्ति को इतना आत्मबल प्रदान करनेवाली पुस्तक कि वह भूख-प्यास, सर्दी-गरमी सब पर विजय पा ले अनुभूति के स्तर पर केवल प्रसन्नता देनेवाली नहीं हो सकती। स्यात्, आनन्द शब्द भी उसकी अभिव्यक्ति के लिए पर्याप्त नहीं है इसीलिए उसकी व्यापकता और गहनता का आभास देने के लिए उसने

शारीरिक आवश्यकताओं, भूख आदि से विरत होने की बात कही है।

समग्र अनुभूति की जटिलता की व्याख्या करना सम्भव नहीं है, फिर भी उसके विभिन्न सोपान उसके मन में अवश्य थे। अब, यह लेखक की क्षमता तथा चिन्तन की गहनता पर निर्भर करता है कि अनुभूति के ऊर्ध्व संचरण में वह किस सोपान को अपना प्रयोजन बनाता है। इस सम्बन्ध में अपने लेखक मित्र के मार्गदर्शन के लिए, इतना संकेत वह और दे रहा है कि रचना का विषय और उसकी अभिव्यक्ति दोनों श्रेष्ठता लिये हुए हों तभी आनन्दानुभूति का प्रयोजन सिद्ध हो सकता है। दूसरे शब्दों में वह उन लेखकों/समीक्षकों के मत का खण्डन कर रहा जो केवल रूप-तत्त्व को महत्त्व दे रहे थे। हम देख आये हैं कि सिकन्दरियाई दृष्टि केवल इसी पर बल देती थी। यह दृष्टि रखनेवाले मानते थे कि शैली में अलंकार हों, नये-नये शब्द-प्रयोग हों, सूक्तियाँ हों तो रचना में और कुछ अपेक्षित नहीं रह जाता। दूसरी ओर, उपयोगितावादी दृष्टि थी जो उपदेश देने को ही कवि-धर्म मानती थी। ये दोनों अतिवादी दृष्टियाँ थी। व्यवहार के धरातल पर आदर्श स्थिति वही मानी जायगी जिसमें दोनों का उचित मेल हो। पत्र समाप्त करने से पहले वह निर्णय देता है–

"[तुम्हारी भेजी हुई पुस्तक का अनुभूति के स्तर पर जो] परिणाम सामने आया उसमें विषय वस्तु का भी योग था। इसी लिए कहा जाता है कि उर्वर (विभिन्न सम्भावनाओं से युक्त) विषय का चयन करो जो मन को बाँधे भी रखे और भोवोद्‌बोधक (आनन्ददायक) भी हो।"

लेखक की रचनाओं में शिक्षा का प्रयोजन कुछ अधिक प्रबलता से व्यक्त हुआ है, विशेषतः निबन्धों में। 'दया' शीर्षक से ऐसी ही एक रचना उसने नीरो को उसके सिंहासनारूढ़ होने पर भेंट की थी। उसका शिक्षक होने के नाते उसके क्रूर स्वभाव से वह परिचित था, इसलिए, उसे दया की शिक्षा देना आवश्यक था। 'परस्पर हित' में दासों को विषय बना कर इस मानवीय गुण पर प्रकाश डाला गया है। लूसिलियस को लिखे पत्रों में भाग्य, भगवान्, सद्‌गुण, विवेक, विमर्श बुद्धि, सहिष्णुता, आत्मनिर्भरता, सच्ची मित्रता, धन और शक्ति से उत्पन्न दोषों आदि पर बिना किसी लाग-लपेट के सीधे-सीधे उपदेश पद्धति अपनायी गयी है। लगता है जैसे किसी मंच से कोई धर्म-गुरु भाषण दे रहा हो। हाँ, त्रासदियों में स्थिति भिन्न है। विधागत सीमा के कारण ये विषय वृन्दगान तक सीमित हैं। जहाँ तक कथानक के ताने-बाने से दिये जानेवाले सन्देश का प्रश्न है वह मुख्यतः भाग्य की विडम्बना एवं काम, क्रोध जैसे मनोवेगों के विनाशकारी प्रभाव तक सिमट कर रह गया है।

त्रासदियों में समाहित सन्देश (प्रयोजनगत शिक्षा) उन यूनानी पौराणिक गाथाओं तथा त्रासदियों द्वारा परिसीमित हैं जिन पर उसकी त्रासदियाँ आधारित हैं। उदाहरणार्थ, 'हर्क्युलीज़' का नायक ज़्यूस का पुत्र होने के नाते दिव्य अंश युक्त है

किन्तु क्रोध में आकर अनेक हत्याएँ कर बैठता है। मन शान्त होने पर उसे पश्चात्ताप होता है। बाद में उसे एथेन्स में शरण मिलती है। इससे सम्प्रेषित सन्देश हैं–

(i) आवेग में बह जाने का परिणाम विनाशकारी होता है।

(ii) भाग्य सर्वोपरि है, इसके कारण देवताओं को भी कष्ट झेलने पड़ते हैं।

'फिनिसी' में दो भाई युद्धरत हैं, माता का समझाना-बुझाना भी निष्फल हो जाता है। इसमें इतिहास के नियतवाद (डिटर्मिनिज़्म) का सन्देश देना लेखक का प्रयोजन है।

'मिदीआ' और 'फ़ीद्रा' नायिका प्रधान त्रासदियाँ है। मिदीआ के पति ने उसे छोड़ कर दूसरा विवाह कर लिया है। तब, क्रोध में आकर वह उस नयी दुलहन और अपने बेटों की हत्या कर देती है, पति को केवल यह अनुभव कराने के लिए कि प्रियजनों का वियोग कितना दुःखदायी होता है। फ़ीद्रा अपने सौतेले पुत्र के प्रति काम भाव रखती है। उसके मना कर देने पर क्रोध में आकर उस पर झूठा आरोप लगा कर उसकी मृत्यु की घोषणा करवा देती है। किन्तु, उसके मर जाने पर उसे पश्चात्ताप होता है और फिर स्वयं भी आत्महत्या कर लेती है। दोनों नाटकों का निष्कर्ष है–क्रोध या नीति-विरुद्ध आचरण विनाशकारी होता है, स्वयं व्यक्ति के लिए भी और पूरे समाज के लिए भी।

'ईदिपुस' का कथानक कुछ जटिल है। नायक को जब पता चलता है कि अनजाने में उसने अपने पिता की हत्या की है और अनजाने में ही अपनी माता को पत्नी बना लिया है तो घोर अपराध-बोध से प्रेरित होकर वह अपनी आँखें फोड़ लेता है। 'एगामैमनन' की नायिका वासना में अन्धी होकर अनैतिक आचरण कर बैठती है, बाद में यही आचरण उसके द्वारा की गयी अनेक हत्याओं का कारण बनता है। दोनों नाटकों में प्रमुख पात्रों के चरित्र-चित्रण का सार एक ही है–अनैतिक आचरण भूल से हुआ हो या जानबूझ कर परिणाम विनाशकारी ही होता है। इसके अतिरिक्त नियतवाद, दुःख की निश्चितता, विचार-शक्ति की असफलता तथा मनुष्य परिस्थितियों का दास है जैसे दार्शनिक विचारों का प्रतिपादन भी लेखक का प्रयोजन है।

'थाईस्तीज़' के कथानक को यदि नाटक की सीमा के भीतर रख कर देखें तो बहुत छोटा है। राजपद उसके पास ही रह सके इस उद्देश्य से एत्र्यूस अपने तीनों भतीजों की हत्या कर देता है और उनका मांस पका कर उनके पिता (अर्थात् अपने भाई) थाइस्तीज़ को खिला देता है। इसके पहले थाइस्तीज़ ने राजपद के लिए ही एत्र्यूस की पत्नी से अनैतिक सम्बन्ध स्थापित कर उसे अपनी तरफ मिला लिया था और उसकी सहायता से राजशक्ति के प्रतीक सुनहरे बालोंवाले मेढ़े को चुराकर, अर्थात् धोखे से, सिंहासन पर अधिकार कर लिया था। दर्शक को इस पूर्व घटना की सूचना एत्र्यूस के संवाद से मिलती है। उसी के अन्त में, सामाजिक प्रयोजनस्वरूप इस

सार को ग्रहण कर पाता है कि दुष्टता दुष्टता को जन्म देती है और वह वंशानुगत बन जाती है। इसका एक चक्र बन जाता है जिसकी गति में फँस कर सभी दुःख भोगते हैं और विनाश को प्राप्त होते हैं।

इन कथानकों पर समग्रतः दृष्टि डालें तो स्पष्ट हो जाता है कि इनमें प्रतिपादित कथ्य से उद्भूत वैचारिक काव्य-मूल्य परम्परागत थे और स्तोआई चिन्तन द्वारा समर्थित भी थे। समाज का शिक्षक होने के नाते इनका सम्पादन वह अपना धर्म समझता था। किन्तु, हमें लगता है कि इसके सूत्र कहीं न कहीं उसकी वाग्मिता से भी जुड़े हुए हैं। यह कहा जा चुका है कि ये नाटक मंच-प्रस्तुति के लिए नहीं लिखे गये थे। जिन छोटी गोष्ठियों में ये पढ़े जाते थे उनकी पृष्ठभूमि में इनके सन्दर्भ तथा भाषा-शैली दोनों का स्वरूप इस तरह का रखा गया है जो विदग्ध समाज की रुचि के अनुकूल हो। यह समाज उन दिनों वक्तृत्वकला पर मुग्ध था। सम्भव है इसके सदस्य इन त्रासदियों में उसकी वाक्पटुता की झलक भी देखना चाहते रहे हों, या, वह स्वयं भी इनमें अपनी वक्तृत्व-क्षमता का परिचय देना चाहता रहा हो। इसी मनोवृत्ति के परिणामस्वरूप इन रचनाओं में ऐसी सूक्तियाँ आयी हैं जो उसके जीवन काल में ही मुहारे-कहावतें बन कर प्रचारित हो गयी थीं। इस तथ्य का उल्लेख हम पहले कर आये हैं। इनमें उसके निजी अनुभवों का सार निहित है और लेखन का यह प्रयोजन था कि सामाजिक उन्हें जीवन-तत्त्व के रूप में ग्रहण करे।

सेनेका की सैद्धान्तिक समीक्षा-दृष्टि के अभिधेय एवं ध्वनित रूप आज साहित्य के विद्यार्थी को शुष्क तथा अत्यधिक उपदेशवादी प्रतीत हो सकते हैं किन्तु युगीन परिप्रेक्ष्य में वे सार्थक प्रतीत होते हैं। इसका प्रमाण है बाद के त्रासदीकारों के लिए उसके नाटकों का प्रेरणास्रोत बनना। स्वयं उसके सन्दर्भ में इस तथ्य के महत्त्व को स्वीकार किया जाना चाहिए कि दर्शन केवल चिन्तन तक सीमित रखने की वस्तु नहीं है, उसका उपयोग समाज के कल्याण के लिए होना चाहिए। यह दर्शन का मानवतावादी पक्ष है जिस पर उसका सर्वाधिक बल था। उस युग में राजपरिवार जितना निरंकुश हो गया था और अभिजात समाज भी जिस प्रकार से उसका प्रतिभागी बनता जा रहा था उसको देखते हुए हमारे लेखक का मानवतावाद को प्राथमिकता देना स्वाभाविक था। अपने व्यापक अनुभव के आधार पर उसने जीवन का यह सिद्धान्त स्थिर कर लिया था कि चिन्तक का स्थितप्रज्ञ होना उसका आदर्श रूप है, मित्र की मृत्यु पर दुखी होना उसका धर्म है, दूसरों के प्रति दयालु और क्षमावान् होना उसका कर्तव्य है। समष्टि से अलग व्यष्टि की संकुचित सीमा के भीतर हमारी सफलता-असफलता का कोई अर्थ नहीं है। हमारे जीवन का एक साझा लक्ष्य है।[25] त्रासदियों के परम्परागत कथानकों में राजपरिवार जिस प्रकार की क्रूर घटनाओं के सूत्रधार बने थे उन्हीं को रोमी सम्राट् अपने परिवार में दोहरा रहे

थे। त्रासदी की विकास-यात्रा के अन्तर्गत हम देख आये हैं कि कैसे कल्पना और यथार्थ एक होते जा रहे थे। इसे अन्धकार युग का बीज-वपन भी कहें तो अनुचित न होगा। व्यवहार के क्षेत्र में चारित्रिक पतन के दुष्परिणाम चतुर्दिक दिखलायी दे रहे थे। साहित्य उससे अछूता नहीं था। समीक्षक की दृष्टि से रचनाधर्मिता पर विचार करते हुए उसने फिर से इसे विमर्श का विषय बनाया।

3.5.3.2.3 साहित्य-रचना : एक जीवन-धर्म

साहित्य और समाज के परस्पर सम्बन्ध को कवि/समीक्षक पहले से ही स्वीकार करते चले आ रहे थे। होरेस इस पर स्वतन्त्र रूप से विचार भी कर चुका था कि उसके समय में काव्य-मूल्यों में आये ह्रास का कारण क्या है, किन्तु वह स्थिति पर केवल खेद प्रकट कर चुप बैठ गया था। सेनेका ने इससे आगे बढ़ कर यह प्रश्न उठाया कि क्या स्थिति को सुधारा जा सकता है? यदि हाँ, तो कैसे? अपने कुछ पत्र-निबन्धों में उसने इन प्रश्नों पर विश्लेषणात्मक दृष्टि डाली है।

रचना के मूल्यांकन के लिए उसने एक मापदण्ड रखा है—सुसम्बद्धता। महान् कृतियों में उनके घटक तत्त्वों में पूर्ण सामंजस्य, एकत्व, होता है जिसका अर्थ है विषय वस्तु का ऐसा सम्यक् सम्पादन कि न उसमें कुछ जोड़ा जा सके न उसमें से कुछ घटाया जा सके।[26] सामंजस्य का यह सूत्र अरस्तू के 'काव्यशास्त्र' से जुड़ा हुआ है। रोमी काव्यशास्त्र में यह आदि, मध्य और अन्त में परस्पर सुसंगति का रूप लेकर सेनेका के काल तक स्थापित हो चुका था और समीक्षा के क्षेत्र में सौंदर्य के मूल्यांकन का आधार बन चुका था। इसकी व्याख्या में दिये गये उदाहरण से उसकी सूक्ष्म कलाशास्त्रीय दृष्टि की पहचान हो जाती है। उसकी स्थापना है कि कलाकृति यदि सुसम्बद्ध है तो मूल्यांकन के लिए उसका समग्र रूप ही विचारार्थ लिया जाना चाहिए। उसके विभिन्न घटकों पर अलग-अलग भी विचार किया जा सकता है पर यह ध्यान रखते हुए कि वे किसी अंगी के अंग हैं। जैसे, किसी स्त्री को केवल सुडौल हाथ-पाँव होने के कारण सुन्दर नहीं कहा जा सकता, वह सुन्दर तभी कहलायेगी जब उसके विभिन्न अंगों पर ध्यान न जाकर समग्र शरीर का सौष्ठव आकर्षण बने।[27] यहाँ हमारा लेखक सुकरात की पंक्ति में खड़ा दिखायी देता है। ज़ेनोफॉन ने चित्रकार पार्‌हासिउस के साथ सुकरात के वार्तालाप में उसके मुख से दो महत्त्वपूर्ण बातें कहलवायी हैं। पहली यह कि सौन्दर्य के निर्माण में चित्रकार प्रकृति से कोई एक प्रतिमान नहीं लेता क्योंकि समग्र सौन्दर्य के लिए प्रकृति में कोई एक व्यक्ति मिल ही नहीं पाता। वह एक-एक अंग का सौष्ठव विभिन्न स्रोतों से लेकर उसमें ऐसा तालमेल बैठाता है कि पूरा चित्र सुन्दर दिखने लगता है। दूसरी यह कि लोगों का चरित्र उनकी मुखाकृति तथा शरीर की भाव-भंगिमा में प्रतिबिम्बित होता है और उसका अनुकरण हो सकता है।[28]

उपर्युक्त वार्तालाप का पूर्वांश विषय के विस्तार में निहित एकरूप समग्र प्रभाव (यूनिफाईड इफैक्ट) की अनिवार्यता पर बल दे रहा है, इसमें अभिव्यक्ति पक्ष का सौन्दर्य/प्रभाव भी समाहित है। सेनेका जो बात कह रहा है वह इससे भिन्न नहीं है। फिर भी भाषणशास्त्र की परम्परा में दीक्षित होने के कारण उसमें कहीं न कहीं वस्तु तथा रूप का द्वैतभाव छिपा बैठा था इसीलिए वह उस पर स्वतन्त्र रूप से विचार करने के लिए भी प्रेरित हुआ। जहाँ तक वार्तालाप के उत्तरांश का प्रश्न है वह भी सेनेका के चिन्तन का एक अंग है। वह किस परम्परा के माध्यम से उस तक पहुँचा कहा नहीं जा सकता, यह उसके स्वतन्त्र चिन्तन का परिणाम भी हो सकता है। जो भी हो, इतना निश्चित है कि जैसे सुकरात ने दर्शन के अन्तर्गत प्रकृतिशास्त्र के स्थान पर नीतिशास्त्र को अपने चिन्तन का मुख्य विषय बनाया ठीक वही दिशा सेनेका ने भी ग्रहण की। उसकी दृष्टि में किसी भी विषय/कृति का मूल्य तभी है अथवा उसी अनुपात में है जिस अनुपात में उससे सदाचरण की शिक्षा मिलती है। इसी विचार का विस्तार करते हुए जैसे सुकरात ने मुखाकृति तथा शरीर की भंगिमा में चरित्र की झलक देखने की बात कही है उसी तरह सेनेका भी रचना-शैली में लेखक के चरित्र की झलक देखता है। उसके सम्बोध्य के कुछ प्रश्न थे :[29]

(i) कुछ कालखण्डों में भ्रष्ट साहित्यिक शैली क्यों अस्तित्व में आ जाती है?
(ii) क्या कारण है कि प्रतिभासम्पन्न लेखक भी कभी एक तो कभी दूसरे दोष (जैसे, शब्दाडंबर या स्त्रैण भाव) से ग्रस्त हो जाते हैं?
(iii) क्या कारण है कि कभी मिथ्या अहं का बोलबाला होता है, कभी गूढ़ वाक्यों का प्रयोग होने लगता है तो कभी लाक्षणिक प्रयोगों पर सर्वाधिक बल होता है?

इन सबका उत्तर उसने एक यूनानी कहावत से दिया है—समाज की वाणी उसकी जीवन-पद्धति (चरित्र का व्यवहार में व्यक्त रूप) के अनुरूप होती है। तात्पर्य यह कि एक व्यक्ति के व्यवहार (चरित्र) और वाणी में कारण-कार्य सम्बन्ध होता है। व्यापक स्तर पर यह सम्बन्ध राष्ट्रीय जीवन और उसके साहित्य में भी देखा जा सकता है। जब राष्ट्र का नैतिक पतन होता है तो उसकी झलक विलासितापूर्ण कला-रूपों में देखी जा सकती है। अलंकृत साहित्यिक शैली को किसी कालखण्ड में यदि समाज की स्वीकृति एवं समर्थन मिल रहा है तो समझ जाना चाहिए कि समाज अपव्ययी/विलासी जीवन जी रहा है।

उपर्युक्त उत्तर किन्हीं प्रश्नों के सन्दर्भ में दिया गया है किन्तु प्रतीत होता है विलासिता और उसको अभिव्यक्ति देनेवाले कला-रूप उसे भीतर ही भीतर कचोटते रहते थे। एक अन्य पत्र में इसी विषय पर बड़ी कठोर टिप्पणी करते हुए उसने लिखा है :[30]

"यह सुखोपभोग ही है जिसके कारण हमने प्रकृति से मुँह मोड़ लिया है, उसके भार तले अनेक विकृतियों का विकास कर लिया है। ये बढ़िया-बढ़िया कपड़े ('बढ़िया' विशेषण का प्रयोग यहाँ कटाक्षपूण्र·है, इसकी व्याख्या में उसने लिखा है कि आजकल के बुनकर ऐसा कपड़ा तैयार करते हैं जिससे शरीर ढकना तो दूर नारीत्व भी नहीं ढक पाता), नृत्य में शिक्षकों की कामुक मुद्राएँ तथा अश्लील एवं स्त्रैण गीत सब इसी का परिणाम है।''

जीवन पद्धति और काव्य-शैली में कारण-कार्य सम्बन्ध सुनिश्चित कर उसने इसे नियम का रूप दे दिया है। इस नियम को यदि तत्कालीन रोमी साहित्य पर घटायें और उसकी दृष्टि से विचार करें तो निष्कर्ष निकलता है कि इसमें लेखक प्राचीन रोमी संस्कृति एवं परम्पराओं से भटक गये हैं।* परिणास्वरूप, वे अभिव्यक्ति की नयी-नयी पद्धतियों की खोज में जुटे हुए हैं, कभी आर्ष प्रयोगों को नया रूप देकर प्रचलन में लाने लगते हैं तो कभी नये शब्द गढ़ने लगते हैं। और, आश्चर्य की बात यह कि इन सब को श्रेष्ठ शैली का रूप भी प्राप्त हो गया है।

लेखकों की अनिश्चयात्मक मनःस्थिति की ओर संकेत करनेवाली उसकी एक ओर सटीक टिप्पणी है—"शैली को विशिष्टता प्रदान करने के लिए कुछ वक्ता पुरानी से पुरानी भाषा को पुनः प्रचारित करने में लगे हैं तो कुछ लोग दैनंदिन भाषा के मोह में पड़कर अति साधारण स्तर पर आ जाते हैं।" यह अतिवादी मनोवृत्ति थी। उसकी धारणा थी कि कवियों में कथ्य के क्षेत्र में मौलिकता के अभाव के कारण वे शैली में उलटे-सीधे प्रयोग करके नवीनता लाने और सामाजिक को आकर्षित करने में लगे हैं।[31] इससे साहित्य का स्तर लगातार गिरता जा रहा है। अब, प्रश्न था कि इस प्रवृत्ति पर अंकुश कैसे लगे? इसका उत्तर दे कर सेनेका ने समीक्षकों में अपनी अलग पहचान बनायी है।

स्थिति को बदलने के लिए उसने जो बहुसूत्री कार्यक्रम बनाया वह दार्शनिक, वक्ता और कवि तीनों के लिए समान था क्योंकि समाज को बदलने का उत्तरदायित्व इन्हीं तीनों पर था।[32] इसका एक पक्ष था सामाजिक सम्पृक्ति। वह देख रहा था कि कुछ दार्शनिक (और कवि भी) आत्मप्रचार के लिए मैले-कुचैले, फटे-पुराने कपड़े पहनते थे, अस्त-व्यस्त दाढ़ी रखते थे। इस प्रकार के व्यवहार से वे समाज से अलग

---

* रोमी संस्कृति में कृषक का जीवन आदर्श माना जाता था क्योंकि वह कठोर श्रम में विश्वास करता है। वह मन्दिरों को भव्य से भव्यतर रूप देता था पर अपने घर साधारण रहने देता था। विलास की वस्तुओं से दूर रहना उसके लिए अभिमान की बात होती थी।

भले दिखते हों पर बदनाम होकर। इसलिए, उसका पहला सूत्र था—जिस समाज को सुधारना है उससे दूर न रहकर बन्धुत्व का सम्बन्ध जोड़ना चाहिए, उसके बीच रहकर उसके सुख-दुःख में सम्मिलित होना चाहिए। हमारा जीवन बहुसंख्यक समाज से अलग अवश्य हो किन्तु विरुद्ध के अर्थ में नहीं श्रेष्ठ के अर्थ में। इसी से निःसृत दूसरा सूत्र है—समाज को सुधारने की दिशा में प्रवृत्त होने से पहले स्वयं को भीतर से बदलो। हम व्यवहार में समाज-नियमों का पालन करते हुए भी आचरण में उससे श्रेष्ठ हों।

'व्यवहार समाज के नियमानुसार और आचरण उससे श्रेष्ठ' यह वाक्य अन्तर्विरोध का आभास दे रहा है। इसका समाधान हमें दूसरे पत्र में मिलता है। इसमें अपने मित्र को आमन्त्रण देते हुए उसने लिखा है:[32]

"मैं तुम्हें आने का निमन्त्रण इसलिए नहीं दे रहा हूँ कि इसमें तुम्हारी उन्नति निहित है, वरन्, इसलिए कि हम दोनों ही परस्पर हित साधते हुए आगे बढ़ सकते हैं।" इस वाक्य पर विचार करते समय हम कवि को ध्यान में रखें तो इसका निहितार्थ होगा कि वह सामाजिक सम्बन्धों से स्वयं को अलग न रखे, उससे जुड़ कर ही वह अपना और समाज का उत्थान कर सकता है। चिन्तन/साहित्य-रचना अन्ततः समाज के लिए हितकारी सिद्ध हो सके तभी उसका महत्त्व है। स्तोआई चिन्तन को व्यवहार के धरातल पर ला कर इस रूप में सार्थकता प्रदान करना सेनेका की सबसे बड़ी उपलब्धि है। यहाँ, उसका सूत्र है—"आदर्श और जनरुचि के अनुकूल इन दोनों के बीच का, दोनों में समन्वय स्थापित करनेवाला, जीवन ही मेरे अनुसार अनुकरणीय है।" तात्पर्य यह कि कवि पहले स्वयं उच्च आदर्शों से प्रेरणा ले, अपने को भीतर से बदले, फिर सामाजिक परम्पराओं का आदर करते हुए अपने आचरण को अनुकरणीय बनाये तभी उसकी रचना में समाज को बदलने की शक्ति आयेगी। और, यह सब उसे समाज के भीतर रहते हुए ही करना होगा। सभी सुखपूर्वक जीना चाहते हैं, कवि भी सामाजिक भी, किन्तु कोई भी व्यक्ति यदि केवल अपने लिए जी रहा है तो सुखी जीवन नहीं जी सकता। तुम अपने लिए जीना चाहते हो तो दूसरों के लिए जीना सीखो।[33] सेनेका काव्य में प्रतिरूपित जीवन और यथार्थ जीवन के द्वैत को मिटाना चाहता था ठीक वैसे ही जैसे क्लोदियस और नीरो निजी जीवन को मंच पर प्रस्तुत कर यथार्थ और कल्पना को एक कर देना चाहते थे। किन्तु, दोनों की पद्धतियों में अन्तर था। वे निजी जीवन के साथ मेल बैठाने के लिए मंच की प्रस्तुति को बदल रहे थे, सेनेका मंच पर प्रस्तुत आदर्श के अनुरूप जीवन, निजी एवं समाजिक, को बदलने की चिन्ता कर रहा था। लक्ष्य दोनों का एक ही था—कल्पना और यथार्थ की विभाजक रेखा को मिटाना।

सन्दर्भ एवं टिप्पणियाँ

1. ए. जे. बोयले, रोमन ट्रैजेडी, पा. टि. पृ. 246
2. वही, वही, पृ. 17
3. एच. जे. रोज़, लैटिन लिटरेचर, पृ. 25
4. वही, वही, पृष्ठ, 27-28
5. रोमन ट्रैजेडी, पा. टि., पृ. 250
6. वही, पा. टि., पृ. 265
7. रोमन ट्रैजेडी, पृ. 118-22
8. क्विन्तस रोशियस गैलस तथा क्लोदियस ईसोपस ऐसे दो नाम हैं जिनकी प्रशंसा होरेस और क्विंतिलियन ने भी की है। *—रोमन ट्रैजेडी, पृ. 145*
9. रोमन ट्रैजेडी, पृ. 160
10. पृ. 817
11. रोमन ट्रैजेडी, पृ. 179
12. 'एक स्तोआई के पत्र', रॉबिन कैम्पबैल, पृ. 243-44
13. एच. जे. रोज़, लैटिन लिटरेचर, पृ. 361-75
14. लिटरेरी क्रिटिसिज़्म इन ऐंटिक्विटी, खण्ड—दो, पृ. 144
15. लिटरेरी क्रिटिसिज़्म इन ऐंटिक्विटी, खण्ड—दो, पृ. 168
16. पत्र संख्या - 108
17. पत्र संख्या - 2
18. पत्र संख्या - 88
19. वही
20. वही
21. पत्र संख्या - 2
22. वही
23. पत्र संख्या - 40
24. सैटायर, पु. I, 4
25. पत्र संख्या-48
26. पत्र संख्या-33
27. वही। भारतीय काव्यशास्त्र में आनन्दवर्धन ने भी 'प्रतीयमानं पुनरन्यदेव...' कारिका में समग्र प्रभाव को ही लावण्य कहा है।
28. मेमोरेब्लिया, III, x. 1
29. पत्र संख्या - 114
30. पत्र संख्या - 90
31. "कुछ लोगों को ऊबड़-खाबड़ अनगढ़पन अच्छा लगता है, उन्हें कानों को खटकनेवाले वाक्यों में ही पुरुषत्व और शक्ति दिखायी देती है। —पत्र संख्या - 114
32. पत्र संख्या - 6
33. पत्र संख्या - 48

3.6 आभिजात्य चेतना का उद्गाता–लोंगिनुस

3.6.1 देश-काल निर्धारण

एक समय था जब ईसा की तीसरी शताब्दी के दार्शनिक कैसियस लोंगिनुस को ही 'उदात्त तत्त्व' का लेखक मान लिया गया था। बाद में कुछ और तथ्यों के समाने आने से इस दिशा में पुनः छानबीन शुरू हुई। इसमें सबसे बड़ी बाधा थी बहिर्साक्ष्यों का अभाव, अतः अन्तःसाक्ष्यों के आधार पर ही शोधार्थी आगे बढ़े और जो प्रमाण सामने आये वे उत्साहवर्धक थे।

काल निर्धारण के लिए प्रबन्ध में दो नाम हमारे लिए महत्त्वपूर्ण हैं। एक है सीसिलियस जिसने इसी विषय पर अपना प्रबन्ध लिखा था। लोंगिनुस ने इसी के उत्तर में या कहें इसकी आलोचना करते हुए अपना प्रबन्ध लिखा। इस लेखक का काल ईसा की प्रथम शताब्दी माना गया है। दूसरा नाम है ऑगस्तसकालीन मैत्रिस जो प्रबन्ध में उल्लिखित कवियों, वक्ताओं तथा इतिहासज्ञों में सबसे बाद का है। इस आधार पर लोंगिनुस का काल यदि ई. पू. प्रथम शताब्दी के अन्तिम चरण से ले कर ईसा की प्रथम शताब्दी के तृतीय चरण तक मान लें तो हम सत्य से बहुत दूर नहीं होंगे। अब देश निर्धारण के प्रश्न को लें।

प्रबन्ध में गदारा के थियोदोरुस का सन्दर्भ आया है (-अ. 3.5)। वह सम्राट् ताइबीरियस का शिक्षक था, सम्भवतः लोंगिनुस का भी शिक्षक रहा हो। प्रबन्ध के शीर्षक से ही स्पष्ट है कि लेखक वक्तृत्व/काव्य के मूल्यांकन के लिए नियमों की जकड़बन्दी से मुक्त (या, कहें परम्परागत नियमों से मुक्त) कुछ अधिक व्यापक सिद्धान्त का समर्थक था। इससे अनुमान लगाया गया है कि ईसा की पहली शताब्दी में थियोदोरुस और अपोलोदोरुस की आलोचनात्मक दृष्टि में प्रतिद्वन्द्विता थी। दो स्थलों पर इसका उल्लेख हुआ है :

"साहित्य यदि अपने गौरवपूर्ण स्थान से स्खलित हुआ है तो इसका एक ही कारण रहा है–कुछ नया विचार प्रस्तुत करने की कामना। आजकल [के लेखकों पर] इसी की धुन सवार है।[1]

नयेपन की सनक जैसी लेखकों में रही होगी वैसी ही कुछ वक्ताओं में भी रही होगी। उन्हीं को सम्बोधित उसका वाक्य है–

"आज के मर्मघाती वक्ताओं के साथ भी ऐसा ही हो रहा है। ...ये भले लोग समझ ही नहीं पाते कि ओरेस्तीज़ पागलपन में जो देख रहा है वही ये [स्वस्थ चित्तवाले] कैसे देख सकते हैं।"[2]

इस तरह के असंगत, निरर्थक चित्रण के प्रचलन से शैली में अनेक प्रकार के अनौचित्य का प्रवेश हो गया है। शब्दाडंबर, बचकानापन आदि उसी के उदाहरण हैं।[3] यहाँ, एटकिन्स ने निष्कर्ष निकाला है कि ई. पू. पहली शताब्दी से ही, यद्यपि, अत्तिकी और एशियाई शैलियों का अनुसरण करनेवालों में परस्पर प्रतिद्वन्द्विता चली आ रही थी किन्तु जब तक उसमें संयम बरता जाता रहा उसका विरोध भी सीमित रहा। बाद की शताब्दी में वह अति की सीमा को पार कर गया, बस इसीलिए लोंगिनुस को ऐसे कठोर शब्दों का प्रयोग करना पड़ा। और, इस कार्य में उसका साथ देनेवाले ज्येष्ठ सेनेका, तैसितस और दियोनाइसियुस जैसे आलोचक भी थे।[4] सच पूछा जाय तो रोमी साहित्य में यह ज्वार के बाद उतार का काल था, स्यात् इसीलिए हमारे प्रबन्धकार को उदाहरण देने के लिए यूनानी लेखक ही दिखायी दे रहे थे। उसके लेखन में से झाँकती रोम की साहित्यिक तथा वक्तृतवकला जगत् की स्थितियों से यह निष्कर्ष निकलता है कि लेखक यूनानी होते हुए भी रोमवासी बन गया होगा और जब वह लिखने बैठा तो वहाँ की ज्वलन्त समस्याओं से स्वयं को दूर न रख सका। अधिकांश इतिहासज्ञ इस पर सहमत हैं कि यह प्रबन्ध ईसा की प्रथम शताब्दी के उत्तरार्ध में लिखा गया होगा। हो सकता है ऑगस्तस के शासनकाल में उसकी साहित्यिक रुचि की चर्चा सुन कर वह रोम आ गया हो। पर यह निश्चित है कि वह यहाँ के साहित्यिक वातावरण में घुलमिल गया था, उसकी शैली और विचारणा यूनानी की अपेक्षा लातीनी के अधिक निकट है।[5] जहाँ कहीं वह इन दोनों से अलग है उसे हम लेखक की स्वतन्त्र पहचान कहेंगे।

3.6.2. अभिधान-विचार

लोंगिनस ने यह प्रबन्ध पत्र-प्रबन्ध (एपिसूल) शैली में लिखा है ठीक वैसे ही जैसे होरेस 'आर्स पोएतिका' को पिसो बन्धुओं को सम्बोधित करते हुए लिख चुका था। यह रचना किसी पोस्त्युमस तेरेंशियानस को सम्बोधित है, यह कौन था इसका पता नहीं चल पाया है। हो सकता है, किसी सम्भ्रान्त रोमी परिवार का सदस्य रहा हो और उसका मित्र तथा शिष्य दोनों रहा हो। सीसिलियस उससे उम्र में बड़ा था और आलोचक के रूप में तब तक प्रसिद्ध हो चुका था। उदात्त तत्त्व पर उसका

सद्यः प्रकाशित* लेख साहित्य जगत् में चर्चा का विषय बना हुआ था। विषय चूँकि इन दोनों (लोंगिनुस तथा तेरेंशियानस) की रुचि का था इसलिए उसकी एक प्रति किसी तरह प्राप्त कर दोनों ने साथ-साथ पढ़ी थी। लोंगिनस ने अनुभव किया कि विषय से सम्बन्धित कुछ महत्त्वपूर्ण अवधारणाएँ या तो छूट गयी हैं या अस्पष्ट रह गयी हैं। हो सकता है कुछ अवधारणाओं से वह असहमत भी रहा हो। इसलिए, उसने निश्चय किया कि इन न्यूनताओं को दूर करने के उसे स्वयं इस विषय पर प्रबन्ध लिखना चाहिए। एक बात और। सीसिलियस के लेख को हमारे लेखक ने पाठ्यपुस्तक कहा है। इससे संकेत मिलता है कि वह अपना कोई अध्ययन-केन्द्र भी संचालित करता होगा और उसी के छात्र/सदस्यों के लिए उसने यह लेख लिखा होगा जिससे अन्य अध्ययन-केन्द्रों के सदस्य भी लाभान्वित हो सकते थे। इधर, लोंगिनुस की पाठ्य-पुस्तक लिखने की कोई योजना नहीं थी किन्तु उसके मन में यह आकांक्षा अवश्य रही होगी कि इतने महत्त्वपूर्ण विषय को उचित विस्तार मिले, अवधारणाएँ और स्पष्टता के साथ सोदाहरण व्याख्यायित हों तो एक बहुत बड़ी कमी को पूरा किया जा सकता है। इस उत्तरादायित्व का उसने निष्ठा से निर्वाह किया और परिणामस्वरूप जो रचना सामने आयी उसे अरस्तू के 'काव्यशास्त्र' के समकक्ष रखने में विद्वानों को कोई दुविधा नहीं हुई।

'पेरी हूप्सुस' शीर्षक में हूप्सुस शब्द ही विचारणीय है। स्वाभाविक है कि अध्येता सबसे पहले इसके उसी अर्थ पर विचार करेगा जो उसके काल में प्रचलित है। इस भूल के प्रति सावधान करते हुए एटकिन्स ने लिखा है कि 'हूप्सुस' को आधुनिक अर्थ में नहीं लिया जा सकता। लातीनी में 'हूप्सुस' का समानार्थी है 'सब्लिमिस' जिसका अभिधेयार्थ है 'ऊँचा'। उसका तर्क है कि 'सब्लाइम' का सम्बन्ध जिस तरह से पिन्दर, एस्खिलुस, हिरोदोतुस और थूसिदिदीज़ से जोड़ा गया है उस सन्दर्भ में आज सब्लाइम का प्रयोग निरर्थक हो जाता है। उसके अनुसार इसका मुख्य कारण है कि आधुनिक अर्थ में सब्लिमिटी की सीमा इतनी व्यापक नहीं रह गयी है कि उसके भीतर लोंगिनुस की एतद्सम्बन्धी चर्चा समा सके। उसके मन में जो भाव था उसके लिए 'एलिवेशन' = 'उन्नयन' शब्द अधिक सटीक है, अर्थात् वह गुण जो शैली का उन्नयन कर उससे विशिष्टता एवं व्यापकता प्रदान करे।[6]

ए. ओ. पिकार्ड ने इस विषय पर कुछ भिन्न दृष्टि से विचार किया है। उसका

* सद्यः प्रकाशित की समय सीमा में कुछ वर्ष भी समा सकते हैं क्योंकि उन दिनों पुस्तक की हस्तलिखित प्रतियाँ तैयार करने में समय लगता था और कितनी प्रतियाँ तैयार हों यह उसकी माँग पर निर्भर करता था।

कहना है कि लातीनी लेखकों के सामने 'सब्लिमिस' का प्रयोग करते समय 'हूप्सुस' में निहित 'उन्नयन' का वह मूल भाव भी अवश्य था जो अपने भीतर देश (स्पेस) का आयाम भी समेटे हुए है।[7] प्रतीत होता है लोंगिनुस इस निहितार्थ के प्रति पूरी तरह समर्पित था। यह ठीक है कि उसने 'उन्नयन' और 'महत् भाव' में दूर तक सादृश्य देखा है किन्तु उन्हें एक नहीं माना है। उसकी दृष्टि में बिना 'उन्नयन' के भी 'महत् भाव' का अस्तित्त्व सम्भव है पर उसके लिए अधिक मूल्य उसी महत् भाव का है जो उन्नयन के साथ हो।[8] दोनों के संयुक्त रूप की उसने कोई वस्तुनिष्ठ परिभाषा नहीं दी है, शायद यह सम्भव भी नहीं है। इसका कोई मानदण्ड यदि हो सकता है तो केवल मन पर पड़नेवाला प्रभाव। इन विशेषताओं से युक्त वस्तु-तत्त्व की अवधारणा तथा उसके व्यक्त रूप से प्रभावित होने, अर्थात् संवेग और भावावेग दोनों ही रूपों को, अंग्रेज़ी के अनुवादकों ने 'ऑ' शब्द से व्यक्त किया है। यह एक मिश्रित प्रतिक्रिया है जिसमें प्रशंसा, भय, आदर तीनों क्रम से अथवा एक साथ जागते हैं। इस सम्बन्ध में लेखक का मन्तव्य केवल उदाहरणों से और उन पर की गयी टिप्पणियों से स्पष्ट होता है। जहाँ तक 'उन्नयन' और 'महत् भाव' के लिए प्रयुक्त शब्दावली का प्रश्न है वह कभी अवधारणा के अर्थ में तो कभी गोचर रूप के अर्थ में प्रयुक्त हुई है। अनुवादकों को यह उलझन में डालनेवाली स्थिति है। फिर भी अंग्रेज़ी में जैसे 'सब्लाइम' शब्द (चाहे इसकी जो भी सीमाएँ हों) 'हूप्सुस' के लिए रूढ़ हो गया है, उसी तरह हिन्दी में भी हम 'उदात्त' शब्द को उसकी समस्त सीमाओं के साथ स्वीकार कर ले रहे हैं, इस विश्वास के साथ कि प्रयोग शब्द की अर्थ-व्यंजना का विस्तार कर देता है और अब इसमें 'हूप्सुस' के सभी आयामों का समाहार हो गया है। साथ ही प्रयोग की सुविधा के लिए हमने इसके विशेषण एवं संज्ञा दोनों भेदों को एक ही रूप में रखा है।

3.6.3 समीक्षा-दृष्टि

कहा जा चुका है कि शैली को विशिष्ट बनाने या कुछ नया करने की धुन में वक्ता तथा लेखक जिस अतिवादी मनोवृत्ति से ग्रस्त थे उसके दुष्परिणाम निम्नस्तरीय रचनाओं के रूप में सामने थे। स्थिति को सुधारने के लिए, अब सौन्दर्य के उन पक्षों पर विचार करना आवश्यक था जो उसे स्थायित्व प्रदान करते हैं। इस प्रयास में लेखक आलोचना के उन मानदण्डों पर भी विचार करता चलता है जो उस समय प्रचलन में नहीं थे किन्तु श्रेष्ठ काव्य/भाषण की पहचान अवश्य कराते थे।

शैलियों में अत्तिकी और एशियाई का भेद बहुत पहले स्थापित हो चुका था और उस समय भी प्रचलन में था। दोनों की त्रुटियाँ भी स्पष्ट थीं। अत्तिकी में नौसिखियापन अधिक था और एशियाई में शब्दाडंबर, बनावटीपन तथा अस्पष्टता

थी। ऐसे लेखक आरम्भ इस तरह से करते थे मानों बहुत बड़े पण्डित हों किन्तु कृति का अन्त होता था भावशून्यता में।[9] फिर कुछ ऐसे भी थे जो जब न तब जोश में ही रहते थे, आवेशपूर्ण भाषा में ही बात करते थे।[10] तीसरे प्रकार के लेखक वे थे जो यह मान बैठे थे कि वे जन्मजात प्रतिभासम्पन्न हैं, उन्हें नियमों का पालन करने की क्या आवश्यकता। यदि वे नियमों का पालन करेंगे तो रचना सामान्य हो जाएगी, नियम का स्पर्श होते ही प्रतिभा पलायन कर जाती है। महान् रचना को जन्म देने के लिए केवल प्रतिभा का होना पर्याप्त है।[11] हमारे लेखक के सामने यह लक्ष्य था कि ऐसी मिथ्या धारणाओं का उत्तर भी दे और मूल्यांकन के उचित मानदण्ड भी स्थिर करे। इसी प्रयत्न ने 'पेरी हूप्सुस' को जन्म दिया। कहने को कोई भले कहे कि यह 'भाषणशास्त्र' की परम्परा मे लिखा गया प्रबन्ध है किन्तु इसमें प्रतिपादित तथ्य, सिद्धान्त एवं उपपत्तियाँ साहित्य पर भी उतनी ही सत्यता से घटायी जा सकती हैं।

लोंगिनुस ने प्रबन्ध को तीन खण्डों में बाँटा है। अध्याय एक से छः तक को उपोद्घात कहा जा सकता है। इसमें मुख्यतः उन दोषों की चर्चा है (जिनका संकेत ऊपर किया जा चुका है) जो 'उदात्त' की मिथ्या अवधारणा के लिए उत्तरदायी थे। बाद में इकतालीस, बयालीस और तेंतालीस अध्यायों में वह पुनः इन पर विचार करता है। अध्याय सात से चालीस तक प्रबन्ध का मुख्य भाग है जिसमें उदात्त के स्रोतों पर विचार हुआ है। अन्तिम अध्याय में वक्तृत्वकला के ह्रास के कारणों पर विहंगम दृष्टि डाली गयी है। विवेच्य विषयों को देखें तो लेखक की सीमाएँ अत्यन्त स्पष्ट हैं, इसके ब्योरों में भी कुछ अव्यवस्था है जो इसके एक तिहाई अंश के खो जाने के कारण आयी है। किन्तु, उपलब्ध सामग्री के आधार पर निश्चयपूर्वक कहा जा सकता है कि वह किसी परम्परा से सम्बद्ध नहीं है। उसने एक विषय लिया 'उदात्त' और तत्सम्बन्धी धारणाओं को उचित परिप्रेक्ष्य में रखने को ही अपनी सीमा बनाया है, फिर भी, बीच-बीच में उदाहरणों पर की गयी टिप्पणियों की गहराई में जायँ तो देखेंगे कि वह समीक्षा के और भी अनेक आयामों को स्पर्श करता गया है जिससे प्रबन्ध की सीमाएँ कई गुना विस्तृत हो गयी हैं, आगे उन्हीं को विचारार्थ लिया जा रहा है।

3.6.3.1 समीक्षा के व्यापक सन्दर्भ

प्रस्तुत अंश की भूमिकास्वरूप हम इस तथ्य को दोहराना चाहेंगे कि लेखक ने जो भी उदाहरण दिये हैं उनकी श्रेष्ठता के सम्बन्ध में दो मत नहीं है। वे उसका व्यापक अध्ययन दरशाते हैं और उसकी स्थापना की प्रामाणिकता भी सिद्ध करते हैं। दूसरा महत्त्वपूर्ण तथ्य यह है कि उन पर की गयी टिप्पणियाँ व्यावहारिक समीक्षा का दुर्लभ उदारहण बन गयी हैं। उनसे निःसृत निर्णय एक नया प्रतिमान स्थापित

करते हैं। प्रत्येक युग में यह बहुत बड़ा प्रश्न होता है कि रचना के मूल्यांकन का क्या आधार हो? युगीन सन्दर्भ में इसका उत्तर है 'उदात्त' तत्त्व। फिर दूसरा प्रश्न उठा—इसका ज्ञान कैसे प्राप्त किया जा सकता है? उत्तर है—यह दीर्घ अनुभव का परिणाम है।[12] 'दीर्घ अनुभव' अपने आप में स्पष्ट उत्तर नहीं है, अतः इसे युगीन पृष्भूमि में समझना होगा।

पहले कह आये हैं कि लेखकों/आलोचकों का एक वर्ग था जो जन्मजात प्रतिभा को ही एकमात्र काव्य-हेतु मानता था और हो सकता है अपनी प्रतिभा का प्रदर्शन करने के लिए कई प्रकार के हथकण्डे भी अपनाता रहा हो। उनके सन्दर्भ में इस वाक्यांश का अर्थ होगा कि काव्य-सृजन एकाएक दैवी चमत्कार का परिणाम नहीं है। हीसियोद ने भले ही लिखा हो कि वह तो अनपढ़, गँवार गडरिया था, म्यूज़ की कृपा से कवि बन गया। यह एक पौराणिक आख्यान है, वास्तविकता यह है कि 'दीर्घ अनुभव' (पढ़ना-लिखना, अभ्यास करना) के परिणामस्वरूप ही काव्य-रचना की क्षमता आती है। दूसरे शब्दों में तथाकथित कवियों को वह परामर्श दे रहा था कि पढ़ो-लिखो, लगातार अभ्यास करते रहो तब कहीं तुम्हारी रचना में श्रेष्ठता (उदात्त तत्त्व) आयेगी। कहने की आवश्यकता नहीं कि पढ़ने-लिखने में शास्त्रीय ज्ञान का अर्थ भी निहित है।

दूसरे कोण से देखें तो यह उन टीकाकारों की आलोचना है जो प्रत्येक कृति को मापने के लिए बँधे-बँधाये नियमों का फीता लिये खड़े थे। वे नियम यदि उस पर घट गये तो रचना अच्छी नहीं तो कूड़ेदान में फेंकने योग्य घोषित कर दी जाती थी। ऐसे आलोचकों को उनकी सीमाओं का ज्ञान कराने के लिए इस उत्तर का निहितार्थ था कि काव्य के गुण-दोष जानने के लिए केवल नियमों का ज्ञान पर्याप्त नहीं है क्योंकि सच्चा साहित्य नियमों में बँध कर नहीं लिखा जाता। वह जो नियम से परे है (और जो उसके वास्तविक मूल्य की पहचान है) उसके लिए आलोचक को उदात्त साहित्य तथा विविध विषयों का ज्ञान होना चाहिए। 'दीर्घ अनुभव' प्रकारान्तर से इसी ओर इंगित कर रहा है।

उपर्युक्त वाक्यांश का तीसरा अर्थ उन विचारों के प्रकाश में खुलता है जो ठीक इसके बाद सातवें अध्याय का विषय हैं। इसके पहले वह स्वीकार कर चुका है कि यदि किसी को अच्छे साहित्य का बोध कराना हो तो यह सम्भव है क्योंकि इसका प्रशिक्षण दिया जा सकता है, यह एक अर्जित गुण भी है। तात्पर्य यह कि साहित्य का मूल्यांकन एक वस्तुनिष्ठ प्रक्रिया है जो सीखी और सिखलायी जा सकती है। प्रतीत होता है सीखने की प्रक्रिया को वह कवि-वक्ता के सन्दर्भ में भी देख रहा था। प्रत्येक कवि या लेखक के पास अच्छे लेखन की एक कसौटी होनी चाहिए जिस पर वह अपनी रचना को लगातार कसता चले तभी उसमें उत्कृष्टता आ सकती है।

सीखने का सम्बन्ध प्रत्यक्षतः सामाजिक से है जो नियमों के पठन-पाठन से सम्भव है, किन्तु, इससे भी अधिक वह अच्छे साहित्य को पढ़ने-सुनने से सीख सकता है। अभिधान-विचार के अंतर्गत कह आये हैं कि 'उदात्त' की वस्तुनिष्ठ परिभाषा उसने नहीं दी है किन्तु इसकी तुला मुख्यतः सामाजिक पर पड़नेवाला प्रभाव है और उसमें उन्नयन का अंश विशेष महत्त्वपूर्ण है। इस मूल सूत्र से जुड़ा हुआ और उसकी समीक्षा के प्रजातान्त्रिक चरित्र को उजागर करनेवाला एक अन्य वाक्य है—"उन गुणों पर विचार करो जो सभी को, सभी कालों में सच्चे, श्रेष्ठ उदात्त तत्त्व बन कर आनन्द देते हैं।"[13] इसकी व्याख्या करते हुए उसने लिखा है :[14]

"अलग-अलग जीवन जीनेवाले विभिन्न व्यवसायों से जुड़े हुए लोग, अलग रुचि, उम्र तथा आचरण के सामाजिक यदि किसी एक बात (निर्णय) पर सहमत होते हैं तो यह अलग-अलग स्वरों में दिया गया इस विश्वास का प्रमाण है कि वह युक्तिसंगत है।"

इन दोनों वाक्यों को यदि विचार के विकास क्रम के रूप में देखें तो हम उसकी दृष्टि के प्रजातान्त्रिक आयाम में पहुँच जाते हैं। विचार की प्रथम स्थापना है कि श्रेष्ठ साहित्य सभी को, सभी कालों में आनन्द देता है। यहाँ, सभी कालों की बात कह कर वह दो सत्य स्थापित कर रहा है। पहला, सृजन-प्रक्रिया और भावन-प्रक्रिया को देश-काल की संकुचित सीमा से बाहर निकाल कर वह उनकी शाश्वतता प्रतिपादित कर रहा है, अर्थात्, काव्य के श्रेष्ठ तत्त्व सर्वदेशीय एवं सार्वकालिक होते हैं। दूसरा सत्य यह है कि प्रकृति ने मनुष्य को विशिष्ट स्वभाव दिया है, यह मानव विशेष के भीतर छिपा हुआ उसका 'सामान्य' (अरस्तू की भाषा में यूनिवर्सल) रूप है। लेखक का सम्बोध्य वस्तुतः यह 'सामान्य' मनुष्य होना चाहिए। यदि, ऐसा होता है तभी वह साहित्य भावी पीढ़ी के लिए मूल्यवान् हो पायेगा। लेखक जिन परिस्थितियों में सृजन करता है उनके प्रभाववश रचना में सामयिकता आ जाना स्वाभाविक है और यदि सामाजिक भी उन्हीं स्थितियों में जी रहा है तो उसमें रुचि लेगा ही। किन्तु, देश-काल बदल जाने पर भी यदि उसकी सामाजिक सापेक्ष मूल्यवत्ता बनी रहती है तो यह उसमें विद्यमान शाश्वत गुण—श्रेष्ठता—का प्रमाण होगा। चिन्तन की यह दिशा निश्चित ही मूल्यांकन का नया मान प्रस्तुत कर रही थी। अब, इसके प्रकाश में आनन्द तत्त्व पर विचार करें।

'आनन्द का स्रोत उदात्त है इसलिए उसमें उन्नयन का भाव भी समाहित है', इस सूत्र के आधार पर एटकिन्स ने निष्कर्ष निकाला है कि लोंगिनुस की दृष्टि में श्रेष्ठता का प्रभाव सामाजिक में चित्त-विस्फार अथवा बौद्धिक-विकास तक सीमित नहीं रहता, यह वस्तुतः उसके अन्तर्जगत् का, सम्पूर्ण व्यक्तित्व का, उत्कर्षण है। इस अनुभूति के बाद सामाजिक पहलेवाला व्यक्ति नहीं रह जाता।[15] व्यक्तित्व का

रूपान्तरण करने की शक्ति ही उदात्त की पहचान है।

दूसरे क्रम पर उसकी स्थापना है कि श्रेष्ठ साहित्य से बृहत्तर समाज लाभान्वित होना चोहिए। विभिन्न रुचि रखनेवाले युवा-वृद्ध, अलग-अलग व्यवसायों से जुड़े हुए समाज, समूह सभी पर उदात्त का प्रभाव पड़ता है तो क्यों न उसकी पहुँच सभी तक हो। इस स्थापना का अर्थ उस समय राजाश्रय में पल रहे साहित्य की पृष्ठभूमि में स्पष्ट होता है। सिकन्दर की मृत्यु के बाद उसका साम्राज्य कई खण्डों में बँट गया था। बृहत्तर यूनान के अनेक नगरों में तब सांस्कृतिक केन्द्र बनने की होड़ सी लग गयी थी। वहाँ, राजाश्रय में पनपनेवाली शैली ने नया ही रूप ले लिया था जिसका नाम ही एशियाई शैली प्रसिद्ध हो गया था। हम देख आये हैं कि रोमी साम्राज्य भी इससे प्रभावित हुए बिना न रह सका था। यहाँ के जागीरदारों, उच्च पदाधिकारियों तथा ऑगस्तस के आश्रय में पलनेवाले साहित्यकारों का चरित्र वही था जो राजाश्रय में पलनेवाले कवियों का होता है। इन छोटी-छोटी साहित्यिक मण्डलियों के सदस्य सीमित सामजिकों के लिए लिखते थे और उन्हीं की प्रशंसा पा कर स्वयं को धन्य समझते थे। हमारे विचार से उपर्युक्त पंक्तियों में लोंगिनुस बृहत्तर समाज से कटे हुए इन कवियों की रचना में और व्यापक दृष्टि रखने वाले कवियों की कृति में आधारभूत अन्तर को रेखांकित कर रहा है। उदात्त रचना का एक मानदण्ड यह भी है कि वह समाज के अधिक से अधिक सदस्यों तक पहुँचनेवाली हो। उसकी इस साधारण जनोन्मुखी दृष्टि को यदि प्रजातान्त्रिक भी कहा जाय तो अनुचित न होगा।

3.6.3.2 काव्य-रचना : एक दिव्य साधना

'उदात्त' से सम्बन्धित किसी भी विषय पर अपनी स्थापना के समर्थन में लोंगिनुस ने जो भी उदाहरण दिये हैं आभिजात्य युग से दिये हैं जिससे अनुमान लगाया जा सकता है कि वह इस साहित्य का कितना सम्मान करता था और समसामयिक लेखकों के लिए उसे प्रतिमान मानने में कोई दुविधा नहीं थी। पर, इसका यह अर्थ नहीं लिया जाना चाहिए कि उस काल के सभी कवियों/वक्ताओं का वह समान रूप से प्रशंसक था। उनमें तरप-तमप का भेद उसने रखा है और श्रेष्ठ तथा साधारण का अन्तर भी किया है। ऐसी ही तुलनात्मक समीक्षा करते हुए उसने एक और व्यापक प्रश्न उठाया है। सन्दर्भ है त्रुटिहीन साधारण स्तर की रचना और ऐसी रचना जो त्रुटिहीन नहीं है फिर भी महान् है जिससे कवि एवं वक्ता शताब्दियों से प्रेरणा लेते आ रहे हैं।

उदीयमान लेखकों को शैली में विशेषता लाने के लिए उसका सुझाव है कि वे प्राचीन काल के कवियों का अनुकरण करें। अपनी अवधारणाओं एवं अभिव्यक्ति-शैली को उदात्त बनाने के प्रयास में उन्हें कल्पना करनी चाहिए कि जो बात वे कह रहे

हैं उसी को होमर, प्लेटो या दिमोस्थनीज़ ने कैसे कहा होता, या, इतिहास का विषय होने पर थूसीदिदीज़ ने उसका वर्णन कैसे किया होता।[16] यह कथन कहीं भी यह संकेत नहीं दे रहा है कि उनकी रचनाएँ त्रुटिहीन हैं, हाँ, यह घोषणा अवश्य कर रहा है कि उनका लेखन श्रेष्ठता का प्रतिमान है। आरम्भ में ही कहा जा चुका है कि इस प्रबन्ध द्वारा हमारा लेखक प्रतिपक्षियों (विशेष रूप से सीसिलियस) की 'उदात्त' सम्बन्धी भ्रान्तियों को दूर करना चाहता था। सीसिलियस लिसियास (लिसियास का काल ई. पू. 459-380 माना गया है, वह एथेन्स का प्रसिद्ध वक्ता था) का प्रशंसक था, उस पर उसने पुस्तक भी लिखी थी। लोंगिनुस की धारणा थी कि वह किन्हीं कारणों से प्लेटो विरोधी हो गया था। हो सकता है लिसियास का प्रशंसक होने के कारण वह प्लेटो विरोधी हो गया हो, या, उसे ठीक से समझ न पाया हो। कारण जो भी रहा हो हमारा लेखक प्लेटो पर किये गये प्रहार को सह नहीं पाया और इसका उत्तर देना उसके लिए आवश्यक हो गया।[17] पृष्ठभूमि में यहाँ भी मूल समस्या एशियाई और अत्तिकी शैलियों से जुड़ी थी।

एटकिन्स ने अनेक लेखकों के सन्दर्भ से यह सिद्ध किया है कि दोनों शैलियों के अनुयायी कुछ भ्रांतियाँ पाले हुए थे (सिसरो की चर्चा में हम इन पर विचार कर आये हैं)। एशियाइयों के मत से रचना में भाषा की शुद्धता, सुन्दर पद-योजना, अलंकार आदि का होना अनिवार्य था। इस पर लेखक ने प्रश्न उठाया है कि रूप पक्ष की सजावट क्या अभिव्यक्ति को कथ्य के अनुरूप बना देती है? क्या इससे उसमें उदात्त का गुण आ जाता है? क्या इसी को सटीक अभिव्यक्ति कहेंगे। होता वास्तव में यह है कि रचना में से अनुभूति की ऊष्मा लुप्त हो जाती है, रह जाता है केवल बनावटीपन। इसी से मिलती-जुलती प्रवृत्ति अत्तिकावादियों की भी थी। इसी बिन्दु पर वे दूसरे मार्ग से पहुँचे थे। उनका पूरा ध्यान शैली की शुद्धता को बनाये रखने पर होता था। हर वक्त उन्हें यही डर बना रहता था कि उनसे कोई भूल न हो जाय और खाई से बचते-बचते वे कुएँ में जा गिरते थे। अत्यधिक सावधानी बरतने से कथ्य और कहने के ढंग में तालमेल नहीं बैठ पाता था।

इन दोनों प्रकार की मनोवृत्तियों के लिए वह तत्कालीन साहित्यिक मंडलियों को उत्तरदायी मानता था।[18] समाज से कटी हुई, समृद्ध परिवार की छत्र-छाया में पनपनेवाली शिष्य-मंडलियों में रचा जाने वाला साहित्य निश्चित ही व्यापक सन्दर्भों से दूर था। अनुमान लगाया जा सकता है कि गिने-चुने लोगों के बीच जब कोई रचना पढ़ी जाती होगी तो उसके एक-एक शब्द पर कितनी बहसें होती होंगी, उसमें प्रयुक्त अलंकारों तथा लाक्षणिक प्रयोगों पर घंटों विवाद होता होगा। ऐसे में कथ्य का अलग-थलग पड़ जाना स्वाभाविक था। एटकिन्स के अनुसार ईसा की प्रथम शताब्दी में शब्द-प्रयोग की उपयुक्तता भी साहित्य-जगत् में एक ज्वलंत प्रश्न था।

लोंगिनुस ने त्रुटिहीनता, उपयुक्तता और श्रेष्ठता की बड़े विस्तार से, उदाहरण देते हुए, तुलनात्मक समीक्षा की है। यह विवेचन तेंतीसवें अध्याय से बढ़ते-बढ़ते छत्तीसवें अध्याय तक पहुँच गया है। इसी में, बीच-बीच में यह प्रश्न भी झाँकता रहता है कि क्या उपयुक्तता उदात्त का स्रोत है? उत्तर स्पष्ट है, सावधानी से आगे बढ़नेवाले लेखक दोषों से मुक्त भले रहें ऊपर नहीं उठ पाते। उदाहरण हैं होमर और अपोलोनियुस। अपालोनियुस ने 'आर्गोनॉतिका' में कोई भूल न करने की सावधानी बरती किन्तु क्या वह भावी पीढ़ी को प्रेरणा दे पाया? दूसरी ओर होमर ने कवियों को ही नहीं वक्ताओं को भी प्रभावित किया। यही स्थिति पिंदर और बाक्खिलिदीज़ की है। इसी क्रम में वह खियोस के आयन और सोफ़ोक्लीज़ को भी लेता है। इन पर उसकी टिप्पणी है बक्खिलिदीज़ और आयन निर्दोष हैं, उनके काव्य-सौन्दर्य में आरम्भ से लेकर अन्त तक एक जैसा निखार है। किन्तु ये पिन्दर और सोफ़ोक्लीज़ ही हैं जो कहीं-कहीं निराश भले करते हों पर जब उग्र होते है तो आग लगा देते हैं। आयन की समस्त रचनाएँ एक साथ रख दी जायँ तो भी अकेले ईदिपुस की तुलना नहीं की जा सकती। हाइपेरिदीज़ और दिमोस्थनीज़ दोंनो एथेन्स के समकालीन वक्ता थे। हाइपेरिदीज़ के पास बहुमुखी प्रतिभा थी। दिमोस्थनीज़ के भाषणों में जो भी श्रेष्ठ गुण हैं वे सब हाइपेरिदीज़ में भी हैं। उसकी अभिव्यन्जना में माधुर्य है, कोमलता है, लिसियास जैसा लालित्य तथा अन्य विशिष्ट गुण भी हैं। उसका वक्तृत्व प्रांजल और औचित्यपूर्ण है, फिर भी, आकर्षण के इतने धर्म होते हुए भी, उसे पढ़ने के बाद सामजिक आवेग-शून्य रह जाता है, कोई भी भयाकुल अनुभव नहीं करता। किन्तु, जब दिमोस्थनीज़ बोलने खड़ा होता है तो वह अपनी उदात्त प्रतिभा के समस्त श्रेष्ठतम धर्मों को एकत्र कर लेता है, उसके उदात्तश्रुकृति भाषण की प्रबलता, आवेग-प्रवाह, तीव्र गति ये सब मिल कर उसकी शक्ति को इतना प्रचण्ड बना देते हैं कि दूसरों को उस तक पहुँचना असम्भव हो जाता है। ये दैवी वरदान हैं, उन्हें मानवीय कहना उनकी निन्दा करना है। इस तरह, उसमें जो त्रुटियाँ हैं उनकी पूर्ति हो जाती है और वह अपने प्रतिस्पर्धियों से कहीं आगे निकल जाता है। उसकी गर्जना तथा दामिनी सी दमक के आगे सभी युगों के वक्ता फीके पड़ जाते हैं। लिसियास और प्लेटो की तुलना में भी उसका यही निष्कर्ष है कि प्लेटो में त्रुटियाँ होते हुए भी श्रेष्ठ गुणों की सम्पन्ना मे वह लिसियास से कहीं आगे हैं। अन्त में, महान् लेखक और उदात्त रचना इन दोनों पर उसकी निर्णयात्मक घोषणा है :

"जब हम साहित्य की महान् विभूतियों के आमने-सामने होते हैं तो ये, अनेक दोषों के रहते हुए भी, अपने मानवीय रूप से कहीं विराट् प्रतीत होते हैं। उनकी भव्य कृति उपयोगिताश्रयी मूल्य से शून्य नहीं होती किन्तु हमारी प्रशंसा उसमें निहित उदात्त तत्त्व ही अर्जित करता है। उदात्त हमें परम आत्मा की उच्चतम भूमि पर ला

बैठाता है।" (इस पूरे प्रसंग के लिए देखिये अ. 33.1-36.1)

उपर्युक्त चर्चा में लेखक की तीन स्थापनाएँ हैं। एक, केवल त्रुटिहीन होने से कोई कृति उदात्त नहीं हो जाती। बहुधा त्रुटियों से बचने के प्रयास में रचना प्राणरहित हो जाती है। दूसरे शब्दों में, दोषरहित होना श्रेष्ठता का प्रमाण-पत्र नहीं है। इससे यह संकेत मिलता है कि त्रुटि को वह उसके केवल रूप-पक्ष के सन्दर्भ में देख रहा हैं। कथ्य और अभिव्यक्ति को स्वतन्त्र सत्ता प्रदान करते हुए उन पर विचार करना भाषणशास्त्रीय पद्धति है। इसलिए, जो लेखक रूप-तत्त्व तक सीमित रहते हुए, उसी को निर्दोष रखते हुए तथा उसी के साज-शृंगार से काव्य के मूल्यवान् बन जाने की बात करते होंगे इस प्रथम स्थापना में वह उन्हीं की भूल का निवारण कर रहा है। अथार्त्, वह जतला रहा है कि वस्तु-तत्त्व और रूप-तत्त्व के युगपत् सम्बन्ध से ही काव्य मूल्यवान् बनता है।

महान् कथ्य-विचार या बिम्ब-विधान—भावशून्य नहीं होता। उसका आवेग इतना प्रबल होता है कि रूप-पक्ष के दोषों पर श्रोता/पाठक का ध्यान ही नहीं जाता (प्रकारान्तर से यह क्षतिपूर्ति है) और भावधारा में बहते-बहते उसे जो अनुभूति होती है वही उसके अन्तस के उन्नयन का कारण बनती है। सामाजिक को उच्च भावभूमि की ओर ले जानेवाला तत्त्व उदात्त है और सामाजिक को इस रूप में प्रभावित करने वाली शक्ति ही काव्य को मूल्यवान् बनाती है। यह लेखक की दूसरी स्थापना है।

दूसरी स्थापना के अन्तर्गत एक आनुषांगकि विषय है—क्या महान् प्रतिभाओं का निर्दोष होना सम्भव है? प्रतीत होता है उन दिनों यह भी विवाद का विषय था। सीसिलियस द्वारा प्लेटो का तिरस्कार यह दृष्टिकोण प्रस्तुत करता है। जिसमें दोष है वह महान् नहीं है। लोंगिनुस का प्रत्युत्तर है, "मेरा निश्चित मत है कि महान् प्रतिभाओं में शुद्धता (रचना की त्रुटिहीनता) सबसे कम होती है।"[19] इसका कारण देते हुए उसने फिर लिखा है, "सभी ब्योरों की उपयुक्तता पर दृष्टि रखने से रचना के निम्न स्तरीय हो जाने की आशंका बनी रहती है, जो भव्य है उसमें कुछ न कुछ की अनदेखी करना आवश्यक है। साधारण योग्यता रखनेवाले सुरक्षित रहना अधिक उचित समझते हैं, जो महान् होते है, केवल महान् होने के कारण ही, विपदाओं को आमन्त्रित करते हैं।"[20] यह व्याख्या जिस सत्य को प्रतिपादन कर रही है उसमें महान् और साधारण लेखक आमने-सामने हैं। साधारण योग्यतावाले उपयुक्तता के प्रति आवश्यकता से अधिक सावधान रहते है, उनके लिए अभिव्यक्ति पक्ष की त्रुटिहीनता ही काव्य-मूल्य है। महान् लेखकों की दृष्टि विराट् कथ्य पर टिकी होती है, उससे सम्बद्ध आवेग उनके लिए अधिक मूल्यवान् होता है इसलिए उपयुक्तता की किंचित उपेक्षा करना उनके लिए स्वाभाविक है।

शंका की जा सकती है कि उपयुक्तता की उपेक्षा या उल्लंघन करके भी कोई

लेखक महान् कैसे हो सकता है? लोंगिनुस के चिन्तन की दिशा को देखते हुए इसका समाधान दो प्रकार से सम्भव है। एक प्रकार वह है जिसका उल्लेख उसने स्वयं एकाधिक बार किया है। त्रुटियाँ (उपयुक्तता का उल्लंघन) यदि कम हैं और गौण हैं, अर्थात् केवल रूप-पक्ष तक सीमित हैं, तो उनकी गणना की ही नहीं जानी चाहिए। यदि गणना की जाने योग्य हों किन्तु कथ्य की विराट्ता उस क्षति की पूर्ति कर दे तो कृति के समग्र रूप को देखते हुए उसे उदात्त कहना सर्वथा उचित है। दूसरा समाधान जो ऊपर के विवेचन में गर्भस्थ है, इस सत्य से सम्बद्ध है कि प्रत्येक महान् विषय अपने अनुरूप नये शिल्प का संकेत स्वयं दे देता है। होरेस इस बात को एक शताब्दी पहले ही कह चुका था कि जो लेखक ऐसा विषय चुनता है जिस पर उसका पूरा नियन्त्रण हो तो शब्द और शब्द-व्यवस्था स्वयं उसके सामने आ उपस्थित होते हैं। इस बात को यों भी कहा जा सकता है कि महान् लेखक दूसरों के बनाये मार्ग पर न चल कर अपना मार्ग स्वंय बनाता है। नियमों की दुहाई देनेवाले उसमें दोष ढूँढ़ते रह जाते हैं जब कि उसका वास्तविक मूल्यांकन करनेवाले उसके आधार पर नये नियमों के प्रतिपादन में जुट जाते हैं। हमारे लेखक के सामने आभिजात्य युग का उदाहरण था। त्रासदीकारों की वृहत्त्रयी ने अपनी परम्परा स्वयं बनायी। अरस्तू ने त्रासदी का शिल्प-विधान उनकी रचनाओं के आधार पर तैयार किया। इसलिए, हमारा निष्कर्ष है कि लेखक के अनुसार उपयुक्तता कोई अन्य निरपेक्ष (ऐब्सोल्यूट) अवधारणा नहीं है, यह कृति सापेक्ष है। कथ्य को सम्प्रेषित करने में जो शिल्प सफल हो वह उपयुक्त है। इस दृष्टि से देखें तो कहना होगा कि उपयुक्तता को उसने नया अर्थ दिया है, यह नियम सापेक्ष नहीं कथ्य सापेक्ष है। इस तरह कथ्य को अधिक मूल्यवान् मानते हुए भी अन्ततः वह कथ्य और शिल्प के युगपत् सम्बन्ध को रेखांकित करना भूला नहीं है।

दूसरी स्थापना से निःसृत, फिर भी उससे स्वतन्त्र, लेखक का तीसरा विषय है कथ्य की प्रकृति। इसकी भूमिका वह बहुत पहले से बाँधता चला आ रहा था, यहाँ पहुँचते-पहुँचते वह साहित्य के परे दर्शन की सीमा में प्रवेश कर जाता है। अरस्तू ने कहा था कि काव्य इतिहास की तुलना में दर्शकों के अधिक निकट है किन्तु लोंगिनुस की दृष्टि में श्रेष्ठ काव्य और दर्शन में कोई भेद नहीं है। उदात्त के प्रथम स्रोत की चर्चा में उसका एक वाक्य आया है—'उदात्त महान् आत्मा की अनुगूँज है।'[21] अर्थात्, हमारा मन जितनी उच्च भूमि पर अवस्थित होगा वह उतनी ही महान् वस्तु (कंटेंट) की कल्पना कर पायेगा। अतः, लेखक को अपना अन्तस उदार बनाने का प्रयत्न करना चाहिए ताकि उसमें उतने ही महान् विचार जन्म ले सकें। इसके उदाहरणस्वरूप उसने इलियद से देवताओं के युद्ध का चित्र लिया है और उस पर टिप्पणी करते हुए लिखा है[22]—

"तुम देख रहे हो कि किस तरह धरती की नींव तक हिल उठी है, अन्धतमस-लोक भी साफ़-साफ़ दिखलायी दे रहा है। इस उथल-पुथल से सम्पूर्ण जगत् टुकड़े-टुकड़े हो रहा है। पूरा विश्व—स्वर्गलोक, नरकलोक, मर्त्य-अमर्त्य—इस भयंकर संघर्ष की चपेट में है।"

कवि के उदार अन्तस से उत्पन्न उदात्त केवल विराट् बिम्ब-विधान तक सीमित नहीं रहता वह सामजिक की आत्मा में भी प्रवेश कर जाता है, उसके उन्नयन में सहायक होता है। इस परिप्रेक्ष्य में प्लेटो और दिमोस्थनीज़ का फिर से उल्लेख करते हुए वह पाठकों से पूछता है[23]—

"यथार्थ का आभास देनेवाले सूक्ष्म ब्योरों की अवज्ञा कर साहित्य के उत्तमोत्तम धर्मों पर दृष्टि रखनेवाले इन दिव्य लेखकों के मन में क्या कल्पना रही होगी? उत्तर है—प्रधानतः उनका निश्चित विचार था कि मनुष्य का निर्माण करते समय प्रकृति का उद्देश्य किसी निकृष्ट जीव को जन्म देना नहीं था। वह उसे विश्व के महान् उत्सव में प्रतिभागी बनने के लिए [धरती पर] लायी है, यहाँ चल रही स्पर्धाओं में उसे दर्शक और उमंग भरे प्रतिस्पर्धी दोनों रूपों में भाग लेना है। इसके लिए उसने शुरू से ही उसमें ऐसी अप्रतिरोध्य आकांक्षा भर दी है जिसकी प्रेरणा से वह निरन्तर महान् एवं अलौकिक को आत्मसात् कर लेना चाहता है। उसकी विराट् कल्पना के समक्ष पूरा विश्व भी छोटा पड़ जाता है।... अतः, हम जब साहित्य की इन महान् विभूतियों के आमने-सामने होते हैं तो पाते हैं कि वे अपने भौतिक रूप से कहीं ऊँचे हैं। उनके द्वारा प्रदत्त उदात्त की एक झलक में उनके सारे दोष तिरोहित हो जाते हैं।"

यह है उदात्त (= प्रत्यक्ष देवत्व) की शक्ति और प्रकृति। प्रकृति ने अपने उच्च लक्ष्य में सहायक होने के लिए मनुष्य को वाणी दी है।[24] यह प्रयोजनमूलकता (टीलियोलॉजी) की भाषा है। अरस्तू ने भी प्रकृति में प्रयोजनमूलकता मानी थी। सम्भावना का वास्तविकता बनना विकास है, इसे वह प्रयोजनमूलकता का व्यक्त रूप मानता था। साहित्य में यह गुण प्रकृति का अनुकरण करने के कारण आया है किन्तु उसने इस सिद्धान्त को विधागत विकास तक सीमित रखा था। लोंगिनुस ने इसका विस्तार करके मनुष्यता के विकास, उसके मनुष्य से देवता बनने की प्रक्रिया, के रूप में देखा है। काव्य इसमें एक साधन है, इसलिए यह दिव्य साधना है। हमारे मतानुसार, इस ग्रन्थ में वह श्रेष्ठ काव्य/भाषण के नियम नहीं वरन् विश्व में मनुष्य का स्थान निर्धारित कर रहा है।[25] यहाँ वह अकेला है, यही उसकी पहचान है।

3.6.4 काव्य/भाषण-हेतु

प्रस्तुत विषय का सैद्धान्तिक विवेचन प्रबन्ध के दूसरे अध्याय में हुआ है, किन्तु,

आलोचनात्मक टिप्पणियों में भी वह, परोक्षतः, इस पर अपना मत व्यक्त करता चलता है। प्रतीत होता है उस सयम भी यह विवाद रुका नहीं था कि प्रतिभा सहजात गुण है या अर्जित शक्ति। उदात्त की चर्चा आरम्भ करते ही उसने स्वयं प्रश्न उठाया है कि क्या उदात्त किसी कला (शिल्प) की देन हो सकता है? प्रश्न की पृष्ठभूमि में प्रतिपक्षियों की यह मान्यता थी कि उदात्त जैसे महान् तत्त्व को शिल्पगत नियमों में बाँधना भूल है। उनका तर्क था कि [काव्य/भाषण में] उत्कृष्टता प्रशिक्षण के परिणामस्वरूप नहीं आती, यह सहज, प्रकृति प्रदत्त गुण है। यदि इसे पाठ्यपुस्तकों में पढ़ाये जाने के लिए कोई निश्चित रूप दे दिया गया तो श्रेष्ठता साधारणता में परिणत हो जायेगी। यदि इसकी कोई कला हो सकती है तो बस एक कि लेखक इसके साथ ही जन्म ले।[26] यह सुकरात और प्लेटों की विचारधारा थी।[27] लोंगिनुस प्लेटो के लेखन का प्रशंसक होते हुए भी इस विषय पर उससे सहमत नहीं था। उसने पूरे प्रबन्ध में यथास्थान इस मत का खण्डन किया है। उसकी अपनी धारणा थी कि व्युत्पत्ति भी उतनी ही आवश्यक है जितनी प्रतिभा, और उसके विवेचन से कभी-कभी तो ऐसा लगता है मानों यह प्रतिभा से भी अधिक महत्त्वपूर्ण है। इसके विरोध में उसने तीन तर्क दिये हैं :[28]

(i) इसमें सन्देह नहीं कि [मानव] प्रकृति/स्वभाव संवेग तथा उन्नयन के विषय में स्वतन्त्र है किन्तु इसका यह अर्थ नहीं लेना चाहिए कि वह निरंकुश या नियम रहित है।

(ii) प्रकृति सृजन का मूल स्रोत है, इस प्रक्रिया में वह जिस नियम का पालन करती है वह सभी वस्तुओं के अस्तित्व के मूल में देखा जा सकता है। शिल्प (व्यवस्था) का ज्ञान उस नियम को समझने में, अवसरानुकूल उसके उचित प्रयोग में, सहायक होता है।

(iii) ज्ञान से विच्छिन्न, अस्थिर, अव्यवस्थित तथा आवेग के भरोसे छोड़ दी गयी भव्यता अनिष्टकारी भी हो सकती है। इसे बहुधा प्रेरणा (= प्रतिभा) तथा संयम (= शिल्प) दोनो की आवश्यकता होती है।

तीसरा तर्क सीधे-सीधे दोनों की आवश्यकता पर बल दे रहा है। प्रतीत होता है जैसे प्रतिभा एक वेगवान प्रवाह है जिसे व्युत्पत्ति दोनों ओर से बाँध कर दिशा प्रदान करती है। बहुत बाद में लेखक ने पुनः इस विषय पर विचार किया है। अलंकारों के प्रसंग में दोनों हेतुओं के बीच विभाजक रेखा खींचते हुए उसने लिखा है[29]: "त्रुटिहीनता सामान्यतः कला (व्युत्पत्तिजन्य सामर्थ्य) की देन मानी जाती है; और प्रकृत्या महान् होने से चंचला श्रेष्ठता जन्म लेती है।* इसलिए, कला प्रकृति (प्रतिभा)

* केवल प्रतिभा से जन्म लेनेवाली श्रेष्ठता को उसन चंचला इसलिए कहा है क्योंकि मात्र प्रतिभा से कभी वह जन्म नहीं भी ले सकती है।

की सहायता के लिए आगे आनी ही चाहिए। दोनों के सहयोग से ही रचना में पूर्णता आती है।"

उद्धरण का अन्तिम वाक्य स्पष्ट कर देता है कि लोंगिनुस के लिए व्युत्पत्ति का स्वतन्त्र महत्त्व है। प्रकारान्तर से इसी तथ्य को वह दूसरे तर्क में भी प्रतिपादित कर रहा है। वहाँ, इसके दो कार्य संकेतित हैं। पहला, प्रकृति की सम्भावित निरंकुशता को संयमित करना; दूसरा, प्रकृति के अन्तर्निहित नियमों का ज्ञान कराना, जो परोक्ष है उसे प्रत्यक्ष करना। नियम शब्द को लेखक ने कुछ व्यापक अर्थ में लिया है। एक नियम यह है कि विचारों का संयोजन कैसे किया जाय, समस्त रचना में समन्विति कैसे लायी जाय। यह सिद्धान्ततः अच्छे लेखकों के अध्ययन से जाना जा सकता है। इसके अतिरिक्त व्युत्पत्ति का एक और क्षेत्र है—वाक्य-रचना, पद-संयोजन। अध्ययन का यह विषय उन लोगों के लिए अधिक आवश्यक है जिन्हें जन्मजात प्रतिभा नहीं मिली है और जो दैनंदिन शब्दावली का प्रयोग करते हैं। ये लेखक केवल अभ्यास के बल पर पद तथा वाक्यांशों के सम्यक् प्रयोग से अपनी शैली में शोभा एवं आभा ला सकते हैं। इस तरह, कम से कम घटिया लेखन के आरोप से तो बच जायेंगे।[30]

अपना मत, अर्थात् व्युत्पत्ति की अनिवार्यता, घोषित करने के बाद वह दिमोस्थनीज़ को उदधृत करता है। "विपुल धन मिलना सौभाग्य की बात है किन्तु इसके साथ सत्परामर्श भी आवश्यक है, इसके अभाव में धन नष्ट हो जाता है" फिर, इस सूक्ति को साहित्य पर घटाता है। इस सन्दर्भ में प्रकृति (= प्रतिभा) धन की प्रतिस्थानी है तथा शिल्प का ज्ञान सत्परामर्श का, और उसका निष्कर्ष है कि साहित्य में प्रतिभा की भूमिका निर्विवाद है किन्तु उसका ठीक-ठीक ज्ञान शिल्प से ही प्राप्त होता है। प्रतिभा और व्युत्पत्ति के परस्पर सम्बन्ध पर सिद्धान्ततः उसे जो कहना था वह इतना ही है, हाँ, व्यवहारतः इसकी चर्चा अन्य सन्दर्भों में भी हुई है। निम्न विवेचन उन्हीं के परिप्रेक्ष्य में किया जा रहा है।

सीसिलियस के लेख में एक त्रुटि पर उँगली रखते हुए उसने लिखा है कि उसने उदात्त को समझाने का प्रयास अवश्य किया है किन्तु इस पर विचार नहीं कया कि उस उच्च्च विन्दु की दिशा में 'स्व' का विकास कैसे करें।[31] लोंगिनुस ने 'स्व' का विकास कवि और सामाजिक दोनों के लिए आवश्यक माना है। वह काव्य के माध्यम से सम्पूर्ण समाज का उत्थान देख रहा था। इस दिशा में सामाजिक का मार्ग सरल है क्योंकि यह कार्य वह महान् रचनाओं के अध्ययन से कर सकता है। किन्तु, कवि में यह गुण जन्मजात न हो तो उसे व्युत्पत्ति तथा अभ्यास के द्वारा इसे अर्जित करना पड़ता है।

लेखक ने काव्य-हेतुओं की चर्चा उदात्त के सन्दर्भ में ही की है। उसके अनुसार

उदात्त गुणयुक्त रचना को ही काव्य कहलाने का अधिकार है और उदात्त की ओर आकर्षित होना मनुष्य का स्वभाव है। सच्चे उदात्त द्वारा उन्नयन एवं उत्कर्ष की अनूभूति करना हमारी प्रकृति है[32] किन्तु कभी-कभी सच्चे उदात्त की पहचान करने में भूल भी हो सकती है। इसलिए उससे बचने के लिए सतत प्रयत्नशील रहने की आवश्यकता है। साहित्य में सत्-असत् की बुद्धि अथवा श्रेष्ठ गुणों की समझ दीर्घ अनुभव के बाद ही आती है।[33] अर्थात्, यह योग्यता अर्जित सम्पत्ति है। यहाँ, लेखक जिस अनुभव की बात कर रहा है उसमें व्युत्पत्ति और अभ्यास दोनों समाविष्ट हैं। इस स्थापना में हमें दूसरे अध्याय में प्रतिपादित इस तथ्य की अनुगूँज सुनायी दे रही है कि प्रेरणा पर शिल्प का नियन्त्रण होना आवश्यक है। इसके द्वारा वह प्रतिपक्ष को स्मरण कराना चाहता था कि एकमात्र प्रतिभा को हेतु समझना भूल है।

काव्य-हेतु सम्बन्धी यही दृष्टि कुछ बाद में उदात्त के प्रथम स्रोत के विवेचन में भी दिखायी देती है। वहाँ उसने स्वीकार किया है कि महान् वैचारिक सामर्थ्य प्रकृति का वरदान है और प्रकृति ने यदि किसी पर ऐसी कृपा न की हो तो भी वह अपने विमर्शी अन्तस को इस तरह विकसित कर सकता है कि उसमें श्रेष्ठ विचार जन्म ले सकें।[34] यह वाक्य प्रतिभा के सहजात और अर्जित दोनों रूपों की स्थापना कर रहा है। अरस्तू ने अन्तस के दो भाग माने हैं—विमर्शी तथा अविमर्शी। विमर्शी के फिर दो भाग हैं—व्यवहारशील तथा चिन्तनशील। प्रस्तुत सन्दर्भ में अन्तस के इस विभाजन को स्वीकार कर लिया जाय तो यह भी स्वीकार करना होगा कि व्यवहार और चिन्तन के द्वारा इस भाग को विकसित किया जा सकता है। अन्ततः, अर्जित सामर्थ्य द्वारा कवि यदि महान् विचारों (उदात्त) को जन्म दे सके तो उसका स्वागत किया जाना चाहिए। इसके लिए लेखक ने विशिष्ट मार्ग भी सुझाया है—अनुकरण। इसकी उपादेयता पर उसकी टिप्पणी है :[35]

"प्राचीन प्रतिभाएँ भविष्यवाणियों का भण्डार होती हैं, इनसे निर्गत शक्ति उनका अनुकरण करनेवालों के अन्तस में प्रवेश कर जाती है। फलस्वरूप, जो पहले भविष्यवाणी करने का सामर्थ्य नहीं रखते थे वे भी महान् लेखकों की शक्ति में प्रतिभागी बन कर भविष्यवाणी करने का सामर्थ्य प्राप्त कर लेते हैं।"

प्रकारान्तर से यह व्युत्पत्ति की शक्ति की स्थापना है, व्युत्पत्ति में वही शक्ति है जो प्रतिभा में है। भाषण-हेतुओं पर विचार करते समय कतिपय भाषणाशास्त्रियों (मुख्यतः आइसोक्रेतीज़) ने अनुकरण की शक्ति को पहचानते हुए उसे चौथा हेतु मान लिया था तो कुछ ने इसे व्युत्पत्ति के अन्तर्गत रखना ही उचित समझा था। सिसरो इसे अभ्यास का एक रूप मानता था। हमारा लेखक भी इसे स्वतन्त्र महत्त्व देने के पक्ष में नहीं है। दूसरे, उसका बल वस्तु-तत्त्व के अनुकरण पर है न कि रूप के अनुकरण पर। काव्य-रचना आत्मिक उत्थान के लिए की जानेवाली साधना है,

अतः महत्त्व आत्मा के अनुकरण का है न कि शब्दावली का। यह व्युत्पत्ति का नया आयाम था।

अनुकरण पर विचार करते-करते लेखक अभ्यास के हेतु पर आ जाता है। कुछ समीक्षक अनुकरण को भावापहरण की संज्ञा दे कर हेय दृष्टि से देखते थे। सम्भवतः, ये वे थे जो प्रतिभा को केवल जन्मजात संस्कारों तक सीमित रखना चाहते थे। इसी के उत्तर में उसने प्लेटो का उदाहरण लिया है। उसे वह होमर का शिष्य मानता था। उसके सम्बन्ध में उसका मत है कि वह प्रतिभासम्पन्न था, फिर भी होमर का अनुकरण करते हुए तथा उससे स्पर्धा करते हुए यदि उसने अनन्य भाव से निरन्तर अभ्यास न किया होता तो क्या दार्शनिक विवेचन में उसकी भाषा और भाव काव्य की ऊँचाइयों को छू पाते।[36] अभ्यास के महत्त्व को रेखांकित करनेवाला उसका यह वाक्य अनूठा है कि अपने से बड़ों के साथ की जानेवाली स्पर्धा में पराजित होना भी गौरव की बात है।[37] यह ठीक है कि अनुकरण को व्युत्पत्ति के अन्तर्गत उससे सम्बद्ध रूप में देखनेवाला वह एकमात्र काव्यशास्त्री नहीं है पर इसे लगभग अनिवार्य बना देने की दृष्टि उसकी अपनी है। परोक्षतः यह व्युत्पत्ति का भी स्वतन्त्र मूल्य है।

3.6.5 काव्य/भाषण-प्रयोजन

'काव्य/भाषण का प्रयोजन द्विविध रूप है—आनन्द एवं प्रत्यायन' यह सर्वस्वीकृत धारणा परम्परा से पुष्ट थी। लोंगिनुस इससे सहमत था। किसी भी लेखक के लिए इसकी उपेक्षा करना सम्भव नहीं था। किन्तु, प्रस्तुत प्रबन्ध में सामान्य लेखन और उदात्त लेखन के बीच अन्तर करना उसके लिए अत्यन्त महत्त्वपूर्ण विषय था। सच पूछा जाए तो इसे लिखने का प्रयोजन ही यह है कि श्रेष्ठ लेखन के गुण-धर्म क्या हैं, प्रयोजन क्या है यह स्वयं लेखकों को भी ज्ञात हो जाय। प्रथम अध्याय में उदात्त के स्वरूप का निर्धारण करते हुए इसके प्रभाव पर उसकी टिप्पणी है:[38]

"भव्यता श्रोता में प्रत्यायन की अपेक्षा हर्षोन्माद उत्पन्न करती है; आश्चर्य एवं विस्मय के भाव प्रत्यायन एवं आनन्द से कहीं अधिक प्रभावी सिद्ध होते हैं।"

यहाँ लेखक एक ओर आनन्द और हर्षोन्माद में अन्तर कर रहा है तो दूसरी ओर आनन्द को प्रत्यायन के समकक्ष रख रहा है। इसके बाद की टिप्पणी में प्रत्यायन और हर्षोन्माद में भेद करने के लिए उसने सामाजिक पर पड़नेवाले प्रभाव को आधार बनाया है। प्रत्यायन की अनुभूति में श्रोता का स्वयं पर संयम बना रहता है किन्तु आश्चर्य एवं विस्मय की अनुभूति में वह संयम खो बैठता है। अर्थात्, उनकी शक्ति अप्रतिरोध्य है। इस निष्कर्ष के बाद हम फिर आनन्द के विषय को लें। आनन्द तथा प्रत्यायन यदि एक दूसरे के समकक्ष हैं तो स्वीकार करना होगा कि आनन्द की अनुभूति के समय भी सामाजिक का स्वयं पर नियन्त्रण बना रहता है जबकि

हर्षोन्माद की स्थिति में यह नियन्त्रण नहीं रह पाता। आनन्द तथा हर्षोन्माद का यह अन्तर उनकी प्रकृति ही नहीं उनमें स्तर-भेद का परिचायक भी है। हर्षोन्माद अन्तस के उन्नयन का व्यक्त रूप है। सामाजिक में यह कार्य-रूप बन कर उसकी आत्मा का उत्थान करता है तो कवि में इसका कारणरूप उदात्तभाव उसकी शैली को ऐसी विशिष्टता प्रदान करता है जिससे वह शाश्वत यश को प्राप्त होता है।[39]

उपर्युक्त विवेचन पर पुनर्विचार करें तो देखेंगे कि लेखक प्रयोजन में एक और आयाम जोड़ रहा है। इस उपपत्ति के अनुसार प्रत्येक कवि अपने सामने बैठे सामाजिक को आनन्द देने, उसके प्रयायन अथवा उसे हर्षोन्मत्त करने के लिए रचना करता है। यह सामाजिकोन्मुखी वस्तुनिष्ठ दृष्टि है। किन्तु वह आत्मसुख, आत्मोन्नयन अथवा यश की कामना से मुक्त नहीं है। यह आत्मनिष्ठ दृष्टि है। भारतीय काव्यशास्त्र में भी 'काव्यंयशसे ...कृते' (मम्मट) की बात कही गयी है। हमारा लेखक प्रयोजन के इस पक्ष के प्रति भी सजग है। कवि के यश की बात वह लेखन में उदात्त की पुष्टि के लिए नहीं कर रहा है। यह ठीक है कि इसी के कारण देश-विदेश की भावी पीढ़ियाँ उसे स्मरण करती रहेंगी किन्तु लेखक को इस विचार से भी सुख-सन्तोष होगा कि उसके लेखन की उत्कृष्टता भावी पीढ़ियों के उन्नयन का आधार बनेगी। यश के इस रूप की कामना (परोक्षतः प्रयोजन) उसे उत्कृष्ट लेखन की प्रेरणा देती है। उदात्त के प्रथम स्रोत की चर्चा में यह विषय भी आया है। लेखकों से उसका आग्रह है कि वे उच्चतम उत्कृष्टता के लक्ष्य को पाने के लिए अपने मन-मस्तिष्क का विकास करते रहें ताकि उससे महान् विचार जन्म ले सकें।[40]

यहाँ लोंगिनुस बात कर रहा है व्युत्पत्ति द्वारा आत्मविकास की। आत्मविकास के उच्चतम बिन्दु तक पहुँचने की प्रेरणा लेखक को केवल इस विचार से नहीं मिलती कि उसका लेखन सामाजिक के आत्मोत्थान में सहायक होगा (प्रयोजन का यह पक्ष पहले से सर्वस्वीकृत था) वरन् इस विचार से भी वह स्वयं अखण्ड यश का भागी होगा। और, यह विचार पहले की अपेक्षा अधिक प्रबल होकर उसे आत्मविकास की दिशा में प्रवृत्त करता है। प्रयोजन के इस पक्ष को हम ऊर्ध्व संचरण कह सकते हैं। हमारा विश्वास है कि उसने जैसे प्रतिभा और व्युत्पत्ति का युगपत् सम्बन्ध स्थापित किया है वैसे ही प्रयोजन के क्षेत्र में भी वस्तुनिष्ठता एवं आत्मनिष्ठता की सुखद युति देखी है।

प्रयोजन के बहुआयामी रूप का आभास उसने प्रबन्ध के आरम्भ में ही दे दिया है। सीसिलियस पर उसका यही आरोप था कि उदात्त को स्वीकार करके भी उसने इस पर व्यापक दृष्टि से विचार नहीं किया है विशेषतः इस पक्ष पर कि 'स्व' का विकास हम कैसे करें? स्मरण रहे कवि के 'स्व' के साथ-साथ सामाजिक के 'स्व' का विकास भी उसके प्रयोजन में समाविष्ट है और सामाजिक से उसका तात्पर्य है

समग्र समाज न कि साहित्यिक मण्डलियों के गिने-चुने सदस्य। इसे चाहें तो कवि का सामाजिक उत्तरदायित्व भी कह सकते हैं। निष्कर्ष यह कि सृजन का प्रयोजन सामाजिक को आनन्द देने और विश्वास में लेने तक सीमित न रह कर उसके 'स्व' का विकास करना भी होना चाहिए। शास्त्र के स्तर पर 'स्व' और 'पर' का यह संयोजन युगीन चिन्तन को उसकी विशिष्ट देन थी।

3.6.6 उदात्त सम्बन्धी मिथ्या अवधारणाएँ

लोंगिनुस के प्रेरणा-स्रोत आभिजात्य युग के कवि/वक्ता थे। रोम में उनकी झलक उसे ऑगस्तस काल के कवियों और वक्ताओं में मिलती थी क्योंकि उनके सामने भी राष्ट्रीय आदर्श और रोमी कला-संस्कृति को श्रेष्ठतम बनाने का लक्ष्य था। उसकी मृत्यु के बाद राजनीतिक परिस्थितियों ने ऐसा मोड़ लिया कि लातीनी साहित्य एवं वक्तृत्व में तत्काल ह्रास के लक्षण दिखायी देने लग गये। एटकिन्स ने इसके दो कारण माने हैं। एक, सर्वदेशीय संस्कृति के नाम पर विदेशी (मुख्यतः पश्चिमी यूरोपीय) प्रभाव का अव्याहत प्रवेश; दूसरा, साहित्य-रचना का एक फैशन बन जाना। सिसरो की चर्चा के अन्तर्गत हम देख आये हैं कि कैसे काव्य-रचना प्रतिष्ठा का प्रश्न बन गया था। ईसा की पहली शताब्दी में सम्भवतः इसमें और विस्तार हुआ होगा। कल्पना की जा सकती है कि काव्य के नाम पर अधिकांश रचनाएँ इधर-उधर से नकल करके, जोड़-तोड़ कर, ठोक-पीट कर तैयार की जाती रही होंगी और नवीनता के नाम पर हर कोई दूर की कौड़ी लाने का प्रयास करता होगा। ऐसे वातावरण में सच्चे उदात्त की अवधारणा कहीं खो गयी थी। उसके नाम पर जो भ्रम फैले हुए थे लेखक ने पहले उन्हीं के निराकरण का निश्चय किया। इन्हें उसने दोष की संज्ञा दी है :

(i) शब्दाडंबर—इस अंश का आरम्भ उसने त्रासदी के एक उद्धरण से किया है। फिर, उसकी आलोचना करते हुए लिखा है कि यह त्रासदी नहीं है उसकी नकल है, पैरोडी है (उद्धरण में भारी-भरकम शब्दावली होने के कारण उसने पैरोडी शब्द का प्रयोग किया है)। इसके परिणामस्वरूप वाक्सरणि में प्रभावोत्पादकता के स्थान पर अस्पष्टता आ गयी है। यदि विश्लेषण करें तो पायेंगे कि इससे भय के स्थान पर जुगुप्सा पैदा होती है। इसका अर्थ यह हुआ कि त्रासदी में शब्दाडंबर भले उचित माना जाता हो किन्तु समय या स्थान का औचित्य न होने पर वह दोष बन जाता है। इसी तर्क के आधार पर कहा जा सकता है कि यथार्थ जीवन से सम्बन्धित विषय को लेकर जो भी लिखा जाय या कहा जाय उसमें शब्दाडंबर के लिए कोई स्थान नहीं है। फिर भी कुछ लोग भ्रम पाले हुए हैं कि दैवाविष्ट होने की स्थिति में जो कुछ भी बोलते या लिखते हैं उसमें शब्दाडंबर उदात्त का स्रोत बन जाता है।[41] यह वस्तुतः दोष है वैसे ही जैस पानी से फूला शरीर एक

बीमारी है।

(ii) बचकानापन—इससे तात्पर्य है किसी पण्डिताऊ विचार को खूब काट-छाँट कर, सजा-सँवार कर प्रस्तुत करना। इसके द्वारा लेखक सामजिक को प्रभावित करना चाहता है किन्तु अभिव्यक्ति भावशून्य बन जाती है और सामाजिक उससे अछूता रह जाता है।[42]

(iii) मिथ्या भावावेग—यह तीन प्रकार का होता है—अवसरानुकूल न होना, प्रयोजनहीन होना, या, जहाँ समान्य भावावेग की आवश्यकता हो वहाँ तीव्र भावावेग दिखलाना। कुछ वक्ता, विषय से सम्बद्ध न होने पर भी, केवल स्वयं को महान् दरशाने के लिए आवेग में बहे चले जाते हैं। वे सोचते तो यह हैं कि सामाजिक पर इसका प्रभाव पड़ेगा किन्तु वास्तव में ऐसा होता नहीं है।[43]

भावशून्यता का विषय लेखक के लिए अत्यन्त महत्त्वपूर्ण है। इस पर विस्तार से विचार करते हुए उसने कई लेखकों के अंश उद्धृत किये हैं और उनसे एक ही निष्कर्ष निकाला है कि नयेपन की सनक में लेखकों का ध्यान रचना की गरिमा की ओर से हट गया है।[44] सामाजिक को चकित कर देने की इच्छा से कवि/वक्ता जब उलटे-सीधे प्रयोग करने लगता है तो परिणाम भी चकित कर देनेवाले उलटे-सीधे ही निकलते हैं। एक और सन्दर्भ में उसका निष्कर्ष है कि काव्याशास्त्री और भाषणशास्त्री इन दोनों के मूलभूत अन्तर को न समझते हुए एक की शैली दूसरे में मिश्रित करने लगे हैं जिससे दोनों कलाओं का ह्रास हुआ है।* उसके अनुसार काव्य में बोधकथाओं (फेबल) जैसी अतिशयोक्ति होती है जिससे उसमें विश्वसनीयता की सामान्य सीमा का अतिक्रमण सहज है। किन्तु भाषण में यथार्थ सत्य का होना आवश्यक है। इस नियम का उल्लंघन करते हुए वक्ता जब श्रोता को विस्मित कर देने की इच्छा से अतिरंजनापूर्ण काव्यात्मक वर्णन को विस्तार देने लगता है तो परिणाम असामान्य अवश्य होता है किन्तु आघात पहुँचानेवाला न कि सुख देनेवाला। नयेपन की धुन में, वस्तुतः, कवि और वक्ता दोनों की दृष्टि धुँधला गयी है।[45]

मिथ्या उदात्त का विवेचन उदात्त के स्रोतों की भूमिकास्वरूप हुआ है। 'उदात्त क्या नहीं है' के निर्देशन से वह पाठकों में सच्चे उदात्त की जिज्ञासा जगाना चाहता था। 'उदात्त क्या है' की चर्चा भी हुई है पर किसी एक अध्याय में उसके सभी आयामों को

---

* ऊपर कह आये हैं कि ई. पू. प्रथम शताब्दी से ही अनेक वक्ताओं में कवि कहलाने की मानसिकता घर कर गयी थी। ऐसे वक्ता-कवियों की पद्यात्मक रचनाओं में भाषण की गद्यात्मकता तथा भाषणों में पद्य की कृत्रिमता का आ जाना स्वाभाविक था। लोंगिनुस इसी मिश्रण की ओर संकेत कर रहा है।

स्पष्ट करते हुए नहीं हुई है। उसकी बिखरी हुई टिप्पणियों को हमने अपने ढंग से क्रमबद्ध किया है जिससे उनके प्रकाश में इसे किसी रूप-रेखा में बाँधा जा सके।

3.6.7 उदात्त : परिभाषित–व्याख्यायित

काव्यशास्त्र के अन्तर्गत उदात्त पर स्वतन्त्र चर्चा की कोई परम्परा नहीं मिलती। सीसिलियस की तरह कुछ अन्य वक्ता-लेखकों ने छिटपुट प्रयास किये होंगे किन्तु उनका प्रचार अत्यन्त सीमित रहा होगा। यह विषय भी ऐसा नहीं था जिस पर हर कोई लेखनी उठा ले। इसलिए, लोंगिनुस के सामने इस अस्पष्ट रूप-रेखावाले विषय की कटी-छँटी परिभाषा देना एक बड़ी चुनौती थी। यदि पहले ही इसकी कोई परिभाषा निश्चित हो गयी होती तो इसके सम्बन्ध में इतनी भ्रान्तियाँ भी नहीं होतीं। अब उसके सामने एक नहीं तीन चुनौतियाँ थीं। एक, एतद्सम्बन्धी भ्रान्तियों का निराकरण; दो, उदात्त की ऐसी परिभाषा या व्याख्या प्रस्तुत करना कि भावी पीढ़ी को उसके बारे में कोई दुविधा न रहे; तीन, पूर्व साहित्य से उद्धरण ले कर मूल्य के रूप में इसका महत्त्व स्थापित करना, अर्थात् यह दरशाना कि इस पर ध्यान न देने के कारण साहित्य/भाषण का स्तर कितना गिर गया है। वह जानता था कि विषय गूढ़ होने के कारण इसकी किसी एक परिभाषा पर सर्वसहमति बन ही नहीं सकती। इसलिए, स्पष्टीकरण के लिए उसने अन्य उपाय भी अपनाये। इन सबको एकत्र करने पर हम देखेंगे कि उसने उत्पादक, उत्पाद और उपभोक्ता इन तीनों बिन्दुओं पर खड़े होकर इसके विभिन्न पक्षों पर विचार किया है। उसके इन्हीं विचारों को हम कतिपय सूत्रों (जिनमें से कुछ पूर्व पृष्ठों में उद्धृत किये जा चुके हैं) के सन्दर्भ में परख रहे हैं। ये सूत्र हैं :

(i) उदात्त महान् आत्मा की अनुगूँज है; —अ. 9.2

(ii) उदात्त हमें परम आत्मा की उच्चतम भूमि ला बैठाता है; —अ. 36.1

(iii) उदात्त किसी भी वाणी-विधान की श्रेष्ठता या उत्कृष्टता है; —अ. 1.3

(iv) भव्यता (= उदात्त) श्रोता (सामाजिक) में प्रत्यायन की अपेक्षा हर्षोन्माद उत्पन्न करता है; —1.4

(v) प्रत्यायन में बहुत कुछ हमारे (श्रोता/सामाजिक) नियन्त्रण में रहता है जबकि आश्चर्य और विस्मय की शक्ति अजेय होती है, वह श्रोता पर अपना प्रभाव डालती ही है; —वही

(vi) सच्चे उदात्त द्वारा उन्नयन एवं उत्कर्ष की अनुभूति करना हमारी प्रकृति है। —अ. 7.2

उपर्युक्त वाक्यों को चाहें तो तदर्थ परिभाषा मान लें चाहे व्याख्या। उदात्त की

ऐसी मानक परिभाषा देना जिसमें केवल जाति (जेनस), उपजाति (स्पिशीज़) तथा भेदक (डिफरेन्शिया) हों न तब सम्भव था न आज सम्भव है, इसलिए उसने इस पर अलग-अलग कोणों से विचार किया है और उसकी कतिपय विशेषताओं को रेखांकित करने का प्रयास किया है। इनमें से पहली दो का सम्बन्ध कवि/वक्ता से है। उसका सुनिश्चित मत था कि कोई भी रचना रचयिता के सम्पूर्ण व्यक्तित्व की देन होती है। महान् रचना महान् व्यक्तित्व से ही जन्म ले सकती है। होमर, प्लेटो, दिमोस्थनीज़ आदि का उल्लेख करते हुए उसने दरशाया है कि जिन कवियों/वक्ताओं की रचनाओं में उदात्त तत्त्व है वे सभी सामान्य मनुष्यों की तुलना में कहीं ऊँचे थे। इस ऊँचाई को उसने देवत्व की संज्ञा दी है। यहीं, यह प्रश्न भी उठा होगा कि ऐसा व्यक्तित्त्व प्रकृति प्रदत्त है अथवा श्रम अर्जित? इसके सम्बन्ध में लेखक का मत क्या था इस पर विचार हो चुका है।

अन्तस की श्रेष्ठता प्रकृति का वरदान है इससे लेखक सहमत था पर वह मानता था कि इसे अर्जित भी किया जा सकता है। इसके उसने दो उपाय सुझाये हैं। पहला यह कि मनुष्य अपने चारों ओर बिखरे प्राकृतिक सौन्दर्य, वैभव एवं भव्यता को खुली आँखों से देखे, देखे विशाल नील, डैन्यूब और र्‌हाइन नदियों को और असीम विस्तारवाले सागर को। इनके रूप को आत्मसात् करने से उसकी आत्मा का उन्नयन सुनिश्चित है। दूसरा उपाय है महान् कृतियों का अध्ययन। इनका उदात्त तत्त्व यह क्षमता रखता है कि जो भी इन्हें सुनेगा या पढ़ेगा उसकी आत्मा का उत्थान अवश्य होगा क्योंकि इनका प्रभाव अध्येता पर इस तरह पड़ता है कि उसके व्यक्तित्त्व में भी वैसे ही उदात्त गुण आ जाते हैं मानों अनुकार्य की ऊर्जा ही अनुकर्ता में समा गयी हो।[46] दूसरे सूत्र में 'हमें' सर्वनाम उन कवियों/वक्ताओं के लिए प्रयुक्त हुआ है जिन्हें जन्मजात संस्कार नहीं मिले हैं फिर भी जो उदात्त रचना के इच्छुक हैं और उसके लिए अपना विकास करना चाहते हैं।

तीसरी परिभाषा कृति आधारित है। सामान्य वाणी-विधान जाति है, उपजाति है उदात्त वाणी-विधान, भेदक है श्रेष्ठता/उत्कृष्टता। कहने को यह परिभाषा पूर्ण है किन्तु भेदक अस्पष्ट है। इसी की स्पष्टता के लिए उसने उदात्त के स्रोतों का उल्लेख किया तथा विभिन्न उदाहरणों के प्रकाश में सामान्य वाणी-विधान (जिसे कुछ लोग भ्रमवश उदात्त मानते चले आ रहे होंगे) और उदात्त रचना के भेद को रेखांकित किया है। इसी के अन्तर्गत उसने वस्तु-तत्त्व एवं रूप-तत्त्व के परस्पर सम्बन्ध पर भी प्रकाश डाला है।

शेष तीनों उद्धरण उदात्त के सामाजिक पर पड़नेवाले प्रभाव की व्याख्या कर रहे हैं। लेखक के सामने समस्या यह थी कि रचना के अन्य धर्मों तथा उदात्त के प्रभाव में समानता होते हुए भी जो भेदक रेखा है उसे कैसे स्पष्ट किया जाय?

इसके लिए उसने प्रत्यायन तथा हर्षोन्माद की तुलना की है। प्रत्यायन ऐसा आवेग है जिसे सामाजिक झेल लेता है, इस स्थिति में वह अपने ऊपर संयम बनाये रखता है। किन्तु, उदात्त से उत्पन्न भावोन्माद की शक्ति के सामने वह पराजित हो जाता है, उसके वशीभूत हो जाता है। दिमोस्थनीज़ के भाषणों के प्रभाव का विवेचन करते हुए लेखक ने उसकी तुलना वज्रपात और बिजली की चमक से की है[47] जिनसे व्यक्ति लाख चाहने पर भी बच नहीं पाता। अप्रतिरोध्य शक्ति का ऐसा रूप प्रत्यायन में नहीं मिलता। सामाजिक को पूरी तरह से वश में कर लेना उदात्त की प्रकृति है।

छठे अद्धरण में लेखक ने इसी तथ्य को एक अन्य कोण से देखा है। सम्भवतः, वह अनुभव कर रहा था कि उदात्त के प्रभाव को इस रूप में देखना, मानों सामाजिक एक मोम की पट्टी है जिस पर उदात्त प्रभाव छोड़ता जाता है, उचित नहीं है। मानव स्वभाव और उदात्त का प्रकृत सम्बन्ध है इसलिए, इस सम्पूर्ण प्रक्रिया में उसकी सक्रिय भागीदारी होती है। उदात्त द्वारा उन्नयन एवं उत्कर्ष की अनुभूति करते समय वह हर्ष तथा गर्व की भी अनुभूति करता है और विश्वास करने लगता है कि इस घटना में उसकी भूमिका निमित्त कारण की है, अर्थात् यह उसकी ही रचना है।

उदात्त की उपर्युक्त व्याख्याओं से यह तथ्य सामने आता है कि इसकी अनुभूति एकपक्षीय नहीं होती। यह दो चरणों में सम्पन्न होती है। प्रथम चरण में उन्नयन एवं उत्कर्ष के अन्तर्बोध द्वारा आनन्द एवं गर्व का अनुभव होता है। यह शुद्ध भावात्मक क्रिया है। द्वितीय चरण में यह विश्वास उत्पन्न होता है कि हमारे अन्तस का रूपान्तरण हुआ है तथा इसमें हमारी भी कुछ भूमिका है। यह संज्ञानात्मक क्रिया है। भारतीय काव्यशास्त्र में सामाजिक में भावयित्री प्रतिभा की स्वीकृति है और उसकी विमर्श-बुद्धि का प्रवेश हो जाने से यह अनुभूति और मूल्यवान् बन जाती है। उदात्त यदि वास्तविक है तो वह चिन्तन का विषय भी बनता है। अपनी जटिल प्रक्रिया के कारण सामाजिक पर उसका इतना गहरा प्रभाव पड़ता है कि उसकी स्मृति में सदा-सदा के लिए चिह्नित हो जाता है। दूसरे, इसका विस्तार इतना है कि उसमें सभी देश, सभी काल समा जाते हैं।[48]

भावन-प्रक्रिया में संज्ञानात्मक मूल्य के समावेश से तथा उस पर पर्याप्त बल देने से प्रतीत होता है मानों लोंगिनुस अरस्तू के चरण-चिह्नों पर चल रहा हो। हो सकता है उसके विचार का स्रोत 'काव्यशास्त्र' ही रहा हो। 'काव्यशास्त्र' के 14वें अध्याय में एक वाक्य आया है—त्रासदी से इसके विशिष्ट आनन्द की ही अपेक्षा रखनी चाहिए न कि हर तरह के आनन्द की। इस वाक्य की, या कहें त्रासदी के विशिष्ट आनन्द की, व्याख्या उसने कहीं नहीं की है, फिर भी उसके चिन्तन की दिशा को देखते हुए समीक्षकों ने इस पर अपनी प्रतिक्रियाएँ व्यक्त की हैं। इसके पहले वह अनुभति में संज्ञानात्मक घटक को स्वीकार कर आया था। उसे आधार मान

लेने पर एक व्याख्या यह हो सकती है कि प्रमाता (सामाजिक) जब करुणा-भय को जागते हुए अनुभव करता है तो उसे यह बोध आनन्द देता है कि उसकी भावात्मक प्रतिक्रिया उचित है, यह उसके श्रेष्ठ आचरण का प्रमाण है। यहाँ प्रमेय है सामाजिक के अन्तस में करुणा-भय के उचित रूप में जागने की क्रिया और उसके आनन्द का कारण है इस सत्य का ज्ञान कि उसका भावलोक सन्तुलित है तथा उसका श्रेष्ठ आचरण सन्तुलित भाव-प्रतिक्रिया में व्यक्त हो रहा है।[49]

लोंगिनुस से उद्धृत वाक्यों तथा त्रासदी के विशिष्ट आनन्द की व्याख्या को साथ-साथ रख कर देखें तो दोनों में दूर तक समानता दिखायी देगी। अरस्तू त्रासदी को काव्य की श्रेष्ठतम विधा मानता था। लोंगिनुस को भी त्रासदी को उदात्त रचना का प्रतिमान मानने में कोई दुविधा नहीं है। अरस्तू का सामाजिक अभिजातवर्गीय है, लोंगिनुस ने इसकी सीमा में सभी समझदार* सामाजिकों को सम्मिलित कर लिया है। 'समझदार' से उसका चाहे जो तात्पर्य रहा हो हम केवल अनुभूति के चरित्र की बात कर रहे हैं। त्रासदी के सन्दर्भ में इसका पूर्व पक्ष है उचित बिम्ब-विधान द्वारा करुणा-भय का सन्तुलित रूप में जागना। इधर उदात्त की अनुभूति का हर्ष एवं गर्व के रूप में फलित होना पूर्व पक्ष है। उत्तर पक्ष में अनुभूति में संज्ञान के प्रवेश से (अर्थात् करुणा-भय के प्रमेय बन जाने से) त्रासदी के सामाजिक को विशिष्ट आनन्द मिलता है। उदात्त के सन्दर्भ में तज्जन्य अनुभूति—हमारे अन्तस का उन्नयन (जिसका प्रकट रूप हर्ष एवं गर्व है)—यह विश्वास दिलाती है कि हमारे अन्तस का रूपान्तरण श्रेष्ठता की दिशा में हुआ है। अन्ततः, यह विश्वास भी आनन्ददायी (चाहें तो इसमें 'विशिष्ट' विशेषण भी जोड़ सकते हैं) है, देश-काल की सीमा से मुक्त है। सारांश यह कि उदात्त का प्रभाव सामजिक के सम्पूर्ण व्यक्तित्त्व पर पड़ता है जिससे वह पहलेवाला व्यक्ति नहीं रह जाता। सच्चे उदात्त की यही पहचान है।

3.6.8 उदात्त के स्रोत

'कवि/वक्ता का वाणी पर अधिकार है' इस अभिस्वीकृत तथ्य को आधार बनाते हुए लोंगिनुस ने उदात्त के पाँच स्रोत गिनाये हैं :[50]

(i) महान् वैचारिक सामर्थ्य;

(ii) अन्तः प्रेरित प्रबल संवेग (पैशन);

(iii) अलंकार-योजना (शब्दालंकार और अर्थालंकार दोनों);

---

* 'समझदार' विशेषण अस्पष्ट है, फिर भी इतना निश्चित है कि यह साहित्यिक मण्डलियों के सदस्यों तक सीमित नहीं था। इसकी सीमा में बृहत्तर समाज का बड़ा समूह समाविष्ट था।

—अ. 7.4

(iv) भव्य काकुसरणि जिसके अन्तर्गत शब्द-चयन, लाक्षणिक प्रयोग तथा भाषा के अन्य विशिष्ट प्रयोग तीनों समाविष्ट हैं;

(v) इन सबको अपने भीतर समेटे हुए गरिमापूर्ण (डिग्निफ़ाइड), भव्य (एलिवेटिड) पद-योजना/संरचना।

इन स्रोतों को दो वर्गों में बाँटा जा सकता है और इनके क्रम से अनुमान लगाया जा सकता है कि उसके मानस-पटल पर भी यह वर्ग विभाजन था। पहले दो प्रकृतिजन्य हैं, वे कवि-प्रतिभा, जन्मजात संस्कार, से जन्म लेते हैं। शेष तीन का आधार शिल्पज्ञान है। इस विभाजन से यह धारणा पुष्ट होती है कि उसकी दृष्टि मूलतः भाषणशास्त्रीय थी, अर्थात्, पहले वस्तु-तत्त्व और रूप-तत्त्व को अलग रखना फिर दोनों में सम्बन्ध स्थापित करना। हम देखते आ रहे हैं कि बीच-बीच में वह कवि और वक्ता दोनों को सम्बोधित करता है। इस भूमिका के साथ देखना यह है कि वह इन दोनों का एक इकाई में समाहार कैसे करता है।

(i) **महान् वैचारिक सामर्थ्य51**—यह शक्ति प्रकृति प्रदत्त है और यदि ऐसा न हो तो भी व्यक्ति अपने विमर्शी अन्तस* को इस तरह विकसित कर सकता है कि उसमें श्रेष्ठ विचार जन्म ले सकें। यह सहजात प्रतिभा के साथ-साथ व्युत्पत्ति के सामर्थ्य की भी स्वीकृति है। उसके मत से सहजात प्रतिभा और व्युत्पत्ति दोनों समान गुण-धर्मा हैं। दोनों में ही गम्भीर विचारों को जन्म देने का सामर्थ्य है और "विचारों में गम्भीरता होगी तो शब्दविधान स्वयमेव महान् होगा।"[52]

ऊपर कहा जा चुका है कि भाषणशास्त्रीय दृष्टि रखनेवाले इस अवधारणा से आरम्भ करते थे कि कथ्य और उसकी अभिव्यक्ति दोनों स्वतन्त्र इकाइयाँ हैं। कथ्य वही रहने पर भी उसकी अभिव्यक्ति सामान्य हो सकती है, उससे निम्नतर हो सकती है या श्रेष्ठतर/श्रेष्ठतम हो सकती है। हमारा लेखक यहाँ दोनों में एकत्व देख रहा है। इसी की पुष्टि में वह कह रहा है कि विचार गम्भीर (उदात्त) हों तो उनकी अभिव्यक्ति में श्रेष्ठता अनायास आ जायगी क्योंकि महान् विचार सामान्य पद-योजना में व्यक्त हो ही नहीं सकते। इस पर यदि कोई प्रश्नचिह्न लगाये तो उसका उत्तर होगा—महान् विचार श्रेष्ठ आत्मा से निःसृत होते हैं तथा उनके अनुरूप पद-योजना

---

* अरस्तू द्वारा किया गया विभाजन—अन्तस— [अविमर्शी / विमर्शी] → [अविमर्शी / विमर्शी]

व्यवहारशील चिन्तनशील व्यवहारशील चिन्तनशील

का स्रोत भी वही है, अतः देखा जाय तो मूल स्रोत से ही दोनों एकता के सूत्र में बँधे हुए होते हैं। दूसरे शब्दों में, वह कवि/वक्ता के व्यक्तित्व और उसकी रचना के बीच सीधा सम्बन्ध देख रहा था। छोटे-छोटे स्वार्थों से घिरे संकुचित मनोवृत्तिवाले लेखक न महान् विचारों को जन्म दे सकते हैं न उदात्त को। ऐसे लेखकों के लिए 'स्व' के विकासार्थ उसका सुझाव था कि एक ओर प्रकृति के विस्तृत उदात्त रूप को खुली आँखों से देखें तथा दूसरी ओर महान् रचनाओं का अध्ययन-अनुकरण भी करें। अनुकरण को लेकर उस समय के आलोचकों को आपत्ति रही होगी। वे इसकी भावापहरण (प्लैजियरिज़्म) कह कर निन्दा करते होंगे। उसी का समाधान करते हुए उसका कथन है कि मूल और उसके अनुकरण में वही सम्बन्ध है जो किसी व्यक्ति और उसकी प्रतिमा के बीच होता है। व्यक्ति का शरीर-सौष्ठव तथा अन्य चरित्रिक गुण उसकी प्रतिमा में भी झलकते हैं। इस साम्य का तिरस्कार भला कैसे किया जा सकता है। भारतीय काव्यशास्त्र में आनन्दवर्धन ने इस साम्य को बड़े अच्छे ढंग से समझाया है। साम्य के उसने तीन प्रकार माने हैं—प्रतिबिम्बवत्, चित्राकार तुल्य तथा अन्य देहीवत्। इनमें से पहले दो को उसने त्याज्य कहा है और अन्तिम का स्वागत किया है। यह अनुकरण की नयी व्याख्या थी।

वैचारिक सामर्थ्य के अन्तर्गत लेखक ने चार विषय और लिये हैं—(i) विषय सामग्री के मुख्य बिन्दुओं का चयन ओर उनमें समन्विति-स्थापन; (ii) विषय का विस्तारण, (iii) अनुकरण तथा (iv) बिम्ब-विधान का सामर्थ्य। हमारे विचार से पहले दोनों विषय शिल्प के अन्तर्गत लिये जाने चाहिए थे क्योंकि भाषणशास्त्रीय दृष्टि के अनुसार महान् विचार की उद्‌भावना सृजनात्मक प्रक्रिया का एक पक्ष है और उसे व्यवस्थित या समन्वित रूप देना दूसरा पक्ष है।* फिर भी चूँकि उसने इसी अनुभाग में इस पर विचार किया है तो हम भी इन्हें यहीं विवेचनार्थ ले रहे हैं।

वक्ता/कवि में इतना विवेक होना चाहिए कि 'ऑ' (प्रशंसा, भय और आदर का मिश्रित रूप) संवेग को जगानेवाले अलौकिक विषय का चयन करने के बाद उन गिने-चुने ब्योरों पर ध्यान केन्द्रित करे जिनमें उदात्त कुछ अधिक स्पष्ट दृष्टिगत हो। दैवी शक्ति का परिचय देनेवाले अनेक वर्णन हो सकते हैं किन्तु यह आवश्यक नहीं है कि उनमें उदात्त (उन्नयन) की शक्ति भी हो। कुछ चित्र जुगुप्सा जगानेवाले भी हो सकते है। हीसियोद और होमर के बिम्ब-विधानों की तुलना[53] करते हुए उसने निष्कर्ष निकाला है कि यह पूरी तरह कवि के विवेक पर निर्भर करता है और इसी

---

* इस अंश में लेखक के सम्बोध्य भाषणशास्त्री अथवा वक्ता हैं। उन्हें उसने प्रत्यक्षतः भी सम्बोधित किया है।

से कवि के वैचारिक सामर्थ्य का भी ज्ञान हो जाता है।

विषय के मुख्य पक्षों के चयन के बाद समस्या उठती है समन्विति-स्थापन की। विषय के चरित्र को उभारनेवाले ब्योरों को समझना जितना आवश्यक है उतना ही आवश्यक उस संरचना को जानना है जो समस्त घटकों को एक इकाई में निबद्ध कर सकती हो। इसके उदाहरणस्वरूप उसने सैफ़ो के एक खण्डांश और इलियद की कुछ पंक्तियाँ उद्धृत की हैं और उनकी तुलना अन्य कवियों की पंक्तियों से करते हुए यह दिखलाया है कि कैसे सूक्ष्म दृष्टि रखनेवाला कवि [व्यर्थ के ब्योरों की उपेक्षा करके] केवल प्रभावशाली पक्षों को उभारता है तथा उनके विशिष्ट क्रम में समन्विति स्थापित करते हुए इस तरह रचना करता है कि समस्त संयुक्त प्रभाव प्रबलतम रूप ले लेता है। शैली की यह विशेषता उदात्त का स्रोत बन जाती है।

विस्तारण[54] के अंश का आरम्भ लेखक ने इस तरह से किया है मानों वह भाषण के विषय का विश्लेषण कर रहा है। वक्ता को निष्कर्ष तक पहुँचने के लिए अनेक तथ्य प्रस्तुत करने पड़ते हैं। सभी तथ्य एक ही सूत्र में बँधे होने के कारण एक व्यापक विषय के अन्तर्गत भले ही आते हों किन्तु प्रत्येक के स्वतन्त्र अस्तित्व की अनदेखी नहीं की जा सकती। ऐसे व्यापक विषयों के सन्दर्भ में ही उसने कहा है कि उसमें अनेक प्रस्थान-बिन्दु तथा अनेक समापक स्थल होते हैं। प्रत्येक अंश अपनी स्वतन्त्र छाप छोड़ता हुआ समवेत प्रभाव को पुष्ट करने में योग देता है। वक्ता के लिए उसका निर्देश है कि समवेत प्रभाव उदात्त का रूप नहीं ले पाता तो अंग रूप अंशों का स्वतन्त्र प्रभाव भी निरर्थक हो जाता है। हो सकता है इसके कुछ अपवाद हों किन्तु उनसे नियम का खंडन नहीं हो जाता। इसके बाद वह विस्तारण तथा उदात्त के अन्तर पर विचार करता है।

उस काल के भाषणशास्त्रियों में स्यात् यह धारणा प्रचलित रही होगी कि विस्तारण विषय को भव्यता प्रदान करनेवाली अभिव्यंजना शैली है।[55] लेखक इस परिभाषा से सन्तुष्ट नहीं था। उसके अनुसार यह इतनी सामान्य है कि इसे उदात्त, संवेग या लाक्षणिक प्रयोगों में से किसी पर भी घटाया जा सकता है क्योंकि ये सभी किसी न किसी रूप में अभिव्यंजना को भव्यता प्रदान करने में योग देते हैं। तब उदात्त और विस्तारण में अन्तर क्या रहा? इसी को स्पष्ट करनेवाला उसका वाक्य है—उदात्त की मूल प्रवृत्ति उन्नयन है, विस्तारण मूलतः परिणाम-वृद्धि है; उदात्त का वास बहुधा एकाकी विचार में होता है, विस्तार के लिए न्यूनतम परिमाण या प्रचुरता आवश्यक है।[56] यदि विस्तार को परिभाषा में बाँधना ही हो तो कहना होगा कि यह स्थिति विशेष के सभी विचारणीय उप-विषयों का समवाय है जो समवेत् रूप में तर्क को पुष्ट करते हैं। इस प्रसंग में उसने कुछ और बातें भी कही होंगी किन्तु यहाँ दो पृष्ठ अनुपलब्ध हैं। अतः विषय समापन के बारे में कुछ भी कहना सम्भव नहीं है।

हाँ, प्राप्त अंश के आधार पर एक संक्षिप्त टिप्पणी हम अवश्य करना चाहेंगे।

उपर्युक्त अंश का निष्कर्ष यह है कि उदात्त और विस्तारण एक नहीं है, इनमें जो सजातीय सम्बन्ध देखते हैं वे भूल करते हैं। अब, उसे यदि यह अन्तर करना ही था तो इसे वैचारिक सामर्थ्य के अन्तर्गत रखने की क्या आवश्यकता थी? प्रबन्ध के पहले सात अध्याय मिथ्या धारणाओं के खण्डन को समर्पित हैं, वहीं इसकी भी चर्चा होनी चाहिए थी। और, विस्तारण को यदि वह किसी न किसी रूप में उदात्त का उपस्कारक मानता है तो यह वदतोव्याघात माना जाना चाहिए। उदात्त की प्रकृति है ऊर्ध्व संचरण और विस्तारण की प्रकृति है समतल संचरण, यदि दोनों प्रकृत्या भिन्न हैं तो विस्तारण उदात्त का उपस्कारक कैसे हो सकता है? इस समस्या की ओर उसका ध्यान गया या नहीं हम नहीं जानते किन्तु हमारे विचार से उदात्त को वह मुख्यतः काव्य के सन्दर्भ में देख रहा था और विस्तारण को वक्तृत्वकला के सन्दर्भ में। यह समस्या विषय भेद के प्रति असावधानी के कारण उत्पन्न हुई है। हम देख आये हैं कि उस युग में वक्तृत्वकला प्रधान हो जाने से काव्य भी उसी दृष्टि से देखा जाने लगा था। प्रस्तुत प्रबन्ध में दोनों को समान भूमि पर रख कर उनकी विशेषताओं पर वह इस अभिस्वीकृति के साथ विचार कर रहा था कि एक के गुण-धर्म दूसरे में भी हैं, इसलिए, एक के सन्दर्भ में जो बातें कही जा रही हैं वे दूसरे पर भी निःसंकोच घटायी जा सकती हैं। जिन दो-एक स्थलों पर उसने दोनों में भेद दरशाया है उन्हें हम अपवाद कहना चाहेंगे।

अनुकरण[57] पर कुछ विचार आरम्भ में हो चुका है। इसका लक्ष्य यह दरशाना है कि व्युत्पत्ति द्वारा भी कवि उदात्त रचना करने में सक्षम हो सकता है, पर इसके साथ ही यह स्मरण रखना आवश्यक है कि अनुकरण को उसने विशिष्ट अर्थ में ग्रहण किया है। कवि जिस कृति को भी अनुकरणार्थ ले उसकी आत्मा को आत्मसात् करे न कि बाह्य रूप को। इसके उसने दो मार्ग सुझाये हैं। एक, लिखने के पहले कवि यह विचार करे कि महान् लेखकों ने इसे कैसे लिखा होता। दूसरे, इस पर भी ध्यान दिया जाना चाहिए कि प्रतिमान और उससे प्रेरित रचना में वही सम्बन्ध हो जो प्राकृतिक वस्तु और उसकी प्रतिमा अथवा चित्र में होता है। अन्त में, यह प्रश्न भी उपेक्षणीय नहीं है कि उसके लेखक पर भावी पीढ़ी की क्या प्रतिक्रिया होगी?

महान् कृति की आत्मा को हृदयंगम करने से तात्पर्य है उसके विचारों, बिम्ब-विधान तथा तीव्र भावावेग को ग्रहण करना, उसके कथ्य पर अधिकार करना। तत्पश्चात् यह समझना कि उसमें समन्विति कैसे लायी गयी है। यह रचना-सिद्धान्त को आत्मसात् करना है। इस विषय के विवेचन में अरस्तू स्थापित कर चुका था कि प्रत्येक 'विशेष' में 'सामान्य' निहित होता है और वही अनुकरण का विषय होना चाहिए, रचना को उसी से स्थायित्व प्राप्त होता है। इस सन्दर्भ में

व्यक्ति-चित्र का उदारहण ले कर उसने दिखलाया है कि चित्रित व्यक्ति (विशेष) को हम नहीं भी पहचानते तो भी उसका रचनाविधान (सामान्य)—रूप, रेखा, वर्ण-संयोजन—हमारे आनन्द का स्रोत बन सकते हैं। हमारा विश्वास है कि लोंगिनुस अरस्तू की इस उपपत्ति से किसी न किसी रूप मे अवश्य परिचित रहा होगा। महान् विचार विषय विशेष में निहित 'सामान्य' है, इसको ग्रहण या आत्मसात् करना अपने सामर्थ्य का विकास करना है।*

'अनुकरण सामान्य का होना चाहिए' इस निर्देश का सम्बन्ध ऊपर के तीसरे सुझाव के साथ भी है। देश-काल बदल जाने से भी 'सामान्य' में कोई परिवर्तन नहीं होता। घटनाओं या बिम्ब-विधान के नाम-रूप बदल जाने से 'सामान्य' नहीं बदल जाते। इलियद की घटनाएँ यूनानी सन्दर्भ में घटी थीं, आठ सौ वर्षों के अन्तराल के बाद यदि रोमी समाज उसका आनन्द उठा सकता है तो मान लिया जाना चाहिए कि देश की भावी पीढ़ियाँ भी उसका आनन्द उठा सकती हैं और उठाती रहेंगी। यह शक्ति है उनके 'सामान्य' में निहित उदात्त की। इसीलिए, लोंगिनुस का अन्तिम सुझाव है कि लेखक अपना ध्यान यदि इस पर केन्द्रित करे तो वह अमर हो जायगा।

बिम्ब-विधान इस अंश का अन्तिम विषय है। इसके अन्तर्गत उसने अपने समय में प्रचलित 'फैंटेसिया' शब्द पर विचार किया है। उन दिनों इसका परम्परागत अर्थ था मन में ऐसा विचार आना जिसे अभिव्यक्ति देना लेखक अपना धर्म समझे। हिन्दी में इसके लिए कल्पना या उद्भावना शब्द का प्रयोग किया जा सकता है। जैसे, यह कहा जा सकता है कि लेखक ने नये कथानक की कल्पना/उद्भावना की है। इस अर्थ में यह यथार्थ का विलोम कहलायेगा क्योंकि कोई कथानक यथार्थ घटना पर भी आधारित हो सकता है। दूसरा अर्थ, जो उन दिनों नया-नया ही प्रचलन में आया था, सजीव बिम्ब-विधान का बोध कराता था जिसे कवि/वक्ता प्रत्यक्ष देखने लग जाता है और उसका इतना सजीव वर्णन करता है कि सामाजिक भी उसे प्रत्यक्ष अनुभव करने लगता है। कहने की आवश्यकता नहीं कि इसमें चाक्षुष बिम्ब ही प्रधान होते हैं।

उदात्त के स्रोत के रूप में सजीव बिम्ब-विधान कवि और वक्ता दोनों के लिए महत्त्वपूर्ण हैं किन्तु दोनों इससे अलग-अलग लक्ष्य की सिद्धि करते हैं। काव्य में

---

* यह निर्देश मुख्यतः उन लेखकों के लिए है जिन्हें जन्मतः ऐसे सामान्यों को काव्य का विषय बनाने के संस्कार नहीं मिले हैं। प्रकृति में निहित सामान्यों तक प्रतिभासम्पन्न लेखक सरलता से पहुँच जाते हैं। साधारण लेखक के लिए यह सम्भव नहीं होता, किन्तु कलाकृतियों में ये अधिक स्पष्ट होने के कारण, उन तक पहुँचना सरल हो जाता है। अनुकरण 'सामान्यों' का होना चाहिए, इसी अर्थ में अनुकरण महत्त्वपूर्ण है।

इसका उपयोग विस्मय जगाने के लिए होता है, भाषण में स्पष्टता लाने के लिए। लक्ष्य की भिन्नता से उसके प्रस्तुतीकरण में भी भिन्नता आ जाती है। इस भिन्नता को रेखांकित करनेवाला उसका कथन है कि काव्यात्मक वर्णन अतिशयोक्तिपूर्ण होता है, उसमें विश्वसनीयता पर ध्यान देना आवश्यक नहीं है। किन्तु, भाषण में वह यथार्थ आधारित होना चाहिए, सामाजिक पर प्रभाव डालने के लिए, विश्वसनीय बनाने के लिए, उसमें सत्यांश का होना आवश्यक है। उसकी शिकायत थी कि प्रत्यायन की सीमा तक पहुँचने के लिए कुछ वक्ता (ये वक्ता उसके समसामयिक थे किन्तु उसने इनके नाम नहीं लिये हैं) काल्पनिक वर्णन करने लगते हैं और करते ही जाते हैं मानो कोई काव्य-रचना कर रहे हों तो परिणाम आघातक होता है।[58] तात्पर्य यह कि वक्ता को अपनी सीमा का ज्ञान होना चाहिए।

'मनोवेग संवलित बिम्ब भाषण में उदात्त के स्रोत बनते हैं' सिद्धान्ततः इस स्थापना को स्वीकार किया जा सकता है किन्तु उनका कार्य केवल तथ्यात्मक तर्कों के स्पष्टीकरण तक ही सीमित रहता है इसका उसने कोई प्रमाण नहीं दिया है। कुछ उदाहरणों द्वारा उसने इसकी पुष्टि की होती तो बात समझ में आ सकती थी। उसने जितने भी उदाहरण दिये काव्य से दिये और वे अतिशयोक्तिपूर्ण हैं। उधर दिमोस्थनीज़ की प्रशंसा में वह कह आया था कि उसके भाषणों में इतनी उग्रता, तीव्रता एवं शक्ति होती है मानों वज्रपात हो गया हो या बिजली कौंध गयी हो। और, साथ ही यह भी स्वीकार कर आया था कि उसके जैसे प्रबल उदात्त का उपयोग वहीं होना चाहिए जहाँ श्रोता को एकाएक विस्मित कर देने का लक्ष्य हो। एक सन्दर्भ में विस्मयकारी उदात्त को स्वीकार कर लेना और दूसरे में उसे केवल स्पष्टीकरण तक सीमित रखना पाठक को दुविधा में डाल देता है। यह ठीक है कि उदात्त के लिए संवेग को उसने अनिवार्य नहीं माना है और इसके उदाहरण स्वरूप विशिष्ट अवसरों पर दिये जानेवाले औपचारिक भाषणों को लिया है। ये सामान्यतः भव्य होते हैं, उदात्त भी होते हैं किन्तु संवेगयुक्त भी हों यह आवश्यक नहीं हैं, फिर भी संवेगों का महत्त्व अवश्य है तथा इनका समुचित योग उदात्त का सबसे बड़ा स्रोत है।[59] ऐसे परस्पर विरोधी तर्कों का समाधान उसने कैसे किया होगा हम नहीं जानते, प्रतीत होता है इस बारे में उसका अन्तिम वाक्य लुप्त पृष्ठों में खो गया है। हम केवल इतना कह कर सन्तोष कर लेना चाहेंगे कि यदि होमर तथा प्लेटो में त्रुटियाँ रह सकती हैं तो समीक्षक में क्यों नहीं, इससे उसकी श्रेष्ठता कम नहीं हो जाती।

(ii) **अंतः प्रेरित प्रबल संवेग**–'पेरी हूप्सुस' के किसी भी अध्याय में इस स्रोत पर स्वतन्त्र रूप से चर्चा नहीं हुई है। उपोद्‌घात में मिथ्या भावावेग/शब्दाडंबर पर विचार करते हुए उसने लिखा अवश्य है कि संवेग पर वह अलग से विचार करेगा।[59] किन्तु वे पृष्ठ उपलब्ध नहीं है। फिर भी, अन्य सन्दर्भों से (जिनकी चर्चा हम बीच-बीच में

कर आये हैं) स्पष्ट है कि वह इसे अत्यधिक महत्त्व देता था। उसकी दृष्टि में श्रेष्ठ संवेगों का यदि समावेश किया जाय तो भव्यता का इससे बड़ा स्रोत और कोई हो ही नहीं सकता। इसकी प्रेरणा से जो शब्द निकलते हैं वे लगभग दैवाविष्ट स्थिति में स्फुरित शब्दों के समान होते हैं।[60] यही मत सुकरात और प्लेटो का भी था। सिद्धान्ततः इसे प्रतिपादित करने के अतिरिक्त भी उदात्त के उसने जितने उदाहरण दिये हैं उनमें प्रबल संवेग सन्निहित है और उनकी व्याख्या में उसने सिद्ध भी किया है कि सामाजिक पर इनका प्रभाव भावावेग के कारण ही पड़ता है।

(iii) **अलंकार-योजना**—सोलहवें अध्याय से ले कर उनतीसवें अध्याय तक, अर्थात् प्रबन्ध के एक तिहाई में अलंकारों का अनेक विध विवेचन हुआ है। इससे अनुमान लगाया जा सकता है कि शिल्प के अन्तर्गत इन्हें वह कितना महत्त्व देता था। उसकी स्थापना है कि अलंकार उदात्त के नैसर्गिक सहयोगी हैं,[61] पर, इतना ध्यान अवश्य रखा जाना चाहिए कि इनका उपयोग अवसरानुकूल हो, विशिष्ट प्रयोजन के लिए हो तथा उचित पद्धति से हो।[62] उन दिनों एक सामान्य धारणा यह थी कि इनके माध्यम से वक्ता सामाजिक को फँसाने के लिए जाल बिछाता है, उसका कोई दोष है जो वह छिपाना चाहता है। और, कुछ विशिष्ट व्यक्तियों को सम्बोधित करते हुए तो इनका प्रयोग नहीं भी होना चाहिए। इसलिए, यह उक्ति प्रचलित हो गयी थी कि अलंकार का सौन्दर्य उसके छिपे रहने में ही है। इस पृष्ठभूमि में हमारे लेखक का मत है कि अलंकारों का प्रयोग भी करना हो और सामाजिक को शंका से दूर भी रखना हो तो इसका एक ही उपाय है कि उसमें उदात्त एवं संवेग का पुट हो। इनसे दीपित अलंकार किसी भी संशय-जाल को छिन्न-भिन्न कर सकता है। इसके उदाहरणस्वरूप उसने दिमोस्थनीज़ के भाषण से एक वाक्य लिया है—"मैराथन में अपनी जान की बाज़ी लगानेवालों की क़सम तुमने कुछ भी ग़लत नहीं किया है।"[63] सामान्यतः, भगवान् के नाम पर शपथ ली जाती है। दिमोस्थनीज़ ने मैराथन में जान की बाज़ी लगानेवालों के प्रति श्रद्धाभाव दिखलाने के लिए उन्हें देवत्व प्रदान किया है, या कहें उन्हें देवता ही बना दिया है। उनके नाम पर शपथ लेने की यही ध्वनि है। यह वाक्य न्यायमूर्तियों के सामने कहा गया था, वक्ता उनके मन में मैराथन के वीरों के लिए पूज्य भाव जगाना चाहता था। प्रसंग को देखते हुए इस वाक्य की अलंकार योजना सभी दृष्टियों से उचित है। इसी तरह काव्य में भी संवेग एवं उदात्त तत्त्व से युक्त वर्णन सामाजिक को अपने मन के अधिक निकट प्रतीत होता है।

ऐसी ही टिप्पणी उसने अठारहवें अध्याय में प्रश्नोत्तर अलंकार के उदाहरणों पर भी की है। यह अलंकार यथार्थ के माध्यम से शक्ति का संचार करता है। विशेष अवसरों पर संवेगधारा में बहते हुए वक्ता जब स्वयं प्रश्न करता है, फिर स्वयं ही

उत्तर देता है तो उसी प्रवाह में सामाजिक भी बहने लगता है। उसे विश्वास होने लगता है कि जो कुछ कहा जा रहा है अवसर को देखते हुए तत्काल कहा जा रहा है। कृत्रिमता की शंका न होने के कारण प्रत्यायन और सरल हो जाता है।

अलंकारों के विवेचन में लेखक ने मुख्यतः उन्हीं अलंकारों का चयन किया है जिनसे शैली में उत्कृष्टता आ सकती है, केवल वचन भंगिमा के उदाहरण देना उसका उद्देश्य नहीं था। भाविक अलंकार को हम यहाँ विशेष रूप में लेना चाहेंगे। इसके अन्तर्गत भूत अथवा भावी व्यापारों को वर्तमान काल में वर्णित किया जाता है। अति सामान्य अलंकार होते हुए भी इसकी उपादेयता दो प्रकार से सिद्ध होती है। एक, वक्ता घटना विशेष को महत्त्व देना चाहता है; दो, घटना को लगभग अपने सामने देख कर सामाजिक संवेग की ऊष्मा को निकटता से अनुभव करने लगता है।[64] ऐसी ही अनुभूति अन्ततः उदात्त का स्रोत बनती है। कुछ ऐसा ही प्रभाव तब उत्पन्न होता है जब अन्य पुरुष द्वारा कहा गया वाक्य उत्तम पुरुष के वाक्य में बदल दिया जाता है। सामाजिक यह अनुभव करने लगता है मानों वक्ता आवेग में आ कर यह भूल कर बैठा है और फिर स्वयं आवेग के प्रभाव में आ जाने के कारण वक्ता की भूल की उपेक्षा कर देता है।[65] अन्त में, पर्यायोक्ति अलंकार के सम्बन्ध में कुछ व्यावहारिक सुझाव दे कर वह इस विषय को समाप्त कर देता है।

लाक्षणिक प्रयोग और अलंकार-योजना सजातीय विषय हैं जिससे इनका विवेचन भी इसी खण्ड में होना चाहिए था। किन्तु उसने इन्हें वाक्सरणि के साथ रखा है। वहीं उत्प्रेक्षा अलंकार पर भी विचार किया है। प्रतीत होता है, इन्हें शिल्प के घटक मान लेने के कारण इनके बीच उसने कोई विभाजक रेखा नहीं खींची है।

(iv) **वाक्सरणि**–विचार एवं उसकी अभिव्यक्ति में अन्योन्याश्रयी सम्बन्ध है। उपयुक्त एवं भव्य शब्दों में श्रोता को आकर्षित करने की असीम शक्ति होती है इसलिए सभी लेखकों/वक्ताओं का उन पर अधिकार करने के लिए प्रयत्नशील होना स्वाभाविक है। इनसे शैली में अनोखी चमक, भव्यता तथा गरिमा आ जाती है। इस सम्बन्ध में यह उक्ति 'शब्द के प्रकाश में विचार आलोकित हो उठता है"[66] पूर्णतया उचित है। किन्तु, यह उक्ति तभी सार्थक होती है जब शब्द औचित्य की कसौटी पर कसा गया हो। इस संक्षिप्त भूमिका के साथ लेखक प्रस्तुत विषय पर अपने व्यावहारिक सुझाव देता है। इनमें उसका अधिक बल दैनंदिन भाषा के लाक्षणिक प्रयोगों/रूपकों पर है। उसका तर्क है कि आलंकारिक भाषा के स्थान पर जब किसी मुहावरे का प्रयोग होता है तो सामाजिक उसे तत्काल पहचान लेता है और उससे जुड़े समग्र प्रसंग को आत्मसात् कर लेता है। इस तरह, वक्ता के शब्दों और सामाजिक की अनुभूति में तादात्म्य सम्बन्ध स्थापित हो जाता है। ऐसे वाक्य/वाक्यांश कभी थोड़े सुरुचिहीन भी हो सकते हैं किन्तु उनकी अभिव्यंजना शक्ति इतनी प्रबल होती

है कि इस दोष पर किसी का ध्यान जाता ही नहीं।[67]

रूपकों के प्रयोग पर लेखक ने सीसिलियस और पूर्वजों द्वारा प्रतिपादित नियम पर आपत्ति जतायी है। उनकी धारणा, सम्भवतः, यह थी कि अधिक अलंकारों के प्रयोग से शैली में बनावटीपन आ जाता है और सामाजिक को उस पर विश्वास करना कठिन हो जाता है। अथवा, यह भी हो सकता है कि अलंकारों की चकाचौंध में कथ्य की विशेषताओं पर उसका ध्यान ही न जाय। इसलिए, वे अलंकारों की संख्या दो या अधिक से अधिक तीन रखने के पक्ष में थे। लोंगिनुस के अनुसार अलंकारों की संख्या का आधार औचित्य होना चाहिए। जैसे, भावशबलतापूर्ण अंश में अथवा जब वक्ता अपने भीतर भावोद्रेक अनुभव कर रहा हो तो अलंकारों की बाढ़ आ जाना स्वाभाविक है, इसे किसी भी तरह अनुचित नहीं कहा जा सकता। यहाँ, वह फिर से दिमोस्थनीज़ को अपना आदर्श मानता है। उसके भाषण के एक अंश पर उसकी टिप्पणी है[68]—वक्ता के क्रोध की आँच में रूपकों का बाहुल्य यहाँ धुँधला गया है। औचित्य ऐसा नियम है जिसका विचार न किये जाने पर कोई भी अलंकार अथवा लाक्षणिक प्रयोग या तो व्यर्थ हो जाता या फिर विपरीत प्रभाव डालता है। यह सिद्ध करने के लिए उसने उपमा और अतिशयोक्ति अलंकार विशेष रूप से लिये हैं। दुर्भाग्य से उपमा का विवेचन करनेवाले पृष्ठ खो गये हैं किन्तु उस क्षति की पूर्ति कुछ अंश तक अतिशयोक्ति के विवेचन से हो जाती है। अतिशयोक्ति के प्रभाव से सभी परिचित हैं इस कारण से इसके अत्यधिक विस्तार में उलझ जाना उसके विवेचन का ऋण पक्ष है। फिर भी यह अवश्य कहा जा सकता है कि लेखक अपनी अवधारणाओं के प्रति आश्वस्त था और उन्हें विविध उदाहरणों की कसौटी पर कसने का साहस भी रखता था।

(v) **पद-योजना/संरचना**—पद-योजना और संरचना को पर्यायवाची कहना प्रथम दृष्टया विचित्र प्रतीत होता है। इसका औचित्य प्रबन्ध में कहीं व्याख्यायित नहीं है। इससे सम्बन्धित जो पृष्ठ खो गये हैं उनमें क्या लिखा होगा हम नहीं जानते, उपलब्ध पृष्ठों में इनकी जो व्याख्या की गयी है उसमें शब्द के उच्चरित रूप को विचारार्थ लिया गया है। इस पृष्ठभूमि में उसकी स्थापना है कि शब्द का उच्चरित रूप भी उतना ही महत्त्वपूर्ण है जितना उसका अर्थ। 'ताल के प्रभाव' पर विचार करते हुए उसने ओबो (शहनाई के आकार का एक वाद्य) से निकलनेवाले स्वरों को उदाहरणस्वरूप लिया है। इन स्वरों का कोई अर्थ नहीं होता फिर भी इन्हें सुन कर श्रोता का मन विशिष्ट भावों से भर उठता है, वह अनुभव करता है मानों इनके वशीभूत हो गया है। कभी-कभी उसकी ताल पर वह थिरकने भी लगता है। ताल को आत्मसात् करने की शायद यही पद्धति है। विभिन्न स्वर-लहरियों के मिश्रण से श्रोता की आँखें नाना प्रकार के बिम्ब देखने लग जाती हैं। इससे अनुमान लगाया

जा सकता है कि सार्थक शब्दों (जो मनुष्य के नैसर्गिक साधन हैं) में यदि स्वर-मैत्री भी हो तो वे कानों से होते हुए सामाजिक की आत्मा में कितनी गहरी पैठ बना लेंगे। शब्दों में स्वर-संगति शब्दों और विचारों से जुड़ी नयी-नयी अवधारणाओं को जन्म देती है, हमारे अन्तस में नया सौन्दर्य, नया संगीत प्रकाशमान हो उठता है। इसी स्वर-संगति से वक्ता के मनोवेग श्रोताओं तक सम्प्रेषित होते हैं जिससे वे भी उनमें प्रतिभागी बनते हैं। शब्दों में परस्पर स्वर-सम्बन्ध वह आधार है जिस पर विचारों का भवन खड़ा होता है। ताल को लोंगिनुस ने स्वर-संगति के अर्थ में ग्रहण किया है और उसकी मान्यता है कि यह प्रत्यायन और आनन्द दोनों का सहज साधन है। इसी से व्यक्ति और उसके विचार दोनों का उन्नयन होता है, वे भव्य, गरिमामय एवं उदात्त बनते हैं।[69] इसके बाद दिमोस्थनीज़ से एक उद्धरण लेकर उसने सिद्ध करने का प्रयास किया है कि इसका समग्र प्रभाव जितना उदात्त विचार पर निर्भर करता है उतना ही स्वर-सामंजस्य पर भी निर्भर है।[70] सम्पूर्ण अंश में विशिष्ट डैक्टिल (भगण = S11) ताल को अपनाया गया है। इस गण पर आधारित छन्द वीर रस के लिए सर्वाधिक उपयुक्त माना जाता है। यही कारण है कि यह अंश इतना श्रेष्ठ, इतना गरिमामय बन गया है।

उपर्युक्त उदाहरण यह संकेत दे रहा है कि पद-योजना और संरचना को वह इसलिए एक मान रहा है क्योंकि उसके अनुसार एक वाक्य में बैठायी गयी स्वर-संगति यदि सम्पूर्ण रचना में अंतः सूत्र की भाँति व्याप्त हो तो इससे उत्पन्न भव्यता एवं गरिमा उदात्त का स्रोत बनती है। लेखक/वक्ता यदि इस प्रकार की पद-योजना का अभ्यास कर लें तो वे उतने ही ऊँचे उठ सकते हैं जितने कि जन्मजात प्रतिभासम्पन्न लेखक/वक्ता।

3.6.9 उदात्त के अपकारक[71]

सामंजस्य संरचना का धन पक्ष है किन्तु इसका अभीष्ट प्रभाव कुछ सावधानियों की अपेक्षा रखता है। इसमें हुई असावधानी उदात्त का अपकारक कारण बन सकती है। ऐसे कारणों में सबसे पहला है कृत्रिम और असंगत ताल। इसके द्वारा, वस्तुतः, वह उन तालों की ओर संकेत कर रहा है जो आवश्यकता से अधिक उत्तेजक हैं अथवा शिथिल। दोनों ही स्थितियों में यह दोष है क्योंकि सामाजिक का ध्यान भाषण के वैचारिक पक्ष से हट कर इन तालों में उलझ कर रह जाता है। यदि उसका ध्यान उदात्त के स्रोतों पर ही नहीं जायगा तो उदात्त का अस्तित्व भी कहाँ रहेगा।

इसी से मिलता-जुलता दूसरा दोष है वाक्यांशों का अत्यधिक संघट्टित होना या अलग-थलग प्रतीत होना। ऐसी स्थिति में भी सामाजिक का ध्यान विचारों की ओर से हट जाता है। इसी क्रम में तीसरा दोष है अत्यधिक संक्षिप्तता या बहुत अधिक

विस्तार। यहाँ सामाजिक विचारों को खोजता रह जाता है, उसे न विचार मिलते हैं न उदात्त।

अपकारकों में अन्तिम दोष है निम्नस्तरीय वाक्‌सरणि। इसके उसने दो उदाहरण दिये हैं। दोनों में उसने दरशाया है कि कैसे अशोभनीय अथवा अमर्यादित शब्दों का प्रयोग पूरे अनुच्छेद का प्रभाव नष्ट कर देता है। लेखक की दृष्टि सदैव श्रेष्ठ विचारों एव उदात्त पर रहनी चाहिए, और यदि कभी अशोभनीय कहना ही पड़े तो उसके लिए भी उचित शब्दावली का प्रयोग करना चाहिए। इसके लिए उसे प्रकृति से मार्गदर्शन लेना चाहिए। मनुष्य के शरीर में सभी कुछ शोभनीय नहीं है किन्तु उसके लिए स्थान निश्चित है। अंगांगी सम्बन्ध को ध्यान में रखते हुए यदि पूरे शरीर पर दृष्टि डालें तो सौन्दर्य–अंगी का समग्र प्रभाव–में कोई न्यूनता नहीं दिखलायी पड़ती। शरीर के उपयोगिताश्रयी मूल्य और रूपाश्रयी मूल्य में जो सन्तुलन है उसी को रचना में भी लाने का आग्रह लेखक ने किया है। आभिजात्य कला में यह सन्तुलन स्वतः स्फूर्त था, लोंगिनुस ने उसे प्रतिमान मान कर इसके नियम निर्धारित कर दिये। यह आभिजात्योन्मुखी दृष्टि थी जिसने उसकी कृति को मूल्यवान् बना दिया।

3.6.10 कल्पना : रचनाधर्मी मूल्य

लोंगिनुस ने अपनी सौन्दर्यशास्त्रीय अवधारणा में मुख्यतः कल्पना तत्त्व पर बल दिया है। होमर और सैफ़ो से उदाहरण देते समय उसने उनकी भव्य कल्पना को उजागर करने का प्रयत्न किया है। जैसे हीरा (सबसे बड़े देवता ज़्यूस की पत्नी) के घोड़ों की तीव्र गति का चाक्षुष बिम्ब उभारते हुए वह दिखलाता है कि भीषण गर्जना करनेवाली टापों से वे कैसे एक ही चौकड़ी में पूरा सागर नाप लेते हैं। इस गत्यात्मक चित्र से पाठक कल्पना करने लगता है कि ये घोड़े तो दो ही चौकड़ियों में पूरी दुनिया नाप लेंगे। उदाहरण चुनते समय लेखक की दृष्टि केवल उन्हीं पर टिकी है जिनमें विराट् कल्पना सामाजिक को आह्लाद से अभिभूत कर देती है। यहूदियों की 'सृजन' पुस्तक से लिया गया उदाहरण देखिये–"भगवान् ने कहा 'प्रकाश हो' और प्रकाश हो गया।" यह कल्पना विह्वल कर देनेवाली है और आलोचकों का ध्यान वह इसी ओर आकर्षित करना चाहता है। इन उदाहरणों की भव्यता में भय मिश्रित सौन्दर्य है जिसके लिए अंग्रेजी में 'ऑ' शब्द का प्रयोग होता है।

लेखक इस अभिस्वीकृति से प्रेरित है कि प्रत्येक वस्तु में कुछ घटक उसके मूल तत्त्व को निर्धारित करनेवाले होते हैं। इन्हीं इकाइयों की सुखद समन्विति साहित्य में भव्यता का आधार बनती है। यह बात ध्यान देने की है कि कल्पना को मन की अवधारणा के अर्थ में वह भले ले रहा हो किन्तु उपर्युक्त दोनों प्रक्रियाओं–कुछ

घटकों को मूल तत्त्व के रूप में देखना तथा उनमें समन्विति स्थपित करना—के सन्दर्भ में उसने 'काल्पनिक' शब्द का प्रयोग नहीं किया है। अर्थात्, वह इनमें कल्पना की भूमिका नहीं देख रहा था। उन दिनों कल्पना का जो अर्थ लिया जाता था उसके अनुसार इसका मुख्य कार्य था अत्यन्त यथार्थवादी शैली में प्रतिरूपण (रीप्रेजेंटेशन = पुनः प्रस्तुतीकरण)। इसमें वर्णित वस्तु (प्रमेय) के प्रति कवि (प्रमाता) का तीव्र संवेग भी सम्मिलित माना जाता था क्योंकि इसी की प्रेरणा से वह उसे सामाजिक के सम्मुख चाक्षुष बिम्ब के रूप में प्रस्तुत करने के कार्य में प्रवृत्त होता है। दूसरे शब्दों में कल्पना बाह्य जगत् के अंतः दर्शन की क्रिया थी।[72] इसी को हम बिम्ब-विधान कह आये हैं। इससे शैली भव्य एवं प्रभावशाली बनती है। यद्यपि वक्तृत्व और काव्य में इसके प्रयोजन भिन्न होते हैं (एक में स्पष्टता लाना दूसरे में विस्मय जगाना) किन्तु अन्ततः यह सामाजिक के मनोवेग को उद्दीप्त करने का कारण बनती है। इस तहर यह प्रक्रिया आवेग से आरम्भ होती है और उसी में समाप्त होती है।

काव्य के सन्दर्भ में कल्पना का अनुकरणात्मक कार्य हमारे लेखक को सन्तुष्ट नहीं कर पा रहा था। वह देख रहा था कि तत्कालीन लेखक यथार्थवादी प्रतिरूपण तक सीमित रह जाने के कारण कोई महान् रचना नहीं कर पा रहे थे। इसका एक कारण हम यह भी समझते हैं कि उस काल में लेखक काव्य को वस्तुतः भाषणशास्त्रीय चश्मे से देखने लगे थे जबकि आभिजात्य युग में भाषिकी का अध्ययन काव्य के परिप्रेक्ष्य में किया जाता था। दृष्टिकोण में आया यह अन्तर काव्य के लिए घातक सिद्ध हो रहा था। लोंगिनुस इस स्थिति को उलट देना चाहता था। इसलिए, 'कल्पना' के अर्थ का विस्तार करते हुए तथा अन्तस की उद्भावना शक्ति पर अधिक बल देते हुए कतिपय उदाहरणों (इन उदाहरणों के लिए देखिए अ.15.2-6) के प्रकाश में उसने यह दरशाने का प्रयास किया है कि कल्पना वास्तव में नये संसार की रचना करने की शक्ति है, यह अरूप सत्यों को रूप प्रदान करती है। इसका कार्य विराट् बिम्बों की उद्भावना कर एक ऐसे लोक का निर्माण करना है जो गोचर यथार्थ जितना ही विश्वसनीय हो तथा सामाजिक में उसी तरह के भावावेग ज्गा कर उसकी आत्मा का उन्नयन करने की क्षमता रखता हो। यह एक क्रान्तिकारी दृष्टि थी। इस सम्बन्ध में एटकिन्स ने ठीक ही लिखा है कि कल्पना सम्बन्धी पारिभाषिक शब्दावली या फिर परिभाषा आदि गढ़ने का काम भले ही आधुनिक युग ने किया हो किन्तु लोंगिनुस पहला काव्यशास्त्री है जिसने इसके रचनाधर्मी मूल्य को महान् कवियों की रचनाओं में पहचाना और सिद्धान्त रूप में स्थापित किया।[73]

कल्पना को सैद्धान्तिक रूप प्रदान करने के साथ-साथ लेखक ने इस प्रश्न को भी लिया है कि क्या कवि में यह शक्ति आजीवन बनी रहती है? इसका उत्तर

देने के लिए उसने होमर के दोनों महाकाव्यों की तुलना की है। नवें अध्याय का उत्तरांश इसी तुलना को समर्पित है। इसके निष्कर्षों से आज हम भले ही सहमत न हों किन्तु यह अध्ययन अपने आप में रोचक अवश्य है। दूसरे, इसके द्वारा हम उसकी उपपत्ति को समझना चाहते हैं, मूल्यांकन करना हमारा लक्ष्य नहीं है।

अपने निष्कर्ष तक पहुँचने के लिए पहले वह इलियद से युद्ध के वर्णन का एक अंश लेता है, फिर इसकी तुलना ओदिसी की कहानी सुनाने की शैली से करता है। दोनों में दिखलायी पड़नेवाले अन्तर से वह निष्कर्ष निकालता है कि इलियद का वर्णन झंझावात बन कर पाठक के मन को झकझोर जाता है जबकि ओदिसी में वह ट्रॉय के युद्ध के वीरों को श्रद्धांजलि सा अर्पित करता प्रतीत होता है, मानों यह इलियद का उपसंहार है। उसकी कहानी सुनाने की शैली में कल्पना शक्ति के ह्रास के लक्षण (जिसका कारण वह वृद्धावस्था मानता है) स्पष्ट दिखलायी देते हैं। लगता है वह इलियद में रची गयी कहानी के बचे-खुचे प्रसंगों को किसी तरह जोड़-जाड़ कर नये नाम की सार्थकता सिद्ध कर रहा है। सान्ध्यकाल का सूरज आकार में उतना ही होता है किन्तु तेज का अंश घट जाता है। ओदिसी में कहाँ है वह भावों का अम्बार, वह प्रचुर बिम्ब-विधान, वह यथार्थ। लगता है जैसे ज्वार भाटे में बदल गया है। उसमें मिथक हैं, पर्याप्त मात्रा में हैं, किन्तु उनमें यथार्थ की वह विश्वसनीयता नहीं है। यह परिणाम है वृद्धावस्था में रचना शक्ति/कल्पना के क्षीण हो जाने का।

'वृद्धावस्था में होमर की कल्पना शक्ति क्षीण हो गयी थी' इस उपपत्ति को लेखक ने उसी के सन्दर्भ में परखा है। किसी अन्य लेखक पर घटा कर न देखने के कारण यह कहना कठिन है कि वह इसे सामान्य रूप देना चाहता था या नहीं। अतः, इससे सम्बन्धित हमारा निष्कर्ष भी सीमित है कि कल्पना काव्य में उदात्त का प्रधान स्रोत है, उसके जन्मजात या अर्जित भी होने का प्रश्न अलग है। एटकिन्स ने इस अंश को ऐतिहासिक समीक्षा[74] के अन्तर्गत रखा है केवल इस आधार पर कि इसमें कवि के जीवन की परिस्थितियों के परिप्रेक्ष्य में काव्य के गुण-धर्मों को परखा गया है। हम इसे अत्यन्त सीमित अर्थ में जीवनवृतान्तीय आलोचना कहना चाहेंगे। अंग्रेज़ी में इस तरह की आलोचना को ड्राइडन और जॉन्सन के कारण विशेष ख्याति मिली है। इस कोण से उपर्युक्त उपपत्ति को देखें तो लोंगिनुस को जीवनवृत्तान्तीय आलोचना का जनक कहना अत्युक्ति नहीं होगी।

3.6.11 समीक्षक लोंगिनुस

'पेरि हूप्सुस' में लेखक ने जैसे सैद्धान्तिक समीक्षा के विवेचन में स्वतन्त्र चिन्तन का परिचय दिया है वैसे ही तुलनात्मक समीक्षा और व्यावहारिक समीक्षा में भी अपनी अलग पहचान बनायी है। तुलनात्मक पद्धति को किन्हीं निष्कर्षों तक पहुँचने का

साधन उसने अवश्य बनाया है किन्तु इसके अन्तर्गत लेखकों के विशिष्ट गुणों पर जो दृष्टि डाली है उसका अपना चरित्र है। इसकी मुख्य विशेषता है बहुआयामी विस्तार। इससे हमारा तात्पर्य है कि तुलना करने के लिए दो कवि/वक्ता लिये जाते हैं तो उनमें दीख पड़नेवाले साम्य-वैषम्य पर विचार करते समय उन परिस्थितियों पर भी विचार किया जाता जिनमें उनकी कृतियों ने जन्म लिया। इस पृष्ठभूमि में देश-काल मुख्य विषय होता है। जैसे, दो लेखक यदि एक ही देश-काल के हैं तो यह समीक्षा सबसे सीमित है। इसके विस्तार के लिए दो अलग-अलग कालों या विभिन्न भू-क्षेत्रों से आनेवाले लेखकों को साथ-साथ रखा जा सकता है। यह भी देखा-परखा जा सकता है कि दो संस्कृतियों में पले-बढ़े, अलग-अलग भाषाओं को बोलनेवाले कैसे एक ही विचार, एक ही लक्ष्य से प्रेरित हो सकते हैं। कवियों में दूरियाँ चाहे जिन कारणों से हों उन्हें साथ-साथ रख कर समीक्षक यही दिखलाने का प्रयास करता है कि देश-काल की दूरियाँ रहते हुए भी रचनाधर्मिता के बिन्दु पर दो महान् लेखक एक दूसरे के निकट आ जाते हैं। इसका कारण होता है समान विचारों से प्रेरित होना और समान लक्ष्य के लिए प्रयासरत होना। फिर कुछ बिन्दु ऐसे भी होते हैं जो देश-कालबद्ध नहीं होते, जहाँ तरप-तमप का भेद बना रहता है। उन्हीं के आधार पर रचनाओं का मूल्यांकन करते हुए कोटिक्रम का निर्धारण होता है।

हमारे लेखक का अध्ययन व्यापक था, उसने अनेक आयामों को समेटते हुए तुलनात्मक समीक्षा के श्रेष्ठ उदाहरण प्रस्तुत किये हैं। होमर ने महान् नायकों के चरित्र को प्रस्तुत करने के लिए अन्धकार और प्रकाश की विश्वव्यापी स्थिति का आश्रय लिया है। यहाँ, अन्धकार और प्रकाश प्रकृति द्वारा निर्धारित क्रम में नहीं रखे गये हैं, वे ज़्यूस की शक्ति का बोध करानेवाले हैं। इस विश्वव्यापी धुन्ध और उसमें छटपटाते एजैक्स के मनोभावों की तुलना वह यहूदियों की 'सृजन' पुस्तक में आये इस वाक्य से करता है—"भगवान् ने कहा 'प्रकाश हो' और प्रकाश हो गया; 'पृथ्वी हो' और पृथ्वी बन गयी।"[75] बिम्ब की विशालता कवि की कल्पना-शक्ति का आभास कराती है। यह शक्ति यदि यूनान के होमर में हो सकती है तो 'सृजन' की रचना करनेवाले यहूदी में भी हो सकती है। दोनों में आठ सौ वर्षों का अन्तराल है, देश की दूरी भी है और संस्कृति की भी। भेद के इतने आधार रहते हुए भी दोनों समान लक्ष्य से प्रेरित होने के कारण एक जैसा बिम्ब-विधान प्रस्तुत करते हैं।

प्रबन्ध का दसवाँ अध्याय तुलनात्मक समीक्षा की दृष्टि से सर्वाधिक महत्त्वपूर्ण है। इसमें लेखक ने एक साथ चार कवियों से उदाहरण देकर उनमें साम्य-वैषम्य दरशाते हुए तरप-तमप का भेद भी किया है। आरम्भ करता है वह सैफ़ो के गीत से जिसका विषय है प्रेमोन्माद। इस पर उसकी टिप्पणी है कि कवयित्री ने प्रेम में आकण्ठ डूबी नायिका के थोड़े से क्रिया-कलापों को लिया है और उनमें समन्विति

स्थापित की है। इनमें तन-मन की चेष्टाएँ एक हो गयी हैं। सुनना, बोलना, देखना और स्पर्श करना अल-अलग इन्द्रियों के कार्य हैं किन्तु उसे ऐसा प्रतीत होता है मानों उसकी इन्द्रियाँ कहीं खो गयी हैं और वह उन्हें खोजने में लगी है। इस विचित्र स्थिति में कभी वह पसीने से भीग जाती है, कभी ठण्ड से काँपने लगती है तो कभी भय से पीली पड़ जाती है और मरण-दशा तक पहुँच जाती है। यह भावशबलता का उदाहरण है। सामान्यतः सभी प्रेमी समय-समय पर इन संवेगों का अनुभव करते हैं किन्तु सैफ़ो ने उन्हें एक काल में एकत्र कर ऐसी समन्विति स्थापित की है कि पाठक भावों के तीव्र वेग में बह जाता है।[76] इसकी तुलना होमर की उन पंक्तियों से की जा सकती है जिनमें वह अत्यन्त प्रलयंकारी झंझावातों का बिम्ब प्रस्तुत करता है। इस तुलना का आधार है दोनों का भावों को चरम सीमा तक उभारने के लक्ष्य से प्रेरित होना। आगे वह होमर की तुलना एरिमास्पिया से भी करता है। वहाँ, उसका निष्कर्ष है कि प्रथम में भावावेग है, चित्त विस्फारित करनेवाला 'ऑ' है, द्वितीय (एरिमास्पिया) में भाषा-प्रयोग की स्वच्छता है भावशबलता नहीं। पाठक इनको पढ़ते समय उद्वेलित नहीं हो पाता। इन टिप्पणियों के अन्त में वह एक ही निर्णय पर पहुँचता प्रतीत होता है कि सामाजिक का हृदय यदि भावशून्य अवस्था में रह जाय तो मान लेना चाहिए कि काव्य में उदात्त तत्त्व नहीं है।

दिमोस्थनीज़ और सिसरो की तुलना से भी लगभग यही निष्कर्ष निकाला गया है। सिसरों के भाषणों में आग है पर ऐसी जो चारों ओर एक जैसी लगी हुई है। उसमें ठहराव है, उसमें समय-समय पर हवि-द्रव्य डालना पड़ता है। उधर, दिमोस्थनीज़ ऐसी ज्वाला है जो इतनी तीव्रता से फैलती है कि किसी को सँभलने का अवसर ही नहीं मिलता। उसके द्वारा जगाये जानेवाले संवेगों का आभास कराना हो तो उनकी तुलना बिजली की चमक या वज्रपात से की जा सकती है। इस स्थिति को स्पष्ट करने के लिए उसने कुछ और उदाहरण भी लिये हैं। इनमें से सोफ़ोक्लीज़ से सम्बन्धित टिप्पणी संक्षिप्त होते हुए भी तुलना को नये ढंग से प्रस्तुत करती है। प्रसंग है त्रुटिहीन निर्दोष शैली में लिखी गयी साधारण कृति और कुछ दोषों के रहते हुए महान् कृति की तुलना का। इसके अन्त में उसका निर्णायक वाक्य है[77]—"आयन की समस्त रचनाएँ यदि एक साथ रख दी जायँ तो भी वे [सोफोक्लीज़ के] एक नाटक 'ईदिपुस' की समानता नहीं कर सकतीं।" प्रतीत होता है यह लिखते समय उसके मानस-पटल पर 'मेंढक' नाटक का वह दृश्य था जिसमें एस्खिलुस युरिपिदीज़ को इसी तरह की चुनौती देता है।[78] इस एक वाक्य में तुलनात्मक एवं निर्णायक समीक्षा का संयुक्त रूप बीज बन कर समाया हुआ है।

सैद्धान्तिक समीक्षा की भाँति ही व्यावहारिक समीक्षा में भी लोंगिनुस की विशिष्ट पद्धति के दर्शन होते हैं। इसका स्रोत एशियाई समीक्षा हो सकता है किन्तु

उस पर उसके स्वतन्त्र चिन्तन की छाप स्पष्ट है। इसे उसके कतिपय निर्णयात्मक सूत्र-वाक्यों में देखा जा सकता है। जैसे, 'दिमोस्थनीज़ अधिक भावुक है, उसकी वाणी में संवेग का उग्र रूप है, भयंकर तीव्रता है" या "प्लेटो में स्थिरता है, गम्भीरता है, भव्यता है, उसमें भावों की तीव्रता नहीं है पर वह भावशून्य नहीं है।"[79] होमर का सच्चा उत्तराधिकारी वह किसी को मानता था तो प्लेटो को। इनसे उसकी स्वतन्त्र दृष्टि का पता चलता है। समीक्षक के रूप में उसकी विशेषता यह रही कि मूल्यांकन की उसने एकाधिक तुलाएँ अपनायी हैं। हम देख आये हैं कि भाषणशास्त्र के अनुकरण पर काव्यशास्त्र में भी कथ्य और अभिव्यक्ति को स्वतन्त्र इकाइयाँ समझने की परम्परा चल पड़ी थी किन्तु उनमें एकत्व स्थापित करने के प्रयास भी लगातार होते चले आ रहे थे। इस दिशा में अरस्तू का प्रयास सर्वाधिक महत्त्वपूर्ण है। हमारे लेखक ने उसी का अनुसरण करते हुए विचार और अभिव्यक्ति में अन्योन्याश्रयी सम्बन्ध माना है।[80] अब, कहने को तो उसने यह कह दिया किन्तु व्यवहार में वह भाषणशास्त्रीय दृष्टि से ही विश्लेषण करता हुआ दिखलायी पड़ता है अन्यथा वह कह ही नहीं सकता था कि कथ्य, विचार एवं भाव की दृष्टि से कोई कवि उदात्त की उच्चतम भूमि से कुछ नीचे रह जाय किन्तु शिल्प, पद-योजना के बल पर श्रेष्ठ कहलाने की योग्यता वह अवश्य प्राप्त कर लेता है।[81] युरिपिदीज़ को वह ऐसा ही कवि मानता था। 'मुझ पर इतनी मुसीबतें आ पड़ी है कि अब मैं एक भी नयी मुसीबत का बोझ नहीं उठा पाऊँगा', उसके नाटक से उद्धृत इस वाक्य पर उसकी टिप्पणी है—"ये शब्द सामान्य है, जब न तब यह उक्ति कही भी जाती है किन्तु अवसरानुकूल प्रयोग ने इसे विशेष बना दिया है और यह उदात्त के निकट पहुँच गयी है।"[82] हमारे लिए यह निर्णय इसलिए महत्त्वपूर्ण है क्योंकि नाटककारों में वह सोफ़ोक्लीज़ को सर्वश्रेष्ठ घोषित कर चुका था (देखिये ईदिपुसवाला प्रसंग)। इस परिप्रेक्ष्य में विचार करें तो उसका मन्तव्य स्पष्ट हो जाता है। इतिहास साक्षी है कि अपने समय की नाट्य स्पर्धाओं में युरिपिदीज़ का उचित मूल्यांकन नहीं हो पाया था किन्तु बाद के नाटककारों पर उसी की छाप सबसे अधिक देखी जाती है। सम्भवतः, इसी के कारणों पर विचार करते हुए हमारा लेखक इस निर्णय पर पहुँचा कि अपनी विशिष्ट वाक्सरणि के बल पर ही बाद के नाटककारों के लिए वह प्रेरणास्रोत बन सका। हमारे मत से उसके चिन्तन का यह द्वैध युगीन प्रभाव के कारण है और उसके काव्यशास्त्र के धन-पक्ष की तुलना में अत्यन्त गौण है। उसके चिन्तन का मूल्यांकन, वस्तुतः उसकी ऊर्ध्व दृष्टि के आधार पर ही हो सकता है।

प्रबन्ध के अन्तर्गत विभिन्न विषयों पर उठायी गयी चर्चाओं से यह बात सामने आती है कि युगीन साहित्य/वक्तृत्व में आये ह्रास का कारण था कवियों/वक्ताओं की रूप आधारित एकपक्षीय दृष्टि। लोंगिनुस रूप-पक्ष को उत्कष्टतर बनाने का समर्थन

तो कर रहा था किन्तु सृजन के केन्द्र में वह अन्तःकरण/आत्मा को अधिक महत्त्व दे रहा था। उसका विश्वास था कि संकुचित मनोवृत्तिवाले लेखक उदात्त साहित्य को जन्म नहीं दे सकते। महान् साहित्य का लक्ष्य यदि चित्त-विस्फार है तो यह शिल्प के सामान्य नियमों की अपेक्षा किन्हीं उच्चतर सिद्धान्तों के पालन द्वारा ही सम्भव है। उस समय लेखक/वक्ता केवल दो प्रयोजनों पर दृष्टि जमाये हुए थे—सामाजिक को आनन्द प्रदान करना या उसका विश्वास अर्जित करना। उसने इनके स्थान पर स्व-प्रकृति के उन्नयन, भावजगत् के उत्कर्ष को स्थापित किया, और, यह भी स्थापित किया कि इस प्रयोजन की सिद्धि के लिए जिस विराट् बिम्ब-विधान की आवश्यकता है उसकी उद्भावना करना ही कल्पना का मुख्य कार्य है। ऐसी कल्पना का अधिकारी कवि/वक्ता जो रचना करता है वह देश-काल की सीमा लाँघ कर पूरे विश्व की धरोहर बन जाती है। चिन्तन की यह दिशा उसे आभिजात्ययुगीन साहित्य के अध्ययन से मिली थी। उसके प्रतिमान होमर, प्लेटो, पिन्दर, दिमोस्थनीज़ थे। इसलिए, निर्णायक स्वर में कहा जा सकता है कि आगमन पद्धति पर आधारित यह आभिजात्योन्मुखी काव्यशास्त्र है और ऐसे काव्यशास्त्रियों में व्यापक कल्पना, उदात्त प्रयोजन तथा दिव्य सौन्दर्य-दृष्टि रखने के कारण वह अलग स्थान का अधिकारी है।

सन्दर्भ एवं टिप्पणियाँ

1. अ. 5.1
2. अ. 15.8
3. अ. 3 और 4 में इन पर विस्तार से चर्चा हुई है।
4. लिटरेरी क्रिटिसिज़्म इन ऐंटिक्विटी, भाग-दो, पृ. 214-15
5. ए. ओ. पिकार्ड की भूमिका, पृ. VI
6. लिटरेरी क्रिटिसिज़्म इन ऐंटिक्विटी, भाग-दो, पृ. 217
7. भूमिका, पृ. XVIII
8. वही, पृ. XIX
9. अ. 3.4
10. अ. 3.5
11. अ. 2.1
12. अ. 6.1
13. अ. 7.4
14. वही
15. लिटरेरी क्रिटिसिज़्म इन ऐंटिक्विटी, खण्ड-दो, पृ. 235
16. अ. 14.1

17. अ. 32.8
18. लिटरेरी क्रिटिसिज़्म इन ऐंटिक्विटी, खण्ड-दो, पृ. 237
19. अ. 33.2
20. वही
21. अ. 9.2
22. अ. 9.6
23. अ. 35.2; 36.1
24. अ. 36.3
25. लिटरेरी क्रिटिसिज़्म : ए शॉर्ट हिस्ट्री, पृ. 108
26. अ. 2.1
27. यूनानी आभिजात्य चिन्तन, पृ. 194-95
28. अ. 2.2
29. अ. 36.4
30. अ. 40.2
31. अ. 1.1
32. अ. 7.2
33. अ. 6.1
34. अ. 9.1
35. अ. 13.2
36. अ. 13.4
37. वही
38. अ. 1.4
39. अ. 1.3
40. अ. 9.1
41. अ. 3.1-4
42. अ. 3.4
43. अ. 3.5
44. अ. 4.5-5.1
45. अ. 15.8
46. अ. 13.2
47. अ. 12.4
48. अ. 7.3-4
49. विस्तृत विवेचन के लिए देखिये 'यूनानी आभिजात्य चिन्तन', पृ. 472 - 73
50. अ. 8.1
51. अ. 9.1
52. अ. 9.3 वर्ड्ज़ विल बी ग्रेट इफ़ थॉट्स आर वेटी। होरेस इस भाव को बहुत पहले व्यक्त कर चुका था। उसने लिखा है–"कवि का अपने विषय पर पूर्ण अधिकार होना चाहिए,

जब ऐसा होगा तो उसे न शब्दों की खोज करनी पड़ेगी न क्रम-व्यवस्था में कोई प्रयोग करना पड़ेगा।" —आर्स पोएतिका, प. 40-41

53. अ. 9.5
54. अ. 11.1
55. अ. 12.1
56. वही
57. अ. 13.4-14.3
58. अ. 15.8-9
59. अ. 3.5
60. अ. 8.4
61. अ. 17.1
62. अ. 16.3
63. अ. 16.2
64. अ. 25.1
65. अ. 27.1
66. अ. 30.2
67. अ. 31.2
68. अ. 32.2
69. अ. 39.1-3
70. अ. 39.4
71. अ. 41.1-43.5
72. अ. 15.1
73. लिटरेरी क्रिटिसिज़्म इन ऐंटिक्विटी, खण्ड-दो, पृ. 241
74. वही, पृ. 243
75. अ. 9.9-10
76. अ. 10.2-3
77. अ. 33.4
78. यूनानी आभिजात्य चिन्तन, पृ. 186
79. अ. 12.3
80. अ. 30-1
81. अ. 40.2
82. अ. 40.3

3.7. आभिजात्य परम्परा का अन्वेषक–क्विंतिलियन
(ई. सन् 35–95)

3.7.1 वक्तृत्वकला : ह्रास के कारण एवं समाधान

मार्कस फ़ेबियस क्विंतिलियनस मूलतः स्पेनवासी था। उसके पिता स्वयं भाषाशास्त्री थे और रोम में कार्यरत थे। अच्छी शिक्षा दिलवाने के लिए पिता ने उसे रोम बुलवा लिया जहाँ रेमियस पैलिमॉन (यह अपने समय का प्रसिद्ध अध्यापक था। व्याकरण पर लिखी इसकी पुस्तक इतनी लोकप्रिय हुई कि बाद के वैयाकरण भी उससे प्रेरणा लेते रहे) के शिष्य के रूप में उसने लातीनी व्याकरण, छन्दशास्त्र और साहित्य का गहन अध्ययन किया। प्रतीत होता है कि भाषणशास्त्र उसके पाठ्यक्रम में मुख्य विषय था क्योंकि इस पढ़ाने के लिए ही वह अपनी जन्मभूमि स्पेन लौटा था। संयोग से गैल्बा ने ई. सन् 68 में सम्राट् बनते ही उसे रोम बुला लिया, फिर जीवन पर्यन्त वह वहीं रह गया।

भाषणशास्त्र के अध्यापक के रूप में जितनी ख्याति क्विन्तिलियन को मिली उतनी किसी को नहीं मिली। बीच-बीच में यद्यपि वह कचहरियों में भी मुकद्दमे लड़ता रहा पर मुख्य कार्य उसका अध्यापन ही रहा, यहाँ तक कि राजपरिपार के बच्चों को पढ़ाने का उत्तरदायित्व भी उसी पर था। कहा जाता है कि वेस्पेज़ियन जब सम्राट् बना तो उसने भाषणशास्त्र की स्वतन्त्र पीठ स्थापित की जिस पर सबसे पहले नियुक्ति क्विंतिलियन की हुई थी। उसका वेतन राज-प्रशासन देता था।[1]

प्रतीत होता है वक्तृतवकला की जैसी दुरवस्था सिसरो से पहले थी वैसी ही अब फिर हो गयी थी। उस समय की स्थिति तो समझी जा सकती है क्योंकि तब तक लातीनी में इसकी कोई पुष्ट परम्परा तैयार नहीं हो पायी थी। सामान्यतः किसी के अन्तिम संस्कार के अवसर पर औपचारिक भाषण देने की प्रथा थी जिसमें उसकी प्रशंसा ही की जाती रही होगी। किन्तु, धीरे-धीरे परिस्थितियाँ अनुकूल होने पर भी इस कला का समुचित विकास क्यों नहीं हो पाया इसकी ठीक-ठीक जानकारी नहीं मिलती। इसलिए, सिसरो ने इस सम्बन्ध में जो किया वह बड़ा काम था। संयोग से उसके समकालीनों में ऐसे परिपक्व वक्ता थे जिनके भाषणों से उसे भी मार्गदर्शन मिला और यह सम्भावना बनी कि उनके द्वारा स्थापित पुष्ट भाषण-परम्परा कम

से कम ईसा की पहली शताब्दी तक पुष्टतर होती जायगी। पर ऐसा नहीं हो पाया और स्थिति फिर पहले जैसी हो गयी।

वक्तृत्व की शोचनीय स्थिति को देखते हुए क्विंतिलियन जैसे जागरूक वक्ता के लिए उस पर विचार करना स्वाभाविक था। अपने चिन्तन को उसने प्रबन्ध का रूप दिया जिसका शीर्षक था 'वक्तृत्वकला के भ्रष्ट होने के कारण।' अब यह कृति उपलब्ध नहीं है किन्तु इधर-उधर की टिप्पणियों से अनुमान लगाया गया है कि इस विषय पर उसके क्या विचार रहे होंगे। संक्षेप में वह इसके लिए अध्यापकों को उत्तरदायी मानता था और हो सकता है स्थिति को सुधारने के लिए उसने कुछ सुझाव भी दिये हों। कहा जाता है कि उसने अपने दो अदालती भाषण इन्हीं सुझावों को व्यावहारिक रूप देने के लिए प्रकाशित भी किये थे। दुर्भाग्य से उनका भी कोई अंश आज प्राप्य नहीं है; उपलब्ध है तो केवल 'वक्ता का प्रशिक्षण' (इन्स्तित्युशो ओरातोरिया)। मध्य युग, और इस युग में भी, उसकी प्रसिद्धि का आधार यही कृति है। बारह पुस्तकों में विभाजित इस कृति को बाद की पीढ़ियों ने कितना सम्मान दिया इसे समझना कठिन नहीं है। सिसरो ने ई. पू. 55 में 'द ओरातोरे' के माध्यम से यूनानी आभिजात्य चिन्तन की रोम में स्थापना की थी जो उसके जीवन-काल में लुप्त होने के कगार पर आ गयी थी। उपर्युक्त कृति में उस परम्परा की पुनः खोज कर उसे उसने बाद की पीढ़ियों के लिए बचा लिया। इसमें कहीं-कहीं यद्यपि उसने अपने अनुभव की भी सहायता ली है किन्तु चिन्तन का मूल चरित्र वही है जो सिसरो या उससे पहले अरस्तू अथवा दिमोस्थनीज़ का था।

'वक्ता का प्रशिक्षण' में लेखक ने अपने जीवन भर के अध्ययन एवं अनुभव का सार प्रस्तुत किया है। छात्रों को पढ़ाने और कचहरियों में पैरवी करते समय उसे जो भी अनुभव हुए होंगे उनका भरपूर उपयोग इसे लिखते समय उसने किया है जिससे यह पाठ्यपुस्तक की सीमा से बाहर निकल कर बृहत्तर समाज के लिए मार्गदर्शिका बन गयी। इसमें सन्देह नहीं कि इसमें आभिजात्य चिन्तन-परम्परा का अनुसरण हुआ है, इस पर सिसरो का भी पर्याप्त प्रभाव है जिसे वह बार-बार उद्धृत करता है, फिर भी इसे मात्र पिष्ठ-पेषण नहीं कहा जा सकता। वह स्वतन्त्र चिन्तक*

---

* क्विन्तिलियन के स्वतन्त्र चिन्तन के प्रमाण हगें उन स्थलों पर विशेष मिलते हैं जहाँ वह सिसरो के सामने आ खड़ा होता है। जैसे, वक्तृत्वकला की उत्पत्ति के सम्बन्ध में सिसरो का मत था कि जिन लोगों ने नगर बसाये, संविधान बनाये उन्होंने ही इस कला को भी जन्म दिया। इधर, क्विंतिलियन का तर्क था कि वक्तृत्व की शक्ति खानाबदोश जातियों में भी मिलती है। वस्तुतः इसका सम्बन्ध प्रकृति प्रदत्त वस्तु (वाणी) की उपयोगिता से है। एक पद्धति के अन्तर्गत जब वाणी का बार-बार प्रयोग किया जाने लगा तो इस कला का जन्म अपने आप हो गया। –पु. III, अ. II, 1

था, उसके अपने अनुभव थे और था अपना दृष्टिकोण जिसे प्रस्तुत करने में वह कभी पीछे नहीं हटा।

'वक्ता का प्रशिक्षण' शास्त्रीय विषय पर तैयार की गयी पुस्तक है किन्तु तैयारी की दृष्टि से इसके अन्तर्गत अन्य अनेक विषयों का समाहार कर लिया गया है। प्रस्तुत रूप में इसे सर्वशिक्षा अभियान की निर्देश-पुस्तक (मैन्युअल) भी कहें तो अनुचित न होगा। उन दिनों शिक्षा की स्थिति ही कुछ ऐसी थी कि वक्तृतव एक अनिवार्य विषय था और इसकी सीमा इतनी व्यापक हो गयी थी कि दर्शन, व्याकरण, साहित्य, इतिहास आदि अनेक विषय इसके भीतर समा गये थे। अच्छे वक्ता के लिए इन सभी का अध्ययन आवश्यक माना जाने लगा था। किन्तु, व्यवहारतः विद्यालयों में दी जानेवाली शिक्षा इन अपेक्षाओं पर खरी नहीं उतर रही थी। अध्यापकों की अक्षमता इसका मुख्य कारण था, वक्तृत्वकला में आया ह्रास इसका प्रमाण था। उन्हीं के मार्गदर्शन के लिए क्विंतिलियन ने इसकी रचना की, विषय सूची से यह स्पष्ट हो जाता है।

पहली पुस्तक का आरम्भ छात्रों की आधारभूत शिक्षा से होता है। छात्रों की क्षमता, व्याकरण, शब्द-प्रयोग, उच्चारण आदि पर अपने विचार प्रस्तुत करता हुआ वह इस विषय को भी उठाता है कि ज्ञान (व्युत्पत्ति) के समुचित विकास के लिए किन-किन लेखकों को पढ़ाया जाना चाहिए और पढ़ाने की पद्धति क्या होनी चाहिए। इसके साथ वह यह बतलाना नहीं भूलता कि संगीत, रेखागणित और खगोलशास्त्र भी वक्तृत्व के सहायक विषय हैं।[2] उसका विश्वास था कि छात्रों में अनेक विषयों का अध्ययन करने की क्षमता होती है और उनके हित में यह अध्ययन उन्हें करवाया जाना चाहिए।

दूसरी पुस्तक में चरित्र निर्माण की दृष्टि से शिक्षा में आमूल सुधार के लिए वह विस्तार से विचार करता है। इसमें एक ओर वह भाषिकी और व्याकरण के परस्पर सम्बन्ध पर दृष्टि डालता है तो दूसरी ओर छात्र तथा अध्यापक के कर्तव्यों पर भी विचार करता है। इतना ही नहीं, उसकी यह धारणा आज भी कितनी सत्य है कि छात्र की प्रकृति और क्षमता के अनुसार उसे शिक्षित करने की पद्धति में परिवर्तन किया जाना चाहिए। गधे-घोड़े को एक ही लाठी से हाँकना कहाँ तक उचित है। और, उसका यह कहना कि छात्र अपने अध्यापक में माता-पिता का रूप देखे चरित्र निर्माण की दृष्टि से दिया गया परामर्श है। ऐसी स्थिति में अध्यापक पर भी यह उत्तरदायित्व आ जाता है कि वह छात्र को अपनी सन्तान जितना ही स्नेह दे और उसका भविष्य सँवारने में निष्ठा से कार्य करे। वक्तृत्व के शास्त्रीय पक्ष का विश्लेषण करने से पहले शिक्षण-संस्थानों के मूल ढाँचे को, उनके लक्ष्य को, व्यवस्थित रूप देना उसने इसलिए आवश्यक समझा क्योंकि उसका विश्वास था कि श्रेष्ठ वक्ता बनने के

लिए इसके शास्त्रीय नियमों की जानकारी तथा विविध विषयों का ज्ञान ही पर्याप्त नहीं है। इनसे भी अधिक महत्त्वपूर्ण में वक्ता में अच्छे संस्कारों का होना। अच्छा वक्ता मूलतः चरित्रवान् मनुष्य होता है। इसके विपरीत, उस समय हो यह रहा था कि संस्कारों की तो बात ही क्या शास्त्र के नाम पर भी कुछ घिसे-पिटे नुसखों का अभ्यास करा दने में ही अध्यापक अपने कर्तव्य की इति मानने लग गये थे। इस भूमिका के साथ आगे हम इन्हीं विषयों पर कुछ विस्तार से विचार कर रहे हैं।

क्विंतिलियन इस स्थिति से खिन्न था कि बच्चे अब बड़ी उम्र में भाषणशास्त्र सीखने के लिऐ आने लगे हैं। एटकिन्स ने इसके सम्भावित कारणों पर विचार करने के बाद यह निष्कर्ष निकाला है कि उस समय इस विषय के शास्त्रीय नियमों के बारे में अनेक परस्पर विरोधी दृष्टिकोण प्रचलित थे। अध्यापकों में मतैक्य न होने के कारण छात्र असमंजस में पड़ जाते थे।[2] ऐसी स्थिति में कोई परिपक्व धारणा बनते-बनते बड़ी उम्र में जा कर छात्र कोई निर्णय ले पाते होंगे। इस पृष्ठभूमि में क्विंतिलियन का यह प्रस्ताव अत्यन्त महत्त्वपूर्ण बन जाता है कि बाल्यावस्था में ही छात्रों की पढ़ाई-लिखाई का प्रशिक्षण शुरू हो जाना चाहिए। इसलिए, उसकी पहली पुस्तक का यही मुख्य विषय है। बच्चों का बोलना-चालना, नैतिक शिक्षा, अनुशासन सभी कुछ इस पाठ्यक्रम में समाहित है जिसे पढ़ते-पढ़ते प्लेटो का स्मरण हो आता है। उसने भी भावी प्रशासकों की शिक्षा को पालने से शुरू करने बात की है। यहाँ भी लेखक समाज के जिस वर्ग के बालकों की शिक्षा को व्यवस्थित रूप देना चाहता है वह प्रशासन से जुड़ा हुआ वर्ग है। इसी के सदस्य न्याय-परिषदों तथा उच्च प्रशासनिक पदों पर विराजमान थे। सम्भव है उसके मित्रों ने, उसके अध्ययन तथा अनुभव को देखते हुए, उसके सामने प्रस्ताव रखा हो कि इस विषय से सम्बन्धित धुन्ध को हटाने के लिए कोई पाठ्यपुस्तक तैयार करे तो उनके बच्चों का बहुत हित होगा।

अभिजात वर्ग की आवश्यकता आलोच्य पुस्तक की पृष्ठभूमि का एक पक्ष है। दूसरा पक्ष है तत्कालीन वक्ताओं की छिछली शैली। उसकी अपनी बिरादरी इतने निम्न स्तर पर उतर आयेगी यह उसने कभी सोचा भी नहीं था, इसलिए जब न तब वह इस पर खिन्नता व्यक्त करता है। एक ओर वक्ताओं की भ्रष्ट मनोवृत्ति दूसरी ओर अध्यापकों का सीमित दृष्टिकोण ये दोनों ही, उसके मत से, वक्तृत्वकला के ह्रास के लिए उत्तरदायी थे। वक्ताओं की अस्वस्थ मानसिकता पर कटाक्ष करते हुए उसने लिखा है:[3]

"कभी-कभी [तुलना के लिए] ऐसे भाषण भी पढ़ने चाहिए जिनकी शैली भ्रष्ट और दोषपूर्ण होते हुए भी लोगों की प्रशंसा अर्जित कर लेती है। इसके लिए हमें जनता की विकृत रुचि के प्रति आभारी होना चाहिए। अब लोग भूल ही गये हैं

कि सीधे-सीधे सहज स्वभाव से दिये गये भाषण में भी वक्ता की प्रतिभा व्यक्त हो सकती है। उनके लिए तो जो असामान्य है वही उत्कृष्ट है।"

पूरा समाज ही जब विकृति की दिशा में अग्रसर हो रहा हो तो अध्यापकों को इसके प्रति सावधान करते हुए अपने कर्तव्य का स्मरण करानेवाली उसकी यह टिप्पणी अत्यन्त महत्त्वपूर्ण है, "...उन्हें (छात्रों को) नाद-माधुर्य के विनाशकारी प्रभाव से बचाना होगा, इस पर आजकल के वक्ताओं का बहुत अधिक बल है। इन वक्ताओं की वाणी की मिठास किशोर बुद्धि को अपने पाश में जकड़ लेती है क्योंकि इसे पाना उन्हें सहज प्रतीत होता है।"[4]

जो वस्तु रमणीय है और सहज प्राप्य है वह व्यक्ति को निम्न स्तर पर ही बाँध कर रख लेती है, उसमें और विकास करने की न इच्छा रह जाती है न शक्ति। उसके सामने निश्चित ही कुछ ऐसे वक्ताओं के उदाहरण रहे होंगे जिनका स्तर तो निम्न रहा होगा फिर भी जो अभिमान करते होंगे कि वे बिना किसी श्रम के, केवल अपनी प्रतिभा के बल पर अच्छे से अच्छा भाषण दे लेते हैं। इनकी घोषणा हुआ करती थी कि विषय यदि काल्पनिक हो तो बिना कोई प्रमाण एकत्र किये, विचारों को बिना व्यवस्थित रूप दिये, मात्र सूक्तियों के सहारे (वे भी जो तत्काल बनायी गयी हों) आगे बढ़ा जा सकता है। ऐसे वक्ताओं की लेखक ने घोर भर्त्सना की है। इनकी चुटकी लेते हुए वह लिखता है कि इन्हें किसी नियमबद्धता से वितृष्णा है और ये दिन-दिन भर अंतः प्रेरणा की प्रतीक्षा में छत की ओर ताकते बिता देते हैं।[5] प्रतीत होता है यह लिखते समय उसके सामने 'बादल' नाटक का सुकरात पात्र था। यह सन्दर्भ इस तथ्य को भी रेखांकित कर रहा है कि उसके समय में अधिकांश वक्ताओं में स्वयं को असाधारण, जीनियस, दिखलाने का प्रचलन था। वक्तृत्व-क्षमता में सामान्य होने पर भी अपनी श्रेष्ठता का प्रचार करने के लिए उनके पास एक ही उपाय था—पहनने-ओढ़ने, बोलने-चालने और चाल-ढाल में विचित्रता का पुट मिलाना। इस स्थिति में क्विंतियिलन के बाद भी कोई सुधार नहीं हुआ। दूसरी शताब्दी के सीरियाई वक्ता और भाषणशास्त्री लूशियन ने सार्वजनिक वक्ता का जो चित्र खींचा है वह इससे पूरी तरह मेल खाता है।[6]

वक्तृत्वकला के प्रति उपर्युक्त दृष्टिकोण रखनेवाला वक्ता यदि शिक्षक बन जाय तो छात्रों के साथ वह कितना न्याय कर पायेगा इसकी कल्पना की जा सकती है। इस विकृत मानसिकता का एक और पक्ष भी था। ऐसे गुरु को जोड़-तोड़ कर जो दो-चार शिष्य मिल जाते थे उनसे अधिक से अधिक धन ऐंठने के चक्कर में वे ज़्यादा से ज़्यादा दिनों तक उन्हें अपना छात्र बनाये रखना चाहते थे।[7] इस लक्ष्य को पाने के लिए (और स्वयं अल्पज्ञानी होने के कारण) उनके पास एक ही उपाय होता था कि इधर-उधर की पुस्तकों के सहारे, जिनमें नियम ही नियम भरे होते थे, कुछ

काल्पनिक विषय लेकर बस अभ्यास करवाते जाना। यहा अभ्यास इतना घिसा-पिटा होता था कि छात्रों में जो थोड़ी बहुत कल्पना शक्ति होती भी थी वह लुप्त हो जाती थी। फलतः, शैली के उदात्त तत्त्व विकसित होने के स्थान पर अंकुरित होने के साथ ही नष्ट हो जाते थे। यों समझिये कि शरीर में माँस-मज्जा सूख जाय, हड्डियाँ-हड्डियाँ रह जायँ तो कैसी विरक्ति पैदा करेगा ठीक वैसी ही स्थिति वक्तृत्वकला की हो गयी थी।[8]

ऊपर जिन शिक्षकों की चर्चा हुई है उन पर लेखक का मुख्य आरोप यह था कि इन्होंने वाक्चातुर्य को ही वक्तृत्वकला का नाम दे दिया है। वाक्चातुर्य इसका एक पक्ष है जिसका अन्य गुणों के अभाव में कोई मूल्य नहीं है। इस तथ्य को भूल कर काल्पनिक विषयों को ले कर कुछ नुसखों को दिमाग़ में बैठाना ही उनके मत से वक्तृत्वकला थी और छात्र भी इस सीमित वाग्विदग्धता में ऐसे डूब जाते थे कि अन्य मूल्यवान् पक्षों की ओर उनका ध्यान जाता ही नहीं था। इसलिए, उसका सुझाव था कि ऐसे विषयों पर प्रतिबन्ध लगाया जाय तथा इनके स्थान पर ऐसे विषय चुने जायँ जो यथार्थ-जीवन के अधिक निकट हों।[9]

ह्रास के कारणों पर विचार करने के बाद क्विंतिलियन स्थिति को सुधारने की दिशा में प्रवृत्त होता है। इस सम्बन्ध में उसने जो भी उपाय सुझाये हैं वे अपेक्षानुसार वे ही हैं जिन पर कतिपय भाषणशास्त्री पहले भी विचार कर चुके थे। विषय की भूमिका स्वरूप दूसरी पुस्तक में एक छोटा-सा अनुच्छेद आया है जिसमें वस्तु-तत्त्व और रूप-तत्त्व के सभी पक्षों का समाहार करते हुए उसने स्पष्ट कर दिया है कि यह एक दिशानिर्देश मात्र हे। वह सिद्धान्ततः स्वीकार करता था कि जीवन्त समाज से जुड़ी हुई कोई भी कला नियमों की शृंखला में जकड़ कर नहीं रखी जा सकती। समाज में जैसे-जैसे परिवर्तन आता जाता है कला भी स्वयं को उसके अनुरूप ढालती रहती है। अप्रचलित प्रयोग लुप्त हो जाते हैं नये-नये प्रयोग प्रचलन में आ जाते हैं। यह विकास क्रम है जिसे रोका नहीं जा सकता। इस दृष्टि से किसी भी नियम को शाश्वत नहीं माना जा सकता। इसलिए, "कोई भी मुझसे आजकल की पाठ्यपुस्तकों जैसी अपरियर्तनीय बक्तृत्व-संहिता की अपेक्षा न रखे। मैं छात्रों पर नियमों की किसी भी व्यवस्था को थोपना नहीं चाहता।"[10] सच पूछा जाय तो लेखक की यह रचना छात्रों से अधिक अध्यापकों के दृष्टिकोण को बदलने के लिए तैयार की गयी थी क्योंकि छात्रों की क्षमता को पहचानने और उसे विकसित करने का दायित्व उन्हीं का होता है। उन्हीं को सम्बोधित करते हुए दूसरी पुस्तक में उसने लिखा है[11]:

"किसी विषय पर अध्ययन करते समय तत्सम्बन्धी सभी तथ्यों तथा उनकी अभिव्यक्ति-शैली पर हमारी सूक्ष्म दृष्टि पड़नी चाहिए। ...अध्यापक को यह विशेष रूप से दरशाना चाहिए कि कोई वक्ता न्यायालय में भाषण देते समय न्यायमूर्ति को

कैसे अपने पक्ष में करता है, वह कितने संक्षेप में, स्पष्टता तथा निष्ठा के साथ और कभी-कभी कैसे वाक्चातुर्य से तथ्यों को प्रस्तुत करता है। तर्क की सफलता का सबसे बड़ा प्रमाण यही है कि दूसरा तर्कवेत्ता उसे ठीक-ठीक ग्रहण कर ले। इसलिए, अध्यापक यह अवश्य सिखलाये कि सफल वक्ता अपने विषय का वर्ग-विभाजन कैसे करते हैं, तर्क के मुख्य बिन्दु कितने जटिल होते हैं और उन्हें कैसे प्रस्तुत किया जाना चाहिए; संवेगों को जगाने के लिए कैसी ओजस्वी शैली आवश्यक होती है और शैली की रमणीयता उन्हें कैसे शान्त करती है; व्यंग्य की आक्रामकता कितनी तीव्र होती है और ठिठोली कितनी विदग्धतापूर्ण हो सकती है। अपने भाषण का सारांश प्रस्तुत करते समय वक्ता कैसे श्रोताओं के संवेगों का नियमन करता है तथा निर्णायकों के अन्तस में प्रवेश कर कैसे उन्हें अपने पक्ष में कर लेता है। अन्त में, अध्यापक यह दिखलाना न भूले कि शब्द-प्रयोग से कैसे लालित्य एवं औदात्य गुण शैली की विशेषता बन जाते हैं। साथ ही इस तथ्य-को भी उजागर करे कि अनेक चमत्कारी रूपकों तथा अन्य अलंकारों का भाषा की सुचिक्कणता के साथ सम्यक् योग होने से भाषण कैस ऊर्जावान् बन जाता है।''

श्रेष्ठ भाषण के सन्दर्भ में उपर्युक्त उद्धरण के विचारणीय बिन्दुओं पर दृष्टिपात करते ही ऐसा प्रतीत होता है मानों सिसरो की विचारधारा पुनर्जीवित हो उठी हो। सुविधा के लिए इस अंश में उठाये गये विचार-बिन्दुओं को निम्न प्रकार से रखा जा सकता है:

(i) विचार-पक्ष (वस्तु-तत्त्व) तथ्य सम्मत हो।

(i) भाषण संक्षिप्त हो, सार्थक हो; उसमें अनर्गल बात न कही जाय।

(iii) वक्तृत्व में वक्ता का चरित्र (निष्ठा) व्यक्त होना चाहिए। सामाजिक यह अनुभव कर सके कि वक्ता जो कहा रहा है हृदय से कह रहा है, दिखावा नहीं कर रहा है।

(iv) प्रस्तुतीकरण में वर्ग-विभाजन, अर्थात् उपविषयों की क्रमबद्धता, स्पष्ट होना चाहिए और उतनी ही स्पष्टता भाषा-प्रयोग में भी होनी चाहिए ताकि सामाजिक अभिप्रेत वस्तु को उसी रूप में ग्रहण कर सके जिस रूप में वक्ता को अभीष्ट है।

(v) वक्तृत्व का एक प्रयोजन है न्यायमूर्ति (= सामाजिक) को अपने पक्ष में करना;

(vi) दूसरा प्रयोजन है सामाजिक को आनन्द प्रदान करना; और

(vii) तीसरा प्रयोजन है सामाजिक के अन्तस को अपने वश में करने के लिए उसके संवेगों को जगाना या जगे हुए संवेगों को शान्त करना।

(viii) (अ) संवेग जगाने के लिए ओजस्वी शैली का प्रयोग किया जाता है;
और (ब) संवेग शान्त करने के लिए रमणीय शैली अपनायी जाती है।

(ix) भाषण को प्रभावशाली बनाने के लिए उसमें कभी व्यंग्य, कभी हँसी-मज़ाक तो कभी वाक्चातुर्य (विदग्धता) का पुट देना आवश्यक है।

(x) शब्द-चयन करते समय उसके औचित्य तथा उसमें अन्तर्निहित लालित्य एवं औदात्य गुणों को ध्यान में रखना चाहिए।

(xi) अलंकारों का ताल-लय (सुचिक्कणता) के साथ सम्यक् योग होना अनिवार्य है। यह भाषण के आनन्दरूप प्रयोजन को सिद्ध करता है।

उद्धृत अंश में वक्तृत्वकला सम्बन्धी ये विचार विशिष्ट क्रम में भले न आये हों किन्तु लेखक की दृष्टि वैज्ञानिक है, लक्ष्य प्रेरित है। ये विचार किस तरह परस्पर सम्बद्ध हैं इसका प्रमाण हमें कुछ पृष्ठों के बाद ही मिल जाता है। शास्त्रीय भाग आरम्भ करने से पहले विषय का वर्ग-विभाजन करते हुए वह लिखता है कि इसका अध्ययन तीन वर्गों के अन्तर्गत किया जाता है—कला (कौशल), कलाकार और कलाकृति।[12] कला वह है जो अध्ययन-अध्यवसाय से प्राप्त होती है। प्रस्तुत सन्दर्भ में इसका अर्थ है अच्छा बोलना, अर्थात् उत्तम भाषण देने का कौशल। इस कौशल को अर्जित करनेवाला कलाकार कहलाता है। यहाँ, उसे हम वक्ता कहेंगे जिसका काम है अच्छा भाषण देना। अपनी कला का उपयोग करते हुए कलाकार का उत्पाद कलाकृति है। इस सन्दर्भ में उसकी संज्ञा है अच्छा, प्रभावशाली, प्रयोजन सिद्ध करनेवाला भाषण। इसके बाद वह इन्हीं विषयों पर सन्दर्भानुसार अपने विचार व्यक्त करता है।

3.7.2 क्या वक्तृत्व एक कला है?

इस प्रश्न पर विद्वज्जनों ने अपनी सम्मति बहुत पहले ही दे दी थी फिर थी, फिर भी द्वितीय एवं तृतीय श्रेण्णी के भाषणशास्त्री, सम्भवतः, अभी तक इसमें उलझे हुए थे। यह भी हो सकता है कि उन दिनों इसे कला न माननेवालों के तेवर कुछ ज़्यादा ही तीखे हो गये हों। उनका कहना था कि कोई कला भ्रामक धारणाओं को स्वीकार नहीं करती। कला का आधार प्रत्यक्षबोध (पर्सेप्शन) होता है जो सदैव सत्य होता है। वक्तृत्व में भ्रामक निष्कर्ष भी स्वीकार कर लिये जाते हैं जिसके हम सभी साक्षी हैं। इसलिए इसे कला नहीं माना जा सकता।[13] उधर, इसे कला घोषित करनेवालों की धारणा थी कि यह अनुभव द्वारा अर्जित क्षमता है इसलिए यह कला (कौशल) है। क्विंतिलियन इनसे सहमत था। इसके समर्थन में पहले वह सिसरो को उद्धृत करता है जो इसे कलात्मक वाग्मिता कहा करता था। स्तोआई ओर टहलुआ शाखा के चिन्तक भी इसके पक्षधर थे। तत्पश्चात् इसे कला सिद्ध करने के लिए वह दो परिभाषाएँ लेता है। एक है, "सुनिश्चित पथ का अनुसरण करते हुए लक्ष्य तक पहुँचने की शक्ति ही कला है।" यहाँ, सुनिश्चित पथ से तात्पर्य है सुनियोजित

पद्धति। कहा जा चुका है कि वह वैज्ञानिक दृष्टि रखनेवाला भाषणशास्त्री था। उसका विश्वास था कि श्रेष्ठ भाषण में पद्धति भी होती है और क्रम भी। फिर, उसकी दूसरी परिभाषा है, "किसी उपयोगी लक्ष्य को प्राप्त करने के लिए समान प्रत्यक्षबोध तथा परस्पर सहभाव ही कला है।" और, ये धर्म वक्तृत्व में हैं यह दर्शाने के लिए वह कटिबद्ध है।[14]

प्रस्तुत प्रश्न का उत्तर देते समय लेखक ने सिसरो का अनुसरण किया है किन्तु एक सीमा तक ही। सिसरो ने मनुष्य के विमर्श से वक्तृत्व की उत्पत्ति एकाएक मानी है,* किन्तु, क्विंतिलियन इसे क्रमिक विकास का परिणाम मानता है। यह ठीक है कि मनुष्य ने अपने जन्म के साथ ही प्रकृति से भाषा भी प्राप्त की किन्तु उस पर अधिकार और वक्तृत्वकला पर अधिकार दोनों में समय-क्रम का अन्तर है। भाषा की उपयोगिता को देखते हुए मनुष्य उसमें लगातार सुधार करता गया, फिर एक पद्धति को अपनाने के कारण उसके निरन्तर अभ्यास से उसमें पूर्णता आ गयी। भाषा-प्रयोग की पूर्णता ही वक्तृत्वकला का जन्म है। इस विकास क्रम को यों भी समझा जा सकता है कि प्रकृति ने मनुष्य को वाणी का वरदान अवश्य दिया किन्तु वक्तृत्वकला को जन्म उसकी निरीक्षण शक्ति और अभ्यास ने दिया, अर्थात् यह उसका अर्जित गुण है।[15]

'वक्तृत्व एक अर्जित गुण है, अतः, कला है' यह निश्चित हो जाने पर लेखक इसके अनुभागों के विवेचन में प्रवृत्त होता है। इन अनुभागों की संख्या को लेकर मतभेद तो था किन्तु अधिकांश भाषणशास्त्री पाँच की संख्या पर सहमत थे। क्विंतिलिय बहुमत के साथ है और इनका क्रम है—विषय-वस्तु, सामग्री की क्रम व्यवस्था, अभिव्यक्ति, स्मृति एवं अभिभाषण अथवा क्रियान्विति। ये अनुभाग किसी छोटे भाषण में स्यात् स्पष्ट न हों, किन्तु इसके विस्तृत रूप में यह विचारणा अनिवार्यतः होती है कि क्या कहना? और कैसे कहना? फिर इसमें देश-काल भी जुड़ जाता है, अर्थात् जो कहना है वह कहाँ और कब कहना है? प्रकारान्तर से यह सामाजिक (श्रोता) तत्त्व है। यह वक्तृत्व का सम्बोध्य है और परोक्षतः वक्तृत्व को नियन्त्रित करता है। इसको देखते हुए विचारों की क्रम-व्यवस्था का महत्त्व अन्य अनुभागों से कम नहीं आँका जाना चाहिए। स्मरण शक्ति को चौथे क्रम पर रखा गया है। इसका सम्बन्ध वैसे तो पहले के तीनों अनुभागों से है किन्तु क्रम-व्यवस्था में इसका विशेष

* सिसरो के 'द इन्वेन्सियोन' की पु. I, अ. II, में कुछ ऐसी पंक्तियाँ आयी हैं जिनसे प्रतीत होता है मानों वक्तृत्वकला का विस्फोट मनुष्य की विमर्श-बुद्धि से एकाएक हुआ और उसके साथ ही नगरीकरण भी शुरू हो गया।

योग है। अन्त में अभिभाषण—कण्ठस्वर, मुद्राएँ आदि—ऐसा अनुभाग है जो सम्पूर्ण वक्तृत्व की पहचान बनाता है। यदि यह अन्य अनुभागों के अनुरूप न हो तो अच्छे से अच्छा भाषण भी प्रभावहीन हो जाता है। कला की भाषा में कहें तो यह वक्तृत्व को फिनिशिंग टच देता है।[16]

क्विंतिलियन के काल तक उपर्युक्त अनुभागों में जोड़-घटाव होते चले आ रहे थे। जैसे, किसी ने स्मरण शक्ति एवं अभिभाषण (कंठस्वर) को प्रकृति प्रदत्त गुण कह कर केवल तीन अनुभाग ही मान्य किये तो किसी ने निर्णय-क्षमता जोड़ कर संख्या छः कर दी। तर्क यह दिया गया कि विषय-वस्तु का चयन करते समय यह निर्णय करना अत्यन्त महत्त्वपूर्ण होता है कि इससे सम्बन्धित सामग्री में से क्या लेना क्या नहीं। लेखक के मत से निर्णय की प्रक्रिया पहले तीनों अनुभागों में लगातार कार्य करती रहती है, यहाँ तक कि अभिभाषण की श्रेष्ठता में भी इसका योग माना जाना चाहिए।[17] प्रतीत होता है भाषणशास्त्रियों में यह प्रसंग पर्याप्त विवादित रहा होगा इसलिए वक्ताओं को इसकी जानकारी देना और उस पर अपना निर्णायक मत प्रस्तुत करना उसने अपना कर्तव्य समझा।

3.7.3 भाषण-हेतु

भाषण-हेतुओं की चर्चा के अन्तर्गत लेखक ने अपनी इस अवधारणा को पुष्ट करने का अवसर भी निकाल लिया है कि कला के रूप में भाषण एक अर्जित गुण है। इस सम्बन्ध में उसकी स्थापना है[18], "अभिभाषण की क्षमता तीन स्रोतों से आती है—प्रकृति (जन्मजात संस्कार), कला (व्युत्पत्ति) तथा अभ्यास। कुछ लोग इसमें चौथा हेतु अनुकरण भी जोड़ देते हैं। मैं इसे कला के अन्तर्गत रखना अधिक उचित समझता हूँ।" अनुकरण पर की गयी यह टिप्पणी उसकी स्वतन्त्र दृष्टि का परिचय दे रही है। हम देख आये हैं कि आइसोक्रेतीज़ तथा कुछ और भाषणशास्त्री भी इसे स्वतन्त्र हेतु मान कर पर्याप्त महत्त्व देते चले आ रहे थे। उसने इसकी चर्चा करते हुए इसके महत्त्व को तो कम नहीं किया, हाँ, इसे व्युत्पत्ति की सीमा के भीतर ला कर उन विस्तारवादी भाषणशास्त्रियों की नीति पर अंकुश अवश्य लगाया जो अधिक से अधिक भेदोपभेद गिनाने को ही विद्वत्ता मान बैठे थे। इसी क्रम में सहजात प्रतिभा को भी उसने अनुभव के प्रकाश में नये ढंग से समझने का प्रयास किया है।[19]

"प्रकृति के बिना तकनीकी नियम व्यर्थ हैं"[20] प्रथम पुस्तक की प्रस्तावना में आया यह वाक्य सहजात प्रतिभा के सर्वाधिक महत्त्वपूर्ण होने की घोषणा कर रहा है। यहाँ, वह अकेला नहीं है क्योंकि इससे पहले भी कई लेखक इससे मिलती-जुलतनी बात कह चुके थे। उसकी स्वतन्त्र दृष्टि का परिचय वस्तुतः, प्रकृति के विवेचन में मिलता है जहाँ वह इसे कुछ व्यापक अर्थ में ग्रहण कर रहा है। सामान्यतः प्रकृति को

जन्मजात संस्कारों का पर्यायवाची मानने की परम्परा चली आ रही थी। वह इससे पूरी तरह सहमत था किन्तु इस तथ्य की भी वह उपेक्षा नहीं कर सकता था कि वक्तृत्व का अभिभाषित रूप कुछ अन्य अनिवार्यताएँ भी लिये हुए होता है जिनके बिना अभिव्यक्ति-पक्ष (जिसे अब शैली की सीमा के भीतर स्वीकार कर लिया गया था) आधा-अधूरा ही रह जाता है। उन्हीं पर बल देते हुए उसका कथन है:[21]

"प्रभावशाली कंठस्वर, पुष्ट फेफड़े, अच्छा स्वास्थ्य, सहन शक्ति और आकर्षक व्यक्तित्त्व प्रकृति प्रदत्त गुण हैं। यदि किसी वक्ता में इनकी थोड़ी भी मात्रा हो तो उन्हें व्यवस्थित प्रशिक्षण द्वारा विकसित किया जा सकता है।"

सहजात प्रतिभा तथा व्युत्पत्ति एवं अभ्यास में अन्योन्याश्रित सम्बन्ध बहुत पहले ही एक स्वीकृत तथ्य बन चुका था। हमारे लेखक का उससे सहमत न होने का कोई प्रश्न ही नहीं था। प्रकृति प्रदत्त गुणों के अभाव में शेष दो हेतु व्यर्थ हो जाते हैं और इन गुणों को यदि कुशल प्रशिक्षण, अभ्यास तथा व्यापक अध्ययन द्वारा संवर्धित एवं परिपुष्ट न किया जाय तो उनका विशेष लाभ नहीं मिलता। इसलिए, भाषण-हेतु कहने से तीनों का बोध होता था, किन्तु उसका यह कहना कि प्रबल कंठस्वर तथा आकर्षक व्यक्तित्त्व को भी प्रशिक्षण एवं अभ्यास द्वारा और अधिक प्रभावशाली तथा वशीकर बनाया जा सकता है निश्चित ही एक नवीन विचार था। सम्भवतः, वह संकेत दे रहा था कि नियमों को रटने या कपोल-कल्पित विषयों पर व्याख्यान तैयार करने के बजाय छात्र विद्यालय की सीमा से बाहर निकल कर व्यावहारिक जगत् में आयें, अन्य विषयो का ज्ञान प्राप्त करें, बहुसंख्यक समाज के सम्पर्क में आयें, उससे सीधे संवाद स्थापित कर अपनी कला का विकास करें, और, यह अभ्यास लगातार चलता रहना चाहिए।

तीनों भाषण-हेतुओं में सहभाव स्वीकार कर लेने के बाद भी यह प्रश्न अनुत्तरित ही रह जाता है कि वक्तृत्व में अधिक योग किसका है? प्रतिभा का या व्युत्पत्ति का। इसके समाधान के लिए लेखक ने ऐसी स्थितियों की कल्पना की है जिनमें या तो प्रतिभा कार्यरत है या व्युत्पत्ति। फिर सफलता की दृष्टि से उनकी तुलना करने के बाद वह इस निष्कर्ष पर पहुँचा कि सहजात प्रतिभा तो अकेले भी बहुत कुछ सिद्ध कर लेती है किन्तु व्युत्पत्ति अकले एकदम पंगु, निरर्थक हो जाती है।[22] इस निर्णय को पुष्ट करने के लिए जो उदाहरण उसने लिया है उसे एक महत्त्वपूर्ण ऐतिहासिक टिप्पणी के रूप में भी ग्रहण किया जा सकता है। उसका तर्क है कि इस तथ्य की पुष्टि परम्परा और वैज्ञानिक दृष्टि दोनों करती हैं। इतिहास ऐसे अनेक प्रसंगों का साक्षी है जहाँ अनुभूति की ऊष्मा से अभिभूत वक्ता अंतः प्रेरणा के आदेश से जब भी बोलने खड़ा हुआ है तो बहुधा उसकी तत्काल कही बात अभीष्ट प्रभाव डालने में सफल हुई है। वही वक्ता जब बहुत सोच-विचार कर भाषण देता है तो उतना

सफल नहीं हो पाता है। पुराने वक्ता इसका श्रेय किसी देवता को दिया करते थे। पर सच्चाई यह है कि गहन अनुभूति तथा अत्यन्त सजीव कल्पना का वेग इतना प्रबल होता है कि वक्ता उसमें बह जाता है। वही वक्ता जब हुत सोच-विचार करने लगता है या लिखने बैठता है तो इस प्रक्रिया की धीमी गति में अनुभूति की ऊष्मा तिरोहित हो जाती है और कभी-कभी ऐसे लुप्त हो जाती है कि ढूँढ़ने से भी नहीं मिलती। निष्कर्ष यह कि वक्ता को भले ही उचित प्रशिक्षण न मिला हो पर वह, यदि तीव्र संवेग (इसे प्रबल अंतःप्रेरणा कहना भी अनुचित नहीं होगा) से आलोड़ित है तो उसे अपनी बात कहने के लिए शब्द-सन्धान में कोई कठिनाई नहीं होगी।[23]

इस विश्लेषण के परिप्रेक्ष्य में जन्मजात संस्कारों को यदि कच्चा माल मान लिया जाय तो व्युत्पत्ति का कार्य है उसे तैयार माल का रूप देना। यहाँ स्पष्ट ही प्रधानता सहजात प्रतिभा की है। यहाँ आकर विवाद का तार्किक अन्त हो जाता है और उसे हम प्रतिभावादियों की पंक्ति में खड़ा हुआ देख सकते हैं। पर, पता नहीं क्यों वह भीतर ही भीतर यह अनुभव करता प्रतीत होता कि कहीं यह व्युत्पत्ति के साथ अन्याय तो नहीं है, उसकी व्यावहारिक बुद्धि उसे समझौता करने की मन्त्रणा दे रही थी। इसी से प्रेरित होकर अपनी पूर्व धारणा को उसने एक नयी दिशा दी। स्यात्, यहाँ वह किसी पूर्व परम्परा का छोर भी पकड़े हुए है। सामान्य वक्ता और पूर्ण (पर्फ़ेक्ट) वक्ता में भेद करते हुए उसने लिखा है:[20]

"मेरे विचार से सामान्य भाषण देने की शक्ति जन्मजात संस्कारों की देन है किन्तु श्रेष्ठ भाषण देने की क्षमता मुख्यतः व्युत्पत्ति से प्राप्त होती है।"

यह समन्वयवादी दृष्टि है जो उसे सिसरो की परम्परा के भीतर ले आती है और इसका मूल खोजते-खोजते हम अरस्तू तक पहुँच जाते हैं।

व्युत्पत्ति के महत्त्व को देखते हुए लेखक ने इस पर विस्तार से विचार किया है। उसके लिए यह एक बहुआयामी हेतु था। इसमें सन्देह नहीं कि इसकी सीमा को व्यापकतम बनाने में वह सिसरो से प्रेरित था किन्तु विवेचन में वह स्वतन्त्र चिन्तक के रूप में सामने आता है। उसने इसके स्रोत तथा कार्य दोनों पर दृष्टि रखते हुए विचार किया है। इस चर्चा में, हो सकता है, भाषणशास्त्री थोड़े से प्रसिद्ध वक्ताओं तक ही स्वयं को सीमित रखते होंगे, या, कुछ आगे बढ़ कर कवियों का भी अध्ययन करवाते हों। यह व्युत्पत्ति का एक स्रोत था। यदि इसका एक अर्थ बहुज्ञता है तो इसे सिद्ध करने के लिए केवल कवियों तथा वक्ताओं को पढ़ लेना पर्याप्त नहीं माना जा सकता। विषय-सामग्री एकत्र करने के लिए तथा शब्द-सम्पदा को समृद्ध बनाने के लिए सभी विषयों पर जो कुछ भी लिखा गया है उसका गम्भीरता से अध्ययन किया जाना चाहिए। सभी विषयों में पहला स्थान दर्शनशास्त्र का था। फिर, इसी क्रम में खगोलशास्त्र तथा प्रकृतिशास्त्र भी आ जाते हैं। इनसे वक्ता का ज्ञान पूर्ण होता है।[25]

संगीत और छन्दशास्त्र को उसने व्युत्पत्ति का तीसरा आयाम माना है। हमें आश्चर्य हो सकता है कि वक्तृत्व यदि गद्य विधा है तो छन्दशास्त्र का ज्ञान उसके लिए आनावश्यक क्यों होना चाहिए? हमारे मतानुसार क्विंतिलियन के इस सुझाव की पृष्ठभूमि में उस समय की एक नयी प्रवृत्ति कार्य कर रही थी जिसे सोफ़िस्तों की नीति का नया संस्करण भी कहें तो अनुचित न होगा। ई. पू. पाँचवी शती के सोफ़िस्त अच्छा गद्य लिखने के लिए, उसे कर्ण-मधुर एवं प्रभावशाली बनाने के लिए, काव्य के अध्ययन का परामर्श देते थे। उनका अपना लेखन तथा भाषण भी काव्यात्मक ताल लिये हुए हुआ करता था। श्रेष्ठ गद्य लेखन की तैयारी के अन्तर्गत काव्य का अध्ययन एक महत्त्वपूर्ण घटक था। रोमी युग में आकर स्थिति उलट गयी थी। अब धारणा यह थी कि जो अच्छा भाषण दे सकता है वही अच्छी कविता भी लिख सकता है। इस धारणा के अन्तर्गत यह मान लिया गया था कि ताल वक्तृत्व का अनिवार्य धर्म है। सिसरो का ताल पर कितना बल था यह हम देख आये हैं। यह ठीक है कि ये सभी भाषणशास्त्री काव्य की ताल और गद्य की ताल में अन्तर करते थे। साथ ही उन्हें यह भी अभीष्ट नहीं था कि गद्य काव्य ही बन जाय। किन्तु, इतना वे अवश्य अनुभव कर रहे थे कि इस दिशा में केवल शास्त्र का ज्ञान पर्याप्त नहीं है, व्यवहार में, लिखने और बोलने में, उसका उपयोग कैसे होता है इस समझ का होना भी आवश्यक है। भावी वक्ता अपने भीतर विश्वास जगाने के लिए महान् व्यक्तियों के भाषणों का अभ्यास करते समय यह देखें कि उन्होंने अपने तर्कों को सुन्दर रूप देने के लिए, वाणी के अलंकरण के लिए, पुराने कवियों की रचनाओं का उपयोग किस तरह किया है।[26] इस अध्ययन में मुख्य है छन्दों और अलंकारों के उन सिद्धान्तों का सम्यक् बोध जिनके अनुपालन से कोई कृति महान् बनती है। उस समय वस्तुस्थिति यह थी कि कुछ वक्ता-अध्यापक पुराने कवियों और वक्ताओं को पढ़ाते तो थे किन्तु उनकी रचनाओं के गुणधर्मों को आत्मसात् किये बिना उनके अनुकरण तक सीमित रह जाते थे या उनसे उद्धरण पर उद्धरण देते जाते थे और कभी-कभी तो यह भी नहीं देखते थे कि जिन्हें वे उद्धृत कर रहे हैं वे इस योग्य हैं भी कि नहीं। यही प्रवृत्ति उनके शिष्यों में भी आ रही थी। इन्हीं पर कटाक्ष करनेवाली लेखक की टिप्पणी है कि ऐसे पण्डिताऊपन से तो अच्छा है कि ये अध्यापक कुछ क्षेत्रों में अज्ञानी ही रह जायँ।[27]

'व्युत्पत्ति का मुख्य स्रोत काव्य-रचनाएँ है' यह लेखक ने स्वीकार किया है। इनका अध्ययन तथा अनुकरण अनेक प्रकार से वक्ता का हित करता है। इनसे विषय की गहराई में जाने की प्रेरणा तो मिलती ही है ये भाषा की गरिमा से भी परिचित कराती हैं। इनसे वक्ता न केवल शब्द-भण्डार ले सकते हैं वरन् अलंकार-प्रयोग तथा रचना-विधान भी सीख सकते हैं। इनके अतिरिक्त, कवियों द्वारा किया गया

चरित्र-चित्रण एक ओर यदि चरित्र-विश्लेषण का ज्ञान कराता है तो दूसरी ओर संवेग जगाने की शिक्षा भी देता है। हाँ, न्यायालयों में बहस करनेवालों के लिए काव्य अवश्य मनोरंजन का साधन हो सकता है। दिन भर बहसों में सिर खपाने के बाद कविताएँ पढ़ कर वे फिर से तरो-ताज़ा हो जाते हैं। यह काव्य के आनन्दरूप प्रयोजन की सिद्धि है।

भाषणशास्त्रियों में इस तथ्य पर सामान्य सहमति थी कि व्युत्पत्ति में अनुकरण का बहुत बड़ा अनुपात होता है। यह एक प्रकार से सिद्धान्त बन गया था कि जो प्रयोग सफल हो गये हैं (अर्थात् जिन प्रयोगों के कारण पहले के कवि/वक्ता प्रसिद्ध हो गये हैं) उनका अनुकरण किया जाना चाहिए। इसका मनोवैज्ञानिक पक्ष यह है कि जिस गुण के लिए हम दूसरों की प्रशंसा करते हैं उसे स्वयं भी अपनाने का प्रयत्न करते हैं।[28] प्रेरणा शब्द का यही अर्थ है। किन्तु प्रेरित होकर अनुकरण करना और अनुकरण करते-करते अनुयायी बन जाना दोनों में अन्तर है। व्युत्पत्ति का एक अर्थ बहुज्ञता अवश्य है किन्तु इसे सतही जानकारी मात्र नहीं समझना चाहिए। अनुकरण हित तभी कर सकता है जब अनुकार्य के श्रेष्ठ धर्मों को आत्मसात् करने के लिए ऐसा किया जाय। प्रतिभा का संस्कारक यदि अनुकरण (= व्युत्पत्ति) है तो केवल इसी अर्थ में। इसके विपरीत कम प्रतिभासम्पन्न वक्ता, उन दिनों, अनुयायी बनने में ही अपनी सफलता देख रहे थे। यह प्रवृत्ति स्तुतिप्रधान भाषणों में कुछ अधिक थी। यह सच है कि भाषा-सौन्दर्य का निदर्शन करनेवाले इन भाषणों की तुलना काव्य से की जाती थी क्योंकि वहाँ उसका मख्य प्रयोजन सामाजिक को आनन्द प्रदान करना होता था किन्तु भाषण कविता का स्थानापन्न बन जाय यह उचित नहीं था।[29]

क्विंतिलियन को सबसे बड़ी चिन्ता उन वक्ताओं की थी जिनमें प्रतिभा भी कम थी और जो परिश्रम भी नहीं करना चाहते थे। वे अनुकरण की सीमा में रह कर ही सन्तुष्ट थे। इनकी संख्या भी शायद बहुत रही होगी। उन्हीं को प्रेरणा देते हुए उसने लिखा, "यदि पहले के सभी लोग अनुकरण के ही आश्रित रहते तो वे हमारे लिए ज्ञान का इतना बड़ा भण्डार कैसे छोड़ पाते। उनके पास अनुकरण के लिए कुछ भी नहीं था, न उन्हें कोई सिखानेवाला था। अनुकरण अपने आप में दोष नहीं है, हाँ, उसके कुछ नियम हैं जिन पर ध्यान दिया जाना चाहिए।"[30] उसके मत से ये थे–

(i) सबसे पहले यह देखें कि हमारा क्या आदर्श हो? हम किसका अनुकरण करें? देखा यह गया है कि एक ह्रासोन्मुखी लेखक का अनुकरण करना चूँकि सरल होता है इसलिए छात्र उसी का अनुकरण करने में उत्साह दिखलाते हैं। यहाँ अध्यापक को मुख्य भूमिका निभानी चाहिए क्योंकि वह छात्र की क्षमता और आदर्श की ऊँचाई दोनों से परिचित होता है।

(ii) दूसरे क्रम पर यह देखा जाना चाहिए कि लेखक के किस गुण-धर्म का अनुकरण किया जाय? सब जानते हैं कि बड़े-बड़े लेखकों में भी त्रुटियाँ होती हैं। इसलिए, सर्वांगीण विकास के लिए किसी एक ही आदर्श पर निर्भर रहने की आवश्यकता नहीं है।

(iii) कई बार ऐसा लगता है कि विद्यार्थी अपने आदर्श के गुण-धर्मों को आत्मसात् नहीं कर पा रहा है। इसके लिए, सामान्यतः, विद्यार्थी में प्रतिभा की कमी को कारण मान लिया जाता है। किन्तु यह भी सम्भव है कि छात्र की प्रकृति ही भिन्न हो। अनुकरण का लक्ष्य होता है जन्मजात संस्कारों को और विकसित करना, परिपुष्ट करना। विद्यार्थी में यदि किसी प्रवृत्ति का पहले से ही अभाव है तो उसके विकास का प्रश्न ही नहीं उठता। यहाँ, फिर से अध्यापक का मार्गदर्शन आवश्यक हो जाता है।

(iv) साहित्य की विभिन्न विधाओं के अपने-अपने नियम तथा विशिष्ट चरित्रवाले पात्र होते हैं। इस आधार पर कामेदी और त्रासदी एक-दूसरे से बहुत दूर हैं। वक्तृत्वकला के प्रकारों में ऐसी भिन्नता नहीं है। उनके धर्म समान है, अनुकरण उन्हीं का अन्वेषण करता है। इसलिए, सर्वाधिक महत्त्व की बात यह है कि सभी प्रकार की शैलियों के अनुकरण का अभ्यास किया जाना चाहिए। किसी एक ही शैली का विकास वक्तृत्व के सम्यक् विकास में बाधक बन जाता है। मान लो, किसी भावी वक्ता को एक लेखक की ओजस्वी किन्तु अनगढ़ शैली इतनी भा जाये कि वह उसी तक सीमित रह जाय तो वह उस विषय के साथ कैसे न्याय कर पायेगा जो सहज प्रवाहमयी शैली की अपेक्षा रखता हो। इसी तरह सरल-सुगम शैली पर अधिकार रखनेवाले वक्ताओं के लिए गम्भीर एवं महत्तर विषयों के साथ न्याय करना असम्भव हो जाता है। तात्पर्य यह कि अनुकरण में व्यापकता होनी चाहिए। इसलिए, किसी एक ही लेखक तक सीमित रह जाना व्युत्पत्ति-दोष है। दिमोस्थनीज़ सभी दृष्टियों से पूर्ण वक्ता था फिर भी कुछ बातें दूसरों ने उससे ज़्यादा अच्छे ढंग से कही हैं।

(v) अन्तिम बात यह कि अनुकरण केवल रूप-पक्ष तक सीमित नहीं रहना चाहिए। हमारी दृष्टि देश, काल और पात्र को ध्यान में रखते हुए विषय-विवेचन में व्यक्त होनेवाले औचित्य पर भी पड़नी चाहिए।

अभ्यास के अन्तर्गत क्विंतिलियन ने लिखना, पढ़ना और बोलना तीनों क्रियाओं को लिया है और इसकी चर्चा में वक्ताओं के सामने अपना उदाहरण रखा है।[31] वह अत्यन्त विनम्रतापूर्वक लिखता है, "मैं मौलिक बात भले ही न लिख रहा होऊँ पर मेरे परिश्रम की यदि सराहना होती है तो भी मुझे सन्तोष होगा।"[32] नियमों से दिशा निर्देश अवश्य मिलता है किन्तु कला पर अधिकार पाने के लिए कठारे श्रम, अध्यवसाय, कई तरह के अभ्यास, निरन्तर प्रयोग करते रहना तथा अचूक निर्णय

क्षमता आवश्यक हैं और ये सभी अभ्यास-हेतु के विभिन्न पक्ष हैं।"[33] अभ्यास एवं व्युत्पत्ति दोनों परस्पर सम्बद्ध हेतु हैं।

अभ्यास की चर्चा को अधिक विस्तार नहीं मिला है, स्यात् इसकी आवश्यकता भी नहीं थी किन्तु व्यावहारिक सुझाव उसने अवश्य दिये हैं। अपने सुझाव वह एक कहावत से शुरू करता है—'जल्दी खिलनेवाला अच्छा नहीं पाता, अच्छा लिखनेवाला थोड़े ही समय में जल्दी लिखने लग जाता है।' तात्पर्य यह कि वक्ता को आरम्भ में कुछ सावधानियाँ बरतने की आवश्यकता है। जैसे, सबसे पहले विषय से सम्बन्धित जितनी भी बातें हमारे मस्तिष्क में आती हैं उन पर आलोचनात्मक दृष्टि डालना आवश्यक है। स्वीकृति-अस्वीकृति की इस प्रक्रिया का उत्तर चरण है संगृहीत सामग्री का एक-एक विचार एवं उसकी शब्दावली का परीक्षण और यह सुनिश्चित करना कि उसमें क्या पहले लेना, क्या बाद में और क्या अन्त में। फिर ताल-लय आदि को ध्यान में रखते हुए जो लिख लिया गया है उसे दोहराना। स्मरण रहे, दोहराने की भी एक सीमा होती है। ऐसा न हो कि दोहराते-दोहराते भाषण में चमक आने के बजाय विचार ही घिस-पिट जायँ।[34]

3.7.4 भाषण-प्रयोजन

'शिक्षा, संवेग जगाना तथा आनन्द प्रदान करना' सामाजिक को केन्द्र में रख कर निश्चित की गयी यह प्रयोजनत्रयी आभिजात्य युग से चली आ रही थी और अब एक स्थापित सत्य बन चुकी थी।[35] क्विंतिलियन इसका अपवाद नहीं था। इसलिए, भाषणशास्त्र के अध्यापकों को उसने यह विशेष उत्तरदायित्व सौंपा कि छात्रों को प्रशिक्षण देते समय अपने भाषणें द्वारा यह दर्शायें कि विषय को विभिन्न वर्गों में कैसे विभाजित किया जाता है, तर्कों को कैसे प्रभावशाली बनाया जाता है (यह शिक्षा प्रयोजन को सिद्ध करने की प्रक्रिया है); फिर, संवेगों को जगाने या शांत करने के लिए कैसे ओज और माधुर्य गुणों का समावेश किया जाता है (यह दूसरा प्रयोजन सिद्ध करने की प्रक्रिया है); तथा व्यंग्य कितना आक्रामक हो सकता है और परिहास कितनी सूझबूझवाला (यह शिक्षा और आनन्द दोनों को एक साथ सिद्ध करने की प्रक्रिया है)। इन सबके द्वारा उसे व्यवहारतः दिखलाना चाहिए कि न्याय-परिषद् के सदस्यों (सामाजिक) के अन्तस में प्रवेश कर कैसे उनकी भावनाओं और अपने शब्दों के बीच तालमेल बैठाया जाता है।[36]

प्रयोजनत्रयी का सम्बन्ध शैलीत्रयी से है इस पर भी, उन दिनों सर्वसहमति बन चुकी थी। सभी भाषणशास्त्री नियमतः उपदेश/शिक्षा के लिए सीधी-सरल शैली, संवेग जगाने के लिए ओज गुण युक्त तथा आनन्द प्रदान करने के लिए आलंकारिक शैली की संस्तुति करते थे[37], किन्तु हमारे लेखक ने इसका यह अर्थ

कभी नहीं लिया कि पूरा भाषण एक ही शैली में लिखा जाय या बोला जाय। यदि ऐसा होता है तो एक भाषण केवल एक ही प्रयोजन सिद्ध कर पायेगा और फिर ऐसी स्थिति भी आ सकती है कि एक वक्ता केवल एक ही शैली पर अधिकार करेगा और एक ही प्रयोजन सिद्ध करेगा। लेखक ऐसी स्थिति की कल्पना भी नहीं कर सकता था। उसका लक्ष्य तो छात्रों को इतना तैयार करना था कि आवश्यकतानुसार वे किसी भी शैली का प्रयोग कर सकें। पूरे भाषण में कभी शिक्षा देने का अवसर आ सकता है, कभी संवेग जगाने का तो कभी आनन्द देने का और कभी एकाधिक प्रयोजनों को एक साथ सिद्ध करने की स्थिति भी पैदा हो सकती है। इसलिए, भाषण में तीनों प्रयोजनों तथा तीनों शैलियों का सम्यक् योग होना चाहिए। हाँ, यह अवश्य हो सकता है कि एक भाषण किसी एक पक्ष (प्रयोजन) पर बल दे किन्तु शेष दो सर्वथा छूट जायँ यह सम्भव नहीं है। उदाहरण के लिए न्याय-परिषदों में दिये जानेवाले भाषण को लिया जा सकता है। इसमें वक्ता को सूक्ष्म ब्योरों में जाने की आवश्यकता नहीं होती क्योंकि इसका प्रयोजन मुख्यतः शिक्षा (तथ्यों की जानकारी) देना होता है, किन्तु, गौणतः आनन्द देना एवं संवेग जगाना भी होता है। इसके लिए उसके भाषण में शक्ति, वेग एवं लालित्य (ग्रेस) होना आवश्यक है।[38]

वक्तृत्व के स्तुतिगान के रूप पर विचार करते समय भी उसने यही नीति अपनायी है। यह भाषण किसी के स्वागत-सत्कार या स्मृति में लिखा जाता था, फिर इसे पढ़ने की प्रथा भी थी। इसमें वक्ता को अपनी कला का प्रदर्शन करने की पूरी छूट होती थी। आनन्द इसका मुख्य प्रयोजन माना जाता था, सामाजिक भी इसी उद्देश्य से इसे सुनने आते थे। काव्य के सर्वाधिक निकट होने के कारण इसमें अलंकारों की बहुलता होती थी और ताल-लय पर भी विशेष ध्यान दिया जाता था। किन्तु, अपनी स्वतन्त्रता का अनुचित लाभ उठाते हुए वक्ता अविश्वसनीय बातें भी करने लग जाय तो यह दोष कहलायेगा। निष्कर्ष यह कि किसी भी भाषण में आनन्द के लिए शेष दो प्रयोजनों की बलि दे देना उसे स्वीकार्य नहीं था। एक अन्य सन्दर्भ में वह पहले भी कह आया था कि कलात्मकता पर आवश्यकता से अधिक बल देने के कारण ही वक्तृत्वकला का ह्रास हुआ है।[39]

यहाँ, फिर से वही प्रश्न उठाया जा सकता है जो भाषण-हेतुओं के सम्बन्ध में उठा था कि भले ही कोई एक प्रयोजन परिहार्य नहीं है फिर भी क्या किसी एक को वह अधिक महत्त्व देता था? हमारे विचार से उसने किसी भी एक प्रयोजन को अधिमान्यता नहीं दी है। छठी पुस्तक में एक प्रसंग आया है जिससे सामान्य पाठक को भ्रम हो सकता है कि संवेग जगाने की ओर उसका झुकाव कुछ अधिक था।[40] हमारे मतानुसार इसका सम्बन्ध वक्ता के प्रशिक्षण से है। कला के अनेक तकनीकी पक्ष हैं जो उसे सीखने होते हैं और जिनका अभ्यास भी करना पड़ता है। यहाँ वह

वक्तृत्वकला के उन सिद्धान्तों की चर्चा कर रहा है जो उसके अनुभव पर आधारित हैं। इसके अन्तर्गत वह संवेग जगाने के प्रयोजन की चर्चा कर रहा है। उसका विश्वास है कि संवेग जगाने का लक्ष्य मनोवैज्ञानिक स्थिति से सम्बद्ध होने के कारण केवल अध्ययन द्वारा सिद्ध नहीं हो सकता। सामाजिक में संवेग जगाने की पहली शर्त है वक्ता द्वारा स्वयं उसको अनुभव करना। उसके शब्द यदि उसकी अनुभूति से निःसृत होंगे तभी उनमें वह शक्ति आयेगी कि सामाजिक को प्रभावित कर सकें। इसके बाद वह इस विषय पर आता है कि वक्ता अपने भीतर संवेग को अनुभव करने की शक्ति कैसे पैदा करे। वास्तव में वह ऐसी स्थिति में नहीं होता कि संवेग उसमें प्रकृत्या जागें। सामान्यतः, किसी भी विशिष्ट संवेग का जागना व्यक्ति के वश में नहीं होता। अब, यदि कृत्रिम प्रक्रिया द्वारा उसे अपने भीतर संवेग जगाना है तो उसे अपनी कल्पना शक्ति से उसके अनुरूप वस्तु-विधान की रचना करनी होगी। यूनानी इसे फ़ैन्तेसिये कहते थे और रोमी विज़न। यह ऐसी शक्ति है जिसके द्वारा काल्पनिक वस्तु को इतनी स्पष्टता से आँखों के सामने लाया जा सकता है मानों वह सचमुच हमारे समाने हो। ऐसी 'प्रत्यक्ष कल्पना' के प्रति जो वक्ता जितना संवदेनशील होगा उसका संवेगों पर उतना ही अधिकार होगा (सम्भवतः वह मानता भी रहा होगा कि अभ्यास से इस शक्ति का विकास किया जा सकता है)। इतना कल्पनाशील वक्ता जब किसी वस्तु या घटना का वर्णन करता है तो वह मात्र वर्णन नहीं होता, अपनी सजीव भाषा में वह उसे हमारे समक्ष प्रस्तुत ही कर देता है। यदि यह उपपत्ति हम स्वीकार कर लेते हैं तो यह भी स्वीकार करना होगा कि संवेग जगाने की प्रक्रिया शिक्षा या आनन्द देने की प्रक्रिया से कहीं अधिक जटिल है। वस्तुतः, यह दोहरी प्रक्रिया है। एक, कल्पना द्वारा वस्तु-विधान को प्रत्यक्ष देखने की; दूसरी, सामाजिक के सामने सशक्त भाषा में उसे प्रत्यक्ष प्रस्तुत करने की। बिना कठोर अभ्यास के वक्ता इसमें सफल नहीं हो सकता।

3.7.5 आदर्श वक्ता

कौशल के रूप में वक्तृत्व का विवेचन करने के बाद लेखक ने आदर्श/पूर्ण वक्ता पर भी बहुत संक्षेप में विचार किया है। जहाँ तक उसकी प्राविधिक योग्यता का प्रश्न है वह उसमें पूरी तरह निपुण होगा ही, इसलिए उसे दोहराने की आवश्यकता उसने नहीं समझी। उसके सामने मूल प्रश्न था नैतिकता का, कला की सामाजिक उपयोगिता का। अन्तिम पुस्तक का आरम्भ ही वह इस टिप्पणी से करता है कि जैसा वक्ता मेरे ध्यान में है, या कहूँ कि छात्रों को जैसे वक्ता के रूप में तैयार करना चाहता हूँ वह अच्छा भाषण देनेवाला तो होना ही चाहिए संस्कारी मनुष्य भी होना चाहिए। यह शर्त उसने इसलिए रखी ताकि इस कला का दुरुपयोग न हो। यदि

वक्ता अपने कौशल का उपयोग अपराधी की सहायता के लिए करने लग जाय तो यह स्वयं एक अपराध होगा। शिक्षा भाषण का प्रथम प्रयोजन है। व्यापक सन्दर्भ में इसका अर्थ लिया जाना चाहिए पूरे समाज को संस्कार देना। ऐसी स्थिति में इस कला का उपयोग अपराधी को सुधारने के लिए होना चाहिए। और, जैसा कि हम संवेग जगाने के सन्दर्भ में देख आये हैं श्रेष्ठ वक्ता पहले स्वयं संवेग का अनुभव करता है तभी उसकी वाणी में सामाजिक में संवेग जगाने का सामर्थ्य आता है। वही नियम यहाँ भी घटता है। श्रेष्ठ वक्ता के लिए पहले स्वयं उत्तम आचरणयुक्त मनुष्य बनना आवश्यक है। जिस व्यक्ति ने प्रकृति के सिद्धान्तों का अध्ययन नहीं किया, विमर्श बुद्धि के आदेश का पालन करना नहीं सीखा, अपना चरित्र नहीं सुधारा वह आदर्श वक्ता हो ही नहीं सकता।[41]

3.7.6 रूप-विचार

अध्ययन के तीसरे वर्ग के अन्तर्गत लेखक ने वक्तृतव को कलाकृति, वक्ता-कलाकार की उपलब्धि, के रूप मे परखा है। यह उसका लिखित या अभिभाषित रूप है। सिसरो ने भाषण के लिखित और अभिभाषित रूपों में गुण-धर्मों के आधार पर अन्तर किया है, क्विंतिलियन ने ऐसे किसी भी भेद को नकारा है।[42] कोई भी भाषण जिन गुण-धर्मों के आधार पर श्रेष्ठ कहलाने के योग्य बनता है वे उसके दोनों ही रूपों में होने चाहिए और इनका विवेचन किसी एक या दो पुस्तक तक सीमित न रह कर पूरी 'इन्स्तित्युशो ओरातोरिया' में फैला हुआ है।

प्रतीत होता है उस समय प्रकार-भेद भी विवाद का विषय था। इसकी भूमिकास्वरूप वह स्वीकार करता कि पहले के विद्वानों ने केवल तीन प्रकारों की चर्चा की है किन्तु एक महान् भाषणशास्त्री* के उल्लेख से इस स्थिति की ओर ध्यान आकर्षित होता है कि आज यह संख्या तीन न रह कर असंख्य हो गयी है। उसके जैसे विशेषज्ञों का तर्क है कि अरस्तू ने तीसरे प्रकार का औपचारिक भाषण उसे माना था जिसका मुख्य उद्देश्य वाक्कला का प्रदर्शन होता था और विषय होता था किसी की प्रशंसा या भर्त्स्ना।[43] अब, यदि स्तुति-निन्दा का विषय वक्तृत्व के प्रकार को निश्चित कर सकता है तो इसी तरह किसी में शिकायत हो सकती है, किसी में मान-मनावन, चेतावनी, प्रोत्साहन, आदि-आदि भी हो सकते हैं और ये सभी वक्तृत्व के प्रकार भी बन जायेंगे। इसी दिशा में आगे बढ़ते-बढ़ते असंख्य प्रकार हो जायेंगे। पहले के भाषणाशास्त्रियों ने उस समय की परिस्थितियों के अनुसार प्रकारों

* यह संकेत ज्येष्ठ प्लिनी (ई. सन् 23-79) की ओर है।

की संख्या तीन रखी थी। उन दिनों भाषण सीमित उद्देश्य से दिये जाते थे वे तीन वर्गों में आसानी से बैठ जाते थे। आज समय की आवश्यक ने उद्देश्यों तथा विषयों की संख्या बढ़ा दी है तब प्रकारों की संख्या उतनी ही क्यों रहे।

लेखक की दृष्टि में यह तर्क नहीं कुतर्क है क्योंकि पहले के लेखकों (संकेत अरस्तू की ओर) ने प्रयोजन–ज्ञान, विवादास्पद विषय पर निर्णय तथा आनन्द–के आधार पर प्रकारों की संख्या निश्चित की थी। फिर, अनेक्सिमिनीज़, प्रोतेगोरस आदि की चर्चा करते हुए अन्त में निर्णय देता है कि मेरे विचार से भाषणों के केवल दो ही प्रकार माने जाने चाहिए–एक, न्याय-परिषदों में; दो, उनसे बाहर दिये जाने वाले भाषाण।[44] न्यायालयों से बाहर दिये जानेवाले भाषण चाहे राजनीतिक सभाओं में दिये जायँ, या, किसी का सत्कार करने अथवा स्मरणार्थ बुलायी गयी सार्वजनकि सभाओं में दिये जायँ इन सबको एक ही प्रकार के अन्तर्गत रखा जा सकता है। पर, यह उसका अन्तिम वाक्य नहीं था। उसकी समझौतावादी मनोवृत्ति उसे विवाद के भिन्न समाधान की प्रेरणा दे रही थी। अपने लेखन को समाप्त करते न करते वह प्रयोजन और शैली में परस्पर सम्बन्ध का आधार ढूँढ़ रहा था। वहाँ उसने अनुभव किया कि सभी प्रकार के भाषण परम्परागत तीन शैलियों (सरल, भव्य एवं प्रबल तथा बीच की अथवा आलंकारिक) में नहीं समा सकते। व्यवहार में तीसरी शैली जैसे प्रथम दो के बीच की है, इसी तरह थोड़ा बहुत अन्तर लिये हुए और शैलियाँ भी हो सकती हैं। उदारहण के लिए, कहा जा सकता है कि सरल वर्ग के भीतर ही सरलतर और सरलतम भेद हो सकते हैं। अथवा, कम सरल तथा और भी कम सरल भेद बन सकते हैं।[45] और, ये भेद विषय-वस्तु की प्रकृति पर ही निर्भर करेंगे। तात्पर्य यह कि क्विंतिलियन घूम-फिर कर वहीं पहुँचा जहाँ विस्तारवादी पहले से ही थे।

वक्तृत्व के प्रकारों के साथ-साथ वह वस्तु-तत्त्व एवं-रूप तत्त्व के युगपत् सम्बन्ध पर भी अपने विचार व्यक्त करता चला है। इस सम्बन्ध में उसकी स्थापना है कि विश्लेषण के लिए भले ही इन्हें अलग-अलग संज्ञाओं से अभिहित किया जाय किन्तु उत्पाद के रूप में प्रत्येक वक्तृत्व का अधिष्ठान अनिवार्यतः वस्तु (विषय) और रूप (शब्द) का सहभाव है।[46] व्यवहार में देखा यह गया है कि विषय ही शब्दावली का संकेत दे देता है। इस दृष्टि से देखने पर निष्कर्ष यह निकलता है कि विषय की प्रकृति था शब्दावली की प्रकृति में जितनी दूरी होगी भाषण की गुणवत्ता में उतनी ही कमी आ जायगी। प्रत्येक भाषण एक इकाई है जिसका एक पक्ष है 'अभिव्यंजित' [वस्तु] और दूसरा है 'अभिव्यंजक' [शब्द]।[47]

3.7.6.1 शैली - विचार

"विषय-वस्तु के अनुरूप शब्द अपनी अंतः दीप्ति से सहज ही पहचान में आ जाते

हैं”[48] शैली-विचार के प्रस्तावना भाग में आया यह कूट वाक्य वक्तृत्व के रूप-पक्ष के सभी बिन्दुओं को अपने भीतर समेटे हुए है। अवसर के अनुसार, ‘क्या कहना’ यह निश्चित हो जाने पर विचारणीय प्रश्न रह जाता है ‘कैसे कहना’। ‘कैसे कहना’ द्वयर्थक है जिसमें शब्द-चयन और शब्द-समूह की प्रकृति (इसमें उसका उच्चरित रूप भी समाहित है), अर्थात शैली, दोनों ही अभीष्ट हैं। क्विंतिलियन का शैली-विवेचन परम्परागत दृष्टि लिये हुए है। इसके तीनों प्रकारों का उल्लेख हो चुका है और इसका भी कि किस प्रयोजन के लिए कौन-सी शैली उपयुक्त है। जैसे, शिक्षा के लिए सूक्ष्म बुद्धि की आवश्यकता होती है, प्रमाण और तथ्य दिये जाते हैं। यह कार्य सीधी-सरल शैली में ही सफलतापूर्वक संपन्न हो सकता है। संवेग जगाने के लिए भरपूर आवेग आवश्यक होता है तथा आनन्द सौम्यता के गुण में ही निमज्जित रहता है, इसलिए, इसमें ताल-लय एवं अलंकारों की ओर अधिक ध्यान दिया जाना स्वाभाविक है।[49]

प्रयोजन तथा विषय में अभिन्न सम्बन्ध को देखते हुए उसका यह कहना सर्वथा उचित था कि शैली का निर्धारण विषय करता है। वह प्रश्न करता है कि सामान्य विषय के लिए क्या भारी-भरकम शैली का उपयोग उचित होगा? या, शोक सन्देश देना हो तो क्या प्रमुदित स्वर में उसे अभिव्यक्ति देना औचित्य का उल्लंघन नहीं होगा? साथ ही, वक्ता की अवस्था भी शैली का नियमन करती है। उदाहरण के लिए, एक वृद्ध को आलंकारिक शैली में बड़ी-बड़ी बातें करना शोभा नहीं दे सकता।[50] इसे यों भी कहा जा सकता है कि वक्ता की अदस्था उसकी शैली और विषय दोनों का निर्धारण करती है। यदि कोई शैली उसके उपयुक्त नहीं है तो उस शैली के अनुरूप विषय भी उसके उपयुक्त नहीं हो सकता; निष्कर्ष यह कि शैली को मूलतः औचित्य सुनिश्चित करता है और उसके अनेक नियामक तत्त्व हैं—सामाजिक, विषय, प्रयोजन, अवसर, अवस्था—और वक्ता की इन सब पर दृष्टि रहनी चाहिए।

शैली के विभिन्न नियामक तत्त्व यह संकेत देते हैं कि वक्तृत्वकला किसी एक शैली में बँध कर नहीं रह सकती किन्तु उसके विशिष्ट धर्म हैं जिन्हें वह छोड़ भी नहीं सकती। स्पष्टता ऐसा ही एक गुण है। वक्ता का लक्ष्य यह नहीं होना चाहिए कि सामाजिक उसकी बात को ठीक-ठीक समझे, वरन्, यह होना चाहिए कि वास्तविक अर्थ को न समझने की कोई गुंजाइश ही न रहे। शब्द-चयन एवं उनकी योजना ऐसी हो कि उसमें न कोई त्रुटि हो न कुछ भी निरर्थक हो। ऐसी भाषा एक ओर पंडितों द्वारा अनुमोदित होगी तो दूसरी ओर अशिक्षितों के लिए भी बोधगम्य होगी।[51] और, परिस्थितियाँ चूँकि सदैव एक सी नहीं रहतीं इसलिए शैली में परिवर्तन होना स्वाभाविक है। पहले भाषा अनगढ़ थी, परुष थी, आज वह अधिक कलापूर्ण है। इसका प्रभाव शैली पर पड़ना स्वाभाविक था। यदि कुछ वक्ता किसी भी कलात्मक

प्रयोग को निषिद्ध मानते हैं तो वे भूल करते हैं।

शैली पर विचार हो रहा हो और अत्तिकी-एशियाई प्रसंग न पिछड़े यह सम्भव नहीं था। यह विवाद उस समय तक भी थमा नहीं था। क्विंतिलियन वक्ता था और भाषणशास्त्री भी, दोनों शैलियों के समर्थकों से उसका प्रतिदिन आमना-सामना होता होगा। अन्तिम पुस्तक में, छात्रों को अपने ज्ञान का लाभ देते हुए इस सम्बन्ध में उसने बड़ी सटीक टिप्पणियाँ की हैं।[52] अत्तिकी शैली के वैचारिक पक्ष तथा उसके तथ्यात्मक होने की उसने प्रशंसा की है। वह स्वीकार करता है कि सभी अत्तिकी लेखकों में सूक्ष्म निर्णयक्षमता का गुण समान रूप से मिलता है। अर्थात्, यह सूक्षम दृष्टि अत्तिकी शैली का मूल गुण है। इसका दूसरा विशिष्ट गुण है कठोर संयम जो किसी भी निरर्थक विचार या शब्द का निषेध करता है। यह सब होते हुए भी उसकी सरलता एवं स्पष्टता में कोई न्यूनता नहीं आती। इसलिए उसकी श्रेष्ठता को स्वीकार कर लेने में कोई आपत्ति नहीं होनी चाहिए। इसकी तुलना में एशियाई शैली शब्दाडंबर का ढोल चाहे जितना पीट ले विचार के नाम पर वह शून्य ही होती है। इधर रहोड्ज़ की शैली में इन दोनों का मिश्रित रूप दिखलायी पड़ता है। अन्त में वह इस तथ्य को भी रेखांकित करता है कि रोमी वक्तृत्वकला यूनानी (अत्तिकी) वक्तृत्वकला का अनुसरण करती हुई अब उसके समकक्ष आ गयी है।

शैली के गुण-धर्म उसमें प्रयुक्त शब्दाली से निर्धारित होते हैं। वक्ता के शब्द-भण्डार का स्रोत क्या हो? उसका चयन वह कैसे करे? उनके प्रयोग में क्या सावधानियाँ रखे? ये भाषणशास्त्रियों के विचारणीय विषय हुआ करते थे। इन्हीं की पृष्ठभूमि में शब्दों का वर्गीकरण करते हुए क्विंतिलियन ने उनकी प्रकृति पर भी सूक्ष्म दृष्टि डाली है और स्वतन्त्र निर्णय दिया है।

शैली को भव्य एवं रमणीय बनाने में आर्ष शब्दों का प्रयोग विशेष सहायक होता है और किसी महान् लेखक ने भी उनका प्रयोग किया हो तो वे आधिकारिक मान लिये जाते हैं। इनमें बीते हुए युग का गौरव समाहित होता है। इनका यह सम्बन्धाश्रयी मूल्य इन्हें और भी महत्त्वपूर्ण बना देता है। सम्भवतः यही मूल्य, इनमें नवीनता का जादू न होने पर भी, इन्हें सौन्दर्यहीन होने से बचाये रखता है। फिर भी, इनका प्रयोग सोच-समझ कर सावधानीपूर्वक करना चाहिए। इस सम्बन्ध में ध्यान रखने योग्य नियम हैं[53]—

(i) ये बहुत पुराने न हो गये हों;

(ii) इनमें बनावटीपन न हों;

(iii) अर्थग्रहण करने में सुगम हों; और,

(iv) ऐस शब्दों में प्राथमिका उन्हें मिलनी चाहिए जो कालक्रम में सबसे नये हों—बाद के हों; तथा,

(v) नये शब्दों में उन्हें प्रधानता मिलनी चाहिए जो सबसे पुराने हों।

इन नियमों का एक ही उद्देश्य है—भाषण को दुर्बोध होने से बचाना। भाषण को मूल्यवत्ता प्रदान करनेवाला मुख्य गुण है स्पष्टता, इसलिए किसी भी प्रयोग के अर्थ को समझने के लिए यदि व्याख्या की आवश्यकता पड़ जाये तो वह दोष बन जाता है।

पुराने या नये शब्द कहना काल सापेक्ष प्रयोग है और समाज सापेक्ष भी। क्विंतिलियन ने इसके वर्ग विशेष सापेक्ष होने पर अधिक बल दिया है। अर्थात् वक्ता/लेखक जब शब्द-चयन करता है तो उसकी दृष्टि उस वर्ग की भाषा पर अधिक होनी चाहिए जिससे वह निकटता से जुड़ा है। वह भावी वक्ताओं तथा अपने समय के वक्तृत्वकला के अध्यापकों के लिए निर्देश-पुस्तक लिख रहा था और मन्त्रणा दे रहा था कि उन्हें किस समाज की भाषा से शब्द-सम्पदा लेनी है। यहीं, उसने स्पष्ट कर दिया है कि वह समाज के किस वर्ग की भाषा को मानक मानता है। यह संकेत है कि उसके मतानुसार कौन सा वर्ग वक्ता का आधिकारिक सम्बोध्य है।

इस पृष्ठभूमि में पहली पुस्तक में आया उसका वाक्य कि 'असभ्य, अशिष्ट तथा व्याकरण निषिद्ध प्रयोग वक्तृत्व में नहीं होने चाहिए'[54] विशेष अर्थगर्भ बन जाता है। ये दोष हैं ओर तभी क्षमा किये जा सकते हैं जब कोई विरल अवसर हो अथवा प्रथा द्वारा अनुमोदित हों। (अरस्तू ने भी कामेदयों में अश्लील शब्दों के प्रयोग को इसी आधार पर स्वीकार कर लिया था) इनके सन्दर्भ में नियम के अनुसार या विरुद्ध की रेखा अत्यन्त क्षीण होती है जिसका निर्णय अध्यापक की सूक्ष्म दृष्टि ही कर सकती है।

यह निश्चित हो जाने के बाद कि असभ्य, अशिष्ट शब्दों का प्रयोग अभिजात समाज सापेक्ष है दूसरा प्रश्न यह उठता है कि वक्तृत्व के लिए शब्द-सम्पदा का स्रोत क्या हो? व्युत्पत्ति हेतु के अन्तर्गत यह विषय आ चुका है कि काव्य इसके लिए सर्वाधिक उपयुक्त क्षेत्र है। उसकी की ओर फिर से ध्यान आकर्षित करते हुए उसने लिखा है, "त्रासदियों की शब्द-सम्पदा गरिमापूर्ण होती है जबकि कामेदियों की विशेष रमणीयता तथा अत्तिकी लालित्य लिये हुए होती है।"[55] त्रासदियों में महान् कथानक के अनुरूप भव्य भाषा का प्रयोग करने की परम्परा थी तथा कामेदियों में वह यथार्थ के अधिक निकट हुआ करती थी। किन्तु, उसमें लालित्य देखनेवाला क्विंतिलियन इस दिशा में प्लॉतस तथा तेरेन्स के योगदान को स्मरण कर रहा है। मीनांदर ने यूनानी कामेदियों को एक नया मोड़ दिया था जो रोमी समाज के अधिक निकट था। हम यह देख आये हैं कि रोमी कामेदियाँ उससे प्रभावित थीं। इस प्रयास में लातीनी भाषा को जो नया रूप मिला इसके लिए वह अत्तिकी परम्परा के प्रति आभार प्रकट कर रहा है।

रोमी वक्ताओं के बीच यूनानी त्रासदियाँ अवश्य लोकप्रिय रही होंगी। उनकी भाषा और संस्कृति में पहले से ही उनकी गहरी रुचि थी। पर वह देख रहा था कि यूनानियों की तरह गूढ़ार्थव्यंजक शब्दों के प्रति मोह यहाँ के वक्ताओं में भी कुछ अधिक बढ़ गया है। उनमें से कई तो यह मानने लग गये थे कि भाषण वही श्रेष्ठ है जिसको समझाने के लिए व्याख्याता की आवश्यकता पड़ जाय। इस मनोवृत्ति का प्रभाव समाज पर भी पड़ रहा था, उसमें भी ऐसे श्रोता तैयार हो गये थे जो इन प्रयोगों में ही आनन्द का अनुभव करने लगे थे। भाषण में प्रयुक्त पहेलियों तथा सूक्तियों का अर्थ समझ जाने पर ये श्रोता अपनी पीठ थपथपाने लग जाते थे।[56] ऐसे सभी प्रयोगों को सिरे से नकारते हुए वह लिखता है कि मेरे विचार से स्पष्टता इस कला का मूलभूत गुण है। जिन वक्ताओं में अभ्यास की कमी होती है, जो सीधी-सरल, गरिमापूर्ण भाषा में अपनी बात नहीं कह सकते वे इस दोष से बचने के लिए सभी प्रकार की सामान्य शब्दावली का निषेध करने लग जाते हैं तथा इधर-उधर के दुर्बोध, अस्पष्ट प्रयोगों द्वारा अपनी धाक जमाने का असफल प्रयास करते हैं।[57]

क्विंतिलियन कहीं न कहीं अरस्तू की मध्यमान की अवधारणा से जुड़ा हुआ था जो निश्चित ही सिसरो से होती हुई उस तक पहुँची थी। उसी की तरह वह इस सिद्धान्त में भी विश्वास करता था कि वक्तृत्व की भाषा यथासम्भव [पढ़े-लिखे अभिजात समाज की] दैनंदिन भाषा के निकट होनी चाहिए। इस विषय पर वह सिसरो को प्रमाण मानता था। उसने बहुत पहले यह नियम बना दिया था कि सामान्य शब्दावली से दूर जाना शैलीगत दोष है। शब्दावली जितनी सहज होगी उसी अनुपात में वह यथार्थ का अधिक आभास देगी और यही श्रेष्ठ शैली की पहचान होती है।[58] किन्तु, इस नियम का अपवाद यह है कि यदि विषय कलात्मक हो तो उसके अनुरूप कलात्मक भाषा का ही प्रयोग किया जाना चाहिए। जैसे नित्यप्रति के व्यवहार की भाषा एक सीमा तक ही वक्तृत्व की भाषा बन सकती है उसके बाद वह सपाट बयानी में बदल जाती है उसी तरह विषय के साथ न्याय करने के लिए मर्यादा के भीतर किया गया भाषा का संस्कार भी स्वीकार किया जाना चाहिए। मर्यादा के उल्लंघन से उसमें बनावटीपन आ जाता है। यह टिप्पणी उसे इसलिए करनी पड़ी क्योंकि कुछ वक्ता, जो कवि अधिक थे, रूप-पक्ष पर आवश्यकता से अधिक बल देने के कारण दैनंदिन भाषा से बहुत दूर हट गये थे। उनमें इतनी कृत्रिमा आ गयी थी कि वह दोष बन गयी, किन्तु भ्रष्ट मनोवृत्तिवाले सामाजिकों का साथ मिलने का परिणाम यह हुआ कि वे दोष को भी अपनी कला का गुण मानने लगे।[59] इस ह्रासोन्मुखी प्रवृत्ति पर अंकुश लगाने के लिए लेखक ने आभिजात्य विचारधारा का आश्रय लिया और उसकी पुनर्स्थापना की।

विषय के अनुरूप शब्द-चयन की प्रक्रिया पर विचार करते हुए लेखक ने अपनी सूक्ष्म दृष्टि का परिचय दिया है। अपने सुझाव को लगभग नियम का रूप देते हुए उसने लिखा है, "प्रयोग के औचित्य को शब्द की प्रकृति निर्धारित करती है। ऊपर से देखने में सभी पर्यायवाची शब्द एक ही अर्थ देनेवाले लगते हैं फिर भी उनमें से कुछ अपनी विशिष्ट पहचान रखते हैं। उनमें गरिमा, चमत्कृति, रमणीयता अथवा नाद-माधुर्य अन्यों की अपेक्षा अधिक हो सकता है। कुछ मात्र नाद-माधुर्य के कारण ही दूसरे शब्दों से अधिक आकर्षक बन जाते हैं।"[60] इसी दिशा में कुछ और आगे बढ़ते हुए उसने शब्दों को तीन वर्गों में विभाजित किया—उचित, नये गढ़े हुए तथा लाक्षणिक। 'उचित शब्द' की उसने नयी व्याख्या की। जो शब्द पुराकाल से प्रचलन में है उसकी गरिमा सम्बन्धाश्रयी मूल्य के कारण बढ़ जाती है यही उसके औचित्य का आधार बन जाता है और उसकी भव्यता शैली का अलंकरण बन जाती है। वर्जिल ने ऐसे शब्दों का बड़ा सटीक प्रयोग किया है। नये गढ़े शब्द कितने सफल होते हैं कितने असफल यह भाषा की प्रकृति पर निर्भर करता है। यूनानी भाषा स्वर प्रधान है, उसका लाभ उठाते हुए यूनानियों ने नाद-माधुर्य की सहायता से विशिष्ट अनुभूतियों की अभिव्यक्ति के लिए अनेक शब्द गढ़े। लातीनी की प्रकृति भिन्न है। कुछ लेखकों ने इस दिशा में प्रयत्न किये भी किन्तु वे सफल नहीं हो पाये।[61] शब्द का लाक्षणिक प्रयोग वस्तुतः अलंकार है जिस पर उसने इस वर्ग के अन्तर्गत विचार किया है। इस प्रसंग को उसने यह कह कर समाप्त किया है कि अर्थ और शैली की दृष्टि से अनावश्यक शब्द बहुत बड़ा दोष है।

विशिष्ट प्रयोग, मुख्यतः अलंकार, पर विचार करते समय उसने स्पष्ट किया है कि इसका आधार एक पद भी हो सकता है और पद-समूह भी। इसकी कोई सरल परिभाषा गढ़नी हो तो कहा जा सकता है कि सामान्य, सुगम पद-रचना की सीमा का उल्लंघन करनेवाले प्रयोग अलंकार कहलाते हैं। ये प्रयोग बहुत सोच-विचार कर किये जाने चाहिए। नियमतः, उनमें एक ओर अर्थ की स्पष्टता बनी रहे और दूसरी ओर शैली में चमत्कार भी आ जाय तभी उनकी सार्थकता है। इस दृष्टि से उपमा और रूपक को वह विशेष स्थान देता है। उपमा से वर्ण्य विषय एक बारगी प्रकाशमान हो उठता है। वक्ता उसका उपयोग दो प्रकार से कर सकता है—तर्कों के बीच में प्रमाणों को अधिक विश्वसनीय बनाने के लिए, और, वस्तुओं एवं घटनाओं के वर्णन में सजीवता लाने के लिए। इसके प्रयोग में, बस, इतना ध्यान अवश्य रखा जाना चाहिए कि उपमान अस्पष्ट या अनजाना न हो। स्पष्टता के अभाव में लक्ष्य की सिद्धि नहीं हो पाती। यही बात रूपक के बारे में भी कही जा सकती है। इसका मुख्य लक्षण है शब्द का सामान्य से भिन्न अर्थ में प्रयोग। कुछ रूपक अर्थ

की अधिक स्पष्टता के लिय प्रयुक्त होते हैं तो कुछ शैली के अलंकरण के लिए।[62] इसी तरह कुछ अलंकार हैं जो अर्थ सिद्धि में सहायक होते हैं तो कुछ शैली के शोभाकारक बनते हैं। इसके अतिरिक्त, वे सामाजिक को आनन्द देने के साथ-साथ उसमें संवेग जगाने में भी सक्रिय भूमिका निभा सकते हैं। अतः इनके प्रयोग में विषय, देश और काल इन तीनों का ध्यान रखना आवश्यक है।

सौन्दर्य-विधान के लिए वक्तृत्व में अलंकारों के प्रयोग के अतिरिक्त उसने दो सूत्र और सुझाये। इनमें पहला है–'कला यदि अवगुंठन में नहीं रह सकती तो कला नहीं है।' भारतीय काव्यशास्त्र की शब्दावली में इसकी व्याख्या करें तो कहना होगा 'वाक्य रचना में व्यंजना का आश्रय लेने से शैली में कलात्मकता आती है। कभी-कभी तो यह अनिवार्य हो जाता है क्योंकि कुछ बातों का उल्लेख या तो अभिधा में करना उचित नहीं होता, या उचित अभिव्यक्ति अभिधा द्वारा सम्भव नहीं होती। अपने समय के वक्ताओं से उसकी यही शिकायत थी कि वे इस रहस्य को समझ ही नहीं पा रहे हैं कि कला को छिपाने में ही उसका सौन्दर्य है। ये वक्ता राह चलते श्रोता और प्रशिक्षित सामाजिक के बीच कोई अन्तर ही नहीं कर पा रहे थे। जितने खुलेपन से जनसाधारण से बात करते हैं उसी तरह चिन्तक सामाजिक से भी करने लग जाते हैं। अच्छा हो ये वक्ता अपनी भूल को जल्दी से जल्दी सुधारें और वक्तृत्वकला का मार्ग प्रशस्त करें।

उसका दूसरा सूत्र व्याकरण से सम्बन्धित है। कहा जा चुका है कि वक्तृत्वकला के ह्रास का एक कारण वह नियमों की जकड़बन्दी भी मानता था। नियमों का पालन करते-करते यदि कला की आत्मा ही मर जाये तो वे किस काम के। इस उपपत्ति को वह व्याकरण के नियमों पर भी घटाता है। इनमें थोड़ी भी शिथिलता का विरोध करनेवाले वक्ताओं तथा भाषणशास्त्रियों से उसका अनुरोध था कि कभी-कभार नियम का उल्लंघन करने का प्रयोग करके भी देखें और देखें की निमयबद्ध प्रद-क्रम में किंचित् परिवर्तन से भाषण में कितला अप्रत्याशित प्रभाव आ जाता है। इसका एक उदाहरण है क्रियापद का स्थान विपर्यय। उसका सुझाव है कि कलात्मक संरचना में यदि व्यवधान न आता हो तो वाक्य के अन्त में क्रियापद का प्रयोग उसे शक्ति प्रदान करता है। किसी भी भाषा की क्षमता उसके क्रिया रूपों में होती है। वक्तृत्व का प्रयोजन होता है सामाजिक को प्रभावित कर अपने पक्ष में करना इसके लिए यदि व्याकरण सम्मत पद-क्रम में परिवर्तन करना पड़े तो वह उचित है।[63]

इसी क्रम में वह एक उपसूत्र की व्यवस्था देता है। उसका प्रस्ताव है कि संयोग से यदि किसी को कला के नियमों की कम समझ हो तो वह प्रकृति का अनुसरण करके भी कलात्मक प्रभाव पैदा कर सकता है। यह व्यवस्था, वस्तुतः, बहुत पहले

से चली आती हुई इस चिन्तनधारा का अनुमोदन करती है कि प्रकृति की रचना में कला के नियम भी छिपे हुए हैं, आवश्यकता है उन्हें खोजने की, उनका अध्ययन करने की।*

शैली के विभिन्न पक्षों पर विचार करते हुए क्विंतिलियन का ध्यान वक्तृत्व के अभिभाषित रूप पर अलग से भी गया है, अर्थात्, जब वक्ता सामाजिक को प्रत्यक्ष सम्बोधित कर रहा होता है। कहने को उसने भले ही कह दिया हो कि लिखित भाषण और बोले गये भाषण में कोई अन्तर नहीं है, किन्तु, इस विषय पर उसके चिन्तन में द्वैध है। प्रतिपक्ष के साथ विवाद करते समय या साधारण सभा को सम्बोधित करते समय हास्य का उपयोग कैसे किया जाय इसके कुछ नुसखे उसने सुझाये हैं। स्पष्ट है कि पक्ष-प्रतिपक्ष की स्थिति अभिभाषित वक्तृत्व में ही सम्भव है। सिसरो से मार्गदर्शन लेते हुए हास्य के उपयोग को उसने तीन वर्गों में बाँटा है:[64]

(i) प्रतिपक्ष के तर्कों को झुठलाने के लिए, उनकी तीव्रता कम करने के लिए, या, उनके द्वारा किये गये उपहास को निष्प्रभ करने के लिए।

(ii) कभी अपने बारे में कुछ कहना हो तो ऐसे कहो मानों मज़ाक कर रहे हो।

(iii) इन दोनों के बीच की स्थिति यह भी हो सकती है कि प्रतिपक्ष जो बात एक अर्थ में कहे वक्ता उसे भिन्न अर्थ में ग्रहरण करे। इसमें पक्ष तथा प्रतिपक्ष दोनों में से किसी पर भी टिप्पणी नहीं होती इसलिए यह बीच की स्थिति है।

अनुमान लगाया जा सकता है अपने भाषणों में हास्य का उपयोग वह इन्हीं तीनों प्रकार से करता होगा किन्तु 'इन्स्तित्युशो ओरातोरिया' वह छात्रों के प्रशिक्षण के लिए लिख रहा था। व्यवहार में उन सभी स्थितियों को एक ही वर्ग में रखा जा सकता है जो सामाजिक को हँसने के लिए प्रेरित कर सकती हैं पर सिद्धान्त की बात कुछ और है। 'तरप-तमप' के आधार पर हास्य के अनेक भेद हो सकते हैं और शिष्ट हास्य तथा अशिष्ट हास्य जैसे भेद भी हो सकते हैं। उपहास में भी वह अन्तर कर ही रहा था। स्वाँग देख कर लोग कितने ठहाके लगाते होंगे इसकी जानकारी भी उसे थी। इसलिए, छात्रों के ज्ञानार्थ इसके विशिष्ट लक्षण पर उँगली रखते हुए उसने लिखा, "वक्रता हास्य का मूल है...शब्दों के सामान्य अर्थ को कुछ नया रूप देने में ही हास्य का शुद्ध रूप दिखलायी पड़ता है।"[65]

हास्य का लक्ष्य है अपनी स्थिति को सुदृढ़ करना, सामाजिक का विश्वास अर्जित करना। इसके अन्य उपाय भी हो सकते हैं। इनमें मुख्य है बात को इस ढंग

---

* देखिये पाइथोगोरियों का कला-चिन्तन, 'यूनानी आभिजात्य चिन्तन, पृ. 244-45

से कहना कि अस्पष्टता के लिए कोई स्थान न बचे। इसकी एक सरल पद्धति है पुनरुक्ति। एक ही बात को वक्ता दूसरे ढंग से ऐसे कहे मानों अपनी भूल सुधार रहा हो। जैसे, यह निम्न वाक्य—

"मुझे आशंका है कि मेरी बात में कुछ अस्पष्टता रह गयी है। इसलिए, मैं इसे फिर से और सरल शब्दों में कहना चाहूँगा।"

इस तरह, विषय का पुनः प्रतिपादन अर्थ को स्पष्टता प्रदान करता है और वक्ता के व्यक्तित्त्व की अमिट छाप भी छोड़ता है।[66]

उपर्युक्त पद्धति, निश्चित ही, तभी अपनायी जा सकती है जब वक्ता और श्रोता आमने-सामने हों। सारांश यह कि भाषण के विवेचनार्थ उसने इसके दोनों रूप—लिखित एवं अभिभाषित—लिये हैं, और, इनके सभी पक्षों की वह अधिक से अधिक जानकारी विद्यार्थियों को देना चाहता था। सैद्धान्तिक पक्ष में यूनान तथा रोम दोनों की चिन्तन परम्पराओं के अवदान से वह परिचित था। उसने हृदय से स्वीकार किया है कि समाज में वक्तृत्वकला का आज जो स्थान है उसके श्रेय के भागी दिमोस्थनीज़ और सिसरो हैं।[67] उन्हीं के मूल्यों का संधान कर अपनी कृति में उन्हें स्थापित करना उसका उद्देश्य था।

सन्दर्भ एवं टिप्पणियाँ

1. एच. जे. रोज़, लैटिन लिटरेचर, पृ. 388
2. लिटरेरी क्रिटिसिज़्म इन ऐंटिक्विटी, खण्ड-दो, पृ. 254
3. पु. II, अ. V, 10-11
4. वही, वही, 22
5. वही, अ. XI, 3-4
6. 'सारी शर्म-हया घर छोड़ कर आओ क्योंकि यह रुकावट पैदा करती है। एकदम सफ़ेद कढ़े हुए कपड़े पहनो, अत्तिकी स्त्रियोंवाले फैशन के जूते पहनो, एक किताब बगल में हमेशा रखो और ढेर सारे नौकर-चाकर अपने पीछे चलाये रखो। पन्द्रह-बीस अत्तिकी शब्द अच्छी तरह याद कर लो और कुछ ऐसे वाक्यांश भी जैसे, मेरे प्रिय महोदय, अच्छा तो आपका यह कथन है। फिर, बीच-बीच में कुछ पुराने, विरल शब्दों का भी प्रयोग करते रहो। बात को सीधे न कह कर घुमा-फिरा कर कहो जैसे, कपड़े धोने के लिए 'स्वच्छ करना', प्रातःकाल को 'अन्धकार की सुनहरी कोर' या चतुर व्यक्ति को 'ज्ञानी हृदय' कहो। तब देखिये जनता आपको अत्यन्त सुस्कृत तथा अपने से कहीं ऊँचा मानती है या नहीं। पुरानी क्लासिक पुस्तकें मत पढ़ो और आइसोक्रेतीज़, दिमोस्थनीज़ तथा प्लेटो को तो बिल्कुल नहीं। बोलते समय पद-क्रम का ध्यान रखना आवश्यक नहीं है, बस बोलते जाओ, बोलते जाओ।

   —जे. डी. डेनिस्टन, ग्रीक लिटरेरी क्रिटिसिज़्म, पृ. 218-19

7. पु. XII, अ. XI, 13-14
8. पु. I, प्रस्तावना, 24
9. पु. II, अ. X, 3-5
10. वही, अ. XIII, 1, 17
11. अ. V, 7-9
12. अ. XIV, 5
13. अ. XVII, 17
14. वही, 1-5, 41
15. पु. III, अ. II, 1-3
16. वही, अ. III, 1-3
17. वही, वही, 4-5
18. वही, अ. V, 1
19. पु. II, अ. XVII, 5
20. प्रस्तावना, 26
21. वही, 27
22. पु. II, अ. XIX, 1-3
23. पु. X, अ. VII, 13-15
24. पु. II, अ. XIX, 1-3
25. पु. I, अ. IV, 4
26. वही, अ. VIII, 9-10
27. वही, वही, 21
28. पु. X, अ. II, 1-2
29. वही, अ. I, 27-28
30. वही, अ. II, 4-27
31. पु. I, प्रस्तावना, 27
32. पु. III, अ. I, 22
33. वही, वही, 15-16
34. पु. X, अ. III, 5-6, अ. IV, 4
35. पु. III, अ. V, 2
36. पु. II, अ. V, 8
37. पु. XII, अ. X, 58-59
38. वही, अ. II, 11
39. पु. X, अ. I, 28; पु. II, अ. X, 3
40. अ. II, 25-32
41. पु. XII, अ. II, 4
42. वही, अ. X, 50-51
43. 'भाषणशास्त्र', पृ. 1358 ब, पृ. 13

44. पु. III, अ. IV, 6
45. पु. XII, अ X, 66-67
46. पु. III, अ. III, 1
47. वही, अ. V, 1
48. पु. VIII, प्रस्तावना, 21
49. पु. XII, अ. X, 59-60
50. पु. XI, अ. I, 3, 31
51. पु. VIII, अ. II, 22-24; पु. IX, अ. IV, 3-6
52. अ. X, 16-27
53. पृ. I, अ. VI, 39-41, 45
54. अ. V, 5
55. पु. I, अ. VIII, 8
56. पु. VIII, अ. II, 21
57. भाषा सम्बन्धी परस्पर विरोधी प्रवृत्तियों पर उसने एक बड़ी रोचक टिप्पणी की है : "कुछ लोग सुभाषित/सूक्तियों में ही बात करते हैं। इसके विपरीत कुछ इनसे तथा अन्य आलंकारिक प्रयोगों से बचते हैं मानों ये कोई विकार हों। उनकी शैली सामान्य होते-होते एकदम सपाट बयानी में बदल जाती है।" —पु. VIII, अ. V, 31-32
58. पु. VIII, प्रस्तावना, 23-26
59. पु. XII, अ. X, 42-43
60. पु. VIII, अ. III, 15-16
61. वही, वही 24-30
62. पु. VIII, अ. III, 61-73; अ. VI, 1-2
63. पु. IX, अ. IV, 24-26
64. पु. VI, अ. III, 23
65. वही, वही, 89
66. पु. VIII, अ. II, 24
67. पु. XII, अ. XI, 26

4. परिशिष्ट

4.1 पारिभाषिक शब्दावली

अधिमान्यता	preference
अनुभववाद	empiricism
अभिस्वीकृति	fundamental assumption
अभिस्वीकृत तथ्य	assumed fact
अभिगृहीत धारणा	postulate
अवकाश-काल	leisure time
अ-कलावाद	Dadaism
आगमन पद्धति	inductive system
उपयोगिताश्रयी मूल्य	utilitarian value
केलासन	crystallisation
घनवाद	cubism
ज्ञान-मीमांसा	epistemology
टहलुआ शाखा	peripatetic school
दृश्याभास	vision
न-काव्यात्मक	non-poetical
नित्यरूप	Form/Eternal form
नियतवाद	determinism
पत्र-प्रबन्ध	epistle
प्रतिमूर्ति	duplicate
प्रतिस्थानी	counter part
प्रत्यक्षबोध	perception
प्रमाता	subject
प्रमेय	object
प्रयोजनमूलकता	teleology

भाषिकी	rhetoric
भासमान रूप	appearance
भेदक	differentia
मानसी अंतराल	psychical distance
मूल रूप	proto type
रूपांतरण	transformation
रूपाश्रयी मूल्य	formal value
विश्रांति-काल	rest time
वृंदगान	chorus
संज्ञानात्मक	cognitive
संबंधाश्रयी मूल्य	associational value
संबोधगीति	ode
संरचना	structure
संलयन	fusion
सत्कार-भाषण	ceremonial oratory
स्वर्णिम मध्यमान	golden mean

4.2 कुछ नामों की हिन्दी और अँग्रेज़ी वर्तनी

अपिलीज़	Apelles
अपोलोदोरुस	Appolodorus
अपोलोनियुस	Apolonius
अलेक्सिस	Alexis
आइसोक्रेतीज़	Isocrates
ऑगस्तस	Augustus
एनियस	Ennius
एरिस्तोफ़ेनीज़	Aristophanes
एल्सीबाइयादीज़	Alcibiades
एस्खिलुस	Aeschylus
ऐंतोनी, मार्क	Antony, Mark
ऐंतोनियस	Antonius
ऐक्कियस लूशियस	Accius Lucius
कल्लिमाखुस	Callimachus
कैलिग्युला	Caligula
क्रैसस	Crassus
क्लायस्थनीज़	Cleisthenes
क्लोदियस	Claudius
गैल्बा	Galba
गोर्जियास	Gorgias
जूलियस सीज़र	Julius Caesar
तर्तिउस	Tyrtaeus
ताइतस	Titus
ताइबिरियस	Tiberius

तेरेन्स	Terence
तोलेमी वंश	Ptolemy dynasty
थियोक्रितुस	Theocritus
थियोफ्रेस्तुस	Theophrastus
थूसिदिदीज़	Thucydides
दिफ़िलुस	Diphilus
दिमित्रियुस	Demetrius
दिमोस्थनीज़	Demosthenes
दियोजिनीज़	Diogenes
निकोक्लीज़	Nicocles
नियोतोलेमुस	Neoptolemus
पिंदर	Pindar
पोंपी	Pompy
प्लॉतस	Plautus
फ़िलोदिमुस	Philodemus
मीनांदर	Menander
मीसिनास	Maecenas
युरिपिदीज़	Euripides
रोशियस	Roscius
लिवियस ऐंद्रोनिकुस	Livius Andronicus
लूक्रीशस	Lucretius
लेसिलियस	Lucilius
लोंगिनुस	Longinus
वैरियस रूफ़स	Varius Rufus
सिपीयो एफ्रिकानरा	Scipio Africanus
सैफ़ो	Sappho
सोफ़ोक्लीज़	Sophocles
स्त्रैबो, जूलियस सीज़र	Strabo, Julius Caesar
हीसियोद	Hesiod

4.3 सन्दर्भ ग्रन्थ

(अंग्रेज़ी में अनूदित)

(अ) यूनानी–

1. अरस्तू

(i) काव्यशास्त्र — अनु. बुचर ए. एच.

(ii) भाषणशास्त्र — अनु. रॉबर्ट्स, डब्लू. र्‌हाइस

(iii) राजनीतिशास्त्र — अनु. अर्नेस्ट बार्कर

2. अपोलोनियुस

आर्गोनॉतिका — अनु. सीतन, आर. सी.

3. आइसोक्रेतीज़

(i) सोफ़िस्तों के विरोध में

(ii) अंतिदोसिस

(iii) दोमिनिकुस

(iv) पैनइजिरिकुस

(v) शान्ति

(vi) एरियो पेगितिकुस

(vii) पैनएथनेइकुस

(viii) निकोक्लीज़

(ix) निकोक्लीज़ के प्रति

–विभिन्न अनुवादक

4. एरिस्तोफ़ेनीज़

(i) ततैये

(ii) बादल

(iii) मेंढक

5. कल्लिमाखुस — लोएब क्लासिकल लाइब्रेरी में संकलित

6. प्लेटो

(i) गणराज्य — अनु. ली, एच.डी.पी.
(ii) गोर्जियास — अनु. जोवेट, बी.
(iii) संविधान — अनु. जोवेट, बी.

7. **मीनान्दर**
'संपूर्ण यूनानी नाटक' में संकलित —सम्पादक, ओट्स एवं ओ' नील

8. **लोंगिनुस**
'उदात्त' (i) अनु. रसेल, डी. ए.
(ii) अनु. पिकार्ड, ए. ओ.

(आ) लातीनी–

1. **क्विंतिलियन** इन्स्तित्युशो ओरेतोरिया लोएब क्लासिकल लाइब्रेरी में संकलित
2. **तेरेन्स** कामेदियाँ, अनु. बेट्टी रेडिस
3. **प्लॉतस**
चार कामेदियाँ, अनु. एरिख सेगल
4. **सिसरो**
(i) ओरातोर
(ii) द ओरातोरे
(iii) द ऑप्तिमो ज़नरे ओरातोरम
(iv) द इन्विन्सियोन
(v) ब्रूतस —लोएब क्लासिकल लाइब्रेरी में संकलित
5. **सेनेका** पत्र-संग्रह — अनु. रॉबिन कैम्पबैल
6. **होरेस**
(i) होरेस समग्र — प्रकाशक जे.एम. डेण्ट
(ii) आर्स पोएतिका — अनु. रसेल, डी. ए.
(iii) ऑगस्तस को पत्र — अनु. विंटरबॉटम, एम.

अन्य सन्दर्भ ग्रन्थ

1. Albin Lesky — A History of Greek Literature
2. Atkins, J.W.H. -Literary criticism in Antiquity, Vols I & II
3. Bowra, C.M. — (i) Classical Greece
(ii) Periclean Athens
4. Boyle, A. J. — Roman Tragedy
5. Brink, O. C. — Horace on Poetry
6. Burry and others — The Hellenistic Age
7. Collins, F. Lucas (Ed) — The Ancient comic Drama
8. Coplestone, F. — A History of Philosophy

9. D'Alton, J. F. — (i) Horace & His Age
(ii) Roamn Literary Theory and Criticism
10. Denniston, J. D. — Greek Literary Criticism
11. Ferguson, J. — The Heritage of Hellenism
12. Ferguson, W. S. — Hellenistic Athens
13. Houser, A. — The Social History of Art
14. Humphry House — Aristotle's Poetics
15. John Herman Randall — Aristotle
16. John Onians — The Hellenistic Age
17. Katherine Liver — The Art of Greek Comedy
18. Long, A.A. — Hellenistic Philosophy
19. Moses Hadas — (i) A History of Greek Literature
(ii) Imperial Rome
20. Richard Janko — Aristotle on comedy
21. Rose, H.J. — A Handbook of Latin Literature
22. Simon Goldhill — The Poet's Voice
23. Webster, T.B.L. — (i) Hellenistic Poetry and Art
(ii) Studies in Later Greek Comedy
24. William K. Wimsatt and Cleanth Brooks — Literary Criticism : A Short History
25. Princeton Encyclopedia of Poetry and Poetics

1. **कृष्णलाल शर्मा**
(i) यूनानी आभिजात्य चिन्तन
(ii) साहित्य अन्य कलाओं के सन्दर्भ में

4.4 अनुक्रमणी

❑❑